辽宁经济普查年鉴

Liaoning Economic Census Yearbook

综合卷

辽宁省人民政府第二次全国
经济普查领导小组办公室 编
辽 宁 省 统 计 局

中国统计出版社
China Statistics Press

(京)新登字041号

图书在版编目（CIP）数据

辽宁经济普查年鉴. 2008/ 辽宁省第二次全国经济普查领导小组办公室，辽宁省统计局编
—北京：中国统计出版社，2010.11

ISBN 978-7-5037-6148-5

Ⅰ.①辽… Ⅱ.①辽… ②辽… Ⅲ.①经济－普查－辽宁省－2008－年鉴 Ⅳ.①F127.31-54

中国版本图书馆CIP数据核字（2010）第228139号

辽宁经济普查年鉴—2008（综合卷）

作　　者/辽宁省第二次全国经济普查领导小组办公室　辽宁省统计局
责任编辑/申明九
E-mail/cbsebs@gj.stats.cn
封面设计/黄俊杰　李雪燕
出版发行/中国统计出版社
通信地址/北京市西城区月坛南街57号
邮政编码/100826
办公地址/北京市丰台区西三环南路甲6号
网　　址/www.stats.gov.cn/tjshujia
电　　话/邮购（010）63376907　书店（010）68783172
印　　刷/河北天普润印刷厂
经　　销/新华书店
开　　本/880×1230毫米　1/16
字　　数/1130千字
印　　张/36
版　　别/2011年3月第1版
版　　次/2011年3月第1次印刷
书　　号/ISBN 978-7-5037-6148-5/F・2976
定　　价/1080.00元　（全四册附光盘）

本书附同版光盘一张，内容以纸质图书为准。

辽宁经济普查年鉴－2008

辽宁经济普查年鉴-2008/综合卷
编辑委员会

编者说明

第二次全国经济普查是国务院统一部署的一项重大的国情国力调查。普查的主要目的是全面调查了解我国第二产业和第三产业的发展规模及布局；了解我国产业组织、产业结构、产业技术的现状以及各生产要素的构成；摸清我国各类企业和单位能源消耗的基本情况。通过普查，进一步夯实统计基础，完善国民经济核算制度，为加强和改善宏观调控，科学制定中长期发展规划，提供科学准确的统计信息支持。

第二次全国经济普查的标准时点是2008年12月31日，时期资料为2008年度。

辽宁省经济普查的对象包括全省行政区域内从事第二产业和第三产业的全部法人单位、产业活动单位和个体经营户。普查的行业范围包括：采矿业，制造业，电力、燃气及水的生产和供应业，建筑业，交通运输、仓储和邮政业，信息传输、计算机服务和软件业，批发和零售业，住宿和餐饮业，金融业，房地产业，租赁和商务服务业，科学研究、技术服务和地质勘查业，水利、环境和公共设施管理业，居民服务和其他服务业，教育，卫生、社会保障和社会福利业，文化、体育和娱乐业，以及公共管理与社会组织等国民经济行业。

《辽宁经济普查年鉴2008》是根据辽宁省第二次经济普查结果汇编成的一部大型资料集，按照现行的国家统计分类标准对基础数据进行加工汇总而成。全书共三卷四册，即综合卷、第二产业卷（上、下册）和第三产业卷，并随书配送同版本光盘一张。《综合卷》为单位基本情况资料，包括“综合篇”、“企业篇”、“事业、机关、社团、民办非企业篇”、“信息化篇”及“附录”五部分。《第二产业卷》按内容分为上、下两册。上册包括“工业企业生产经营及财务状况”、“主要工业产品产量”及“附录”三部分，下册包括“能源消费量”、“规模以上工业企业科技情况”、“建筑业企业生产经营及财务状况”及“附录”四部分。《第三产业卷》包括“交通运输、仓储和邮政业生产经营及财务状况”、“批发和零售业商品销售和财务状况”、“住宿和餐饮业经营及财务状况”、“房地产业生产经营及财务状况”、“其他服务业企业生产经营及财务状况”、“行政事业单位财务状况” 及“附录”七部分。

为方便读者能够更好地使用本资料，现就有关情况做如下说明：

1. 本资料中按在地原则汇总，即按单位实际所在地汇总。

2. 本资料对部分数据由于计量单位取舍或四舍五入而产生的计算误差未作具体调整。

3. 本资料中使用的符号：“空格”表示该项统计指标数据不详或无数据；“#”表示主要项中的其中部分项目。

希望本资料的出版，能使社会各界对我省第二次经济普查有一个全面概括的了解，并为社会经济工作研究工作者提供有价值的参考。

恳请广大读者对本书提出宝贵意见！

综合卷 目录

第一篇 综合篇

第二篇 企业篇

第三篇 事业、机关、社团、民办非企业篇

第四篇　信息化篇

附　录

第 1 篇

综合篇

1-1 按机构类型、人员组距、开业(成立)时间分组的法人单位数、产业活动单位数及从业人员数

分组	法人单位					产业活动单位		
	单位数(个)	单产业法人	多产业法人	从业人员数(人)	女性	单位数(个)	#多产业法人所属的产业活动单位数	从业人员数(人)
总计	**315405**	**305718**	**9687**	**10307946**	**3303686**	**372709**	**66991**	**10718590**
按机构类型分组								
企业法人	243783	239326	4457	8422445	2486396	278232	38906	8771601
事业法人	26968	25281	1687	1155518	571465	40330	15049	1206491
机关法人	9468	7640	1828	422380	104291	14847	7207	412102
社会法人	7781	7707	74	88994	30546	7927	220	89355
民办非企业单位	7754	7699	55	78345	47055	7699		76696
基金会	12	12		62	26	12		62
居委会	3918	3663	255	42250	32150	3937	274	41691
村委会	11773	10461	1312	66096	16996	11770	1309	63467
其他组织机构	3948	3929	19	31856	14761	7955	4026	57125
按就业人员分组								
7人及以下	156609	154925	1684	580329	209231	191935	37010	700928
8-19人	79278	77539	1739	926544	303472	93956	16417	1096494
20-49人	45955	44122	1833	1367866	423337	50992	6870	1515141
50-99人	17397	15782	1615	1180977	398085	18787	3005	1269704
100-299人	11943	10287	1656	1931370	676163	12526	2239	2029724
300-499人	1957	1565	392	735533	243363	2080	515	782401
500-999人	1347	969	378	916746	300022	1389	420	951471
1000-4999人	828	497	331	1512798	477401	976	479	1762231
5000-9999人	61	25	36	437486	119250	54	29	379014
10000人及以上	30	7	23	718297	153362	14	7	231482
按开业(成立)年份分组								
1949年及以前	2767	2063	704	577150	184173	5090	3027	413159
1950-1977年	16197	14143	2054	1046190	367951	23401	9258	1046940
1978-1991年	33656	31302	2354	1506644	488180	43354	12052	1563982
1992-1995年	17273	16567	706	935177	305011	21115	4548	997007
1996年	4997	4819	178	205979	68268	6079	1260	246173
1997年	5334	5146	188	221977	74443	6559	1413	239887
1998年	8974	8705	269	345151	107979	11316	2611	361967
1999年	10024	9690	334	414420	125981	11564	1874	410094
2000年	13888	13578	310	440050	156416	16292	2714	492850
2001年	15399	15067	332	562728	158292	17511	2444	546816
2002年	17850	17443	407	551040	177714	20564	3121	565384
2003年	21430	21014	416	621091	204697	24242	3228	663511
2004年	23706	23307	399	608594	182284	27231	3924	653202
2005年	27596	27265	331	612264	188465	31451	4186	671059
2006年	32001	31719	282	644925	202791	35383	3664	720417
2007年	32365	32113	252	562933	174991	36309	4196	635486
2008年	26397	26260	137	387542	119630	29462	3202	425197

1-2　按地区分组的法人单位数、产业活动单位数及从业人员数

地　区	法人单位					产业活动单位				
	单位数（个）	单产业法人	多产业法人	从业人员数（人）	#女性	单位数（个）	#多产业法人所属的产业活动单位数	从业人员数（人）	单产业法人所属的从业人员数	多产业法人所属的从业人员数
全　省	**315405**	**305718**	**9687**	**10307946**	**3303686**	**372709**	**66991**	**10718590**	**7948293**	**2770297**
沈阳市	**78734**	**76879**	**1855**	**2213025**	**720197**	**88697**	**11818**	**2332884**	**1764954**	**567930**
和平区	12938	12549	389	335191	136387	15183	2634	319824	205904	113920
沈河区	11522	11258	264	248124	85449	12746	1488	262904	174235	88669
大东区	5665	5545	120	156589	55145	6459	914	181885	111416	70469
皇姑区	6567	6408	159	182589	56445	7343	935	196541	148855	47686
铁西区	7375	7290	85	131626	51080	8201	911	149243	114369	34874
苏家屯区	3210	3063	147	87054	26517	3799	736	100670	81722	18948
东陵区	8195	8021	174	233649	71691	8858	837	245080	210502	34578
沈北新区	3396	3353	43	141805	41431	3651	298	133618	118214	15404
于洪区	11269	11104	165	425714	117532	11904	800	449079	358748	90331
辽中县	1726	1645	81	53577	15835	2120	475	56017	46392	9625
康平县	2128	2044	84	82180	24967	2652	608	92753	74553	18200
法库县	2382	2330	52	51615	15126	2773	443	54341	48164	6177
新民市	2361	2269	92	83312	22592	3008	739	90929	71880	19049
大连市	**77293**	**75760**	**1533**	**2549658**	**812417**	**87793**	**12033**	**2689141**	**2109270**	**579871**
西岗区	8532	8363	169	190688	58027	9338	975	217365	146826	70539
沙河口区	10457	10298	159	234378	74127	11797	1499	252207	186336	65871
甘井子区	14018	13844	174	432803	136398	15143	1299	456972	371919	85053
旅顺口区	3649	3550	99	113185	33007	4276	726	127138	101119	26019
金州区	13885	13682	203	579624	219301	15047	1365	609478	510508	98970
长海县	354	302	52	8184	2944	552	250	8938	5595	3343
瓦房店市	6790	6622	168	271857	67209	8026	1404	286874	240151	46723
普兰店市	5003	4916	87	226321	66190	5885	969	236845	203338	33507
庄河市	4284	4050	234	237558	57817	6191	2141	245769	198234	47535
鞍山市	**27996**	**27387**	**609**	**813895**	**259972**	**32366**	**4979**	**825035**	**587470**	**237565**
铁东区	4424	4344	80	135556	56962	4978	634	155051	95309	59742
铁西区	2569	2556	13	171480	39799	2765	209	104220	51158	53062
立山区	3358	3334	24	79546	27976	3596	262	97206	62386	34820
千山区	4566	4502	64	98363	32282	4884	382	121880	90226	31654
台安县	2382	2304	78	66388	18382	2942	638	70239	59960	10279
岫岩满族自治县	2574	2518	56	62098	20565	3068	550	63714	56171	7543
海城市	8123	7829	294	200464	64006	10133	2304	212725	172260	40465
抚顺市	**17323**	**16851**	**472**	**511866**	**162717**	**19987**	**3136**	**515208**	**383827**	**131381**
新抚区	2192	2119	73	128348	39283	2552	433	86159	54662	31497
东洲区	2483	2430	53	62851	20649	2826	396	88612	56157	32455
望花区	3812	3715	97	116199	33957	4247	532	131428	103708	27720
顺城区	3080	3019	61	98183	38434	3407	388	98715	81507	17208
抚顺县	1597	1576	21	28110	5847	1810	234	29835	26797	3038
新宾满族自治县	2108	2016	92	38374	12198	2675	659	39682	30691	8991
清原满族自治县	2051	1976	75	39801	12349	2470	494	40777	30305	10472
本溪市	**9995**	**9349**	**646**	**401178**	**126532**	**12497**	**3148**	**422954**	**244383**	**178571**
平山区	2842	2675	167	169159	47952	3437	762	164376	63290	101086
溪湖区	1699	1648	51	56563	15358	1943	295	66652	48774	17878
明山区	2375	2278	97	75121	30639	2750	472	78077	57575	20502
南芬区	477	447	30	15227	6022	585	138	25383	10426	14957
本溪满族自治县	1332	1140	192	47959	14914	1897	757	49053	35757	13296
桓仁满族自治县	1270	1161	109	37149	11647	1885	724	39413	28561	10852
丹东市	**15380**	**14879**	**501**	**468631**	**155825**	**18017**	**3138**	**481368**	**404826**	**76542**
元宝区	1829	1801	28	36789	15042	1990	189	36760	31976	4784
振兴区	3624	3500	124	145735	53009	4131	631	140577	111665	28912
振安区	1300	1280	20	43480	13160	1464	184	50678	41201	9477
宽甸满族自治县	2794	2749	45	60029	15921	3237	488	62482	55027	7455
东港市	2885	2775	110	106233	36903	3607	832	111311	97683	13628
凤城市	2948	2774	174	76365	21790	3588	814	79560	67274	12286

1-2 续表

地区	法人单位					产业活动单位				
	单位数(个)	单产业法人	多产业法人	从业人员数(人)	#女性	单位数(个)	#多产业法人所属的产业活动单位数	从业人员数(人)	单产业法人所属的从业人员数	多产业法人所属的从业人员数
锦州市	**13640**	**12981**	**659**	**463185**	**151514**	**17464**	**4483**	**479983**	**343884**	**136099**
古塔区	2163	2049	114	83504	30916	2605	556	80893	58650	22243
凌河区	2332	2194	138	99985	34474	2794	600	99701	60474	39227
太和区	2900	2803	97	102569	31745	3354	551	100664	82014	18650
黑山县	2018	1934	84	49869	14438	2615	681	59326	40684	18642
义县	1281	1252	29	29935	8875	1729	477	34525	25002	9523
凌海市	1580	1479	101	59960	18251	2217	738	64876	50153	14723
北镇市	1366	1270	96	37363	12815	2150	880	39998	26907	13091
营口市	**16230**	**15967**	**263**	**484551**	**163961**	**17997**	**2030**	**489657**	**439097**	**50560**
站前区	3625	3542	83	95675	37493	3965	423	92463	79468	12995
西市区	1577	1548	29	41334	15437	1729	181	40699	38159	2540
鲅鱼圈区	3358	3341	17	113607	36929	3557	216	117098	103167	13931
老边区	1856	1843	13	51290	17082	1961	118	51679	49482	2197
盖州市	2571	2526	45	76090	26427	2976	450	78273	71305	6968
大石桥市	3243	3167	76	106555	30593	3809	642	109445	97516	11929
阜新市	**9500**	**9099**	**401**	**343562**	**112466**	**11774**	**2675**	**351527**	**254799**	**96728**
海州区	1900	1794	106	97762	33327	2232	438	70285	46699	23586
新邱区	537	519	18	16403	4822	607	88	17483	15001	2482
太平区	937	904	33	32066	11773	1162	258	44628	26888	17740
清河门区	440	405	35	11505	3256	580	175	24773	9799	14974
细河区	2037	1976	61	67645	25438	2298	322	67102	53035	14067
阜新蒙古族自治县	2383	2336	47	87924	23502	3019	683	94198	80474	13724
彰武县	1266	1165	101	30257	10348	1876	711	33058	22903	10155
辽阳市	**9113**	**8860**	**253**	**359388**	**113851**	**10885**	**2025**	**366627**	**246889**	**119738**
白塔区	1789	1734	55	91431	27341	1995	261	70801	45390	25411
文圣区	1336	1314	22	46423	17761	1485	171	45603	32819	12784
宏伟区	653	642	11	55954	19726	778	136	57345	27975	29370
弓长岭区	395	383	12	18436	5637	471	88	20903	14515	6388
太子河区	935	906	29	36598	14073	1028	122	46688	31560	15128
辽阳县	2474	2419	55	66431	17779	3018	599	69391	57988	11403
灯塔市	1531	1462	69	44115	11534	2110	648	55896	36642	19254
盘锦市	**9151**	**8847**	**304**	**469333**	**142808**	**11454**	**2607**	**456943**	**301978**	**154965**
双台子区	1226	1167	59	52146	22201	1593	426	57221	34628	22593
兴隆台区	4400	4274	126	288992	94043	5282	1008	270873	156100	114773
大洼县	2054	1996	58	92484	17713	2633	637	93739	85712	8027
盘山县	1471	1410	61	35711	8851	1946	536	35110	25538	9572
铁岭市	**10841**	**10470**	**371**	**415290**	**128781**	**13869**	**3399**	**417644**	**312355**	**105289**
银州区	2757	2677	80	104875	40397	3116	439	99596	89148	10448
清河区	709	694	15	20023	6737	815	121	20579	16128	4451
铁岭县	1212	1180	32	44474	10482	1604	424	47573	41353	6220
西丰县	967	910	57	24932	7757	1404	494	27078	21313	5765
昌图县	2455	2393	62	61849	17352	3204	811	66486	53820	12666
调兵山市	818	763	55	87094	23604	1107	344	80852	27138	53714
开原市	1923	1853	70	72043	22452	2619	766	75480	63455	12025
朝阳市	**10909**	**9581**	**1328**	**422919**	**124887**	**16762**	**7181**	**433169**	**305280**	**127889**
双塔区	2762	2609	153	119194	45429	3258	649	110190	77733	32457
龙城区	1008	917	91	37644	12614	1355	438	39168	31648	7520
朝阳县	946	726	220	29331	6337	2146	1420	32812	19729	13083
建平县	1501	1308	193	46423	12229	2470	1162	49507	35799	13708
喀喇沁左翼蒙古族自治县	1086	901	185	42463	10481	1871	970	44542	34587	9955
北票市	1911	1788	123	68341	17072	2633	845	70688	49845	20843
凌源市	1695	1332	363	79523	20725	3029	1697	86262	55939	30323
葫芦岛市	**9299**	**8808**	**491**	**361878**	**121226**	**12763**	**3955**	**380144**	**249281**	**130863**
连山区	2198	2143	55	105432	36272	2734	591	107602	70937	36665
龙港区	1873	1784	89	105187	34937	2211	427	107315	61351	45964
南票区	419	379	40	15840	3863	599	220	16475	7627	8848
绥中县	1735	1643	92	45419	14535	2493	850	49786	38349	11437
建昌县	1136	1038	98	35438	10307	1979	941	39478	27766	11712
兴城市	1938	1821	117	54562	21312	2747	926	59488	43251	16237

1-3 按行业(中类)分组的法人单位数、产业活动单位数及从业人员数

行业中类	法人单位					产业活动单位		
	单位数(个)	单产业法人	多产业法人	从业人员数(人)	#女性	单位数(个)	#多产业法人所属的产业活动单位数	从业人员数(人)
总计	**315405**	**305718**	**9687**	**10307946**	**3303686**	**372709**	**66991**	**10718590**
农、林、牧、渔业	**43**		**43**	**12352**	**3228**	**670**	**670**	**8119**
农业	12		12	7849	1942	20	20	2455
谷物及其他作物的种植	8		8	7529	1848	9	9	2123
蔬菜、园艺作物的种植	1		1	233	65	7	7	159
水果、坚果、饮料和香料作物的种植	2		2	38	8	4	4	173
中药材的种植	1		1	49	21			
林业	15		15	2219	648	18	18	971
林木的培育和种植	14		14	2172	644	15	15	107
木材和竹材的采运	1		1	47	4	3	3	864
畜牧业	6		6	298	111	57	57	1174
牲畜的饲养	1		1	48	14	35	35	296
猪的饲养						4	4	91
家禽的饲养	4		4	173	65	15	15	757
其他畜牧业	1		1	77	32	3	3	30
渔业	7		7	1869	495	14	14	1243
海洋渔业	5		5	957	253	9	9	1130
内陆渔业	2		2	912	242	5	5	113
农、林、牧、渔服务业	3		3	117	32	561	561	2276
农业服务业	1		1	9	2	296	296	1175
林业服务业						151	151	706
畜牧服务业	1		1	68	20	111	111	389
渔业服务业	1		1	40	10	3	3	6
采矿业	**5522**	**5458**	**64**	**548214**	**92110**	**5727**	**269**	**468504**
煤炭开采和洗选业	734	717	17	192304	29684	783	66	160810
烟煤和无烟煤的开采洗选	708	692	16	190881	29259	751	59	157098
褐煤的开采洗选	17	16	1	759	132	19	3	965
其他煤炭采选	9	9		664	293	13	4	2747
石油和天然气开采业	103	100	3	126731	33062	131	31	70216
天然原油和天然气开采	4	4		30181	10594	10	6	30952
与石油和天然气开采有关的服务活动	99	96	3	96550	22468	121	25	39264
黑色金属矿采选业	1569	1547	22	107306	14676	1616	69	112079
铁矿采选	1495	1474	21	99534	13653	1541	67	104307
其他黑色金属矿采选	74	73	1	7772	1023	75	2	7772
有色金属矿采选业	767	759	8	51492	6383	791	32	51888
常用有色金属矿采选	515	510	5	30433	4282	530	20	30454
贵金属矿采选	158	156	2	10625	1112	165	9	10589
稀有稀土金属矿采选	94	93	1	10434	989	96	3	10845
非金属矿采选业	2341	2327	14	69740	8142	2397	70	72835
土砂石开采	1770	1758	12	44188	4082	1814	56	46727
化学矿采选	120	118	2	9470	1215	126	8	9470
采盐	35	35		4215	626	35		4215
石棉及其他非金属矿采选	416	416		11867	2219	422	6	12423
其他采矿业	8	8		641	163	9	1	676
其他采矿业	8	8		641	163	9	1	676
制造业	**82600**	**81845**	**755**	**3998259**	**1246076**	**83985**	**2140**	**3969561**
农副食品加工业	4896	4826	70	252192	92054	5032	206	253482
谷物磨制	674	667	7	23607	4305	684	17	24149

1-3 续表 1

行业中类	法人单位					产业活动单位		
	单位数（个）	单产业法人	多产业法人	从业人员数（人）	#女性	单位数（个）	#多产业法人所属的产业活动单位数	从业人员数（人）
饲料加工	1030	1014	16	40652	10743	1048	34	43036
植物油加工	230	227	3	11407	3224	233	6	11269
制糖	13	13		1339	233	13		1339
屠宰及肉类加工	854	832	22	62937	27029	930	98	62665
水产品加工	1103	1086	17	71176	30185	1123	37	69665
蔬菜、水果和坚果加工	621	618	3	25502	11183	628	10	25805
其他农副食品加工	371	369	2	15572	5152	373	4	15554
食品制造业	1881	1838	43	72519	30636	1904	66	72959
焙烤食品制造	560	540	20	13156	6471	568	28	13156
糖果、巧克力及蜜饯制造	71	71		2502	1168	71		2502
方便食品制造	221	214	7	11029	5276	227	13	11048
液体乳及乳制品制造	78	75	3	8821	3665	80	5	8812
罐头制造	183	179	4	10284	5315	183	4	10568
调味品、发酵制品制造	288	283	5	11608	3826	288	5	11603
其他食品制造	480	476	4	15119	4915	487	11	15270
饮料制造业	1260	1227	33	50196	15425	1280	53	50043
酒精制造	18	18		1240	268	20	2	1244
酒的制造	629	617	12	30051	9397	633	16	30010
软饮料制造	605	584	21	18754	5702	618	34	18628
精制茶加工	8	8		151	58	9	1	161
烟草制品业	6	5	1	2592	1126	6	1	2483
烟叶复烤	2	2		297	58	2		297
卷烟制造	4	3	1	2295	1068	4	1	2186
纺织业	2214	2187	27	121378	72580	2235	48	124224
棉、化纤纺织及印染精加工	575	568	7	48239	27022	578	10	50563
毛纺织和染整精加工	49	46	3	3200	1604	50	4	2884
麻纺织	14	14		1694	1154	14		1694
丝绢纺织及精加工	276	276		12472	7865	276		12472
纺织制成品制造	613	606	7	21526	10832	626	20	22266
针织品、编织品及其制品制造	687	677	10	34247	24103	691	14	34345
纺织服装、鞋、帽制造业	3523	3499	24	247612	159989	3562	63	248548
纺织服装制造	3383	3360	23	236620	153135	3420	60	237543
纺织面料鞋的制造	117	116	1	10171	6235	119	3	10184
制帽	23	23		821	619	23		821
皮革、毛皮、羽毛(绒)及其制品业	585	583	2	31469	14047	586	3	31481
皮革鞣制加工	20	20		413	124	21	1	423
皮革制品制造	465	464	1	28392	12405	465	1	28409
毛皮鞣制及制品加工	71	70	1	1804	1067	71	1	1789
羽毛(绒)加工及制品制造	29	29		860	451	29		860
木材加工及木、竹、藤、棕、草制品业	2283	2272	11	73721	21156	2330	58	74280
锯材、木片加工	728	723	5	16497	3516	760	37	16854
人造板制造	439	438	1	21182	5392	446	8	21170
木制品制造	1048	1043	5	34767	11810	1054	11	34840
竹、藤、棕、草制品制造	68	68		1275	438	70	2	1416
家具制造业	1080	1069	11	49051	15286	1092	23	49022
木质家具制造	894	885	9	44183	13809	906	21	44218
竹、藤家具制造	5	5		70	20	5		70
金属家具制造	70	70		1816	510	70		1816
塑料家具制造	8	8		98	30	8		98
其他家具制造	103	101	2	2884	917	103	2	2820

1-3　续表 2

行业中类	法人单位					产业活动单位		
	单位数（个）	单产业法　人	多产业法　人	从业人员数（人）	#女性	单位数（个）	#多产业法人所属的产业活动单位数	从业人员数（人）
造纸及纸制品业	1602	1591	11	57335	20504	1610	19	57535
纸浆制造	13	13		363	145	13		363
造纸	378	373	5	22625	6240	379	6	22621
纸制品制造	1211	1205	6	34347	14119	1218	13	34551
印刷业和记录媒介的复制	2102	2079	23	41139	16289	2170	91	42384
印刷	1956	1938	18	37042	14497	2019	81	38364
装订及其他印刷服务活动	129	125	4	2508	1300	134	9	2657
记录媒介的复制	17	16	1	1589	492	17	1	1363
文教体育用品制造业	298	295	3	11850	5501	301	6	11832
文化用品制造	123	122	1	2842	1096	124	2	2826
体育用品制造	102	100	2	4069	2350	103	3	4064
乐器制造	40	40		3717	1521	41	1	3720
玩具制造	18	18		652	304	18		652
游艺器材及娱乐用品制造	15	15		570	230	15		570
石油加工、炼焦及核燃料加工业	927	912	15	72665	17031	953	41	81607
精炼石油产品的制造	890	875	15	69037	16511	910	35	72260
炼焦	37	37		3628	520	43	6	9347
化学原料及化学制品制造业	5088	5039	49	213378	57399	5194	155	215787
基础化学原料制造	980	964	16	55535	14728	1009	45	58059
肥料制造	539	535	4	31197	8837	542	7	30155
农药制造	116	114	2	7588	1721	117	3	7612
涂料、油墨、颜料及类似产品制造	964	954	10	24651	6152	978	24	24761
合成材料制造	273	271	2	23147	6736	283	12	20708
专用化学产品制造	1782	1772	10	62673	16404	1818	46	65674
日用化学产品制造	434	429	5	8587	2821	447	18	8818
医药制造业	735	726	9	59240	24946	741	15	59165
化学药品原药制造	92	91	1	22309	8662	95	4	22262
化学药品制剂制造	116	114	2	11999	5497	118	4	11988
中药饮片加工	142	141	1	5408	2220	143	2	5409
中成药制造	128	126	2	9079	4316	129	3	9077
兽用药品制造	61	59	2	2833	914	61	2	2824
生物、生化制品的制造	131	131		6677	2900	131		6677
卫生材料及医药用品制造	65	64	1	935	437	64		928
化学纤维制造业	112	109	3	32420	10822	112	3	12843
纤维素纤维原料及纤维制造	31	31		6077	2734	31		6077
合成纤维制造	81	78	3	26343	8088	81	3	6766
橡胶制品业	1179	1166	13	51813	17889	1190	24	52566
轮胎制造	80	76	4	15223	4982	82	6	15284
橡胶板、管、带的制造	292	288	4	12228	3790	295	7	12336
橡胶零件制造	470	466	4	11797	4525	475	9	12366
再生橡胶制造	28	28		1263	360	28		1263
日用及医用橡胶制品制造	31	31		2024	814	31		2024
橡胶靴鞋制造	58	57	1	5235	2530	58	1	5235
其他橡胶制品制造	220	220		4043	888	221	1	4058
塑料制品业	3822	3810	12	132886	50725	3856	46	137536
塑料薄膜制造	367	366	1	9619	3218	369	3	9677
塑料板、管、型材的制造	717	713	4	23273	5851	724	11	25111
塑料丝、绳及编织品的制造	750	749	1	47468	20965	760	11	50150
泡沫塑料制造	271	270	1	7143	1839	272	2	7124
塑料人造革、合成革制造	25	25		814	420	25		814
塑料包装箱及容器制造	438	436	2	12749	4922	441	5	12763

1-3 续表 3

行业中类	法人单位					产业活动单位		
	单位数(个)	单产业法人	多产业法人	从业人员数(人)	#女性	单位数(个)	#多产业法人所属的产业活动单位数	从业人员数(人)
塑料零件制造	223	223		10330	6181	227	4	10391
日用塑料制造	589	586	3	10606	2997	592	6	10601
其他塑料制品制造	442	442		10884	4332	446	4	10905
非金属矿物制品业	7970	7917	53	351297	78157	8079	162	366827
水泥、石灰和石膏的制造	523	517	6	49960	9458	542	25	53793
水泥及石膏制品制造	1049	1038	11	35747	6175	1075	37	36891
砖瓦、石材及其他建筑材料制造	3181	3170	11	116563	28588	3208	38	120827
玻璃及玻璃制品制造	670	663	7	27670	8914	676	13	27738
陶瓷制品制造	139	139		5932	1627	139		5932
耐火材料制品制造	1699	1689	10	91025	17499	1721	32	95395
石墨及其他非金属矿物制品制造	709	701	8	24400	5896	718	17	26251
黑色金属冶炼及压延加工业	1300	1274	26	302076	51761	1366	92	191990
炼铁	155	152	3	19302	4196	167	15	29826
炼钢	71	66	5	11585	1963	79	13	22153
钢压延加工	879	864	15	252661	41971	916	52	119852
铁合金冶炼	195	192	3	18528	3631	204	12	20159
有色金属冶炼及压延加工业	926	918	8	84348	17805	939	21	84102
常用有色金属冶炼	229	225	4	38769	8629	233	8	38245
贵金属冶炼	47	45	2	4998	515	51	6	5064
稀有稀土金属冶炼	86	86		4481	720	86		4481
有色金属合金制造	124	123	1	4848	1115	127	4	5037
有色金属压延加工	440	439	1	31252	6826	442	3	31275
金属制品业	5659	5621	38	192108	40192	5751	130	204155
结构性金属制品制造	2484	2467	17	86154	16187	2542	75	92545
金属工具制造	471	467	4	13585	3043	476	9	13906
集装箱及金属包装容器制造	404	395	9	22817	5082	406	11	22579
金属丝绳及其制品的制造	259	258	1	8140	2196	261	3	9812
建筑、安全用金属制品制造	549	548	1	15979	3840	554	6	16252
金属表面处理及热处理加工	874	869	5	27553	5074	887	18	30733
搪瓷制品制造	32	32		1017	239	32		1017
不锈钢及类似日用金属制品制造	230	230		6575	1802	231	1	6583
其他金属制品制造	356	355	1	10288	2729	362	7	10728
通用设备制造业	14784	14682	102	553758	119343	14981	299	573561
锅炉及原动机制造	613	610	3	24520	5344	618	8	24447
金属加工机械制造	1324	1319	5	73937	15677	1341	22	73306
起重运输设备制造	523	514	9	30828	6670	530	16	30813
泵、阀门、压缩机及类似机械的制造	2221	2197	24	77827	17494	2241	44	79861
轴承、齿轮、传动和驱动部件的制造	1147	1138	9	71993	13643	1152	14	72005
烘炉、熔炉及电炉制造	100	100		2457	621	102	2	2746
风机、衡器、包装设备等通用设备制造	1213	1201	12	58860	11777	1235	34	55073
通用零部件制造及机械修理	4989	4961	28	108537	29137	5075	114	122815
金属铸、锻加工	2654	2642	12	104799	18980	2687	45	112495
专用设备制造业	5321	5285	36	215395	51795	5421	136	233832
矿山、冶金、建筑专用设备制造	1745	1729	16	89468	17146	1798	69	105587
化工、木材、非金属加工专用设备制造	1197	1192	5	40892	9785	1216	24	42451
食品、饮料、烟草及饲料生产专用设备制造	177	176	1	6350	1011	178	2	6365
印刷、制药、日化生产专用设备制造	263	261	2	9749	1866	267	6	9814
纺织、服装和皮革工业专用设备制造	131	130	1	4403	1132	133	3	4415
电子和电工机械专用设备制造	251	248	3	15338	6398	254	6	13699
农、林、牧、渔专用机械制造	302	300	2	8647	1575	307	7	8675
医疗仪器设备及器械制造	246	246		10436	5569	248	2	10457
环保、社会公共安全及其他专用设备制造	1009	1003	6	30112	7313	1020	17	32369

1-3　续表 4

行业中类	法人单位					产业活动单位		
	单位数(个)	单产业法人	多产业法人	从业人员数(人)	#女性	单位数(个)	#多产业法人所属的产业活动单位数	从业人员数(人)
交通运输设备制造业	4119	4069	50	321562	73302	4253	184	326015
铁路运输设备制造	435	425	10	39754	9795	456	31	39187
汽车制造	2697	2670	27	149212	38045	2782	112	156830
摩托车制造	13	12	1	532	199	13	1	532
自行车制造	43	43		826	321	43		826
船舶及浮动装置制造	851	843	8	96250	15255	880	37	98088
航空航天器制造	31	28	3	33587	9445	30	2	29288
交通器材及其他交通运输设备制造	49	48	1	1401	242	49	1	1264
电气机械及器材制造业	4569	4532	37	197946	71973	4612	80	205015
电机制造	422	419	3	37035	21861	424	5	38420
输配电及控制设备制造	2284	2271	13	85899	28444	2308	37	86706
电线、电缆、光缆及电工器材制造	840	824	16	39070	10793	847	23	39014
电池制造	92	92		5093	1431	92		5093
家用电力器具制造	256	255	1	11696	3010	257	2	11856
非电力家用器具制造	95	94	1	2104	452	95	1	2104
照明器具制造	351	349	2	11403	3880	350	1	11329
其他电气机械及器材制造	229	228	1	5646	2102	239	11	10493
通信设备、计算机及其他电子设备制造业	1055	1045	10	103976	56641	1068	23	102984
通信设备制造	134	132	2	5854	2797	138	6	6041
雷达及配套设备制造	7	6	1	2904	1460	7	1	2894
广播电视设备制造	54	54		1568	619	55	1	1576
电子计算机制造	94	92	2	19279	11035	95	3	19277
电子器件制造	186	183	3	17626	8654	189	6	14454
电子元件制造	363	362	1	31778	18913	363	1	31725
家用视听设备制造	34	33	1	15019	9644	37	4	16932
其他电子设备制造	183	183		9948	3519	184	1	10085
仪器仪表及文化、办公用机械制造业	1644	1627	17	46106	17321	1672	45	48603
通用仪器仪表制造	1138	1125	13	25174	8147	1156	31	26884
专用仪器仪表制造	282	280	2	7155	2261	287	7	7709
钟表与计时仪器制造	38	37	1	3781	2009	38	1	3771
光学仪器及眼镜制造	44	43	1	2672	1098	43		2657
文化、办公用机械制造	46	46		6109	3511	47	1	6164
其他仪器仪表的制造及修理	96	96		1215	295	101	5	1418
工艺品及其他制造业	1445	1432	13	46685	20131	1464	32	45816
工艺美术品制造	1102	1094	8	29066	12904	1115	21	28808
日用杂品制造	106	104	2	5889	3780	108	4	5895
煤制品制造	176	174	2	4584	1071	179	5	4043
核辐射加工	4	4		42	4	4		42
其他未列明的制造业	57	56	1	7104	2372	58	2	7028
废弃资源和废旧材料回收加工业	215	210	5	9546	4250	225	15	8884
金属废料和碎屑的加工处理	89	88	1	4187	1581	94	6	5047
非金属废料和碎屑的加工处理	126	122	4	5359	2669	131	9	3837
电力、燃气及水的生产和供应业	**1488**	**1366**	**122**	**211503**	**57552**	**2549**	**1183**	**259521**
电力、热力的生产和供应业	957	864	93	154136	38879	1853	989	190123
电力生产	238	223	15	44091	10773	271	48	50775
电力供应	92	40	52	62829	16881	856	816	79972
热力生产和供应	627	601	26	47216	11225	726	125	59376
燃气生产和供应业	115	106	9	16684	5154	166	60	21292
燃气生产和供应业	115	106	9	16684	5154	166	60	21292
水的生产和供应业	416	396	20	40683	13519	530	134	48106
自来水的生产和供应	311	291	20	38050	12900	421	130	44642
污水处理及其再生利用	97	97		2334	555	101	4	3165
其他水的处理、利用与分配	8	8		299	64	8		299

1-3 续表 5

行业中类	法人单位					产业活动单位		
	单位数(个)	单产业法人	多产业法人	从业人员数(人)	#女性	单位数(个)	#多产业法人所属的产业活动单位数	从业人员数(人)
建筑业	**14959**	**14533**	**426**	**1282706**	**160262**	**16687**	**2154**	**1423178**
房屋和土木工程建筑业	5015	4729	286	976741	110228	6229	1500	1088214
房屋工程建筑	2549	2351	198	627094	54602	3428	1077	711043
土木工程建筑	2466	2378	88	349647	55626	2801	423	377171
建筑安装业	4004	3928	76	204682	33749	4341	413	227794
建筑安装业	4004	3928	76	204682	33749	4341	413	227794
建筑装饰业	4586	4533	53	71954	12609	4718	185	75403
建筑装饰业	4586	4533	53	71954	12609	4718	185	75403
其他建筑业	1354	1343	11	29329	3676	1399	56	31767
工程准备	873	865	8	18417	2328	896	31	20684
提供施工设备服务	112	112		2322	198	117	5	2391
其他未列明的建筑活动	369	366	3	8590	1150	386	20	8692
交通运输、仓储和邮政业	**8958**	**8736**	**222**	**355876**	**96746**	**11510**	**2774**	**412959**
铁路运输业	19	19		3663	805	32	13	10048
铁路货物运输	8	8		2804	566	19	11	9180
铁路运输辅助活动	11	11		859	239	13	2	868
道路运输业	3784	3663	121	138399	32783	4449	786	173974
公路旅客运输	277	259	18	18994	7565	319	60	19771
道路货物运输	3056	3012	44	75555	12487	3198	186	94531
道路运输辅助活动	451	392	59	43850	12731	932	540	59672
城市公共交通业	571	550	21	56977	20709	634	84	62121
公共电汽车客运	90	80	10	47107	18256	119	39	50355
轨道交通	4	4		1200	563	5	1	2273
出租车客运	473	462	11	8638	1876	502	40	9415
其他城市公共交通	4	4		32	14	8	4	78
水上运输业	284	275	9	30581	5393	311	36	23368
水上旅客运输	42	39	3	2634	463	44	5	2703
水上货物运输	137	134	3	6954	688	151	17	7567
水上运输辅助活动	105	102	3	20993	4242	116	14	13098
航空运输业	32	27	5	9744	4070	60	33	10015
航空客货运输	11	10	1	5288	2055	32	22	5892
通用航空服务	8	8		212	17	8		212
航空运输辅助活动	13	9	4	4244	1998	20	11	3911
管道运输业	6	5	1	1431	382	6	1	1006
管道运输业	6	5	1	1431	382	6	1	1006
装卸搬运和其他运输服务业	3173	3143	30	69604	14976	3391	248	83659
装卸搬运	259	257	2	32379	2317	300	43	40870
运输代理服务	2914	2886	28	37225	12659	3091	205	42789
仓储业	876	862	14	20298	4867	926	64	27657
谷物、棉花等农产品仓储	305	298	7	6673	1480	312	14	6796
其他仓储	571	564	7	13625	3387	614	50	20861
邮政业	213	192	21	25179	12761	1701	1509	21111
国家邮政	18	3	15	22506	11846	1484	1481	18356
其他寄递服务	195	189	6	2673	915	217	28	2755

1-3　续表 6

行业中类	法人单位					产业活动单位		
	单位数(个)	单产业法人	多产业法人	从业人员数(人)	#女性	单位数(个)	#多产业法人所属的产业活动单位数	从业人员数(人)
信息传输、计算机服务和软件业	**6330**	**6221**	**109**	**132925**	**46521**	**9015**	**2794**	**146957**
电信和其他信息传输服务业	975	884	91	59752	22437	3531	2647	70524
电信	369	296	73	48380	18993	2749	2453	57450
互联网信息服务	326	322	4	3410	1266	345	23	3743
广播电视传输服务	272	258	14	7900	2157	429	171	9269
卫星传输服务	8	8		62	21	8		62
计算机服务业	2553	2540	13	21572	7382	2617	77	22090
计算机系统服务	496	494	2	7332	2391	512	18	7486
数据处理	82	82		2286	1302	94	12	2326
计算机维修	167	165	2	1219	302	178	13	1342
其他计算机服务	1808	1799	9	10735	3387	1833	34	10936
软件业	2802	2797	5	51601	16702	2867	70	54343
公共软件服务	2345	2340	5	47819	15433	2398	58	50250
其他软件服务	457	457		3782	1269	469	12	4093
批发和零售业	**72700**	**71261**	**1439**	**775440**	**319093**	**84288**	**13027**	**822096**
批发业	48836	48177	659	441224	148562	53093	4916	473444
农畜产品批发	2384	2335	49	34280	9797	2540	205	34974
食品、饮料及烟草制品批发	4012	3941	71	54594	18662	4287	346	56522
纺织、服装及日用品批发	4098	4062	36	30902	14112	4212	150	32588
文化、体育用品及器材批发	1293	1283	10	9797	3969	1328	45	10145
医药及医疗器材批发	1190	1154	36	20427	10493	1220	66	19299
矿产品、建材及化工产品批发	18281	18019	262	160305	48028	20302	2283	178273
机械设备、五金交电及电子产品批发	14945	14851	94	105363	35048	15367	516	113362
贸易经纪与代理	794	789	5	8571	3291	802	13	8575
其他批发	1839	1743	96	16985	5162	3035	1292	19706
零售业	23864	23084	780	334216	170531	31195	8111	348652
综合零售	2348	2088	260	126926	73388	4530	2442	130821
食品、饮料及烟草制品专门零售	2016	1971	45	19388	7651	2496	525	20283
纺织、服装及日用品专门零售	3283	3191	92	30352	17951	3647	456	30774
文化、体育用品及器材专门零售	1429	1380	49	16336	8891	1734	354	16963
医药及医疗器材专门零售	2087	1926	161	31750	21011	4822	2896	36137
汽车、摩托车、燃料及零配件专门零售	4223	4143	80	48499	17362	5075	932	50673
家用电器及电子产品专门零售	3687	3629	58	29638	12890	3900	271	30449
五金、家具及室内装修材料专门零售	3445	3421	24	21464	8223	3559	138	22209
无店铺及其他零售	1346	1335	11	9863	3164	1432	97	10343
住宿和餐饮业	**5658**	**5508**	**150**	**177901**	**95915**	**6564**	**1056**	**194292**
住宿业	1948	1884	64	79745	43752	2181	297	86969
旅游饭店	660	624	36	59551	32151	726	102	63476
一般旅馆	1168	1141	27	18391	10574	1319	178	21126
其他住宿服务	120	119	1	1803	1027	136	17	2367
餐饮业	3710	3624	86	98156	52163	4383	759	107323
正餐服务	3206	3141	65	74771	41156	3479	338	79673
快餐服务	246	229	17	19724	9184	606	377	23610
饮料及冷饮服务	106	104	2	1256	680	124	20	1333
其他餐饮服务	152	150	2	2405	1143	174	24	2707
金融业	**1410**	**929**	**481**	**220650**	**109864**	**10200**	**9271**	**264913**
银行业	277	51	226	138849	63074	6859	6808	158935
中央银行	28	15	13	3936	1361	131	116	6052
商业银行	213	23	190	128797	59316	6346	6323	146299
其他银行	36	13	23	6116	2397	382	369	6584
证券业	51	38	13	2208	909	199	161	3871
证券市场管理	6	5	1	276	95	6	1	252
证券经纪与交易	35	23	12	1768	736	159	136	2817
证券投资	8	8		158	76	32	24	796
证券分析与咨询	2	2		6	2	2		6

1-3 续表 7

行业中类	法人单位					产业活动单位		
	单位数（个）	单产业法人	多产业法人	从业人员数（人）	#女性	单位数（个）	#多产业法人所属的产业活动单位数	从业人员数（人）
保险业	533	306	227	72039	42495	1878	1572	88660
人寿保险	156	52	104	55052	35172	897	845	68690
非人寿保险	178	72	106	14068	6374	732	660	16958
保险辅助服务	199	182	17	2919	949	249	67	3012
其他金融活动	549	534	15	7554	3386	1264	730	13447
金融信托与管理	36	36		345	128	40	4	385
金融租赁	1	1		20	10	1		20
财务公司	10	10		103	48	10		103
邮政储蓄	12		12	2976	1661	716	716	8779
典当	210	208	2	1451	520	212	4	1451
其他未列明的金融活动	280	279	1	2659	1019	285	6	2709
房地产业	**11379**	**11089**	**290**	**216566**	**77936**	**12268**	**1179**	**237395**
房地产业	11379	11089	290	216566	77936	12268	1179	237395
房地产开发经营	4841	4779	62	77200	25110	4898	119	78568
物业管理	3659	3547	112	103228	37722	3926	379	118077
房地产中介服务	1802	1719	83	15714	6674	2282	563	17925
其他房地产活动	1077	1044	33	20424	8430	1162	118	22825
租赁和商务服务业	**20085**	**19833**	**252**	**313347**	**110711**	**22597**	**2764**	**383215**
租赁业	740	735	5	7792	1789	822	87	8689
机械设备租赁	699	695	4	7506	1691	731	36	8242
文化及日用品出租	41	40	1	286	98	91	51	447
商务服务业	19345	19098	247	305555	108922	21775	2677	374526
企业管理服务	3518	3416	102	67865	24407	4860	1444	117653
法律服务	1043	1041	2	8555	3132	1140	99	8878
咨询与调查	5637	5617	20	36682	15457	5956	339	41433
广告业	3351	3343	8	21712	8746	3421	78	22439
知识产权服务	150	148	2	1002	368	158	10	1060
职业中介服务	1706	1697	9	92975	37421	1749	52	97503
市场管理	1001	984	17	21284	7687	1069	85	22770
旅行社	1191	1128	63	9532	5233	1338	210	9959
其他商务服务	1748	1724	24	45948	6471	2084	360	52831
科学研究、技术服务和地质勘查业	**10705**	**10571**	**134**	**190368**	**55083**	**11884**	**1313**	**206541**
研究与试验发展	1444	1424	20	34100	9872	1482	58	37039
自然科学研究与试验发展	143	139	4	4941	1293	142	3	4858
工程和技术研究与试验发展	710	704	6	18936	4981	733	29	21872
农业科学研究与试验发展	287	280	7	7204	2292	297	17	7233
医学研究与试验发展	218	216	2	1751	813	221	5	1793
社会人文科学研究与试验发展	86	85	1	1268	493	89	4	1283
专业技术服务业	5238	5174	64	99508	31401	5734	560	109294
气象服务	129	120	9	2284	800	138	18	2378
地震服务	77	76	1	922	280	81	5	932
海洋服务	15	15		202	23	17	2	208
测绘服务	239	236	3	4548	1461	246	10	4397
技术检测	1080	1067	13	19951	6906	1366	299	25770
环境监测	187	187		3167	1140	197	10	3295
工程技术与规划管理	2558	2525	33	55393	16973	2697	172	58061
其他专业技术服务	953	948	5	13041	3818	992	44	14253
科技交流和推广服务业	3844	3802	42	43043	10920	4470	668	46189
技术推广服务	3044	3004	40	31419	8435	3620	616	34137
科技中介服务	595	594	1	9505	1876	616	22	9648
其他科技服务	205	204	1	2119	609	234	30	2404

1-3　续表 8

行业中类	法人单位					产业活动单位		
	单位数(个)	单产业法人	多产业法人	从业人员数(人)	#女性	单位数(个)	#多产业法人所属的产业活动单位数	从业人员数(人)
地质勘查业	179	171	8	13717	2890	198	27	14019
矿产地质勘查	70	66	4	6466	1039	73	7	6631
基础地质勘查	49	45	4	5398	1352	63	18	5435
地质勘查技术服务	60	60		1853	499	62	2	1953
水利、环境和公共设施管理业	**2642**	**2581**	**61**	**112178**	**43786**	**3077**	**496**	**117540**
水利管理业	919	899	20	20461	5186	1141	242	21265
防洪管理	112	111	1	2436	656	130	19	2461
水资源管理	372	366	6	13844	3513	434	68	13998
其他水利管理	435	422	13	4181	1017	577	155	4806
环境管理业	646	630	16	48962	23763	730	100	49881
自然保护	173	166	7	3945	1393	203	37	3904
环境治理	473	464	9	45017	22370	527	63	45977
公共设施管理业	1077	1052	25	42755	14837	1206	154	46394
市政公共设施管理	255	247	8	15455	4682	313	66	17663
城市绿化管理	498	491	7	15992	5360	526	35	16224
游览景区管理	324	314	10	11308	4795	367	53	12507
居民服务和其他服务业	**5711**	**5647**	**64**	**74962**	**30181**	**7023**	**1376**	**82314**
居民服务业	3450	3400	50	47418	21512	4594	1194	52272
家庭服务	210	208	2	2865	1729	233	25	3003
托儿所	37	37		264	181	43	6	1099
洗染服务	103	94	9	1072	523	154	60	1160
理发及美容保健服务	732	717	15	8402	4661	826	109	9233
洗浴服务	987	981	6	18572	8036	1042	61	19156
婚姻服务	280	279	1	1283	654	290	11	1410
殡葬服务	351	344	7	7405	1893	379	35	7531
摄影扩印服务	277	272	5	2617	1361	313	41	2697
其他居民服务	473	468	5	4938	2474	1314	846	6983
其他服务业	2261	2247	14	27544	8669	2429	182	30042
修理与维护	1500	1491	9	13896	3459	1601	110	16293
清洁服务	394	392	2	6253	2906	404	12	6734
其他未列明的服务	367	364	3	7395	2304	424	60	7015
教育	**11564**	**10512**	**1052**	**563126**	**317363**	**17799**	**7287**	**583247**
教育	11564	10512	1052	563126	317363	17799	7287	583247
学前教育	2384	2332	52	24512	20255	3088	756	28354
初等教育	2121	1340	781	166961	103103	7330	5990	179770
中等教育	2563	2425	138	229359	126061	2679	254	231162
高等教育	240	217	23	86544	41127	248	31	85417
其他教育	4256	4198	58	55750	26817	4454	256	58544
卫生、社会保障和社会福利业	**10138**	**9803**	**335**	**285005**	**172513**	**14192**	**4389**	**303214**
卫生	8085	7777	308	260014	159780	11740	3963	276114
医院	1080	954	126	187250	119399	1199	245	194019
卫生院及社区医疗活动	1700	1549	151	32540	18165	2142	593	33906
门诊部医疗活动	4092	4089	3	12884	6291	6908	2819	19613
计划生育技术服务活动	327	327		2231	1363	469	142	2945
妇幼保健活动	140	136	4	5938	4554	149	13	5883
专科疾病防治活动	100	94	6	3260	1750	106	12	3214
疾病预防控制及防疫活动	529	514	15	12466	6374	642	128	12618
其他卫生活动	117	114	3	3445	1884	125	11	3916

1-3 续表 9

行业中类	法人单位					产业活动单位		
	单位数(个)	单产业法人	多产业法人	从业人员数(人)	#女性	单位数(个)	#多产业法人所属的产业活动单位数	从业人员数(人)
社会保障业	427	413	14	7279	3467	616	203	8133
社会保障业	427	413	14	7279	3467	616	203	8133
社会福利业	1626	1613	13	17712	9266	1836	223	18967
提供住宿的社会福利	1328	1319	9	14781	8062	1491	172	15765
不提供住宿的社会福利	298	294	4	2931	1204	345	51	3202
文化、体育和娱乐业	**3477**	**3409**	**68**	**74009**	**31106**	**4003**	**594**	**79536**
新闻出版业	274	259	15	12779	5552	324	65	14717
新闻业	34	33	1	615	222	45	12	1359
出版业	240	226	14	12164	5330	279	53	13358
广播、电视、电影和音像业	502	483	19	17549	6548	711	228	19400
广播	118	115	3	3527	1379	251	136	4482
电视	147	140	7	10816	3974	202	62	11519
电影	185	177	8	2923	1118	204	27	2996
音像制作	52	51	1	283	77	54	3	403
文化艺术业	1379	1362	17	22109	10512	1538	176	22962
文艺创作与表演	259	258	1	4867	2114	268	10	4915
艺术表演场馆	54	52	2	1631	592	54	2	1611
图书馆与档案馆	264	260	4	4723	2763	288	28	4931
文物及文化保护	65	62	3	1587	641	68	6	1588
博物馆	83	83		2140	921	91	8	2230
烈士陵园、纪念馆	31	30	1	630	289	31	1	626
群众文化活动	450	444	6	5603	2832	555	111	6090
文化艺术经纪代理	65	65		346	124	66	1	348
其他文化艺术	108	108		582	236	117	9	623
体育	420	414	6	6580	1996	450	36	6856
体育组织	227	223	4	3463	917	237	14	3549
体育场馆	88	87	1	1633	616	106	19	1805
其他体育	105	104	1	1484	463	107	3	1502
娱乐业	902	891	11	14992	6498	980	89	15601
室内娱乐活动	531	525	6	7131	2754	574	49	7716
游乐园	29	28	1	1613	874	32	4	1142
休闲健身娱乐活动	275	271	4	5317	2509	303	32	5588
其他娱乐活动	67	67		931	361	71	4	1155
公共管理和社会组织	**40036**	**36416**	**3620**	**762559**	**237640**	**48671**	**12255**	**755488**
中国共产党机关	1677	1605	72	27404	6307	1717	112	27063
中国共产党机关	1677	1605	72	27404	6307	1717	112	27063
国家机构	13861	11957	1904	522986	143509	22128	10171	518538
国家权力机构	139	135	4	4386	949	156	21	5065
国家行政机构	13397	11560	1837	494152	135933	21403	9843	488116
人民法院和人民检察院	273	211	62	23586	6387	494	283	24257
其他国家机构	52	51	1	862	240	75	24	1100
人民政协和民主党派	241	241		3542	923	242	1	3546
人民政协	120	120		2798	660	120		2798
民主党派	121	121		744	263	122	1	748
群众团体、社会团体和宗教组织	8569	8492	77	100288	37758	8896	404	101222
群众团体	738	696	42	6473	2824	751	55	6347
社会团体	6647	6630	17	78391	25895	6734	104	78743
宗教组织	1184	1166	18	15424	9039	1411	245	16132
基层群众自治组织	15688	14121	1567	108339	49143	15688	1567	105119
社区自治组织	3916	3661	255	42245	32147	3935	274	41686
村民自治组织	11772	10460	1312	66094	16996	11753	1293	63433

1-4　按登记注册类型分组的法人单位数、产业活动单位数及从业人员数

登记注册类型	法人单位					产业活动单位		
	单位数(个)	单产业法人	多产业法人	从业人员数(人)	#女性	单位数(个)	#多产业法人所属的产业活动单位数	从业人员数(人)
总　计	**315405**	**305718**	**9687**	**10307946**	**3303686**	**372709**	**66991**	**10718590**
内资企业	**305975**	**296523**	**9452**	**9335418**	**2883546**	**360116**	**63593**	**9680570**
国有企业	47620	43486	4134	2754234	991815	73160	29674	2885338
集体企业	20819	19969	850	655962	214063	27818	7849	698640
股份合作企业	3941	3836	105	106170	35039	5562	1726	117085
联营企业	434	431	3	19932	4694	526	95	19997
国有联营企业	69	68	1	2271	742	96	28	2412
集体联营企业	196	196		5772	1277	232	36	5946
国有与集体联营企业	57	56	1	8378	1517	72	16	8067
其他联营企业	112	111	1	3511	1158	126	15	3572
有限责任公司	36650	35858	792	1579489	417607	40710	4852	1643479
国有独资公司	418	367	51	210392	52799	858	491	228240
其他有限责任公司	36232	35491	741	1369097	364808	39852	4361	1415239
股份有限公司	3988	3598	390	488085	158633	10034	6436	539799
私营企业	163688	162182	1506	3440811	939524	169634	7452	3467671
私营独资企业	66188	65881	307	1180689	341299	67391	1510	1187283
私营合伙企业	4978	4944	34	85556	25162	5101	157	85995
私营有限责任公司	86780	85675	1105	2023144	529581	91027	5352	2034781
私营股份有限公司	5742	5682	60	151422	43482	6115	433	159612
其他企业	28835	27163	1672	290735	122171	32672	5509	308561
港、澳、台商投资企业	**1991**	**1917**	**74**	**204325**	**81080**	**3188**	**1271**	**213296**
合资经营企业(港、澳、台资)	997	975	22	113141	44876	1178	203	115666
合作经营企业(港、澳、台资)	100	97	3	14336	6640	119	22	15574
港、澳、台商独资经营企业	783	742	41	65758	25831	1420	678	69238
港、澳、台商投资股份有限公司	111	103	8	11090	3733	471	368	12818
外商投资企业	**7439**	**7278**	**161**	**768203**	**339060**	**9405**	**2127**	**824724**
中外合资经营企业	3220	3155	65	312039	113035	3571	416	350331
中外合作经营企业	354	346	8	34640	15629	406	60	36761
外资企业	3682	3607	75	386030	197897	5063	1456	402978
外商投资股份有限公司	183	170	13	35494	12499	365	195	34654

1-5 按地区、机构类型分组的法人单位数

地区	法人单位数(个)	企业法人	事业法人	机关法人	社会团体	民办非企业单位	基金会	居委会	村委会	其他组织机构
全省	**315405**	**243783**	**26968**	**9468**	**7781**	**7754**	**12**	**3918**	**11773**	**3948**
沈阳市	**78734**	**66404**	**4913**	**1361**	**1433**	**1316**	**8**	**861**	**1510**	**928**
和平区	12938	11313	618	157	412	244	4	82	6	102
沈河区	11522	10227	568	153	301	102		67		104
大东区	5665	4920	333	68	73	145	1	88		37
皇姑区	6567	5554	445	114	121	200	2	100		31
铁西区	7375	6591	247	71	175	130	1	120		40
苏家屯区	3210	2466	329	118	68	32		41	127	29
东陵区	8195	7326	342	84	45	100		104	165	29
沈北新区	3396	2782	237	89	42	15		72	125	34
于洪区	11269	10220	466	111	64	105		82	173	48
辽中县	1726	1140	210	93	21	7		48	187	20
康平县	2128	1280	269	88	63	207		11	162	48
法库县	2382	1127	504	102	17	7		14	226	385
新民市	2361	1458	345	113	31	22		32	339	21
大连市	**77293**	**68736**	**2826**	**995**	**1232**	**1437**	**3**	**566**	**992**	**506**
中山区	10321	9529	269	101	147	188	1	58		28
西岗区	8532	7669	301	121	198	193	1	45		4
沙河口区	10457	9628	242	84	106	289	1	87		20
甘井子区	14018	13119	320	77	62	198		129	54	59
旅顺口区	3649	3134	197	65	85	80		15	69	4
金州区	13885	12797	379	112	133	178		82	174	30
长海县	354	173	71	50	15	5		7	23	10
瓦房店市	6790	5690	285	159	187	83		53	290	43
普兰店市	5003	3765	376	111	146	104		38	162	301
庄河市	4284	3232	386	115	153	119		52	220	7
鞍山市	**27996**	**22221**	**2188**	**609**	**505**	**1086**	**1**	**312**	**835**	**239**
铁东区	4424	3400	389	152	188	127		78	3	87
铁西区	2569	2226	148	51	33	57		48		6
立山区	3358	2844	135	75	22	135		81	8	58
千山区	4566	4032	228	86	45	33		32	81	29
台安县	2382	1577	405	75	87	65		9	153	11
岫岩满族自治县	2574	1565	534	84	81	87		8	196	19
海城市	8123	6577	349	86	49	582	1	56	394	29
抚顺市	**17323**	**12505**	**1229**	**579**	**517**	**606**		**354**	**614**	**919**
新抚区	2192	1538	175	85	138	185		61	2	8
东洲区	2483	1962	139	87	28	140		92	28	7
望花区	3812	3347	126	75	48	56		86	40	34
顺城区	3080	2159	353	163	106	188		73	33	5
抚顺县	1597	1059	64	22	39	13		4	143	253
新宾满族自治县	2108	1343	170	82	88	9		16	180	220
清原满族自治县	2051	1097	202	65	70	15		22	188	392
本溪市	**9995**	**6963**	**1028**	**510**	**437**	**355**		**208**	**284**	**210**
平山区	2842	2063	243	138	123	179		48	11	37
溪湖区	1699	1306	106	80	35	34		50	26	62
明山区	2375	1689	250	71	129	97		48	22	69
南芬区	477	265	98	55	7	2		14	23	13
本溪满族自治县	1332	901	145	72	71	12		29	98	4
桓仁满族自治县	1270	739	186	94	72	31		19	104	25
丹东市	**15380**	**10405**	**2158**	**648**	**440**	**718**		**178**	**660**	**173**
元宝区	1829	1463	129	65	39	80		38	7	8
振兴区	3624	2721	355	176	139	146		54	30	3
振安区	1300	853	193	72	34	75		15	45	13
宽甸满族自治县	2794	1547	557	108	85	289		14	178	16
东港市	2885	1776	540	112	83	93		23	199	59
凤城市	2948	2045	384	115	60	35		34	201	74

1-5 续表

地区	法人单位数(个)	企业法人	事业法人	机关法人	社会团体	民办非企业单位	基金会	居委会	村委会	其他组织机构
锦州市	**13640**	**8489**	**1955**	**606**	**466**	**730**		**223**	**1135**	**36**
古塔区	2163	1609	249	89	84	71		49	5	7
凌河区	2332	1694	290	90	84	103		66	2	3
太和区	2900	2114	294	133	76	123		35	121	4
黑山县	2018	784	392	78	56	392		22	278	16
义县	1281	583	324	73	33	10		16	239	3
凌海市	1580	889	227	74	90	13		18	266	3
北镇市	1366	816	179	69	43	18		17	224	
营口市	**16230**	**12862**	**1188**	**468**	**427**	**418**		**138**	**641**	**88**
站前区	3625	2646	342	144	205	233		43		12
西市区	1577	1308	90	50	34	71		21		3
鲅鱼圈区	3358	2928	190	63	44	45		30	48	10
老边区	1856	1560	147	55	27	2		5	59	1
盖州市	2571	1863	217	83	44	17		16	283	48
大石桥市	3243	2557	202	73	73	50		23	251	14
阜新市	**9500**	**5526**	**1766**	**669**	**358**	**265**		**191**	**623**	**102**
海州区	1900	1278	291	114	86	46		64	9	12
新邱区	537	286	136	57	19	15		13	9	2
太平区	937	696	104	54	9	18		38	11	7
清河门区	440	214	89	58	18	27		12	16	6
细河区	2037	1373	357	123	74	49		40	12	9
阜新蒙古族自治县	2383	1080	536	139	77	106		8	382	55
彰武县	1266	599	253	124	75	4		16	184	11
辽阳市	**9113**	**6332**	**1070**	**532**	**255**	**185**		**124**	**538**	**77**
白塔区	1789	1242	198	147	92	75		27	4	4
文圣区	1336	974	123	84	39	59		32	4	21
宏伟区	653	498	60	39	14	7		18	13	4
弓长岭区	395	238	52	53	16	3		10	18	5
太子河区	935	678	108	60	28	11		15	32	3
辽阳县	2474	1742	330	75	41	5		12	242	27
灯塔市	1531	960	199	74	25	25		10	225	13
盘锦市	**9151**	**6562**	**1288**	**444**	**261**	**45**		**195**	**297**	**59**
双台子区	1226	906	137	85	30	6		39	8	15
兴隆台区	4400	3611	312	170	152	37		99	8	11
大洼县	2054	1103	610	114	46	2		48	126	5
盘山县	1471	942	229	75	33			9	155	28
铁岭市	**10841**	**5602**	**2271**	**788**	**488**	**131**		**166**	**1218**	**177**
银州区	2757	1349	697	300	253	54		61	28	15
清河区	709	353	154	70	61	16		8	41	6
铁岭县	1212	871	93	23	3	2		4	216	
西丰县	967	469	187	78	39	3		8	174	9
昌图县	2455	910	721	161	63	11		40	452	97
调兵山市	818	416	186	61	55	33		27	34	6
开原市	1923	1234	233	95	14	12		18	273	44
朝阳市	**10909**	**5566**	**1904**	**685**	**601**	**304**		**184**	**1359**	**306**
双塔区	2762	1568	491	223	206	132		53	49	40
龙城区	1008	727	63	74	36	16		18	67	7
朝阳县	946	409	103	29	20	1			298	86
建平县	1501	789	226	87	75	22		26	260	16
喀喇沁左翼蒙古族自治县	1086	426	189	83	65	35		11	190	87
北票市	1911	780	584	93	102	18		38	261	35
凌源市	1695	867	248	96	97	80		38	234	35
葫芦岛市	**9299**	**5609**	**1184**	**574**	**361**	**158**		**218**	**1067**	**128**
连山区	2198	1515	173	84	64	41		104	192	25
龙港区	1873	1259	256	151	73	50		56	19	9
南票区	419	194	50	54	37	3		16	61	4
绥中县	1735	974	220	96	113	6		9	280	37
建昌县	1136	440	213	110	53	18		6	276	20
兴城市	1938	1227	272	79	21	40		27	239	33

1-6 按地区、机构类型分组的法人单位从业人员数

地区	从业人员数(个)	企业法人	事业法人	机关法人	社会团体	民办非企业单位	基金会	居委会	村委会	其他组织机构
全省	**10307946**	**8422445**	**1155518**	**422380**	**88994**	**78345**	**62**	**42250**	**66096**	**31856**
沈阳市	**2213025**	**1804040**	**277131**	**78798**	**11820**	**14756**	**47**	**10619**	**8666**	**7148**
和平区	335191	252396	57908	17386	2860	2124	27	1389	80	1021
沈河区	248124	198513	32530	11357	2114	823		1219		1568
大东区	156589	128180	20751	4137	490	1568	6	1190		267
皇姑区	182589	133613	34552	8416	867	3050	12	1566		513
铁西区	131626	104934	15962	5039	2437	1542	2	1363		347
苏家屯区	87054	69076	12245	3139	732	440		478	713	231
东陵区	233649	204073	20967	4424	365	1454		1135	1014	217
沈北新区	141805	118680	16182	3527	335	1223		577	603	678
于洪区	425714	389491	23333	8544	371	1463		996	1204	312
辽中县	53577	38597	10106	3048	119	301		257	996	153
康平县	82180	67077	8245	3177	766	527		125	1245	1018
法库县	51615	37989	8591	2979	91	63		175	1124	603
新民市	83312	61421	15759	3625	273	178		149	1687	220
大连市	**2549658**	**2285409**	**153240**	**51019**	**20078**	**23375**	**11**	**5881**	**7719**	**2926**
中山区	255060	225488	15066	7975	1775	3630	6	856		264
西岗区	190688	161045	15270	10113	873	2754	1	573		59
沙河口区	234378	195972	26951	4304	1284	4313	4	1187		363
甘井子区	432803	396691	22842	4442	546	5606		1070	1203	403
旅顺口区	113185	97324	10606	2457	943	850		176	811	18
金州区	579624	546836	19213	5682	2154	2868		799	1772	300
长海县	8184	4810	1757	1271	47	31		61	124	83
瓦房店市	271857	246648	11955	7416	1910	1022		567	1943	396
普兰店市	226321	200294	13719	3895	5648	775		283	771	936
庄河市	237558	210301	15861	3464	4898	1526		309	1095	104
鞍山市	**813895**	**671450**	**92008**	**30677**	**3337**	**7616**	**4**	**2178**	**4035**	**2590**
铁东区	135556	100205	20851	10250	1151	1314		610	27	1148
铁西区	171480	160959	7954	1505	101	482		431		48
立山区	79546	66418	9513	1817	91	827		498	58	324
千山区	98363	84199	10121	2404	208	326		190	594	321
台安县	66388	53070	8467	2575	842	511		38	791	94
岫岩满族自治县	62098	43735	12008	4138	532	453		78	801	353
海城市	200464	162864	23094	7988	412	3703	4	333	1764	302
抚顺市	**511866**	**410067**	**53176**	**27417**	**4426**	**4708**		**4525**	**2908**	**4639**
新抚区	128348	110635	7798	7536	528	1191		577	17	66
东洲区	62851	50448	6915	2222	236	903		1845	137	145
望花区	116199	100781	8633	3492	246	781		1089	175	1002
顺城区	98183	69598	16054	8453	1449	1608		838	163	20
抚顺县	28110	24265	1735	293	408	88		16	739	566
新宾满族自治县	38374	27156	5332	2943	1096	60		68	872	847
清原满族自治县	39801	27184	6709	2478	463	77		92	805	1993
本溪市	**401178**	**319551**	**47666**	**18279**	**5663**	**4091**		**2584**	**1990**	**1354**
平山区	169159	145190	12820	6623	1188	2225		573	73	467
溪湖区	56563	49101	3976	2020	361	255		403	152	295
明山区	75121	51845	14981	3775	1235	1428		1193	395	269
南芬区	15227	12144	1936	823	19	15		101	117	72
本溪满族自治县	47959	34941	7357	2619	1948	58		212	759	65
桓仁满族自治县	37149	26330	6596	2419	912	110		102	494	186
丹东市	**468631**	**370121**	**60244**	**22712**	**3377**	**4064**		**1371**	**3535**	**3207**
元宝区	36789	28441	3789	3362	257	532		322	42	44
振兴区	145735	118638	16601	7438	977	1423		491	153	14
振安区	43480	35161	5375	2002	119	326		150	232	115
宽甸满族自治县	60029	45213	10096	2374	387	748		49	870	292
东港市	106233	87634	12381	3663	316	827		166	935	311
凤城市	76365	55034	12002	3873	1321	208		193	1303	2431

1-6　续表

地　　区	从业人员数（个）	企业法人	事业法人	机关法人	社会团体	民办非企业单位	基金会	居委会	村委会	其他组织机构
锦州市	**463185**	**339639**	**79362**	**28667**	**4432**	**3805**		**1298**	**5811**	**171**
古塔区	83504	64362	13094	3945	947	738		349	27	42
凌河区	99985	78869	14271	4113	1347	863		494	16	12
太和区	102569	82619	11348	6819	332	573		135	699	44
黑山县	49869	32070	11958	3119	337	706		119	1506	54
义县	29935	16027	9562	2603	597	58		60	1019	9
凌海市	59960	43108	10430	3733	651	466		69	1493	10
北镇市	37363	22584	8699	4335	221	401		72	1051	
营口市	**484551**	**398124**	**50795**	**23035**	**1690**	**4443**		**1312**	**3480**	**1672**
站前区	95675	73983	10930	7474	721	1838		432		297
西市区	41334	33511	5463	1202	141	628		368		21
鲅鱼圈区	113607	101989	7645	3051	135	325		156	241	65
老边区	51290	45381	3472	1925	96	26		48	312	30
盖州市	76090	57259	11474	4720	185	404		89	1123	836
大石桥市	106555	86001	11811	4663	412	1222		219	1804	423
阜新市	**343562**	**248905**	**56846**	**19279**	**7069**	**2702**		**3994**	**4010**	**757**
海州区	97762	82261	10552	3274	511	370		652	57	85
新邱区	16403	13486	1835	695	128	95		79	83	2
太平区	32066	25452	2188	1504	30	170		2414	265	43
清河门区	11505	8099	2025	835	124	195		47	125	55
细河区	67645	44165	17161	4860	292	726		197	139	105
阜新蒙古族自治县	87924	61359	13522	4255	5227	1086		56	2001	418
彰武县	30257	14083	9563	3856	757	60		549	1340	49
辽阳市	**359388**	**290956**	**41690**	**17084**	**2459**	**2090**		**1126**	**3036**	**947**
白塔区	91431	77052	8210	4568	482	716		354	18	31
文圣区	46423	34289	8850	2072	133	668		265	23	123
宏伟区	55954	52030	2178	1045	247	195		148	76	35
弓长岭区	18436	15081	1654	1274	62	17		106	86	156
太子河区	36598	29420	3806	1805	995	196		98	173	105
辽阳县	66431	53060	8748	2735	249	137		69	1264	169
灯塔市	44115	30024	8244	3585	291	161		86	1396	328
盘锦市	**469333**	**400863**	**42777**	**18855**	**2046**	**863**		**1525**	**2045**	**359**
双台子区	52146	36686	10862	3701	127	152		412	70	136
兴隆台区	288992	264908	12911	9134	735	566		663	45	30
大洼县	92484	74165	12303	3760	823	145		395	862	31
盘山县	35711	25104	6701	2260	361			55	1068	162
铁岭市	**415290**	**294913**	**69305**	**27411**	**12851**	**1515**		**1258**	**5841**	**2196**
银州区	104875	61869	22928	10507	7560	836		680	159	336
清河区	20023	14918	2411	1430	883	122		43	172	44
铁岭县	44474	37435	4606	1299	11	100		16	1007	
西丰县	24932	13392	7078	2784	668	59		45	751	155
昌图县	61849	33563	17581	4494	2853	77		289	2435	557
调兵山市	87094	78902	4461	2698	595	122		113	160	43
开原市	72043	54834	10240	4199	281	199		72	1157	1061
朝阳市	**422919**	**291075**	**74929**	**34482**	**6352**	**2318**		**2824**	**8336**	**2603**
双塔区	119194	83454	20298	10488	2175	721		1384	326	348
龙城区	37644	30903	3421	1519	411	319		250	772	49
朝阳县	29331	19705	5156	2010	307	4			1702	447
建平县	46423	27874	10729	5053	867	263		198	1347	92
喀喇沁左翼蒙古族自治县	42463	26891	9013	4125	397	244		70	1040	683
北票市	68341	48563	12950	3634	766	115		449	1260	604
凌源市	79523	53685	13362	7653	1429	652		473	1889	380
葫芦岛市	**361878**	**267745**	**56349**	**24665**	**3394**	**1999**		**1755**	**4684**	**1287**
连山区	105432	89003	9071	4045	460	711		971	950	221
龙港区	105187	84318	11165	7554	880	650		430	151	39
南票区	15840	11626	1766	1470	180	22		108	260	408
绥中县	45419	28018	9994	4193	1464	131		89	1145	385
建昌县	35438	20343	9602	3682	307	224		23	1152	105
兴城市	54562	34437	14751	3721	103	261		134	1026	129

1-7 按行业(大类)、地区

行业大类	法人单位数(个)	沈阳市	和平区	沈河区	大东区	皇姑区	铁西区	苏家屯区
总　计	**315405**	**78734**	**12938**	**11522**	**5665**	**6567**	**7375**	**3210**
农、林、牧、渔业	**43**	**6**						**3**
农业	12	2						
林业	15							
畜牧业	6	3						3
渔业	7							
农、林、牧、渔服务业	3	1						
采矿业	**5522**	**138**			**2**	**1**		**21**
煤炭开采和洗选业	734	18						4
石油和天然气开采业	103							
黑色金属矿采选业	1569	7				1		1
有色金属矿采选业	767	3			1			
非金属矿采选业	2341	110			1			16
其他采矿业	8							
制造业	**82600**	**20405**	**870**	**716**	**1493**	**1183**	**1351**	**1431**
农副食品加工业	4896	771	3		8	16	11	88
食品制造业	1881	383	18	14	17	14	17	21
饮料制造业	1260	236	2	3	8	1	7	17
烟草制品业	6	2	2					
纺织业	2214	277	10	8	41	9	12	19
纺织服装、鞋、帽制造业	3523	521	21	45	42	27	25	20
皮革、毛皮、羽毛(绒)及其制品业	585	250	12	9	7	7	8	11
木材加工及木、竹、藤、棕、草制品业	2283	409	7	7	14	7	7	21
家具制造业	1080	417	7	4	4	8	5	31
造纸及纸制品业	1602	403	12	9	23	20	13	31
印刷业和记录媒介的复制	2102	704	90	95	75	65	81	13
文教体育用品制造业	298	92	2	5	9	3	2	3
石油加工、炼焦及核燃料加工业	927	144	1	1	9		2	7
化学原料及化学制品制造业	5088	1096	26	23	54	50	55	99
医药制造业	735	239	13	11	13	9	15	12
化学纤维制造业	112	12		1			1	1
橡胶制品业	1179	370	9	18	21	16	27	20
塑料制品业	3822	935	19	20	39	28	37	74
非金属矿物制品业	7970	1318	25	17	49	22	50	212
黑色金属冶炼及压延加工业	1300	194	5	1	16	5	14	33
有色金属冶炼及压延加工业	926	253	4	5	5	8	6	64
金属制品业	5659	1433	46	39	129	94	69	98
通用设备制造业	14784	4006	141	82	331	342	419	173
专用设备制造业	5321	1591	84	59	190	119	121	73
交通运输设备制造业	4119	1084	69	36	106	90	101	87
电气机械及器材制造业	4569	2032	119	92	168	114	182	141
通信设备、计算机及其他电子设备制造业	1055	383	56	22	25	41	16	21
仪器仪表及文化、办公用机械制造业	1644	450	46	56	60	46	33	6
工艺品及其他制造业	1445	374	20	34	28	21	14	32
废弃资源和废旧材料回收加工业	215	26	1		2	1	1	3
电力、燃气及水的生产和供应业	**1488**	**288**	**42**	**34**	**17**	**10**	**20**	**13**
电力、热力的生产和供应业	957	215	32	28	14	8	17	10
燃气生产和供应业	115	21	3	2	2		1	2
水的生产和供应业	416	52	7	4	1	2	2	1
建筑业	**14959**	**4361**	**733**	**770**	**435**	**436**	**440**	**141**
房屋和土木工程建筑业	5015	1185	184	164	83	106	72	70
建筑安装业	4004	1459	271	237	144	154	129	51
建筑装饰业	4586	1448	250	325	190	150	202	18
其他建筑业	1354	269	28	44	18	26	37	2
交通运输、仓储和邮政业	**8958**	**1968**	**217**	**240**	**174**	**134**	**221**	**56**
铁路运输业	19							
道路运输业	3784	1144	86	76	111	62	133	34

分组的法人单位数

东陵区	沈北新区	于洪区	辽中县	康平县	法库县	新民市	大连市	中山区	西岗区	沙河口区	甘井子区
8195	**3396**	**11269**	**1726**	**2128**	**2382**	**2361**	**77293**	**10321**	**8532**	**10457**	**14018**
1				**2**			**6**				**2**
1				1			2				1
							3				1
				1			1				
10	**19**	**2**		**16**	**56**	**11**	**213**	**2**			**12**
	7			4	3						
5							7				
	1				1		6				
5	11	2		12	52	11	198	1			11
							2	1			1
3631	**1548**	**5819**	**761**	**397**	**354**	**851**	**21103**	**459**	**674**	**962**	**5138**
94	118	131	111	43	33	115	1432	30	20	12	230
80	50	93	9	11	14	25	584	27	14	26	131
46	40	34	30	11	15	22	208	6	1	7	17
62	23	62	9	8	2	12	483	13	11	18	91
44	30	205	26	16	8	12	1499	41	37	62	357
143	4	31	11	2	1	4	126	4	9	10	52
64	36	146	30	9	28	33	629	6	3	7	220
84	22	228	7	5	3	9	280	8	4	6	76
105	43	97	22	4	5	19	408	7	6	8	70
102	42	86	16	6	5	28	431	33	42	54	101
25	4	37	1			1	95	1	2	3	26
22	19	44	17	1	3	18	91			1	42
186	134	305	53	13	22	76	1093	27	37	35	334
56	40	40	8	3	3	16	124	7		4	28
4	3	1	1				26			1	5
69	23	137	15	5	5	5	188	1	9	8	59
174	70	280	21	110	9	54	1009	19	20	28	251
264	86	331	38	47	101	76	1187	11	15	27	291
37	19	45	11	2	1	5	186	1	1	6	72
50	22	57	9	6	9	8	73	1		2	21
297	119	462	25	14	15	26	1638	31	89	56	540
546	222	1413	145	28	33	131	4993	42	98	220	999
281	115	457	35	14	13	30	1251	21	40	80	281
189	73	249	38	16	6	24	1251	57	97	76	339
337	121	616	31	12	11	88	809	14	29	71	222
92	25	75	3	3	1	3	283	8	13	12	75
107	15	72	4	2		3	446	24	54	103	144
68	28	78	30	5	8	8	240	18	22	19	53
3	2	7	5	1			40	1	1		11
32	**26**	**56**	**11**	**10**	**10**	**7**	**272**	**15**	**19**	**24**	**60**
24	19	42	5	7	6	3	164	9	11	17	33
2	1	2	2	2	1	1	38	3	1	1	16
6	6	12	4	1	3	3	70	3	7	6	11
390	**175**	**548**	**41**	**157**	**27**	**68**	**5210**	**539**	**768**	**980**	**927**
123	80	162	23	68	17	33	1403	53	138	158	237
126	51	200	11	59	7	19	1359	147	185	289	269
112	35	139	1	19	2	5	1834	288	336	439	301
29	9	47	6	11	1	11	614	51	109	94	120
243	**66**	**352**	**31**	**106**	**98**	**30**	**3494**	**1451**	**315**	**234**	**559**
129	36	237	21	101	94	24	821	32	72	52	290

1-7 续表 1

行业大类	法人单位数(个)	沈阳市	和平区	沈河区	大东区	皇姑区	铁西区	苏家屯区
城市公共交通业	571	207	22	31	13	33	30	4
水上运输业	284	4	1	2				
航空运输业	32	11		2	3			2
管道运输业	6	1				1		
装卸搬运和其他运输服务业	3173	365	84	95	24	29	44	4
仓储业	876	173	7	13	18	4	11	11
邮政业	213	63	17	21	5	5	3	1
信息传输、计算机服务和软件业	**6330**	**1931**	**653**	**384**	**79**	**173**	**119**	**22**
电信和其他信息传输服务业	975	346	85	60	12	26	24	3
计算机服务业	2553	694	235	141	28	43	37	15
软件业	2802	891	333	183	39	104	58	4
批发和零售业	**72700**	**22065**	**5150**	**4486**	**1778**	**2114**	**3060**	**426**
批发业	48836	16200	3368	3514	1431	1270	2604	248
零售业	23864	5865	1782	972	347	844	456	178
住宿和餐饮业	**5658**	**915**	**230**	**250**	**60**	**118**	**79**	**26**
住宿业	1948	435	98	129	22	59	32	9
餐饮业	3710	480	132	121	38	59	47	17
金融业	**1410**	**338**	**83**	**164**	**14**	**18**	**10**	**5**
银行业	277	41	9	24			1	1
证券业	51	16	5	6	1	2		
保险业	533	108	28	59	4	6	2	1
其他金融活动	549	173	41	75	9	10	7	3
房地产业	**11379**	**3575**	**638**	**701**	**297**	**281**	**343**	**107**
房地产业	11379	3575	638	701	297	281	343	107
租赁和商务服务业	**20085**	**6397**	**1769**	**1632**	**362**	**646**	**521**	**125**
租赁业	740	233	42	30	19	21	17	6
商务服务业	19345	6164	1727	1602	343	625	504	119
科学研究、技术服务和地质勘查业	**10705**	**3047**	**696**	**593**	**131**	**300**	**198**	**118**
研究与试验发展	1444	631	125	99	29	47	53	23
专业技术服务业	5238	1578	414	320	58	142	104	41
科技交流和推广服务业	3844	784	154	162	41	88	41	53
地质勘查业	179	54	3	12	3	23		1
水利、环境和公共设施管理业	**2642**	**599**	**65**	**64**	**44**	**48**	**40**	**40**
水利管理业	919	159	17	6	2	2		13
环境管理业	646	205	19	18	17	34	19	6
公共设施管理业	1077	235	29	40	25	12	21	21
居民服务和其他服务业	**5711**	**1185**	**240**	**229**	**90**	**148**	**102**	**37**
居民服务业	3450	576	128	122	37	66	57	24
其他服务业	2261	609	112	107	53	82	45	13
教育	**11564**	**2275**	**375**	**289**	**251**	**358**	**202**	**118**
教育	11564	2275	375	289	251	358	202	118
卫生、社会保障和社会福利业	**10138**	**2052**	**124**	**135**	**98**	**101**	**221**	**55**
卫生	8085	1782	107	110	82	76	207	41
社会保障业	427	52	3	3	5	3	2	
社会福利业	1626	218	14	22	11	22	12	14
文化、体育和娱乐业	**3477**	**813**	**237**	**139**	**59**	**97**	**43**	**23**
新闻出版业	274	150	63	28	7	26	4	1
广播、电视、电影和音像业	502	140	43	23	9	14	3	7
文化艺术业	1379	315	67	64	27	39	12	9
体育	420	67	30	4	1	2	5	3
娱乐业	902	141	34	20	15	16	19	3
公共管理和社会组织	**40036**	**6376**	**816**	**696**	**281**	**401**	**405**	**443**
中国共产党机关	1677	304	23	26	10	20	10	38
国家机构	13861	2086	243	290	106	149	93	155
人民政协和民主党派	241	47	20	8	1	9	1	1
群众团体、社会团体和宗教组织	8569	1569	442	305	76	123	182	81
基层群众自治组织	15688	2370	88	67	88	100	119	168

东陵区	沈北新区	于洪区	辽中县	康平县	法库县	新民市	大连市	中山区	西岗区	沙河口区	甘井子区
26	2	37		3	3	3	160	32	49	19	20
		1					178	44	24	12	22
4							15	3	1		10
							3				
29	11	40	2	2	1		1990	1310	150	140	108
48	17	33	8			3	261	17	5	3	94
7		4					66	13	14	8	15
248	**46**	**94**	**14**	**17**	**71**	**11**	**2493**	**406**	**288**	**551**	**843**
28	9	16	8	8	63	4	210	52	24	50	25
102	20	53	6	5	4	5	698	97	88	95	171
118	17	25		4	4	2	1585	257	176	406	647
1345	**366**	**2153**	**184**	**364**	**339**	**300**	**19270**	**3135**	**2741**	**3649**	**3308**
1028	259	1777	88	197	260	156	14983	2615	2398	2933	2442
317	107	376	96	167	79	144	4287	520	343	716	866
62	**14**	**44**	**5**	**9**	**7**	**11**	**1244**	**296**	**191**	**196**	**130**
42	9	21	2	5	2	5	611	153	126	74	44
20	5	23	3	4	5	6	633	143	65	122	86
13	**9**	**9**	**3**	**5**	**2**	**3**	**252**	**112**	**48**	**30**	**22**
	1	1	1	1	1	1	42	26	6	1	1
	1	1					11	6	1	3	
3		2	1	2			68	37	17	11	1
10	7	5	1	2	1	2	131	43	24	15	20
422	**198**	**430**	**30**	**36**	**24**	**68**	**3694**	**637**	**652**	**574**	**520**
422	198	430	30	36	24	68	3694	637	652	574	520
359	**136**	**358**	**61**	**129**	**136**	**163**	**6922**	**1753**	**1327**	**1515**	**711**
40	4	35	3	6	7	3	302	44	34	54	74
319	132	323	58	123	129	160	6620	1709	1293	1461	637
384	**157**	**217**	**45**	**53**	**106**	**49**	**2685**	**315**	**440**	**540**	**477**
125	52	60	5	2	5	6	410	21	29	108	134
193	62	100	27	37	48	32	1358	194	294	289	189
66	36	55	12	13	52	11	903	100	116	143	150
	7	2	1	1	1		14		1		4
63	**45**	**73**	**19**	**17**	**42**	**39**	**452**	**48**	**25**	**43**	**48**
10	17	7	14	10	33	28	89	4	2	2	
22	16	38	2	5	5	4	90	14	8	14	10
31	12	28	3	2	4	7	273	30	15	27	38
114	**39**	**123**	**8**	**23**	**11**	**21**	**1443**	**285**	**188**	**273**	**288**
37	15	52	3	11	7	17	751	188	94	150	89
77	24	71	5	12	4	4	692	97	94	123	199
178	**79**	**171**	**53**	**60**	**65**	**76**	**2243**	**232**	**235**	**340**	**367**
178	79	171	53	60	65	76	2243	232	235	340	367
157	**40**	**197**	**56**	**304**	**486**	**78**	**1209**	**105**	**96**	**99**	**159**
141	31	170	40	265	466	46	855	71	59	70	98
2	2	1	2	23	2	4	81	4	10	2	1
14	7	26	14	16	18	28	273	30	27	27	60
61	**28**	**50**	**8**	**18**	**31**	**19**	**737**	**163**	**120**	**129**	**63**
6	2	10			1	2	36	9	6	11	3
12	5	4	2	5	10	3	66	11	5	16	4
21	13	19	4	12	18	10	299	67	52	39	21
6	2	8	2	1		3	131	22	40	23	13
16	6	9			2	1	205	54	17	40	22
482	**405**	**573**	**396**	**405**	**517**	**556**	**4351**	**368**	**405**	**318**	**384**
15	24	13	28	29	30	38	195	22	14	12	20
147	129	234	99	110	225	106	1328	135	159	115	113
1	1	1	1	1	1	1	21	11	1	2	1
50	54	70	33	92	21	40	1251	143	186	102	67
269	197	255	235	173	240	371	1556	57	45	87	183

1-7 续表 2

行业大类	旅顺口区	金州区	长海县	瓦房店市	普兰店市	庄河市	鞍山市	铁东区
总　　计	**3649**	**13885**	**354**	**6790**	**5003**	**4284**	**27996**	**4424**
农、林、牧、渔业			**3**	**1**				
农业				1				
林业								
畜牧业								
渔业			2					
农、林、牧、渔服务业			1					
采矿业	**13**	**27**		**70**	**29**	**60**	**635**	**5**
煤炭开采和洗选业								
石油和天然气开采业								
黑色金属矿采选业				1	2	4	133	4
有色金属矿采选业		1		2	1	2	112	
非金属矿采选业	13	26		67	26	54	388	1
其他采矿业							2	
制造业	**1901**	**5576**	**46**	**2855**	**1976**	**1516**	**7844**	**269**
农副食品加工业	116	334	30	228	134	298	388	4
食品制造业	41	107	1	118	61	58	134	5
饮料制造业	9	54		41	45	28	109	1
烟草制品业								
纺织业	16	114	1	76	93	50	325	4
纺织服装、鞋、帽制造业	40	443		62	351	106	408	10
皮革、毛皮、羽毛(绒)及其制品业	2	34		6	5	4	71	4
木材加工及木、竹、藤、棕、草制品业	24	264		39	42	24	144	2
家具制造业	12	87		25	40	22	80	2
造纸及纸制品业	18	167		46	48	38	124	2
印刷业和记录媒介的复制	12	116	1	24	29	19	143	38
文教体育用品制造业	6	29		3	8	17	9	2
石油加工、炼焦及核燃料加工业	6	15		20	7		39	1
化学原料及化学制品制造业	79	299		129	111	42	441	7
医药制造业	8	49		12	12	4	31	
化学纤维制造业		6		3	9	2	12	
橡胶制品业	29	31		14	18	19	68	5
塑料制品业	76	370	2	81	77	85	345	11
非金属矿物制品业	107	302	2	200	162	70	1172	14
黑色金属冶炼及压延加工业	12	67		7	16	4	126	2
有色金属冶炼及压延加工业	9	23		5	4	8	36	
金属制品业	197	437		149	79	60	801	33
通用设备制造业	667	1078	1	1230	372	286	1161	37
专用设备制造业	142	425		99	65	98	488	19
交通运输设备制造业	155	236	8	142	63	78	253	23
电气机械及器材制造业	79	199		61	89	45	298	20
通信设备、计算机及其他电子设备制造业	12	129		6	7	21	96	3
仪器仪表及文化、办公用机械制造业	12	78		6	14	11	239	17
工艺品及其他制造业	12	72		13	13	18	278	3
废弃资源和废旧材料回收加工业	3	11		10	2	1	25	
电力、燃气及水的生产和供应业	**21**	**52**	**6**	**43**	**15**	**17**	**202**	**15**
电力、热力的生产和供应业	15	30	5	26	4	14	65	10
燃气生产和供应业	4	5		7	1		18	4
水的生产和供应业	2	17	1	10	10	3	119	1
建筑业	**190**	**968**	**19**	**262**	**251**	**306**	**999**	**364**
房屋和土木工程建筑业	65	234	13	154	147	204	378	89
建筑安装业	38	316	1	39	46	29	285	88
建筑装饰业	60	292	5	35	33	45	260	164
其他建筑业	27	126		34	25	28	76	23
交通运输、仓储和邮政业	**65**	**539**	**22**	**158**	**79**	**72**	**427**	**63**
铁路运输业								
道路运输业	20	178	6	95	53	23	280	25

铁西区	立山区	千山区	台安县	岫岩满族自治县	海城市	抚顺市	新抚区	东洲区	望花区	顺城区
2569	**3358**	**4566**	**2382**	**2574**	**8123**	**17323**	**2192**	**2483**	**3812**	**3080**
						11				
						10				
						1				
	6	**65**		**223**	**336**	**299**	**1**	**70**	**24**	**22**
						82	1	41	13	
	2	47		29	51	97		26	3	3
				51	61	33				
	4	18		143	222	87		3	8	19
					2					
533	**937**	**2171**	**621**	**588**	**2725**	**4724**	**335**	**896**	**1440**	**804**
3	9	41	112	28	191	165	4	18	32	29
13	10	18	21	25	42	131	6	16	43	27
3	7	21	27	20	30	71	2	11	10	10
						1				
25	11	21	24	62	178	124	4	36	40	14
13	25	38	17	18	287	103	13	30	26	20
1	1	23	10	1	31	5		1	2	
4	4	27	37	12	58	412	4	20	13	53
3	5	38		4	28	57	2	10	8	15
10	8	24	18	6	56	83	10	28	24	10
13	16	20	7	6	43	90	19	14	26	24
1	1	4			1	6	1		2	2
1	4	11	7	2	13	125	12	43	40	17
40	46	144	52	25	127	429	15	106	166	61
2	1	15	6	3	4	68		4	10	4
1	1	7	1		2	8	1	3	3	
8	12	22	1	8	12	64	7	19	17	9
7	39	88	22	14	164	182	10	46	56	48
31	68	283	57	196	523	520	18	72	171	87
7	27	31		1	58	59		2	45	3
1	7	7	7	4	10	73	1	8	46	6
51	176	226	59	19	237	329	30	74	138	53
103	242	416	28	40	295	711	57	138	215	145
50	88	208	4	9	110	297	26	63	128	46
43	34	69	24	12	48	167	41	26	52	36
41	51	140	11	6	29	218	37	57	67	32
20	8	58	1	1	5	23		3	7	10
31	14	145	5	14	13	60	9	9	25	16
7	15	21	60	52	120	122	5	35	19	26
	7	5	3		10	21	1	4	9	1
5	**12**	**5**	**113**	**21**	**31**	**99**	**11**	**18**	**26**	**10**
3	9	3	5	19	16	86	9	18	23	9
1	3	1	5		4	2	1		1	
1		1	103	2	11	11	1		2	1
124	**137**	**143**	**50**	**35**	**146**	**759**	**109**	**110**	**202**	**158**
44	58	80	22	23	62	379	46	60	72	70
52	44	33	10	8	50	191	36	30	63	40
22	18	25	6	3	22	158	25	17	56	43
6	17	5	12	1	12	31	2	3	11	5
35	**35**	**95**	**48**	**22**	**129**	**446**	**65**	**66**	**105**	**64**
						2			1	1
21	23	68	38	15	90	301	34	58	79	31

1-7 续表 3

行业大类	旅顺口区	金州区	长海县	瓦房店市	普兰店市	庄河市	鞍山市	铁东区
城市公共交通业	4	30		2	1	3	32	9
水上运输业	13	22	13	9	8	11	2	
航空运输业			1				2	
管道运输业				3				
装卸搬运和其他运输服务业	21	215	1	20	10	15	59	18
仓储业	6	87	1	27	4	17	45	6
邮政业	1	7		2	3	3	7	5
信息传输、计算机服务和软件业	**24**	**304**	**4**	**39**	**24**	**10**	**709**	**165**
电信和其他信息传输服务业	4	23	1	16	11	4	54	27
计算机服务业	13	203	3	14	8	6	582	98
软件业	7	78		9	5		73	40
批发和零售业	**411**	**2830**	**17**	**1516**	**835**	**828**	**7152**	**1155**
批发业	252	2298	3	993	507	542	4049	530
零售业	159	532	14	523	328	286	3103	625
住宿和餐饮业	**51**	**148**	**12**	**107**	**58**	**55**	**1048**	**286**
住宿业	21	62	10	77	23	21	124	45
餐饮业	30	86	2	30	35	34	924	241
金融业	**1**	**15**	**2**	**5**	**3**	**14**	**118**	**75**
银行业	1	2	1	1	1	2	15	11
证券业					1		3	2
保险业		2					48	37
其他金融活动		11	1	4	1	12	52	25
房地产业	**209**	**717**	**16**	**163**	**119**	**87**	**660**	**248**
房地产业	209	717	16	163	119	87	660	248
租赁和商务服务业	**118**	**874**	**20**	**166**	**263**	**175**	**1055**	**469**
租赁业	4	57		17	6	12	47	11
商务服务业	114	817	20	149	257	163	1008	458
科学研究、技术服务和地质勘查业	**94**	**414**	**17**	**164**	**117**	**107**	**602**	**144**
研究与试验发展	27	75	3	8	4	1	72	16
专业技术服务业	46	167	9	83	45	42	244	81
科技交流和推广服务业	21	169	5	71	65	63	269	34
地质勘查业		3		2	3	1	17	13
水利、环境和公共设施管理业	**23**	**104**	**5**	**47**	**49**	**60**	**189**	**35**
水利管理业		13		15	30	23	62	8
环境管理业	7	12		10	6	9	43	9
公共设施管理业	16	79	5	22	13	28	84	18
居民服务和其他服务业	**28**	**221**	**4**	**69**	**56**	**31**	**979**	**256**
居民服务业	16	117	2	35	37	23	669	157
其他服务业	12	104	2	34	19	8	310	99
教育	**110**	**345**	**29**	**208**	**165**	**212**	**1786**	**240**
教育	110	345	29	208	165	212	1786	240
卫生、社会保障和社会福利业	**54**	**83**	**11**	**103**	**404**	**95**	**626**	**74**
卫生	22	62	7	65	359	42	458	56
社会保障业	6	3	3	4	21	27	30	4
社会福利业	26	18	1	34	24	26	138	14
文化、体育和娱乐业	**42**	**86**	**7**	**33**	**44**	**50**	**284**	**82**
新闻出版业	2	3		1		1	7	5
广播、电视、电影和音像业	4	12		8	4	2	40	11
文化艺术业	21	22	6	10	28	33	91	27
体育	8	13	1	2	4	5	22	10
娱乐业	7	36		12	8	9	124	29
公共管理和社会组织	**294**	**582**	**114**	**781**	**516**	**589**	**2681**	**479**
中国共产党机关	12	11	8	40	21	35	72	16
国家机构	113	181	56	177	148	131	881	186
人民政协和民主党派	1	1	1	1	1	1	16	9
群众团体、社会团体和宗教组织	84	134	19	220	146	150	565	187
基层群众自治组织	84	255	30	343	200	272	1147	81

铁西区	立山区	千山区	台安县	岫岩满族自治县	海城市	抚顺市	新抚区	东洲区	望花区	顺城区
5	1	4	4	2	7	28	3		8	14
		1	1							
			1		1					
2	9	9	1	1	19	60	19	3	12	7
6	1	13	3	4	12	44	3	4	4	8
1	1					11	6	1	1	3
76	**85**	**71**	**57**	**79**	**176**	**115**	**26**	**9**	**37**	**38**
3	7	3	2	5	7	42	15	4	10	13
69	72	48	54	74	167	43	5	4	13	17
4	6	20	1		2	30	6	1	14	8
1072	**839**	**1207**	**481**	**287**	**2111**	**3687**	**406**	**601**	**1040**	**406**
591	356	1035	287	94	1156	2744	234	493	873	218
481	483	172	194	193	955	943	172	108	167	188
83	**220**	**39**	**24**	**76**	**320**	**514**	**80**	**26**	**47**	**211**
13	13	15	4	15	19	120	27	12	20	17
70	207	24	20	61	301	394	53	14	27	194
2	**1**	**5**	**7**	**5**	**23**	**62**	**21**		**6**	**32**
		1	1	1	1	19	8		1	8
1						5	3		1	1
		2	5		4	26	4		1	21
1	1	2	1	4	18	12	6		3	2
116	**59**	**77**	**32**	**27**	**101**	**494**	**99**	**42**	**132**	**151**
116	59	77	32	27	101	494	99	42	132	151
85	**89**	**94**	**55**	**93**	**170**	**672**	**220**	**63**	**156**	**103**
3	8	6	2	3	14	16	1	5	9	
82	81	88	53	90	156	656	219	58	147	103
26	**36**	**78**	**155**	**95**	**68**	**508**	**81**	**40**	**99**	**102**
9	7	23	4	1	12	57	11	5	17	13
12	24	28	27	37	35	217	45	18	46	73
3	5	27	124	56	20	227	24	14	36	15
2				1	1	7	1	3		1
8	**13**	**41**	**40**	**22**	**30**	**122**	**12**	**12**	**12**	**20**
		5	28	8	13	58	1	1	1	9
4	5	8	4	5	8	17	3	3	2	4
4	8	28	8	9	9	47	8	8	9	7
66	**193**	**36**	**47**	**91**	**290**	**257**	**45**	**21**	**36**	**92**
36	132	19	21	66	238	191	33	13	20	74
30	61	17	26	25	52	66	12	8	16	18
103	**211**	**81**	**191**	**312**	**648**	**631**	**178**	**97**	**86**	**149**
103	211	81	191	312	648	631	178	97	86	149
45	**228**	**37**	**53**	**88**	**101**	**1256**	**112**	**119**	**74**	**151**
27	210	19	37	57	52	1083	85	75	57	114
10	2	3	2	3	6	18	3	2	1	5
8	16	15	14	28	43	155	24	42	16	32
34	**34**	**12**	**23**	**50**	**49**	**160**	**38**	**18**	**18**	**55**
			1	1		10	2			7
2	3	2	3	6	13	15	8	3	2	1
7	4	2	14	30	7	50	17	7	5	9
2	4	3	1	1	1	31	6	6	6	12
23	23	5	4	12	28	54	5	2	5	26
156	**223**	**309**	**385**	**460**	**669**	**2507**	**353**	**275**	**272**	**512**
7	6	17	9	9	8	91	21	9	7	13
63	105	108	119	150	150	805	127	107	89	274
1	1	1	2	1	1	20	2	4	1	11
37	22	70	93	96	60	623	140	35	49	108
48	89	113	162	204	450	968	63	120	126	106

1-7 续表 4

行业大类	抚顺县	新宾满族自治县	清原满族自治县	本溪市	平山区	溪湖区	明山区	南芬区
总　计	**1597**	**2108**	**2051**	**9995**	**2842**	**1699**	**2375**	**477**
农、林、牧、渔业	**1**	**3**	**7**	**6**				
农业				1				
林业		3	7	4				
畜牧业				1				
渔业	1							
农、林、牧、渔服务业								
采矿业	**73**	**50**	**59**	**444**	**31**	**70**	**42**	**66**
煤炭开采和洗选业	10	16	1	111		17	7	1
石油和天然气开采业								
黑色金属矿采选业	32	17	16	184	23	41	15	40
有色金属矿采选业	6	3	24	34			1	3
非金属矿采选业	25	14	18	114	8	12	19	21
其他采矿业				1				1
制造业	**396**	**453**	**400**	**2187**	**447**	**630**	**480**	**123**
农副食品加工业	9	33	40	74	9	8	10	6
食品制造业	5	18	16	43	2	16	10	2
饮料制造业	9	11	18	54	5	4	7	7
烟草制品业			1					
纺织业	9	12	9	37	10	11	7	2
纺织服装、鞋、帽制造业	8	1	5	33	12	9	5	5
皮革、毛皮、羽毛(绒)及其制品业		1	1	6	2	1	2	
木材加工及木、竹、藤、棕、草制品业	46	165	111	72	2	15	9	4
家具制造业	5	11	6	22	3	6	1	3
造纸及纸制品业	1	8	2	33	5	13	8	
印刷业和记录媒介的复制	3		4	52	13	6	22	3
文教体育用品制造业			1	6	1	4		1
石油加工、炼焦及核燃料加工业	13			42	6	16	13	5
化学原料及化学制品制造业	39	20	22	140	38	52	17	5
医药制造业	1	44	5	75	2	18	6	
化学纤维制造业		1						
橡胶制品业	5		7	49	10	23	7	5
塑料制品业	8	6	8	70	15	24	14	2
非金属矿物制品业	77	41	54	267	31	101	51	11
黑色金属冶炼及压延加工业	3	4	2	161	52	46	21	18
有色金属冶炼及压延加工业	5		7	72	2	23	29	2
金属制品业	15	6	13	137	38	38	31	7
通用设备制造业	85	28	43	390	92	119	94	21
专用设备制造业	16	11	7	65	17	19	21	2
交通运输设备制造业	6	2	4	105	26	17	46	4
电气机械及器材制造业	15	1	9	83	25	19	25	6
通信设备、计算机及其他电子设备制造业	1	1	1	16	2	3	8	
仪器仪表及文化、办公用机械制造业		1		33	16	5	8	
工艺品及其他制造业	7	27	3	37	7	9	6	1
废弃资源和废旧材料回收加工业	5		1	13	4	5	2	1
电力、燃气及水的生产和供应业	**3**	**21**	**10**	**73**	**1**	**9**	**8**	**3**
电力、热力的生产和供应业	2	16	9	63	1	7	5	3
燃气生产和供应业				4		2	2	
水的生产和供应业	1	5	1	6			1	
建筑业	**65**	**58**	**57**	**459**	**150**	**103**	**137**	**3**
房屋和土木工程建筑业	33	48	50	190	49	43	48	2
建筑安装业	14	4	4	106	41	23	34	
建筑装饰业	9	6	2	101	34	18	41	
其他建筑业	9		1	62	26	19	14	1
交通运输、仓储和邮政业	**50**	**51**	**45**	**170**	**63**	**36**	**22**	**11**
铁路运输业				1	1			
道路运输业	37	43	19	101	29	29	14	4

本溪满族自治县	桓仁满族自治县	丹东市	元宝区	振兴区	振安区	宽甸满族自治县	东港市	凤城市	锦州市	古塔区
1332	**1270**	**15380**	**1829**	**3624**	**1300**	**2794**	**2885**	**2948**	**13640**	**2163**
3	**3**	**2**					**2**		**2**	
	1	1					1		2	
2	2									
1										
		1					1			
187	**48**	**749**	**4**	**3**	**17**	**318**	**26**	**381**	**213**	**1**
69	17	148		2		28	1	117	36	
56	9	139	1			57	2	79	13	
16	14	184	1		8	65	7	103	7	1
46	8	278	2	1	9	168	16	82	157	
291	**216**	**4260**	**472**	**807**	**583**	**474**	**992**	**932**	**3326**	**312**
17	24	358	9	62	20	37	191	39	355	3
3	10	100	22	12	14	13	19	20	75	6
15	16	65	8	5	7	12	18	15	98	1
		1						1		
6	1	221	38	14	43	20	58	48	83	6
2		179	25	35	22	8	74	15	73	10
1		20	3	5		2	6	4	18	2
24	18	150	1	7	16	69	23	34	69	2
4	5	57	7	11	9	7	16	7	12	2
6	1	108	16	13	23	10	21	25	83	7
1	7	116	30	22	20	5	18	21	111	18
		26	3	6	3		2	12	10	
2		17	1	5	4	1	5	1	49	8
20	8	233	28	53	31	37	39	45	208	24
5	44	36	7	11	4	2	6	6	29	3
		4		4					9	
3	1	46	1	12	7	2	12	12	41	5
9	6	124	16	30	11	10	38	19	138	22
45	28	413	26	26	46	134	61	120	487	22
16	8	31	2	6	1	15	1	6	94	
8	8	77	1	8	6	16	18	28	58	2
19	4	140	19	22	22	7	40	30	153	19
57	7	621	71	110	85	18	167	170	385	50
5	1	275	36	72	67	9	44	47	160	17
11	1	287	20	56	34	17	31	129	187	10
5	3	213	36	56	42	8	45	26	211	38
2	1	86	8	58	7	3	7	3	39	15
	4	158	22	77	17	1	3	38	48	10
4	10	81	16	7	21	9	20	8	33	8
1		17		2	1	2	9	3	10	2
25	**27**	**101**	**6**	**18**	**3**	**28**	**26**	**20**	**63**	**5**
21	26	88	6	16	2	27	21	16	39	4
		2		1				1	3	
4	1	11		1	1	1	5	3	21	1
23	**43**	**559**	**137**	**160**	**52**	**73**	**79**	**58**	**432**	**94**
15	33	260	30	59	32	50	51	38	180	21
2	6	117	33	45	10	7	16	6	95	24
5	3	142	63	49	3	10	5	12	133	43
1	1	40	11	7	7	6	7	2	24	6
23	**15**	**357**	**23**	**150**	**24**	**41**	**68**	**51**	**342**	**39**
		3		1	1	1			1	
16	9	148	7	37	15	22	28	39	173	15

1-7 续表 5

行业大类	抚顺县	新宾满族自治县	清原满族自治县	本溪市	平山区	溪湖区	明山区	南芬区
城市公共交通业		1	2	13	7	1	3	1
水上运输业				1	1			
航空运输业								
管道运输业								
装卸搬运和其他运输服务业	8	4	7	25	16	3	4	1
仓储业	5	3	17	23	5	2		5
邮政业				6	4	1	1	
信息传输、计算机服务和软件业	**3**		**2**	**108**	**54**	**12**	**25**	
电信和其他信息传输服务业				17	5	1	8	
计算机服务业	2		2	67	30	11	13	
软件业	1			24	19		4	
批发和零售业	**366**	**555**	**313**	**2084**	**783**	**327**	**565**	**46**
批发业	303	398	225	1349	555	270	315	10
零售业	63	157	88	735	228	57	250	36
住宿和餐饮业	**10**	**53**	**87**	**187**	**63**	**6**	**66**	**1**
住宿业	7	12	25	55	14	2	20	
餐饮业	3	41	62	132	49	4	46	1
金融业		**1**	**2**	**67**	**31**	**1**	**27**	**2**
银行业		1	1	12	3		6	1
证券业				3	2		1	
保险业				26	12		13	1
其他金融活动			1	26	14	1	7	
房地产业	**11**	**23**	**36**	**341**	**103**	**38**	**114**	**2**
房地产业	11	23	36	341	103	38	114	2
租赁和商务服务业	**30**	**42**	**58**	**474**	**215**	**43**	**102**	**8**
租赁业			1	20	10	1	3	1
商务服务业	30	42	57	454	205	42	99	7
科学研究、技术服务和地质勘查业	**47**	**34**	**105**	**350**	**109**	**29**	**84**	**4**
研究与试验发展	2	2	7	38	6	12	13	
专业技术服务业	5	15	15	184	63	15	53	3
科技交流和推广服务业	38	17	83	118	37	2	14	1
地质勘查业	2			10	3		4	
水利、环境和公共设施管理业	**20**	**17**	**29**	**115**	**19**	**7**	**37**	**8**
水利管理业	14	11	21	25	1	1	6	1
环境管理业		2	3	35	10	2	11	2
公共设施管理业	6	4	5	55	8	4	20	5
居民服务和其他服务业	**6**	**28**	**29**	**186**	**61**	**20**	**55**	**8**
居民服务业	6	22	23	126	43	13	37	8
其他服务业		6	6	60	18	7	18	
教育	**26**	**40**	**55**	**510**	**206**	**39**	**140**	**12**
教育	26	40	55	510	206	39	140	12
卫生、社会保障和社会福利业	**248**	**226**	**326**	**224**	**38**	**52**	**54**	**8**
卫生	235	212	305	158	29	38	37	7
社会保障业		3	4	5		2	2	
社会福利业	13	11	17	61	9	12	15	1
文化、体育和娱乐业	**1**	**13**	**17**	**211**	**60**	**50**	**64**	**6**
新闻出版业			1	3	1			
广播、电视、电影和音像业		1		15	3	2	1	1
文化艺术业	1	6	5	39	11	2	7	3
体育			1	7	1	2	3	
娱乐业		6	10	147	44	44	53	2
公共管理和社会组织	**241**	**440**	**414**	**1799**	**408**	**227**	**353**	**166**
中国共产党机关	11	23	7	95	32	10	9	15
国家机构	11	105	92	739	184	90	143	102
人民政协和民主党派		1	1	13	7	1	1	1
群众团体、社会团体和宗教组织	72	115	104	460	126	50	130	11
基层群众自治组织	147	196	210	492	59	76	70	37

本溪满族自治县	桓仁满族自治县	丹东市	元宝区	振兴区	振安区	宽甸满族自治县	东港市	凤城市	锦州市	古塔区
1		9		5	1	2		1	20	4
		31	2	17	1	7	4		16	
		1		1					1	
									2	1
	1	114	8	70		5	26	5	86	8
6	5	40	5	10	6	4	10	5	30	4
		11	1	9				1	13	7
3	**14**	**141**	**40**	**49**	**11**	**16**	**10**	**15**	**119**	**25**
1	2	59	4	13	9	16	5	12	33	4
1	12	55	24	26	1		3	1	47	8
1		27	12	10	1		2	2	39	13
166	**197**	**2376**	**392**	**865**	**69**	**313**	**335**	**402**	**2627**	**701**
90	109	1436	265	543	43	169	190	226	1432	306
76	88	940	127	322	26	144	145	176	1195	395
24	**27**	**408**	**38**	**152**	**24**	**98**	**65**	**31**	**153**	**52**
9	10	200	12	63	13	55	38	19	67	18
15	17	208	26	89	11	43	27	12	86	34
3	**3**	**91**	**39**	**35**	**2**	**1**	**10**	**4**	**73**	**26**
1	1	18	6	8		1	1	2	16	3
		2	2						3	1
		32	13	16	1		2		27	12
2	2	39	18	11	1		7	2	27	10
38	**46**	**415**	**84**	**128**	**39**	**20**	**69**	**75**	**352**	**128**
38	46	415	84	128	39	20	69	75	352	128
34	**72**	**942**	**141**	**245**	**49**	**179**	**166**	**162**	**549**	**134**
1	4	19	4	7	2	2	4		16	6
33	68	923	137	238	47	177	162	162	533	128
86	**38**	**436**	**51**	**101**	**26**	**100**	**89**	**69**	**467**	**55**
3	4	20	4	6	1	1	4	4	31	5
25	25	215	29	66	8	52	37	23	216	41
56	8	182	12	25	17	44	48	36	213	9
2	1	19	6	4		3		6	7	
27	**17**	**227**	**11**	**21**	**19**	**72**	**58**	**46**	**134**	**17**
8	8	99	2	4	6	30	36	21	51	1
6	4	80	5	3	11	26	13	22	29	6
13	5	48	4	14	2	16	9	3	54	10
16	**26**	**225**	**50**	**89**	**5**	**35**	**31**	**15**	**161**	**58**
9	16	180	39	61	3	33	29	15	102	37
7	10	45	11	28	2	2	2		59	21
45	**68**	**687**	**85**	**156**	**42**	**82**	**222**	**100**	**475**	**55**
45	68	687	85	156	42	82	222	100	475	55
24	**48**	**822**	**42**	**111**	**97**	**333**	**136**	**103**	**1024**	**84**
20	27	659	29	83	78	302	100	67	881	74
	1	32	1	2	6	3	17	3	36	3
4	20	131	12	26	13	28	19	33	107	7
13	**18**	**182**	**25**	**45**	**11**	**50**	**36**	**15**	**188**	**24**
1	1	7		4		2	1		8	
3	5	26	4	9	1	3	6	3	23	2
9	7	78	6	17	5	27	19	4	113	10
	1	8	1	3		1	1	2	23	3
	4	63	14	12	5	17	9	6	21	9
301	**344**	**2400**	**189**	**489**	**227**	**561**	**465**	**469**	**2940**	**353**
7	22	150	11	30	16	34	30	29	85	13
96	124	927	87	228	110	233	128	141	1016	200
1	2	15	1	9	1	1	1	2	15	2
70	73	470	45	138	40	101	84	62	466	84
127	123	838	45	84	60	192	222	235	1358	54

1-7 续表 6

行业大类	凌河区	太和区	黑山县	义县	凌海市	北镇市	营口市	站前区
总　计	**2332**	**2900**	**2018**	**1281**	**1580**	**1366**	**16230**	**3625**
农、林、牧、渔业		**1**			**1**			
农业		1			1			
林业								
畜牧业								
渔业								
农、林、牧、渔服务业								
采矿业	**1**	**8**	**45**	**65**	**66**	**27**	**458**	**2**
煤炭开采和洗选业			6	15	15			
石油和天然气开采业								
黑色金属矿采选业				7	3	3	49	1
有色金属矿采选业		3		2	1		191	
非金属矿采选业	1	5	39	41	47	24	217	1
其他采矿业							1	
制造业	**519**	**1126**	**337**	**252**	**434**	**346**	**5111**	**559**
农副食品加工业	12	94	92	37	60	57	215	10
食品制造业	18	29	2	3	3	14	86	11
饮料制造业	4	20	10	22	20	21	46	1
烟草制品业							2	2
纺织业	32	24	1	2	8	10	294	32
纺织服装、鞋、帽制造业	6	10	11	6	14	16	348	32
皮革、毛皮、羽毛(绒)及其制品业	2	7	1	4	1	1	39	1
木材加工及木、竹、藤、棕、草制品业	2	16	31	4	9	5	78	2
家具制造业	2	3			5		35	2
造纸及纸制品业	5	24	19	6	15	7	124	20
印刷业和记录媒介的复制	36	21	13	3	10	10	92	40
文教体育用品制造业	4	2	2	1	1		39	3
石油加工、炼焦及核燃料加工业	6	16	2	4	8	5	87	12
化学原料及化学制品制造业	22	57	17	15	38	35	341	43
医药制造业	3	14	1	6	1	1	13	2
化学纤维制造业	6			2	1		12	7
橡胶制品业	2	17	2		5	10	29	6
塑料制品业	15	33	5	3	28	32	397	29
非金属矿物制品业	38	155	61	67	92	52	873	36
黑色金属冶炼及压延加工业	3	60	3	7	17	4	80	8
有色金属冶炼及压延加工业	7	21	1	19	7	1	65	7
金属制品业	27	67	16	1	11	12	326	34
通用设备制造业	73	171	17	18	37	19	722	86
专用设备制造业	49	54	15	10	6	9	223	28
交通运输设备制造业	57	81	2	7	12	18	150	30
电气机械及器材制造业	56	92	2	3	15	5	203	43
通信设备、计算机及其他电子设备制造业	9	13		2			32	8
仪器仪表及文化、办公用机械制造业	18	17	1		2		62	14
工艺品及其他制造业	4	7	9		3	2	69	6
废弃资源和废旧材料回收加工业	1	1	1		5		29	4
电力、燃气及水的生产和供应业	**11**	**17**	**13**	**2**	**8**	**7**	**50**	**6**
电力、热力的生产和供应业	7	12	8	1	4	3	36	4
燃气生产和供应业	1	1	1				5	1
水的生产和供应业	3	4	4	1	4	4	9	1
建筑业	**127**	**123**	**15**	**23**	**32**	**18**	**373**	**91**
房屋和土木工程建筑业	45	62	9	12	20	11	144	25
建筑安装业	29	27	5	3	4	3	74	31
建筑装饰业	49	25	1	6	6	3	99	31
其他建筑业	4	9		2	2	1	56	4
交通运输、仓储和邮政业	**53**	**130**	**29**	**19**	**35**	**37**	**791**	**101**
铁路运输业		1						
道路运输业	15	46	23	16	29	29	251	20

西市区	鲅鱼圈区	老边区	盖州市	大石桥市	阜新市	海州区	新邱区	太平区	清河门区	细河区
1577	**3358**	**1856**	**2571**	**3243**	**9500**	**1900**	**537**	**937**	**440**	**2037**
					1					
					1					
	22	**18**	**127**	**289**	**328**	**14**	**49**	**17**	**33**	**6**
					151	13	44	14	33	1
					2					2
		4	6	38	38	1				
	8	9	24	150	7			1		
	13	5	97	101	129		5	2		3
	1				1					
657	**888**	**949**	**831**	**1227**	**2052**	**310**	**128**	**363**	**84**	**622**
8	32	22	95	48	160	16	15	8	7	24
10	11	23	20	11	60	7	3	4	3	16
4	13	3	14	11	70	7	7	9	2	11
60	12	35	90	65	49	2	4	9	2	24
28	91	80	49	68	59	14	3	13	3	15
2	10	3	20	3	8	2	1	1		3
6	27	14	17	12	66	3	7	10	2	10
7	10	6	3	7	16	1	1	4	1	4
7	20	28	30	19	26	6	1	3	1	6
8	15	6	11	12	74	16	2	8	2	25
12	11	1	8	4	1					1
15	4	29	2	25	21	3		7	1	6
32	36	85	42	103	123	18	1	23	7	31
2		6	1	2	21	6	1	2		6
2	1	1	1		2		1			1
3	4	6	7	3	22	1		11		7
43	165	55	46	59	93	24	3	26		22
29	100	122	120	466	256	29	38	24	21	39
6	5	40	11	10	9			3		5
6	8	4	13	27	26	2		5	1	9
60	58	93	31	50	92	14	7	16	5	32
123	133	154	111	115	372	64	15	113	15	139
56	29	29	26	55	115	10	12	9		53
29	34	14	25	18	85	19	1	11	2	33
51	23	46	23	17	125	25	2	33	5	56
11	2	4	2	5	35	3		2		28
22	2	21	1	2	23	9		4		9
13	21	13	9	7	37	7	2	5	4	6
2	11	6	3	3	6	2	1			1
1	**18**	**2**	**7**	**16**	**43**	**7**		**3**	**5**	**10**
1	12	1	4	14	26	5		2	3	6
	2	1		1	5	1		1		3
	4		3	1	12	1			2	1
56	**123**	**26**	**41**	**36**	**351**	**92**	**10**	**61**	**7**	**115**
22	46	15	24	12	167	36	8	28	7	53
15	18	1	3	6	56	16	2	12		19
12	41	4		11	114	34		21		40
7	18	6	14	7	14	6				3
32	**442**	**130**	**43**	**43**	**146**	**44**	**11**	**19**	**4**	**40**
					5	3		2		
2	71	117	17	24	95	16	10	10	3	33

1-7 续表 7

行业大类	凌河区	太和区	黑山县	义县	凌海市	北镇市	营口市	站前区
城市公共交通业	4	5	2	1	2	2	16	3
水上运输业	6	10					24	4
航空运输业		1						
管道运输业		1						
装卸搬运和其他运输服务业	20	51	2	1	3	1	345	61
仓储业	3	15	1	1	1	5	146	8
邮政业	5		1				9	5
信息传输、计算机服务和软件业	**41**	**16**	**5**	**8**	**22**	**2**	**162**	**48**
电信和其他信息传输服务业	12	8	5	2		2	31	9
计算机服务业	10	1		6	22		98	19
软件业	19	7					33	20
批发和零售业	**555**	**432**	**294**	**178**	**230**	**237**	**3838**	**1139**
批发业	338	289	171	98	127	103	1478	392
零售业	217	143	123	80	103	134	2360	747
住宿和餐饮业	**39**	**16**	**16**	**2**	**16**	**12**	**390**	**140**
住宿业	21	11	5	2	4	6	83	24
餐饮业	18	5	11		12	6	307	116
金融业	**30**	**10**	**3**	**2**	**1**	**1**	**85**	**52**
银行业	6	3	1	1	1	1	15	9
证券业	2						5	4
保险业	12	3					43	28
其他金融活动	10	4	2	1			22	11
房地产业	**88**	**80**	**15**	**13**	**11**	**17**	**491**	**127**
房地产业	88	80	15	13	11	17	491	127
租赁和商务服务业	**140**	**108**	**37**	**62**	**31**	**37**	**589**	**233**
租赁业	2	4				4	17	7
商务服务业	138	104	37	62	31	33	572	226
科学研究、技术服务和地质勘查业	**97**	**74**	**81**	**31**	**34**	**95**	**288**	**96**
研究与试验发展	15	7	1	1	1	1	22	7
专业技术服务业	56	30	22	15	28	24	178	70
科技交流和推广服务业	20	37	58	14	5	70	82	18
地质勘查业	6			1			6	1
水利、环境和公共设施管理业	**13**	**20**	**35**	**19**	**8**	**22**	**91**	**18**
水利管理业	1	7	25	10	2	5	28	2
环境管理业	6	2	5	3	3	4	17	3
公共设施管理业	6	11	5	6	3	13	46	13
居民服务和其他服务业	**40**	**21**	**9**	**14**	**10**	**9**	**447**	**137**
居民服务业	21	13	5	12	5	9	265	103
其他服务业	19	8	4	2	5		182	34
教育	**108**	**61**	**68**	**50**	**70**	**63**	**461**	**175**
教育	108	61	68	50	70	63	461	175
卫生、社会保障和社会福利业	**85**	**156**	**498**	**82**	**62**	**57**	**383**	**117**
卫生	74	130	465	62	30	46	257	91
社会保障业	5	9	5	5	4	5	20	2
社会福利业	6	17	28	15	28	6	106	24
文化、体育和娱乐业	**41**	**22**	**34**	**33**	**21**	**13**	**155**	**68**
新闻出版业	2	2	1	1	1	1	7	4
广播、电视、电影和音像业	2	2	1	8	5	3	14	4
文化艺术业	23	17	27	23	8	5	63	28
体育	7		3	1	7	2	28	19
娱乐业	7	1	2			2	43	13
公共管理和社会组织	**344**	**479**	**484**	**426**	**488**	**366**	**2067**	**516**
中国共产党机关	21	17	9	8	9	8	61	21
国家机构	166	230	104	130	110	76	742	242
人民政协和民主党派	8	1	1	1	1	1	11	6
群众团体、社会团体和宗教组织	81	75	70	32	84	40	474	204
基层群众自治组织	68	156	300	255	284	241	779	43

西市区	鲅鱼圈区	老边区	盖州市	大石桥市	阜新市	海州区	新邱区	太平区	清河门区	细河区
	6		6	1	2				1	1
9	11									
19	250	5	5	5	29	19	1	3		3
2	101	8	15	12	10	2		3		3
	3			1	5	4		1		
7	**81**	**6**	**13**	**7**	**127**	**23**	**1**	**7**	**5**	**57**
1	11	1	6	3	54	5	1	4	2	11
1	62	5	7	4	33	11		3	2	17
5	8				40	7			1	29
313	**763**	**287**	**640**	**696**	**1514**	**467**	**63**	**152**	**40**	**217**
96	294	139	300	257	820	259	41	100	22	122
217	469	148	340	439	694	208	22	52	18	95
47	**97**	**49**	**36**	**21**	**86**	**30**	**5**	**8**	**2**	**21**
7	33	4	12	3	34	11		3		6
40	64	45	24	18	52	19	5	5	2	15
5	**8**	**2**	**3**	**15**	**49**	**25**		**1**	**1**	**20**
1	1	1	1	2	12	4			1	5
				1	1	1				
4	3		1	7	26	15				11
	4	1	1	5	10	5		1		4
49	**186**	**19**	**43**	**67**	**235**	**86**	**5**	**24**	**13**	**76**
49	186	19	43	67	235	86	5	24	13	76
48	**155**	**29**	**31**	**93**	**597**	**156**	**32**	**33**	**15**	**135**
2	4	4			7	1		2		4
46	151	25	31	93	590	155	32	31	15	131
34	**51**	**20**	**38**	**49**	**462**	**90**	**13**	**17**	**7**	**131**
8	3		2	2	33	8		1		19
16	35	9	23	25	189	60	5	10	2	64
9	13	10	13	19	233	20	8	6	4	44
1		1		3	7	2			1	4
10	**15**	**16**	**21**	**11**	**164**	**21**	**11**	**14**	**5**	**38**
	1	10	7	8	74	2	3	1	1	13
3	4	3	4		46	12	5	7	2	11
7	10	3	10	3	44	7	3	6	2	14
49	**104**	**47**	**45**	**65**	**107**	**21**	**3**	**6**	**5**	**37**
29	55	20	26	32	58	15	3	4	4	14
20	49	27	19	33	49	6		2	1	23
50	**78**	**23**	**65**	**70**	**427**	**96**	**29**	**28**	**30**	**90**
50	78	23	65	70	427	96	29	28	30	90
74	**38**	**18**	**73**	**63**	**499**	**50**	**37**	**36**	**31**	**63**
46	28	11	45	36	367	34	23	29	25	30
2	3	5	3	5	40	6	6	3	4	9
26	7	2	25	22	92	10	8	4	2	24
19	**15**	**12**	**29**	**12**	**147**	**36**	**8**	**7**	**9**	**30**
	1		2		6	3			1	
	1	2	5	2	31	7	3	2	1	5
5	5	5	14	6	76	14	4	4	2	18
1	1	1	3	3	20	7	1		4	2
13	7	4	5	1	14	5		1	1	5
126	**274**	**203**	**485**	**463**	**2165**	**332**	**132**	**141**	**144**	**329**
8	6	7	7	12	135	15	13	11	7	13
63	137	104	103	93	829	150	76	68	94	184
1	1	1	1	1	14	7	2	1	1	1
33	52	27	75	83	373	87	19	12	14	79
21	78	64	299	274	814	73	22	49	28	52

1-7 续表 8

行业大类	阜新蒙古族自治县	彰武县	辽阳市	白塔区	文圣区	宏伟区	弓长岭区	太子河区
总　计	**2383**	**1266**	**9113**	**1789**	**1336**	**653**	**395**	**935**
农、林、牧、渔业		**1**	**1**					
农业								
林业								
畜牧业			1					
渔业								
农、林、牧、渔服务业		1						
采矿业	**167**	**42**	**494**	**1**		**2**	**65**	**8**
煤炭开采和洗选业	46		64					
石油和天然气开采业								
黑色金属矿采选业	37		265			2	54	
有色金属矿采选业	6		14					1
非金属矿采选业	77	42	151	1			11	7
其他采矿业	1							
制造业	**363**	**182**	**2744**	**346**	**238**	**284**	**49**	**489**
农副食品加工业	63	27	126	13		6	1	8
食品制造业	14	13	42	6	5	8	1	2
饮料制造业	21	13	39	1	2	2	5	5
烟草制品业								
纺织业	4	4	171	3	15	2		11
纺织服装、鞋、帽制造业	3	8	67	11	8	2		5
皮革、毛皮、羽毛(绒)及其制品业	1		20		3			1
木材加工及木、竹、藤、棕、草制品业	14	20	46	4	3	1	1	4
家具制造业	1	4	29	2	1	2	1	9
造纸及纸制品业	6	3	63	8	9	4	1	19
印刷业和记录媒介的复制	15	6	51	21	12	5		6
文教体育用品制造业			4	2		1		1
石油加工、炼焦及核燃料加工业	1	3	26	2		15		4
化学原料及化学制品制造业	25	18	231	23	26	74	1	47
医药制造业	4	2	17	3	1	3	1	3
化学纤维制造业			22	2		8		1
橡胶制品业	2	1	81	8	7	1		12
塑料制品业	14	4	120	9	17	35		20
非金属矿物制品业	82	23	320	16	16	21	9	42
黑色金属冶炼及压延加工业		1	211	11	2		4	11
有色金属冶炼及压延加工业	8	1	17		1	3		2
金属制品业	14	4	144	27	23	13	3	26
通用设备制造业	26		461	76	36	36	14	106
专用设备制造业	23	8	115	22	8	11	3	49
交通运输设备制造业	9	10	71	17	10	5	1	21
电气机械及器材制造业	4		92	21	18	5	3	17
通信设备、计算机及其他电子设备制造业	1	1	16	6	3	5		
仪器仪表及文化、办公用机械制造业		1	57	22	8	11		14
工艺品及其他制造业	6	7	81	10	4	4		42
废弃资源和废旧材料回收加工业	2		4			1		1
电力、燃气及水的生产和供应业	**10**	**8**	**32**	**5**	**2**	**1**	**5**	**2**
电力、热力的生产和供应业	3	7	21	3	1	1	4	1
燃气生产和供应业			3		1			
水的生产和供应业	7	1	8	2			1	1
建筑业	**42**	**24**	**260**	**68**	**71**	**41**	**12**	**30**
房屋和土木工程建筑业	17	18	114	31	19	17	11	11
建筑安装业	5	2	60	14	18	9		16
建筑装饰业	16	3	58	12	30	8	1	1
其他建筑业	4	1	28	11	4	7		2
交通运输、仓储和邮政业	**10**	**18**	**169**	**52**	**14**	**10**	**13**	**21**
铁路运输业			5	5				
道路运输业	9	14	96	26	5	5	9	19

辽阳县	灯塔市	盘锦市	双台子区	兴隆台区	大洼县	盘山县	铁岭市	银州区	清河区	铁岭县
2474	**1531**	**9151**	**1226**	**4400**	**2054**	**1471**	**10841**	**2757**	**709**	**1212**
1		**6**		**1**	**3**	**2**				
		4		1	1	2				
1										
		2			2					
228	**190**	**101**		**101**			**186**	**12**	**2**	**69**
	64						15			6
		101		101						
114	95						13			8
13							9			4
101	31						149	12	2	51
930	**408**	**2181**	**181**	**900**	**598**	**502**	**2997**	**541**	**181**	**581**
53	45	205	9	13	76	107	362	29	20	42
15	5	42	3	13	16	10	107	13	12	20
14	10	22	3	8	6	5	123	6	10	16
123	17	27	5	11	8	3	66	10	1	5
13	28	41	5	23	11	2	41	9	3	4
5	11	6		1	4	1	10	4		2
32	1	23	1	6	10	6	120	9	6	27
10	4	24	5	9	6	4	29	8	1	7
16	6	28	4	5	12	7	71	9	15	9
4	3	64	16	44	4		78	25	7	2
		5	1	1	3		5	1	1	
4	1	235	9	41	73	112	16	3	1	8
43	17	305	22	140	80	63	210	25	12	47
2	4	15	3	5	2	5	37	5	1	7
8	3	1				1	2		1	
49	4	27	2	18	4	3	173	83	3	55
33	6	129	19	48	35	27	137	18	12	20
59	157	213	15	65	70	63	338	30	19	74
172	11	4		4			46	4	6	11
8	3	4				4	55	13		19
40	12	108	14	35	43	16	146	28	9	35
148	45	138	13	75	28	22	363	74	26	80
17	5	214	4	146	45	19	202	38	6	31
13	4	152	13	104	32	3	72	23	6	11
25	3	77	9	47	14	7	88	34	1	24
1	1	11	1	8		2	19	14		2
2		28	3	21	4		30	24		4
19	2	27	2	9	9	7	41	2		16
2		6			3	3	10		2	3
11	**6**	**60**	**5**	**9**	**28**	**18**	**62**	**10**	**4**	**9**
8	3	15	3	6	4	2	33	6	3	4
2		2	1		1		6	2		2
1	3	43	1	3	23	16	23	2	1	3
16	**22**	**372**	**49**	**186**	**81**	**56**	**239**	**70**	**18**	**29**
11	14	183	26	77	43	37	160	41	15	12
	3	70	9	44	11	6	25	8		5
4	2	64	9	48	7		24	13		2
1	3	55	5	17	20	13	30	8	3	10
24	**35**	**176**	**37**	**63**	**41**	**35**	**194**	**39**	**16**	**19**
		2	1	1						
12	20	112	26	39	25	22	139	22	12	15

1-7 续表 9

行业大类	阜新蒙古族自治县	彰武县	辽阳市	白塔区	文圣区	宏伟区	弓长岭区	太子河区
城市公共交通业			26	11	4		1	
水上运输业								
航空运输业								
管道运输业								
装卸搬运和其他运输服务业	1	2	18	4	4	4	2	1
仓储业		2	17	2		1	1	1
邮政业			7	4	1			
信息传输、计算机服务和软件业	**31**	**3**	**110**	**28**	**32**	**14**	**1**	**4**
电信和其他信息传输服务业	29	2	7	2	3			2
计算机服务业			87	20	29	7		2
软件业	2	1	16	6		7	1	
批发和零售业	**355**	**220**	**1485**	**409**	**327**	**74**	**53**	**69**
批发业	177	99	772	245	146	36	34	38
零售业	178	121	713	164	181	38	19	31
住宿和餐饮业	**10**	**10**	**212**	**44**	**61**	**19**	**4**	**9**
住宿业	7	7	41	21	5	4	3	
餐饮业	3	3	171	23	56	15	1	9
金融业	**1**	**1**	**51**	**15**	**22**		**1**	**9**
银行业	1	1	14	6	2		1	3
证券业								
保险业			28	8	14			5
其他金融活动			9	1	6			1
房地产业	**15**	**16**	**177**	**60**	**37**	**19**	**7**	**14**
房地产业	15	16	177	60	37	19	7	14
租赁和商务服务业	**166**	**60**	**351**	**107**	**79**	**15**	**13**	**21**
租赁业			20	8	4	3	1	
商务服务业	166	60	331	99	75	12	12	21
科学研究、技术服务和地质勘查业	**126**	**78**	**252**	**68**	**31**	**11**	**4**	**17**
研究与试验发展	1	4	31	15	3	1	1	5
专业技术服务业	24	24	132	36	24	6	2	5
科技交流和推广服务业	101	50	85	15	3	4	1	7
地质勘查业			4	2	1			
水利、环境和公共设施管理业	**54**	**21**	**76**	**17**	**8**	**5**	**8**	**6**
水利管理业	43	11	21	3	3		1	1
环境管理业	4	5	19	5	2	1	1	1
公共设施管理业	7	5	36	9	3	4	6	4
居民服务和其他服务业	**23**	**12**	**222**	**60**	**77**	**10**	**5**	**8**
居民服务业	11	7	158	42	63	3	4	4
其他服务业	12	5	64	18	14	7	1	4
教育	**95**	**59**	**336**	**100**	**62**	**28**	**11**	**25**
教育	95	59	336	100	62	28	11	25
卫生、社会保障和社会福利业	**211**	**71**	**215**	**49**	**48**	**6**	**14**	**22**
卫生	169	57	153	41	41	4	9	12
社会保障业	6	6	8	1				3
社会福利业	36	8	54	7	7	2	5	7
文化、体育和娱乐业	**44**	**13**	**108**	**25**	**24**	**6**	**5**	**13**
新闻出版业	1	1	7	3				1
广播、电视、电影和音像业	9	4	20	5	1		1	3
文化艺术业	28	6	50	10	13	3	2	5
体育	4	2	9	3		2		4
娱乐业	2		22	4	10	1	2	
公共管理和社会组织	**660**	**427**	**1818**	**335**	**203**	**108**	**125**	**168**
中国共产党机关	43	33	75	29	7	7	6	8
国家机构	142	115	792	178	115	55	72	85
人民政协和民主党派	1	1	15	8	2	1	1	1
群众团体、社会团体和宗教组织	84	78	274	89	43	14	18	27
基层群众自治组织	390	200	662	31	36	31	28	47

辽阳县	灯塔市	盘锦市	双台子区	兴隆台区	大洼县	盘山县	铁岭市	银州区	清河区	铁岭县
3	7	3		3			21	5	2	
		4		1	3					
	3	30	8	14	6	2	11	4	1	1
9	3	21	2	1	7	11	19	4	1	3
	2	4		4			4	4		
22	**9**	**77**	**3**	**69**	**5**		**50**	**29**	**1**	**6**
		27	3	21	3		37	19	1	6
22	7	31		30	1		8	5		
	2	19		18	1		5	5		
349	**204**	**2332**	**451**	**1366**	**265**	**250**	**1136**	**276**	**64**	**105**
168	105	1047	209	474	173	191	656	126	45	52
181	99	1285	242	892	92	59	480	150	19	53
59	**16**	**145**	**22**	**109**	**12**	**2**	**97**	**39**	**13**	**2**
5	3	27	4	19	4		43	16	5	
54	13	118	18	90	8	2	54	23	8	2
1	**3**	**53**	**5**	**46**	**2**		**60**	**39**	**2**	
1	1	13	2	10	1		27	13	1	
		1		1						
	1	27	1	26			22	21		
	1	12	2	9	1		11	5	1	
24	**16**	**227**	**50**	**137**	**26**	**14**	**236**	**108**	**16**	**16**
24	16	227	50	137	26	14	236	108	16	16
71	**45**	**469**	**47**	**330**	**47**	**45**	**384**	**141**	**29**	**13**
3	1	18	1	11		6	6	3	1	1
68	44	451	46	319	47	39	378	138	28	12
79	**42**	**408**	**28**	**224**	**52**	**104**	**398**	**134**	**24**	**17**
1	5	37	3	33	1		34	20	2	1
38	21	191	20	141	23	7	177	82	14	10
39	16	171	5	41	28	97	178	27	8	6
1		9		9			9	5		
13	**19**	**108**	**13**	**39**	**30**	**26**	**158**	**27**	**19**	**11**
6	7	50	5	9	16	20	92	12	8	3
3	6	21	1	13	5	2	15	3	2	2
4	6	37	7	17	9	4	51	12	9	6
46	**16**	**150**	**17**	**115**	**12**	**6**	**96**	**44**	**6**	**7**
30	12	94	12	68	11	3	74	28	6	6
16	4	56	5	47	1	3	22	16		1
37	**73**	**183**	**45**	**77**	**42**	**19**	**512**	**151**	**26**	**33**
37	73	183	45	77	42	19	512	151	26	33
48	**28**	**518**	**47**	**56**	**361**	**54**	**521**	**106**	**33**	**34**
25	21	448	42	37	334	35	413	83	24	29
4		23	2	10	7	4	18	9	1	
19	7	47	3	9	20	15	90	14	8	5
23	**12**	**110**	**16**	**50**	**28**	**16**	**161**	**64**	**13**	**2**
2	1	5		3	1	1	8	6	1	
7	3	23	7	7	6	3	63	12	4	1
10	7	58	9	18	19	12	53	23	5	
		8		6	2		24	17	2	
4	1	16		16			13	6	1	1
492	**387**	**1475**	**210**	**522**	**421**	**322**	**3354**	**927**	**242**	**259**
10	8	91	11	23	31	26	158	34	16	
177	110	572	109	226	167	70	1221	543	112	36
1	1	11	1	8	1	1	15	10	1	
50	33	309	42	158	48	61	576	251	64	3
254	235	492	47	107	174	164	1384	89	49	220

1-7 续表 10

行业大类	西丰县	昌图县	调兵山市	开原市	朝阳市	双塔区	龙城区	朝阳县
总　　计	**967**	**2455**	**818**	**1923**	**10909**	**2762**	**1008**	**946**
农、林、牧、渔业								
农业								
林业								
畜牧业								
渔业								
农、林、牧、渔服务业								
采矿业	**26**	**7**	**20**	**50**	**856**	**10**	**21**	**87**
煤炭开采和洗选业	5	1	2	1	24	2	2	1
石油和天然气开采业								
黑色金属矿采选业	1			4	576		6	66
有色金属矿采选业	1			4	34			3
非金属矿采选业	19	6	18	41	222	8	13	17
其他采矿业								
制造业	**226**	**505**	**211**	**752**	**1775**	**351**	**409**	**149**
农副食品加工业	18	121	21	111	139	11	33	14
食品制造业	13	20	12	17	52	12	4	2
饮料制造业	19	44	14	14	44	6	6	3
烟草制品业								
纺织业	14	15	6	15	28	5	4	1
纺织服装、鞋、帽制造业	3	10	3	9	19	4	5	1
皮革、毛皮、羽毛(绒)及其制品业				4	3		1	1
木材加工及木、竹、藤、棕、草制品业	22	32	6	18	41	3	5	2
家具制造业	4	1	1	7	13	1	6	3
造纸及纸制品业	7	2	4	25	29	6	7	1
印刷业和记录媒介的复制	6	12	5	21	39	15	7	1
文教体育用品制造业				3				
石油加工、炼焦及核燃料加工业	1		1	2	7	2	1	
化学原料及化学制品制造业	14	42	15	55	92	11	23	7
医药制造业	19	1		4	20	4	9	2
化学纤维制造业		1			2		1	
橡胶制品业	15	4	6	7	12		7	1
塑料制品业	13	17	9	48	72	15	25	9
非金属矿物制品业	30	93	14	78	317	30	40	40
黑色金属冶炼及压延加工业	4	6	4	11	35	2	4	3
有色金属冶炼及压延加工业		1	4	18	41	4		11
金属制品业	8	22	14	30	71	13	16	12
通用设备制造业	7	31	33	112	262	53	79	18
专用设备制造业	2	15	13	97	266	112	76	11
交通运输设备制造业	3	6	6	17	97	20	17	5
电气机械及器材制造业		6	7	16	44	10	25	
通信设备、计算机及其他电子设备制造业		1		2	9	6		1
仪器仪表及文化、办公用机械制造业				2	5	2	3	
工艺品及其他制造业	3	1	13	6	14	3	5	
废弃资源和废旧材料回收加工业	1	1		3	2	1		
电力、燃气及水的生产和供应业	**7**	**19**	**5**	**8**	**79**	**31**	**10**	
电力、热力的生产和供应业	4	8	3	5	61	26	8	
燃气生产和供应业		1		1	2	1		
水的生产和供应业	3	10	2	2	16	4	2	
建筑业	**14**	**63**	**16**	**29**	**293**	**140**	**43**	**11**
房屋和土木工程建筑业	10	58	11	13	155	55	24	8
建筑安装业	2		1	9	58	36	9	2
建筑装饰业	1	4	2	2	52	36	7	1
其他建筑业	1	1	2	5	28	13	3	
交通运输、仓储和邮政业	**16**	**48**	**17**	**39**	**114**	**38**	**18**	**5**
铁路运输业								
道路运输业	12	37	10	31	44	11	6	4

建平县	喀喇沁左翼蒙古族自治县	北票市	凌源市	葫芦岛市	连山区	龙港区	南票区	绥中县	建昌县	兴城市
1501	**1086**	**1911**	**1695**	**9299**	**2198**	**1873**	**419**	**1735**	**1136**	**1938**
				2				**1**		**1**
				1						1
				1				1		
318	**81**	**228**	**111**	**408**	**119**	**1**	**68**	**52**	**64**	**104**
1	5	5	8	85	8	1	63		6	7
233	51	182	38	48	9			3	33	3
2	15	10	4	133	76			4	11	42
82	10	31	61	141	26		5	45	14	51
				1						1
172	**148**	**253**	**293**	**1891**	**537**	**391**	**60**	**283**	**97**	**523**
30	7	20	24	146	37	7	4	44	12	42
9	8	5	12	42	11	2		11	7	11
3	8	11	7	75	19	7	2	24	10	13
2		13	3	29	3	1		5	5	15
3	2	2	2	132	9	4		4		115
			1	3				1		2
13	9	4	5	24	6	2	1	8	2	5
	1	1	1	9	4	2				3
1	2	5	7	19	2	1		10		6
6	1	4	5	57	13	15	1	8	7	13
	1		3	28	16	9	1			2
13	8	12	18	146	64	39	9	8	3	23
3			2	10	2	3		1		4
			1							
1	1	2		9	3	2		3		1
5	5	5	8	71	19	13	1	10	3	25
36	35	40	96	289	76	27	29	46	24	87
1	6	1	18	64	27	4	5	4	10	14
1	12	9	4	76	42	22	1	6	3	2
8	5	6	11	141	39	66	2	17	2	15
18	22	56	16	199	80	37	1	10	4	67
10	2	50	5	59	19	22		12		6
7	11	3	34	158	18	86	2	28	4	20
1	1	3	4	76	19	16		18		23
1			1	7	3	2		1		1
				5	1	1				3
	1	1	4	11	1	1	1	4		4
			1	6	4				1	1
9	**10**	**11**	**8**	**63**	**14**	**21**	**3**	**12**	**6**	**7**
7	8	6	6	44	10	12	3	9	5	5
		1		4	1	3				
2	2	4	2	15	3	6		3	1	2
16	**15**	**39**	**29**	**292**	**88**	**99**	**8**	**41**	**17**	**39**
10	12	28	18	117	26	28	4	27	9	23
1		2	8	49	22	17	2	3	1	4
2	1	5		99	35	46	2	7	5	4
3	2	4	3	27	5	8		4	2	8
16	**6**	**12**	**19**	**164**	**32**	**37**	**4**	**53**	**10**	**28**
7	2	7	7	79	17	11	3	23	8	17

1-7 续表 11

行业大类	西丰县	昌图县	调兵山市	开原市	朝阳市	双塔区	龙城区	朝阳县
城市公共交通业	1	6	3	4	29	12	3	
水上运输业								
航空运输业					2	2		
管道运输业								
装卸搬运和其他运输服务业	1	1	2	1	14	5	2	
仓储业	2	4	2	3	21	4	7	1
邮政业					4	4		
信息传输、计算机服务和软件业	**5**	**5**	**3**	**1**	**47**	**30**	**4**	
电信和其他信息传输服务业	4	5	1	1	28	16	2	
计算机服务业	1		2		10	8	1	
软件业					9	6	1	
批发和零售业	**129**	**217**	**75**	**270**	**1409**	**433**	**155**	**104**
批发业	81	118	51	183	903	296	124	64
零售业	48	99	24	87	506	137	31	40
住宿和餐饮业	**11**	**9**	**6**	**17**	**76**	**39**	**3**	
住宿业	6	2	5	9	38	16	2	
餐饮业	5	7	1	8	38	23	1	
金融业	**5**	**5**	**3**	**6**	**61**	**53**	**1**	
银行业	4	4	1	4	16	12		
证券业					1	1		
保险业				1	25	25		
其他金融活动	1	1	2	1	19	15	1	
房地产业	**18**	**35**	**25**	**18**	**274**	**144**	**27**	**2**
房地产业	18	35	25	18	274	144	27	2
租赁和商务服务业	**10**	**141**	**31**	**19**	**392**	**195**	**13**	**5**
租赁业				1	6	4	1	
商务服务业	10	141	31	18	386	191	12	5
科学研究、技术服务和地质勘查业	**31**	**136**	**29**	**27**	**555**	**156**	**17**	**50**
研究与试验发展	2	5	1	3	20	9		1
专业技术服务业	10	25	23	13	225	98	8	3
科技交流和推广服务业	18	105	3	11	305	44	9	46
地质勘查业	1	1	2		5	5		
水利、环境和公共设施管理业	**13**	**61**	**8**	**19**	**121**	**31**	**6**	**4**
水利管理业	7	47	3	12	73	12		2
环境管理业	2	2	2	2	16	6	1	
公共设施管理业	4	12	3	5	32	13	5	2
居民服务和其他服务业	**6**	**13**	**5**	**15**	**138**	**81**	**12**	**3**
居民服务业	3	12	4	15	119	74	7	3
其他服务业	3	1	1		19	7	5	
教育	**58**	**117**	**57**	**70**	**569**	**107**	**33**	**65**
教育	58	117	57	70	569	107	33	65
卫生、社会保障和社会福利业	**38**	**166**	**85**	**59**	**419**	**105**	**18**	**28**
卫生	31	127	67	52	297	75	10	28
社会保障业		3	2	3	27	15		
社会福利业	7	36	16	4	95	15	8	
文化、体育和娱乐业	**9**	**50**	**9**	**14**	**127**	**71**	**3**	**1**
新闻出版业		1			13	8		
广播、电视、电影和音像业	4	38	2	2	11	4		
文化艺术业	5	8	5	7	55	24	2	1
体育		2		3	32	27		
娱乐业		1	2	2	16	8	1	
公共管理和社会组织	**345**	**858**	**213**	**510**	**3604**	**747**	**215**	**432**
中国共产党机关	11	55	12	30	81	30	11	
国家机构	110	203	79	138	1226	419	77	33
人民政协和民主党派	1	1	1	1	14	8	1	
群众团体、社会团体和宗教组织	41	107	60	50	740	188	41	101
基层群众自治组织	182	492	61	291	1543	102	85	298

建平县	喀喇沁左翼蒙古族自治县	北票市	凌源市	葫芦岛市	连山区	龙港区	南票区	绥中县	建昌县	兴城市
4	2	3	5	5	1	1	1		1	1
				24	1	10		10		3
3	1		3	27	4	9		9		5
2	1	2	4	26	6	6		11	1	2
				3	3					
2	**2**	**8**	**1**	**141**	**12**	**41**		**15**	**13**	**60**
1	1	7	1	30	2	21		3	3	1
	1			100	6	13		12	10	59
1		1		11	4	7				
187	**97**	**156**	**277**	**1725**	**455**	**346**	**33**	**378**	**181**	**332**
108	49	77	185	967	278	212	18	206	92	161
79	48	79	92	758	177	134	15	172	89	171
4	**4**	**8**	**18**	**183**	**51**	**52**	**1**	**27**	**5**	**47**
3	3	3	11	70	14	14		15	3	24
1	1	5	7	113	37	38	1	12	2	23
1	**1**	**4**	**1**	**50**	**12**	**33**	**1**	**2**	**1**	**1**
1	1	1	1	17	3	10	1	1	1	1
				27	8	19				
		3		6	1	4		1		
28	**21**	**21**	**31**	**208**	**44**	**85**	**3**	**19**	**17**	**40**
28	21	21	31	208	44	85	3	19	17	40
40	**20**	**56**	**63**	**292**	**65**	**102**	**9**	**42**	**27**	**47**
1				13	4	6		2		1
39	20	56	63	279	61	96	9	40	27	46
36	**86**	**159**	**51**	**247**	**23**	**84**	**4**	**56**	**30**	**50**
1	1	3	5	8		3		1		4
18	17	60	21	134	7	60	1	23	17	26
17	68	96	25	94	13	17	2	32	13	17
				11	3	4	1			3
9	**13**	**41**	**17**	**86**	**15**	**25**	**3**	**20**	**8**	**15**
5	8	34	12	38	6	8	3	10	4	7
2		5	2	13	5	3		1	3	1
2	5	2	3	35	4	14		9	1	7
4	**5**	**8**	**25**	**115**	**43**	**21**	**4**	**22**	**8**	**17**
4	4	6	21	87	32	18	3	15	4	15
	1	2	4	28	11	3	1	7	4	2
72	**70**	**93**	**129**	**469**	**92**	**78**	**20**	**75**	**95**	**109**
72	70	93	129	469	92	78	20	75	95	109
88	**57**	**74**	**49**	**370**	**72**	**65**	**16**	**68**	**63**	**86**
71	38	36	39	274	55	39	8	60	50	62
3		7	2	37	3	20	4	3	3	4
14	19	31	8	59	14	6	4	5	10	20
11	**9**	**16**	**16**	**94**	**30**	**18**	**2**	**18**	**10**	**16**
1	1	1	2	7		4		2		1
1	1	4	1	15	6	3	1	1	2	2
7	5	10	6	39	8	8	1	8	7	7
2	1	1	1	10	1	1		5	1	2
	1		6	23	15	2		2		4
488	**441**	**724**	**557**	**2499**	**494**	**374**	**180**	**551**	**484**	**416**
8	10	14	8	84	8	19	7	9	37	4
103	128	302	164	697	114	199	56	127	100	101
1	1	1	2	14	1	9	1	1	1	1
90	101	108	111	419	75	72	39	125	64	44
286	201	299	272	1285	296	75	77	289	282	266

1-8 按行业(大类)、地区分组的

行业大类	从业人员数(人)	沈阳市	和平区	沈河区	大东区	皇姑区	铁西区	苏家屯区
总　计	**10307946**	**2213025**	**335191**	**248124**	**156589**	**182589**	**131626**	**87054**
农、林、牧、渔业	**12352**	**591**						**69**
农业	7849	454						
林业	2219							
畜牧业	298	69						69
渔业	1869							
农、林、牧、渔服务业	117	68						
采矿业	**548214**	**26377**			**235**	**21**		**375**
煤炭开采和洗选业	192304	22108						75
石油和天然气开采业	126731							
黑色金属矿采选业	107306	299				21		149
有色金属矿采选业	51492	122			65			
非金属矿采选业	69740	3848			170			151
其他采矿业	641							
制造业	**3998259**	**920880**	**20066**	**11049**	**70185**	**63095**	**38246**	**44576**
农副食品加工业	252192	45968	22		79	689	186	2945
食品制造业	72519	21597	714	110	173	403	1410	461
饮料制造业	50196	14938	146	29	815	4	2837	474
烟草制品业	2592	1169	1169					
纺织业	121378	10939	89	113	807	212	161	747
纺织服装、鞋、帽制造业	247612	20550	343	516	851	727	287	917
皮革、毛皮、羽毛(绒)及其制品业	31469	18334	122	46	198	177	62	251
木材加工及木、竹、藤、棕、草制品业	73721	16242	320	114	407	159	36	479
家具制造业	49051	15385	67	16	122	229	32	1247
造纸及纸制品业	57335	11452	261	219	587	652	178	780
印刷业和记录媒介的复制	41139	15470	1701	1788	1363	1823	1374	164
文教体育用品制造业	11850	2229	5	59	113	88	15	96
石油加工、炼焦及核燃料加工业	72665	7024	7	7	98		23	107
化学原料及化学制品制造业	213378	32148	302	414	771	1678	664	2178
医药制造业	59240	30820	111	619	933	145	205	566
化学纤维制造业	32420	267		5			37	20
橡胶制品业	51813	18678	122	135	707	381	1368	324
塑料制品业	132886	42813	121	378	543	605	339	1576
非金属矿物制品业	351297	56725	540	265	566	583	683	5922
黑色金属冶炼及压延加工业	302076	12963	123	5	1488	115	1287	3111
有色金属冶炼及压延加工业	84348	15952	83	65	86	210	132	2889
金属制品业	192108	51334	461	364	3438	4207	1495	2066
通用设备制造业	553758	147988	1666	1450	6554	9285	7979	3250
专用设备制造业	215395	78118	1621	642	11264	5401	2463	1567
交通运输设备制造业	321562	110147	1190	548	27119	29274	9411	5247
电气机械及器材制造业	197946	79558	3156	1829	8228	3264	4873	5955
通信设备、计算机及其他电子设备制造业	103976	23014	4789	324	482	1124	250	547
仪器仪表及文化、办公用机械制造业	46106	9984	587	667	1370	1075	329	180
工艺品及其他制造业	46685	8632	224	322	871	564	128	428
废弃资源和废旧材料回收加工业	9546	442	4		152	21	2	82
电力、燃气及水的生产和供应业	**211503**	**45961**	**22440**	**8747**	**1590**	**1582**	**1016**	**1128**
电力、热力的生产和供应业	154136	32323	12871	8402	1446	951	1000	982
燃气生产和供应业	16684	3124	2373	35	136		7	59
水的生产和供应业	40683	10514	7196	310	8	631	9	87
建筑业	**1282706**	**221913**	**47320**	**51941**	**12566**	**16354**	**17101**	**8545**
房屋和土木工程建筑业	976741	134637	31826	35925	5541	9412	12801	7134
建筑安装业	204682	61357	11381	9830	4510	3628	2639	1287
建筑装饰业	71954	22314	3605	5768	2371	2990	1449	114
其他建筑业	29329	3605	508	418	144	324	212	10
交通运输、仓储和邮政业	**355876**	**72002**	**22303**	**4749**	**8571**	**2867**	**5385**	**2609**
铁路运输业	3663							
道路运输业	138399	28618	7529	2248	1101	1023	1113	1982

法人单位从业人员数

东陵区	沈北新区	于洪区	辽中县	康平县	法库县	新民市	大连市	中山区	西岗区	沙河口区	甘井子区
233649	**141805**	**425714**	**53577**	**82180**	**51615**	**83312**	**2549658**	**255060**	**190688**	**234378**	**432803**
50				**472**			**873**				**653**
50				404			38				28
							795				625
				68			40				
183	**19449**	**15**		**2729**	**3008**	**362**	**8177**	**59**			**311**
	19369			1868	796						
129							162				
	1				56		522				
54	79	15		861	2156	362	7419	4			292
							74	55			19
141516	**76383**	**301422**	**32543**	**48510**	**28371**	**44918**	**1130155**	**7864**	**33177**	**45667**	**209764**
6436	9251	6678	4671	5197	2421	7393	86811	247	180	369	10536
2137	7948	5127	289	791	898	1136	20382	190	206	1117	2485
1488	2168	3881	1407	522	668	499	8476	47	2	1741	1519
2240	841	3286	577	888	87	891	29724	213	87	417	3090
1268	1499	9644	1553	2208	544	193	138450	658	526	1489	25298
15829	13	731	584	14	35	272	6228	51	119	139	2926
1293	1691	5361	779	848	2068	2687	22964	82	22	402	6317
2230	940	9561	61	488	95	297	22698	111	35	461	2883
2723	1479	2544	496	303	120	1110	13563	44	110	384	1351
3036	1464	1805	276	57	87	532	11458	1594	504	645	3205
833	64	936	1			19	4840	106	13	68	1527
395	376	3204	616	15	240	1936	12787			10	10558
3639	4868	10638	1481	1342	1027	3146	35278	278	339	662	12506
3657	4237	18499	575	239	235	799	9044	33		117	1778
78	96	8	23				1112			5	165
2691	860	10326	609	641	187	327	9768	10	197	1427	2427
5736	2275	6696	358	21579	430	2177	35112	152	186	362	5792
8116	4649	10461	2207	4038	14320	4375	47283	172	188	822	8184
1553	1411	2556	887	229	3	195	13992	1	430	160	7727
4035	1767	3634	807	1182	516	546	2502	1		9	633
6577	3316	24166	1456	1657	556	1575	56526	645	5153	1312	15057
17632	7412	76392	7775	1790	1856	4947	224679	625	1240	16202	30058
12236	4494	34463	929	1216	437	1385	52878	702	6054	1182	10709
12805	4891	15483	1188	1505	123	1363	118428	939	16134	12896	21580
9493	5563	27270	1362	977	833	6755	61824	123	670	1875	6951
9427	1714	3844	47	319	2	145	58624	205	49	83	10094
2563	323	2690	69	58		73	15824	507	547	1037	3182
1360	771	1496	1342	398	583	145	8260	122	185	274	1075
10	2	42	118	9			640	6	1		151
1418	**1012**	**4303**	**436**	**1004**	**544**	**741**	**21000**	**737**	**5431**	**2321**	**3068**
1036	620	3761	64	726	113	351	12085	652	1033	1940	2381
19	8	153	151	32	116	35	3552	32	1952	2	450
363	384	389	221	246	315	355	5363	53	2446	379	237
14690	**6716**	**34046**	**1464**	**3713**	**671**	**6786**	**421144**	**16744**	**38669**	**54796**	**61474**
8089	4040	10266	1067	2478	467	5591	327513	7703	26488	37580	38746
4025	1332	20597	318	772	160	878	50765	4361	4307	10141	15022
2295	1150	2227	4	303	10	28	27210	3743	5163	5511	3125
281	194	956	75	160	34	289	15656	937	2711	1564	4581
8129	**1217**	**7699**	**784**	**4747**	**739**	**2203**	**111416**	**43461**	**6056**	**3436**	**15278**
2412	426	2892	575	4682	724	1911	34861	3273	2130	1575	4774

1-8 续表 1

行业大类	从业人员数(人)	沈阳市	和平区	沈河区	大东区	皇姑区	铁西区	苏家屯区
城市公共交通业	56977	14468	341	821	2627	785	3074	140
水上运输业	30581	39	5	22				
航空运输业	9744	4666		7	3303			116
管道运输业	1431	430				430		
装卸搬运和其他运输服务业	69604	13861	9723	1047	438	521	971	52
仓储业	20298	4384	65	150	1068	58	219	299
邮政业	25179	5536	4640	454	34	50	8	20
信息传输、计算机服务和软件业	**132925**	**28282**	**10926**	**5755**	**521**	**2005**	**517**	**232**
电信和其他信息传输服务业	59752	14689	6751	2092	151	279	129	81
计算机服务业	21572	4824	1565	1163	202	385	180	125
软件业	51601	8769	2610	2500	168	1341	208	26
批发和零售业	**775440**	**210455**	**45682**	**47927**	**16970**	**20911**	**26405**	**4368**
批发业	441224	122249	23725	27398	8045	11002	18577	2201
零售业	334216	88206	21957	20529	8925	9909	7828	2167
住宿和餐饮业	**177901**	**40326**	**17982**	**7213**	**2031**	**6278**	**1668**	**506**
住宿业	79745	18506	5394	5120	1248	3409	522	243
餐饮业	98156	21820	12588	2093	783	2869	1146	263
金融业	**220650**	**35639**	**10413**	**21969**	**77**	**378**	**126**	**418**
银行业	138849	25307	6865	16022			48	398
证券业	2208	742	483	195	4	35		
保险业	72039	7894	2651	4881	24	249	68	3
其他金融活动	7554	1696	414	871	49	94	10	17
房地产业	**216566**	**67044**	**12316**	**11922**	**4787**	**4795**	**7024**	**2819**
房地产业	216566	67044	12316	11922	4787	4795	7024	2819
租赁和商务服务业	**313347**	**84075**	**28167**	**16750**	**9108**	**9636**	**4188**	**1802**
租赁业	7792	1684	294	149	235	157	44	97
商务服务业	305555	82391	27873	16601	8873	9479	4144	1705
科学研究、技术服务和地质勘查业	**190368**	**60682**	**15273**	**13963**	**982**	**10149**	**1950**	**1644**
研究与试验发展	34100	15240	1925	4813	144	2449	247	174
专业技术服务业	99508	34185	11485	7307	610	5312	1416	510
科技交流和推广服务业	43043	7673	1063	1028	214	1228	287	694
地质勘查业	13717	3584	800	815	14	1160		266
水利、环境和公共设施管理业	**112178**	**27946**	**3726**	**3875**	**2118**	**2374**	**1721**	**1620**
水利管理业	20461	3560	388	122	33	100		157
环境管理业	48962	13394	1856	1176	1322	1499	1151	356
公共设施管理业	42755	10992	1482	2577	763	775	570	1107
居民服务和其他服务业	**74962**	**13931**	**2460**	**1730**	**948**	**1682**	**1119**	**951**
居民服务业	47418	7650	1440	1129	309	824	871	225
其他服务业	27544	6281	1020	601	639	858	248	726
教育	**563126**	**126179**	**18811**	**9211**	**10226**	**17911**	**8489**	**6034**
教育	563126	126179	18811	9211	10226	17911	8489	6034
卫生、社会保障和社会福利业	**285005**	**64640**	**15473**	**6047**	**7022**	**7226**	**6610**	**3003**
卫生	260014	60615	14689	5697	6883	6809	6398	2921
社会保障业	7279	1101	553	47	20	70	19	
社会福利业	17712	2924	231	303	119	347	193	82
文化、体育和娱乐业	**74009**	**21670**	**6530**	**5350**	**844**	**3050**	**449**	**474**
新闻出版业	12779	5841	2007	2630	66	775	23	4
广播、电视、电影和音像业	17549	4837	2609	640	96	191	120	122
文化艺术业	22109	6737	1027	1624	459	1756	79	98
体育	6580	1573	368	39	2	40	43	23
娱乐业	14992	2682	519	417	221	288	184	227
公共管理和社会组织	**762559**	**144432**	**35303**	**19926**	**7808**	**12275**	**9612**	**5881**
中国共产党机关	27404	6174	1353	1102	118	500	259	319
国家机构	522986	104648	29189	15213	5908	9116	5396	3512
人民政协和民主党派	3542	782	156	240	23	210	23	15
群众团体、社会团体和宗教组织	100288	13544	3136	2152	569	883	2572	844
基层群众自治组织	108339	19284	1469	1219	1190	1566	1362	1191

东陵区	沈北新区	于洪区	辽中县	康平县	法库县	新民市	大连市	中山区	西岗区	沙河口区	甘井子区
2706	68	3699		48	11	148	18232	12881	665	816	1632
		12					17653	10313	1763	52	402
1240							4710	49	8		4618
							225				
542	283	239	24	17	4		24697	12912	679	729	1185
924	440	832	185			144	5946	144	31	227	2387
305		25					5092	3889	780	37	280
6425	**672**	**612**	**143**	**202**	**213**	**59**	**59594**	**11302**	**4052**	**7377**	**34663**
4533	46	151	117	131	197	31	11463	8168	1902	484	332
708	178	220	26	44	7	21	7971	719	803	726	4730
1184	448	241		27	9	7	40160	2415	1347	6167	29601
11389	**3534**	**20961**	**1787**	**3356**	**2635**	**4530**	**203148**	**53206**	**24593**	**29974**	**28616**
8355	2236	13577	1048	2076	2047	1962	135038	28707	19803	20673	18609
3034	1298	7384	739	1280	588	2568	68110	24499	4790	9301	10007
1898	**217**	**1918**	**190**	**140**	**158**	**127**	**53109**	**19836**	**6837**	**9094**	**4084**
1325	112	801	35	122	100	75	28941	11125	5387	2857	1544
573	105	1117	155	18	58	52	24168	8711	1450	6237	2540
108	**357**	**86**	**308**	**366**	**515**	**518**	**43752**	**34491**	**3799**	**939**	**792**
	248	48	301	351	512	514	26803	21392	1225	125	627
	15	10					906	600	41	253	
9		4	1	4			14615	11924	2164	492	31
99	94	24	6	11	3	4	1428	575	369	69	134
7090	**4365**	**8680**	**699**	**434**	**447**	**1666**	**73498**	**14847**	**12868**	**15604**	**11145**
7090	4365	8680	699	434	447	1666	73498	14847	12868	15604	11145
4140	**1284**	**4473**	**673**	**1653**	**626**	**1575**	**90716**	**14335**	**15076**	**18058**	**13584**
355	42	165	10	73	32	31	2381	244	240	257	439
3785	1242	4308	663	1580	594	1544	88335	14091	14836	17801	13145
7116	**2879**	**3724**	**496**	**788**	**830**	**888**	**42517**	**4400**	**7737**	**7385**	**6062**
3189	1067	884	43	35	118	152	5941	795	160	2110	1667
3103	988	1688	271	590	435	470	23832	3076	6680	4254	2912
824	365	1107	173	152	272	266	11797	529	889	1021	1248
	459	45	9	11	5		947		8		235
2427	**2197**	**3613**	**686**	**816**	**773**	**2000**	**16237**	**2397**	**1939**	**2120**	**1201**
166	386	75	440	488	406	799	1918	24	56	22	
1351	1125	2816	153	232	95	262	5909	1118	1262	833	401
910	686	722	93	96	272	939	8410	1255	621	1265	800
1619	**789**	**1488**	**159**	**452**	**114**	**420**	**17383**	**2781**	**2143**	**2389**	**5057**
990	201	872	101	220	99	369	8560	1985	1109	1484	857
629	588	616	58	232	15	51	8823	796	1034	905	4200
12173	**12446**	**11451**	**5640**	**3536**	**3922**	**6329**	**97783**	**6240**	**6471**	**14388**	**21727**
12173	12446	11451	5640	3536	3922	6329	97783	6240	6471	14388	21727
2925	**1388**	**5419**	**2247**	**2196**	**1840**	**3244**	**47288**	**5585**	**6976**	**9579**	**5209**
2624	1084	4936	2116	1928	1701	2829	42785	4872	6250	9333	4553
7	47	9	15	133	5	176	1067	37	419	15	5
294	257	474	116	135	134	239	3436	676	307	231	651
1822	**412**	**1375**	**172**	**424**	**281**	**487**	**15501**	**3874**	**1884**	**3389**	**1416**
184	70	69			4	9	2703	1073	365	930	230
96	69	97	93	271	143	290	2273	201	64	994	50
772	95	405	45	140	114	123	3520	1014	794	392	141
193	32	741	34	13		45	2052	105	519	329	229
577	146	63			20	20	4953	1481	142	744	766
8531	**6488**	**14429**	**5150**	**6642**	**5928**	**6459**	**96367**	**12901**	**12980**	**7862**	**8699**
226	331	311	347	341	319	648	4154	1048	253	108	336
5739	4496	11498	3312	3493	4181	3595	57540	8963	11262	5054	5507
15	22	17	20	6	17	18	456	280	24	14	2
402	459	403	218	1432	112	362	20623	1758	868	1499	581
2149	1180	2200	1253	1370	1299	1836	13594	852	573	1187	2273

1-8 续表 2

行业大类	旅顺口区	金州区	长海县	瓦房店市	普兰店市	庄河市	鞍山市	铁东区
总　计	**113185**	**579624**	**8184**	**271857**	**226321**	**237558**	**813895**	**135556**
农、林、牧、渔业			**210**	**10**				
农业				10				
林业								
畜牧业								
渔业			170					
农、林、牧、渔服务业			40					
采矿业	**302**	**494**		**4332**	**725**	**1954**	**16832**	**40**
煤炭开采和洗选业								
石油和天然气开采业								
黑色金属矿采选业				40	37	85	6808	35
有色金属矿采选业		10		265	5	242	2703	
非金属矿采选业	302	484		4027	683	1627	7305	5
其他采矿业							16	
制造业	**71868**	**365949**	**2037**	**157393**	**126134**	**110302**	**369899**	**4641**
农副食品加工业	4988	15684	1537	14975	8280	30015	14469	210
食品制造业	1290	3674	14	4953	2520	3933	4083	26
饮料制造业	130	845		1136	2279	777	3557	3
烟草制品业								
纺织业	844	12639	85	6106	3866	2377	16099	60
纺织服装、鞋、帽制造业	2856	41401		3487	52366	10369	12236	92
皮革、毛皮、羽毛(绒)及其制品业	9	1840		186	780	178	1289	39
木材加工及木、竹、藤、棕、草制品业	604	11854		1073	1529	1081	2744	26
家具制造业	582	7159		1064	2143	8260	1632	6
造纸及纸制品业	358	5984		1774	1435	2123	2998	49
印刷业和记录媒介的复制	447	3169	17	463	863	551	1557	341
文教体育用品制造业	675	1661		78	350	362	146	51
石油加工、炼焦及核燃料加工业	55	1312		570	282		2313	5
化学原料及化学制品制造业	1898	10430		3855	3485	1825	9252	55
医药制造业	538	5228		707	414	229	1502	
化学纤维制造业		108		51	234	549	333	
橡胶制品业	599	1510		841	563	2194	5175	311
塑料制品业	1445	16559	18	2285	4043	4270	6893	325
非金属矿物制品业	3714	15391	50	9680	5262	3820	57685	173
黑色金属冶炼及压延加工业	475	3556		796	553	294	132897	623
有色金属冶炼及压延加工业	300	794		106	167	492	2697	
金属制品业	7699	14370		6152	3058	3080	26926	517
通用设备制造业	19206	50911	13	74113	17946	14365	28894	662
专用设备制造业	5626	18335		3271	2644	4355	10913	222
交通运输设备制造业	13842	31634	303	10321	2763	8016	6106	341
电气机械及器材制造业	2772	34494		6158	5866	2915	5654	294
通信设备、计算机及其他电子设备制造业	146	43079		2258	201	2509	2383	24
仪器仪表及文化、办公用机械制造业	367	8479		160	1168	377	3581	179
工艺品及其他制造业	386	3611		602	1036	969	5362	7
废弃资源和废旧材料回收加工业	17	238		172	38	17	523	
电力、燃气及水的生产和供应业	**342**	**3477**	**282**	**2690**	**1221**	**1431**	**11956**	**5721**
电力、热力的生产和供应业	245	2612	238	1351	537	1096	6517	1824
燃气生产和供应业	48	167		851	50		2373	2003
水的生产和供应业	49	698	44	488	634	335	3066	1894
建筑业	**13109**	**96928**	**1006**	**34959**	**39613**	**63846**	**99305**	**26832**
房屋和土木工程建筑业	10726	78272	879	31067	34962	61090	67637	19509
建筑安装业	1714	10215	4	1291	2465	1245	27652	5374
建筑装饰业	420	5691	123	1474	1051	909	2880	1712
其他建筑业	249	2750		1127	1135	602	1136	237
交通运输、仓储和邮政业	**1095**	**16210**	**375**	**9089**	**11778**	**4638**	**23566**	**8186**
铁路运输业								
道路运输业	166	4677	108	7639	7743	2776	12423	1101

铁西区	立山区	千山区	台安县	岫岩满族自治县	海城市	抚顺市	新抚区	东洲区	望花区	顺城区
171480	**79546**	**98363**	**66388**	**62098**	**200464**	**511866**	**128348**	**62851**	**116199**	**98183**
						2251				
						1865				
						386				
	209	**2986**		**6603**	**6994**	**44445**	**27145**	**3570**	**281**	**501**
						31007	27145	2583	128	
	145	2834		1752	2042	6584		960	64	185
				1757	946	4419				
	64	152		3094	3990	2435		27	89	316
					16					
131665	**26794**	**52225**	**34353**	**24800**	**95421**	**169797**	**28093**	**25929**	**60765**	**21373**
58	91	1023	7155	1034	4898	4501	82	416	1154	808
281	99	1261	944	694	778	3231	55	145	1793	553
110	542	1119	1364	190	229	1991	119	867	115	117
						8				
1944	81	1014	1118	2757	9125	4480	47	1393	1358	721
118	837	760	1127	985	8317	3502	437	692	1080	772
10	80	293	311	1	555	60		21	26	
77	14	353	1529	104	641	9887	72	340	191	1617
19	44	647		421	495	1088	5	93	99	317
139	140	338	1438	69	825	2227	87	402	1220	234
122	172	291	226	48	357	872	121	171	264	180
1	20	69			5	67	5		31	11
3	817	106	1147	49	186	13260	10873	737	1236	171
1107	572	1916	2666	876	2060	11787	888	3662	3404	1164
122	5	585	342	331	117	2147		39	590	118
8	7	203	96		19	9348	8854	48	412	
381	203	142	20	3996	122	1791	63	298	862	327
40	340	1446	986	287	3469	3743	245	1445	1028	516
424	1638	4610	3469	8915	38456	16326	1439	2325	4949	2563
119017	1485	5520		2	6250	18501		25	16777	60
393	113	224	697	84	1186	8132	4	106	7600	101
1831	6942	7476	3290	790	6080	5400	258	1699	1850	1027
2527	7827	8528	1423	1396	6531	17822	1273	3369	3805	5440
538	2464	4744	242	501	2202	8648	789	1537	4113	1510
1005	852	2302	857	90	659	3090	742	368	983	619
537	746	2975	540	188	374	7758	1520	1052	3944	441
215	67	1980	41	6	50	828		93	137	553
619	155	1936	351	205	136	1263	90	92	870	171
19	204	149	2941	781	1261	7633	20	4461	698	1212
	237	215	33		38	406	5	33	176	50
62	**191**	**497**	**1585**	**1248**	**2652**	**14518**	**4485**	**3726**	**2352**	**2137**
20	149	482	784	1081	2177	11067	1482	3726	2262	2122
10	42	10	289		19	665	637		28	
32		5	512	167	456	2786	2366		62	15
16420	**23576**	**12700**	**4636**	**2331**	**12810**	**64225**	**18039**	**9455**	**13196**	**16262**
8109	18051	6263	3458	1786	10461	41470	7742	6683	7933	13280
8142	4849	5765	940	512	2070	17971	9820	2533	2891	1580
147	198	600	52	28	143	4340	407	175	2269	1299
22	478	72	186	5	136	444	70	64	103	103
385	**1345**	**3780**	**5158**	**611**	**4101**	**16685**	**4563**	**1017**	**1857**	**5154**
						21			2	19
98	548	3238	3732	378	3328	9933	1487	940	986	2969

1-8 续表 3

行业大类	旅顺口区	金州区	长海县	瓦房店市	普兰店市	庄河市	鞍山市	铁东区
城市公共交通业	28	1366		28	377	439	6085	4074
水上运输业	257	2268	221	443	1508	426	58	
航空运输业			35				24	
管道运输业				225				
装卸搬运和其他运输服务业	582	5575	6	431	2004	594	1583	374
仓储业	61	2297	5	314	109	371	1076	363
邮政业	1	27		9	37	32	2317	2274
信息传输、计算机服务和软件业	**106**	**1321**	**7**	**278**	**381**	**107**	**7736**	**3167**
电信和其他信息传输服务业	12	131	2	142	231	59	2628	2389
计算机服务业	51	722	5	77	90	48	4769	579
软件业	43	468		59	60		339	199
批发和零售业	**3532**	**22561**	**105**	**17639**	**9442**	**13480**	**59629**	**16878**
批发业	1756	16493	17	12700	6056	10224	29474	7149
零售业	1776	6068	88	4939	3386	3256	30155	9729
住宿和餐饮业	**929**	**6721**	**134**	**2309**	**1621**	**1544**	**17542**	**7460**
住宿业	392	4221	118	1593	793	911	4412	2572
餐饮业	537	2500	16	716	828	633	13130	4888
金融业	**309**	**980**	**193**	**737**	**759**	**753**	**15020**	**12592**
银行业	309	882	190	707	741	605	10031	8084
证券业					12		91	77
保险业		4					4060	3818
其他金融活动		94	3	30	6	148	838	613
房地产业	**2363**	**10118**	**130**	**2958**	**1897**	**1568**	**10124**	**2938**
房地产业	2363	10118	130	2958	1897	1568	10124	2938
租赁和商务服务业	**1534**	**12343**	**188**	**3438**	**4560**	**7600**	**18807**	**7595**
租赁业	30	674		118	138	241	1783	501
商务服务业	1504	11669	188	3320	4422	7359	17024	7094
科学研究、技术服务和地质勘查业	**1032**	**5193**	**119**	**6340**	**2191**	**2058**	**12205**	**4458**
研究与试验发展	179	915	16	62	25	12	3512	1453
专业技术服务业	641	2972	68	980	977	1272	4660	1626
科技交流和推广服务业	212	1107	35	5290	704	762	2765	280
地质勘查业		199		8	485	12	1268	1099
水利、环境和公共设施管理业	**967**	**2406**	**219**	**882**	**1390**	**2716**	**10136**	**2474**
水利管理业		156		279	550	831	827	90
环境管理业	213	684		361	348	689	5392	1363
公共设施管理业	754	1566	219	242	492	1196	3917	1021
居民服务和其他服务业	**496**	**2296**	**18**	**955**	**656**	**592**	**16083**	**2838**
居民服务业	382	1535	8	311	417	472	11949	1989
其他服务业	114	761	10	644	239	120	4134	849
教育	**7364**	**14702**	**1061**	**9399**	**7645**	**8786**	**46311**	**8354**
教育	7364	14702	1061	9399	7645	8786	46311	8354
卫生、社会保障和社会福利业	**1723**	**4435**	**368**	**4661**	**4058**	**4694**	**25409**	**5298**
卫生	1288	4091	350	4225	3675	4148	22453	4570
社会保障业	128	118	17	53	135	140	1265	330
社会福利业	307	226	1	383	248	406	1691	398
文化、体育和娱乐业	**924**	**1984**	**55**	**685**	**480**	**810**	**7244**	**3020**
新闻出版业	11	46		25		23	920	785
广播、电视、电影和音像业	136	258		244	145	181	1933	640
文化艺术业	333	312	53	118	150	213	1542	897
体育	374	361	2	32	59	42	469	229
娱乐业	70	1007		266	126	351	2380	469
公共管理和社会组织	**5190**	**11506**	**1677**	**13103**	**11770**	**10679**	**46091**	**13064**
中国共产党机关	152	157	76	1431	251	342	1562	682
国家机构	3090	6548	1325	6965	4795	4031	33878	10431
人民政协和民主党派	17	40	21	20	17	21	233	116
群众团体、社会团体和宗教组织	944	2192	70	2177	5653	4881	4205	1198
基层群众自治组织	987	2569	185	2510	1054	1404	6213	637

铁西区	立山区	千山区	台安县	岫岩满族自治县	海城市	抚顺市	新抚区	东洲区	望花区	顺城区
221	5	132	1283	195	175	3486	2620		699	148
		17	41							
			9		15					
5	786	78	67	2	271	881	308	35	118	220
21	3	315	26	36	312	1690	119	41	42	1164
40	3					674	29	1	10	634
320	**763**	**260**	**169**	**216**	**2841**	**3653**	**2084**	**48**	**249**	**1214**
22	54	19	14	20	110	3068	2036	38	56	938
280	688	171	153	196	2702	311	27	9	67	180
18	21	70	2		29	274	21	1	126	96
6893	**5395**	**6075**	**4842**	**3195**	**16351**	**39100**	**8999**	**3971**	**9793**	**5023**
2842	2741	4960	3005	964	7813	24320	3566	3163	8349	2600
4051	2654	1115	1837	2231	8538	14780	5433	808	1444	2423
1110	**2357**	**1106**	**402**	**1223**	**3884**	**10756**	**2187**	**617**	**1120**	**4780**
86	222	449	87	396	600	3073	861	444	376	483
1024	2135	657	315	827	3284	7683	1326	173	744	4297
18	**6**	**28**	**492**	**581**	**1303**	**14504**	**6417**		**286**	**7290**
		10	288	556	1093	7576	3895		245	2937
14						149	123		14	12
		7	201		34	6464	2124		12	4328
4	6	11	3	25	176	315	275		15	13
1994	**1258**	**905**	**880**	**359**	**1790**	**7370**	**1366**	**597**	**2079**	**2523**
1994	1258	905	880	359	1790	7370	1366	597	2079	2523
1429	**983**	**1986**	**401**	**1877**	**4536**	**13218**	**3076**	**1158**	**6380**	**1725**
17	106	858	16	27	258	123	8	27	83	
1412	877	1128	385	1850	4278	13095	3068	1131	6297	1725
413	**525**	**2160**	**1041**	**1866**	**1742**	**8568**	**1349**	**622**	**1804**	**2696**
74	68	1586	36	12	283	1435	85	34	992	152
216	408	318	309	693	1090	3844	1039	201	486	1777
22	49	256	696	1113	349	2311	185	31	326	210
101				48	20	978	40	356		557
670	**1791**	**1370**	**619**	**914**	**2298**	**7102**	**1443**	**1555**	**1393**	**1575**
		45	225	86	381	872	4	175	2	234
362	1440	727	271	240	989	4348	827	927	1018	1142
308	351	598	123	588	928	1882	612	453	373	199
552	**1636**	**517**	**419**	**924**	**9197**	**3204**	**650**	**115**	**249**	**1477**
370	1087	352	220	718	7213	2667	571	69	213	1209
182	549	165	199	206	1984	537	79	46	36	268
3326	**4611**	**5032**	**4177**	**6074**	**14737**	**25634**	**3301**	**3142**	**6098**	**6445**
3326	4611	5032	4177	6074	14737	25634	3301	3142	6098	6445
3627	**5029**	**2301**	**1832**	**2230**	**5092**	**16136**	**4189**	**2159**	**1703**	**3906**
3502	4884	2087	1458	1969	3983	14681	3958	1787	1551	3520
49	19	19	43	88	717	179	40	2	4	54
76	126	195	331	173	392	1276	191	370	148	332
366	**337**	**150**	**377**	**435**	**2559**	**3048**	**847**	**123**	**601**	**1024**
			109	26		370	12			352
18	11	8	126	103	1027	150	86	14	16	30
153	34	20	61	172	205	1226	604	76	89	191
58	84	31	12	12	43	195	32	30	32	94
137	208	91	69	122	1284	1107	113	3	464	357
2230	**2740**	**4285**	**5005**	**6611**	**12156**	**47652**	**10115**	**5047**	**5993**	**13078**
64	70	158	138	185	265	1314	660	54	52	129
1575	2008	2850	3116	4653	9245	32024	8274	2614	3683	10408
15	15	3	22	28	34	167	26	16	11	87
145	91	490	900	866	515	6714	561	381	983	1453
431	556	784	829	879	2097	7433	594	1982	1264	1001

1-8 续表 4

行业大类	抚顺县	新宾满族自治县	清原满族自治县	本溪市	平山区	溪湖区	明山区	南芬区
总　计	**28110**	**38374**	**39801**	**401178**	**169159**	**56563**	**75121**	**15227**
农、林、牧、渔业	**386**	**560**	**1305**	**365**				
农业				49				
林业		560	1305	302				
畜牧业				14				
渔业	386							
农、林、牧、渔服务业								
采矿业	**4512**	**2400**	**6036**	**38208**	**13742**	**6579**	**1507**	**4581**
煤炭开采和洗选业	435	706	10	6496		2791	344	20
石油和天然气开采业								
黑色金属矿采选业	3203	924	1248	25127	13492	3556	717	3504
有色金属矿采选业	203	504	3712	3145			10	164
非金属矿采选业	671	266	1066	3022	250	232	436	475
其他采矿业				418				418
制造业	**13820**	**12154**	**7663**	**144169**	**68147**	**29369**	**15384**	**5866**
农副食品加工业	477	866	698	2285	244	253	541	94
食品制造业	112	314	259	1293	29	248	502	14
饮料制造业	383	196	194	2503	98	101	707	94
烟草制品业			8					
纺织业	371	205	385	3276	159	730	168	24
纺织服装、鞋、帽制造业	270	30	221	1594	393	247	453	372
皮革、毛皮、羽毛(绒)及其制品业		3	10	477	154	8	296	
木材加工及木、竹、藤、棕、草制品业	2183	3735	1749	2693	59	837	173	82
家具制造业	99	295	180	950	31	108	8	271
造纸及纸制品业	23	245	16	507	120	211	77	
印刷业和记录媒介的复制	94		42	1220	423	55	440	22
文教体育用品制造业			20	90	29	49		12
石油加工、炼焦及核燃料加工业	243			1174	343	440	282	95
化学原料及化学制品制造业	1023	1142	504	7585	2837	2239	346	147
医药制造业	105	1192	103	4970	77	1247	550	
化学纤维制造业		34						
橡胶制品业	137		104	1454	293	658	174	235
塑料制品业	354	80	75	1772	381	783	218	30
非金属矿物制品业	2285	1585	1180	16313	6530	5302	1259	272
黑色金属冶炼及压延加工业	1472	130	37	54244	45435	2625	662	2863
有色金属冶炼及压延加工业	112		209	2478	27	858	968	46
金属制品业	302	75	189	6572	1218	3341	1316	176
通用设备制造业	2341	559	1035	12254	2648	3955	3188	710
专用设备制造业	344	265	90	4833	3694	571	313	123
交通运输设备制造业	187	38	153	5659	564	1643	1322	53
电气机械及器材制造业	603	35	163	1944	609	414	650	106
通信设备、计算机及其他电子设备制造业	16	25	4	719	23	413	103	
仪器仪表及文化、办公用机械制造业		40		799	359	97	241	
工艺品及其他制造业	147	1065	30	2055	736	164	408	10
废弃资源和废旧材料回收加工业	137		5	2456	634	1772	19	15
电力、燃气及水的生产和供应业	**61**	**760**	**997**	**9613**	**2713**	**263**	**2843**	**41**
电力、热力的生产和供应业	38	620	817	7406	2713	223	1051	41
燃气生产和供应业				781		40	741	
水的生产和供应业	23	140	180	1426			1051	
建筑业	**877**	**2108**	**4288**	**47372**	**19340**	**6945**	**12675**	**461**
房屋和土木工程建筑业	504	1984	3344	37425	14436	5472	9530	456
建筑安装业	176	47	924	6378	3017	884	2293	
建筑装饰业	97	77	16	1732	588	316	609	
其他建筑业	100		4	1837	1299	273	243	5
交通运输、仓储和邮政业	**1345**	**1437**	**1312**	**10448**	**6545**	**546**	**1127**	**621**
铁路运输业				45	45			
道路运输业	1217	1360	974	4412	1509	515	427	599

本溪满族自治县	桓仁满族自治县	丹东市	元宝区	振兴区	振安区	宽甸满族自治县	东港市	凤城市	锦州市	古塔区
47959	**37149**	**468631**	**36789**	**145735**	**43480**	**60029**	**106233**	**76365**	**463185**	**83504**
206	**159**	**297**					**297**		**311**	
	49	267					267		311	
192	110									
14										
		30					30			
7576	**4223**	**34690**	**11**	**30**	**1718**	**14384**	**1537**	**17010**	**10014**	**2**
2358	983	6776		28		1003	172	5573	3374	
3415	443	6082	1			3404	55	2622	422	
573	2398	11228	2		1447	4101	189	5489	106	2
1230	399	10604	8	2	271	5876	1121	3326	6112	
15214	**10189**	**186985**	**11699**	**44426**	**23328**	**15818**	**66391**	**25323**	**145499**	**16030**
201	952	20870	59	1404	827	1749	15146	1685	14914	84
54	446	3924	716	410	863	275	1163	497	1700	118
823	680	2228	723	118	210	174	614	389	3271	4
		289						289		
2142	53	10309	1829	478	1892	533	4065	1512	5453	185
129		18502	569	3172	2036	488	11301	936	4117	198
19		462	64	78		38	241	41	243	37
555	987	3323	70	104	257	1746	780	366	3425	14
248	284	2618	35	1096	397	346	641	103	234	37
81	18	4947	251	415	741	685	1665	1190	7666	127
36	244	2199	317	343	522	59	640	318	1683	306
		876	24	254	114		192	292	414	
14		1092	9	901	98	8	51	25	8468	7566
1774	242	7757	233	1555	587	2478	1701	1203	10124	1262
774	2322	2305	133	1361	112	105	334	260	2271	92
		5831		5831					149	
35	59	1583	9	689	217	29	532	107	1661	158
140	220	3583	344	669	192	148	1737	493	4253	843
1676	1274	14349	341	513	1823	4236	3516	3920	17898	250
2014	645	3018	46	160	220	1053	230	1309	11434	
263	316	2873	1	428	117	415	748	1164	2611	19
369	152	4124	452	286	490	111	2239	546	5438	194
1379	374	20207	1537	5131	1724	329	8777	2709	10999	1445
102	30	8551	896	1971	2250	149	2254	1031	4283	295
2012	65	12831	318	3712	2973	252	1680	3896	7003	135
120	45	9542	738	1930	2645	69	3661	499	9219	1594
135	45	9117	152	7732	285	46	843	59	1264	584
	102	6841	1614	3636	900	147	154	390	1101	297
103	634	2349	219	30	834	106	1093	67	3952	71
16		485		19	2	44	393	27	251	115
1246	**2507**	**9651**	**175**	**4853**	**235**	**1212**	**1569**	**1607**	**13975**	**1380**
981	2397	5511	175	1589	234	1067	1122	1324	9112	1376
		1386		1378				8	1382	
265	110	2754		1886	1	145	447	275	3481	4
3671	**4280**	**54479**	**3573**	**30818**	**5716**	**4299**	**7153**	**2920**	**55784**	**15448**
3464	4067	48666	2720	28787	4464	3871	6192	2632	43204	8550
5	179	3753	323	1586	1054	135	618	37	9489	5941
195	24	1458	435	395	110	155	126	237	2567	878
7	10	602	95	50	88	138	217	14	524	79
969	**640**	**14857**	**158**	**8671**	**1266**	**1090**	**1945**	**1727**	**19441**	**1510**
		589		204	370	15			50	
790	572	5948	53	1420	722	822	1460	1471	7804	527

1-8 续表 5

行业大类	抚顺县	新宾满族自治县	清原满族自治县	本溪市	平山区	溪湖区	明山区	南芬区
城市公共交通业		4	15	3897	3859	10	14	4
水上运输业				116	116			
航空运输业								
管道运输业								
装卸搬运和其他运输服务业	91	53	56	576	542	6	22	2
仓储业	37	20	267	702	442	11		16
邮政业				700	32	4	664	
信息传输、计算机服务和软件业	**39**		**19**	**3276**	**2122**	**47**	**657**	
电信和其他信息传输服务业				1946	1363	5	543	
计算机服务业	9		19	907	376	42	76	
软件业	30			423	383		38	
批发和零售业	**2109**	**5999**	**3206**	**27764**	**14404**	**4019**	**5633**	**323**
批发业	1715	3114	1813	16891	8564	3281	3299	59
零售业	394	2885	1393	10873	5840	738	2334	264
住宿和餐饮业	**71**	**727**	**1254**	**6481**	**2367**	**174**	**2369**	**58**
住宿业	45	345	519	2147	790	68	608	
餐饮业	26	382	735	4334	1577	106	1761	58
金融业		**248**	**263**	**7862**	**4034**	**3**	**3088**	**157**
银行业		248	251	5635	2804		2188	78
证券业				72	47		25	
保险业				1716	1009		628	79
其他金融活动			12	439	174	3	247	
房地产业	**81**	**173**	**551**	**6911**	**2607**	**317**	**2643**	**11**
房地产业	81	173	551	6911	2607	317	2643	11
租赁和商务服务业	**137**	**206**	**536**	**9556**	**5392**	**655**	**2235**	**33**
租赁业			5	143	105	3	15	3
商务服务业	137	206	531	9413	5287	652	2220	30
科学研究、技术服务和地质勘查业	**612**	**238**	**1247**	**6143**	**2990**	**193**	**1045**	**27**
研究与试验发展	17	9	146	421	100	77	152	
专业技术服务业	24	106	211	3863	2057	114	754	19
科技交流和推广服务业	546	123	890	1631	693	2	106	8
地质勘查业	25			228	140		33	
水利、环境和公共设施管理业	**190**	**427**	**519**	**4358**	**202**	**574**	**1665**	**160**
水利管理业	94	170	193	723	4	5	57	4
环境管理业		212	222	2007	95	510	1079	116
公共设施管理业	96	45	104	1628	103	59	529	40
居民服务和其他服务业	**128**	**269**	**316**	**2861**	**1214**	**111**	**986**	**37**
居民服务业	128	212	265	1934	703	90	835	37
其他服务业		57	51	927	511	21	151	
教育	**1396**	**2614**	**2638**	**23637**	**7050**	**1850**	**6864**	**809**
教育	1396	2614	2638	23637	7050	1850	6864	809
卫生、社会保障和社会福利业	**617**	**1651**	**1911**	**13961**	**4304**	**1555**	**4342**	**575**
卫生	529	1547	1789	13076	4181	1222	4114	563
社会保障业		36	43	47		13	8	
社会福利业	88	68	79	838	123	320	220	12
文化、体育和娱乐业	**13**	**243**	**197**	**2447**	**1241**	**178**	**350**	**24**
新闻出版业			6	330	296			
广播、电视、电影和音像业		4		522	77	24	28	3
文化艺术业	13	202	51	678	438	6	43	8
体育			7	135	26	27	72	
娱乐业		37	133	782	404	121	207	13
公共管理和社会组织	**1716**	**6160**	**5543**	**35746**	**10745**	**3185**	**9708**	**1443**
中国共产党机关	96	218	105	1153	609	73	121	83
国家机构	197	3450	3398	24049	8183	2108	6719	1099
人民政协和民主党派		15	12	163	107	11	10	7
群众团体、社会团体和宗教组织	668	1537	1131	5807	1200	438	1270	36
基层群众自治组织	755	940	897	4574	646	555	1588	218

本溪满族自治县	桓仁满族自治县	丹东市	元宝区	振兴区	振安区	宽甸满族自治县	东港市	凤城市	锦州市	古塔区
10		2131		1886	128	30		87	2158	33
		2223	3	1929	4	128	159		1838	
		118		118					74	
									776	661
	4	1962	43	1729		31	127	32	4037	135
169	64	688	57	195	42	64	199	131	580	71
		1198	2	1190				6	2124	83
365	**85**	**3889**	**239**	**2711**	**53**	**355**	**151**	**380**	**7255**	**1872**
12	23	3414	96	2433	41	355	124	365	6682	1669
351	62	226	85	112	4		18	7	229	108
2		249	58	166	8		9	8	344	95
1507	**1878**	**23248**	**3856**	**8353**	**911**	**3318**	**3922**	**2888**	**36773**	**9741**
639	1049	13079	2138	4266	656	2086	2454	1479	16356	3790
868	829	10169	1718	4087	255	1232	1468	1409	20417	5951
609	**904**	**9336**	**798**	**4028**	**564**	**1431**	**1881**	**634**	**5841**	**1965**
99	582	5898	393	2498	373	920	1253	461	3484	939
510	322	3438	405	1530	191	511	628	173	2357	1026
340	**240**	**12951**	**3729**	**7341**	**4**	**451**	**654**	**772**	**17702**	**3563**
332	233	7483	1874	3808		451	595	755	10193	993
		47	47						78	27
		4976	1720	3246	1		9		6956	2442
8	7	445	88	287	3		50	17	475	101
814	**519**	**8147**	**1283**	**3716**	**555**	**563**	**1217**	**813**	**8517**	**3341**
814	519	8147	1283	3716	555	563	1217	813	8517	3341
684	**557**	**11591**	**1351**	**2822**	**727**	**2234**	**1418**	**3039**	**17480**	**6105**
4	13	325	6	31	217	58	13		525	219
680	544	11266	1345	2791	510	2176	1405	3039	16955	5886
1540	**348**	**6864**	**892**	**2674**	**230**	**752**	**886**	**1430**	**9638**	**1481**
52	40	903	26	316	4	5	63	489	1541	47
676	243	3167	254	1729	95	412	447	230	5028	1318
768	54	1560	157	224	131	316	376	356	1720	116
44	11	1234	455	405		19		355	1349	
1417	**340**	**5468**	**918**	**654**	**94**	**1141**	**2005**	**656**	**5936**	**953**
625	28	1840	17	78	25	131	1490	99	602	20
43	164	2171	879	185	37	564	127	379	2471	752
749	148	1457	22	391	32	446	388	178	2863	181
167	**346**	**2636**	**451**	**1095**	**33**	**528**	**391**	**138**	**3377**	**2092**
110	159	2220	377	803	18	509	375	138	1735	838
57	187	416	74	292	15	19	16		1642	1254
3426	**3638**	**28099**	**1600**	**5959**	**4071**	**4659**	**6040**	**5770**	**35271**	**3990**
3426	3638	28099	1600	5959	4071	4659	6040	5770	35271	3990
1572	**1613**	**14860**	**1601**	**4795**	**964**	**2241**	**2562**	**2697**	**18668**	**5865**
1547	1449	13521	1418	4474	848	2049	2325	2407	17279	5699
	26	203	4	39	12	14	102	32	469	16
25	138	1136	179	282	104	178	135	258	920	150
400	**254**	**2969**	**175**	**1328**	**212**	**494**	**478**	**282**	**4474**	**1204**
18	16	440		380		29	31		565	
265	125	826	51	459	2	40	187	87	1301	718
117	66	706	28	365	37	95	105	76	1734	368
	10	45	5	20		2	11	7	696	17
	37	952	91	104	173	328	144	112	178	101
6236	**4429**	**37614**	**4280**	**11461**	**2799**	**5059**	**5736**	**8279**	**47229**	**6962**
76	191	1884	115	626	163	324	319	337	1532	77
3234	2706	26262	3496	9109	2077	3121	3986	4473	34419	5541
12	16	185	12	109	13	16	14	21	212	24
1943	920	4377	293	973	164	679	316	1952	3957	944
971	596	4906	364	644	382	919	1101	1496	7109	376

1-8 续表 6

行业大类	凌河区	太和区	黑山县	义县	凌海市	北镇市	营口市	站前区
总　计	**99985**	**102569**	**49869**	**29935**	**59960**	**37363**	**484551**	**95675**
农、林、牧、渔业		**233**			**78**			
农业		233			78			
林业								
畜牧业								
渔业								
农、林、牧、渔服务业								
采矿业	**536**	**34**	**2784**	**3213**	**2706**	**739**	**19654**	**188**
煤炭开采和洗选业			360	1861	1153			
石油和天然气开采业								
黑色金属矿采选业				208	111	103	2887	22
有色金属矿采选业		17		75	12		10272	
非金属矿采选业	536	17	2424	1069	1430	636	6491	166
其他采矿业							4	
制造业	**18600**	**43667**	**20512**	**8178**	**27590**	**10922**	**220164**	**26576**
农副食品加工业	172	2953	4219	1590	3039	2857	6290	165
食品制造业	371	512	204	14	350	131	3244	282
饮料制造业	466	907	410	582	573	329	1030	55
烟草制品业							1126	1126
纺织业	2378	1920	10	30	912	18	18711	3836
纺织服装、鞋、帽制造业	170	212	1139	302	1295	801	29695	1229
皮革、毛皮、羽毛(绒)及其制品业	25	114	5	46	15	1	2942	5
木材加工及木、竹、藤、棕、草制品业	82	111	2596	263	280	79	1652	9
家具制造业	14	23			160		739	16
造纸及纸制品业	65	501	1756	126	4734	357	3838	1529
印刷业和记录媒介的复制	578	309	187	31	128	144	1245	355
文教体育用品制造业	45	101	261	5	2		2534	53
石油加工、炼焦及核燃料加工业	44	388	39	47	168	216	3551	497
化学原料及化学制品制造业	388	3166	1887	1089	1176	1156	10865	2221
医药制造业	75	1916	1	135	12	40	372	31
化学纤维制造业	135			11	3		2015	1893
橡胶制品业	21	1119	54		151	158	770	69
塑料制品业	329	1223	163	18	936	741	10201	966
非金属矿物制品业	977	4229	3432	1687	5487	1836	43391	1688
黑色金属冶炼及压延加工业	291	5568	437	230	4829	79	8979	841
有色金属冶炼及压延加工业	52	987	100	1034	344	75	5041	214
金属制品业	766	3166	875	18	160	259	13983	772
通用设备制造业	2347	3728	639	619	1278	943	20421	2565
专用设备制造业	1904	829	728	187	105	235	5240	911
交通运输设备制造业	2256	3675	72	94	336	435	6519	830
电气机械及器材制造业	1706	5105	67	16	710	21	7635	1854
通信设备、计算机及其他电子设备制造业	169	507		4			1812	1177
仪器仪表及文化、办公用机械制造业	486	298	15		5		2921	1215
工艺品及其他制造业	2283	66	1181		340	11	3045	118
废弃资源和废旧材料回收加工业	5	34	35		62		357	54
电力、燃气及水的生产和供应业	**5048**	**4009**	**1313**	**533**	**1123**	**569**	**6120**	**2495**
电力、热力的生产和供应业	1795	3913	945	215	578	290	3771	740
燃气生产和供应业	1331	12	39				614	532
水的生产和供应业	1922	84	329	318	545	279	1735	1223
建筑业	**19921**	**10995**	**1432**	**1135**	**4170**	**2683**	**35604**	**12256**
房屋和土木工程建筑业	17151	9057	1332	799	3706	2609	28762	9486
建筑安装业	1752	1059	98	263	333	43	3154	2343
建筑装饰业	878	633	2	47	99	30	2194	397
其他建筑业	140	246		26	32	1	1494	30
交通运输、仓储和邮政业	**6468**	**4784**	**1485**	**1541**	**2165**	**1488**	**38178**	**4790**
铁路运输业		50						
道路运输业	553	718	1272	1526	2040	1168	6979	1997

西市区	鲅鱼圈区	老边区	盖州市	大石桥市	阜新市	海州区	新邱区	太平区	清河门区	细河区
41334	**113607**	**51290**	**76090**	**106555**	**343562 9**	**97762**	**16403**	**32066**	**11505**	**67645**
					9					
	421	**684**	**3728**	**14633**	**65342**	**39165**	**3827**	**3685**	**3835**	**85**
					56549	39162	3669	3575	3835	36
					30					30
		139	238	2488	2570	3				
	190	288	1510	8284	392			20		
	227	257	1980	3861	5751		158	90		19
	4				50					
23496	**48507**	**34978**	**30699**	**55908**	**78006**	**8584**	**6545**	**7424**	**2152**	**21515**
37	1358	515	2619	1596	10773	1320	489	1363	47	2331
1448	124	415	661	314	3305	71	41	24	68	1146
18	384	36	435	102	2985	51	284	375	60	71
5036	2101	1077	4252	2409	2959	14	26	189	21	2419
1441	12839	5821	4837	3528	2167	220	79	377	235	792
208	1387	49	983	310	167	66	1	2		23
59	507	244	435	398	2382	67	165	233	13	65
24	270	85	60	284	218	33	35	30	4	19
92	416	460	1002	339	892	196	1	140	9	110
131	191	175	271	122	1353	171	17	50	8	247
1214	849	35	308	75	2					2
706	64	1688	55	541	216	28		62	50	14
325	880	3338	1113	2988	4056	675	25	376	270	367
124		193	11	13	1204	165	33	32		661
29	30	50	13		29		25			4
63	72	230	309	27	1373	3		117		1075
473	4519	1266	1255	1722	2062	510	4	319		404
1124	4368	4509	2974	28728	14097	1376	3580	377	788	825
90	3911	3474	312	351	81			56		17
393	1375	36	400	2623	1906	16		101	5	204
1100	2493	3024	1977	4617	3106	486	725	183	53	757
3089	4707	4204	3301	2555	10490	835	565	1927	323	5074
1359	687	674	618	991	4588	327	395	219		1904
2615	802	325	1555	392	1442	462	2	71	23	357
1196	2087	1521	559	418	3069	1203	28	745	49	788
280	7	179	28	141	1825	26		12		1718
704	34	924	28	16	251	148		37		58
99	1951	317	275	285	841	84	24	7	126	60
19	94	114	53	23	167	31	1			3
119	**1319**	**222**	**963**	**1002**	**7549**	**2381**		**1734**	**543**	**955**
119	1196	213	709	794	5015	1026		1703	487	485
	59	9		14	508	50		31		427
	64		254	194	2026	1305			56	43
4532	**7120**	**2237**	**5330**	**4129**	**28856**	**7341**	**791**	**6043**	**354**	**8761**
3894	5765	2022	4483	3112	24535	5694	777	5450	354	7344
298	222	2	62	227	1241	443	14	205		383
295	944	162		396	2449	828		388		877
45	189	51	785	394	631	376				157
160	**29652**	**1798**	**1192**	**586**	**8898**	**4361**	**455**	**606**	**131**	**1930**
					2684	2330		354		
11	1980	1661	921	409	3485	276	450	166	36	1240

1-8 续表 7

行业大类	凌河区	太和区	黑山县	义县	凌海市	北镇市	营口市	站前区
城市公共交通业	1737	48	73	7	4	256	940	772
水上运输业	38	1800					7748	356
航空运输业		74						
管道运输业		115						
装卸搬运和其他运输服务业	2003	1759	31	1	105	3	18923	322
仓储业	100	220	105	7	16	61	2356	143
邮政业	2037		4				1232	1200
信息传输、计算机服务和软件业	**2145**	**2832**	**184**	**46**	**60**	**116**	**3327**	**2412**
电信和其他信息传输服务业	1891	2787	184	35		116	2493	2204
计算机服务业	46	4		11	60		654	79
软件业	208	41					180	129
批发和零售业	**10597**	**4174**	**3519**	**1543**	**4749**	**2450**	**36321**	**7876**
批发业	3759	2737	2339	1073	1648	1010	15448	2516
零售业	6838	1437	1180	470	3101	1440	20873	5360
住宿和餐饮业	**1604**	**771**	**436**	**106**	**598**	**361**	**8284**	**2857**
住宿业	1124	552	231	106	345	187	2246	301
餐饮业	480	219	205		253	174	6038	2556
金融业	**9116**	**3211**	**504**	**403**	**474**	**431**	**10276**	**7128**
银行业	4248	3145	500	402	474	431	6599	4151
证券业	51						60	57
保险业	4473	41					3232	2594
其他金融活动	344	25	4	1			385	326
房地产业	**2085**	**1519**	**295**	**426**	**381**	**470**	**7635**	**2846**
房地产业	2085	1519	295	426	381	470	7635	2846
租赁和商务服务业	**1137**	**5659**	**788**	**701**	**785**	**2305**	**10087**	**3755**
租赁业	8	278				20	60	26
商务服务业	1129	5381	788	701	785	2285	10027	3729
科学研究、技术服务和地质勘查业	**4395**	**834**	**1120**	**374**	**598**	**836**	**4591**	**1318**
研究与试验发展	1376	83	3	7	18	7	682	177
专业技术服务业	1502	431	620	242	500	415	2659	962
科技交流和推广服务业	185	320	497	108	80	414	821	169
地质勘查业	1332			17			429	10
水利、环境和公共设施管理业	**1267**	**837**	**616**	**528**	**580**	**1155**	**3567**	**935**
水利管理业	5	82	192	161	42	100	970	15
环境管理业	390	356	245	128	226	374	682	38
公共设施管理业	872	399	179	239	312	681	1915	882
居民服务和其他服务业	**430**	**237**	**257**	**129**	**102**	**130**	**3164**	**860**
居民服务业	190	196	224	95	62	130	1909	636
其他服务业	240	41	33	34	40		1255	224
教育	**6374**	**5564**	**5749**	**4193**	**4627**	**4774**	**24345**	**4308**
教育	6374	5564	5749	4193	4627	4774	24345	4308
卫生、社会保障和社会福利业	**2224**	**2440**	**3018**	**1472**	**1716**	**1933**	**12470**	**2425**
卫生	2118	2247	2705	1319	1389	1802	11345	2157
社会保障业	26	101	75	61	95	95	242	13
社会福利业	80	92	238	92	232	36	883	255
文化、体育和娱乐业	**1266**	**719**	**347**	**387**	**359**	**192**	**3327**	**1430**
新闻出版业	63	463	8	5	16	10	206	173
广播、电视、电影和音像业	110	7	77	143	177	69	1134	274
文化艺术业	507	245	172	223	122	97	1227	543
体育	562		46	16	44	11	418	313
娱乐业	24	4	44			5	342	127
公共管理和社会组织	**6772**	**10050**	**5510**	**5027**	**7099**	**5809**	**37437**	**11220**
中国共产党机关	824	163	114	96	148	110	1064	549
国家机构	4479	8688	3372	3240	4748	4351	28494	9198
人民政协和民主党派	106	14	18	15	17	18	173	87
群众团体、社会团体和宗教组织	853	351	381	597	624	207	2914	954
基层群众自治组织	510	834	1625	1079	1562	1123	4792	432

西市区	鲅鱼圈区	老边区	盖州市	大石桥市	阜新市	海州区	新邱区	太平区	清河门区	细河区
	55		97	16	709				95	614
52	7340									
77	18397	55	49	23	783	686	5	10		52
20	1852	82	125	134	405	292		21		24
	28			4	832	777		55		
201	**460**	**57**	**134**	**63**	**2340**	**1170**	**7**	**52**	**28**	**916**
5	143	9	109	23	1922	1092	7	27	13	648
178	284	48	25	40	225	53		25	5	142
18	33				193	25			10	126
1466	**6562**	**2010**	**12506**	**5901**	**28701**	**7248**	**776**	**1622**	**405**	**2231**
663	2219	997	6899	2154	18423	3215	563	1230	261	1348
803	4343	1013	5607	3747	10278	4033	213	392	144	883
402	**2929**	**695**	**800**	**601**	**3121**	**1083**	**138**	**408**	**26**	**801**
27	1347	32	407	132	1705	492		208		521
375	1582	663	393	469	1416	591	138	200	26	280
1662	**300**	**183**	**451**	**552**	**9829**	**4247**		**2**	**88**	**4273**
1131	261	177	430	449	5534	1032			88	3195
				3	26	26				
531	13		15	79	4032	2966				1066
	26	6	6	21	237	223		2		12
699	**2424**	**346**	**601**	**719**	**4195**	**1655**	**226**	**692**	**123**	**987**
699	2424	346	601	719	4195	1655	226	692	123	987
326	**898**	**1868**	**850**	**2390**	**6462**	**1723**	**870**	**866**	**108**	**1321**
7	14	13			37	12		8		17
319	884	1855	850	2390	6425	1711	870	858	108	1304
358	**951**	**255**	**599**	**1110**	**7032**	**1786**	**65**	**1522**	**33**	**1515**
71	404		22	8	1605	145		1316		119
228	468	143	409	449	3009	1153	15	146	7	1011
56	79	99	168	250	1931	117	50	60	20	275
3		13		403	487	371			6	110
166	**420**	**204**	**1281**	**561**	**5244**	**1228**	**189**	**583**	**129**	**1245**
	7	85	343	520	915	16	48	6	5	124
90	152	60	342		2711	851	111	469	96	483
76	261	59	596	41	1618	361	30	108	28	638
216	**573**	**506**	**424**	**585**	**2209**	**377**	**11**	**188**	**192**	**426**
135	302	208	305	323	845	346	11	66	52	169
81	271	298	119	262	1364	31		122	140	257
2621	**3835**	**1663**	**5867**	**6051**	**25743**	**4222**	**781**	**1239**	**817**	**5534**
2621	3835	1663	5867	6051	25743	4222	781	1239	817	5534
2158	**1975**	**388**	**2418**	**3106**	**13018**	**5189**	**462**	**919**	**388**	**1932**
1911	1889	324	2254	2810	11425	4741	362	789	356	1377
18	34	47	28	102	663	341	23	20	20	121
229	52	17	136	194	930	107	77	110	12	434
165	**272**	**220**	**838**	**402**	**2545**	**1219**	**97**	**57**	**89**	**578**
	15		18		284	249			2	
	173	112	281	294	1074	481	76	30	17	279
83	21	36	469	75	797	290	19	25	13	227
26	5	14	31	29	238	140	2		49	13
56	58	58	39	4	152	59		2	8	59
2587	**4989**	**2976**	**7409**	**8256**	**44463**	**4783**	**1163**	**4424**	**2064**	**12640**
56	58	81	90	230	1337	73	56	78	54	340
2000	4331	2395	5302	5268	27880	3511	808	1606	1754	11639
19	12	16	19	20	125	50	10	8	10	7
144	191	124	786	715	7117	440	127	53	74	318
368	397	360	1212	2023	8004	709	162	2679	172	336

1-8 续表 8

行业大类	阜新蒙古族自治县	彰武县	辽阳市	白塔区	文圣区	宏伟区	弓长岭区	太子河区
总　　计	**87924**	**30257**	**359388**	**91431**	**46423**	**55954**	**18436**	**36598**
农、林、牧、渔业		**9**	**138**					
农业								
林业								
畜牧业			138					
渔业								
农、林、牧、渔服务业		9						
采矿业	**13917**	**828**	**25014**	**5**		**27**	**7337**	**98**
煤炭开采和洗选业	6272		2732					
石油和天然气开采业								
黑色金属矿采选业	2567		18284			27	6984	
有色金属矿采选业	372		447					13
非金属矿采选业	4656	828	3551	5			353	85
其他采矿业	50							
制造业	**25725**	**6061**	**143373**	**12955**	**18136**	**42736**	**2052**	**17240**
农副食品加工业	4386	837	4950	1510		376	9	231
食品制造业	843	1112	855	61	78	348	23	54
饮料制造业	1832	312	1204	8	429	11	83	305
烟草制品业								
纺织业	210	80	5818	144	1212	68		161
纺织服装、鞋、帽制造业	207	257	4152	416	313	511		575
皮革、毛皮、羽毛(绒)及其制品业	75		451		52			80
木材加工及木、竹、藤、棕、草制品业	1280	559	803	41	29	10	7	78
家具制造业	67	30	1385	14	18	23	12	980
造纸及纸制品业	406	30	2055	367	137	375	10	674
印刷业和记录媒介的复制	797	63	628	246	197	42		63
文教体育用品制造业			38	25		10		3
石油加工、炼焦及核燃料加工业	48	14	635	26		483		44
化学原料及化学制品制造业	1686	657	32699	886	10911	17627	16	1072
医药制造业	288	25	837	99	17	110	18	501
化学纤维制造业			13248	45		12845		19
橡胶制品业	158	20	1558	180	162	8		220
塑料制品业	772	53	5359	188	325	3994		275
非金属矿物制品业	5882	1269	15925	374	484	552	841	1767
黑色金属冶炼及压延加工业		8	16643	1167	606		479	2426
有色金属冶炼及压延加工业	1470	110	3617		19	3006		21
金属制品业	882	20	3246	559	523	408	108	498
通用设备制造业	1766		11563	2003	923	738	302	2293
专用设备制造业	1428	315	4438	1379	519	476	78	1603
交通运输设备制造业	419	108	2741	1337	209	71	30	759
电气机械及器材制造业	256		3289	520	575	64	36	264
通信设备、计算机及其他电子设备制造业	68	1	1243	900	108	198		
仪器仪表及文化、办公用机械制造业		8	1804	260	163	286		1055
工艺品及其他制造业	367	173	2149	200	127	93		1216
废弃资源和废旧材料回收加工业	132		40			3		3
电力、燃气及水的生产和供应业	**1129**	**807**	**5829**	**2371**	**1059**	**7**	**666**	**185**
电力、热力的生产和供应业	705	609	4072	1329	738	7	581	138
燃气生产和供应业			344		321			
水的生产和供应业	424	198	1413	1042			85	47
建筑业	**3479**	**2087**	**62582**	**42962**	**4344**	**6341**	**301**	**5077**
房屋和土木工程建筑业	2944	1972	54993	41791	3205	5142	293	1158
建筑安装业	181	15	6437	724	775	1016		3885
建筑装饰业	306	50	964	384	349	126	8	20
其他建筑业	48	50	188	63	15	57		14
交通运输、仓储和邮政业	**398**	**1017**	**8564**	**3492**	**1370**	**723**	**815**	**1262**
铁路运输业			239	239				
道路运输业	379	938	5286	2121	270	576	697	1221

辽阳县	灯塔市	盘锦市	双台子区	兴隆台区	大洼县	盘山县	铁岭市	银州区	清河区	铁岭县
66431	**44115**	**469333**	**52146**	**288992**	**92484**	**35711**	**415290**	**104875**	**20023**	**44474**
138		**7388**		**433**	**1139**	**5816**				
		6730		433	481	5816				
138										
		658			658					
8234	**9313**	**126701**		**126701**			**50507**	**242**	**64**	**5157**
	2732						44069			1441
		126701		126701						
5637	5636						1641			1225
434							474			263
2163	945						4323	242	64	2228
36193	**14061**	**101639**	**12660**	**32577**	**42912**	**13490**	**143668**	**21957**	**7659**	**26023**
1510	1314	7226	247	339	3393	3247	20808	2873	1080	1271
235	56	1980	18	240	792	930	4135	557	560	813
236	132	1300	146	129	932	93	3073	111	567	237
3773	460	1383	95	547	510	231	3785	263	50	655
968	1369	1938	97	820	921	100	2991	490	197	420
88	231	181		3	158	20	438	322		101
632	6	391	10	60	200	121	3642	170	229	995
273	65	483	100	86	193	104	1125	112	5	278
373	119	1078	26	45	819	188	4406	214	459	297
65	15	665	81	507	77		1460	347	164	15
		114	4	66	44		500	45	126	
72	10	15129	442	5249	6814	2624	492	28	16	245
1134	1053	22449	9526	5901	5846	1176	7925	1219	235	1509
40	52	1058	94	611	229	124	1317	240	3	258
263	76	13				13	42		4	
954	34	459	20	254	112	73	5085	1584	68	2466
523	54	7328	253	692	6014	369	5062	600	513	1007
4641	7266	8473	291	1807	4391	1984	16526	1223	614	3943
11683	282	52		52			3673	235	789	388
497	74	304				304	4906	251		2065
902	248	5366	791	1741	2455	379	4452	1010	168	1084
4348	956	4025	98	2300	1166	461	27717	2753	1111	3990
308	75	10982	25	7774	2820	363	8368	1262	89	1129
299	36	5864	114	1613	3946	191	4986	3630	108	607
1817	13	1860	145	1122	515	78	2953	991	22	985
30	7	293	2	233		58	644	566		15
40		591	26	300	265		823	635		166
455	58	427	9	86	97	235	1660	226		1043
34		227			203	24	674		482	41
707	**834**	**4716**	**1858**	**1096**	**1228**	**534**	**9613**	**2068**	**1478**	**1640**
654	625	2308	784	829	634	61	7985	1453	1448	1592
23		609	564		45		577	530		9
30	209	1799	510	267	549	473	1051	85	30	39
1203	**2354**	**63097**	**10099**	**30009**	**21944**	**1045**	**42741**	**14578**	**3611**	**2026**
1125	2279	54871	9769	23139	21199	764	40077	13871	3568	1199
	37	5741	192	5091	334	124	1510	372		685
71	6	1298	61	1127	110		333	182		30
7	32	1187	77	652	301	157	821	153	43	112
381	**521**	**9453**	**2004**	**4842**	**1695**	**912**	**6912**	**2835**	**320**	**573**
		35	10	25						
227	174	5165	1438	1958	1120	649	4481	1116	301	391

1-8 续表 9

行业大类	阜新蒙古族自治县	彰武县	辽阳市	白塔区	文圣区	宏伟区	弓长岭区	太子河区
城市公共交通业			1380	1047	24		4	
水上运输业								
航空运输业								
管道运输业								
装卸搬运和其他运输服务业	19	11	305	17	86	109	79	6
仓储业		68	324	35		38	35	35
邮政业			1030	33	990			
信息传输、计算机服务和软件业	**140**	**27**	**2452**	**1204**	**477**	**115**	**80**	**429**
电信和其他信息传输服务业	124	11	1707	1002	288			417
计算机服务业			535	158	189	33		12
软件业	16	16	210	44		82	80	
批发和零售业	**13969**	**2450**	**15612**	**4501**	**2454**	**903**	**759**	**1409**
批发业	10424	1382	8783	2142	1148	371	498	1116
零售业	3545	1068	6829	2359	1306	532	261	293
住宿和餐饮业	**393**	**272**	**4433**	**1461**	**1226**	**274**	**151**	**322**
住宿业	350	134	1566	1082	48	111	141	
餐饮业	43	138	2867	379	1178	163	10	322
金融业	**740**	**479**	**9513**	**3423**	**2400**		**91**	**2675**
银行业	740	479	5461	3118	938		91	400
证券业								
保险业			3734	302	1152			2271
其他金融活动			318	3	310			4
房地产业	**315**	**197**	**4263**	**1715**	**880**	**560**	**69**	**277**
房地产业	315	197	4263	1715	880	560	69	277
租赁和商务服务业	**1232**	**342**	**6490**	**1769**	**1258**	**88**	**2078**	**254**
租赁业			116	52	22	25	2	
商务服务业	1232	342	6374	1717	1236	63	2076	254
科学研究、技术服务和地质勘查业	**1170**	**941**	**3820**	**1503**	**518**	**141**	**31**	**359**
研究与试验发展	6	19	525	228	59	10	8	140
专业技术服务业	238	439	1948	764	392	66	21	166
科技交流和推广服务业	926	483	918	151	25	65	2	53
地质勘查业			429	360	42			
水利、环境和公共设施管理业	**807**	**1063**	**5640**	**1033**	**1887**	**185**	**449**	**288**
水利管理业	388	328	1469	84	381		198	77
环境管理业	240	461	2215	60	1467	3	176	16
公共设施管理业	179	274	1956	889	39	182	75	195
居民服务和其他服务业	**233**	**782**	**2582**	**543**	**1087**	**55**	**50**	**293**
居民服务业	125	76	2163	443	982	15	47	252
其他服务业	108	706	419	100	105	40	3	41
教育	**9021**	**4129**	**18696**	**3906**	**2042**	**1475**	**830**	**1817**
教育	9021	4129	18696	3906	2042	1475	830	1817
卫生、社会保障和社会福利业	**2488**	**1640**	**8635**	**1432**	**3640**	**329**	**639**	**476**
卫生	2269	1531	7990	1328	3537	285	572	349
社会保障业	78	60	66	6				7
社会福利业	141	49	579	98	103	44	67	120
文化、体育和娱乐业	**317**	**188**	**2345**	**606**	**366**	**41**	**135**	**701**
新闻出版业	22	11	244	197				17
广播、电视、电影和音像业	106	85	932	78	3		28	561
文化艺术业	141	82	706	291	208	23	16	31
体育	24	10	118	16		10		92
娱乐业	24		345	24	155	8	91	
公共管理和社会组织	**12451**	**6938**	**29407**	**6550**	**3279**	**1954**	**1903**	**3436**
中国共产党机关	434	302	996	469	57	57	51	71
国家机构	4615	3947	21249	5148	2749	1416	1571	2091
人民政协和民主党派	20	20	189	104	17	10	12	9
群众团体、社会团体和宗教组织	5325	780	2811	457	168	247	77	994
基层群众自治组织	2057	1889	4162	372	288	224	192	271

辽阳县	灯塔市	盘锦市	双台子区	兴隆台区	大洼县	盘山县	铁岭市	银州区	清河区	铁岭县
33	272	1443		1443			325	137	12	
		380		22	358					
	8	1226	543	477	130	76	88	14	3	30
121	60	292	13	5	87	187	703	253	4	152
	7	912		912			1315	1315		
110	**37**	**2599**	**66**	**2476**	**57**		**3096**	**2634**	**3**	**60**
		1779	66	1666	47		3008	2557	3	60
110	33	526		520	6		57	46		
	4	294		290	4		31	31		
4030	**1556**	**31271**	**7319**	**18594**	**3235**	**2123**	**16794**	**7097**	**433**	**1081**
2538	970	11290	2254	5536	1814	1686	8064	2289	273	669
1492	586	19981	5065	13058	1421	437	8730	4808	160	412
720	**279**	**4924**	**479**	**3610**	**792**	**43**	**3400**	**1543**	**337**	**8**
138	46	1794	63	1421	310		2355	1068	238	
582	233	3130	416	2189	482	43	1045	475	99	8
414	**510**	**9631**	**490**	**8929**	**212**		**9550**	**7178**	**144**	
414	500	5329	471	4674	184		7930	5594	137	
		13		13						
	9	3861	4	3857			1542	1538		
	1	428	15	385	28		78	46	7	
480	**282**	**5019**	**871**	**3299**	**498**	**351**	**4117**	**1855**	**242**	**182**
480	282	5019	871	3299	498	351	4117	1855	242	182
663	**380**	**27024**	**389**	**25131**	**770**	**734**	**6435**	**1733**	**281**	**379**
13	2	144	5	95		44	339	12	21	300
650	378	26880	384	25036	770	690	6096	1721	260	79
655	**613**	**8734**	**421**	**6324**	**984**	**1005**	**6109**	**2614**	**207**	**400**
2	78	781	37	720	24		802	517	33	62
317	222	4412	303	3714	324	71	2766	1054	121	292
309	313	3249	81	1598	636	934	1630	261	53	46
27		292		292			911	782		
453	**1345**	**6513**	**1439**	**1296**	**2674**	**1104**	**5051**	**1990**	**566**	**300**
70	659	2772	360	165	1228	1019	1951	512	332	194
330	163	1242	19	408	801	14	1555	1012	69	48
53	523	2499	1060	723	645	71	1545	466	165	58
406	**148**	**3284**	**223**	**2444**	**491**	**126**	**1390**	**556**	**72**	**138**
312	112	2250	200	1470	486	94	1248	455	72	130
94	36	1034	23	974	5	32	142	101		8
4371	**4255**	**13428**	**2757**	**2988**	**4401**	**3282**	**29346**	**6793**	**997**	**3016**
4371	4255	13428	2757	2988	4401	3282	29346	6793	997	3016
1183	**936**	**7951**	**3213**	**1668**	**2139**	**931**	**15259**	**4377**	**512**	**953**
1027	892	6672	3102	1274	1801	495	14103	4065	420	920
53		464	15	222	116	111	252	92	46	
103	44	815	96	172	222	325	904	220	46	33
285	**211**	**2314**	**379**	**1553**	**311**	**71**	**2178**	**1160**	**121**	**47**
28	2	207		180	16	11	181	172	1	
115	147	749	268	333	135	13	875	412	74	27
76	61	655	111	354	143	47	812	408	24	
		176		159	17		166	100	14	
66	1	527		527			144	68	8	20
5805	**6480**	**33647**	**7479**	**15022**	**7002**	**4144**	**59124**	**23665**	**2976**	**2491**
145	146	1299	135	472	341	351	2160	705	162	
3999	4275	26260	6599	12995	4541	2125	35188	14189	1668	1457
20	17	163	17	96	28	22	231	123	23	
308	560	2355	246	751	835	523	14446	7809	908	11
1333	1482	3570	482	708	1257	1123	7099	839	215	1023

1-8 续表 10

行业大类	西丰县	昌图县	调兵山市	开原市	朝阳市	双塔区	龙城区	朝阳县
总　计	**24932**	**61849**	**87094**	**72043**	**422919**	**119194**	**37644**	**29331**
农、林、牧、渔业								
农业								
林业								
畜牧业								
渔业								
农、林、牧、渔服务业								
采矿业	**909**	**110**	**42597**	**1428**	**50008**	**167**	**877**	**8964**
煤炭开采和洗选业	353	24	42195	56	8747	39	153	36
石油和天然气开采业								
黑色金属矿采选业	185			231	31995		541	8238
有色金属矿采选业	20			191	3444			106
非金属矿采选业	351	86	402	950	5822	128	183	584
其他采矿业								
制造业	**6499**	**21496**	**18435**	**41599**	**112976**	**21596**	**16838**	**8655**
农副食品加工业	415	6465	1132	7572	7790	217	2627	205
食品制造业	208	495	550	952	1205	106	86	38
饮料制造业	261	1260	144	493	1930	130	202	360
烟草制品业								
纺织业	902	862	401	652	5677	2819	566	38
纺织服装、鞋、帽制造业	243	651	35	955	915	97	78	3
皮革、毛皮、羽毛(绒)及其制品业				15	173		25	3
木材加工及木、竹、藤、棕、草制品业	268	1538	44	398	2463	124	94	78
家具制造业	94	15	38	583	370	6	134	120
造纸及纸制品业	78	47	76	3235	1181	368	235	5
印刷业和记录媒介的复制	116	127	88	603	625	248	87	20
文教体育用品制造业				329				
石油加工、炼焦及核燃料加工业	5		170	28	645	58	247	
化学原料及化学制品制造业	338	1769	107	2748	3228	156	766	386
医药制造业	575	3		238	684	292	283	6
化学纤维制造业		38			33		13	
橡胶制品业	292	89	201	385	1756		1415	5
塑料制品业	240	384	75	2243	1108	117	372	156
非金属矿物制品业	1252	5151	255	4088	14387	1228	1881	1790
黑色金属冶炼及压延加工业	412	186	120	1543	18615	55	328	95
有色金属冶炼及压延加工业		25	259	2306	10023	1002		3639
金属制品业	82	479	352	1277	1741	311	371	355
通用设备制造业	359	995	12766	5743	10231	2553	2916	643
专用设备制造业	251	491	1220	3926	9211	4399	1963	419
交通运输设备制造业	13	68	52	508	15118	5109	1084	288
电气机械及器材制造业		285	227	443	1234	119	802	
通信设备、计算机及其他电子设备制造业		3		60	2116	1961		3
仪器仪表及文化、办公用机械制造业				22	262	75	187	
工艺品及其他制造业	52	32	123	184	227	42	76	
废弃资源和废旧材料回收加工业	43	38		70	28	4		
电力、燃气及水的生产和供应业	**436**	**1200**	**1209**	**1582**	**9076**	**2524**	**2089**	
电力、热力的生产和供应业	235	847	1112	1298	6870	1330	2071	
燃气生产和供应业		35		3	565	545		
水的生产和供应业	201	318	97	281	1641	649	18	
建筑业	**2158**	**5081**	**11023**	**4264**	**50206**	**18559**	**5496**	**175**
房屋和土木工程建筑业	1992	5005	10674	3768	44172	14490	5070	60
建筑安装业	132		20	301	4184	3187	289	75
建筑装饰业	14	68	19	20	955	562	54	40
其他建筑业	20	8	310	175	895	320	83	
交通运输、仓储和邮政业	**1109**	**1056**	**215**	**804**	**8062**	**3052**	**844**	**161**
铁路运输业								
道路运输业	1034	801	171	667	4161	647	746	157

建平县	喀喇沁左翼蒙古族自治县	北票市	凌源市	葫芦岛市	连山区	龙港区	南票区	绥中县	建昌县	兴城市
46423	**42463**	**68341**	**79523**	**361878**	**105432**	**105187**	**15840**	**45419**	**35438**	**54562**
				129				**77**		**52**
				52						52
				77				77		
11893	**3521**	**19126**	**5460**	**32245**	**10841**	**12**	**8653**	**1961**	**8693**	**2085**
290	6	7900	323	10446	1601	12	8611		91	131
9293	1879	10159	1885	4445	522			255	3642	26
23	1440	408	1467	14218	8145			502	4224	1347
2287	196	659	1785	3057	573		42	1204	736	502
				79						79
8082	**10970**	**13487**	**33348**	**131049**	**43439**	**47526**	**1593**	**11019**	**6151**	**21321**
1681	158	1427	1475	4537	1001	224	35	2304	138	835
96	227	223	429	1585	217	71		956	254	87
624	219	227	168	1710	219	84	8	653	173	573
60		2093	101	2765	1121	35		207	1027	375
128	119	450	40	6803	101	260		241		6201
			145	24				5		19
1704	223	60	180	1110	74	34	35	808	60	99
	20	10	80	126	76	8				42
8	79	177	309	525	77	15		387		46
56	8	27	179	704	139	234	2	89	62	178
	15		325	5879	5675	145	5			54
439	678	279	524	18225	13385	3206	98	286	33	1217
53			50	709	176	279		20		234
			20							
63	49	224		702	23	41		98		540
79	96	67	221	3597	2136	390	5	424	59	583
1766	1489	1725	4508	11919	5161	705	1165	1629	1214	2045
16	871	154	17096	6984	978	546	106	188	2867	2299
42	1252	2528	1560	21306	2100	18626	13	250	104	213
123	122	121	338	3894	1384	1762	20	471	55	202
720	1037	1884	478	6468	2912	1014	20	249	62	2211
204	28	1668	530	4344	2994	739		284		327
152	4212	71	4202	21628	256	17970	75	979	38	2310
36	48	66	163	2407	330	1109		428		540
32			120	94	56	15		13		10
				61	8	6				47
	20	6	83	93	1	8	6	50		28
			24	2850	2839				5	6
984	**691**	**1197**	**1591**	**12339**	**6489**	**1270**	**228**	**2019**	**851**	**1482**
818	621	639	1391	10507	6433	278	228	1819	736	1013
		20		204	20	184				
166	70	538	200	1628	36	808		200	115	469
2976	**8476**	**11319**	**3205**	**35398**	**11415**	**13664**	**593**	**4897**	**957**	**3872**
2725	8266	10883	2678	28779	6611	12711	540	4514	866	3537
19		129	485	5050	4204	311	45	233	40	217
91	18	190		1260	492	572	8	128	36	24
141	192	117	42	309	108	70		22	15	94
1032	**359**	**855**	**1759**	**7394**	**2875**	**1323**	**87**	**1117**	**864**	**1128**
688	324	646	953	4843	1558	921	80	698	735	851

1-8 续表 11

行业大类	西丰县	昌图县	调兵山市	开原市	朝阳市	双塔区	龙城区	朝阳县
城市公共交通业	4	106	20	46	1566	794	15	
水上运输业								
航空运输业					152	152		
管道运输业								
装卸搬运和其他运输服务业	10	2	14	15	419	210	7	
仓储业	61	147	10	76	687	172	76	4
邮政业					1077	1077		
信息传输、计算机服务和软件业	**199**	**79**	**6**	**115**	**3126**	**2935**	**32**	
电信和其他信息传输服务业	193	79	1	115	2968	2821	28	
计算机服务业	6		5		85	49	1	
软件业					73	65	3	
批发和零售业	**1493**	**3204**	**506**	**2980**	**26038**	**13911**	**2036**	**1431**
批发业	1067	1807	310	1649	11761	3684	1437	1125
零售业	426	1397	196	1331	14277	10227	599	306
住宿和餐饮业	**342**	**193**	**324**	**653**	**4004**	**2413**	**83**	
住宿业	150	61	316	522	1688	896	15	
餐饮业	192	132	8	131	2316	1517	68	
金融业	**507**	**974**	**241**	**506**	**13025**	**11232**	**8**	
银行业	503	970	231	495	7597	5831		
证券业					24	24		
保险业				4	4961	4961		
其他金融活动	4	4	10	7	443	416	8	
房地产业	**323**	**606**	**387**	**522**	**5868**	**2877**	**679**	**31**
房地产业	323	606	387	522	5868	2877	679	31
租赁和商务服务业	**103**	**996**	**2735**	**208**	**7637**	**2698**	**1552**	**43**
租赁业				6	53	22	15	
商务服务业	103	996	2735	202	7584	2676	1537	43
科学研究、技术服务和地质勘查业	**535**	**1369**	**526**	**458**	**7906**	**2968**	**187**	**333**
研究与试验发展	22	96	2	70	229	79		4
专业技术服务业	133	534	404	228	3374	1510	116	83
科技交流和推广服务业	376	726	8	160	3596	672	71	246
地质勘查业	4	13	112		707	707		
水利、环境和公共设施管理业	**320**	**920**	**240**	**715**	**4343**	**2424**	**224**	**30**
水利管理业	67	412	26	408	832	287		12
环境管理业	134	44	70	178	2834	1954	109	
公共设施管理业	119	464	144	129	677	183	115	18
居民服务和其他服务业	**84**	**239**	**70**	**231**	**1668**	**659**	**191**	**42**
居民服务业	55	236	69	231	1349	579	111	42
其他服务业	29	3	1		319	80	80	
教育	**3047**	**8470**	**2593**	**4430**	**40380**	**7351**	**2415**	**4481**
教育	3047	8470	2593	4430	40380	7351	2415	4481
卫生、社会保障和社会福利业	**1158**	**3871**	**1705**	**2683**	**13513**	**4595**	**644**	**490**
卫生	981	3512	1581	2624	12089	4081	445	490
社会保障业		25	62	27	661	344		
社会福利业	177	334	62	32	763	170	199	
文化、体育和娱乐业	**84**	**371**	**111**	**284**	**2335**	**1110**	**42**	**5**
新闻出版业		8			272	193		
广播、电视、电影和音像业	50	212	43	57	450	150		
文化艺术业	34	132	59	155	1097	560	32	5
体育		16		36	229	107		
娱乐业		3	9	36	287	100	10	
公共管理和社会组织	**5626**	**11614**	**4171**	**8581**	**62748**	**18123**	**3407**	**4490**
中国共产党机关	126	630	154	383	1419	632	107	
国家机构	4004	5105	3088	5677	42707	13517	1816	2091
人民政协和民主党派	24	17	20	24	248	119	15	
群众团体、社会团体和宗教组织	676	3138	636	1268	7214	2145	447	697
基层群众自治组织	796	2724	273	1229	11160	1710	1022	1702

建平县	喀喇沁左翼蒙古族自治县	北票市	凌源市	葫芦岛市	连山区	龙港区	南票区	绥中县	建昌县	兴城市
73	16	162	506	157	3	9	7		101	37
				526	13	237		188		88
133	7		62	263	21	49		86		107
138	12	47	238	465	140	107		145	28	45
				1140	1140					
18	**37**	**91**	**13**	**2300**	**55**	**1922**		**61**	**123**	**139**
15	2	89	13	1985	22	1829		31	99	4
	35			253	15	49		30	24	135
3		2		62	18	44				
2003	**1344**	**1612**	**3701**	**20586**	**7675**	**4266**	**259**	**3971**	**1902**	**2513**
1072	762	906	2775	10048	2140	3010	149	2225	1128	1396
931	582	706	926	10538	5535	1256	110	1746	774	1117
292	**238**	**371**	**607**	**6344**	**1207**	**3481**	**20**	**540**	**190**	**906**
142	158	186	291	1930	318	765		301	181	365
150	80	185	316	4414	889	2716	20	239	9	541
443	**376**	**473**	**493**	**11396**	**2508**	**7362**	**114**	**529**	**408**	**475**
443	376	454	493	7371	969	4878	114	527	408	475
				3996	1533	2463				
		19		29	6	21		2		
384	**681**	**413**	**803**	**3858**	**708**	**1788**	**24**	**592**	**157**	**589**
384	681	413	803	3858	708	1788	24	592	157	589
562	**143**	**737**	**1902**	**3769**	**1072**	**1169**	**34**	**481**	**533**	**480**
16				79	38	21		10		10
546	143	737	1902	3690	1034	1148	34	471	533	470
552	**1263**	**1474**	**1129**	**5559**	**325**	**1943**	**18**	**1072**	**481**	**1720**
45	2	49	50	483		35		10		438
327	205	548	585	2761	190	1333	3	390	226	619
180	1056	877	494	1441	117	198	10	672	255	189
				874	18	377	5			474
220	**206**	**727**	**512**	**4637**	**330**	**1487**	**140**	**1312**	**359**	**1009**
79	95	240	119	1210	51	60	140	642	195	122
74		362	335	2031	219	867		400	124	421
67	111	125	58	1396	60	560		270	40	466
62	**93**	**103**	**518**	**1190**	**408**	**159**	**40**	**349**	**77**	**157**
62	73	81	401	939	348	142	37	205	56	151
	20	22	117	251	60	17	3	144	21	6
6326	**5804**	**6011**	**7992**	**28274**	**5775**	**3693**	**1268**	**4961**	**6112**	**6465**
6326	5804	6011	7992	28274	5775	3693	1268	4961	6112	6465
2053	**1187**	**2329**	**2215**	**13197**	**2347**	**2872**	**223**	**1905**	**1876**	**3974**
1912	1120	1935	2106	11980	2136	2406	175	1755	1752	3756
43		227	47	600	57	308	21	67	59	88
98	67	167	62	617	154	158	27	83	65	130
321	**239**	**190**	**428**	**1612**	**446**	**525**	**8**	**204**	**80**	**349**
22	18	15	24	216		175		24		17
160	37	70	33	493	234	139	5	8	34	73
102	127	86	185	672	131	161	3	141	42	194
37	56	19	10	70	5	8		16	4	37
	1		176	161	76	42		15		28
8220	**6835**	**7826**	**13847**	**40602**	**7517**	**10725**	**2538**	**8352**	**5624**	**5846**
183	197	178	122	1356	168	530	75	149	334	100
5516	5051	4956	9760	28388	4900	8632	1502	5230	3753	4371
25	25	21	43	215	27	107	12	24	26	19
951	452	962	1560	4204	501	875	581	1715	336	196
1545	1110	1709	2362	6439	1921	581	368	1234	1175	1160

1-9 按行业(大类)、开业(成立)

行业大类	法人单位数(个)	1949年以前	1950-1977年	1978-1991年	1992-1995年	1996年	1997年
总　计	**315405**	**2767**	**16197**	**33656**	**17273**	**4997**	**5334**
农、林、牧、渔业	**43**	**1**	**23**	**3**			
农业	12	1	4	2			
林业	15		14	1			
畜牧业	6		1				
渔业	7		3				
农、林、牧、渔服务业	3		1				
采矿业	**5522**	**10**	**101**	**430**	**328**	**109**	**117**
煤炭开采和洗选业	734	3	28	138	92	29	33
石油和天然气开采业	103			1	1		1
黑色金属矿采选业	1569		9	39	60	19	13
有色金属矿采选业	767	1	9	55	46	14	20
非金属矿采选业	2341	6	55	196	129	47	50
其他采矿业	8			1			
制造业	**82600**	**131**	**1707**	**6179**	**5965**	**1801**	**1989**
农副食品加工业	4896	4	38	188	195	89	98
食品制造业	1881	4	37	112	119	36	54
饮料制造业	1260	4	12	83	87	52	45
烟草制品业	6	1		2		1	
纺织业	2214	6	65	175	140	62	60
纺织服装、鞋、帽制造业	3523	1	74	146	173	67	78
皮革、毛皮、羽毛(绒)及其制品业	585	2	19	43	37	10	13
木材加工及木、竹、藤、棕、草制品业	2283		28	107	158	52	52
家具制造业	1080	2	22	48	63	29	25
造纸及纸制品业	1602	7	44	142	118	44	41
印刷业和记录媒介的复制	2102	13	69	330	247	64	85
文教体育用品制造业	298		4	25	30	6	9
石油加工、炼焦及核燃料加工业	927	3	6	69	61	12	18
化学原料及化学制品制造业	5088	13	95	389	416	125	114
医药制造业	735	4	21	49	75	16	12
化学纤维制造业	112	1	3	7	9	7	1
橡胶制品业	1179	1	41	101	78	27	28
塑料制品业	3822		44	190	240	83	92
非金属矿物制品业	7970	13	191	868	592	164	184
黑色金属冶炼及压延加工业	1300	3	24	97	119	33	27
有色金属冶炼及压延加工业	926	2	17	68	88	29	29
金属制品业	5659	2	113	465	408	118	117
通用设备制造业	14784	16	298	1161	1125	304	388
专用设备制造业	5321	9	104	309	344	101	103
交通运输设备制造业	4119	9	90	376	335	85	89
电气机械及器材制造业	4569	5	137	367	405	98	119
通信设备、计算机及其他电子设备制造业	1055		28	69	72	30	27
仪器仪表及文化、办公用机械制造业	1644	4	50	111	142	31	44
工艺品及其他制造业	1445	2	31	68	83	24	34
废弃资源和废旧材料回收加工业	215		2	14	6	2	3
电力、燃气及水的生产和供应业	**1488**	**15**	**73**	**179**	**90**	**20**	**17**
电力、热力的生产和供应业	957	1	47	105	64	13	13
燃气生产和供应业	115	5	2	8	7	3	1
水的生产和供应业	416	9	24	66	19	4	3
建筑业	**14959**	**10**	**235**	**1048**	**924**	**215**	**252**
房屋和土木工程建筑业	5015	7	191	649	378	70	72
建筑安装业	4004	2	33	262	255	78	94
建筑装饰业	4586	1	7	96	225	55	70
其他建筑业	1354		4	41	66	12	16
交通运输、仓储和邮政业	**8958**	**22**	**235**	**508**	**519**	**142**	**167**
铁路运输业	19		2	5	1		
道路运输业	3784	9	122	252	179	36	51

时间分组的法人单位数

1998年	1999年	2000年	2001年	2002年	2003年	2004年	2005年	2006年	2007年	2008年
8974	**10024**	**13888**	**15399**	**17850**	**21430**	**23706**	**27596**	**32001**	**32365**	**26397**
	1		**1**	**1**	**4**	**4**		**3**	**1**	**1**
			1		2	1		1		
				1		1		1	1	1
	1				1	1		1		
					1	1				
183	**155**	**260**	**315**	**268**	**460**	**712**	**643**	**539**	**432**	**316**
42	30	50	63	45	63	31	25	26	23	9
6	5	9	13	9	10	11	10	13	5	8
27	23	41	45	46	136	342	290	150	144	134
23	28	37	65	37	79	69	78	76	62	35
84	68	122	129	131	171	259	240	273	197	129
1	1	1			1			1	1	1
3376	**3531**	**4381**	**4924**	**5063**	**6379**	**6588**	**7609**	**8358**	**7085**	**5007**
189	205	295	297	338	413	454	530	525	480	353
85	93	111	125	117	140	147	174	176	170	109
72	65	106	87	78	109	94	102	98	81	37
			1		1					
93	89	163	154	165	194	174	200	190	165	87
128	122	239	222	198	249	291	396	470	386	228
22	13	22	30	25	29	31	54	161	32	28
88	79	93	126	139	182	186	277	275	223	156
32	43	56	62	69	83	90	116	120	110	81
75	91	101	98	111	118	112	134	149	110	72
143	103	123	143	105	130	135	124	117	85	66
13	17	14	15	21	21	19	28	33	19	18
34	42	45	67	72	70	85	82	76	79	53
255	267	293	334	324	388	365	454	457	365	246
51	48	41	35	39	55	62	61	62	38	26
3	7	5	7	7	10	8	10	9	9	7
70	58	45	82	59	99	103	95	103	90	64
139	167	214	248	287	296	285	353	441	403	244
300	297	407	475	452	537	569	687	826	694	492
40	62	68	66	68	114	118	128	115	101	68
38	27	44	54	46	64	67	73	115	81	55
206	255	239	302	310	438	459	509	590	511	396
621	607	744	837	864	1162	1255	1385	1416	1278	922
202	238	250	289	319	457	465	508	569	483	379
152	137	182	220	232	292	314	350	398	372	327
182	225	244	268	305	334	370	366	404	326	268
38	34	56	57	86	92	68	89	121	103	45
58	75	83	112	113	158	126	155	154	122	72
42	59	86	98	102	133	121	148	156	147	88
5	6	12	13	12	11	15	21	32	22	20
46	**46**	**69**	**69**	**85**	**105**	**88**	**114**	**145**	**147**	**87**
27	33	40	56	60	79	62	85	85	73	60
6	2	3	8	5	6	10	9	15	11	5
13	11	26	5	20	20	16	20	45	63	22
422	**447**	**505**	**745**	**883**	**1094**	**1266**	**1486**	**1653**	**1912**	**1692**
151	166	171	252	269	331	380	448	468	511	436
124	149	158	212	267	314	316	433	410	462	394
109	109	129	221	274	338	419	428	614	741	712
38	23	47	60	73	111	151	177	161	198	150
239	**255**	**326**	**386**	**434**	**561**	**800**	**1025**	**1120**	**1050**	**968**
1			2			2	1	2	2	
85	103	130	147	180	226	335	394	514	500	450

1-9 续表

行业大类	法人单位数(个)	1949年以前	1950–1977年	1978–1991年	1992–1995年	1996年	1997年
城市公共交通业	571		9	37	133	31	50
水上运输业	284	1	4	19	21	8	4
航空运输业	32			5	5		1
管道运输业	6			1	2		
装卸搬运和其他运输服务业	3173	1	9	96	130	49	41
仓储业	876	10	88	92	46	18	19
邮政业	213	1	1	1	2		1
信息传输、计算机服务和软件业	**6330**	**5**	**35**	**104**	**115**	**31**	**42**
电信和其他信息传输服务业	975	4	34	68	46	8	9
计算机服务业	2553			28	27	6	13
软件业	2802	1	1	8	42	17	20
批发和零售业	**72700**	**264**	**851**	**2286**	**2822**	**797**	**1022**
批发业	48836	102	498	1333	1824	509	658
零售业	23864	162	353	953	998	288	364
住宿和餐饮业	**5658**	**4**	**52**	**348**	**342**	**118**	**119**
住宿业	1948	4	27	247	201	60	56
餐饮业	3710		25	101	141	58	63
金融业	**1410**	**1**	**20**	**98**	**45**	**46**	**44**
银行业	277	1	20	84	14	25	16
证券业	51			2	9	3	3
保险业	533			5	8	15	15
其他金融活动	549			7	14	3	10
房地产业	**11379**	**11**	**102**	**442**	**758**	**156**	**155**
房地产业	11379	11	102	442	758	156	155
租赁和商务服务业	**20085**	**47**	**238**	**1297**	**972**	**246**	**263**
租赁业	740		2	27	30	3	11
商务服务业	19345	47	236	1270	942	243	252
科学研究、技术服务和地质勘查业	**10705**	**29**	**592**	**1600**	**693**	**193**	**158**
研究与试验发展	1444	5	77	153	95	19	22
专业技术服务业	5238	14	233	810	377	91	83
科技交流和推广服务业	3844	10	248	607	209	81	52
地质勘查业	179		34	30	12	2	1
水利、环境和公共设施管理业	**2642**	**24**	**328**	**711**	**176**	**51**	**56**
水利管理业	919	10	201	375	62	19	17
环境管理业	646	10	79	160	46	15	18
公共设施管理业	1077	4	48	176	68	17	21
居民服务和其他服务业	**5711**	**4**	**100**	**237**	**231**	**105**	**113**
居民服务业	3450	4	85	135	131	74	76
其他服务业	2261		15	102	100	31	37
教育	**11564**	**644**	**2408**	**1884**	**533**	**145**	**154**
教育	11564	644	2408	1884	533	145	154
卫生、社会保障和社会福利业	**10138**	**124**	**2209**	**2252**	**519**	**162**	**174**
卫生	8085	112	1906	1803	422	122	149
社会保障业	427		6	59	44	19	5
社会福利业	1626	12	297	390	53	21	20
文化、体育和娱乐业	**3477**	**82**	**321**	**760**	**260**	**66**	**37**
新闻出版业	274	10	15	73	48	11	3
广播、电视、电影和音像业	502	7	84	117	76	11	6
文化艺术业	1379	62	188	419	61	19	13
体育	420	2	31	78	37	14	8
娱乐业	902	1	3	73	38	11	7
公共管理和社会组织	**40036**	**1339**	**6567**	**13290**	**1981**	**594**	**455**
中国共产党机关	1677	157	428	715	83	24	7
国家机构	13861	384	1841	4457	1096	330	231
人民政协和民主党派	241	1	72	129	14	3	
群众团体、社会团体和宗教组织	8569	176	340	1566	608	203	164
基层群众自治组织	15688	621	3886	6423	180	34	53

1998年	1999年	2000年	2001年	2002年	2003年	2004年	2005年	2006年	2007年	2008年
42	32	25	26	24	21	29	27	37	17	22
11	14	12	15	19	16	19	23	19	38	25
		1	1	2	2	3	2	2	2	6
1		2								
68	73	94	155	171	224	317	478	425	394	386
20	28	53	35	34	61	71	73	83	66	40
11	5	9	5	4	11	24	27	38	31	39
64	**88**	**285**	**276**	**362**	**425**	**500**	**709**	**986**	**1109**	**1046**
12	17	57	70	54	70	68	88	101	112	150
24	29	136	101	143	160	190	313	482	474	404
28	42	92	105	165	195	242	308	403	523	492
2004	**2368**	**3193**	**3728**	**4851**	**5974**	**6504**	**7452**	**9538**	**9980**	**8807**
1270	1524	2036	2482	3300	4216	4519	4862	6440	7011	6072
734	844	1157	1246	1551	1758	1985	2590	3098	2969	2735
224	**203**	**296**	**318**	**328**	**391**	**431**	**567**	**688**	**722**	**488**
103	77	112	118	104	128	119	142	154	165	122
121	126	184	200	224	263	312	425	534	557	366
33	**36**	**37**	**36**	**83**	**124**	**82**	**167**	**156**	**210**	**171**
10	11	9	5	5	14	2	13	12	27	8
3	4	2	1	2	8	2	1	1	3	7
6		7	15	33	57	45	80	78	82	80
14	21	19	15	43	45	33	73	65	98	76
311	**385**	**626**	**622**	**781**	**829**	**926**	**1084**	**1330**	**1547**	**1058**
311	385	626	622	781	829	926	1084	1330	1547	1058
432	**519**	**813**	**831**	**988**	**1239**	**1613**	**2004**	**2280**	**2931**	**2926**
22	19	35	29	40	54	55	78	79	107	126
410	500	778	802	948	1185	1558	1926	2201	2824	2800
213	**230**	**309**	**398**	**474**	**552**	**703**	**845**	**998**	**1226**	**1204**
29	31	47	65	58	77	113	136	124	171	152
122	122	154	219	274	323	357	407	582	549	431
54	71	101	102	134	146	221	291	285	494	611
8	6	7	12	8	6	12	11	7	12	10
75	**60**	**96**	**91**	**125**	**133**	**127**	**137**	**145**	**145**	**107**
18	14	21	27	32	16	20	25	20	21	18
25	14	24	19	29	33	30	28	44	28	33
32	32	51	45	64	84	77	84	81	96	56
202	**203**	**320**	**287**	**341**	**458**	**497**	**599**	**699**	**676**	**594**
141	129	221	175	209	296	296	331	393	400	331
61	74	99	112	132	162	201	268	306	276	263
219	**288**	**369**	**323**	**542**	**580**	**577**	**709**	**776**	**816**	**585**
219	288	369	323	542	580	577	709	776	816	585
247	**213**	**441**	**321**	**387**	**408**	**385**	**532**	**699**	**669**	**385**
207	169	382	244	279	268	280	395	540	521	280
6	9	17	30	40	50	24	22	35	28	33
34	35	42	47	68	90	81	115	124	120	72
67	**66**	**112**	**103**	**123**	**148**	**211**	**268**	**298**	**271**	**240**
6	11	6	9	6	9	16	7	16	19	8
10	3	14	10	13	19	21	39	25	20	25
16	13	26	25	37	39	83	86	77	94	101
11	9	23	19	15	23	31	31	38	25	22
24	30	43	40	52	58	60	105	142	113	84
617	**930**	**1450**	**1625**	**1731**	**1566**	**1692**	**1646**	**1590**	**1436**	**715**
16	7	16	16	32	17	11	21	8	18	5
248	231	341	511	764	494	548	619	615	545	277
		1	4		3	2	1	3	1	
241	291	368	422	450	432	556	815	886	749	302
112	401	724	672	485	620	575	190	78	123	131

1-10 按地区、开业(成立)

地区	法人单位数(个)	1949年以前	1950-1977年	1978-1991年	1992-1995年	1996年	1997年	1998年
全省	**315405**	**2767**	**16197**	**33656**	**17273**	**4997**	**5334**	**8974**
沈阳市	**78734**	**402**	**2427**	**7279**	**4980**	**1093**	**1377**	**2416**
和平区	12938	66	262	806	823	171	219	415
沈河区	11522	43	183	706	602	152	195	344
大东区	5665	22	185	474	433	106	111	188
皇姑区	6567	17	198	642	536	82	133	231
铁西区	7375	28	191	461	476	90	142	222
苏家屯区	3210	38	169	562	268	52	55	107
东陵区	8195	15	211	596	552	143	150	251
沈北新区	3396	26	141	374	188	40	57	98
于洪区	11269	31	194	747	662	135	199	306
辽中县	1726	43	127	374	115	28	25	72
康平县	2128	28	168	401	84	30	25	46
法库县	2382	20	225	572	101	34	29	59
新民市	2361	25	173	564	140	30	37	77
大连市	**77293**	**477**	**1749**	**4412**	**4422**	**1168**	**1299**	**2036**
中山区	10321	34	150	381	588	144	192	264
西岗区	8532	45	111	399	527	134	127	226
沙河口区	10457	29	106	379	554	122	116	198
甘井子区	14018	36	114	627	803	194	229	370
旅顺口区	3649	38	121	315	301	71	117	153
金州区	13885	51	212	636	899	228	235	313
长海县	354	34	38	61	24	5	4	6
瓦房店市	6790	58	196	634	340	133	124	223
普兰店市	5003	63	503	559	234	86	78	147
庄河市	4284	89	198	421	152	51	77	136
鞍山市	**27996**	**243**	**1153**	**2696**	**1365**	**453**	**495**	**900**
铁东区	4424	31	159	419	254	68	75	116
铁西区	2569	8	123	219	134	46	44	59
立山区	3358	9	100	308	178	46	42	110
千山区	4566	28	148	282	228	77	101	134
台安县	2382	45	162	230	85	25	29	67
岫岩满族自治县	2574	39	248	467	162	49	44	61
海城市	8123	83	213	771	324	142	160	353
抚顺市	**17323**	**130**	**1033**	**2407**	**985**	**283**	**262**	**506**
新抚区	2192	18	129	223	108	39	33	44
东洲区	2483	18	153	311	159	43	48	66
望花区	3812	13	126	289	213	36	42	80
顺城区	3080	18	131	387	169	56	52	87
抚顺县	1597	7	99	324	92	25	22	83
新宾满族自治县	2108	41	255	413	112	22	23	60
清原满族自治县	2051	15	140	460	132	62	42	86
本溪市	**9995**	**92**	**633**	**1304**	**463**	**292**	**208**	**307**
平山区	2842	20	162	311	139	135	61	78
溪湖区	1699	20	91	139	89	44	35	77
明山区	2375	6	78	309	84	57	49	54
南芬区	477	4	26	143	30	12	13	20
本溪满族自治县	1332	15	128	208	78	23	19	34
桓仁满族自治县	1270	27	148	194	43	21	31	44
丹东市	**15380**	**260**	**1388**	**2101**	**1020**	**307**	**287**	**576**
元宝区	1829	11	73	132	86	40	43	70
振兴区	3624	43	207	373	263	84	80	139
振安区	1300	8	97	145	74	37	24	69
宽甸满族自治县	2794	37	259	591	180	43	36	80
东港市	2885	57	271	456	226	45	56	132
凤城市	2948	104	481	404	191	58	48	86

时间分组的法人单位数

1999年	2000年	2001年	2002年	2003年	2004年	2005年	2006年	2007年	2008年
10024	**13888**	**15399**	**17850**	**21430**	**23706**	**27596**	**32001**	**32365**	**26397**
2861	**2987**	**3342**	**4240**	**5026**	**5564**	**7054**	**8599**	**9474**	**8443**
447	507	572	759	925	916	1190	1422	1661	1685
448	447	541	653	740	850	1051	1340	1664	1477
252	234	262	308	376	396	493	608	594	607
266	257	269	311	388	478	562	601	797	745
323	271	328	371	431	542	629	939	974	909
104	104	125	174	181	211	222	309	255	242
286	287	426	492	569	656	774	1027	942	622
99	136	132	166	222	229	560	329	343	161
402	416	444	733	837	928	1101	1262	1298	1279
61	65	65	69	76	90	87	133	106	108
50	127	65	73	91	80	147	213	288	204
40	63	53	54	86	77	88	215	379	264
83	73	60	77	104	111	150	201	173	140
2217	**3407**	**4039**	**5190**	**6347**	**7110**	**7371**	**8384**	**8817**	**7331**
272	448	483	665	837	1037	1144	1232	1241	1089
262	364	437	604	746	852	864	943	1032	795
230	341	487	709	903	972	1011	1240	1482	1392
438	559	716	977	1204	1357	1354	1536	1686	1558
109	172	179	225	214	255	274	355	363	243
359	543	738	966	1276	1326	1372	1624	1459	1145
8	16	5	19	28	27	23	23	16	11
215	380	427	395	491	588	586	636	753	508
186	387	327	352	333	351	359	395	326	251
138	197	240	278	315	345	384	400	459	339
1161	**1604**	**1561**	**1811**	**1950**	**2107**	**2322**	**2839**	**2671**	**2404**
116	233	212	263	285	339	408	531	533	374
78	90	109	118	153	207	199	242	218	511
201	201	197	207	247	203	313	431	312	237
150	230	276	264	412	429	429	448	423	416
115	175	129	225	135	114	140	233	243	218
62	142	109	144	158	223	165	163	150	154
439	533	529	590	560	592	668	791	792	494
514	**977**	**889**	**843**	**975**	**1034**	**1636**	**2090**	**1599**	**936**
60	115	190	132	125	147	138	172	255	185
86	168	138	140	160	177	277	241	140	127
72	188	158	147	216	212	585	838	445	127
106	201	192	190	213	218	253	275	300	216
54	67	63	74	95	89	119	104	146	122
53	141	79	63	63	101	160	259	148	74
83	97	69	97	103	90	104	201	165	85
282	**481**	**441**	**510**	**633**	**847**	**832**	**932**	**912**	**641**
92	148	121	152	184	241	263	299	235	176
62	90	78	84	129	144	162	164	137	83
63	147	112	108	152	277	194	228	246	198
11	18	13	18	28	24	32	25	17	24
28	41	57	87	87	80	90	110	125	74
26	37	60	61	53	81	91	106	152	86
593	**702**	**850**	**820**	**1078**	**1084**	**954**	**1086**	**1102**	**853**
79	114	116	128	174	182	132	133	137	108
159	175	212	201	265	242	266	296	324	201
41	77	64	56	80	73	98	104	105	59
86	118	187	134	201	232	134	177	161	133
145	129	133	150	171	181	168	194	176	189
83	89	138	151	187	174	156	182	199	163

1-10 续表

地　　区	法　人单位数(个)	1949年以前	1950–1977年	1978–1991年	1992–1995年	1996年	1997年	1998年
锦州市	**13640**	**214**	**1097**	**2134**	**736**	**203**	**253**	**340**
古塔区	2163	20	107	208	135	49	36	73
凌河区	2332	25	98	302	141	42	45	74
太和区	2900	25	130	311	201	43	50	55
黑山县	2018	42	339	318	56	20	59	42
义县	1281	28	91	346	43	11	21	26
凌海市	1580	33	159	342	93	21	21	30
北镇市	1366	41	173	307	67	17	21	40
营口市	**16230**	**122**	**760**	**1483**	**655**	**284**	**220**	**459**
站前区	3625	22	104	342	164	69	41	98
西市区	1577	6	48	107	68	12	23	39
鲅鱼圈区	3358	4	24	246	143	51	50	81
老边区	1856	5	70	212	64	31	19	68
盖州市	2571	29	204	391	104	66	44	102
大石桥市	3243	56	310	185	112	55	43	71
阜新市	**9500**	**127**	**1109**	**1844**	**480**	**159**	**156**	**225**
海州区	1900	21	136	351	108	28	26	55
新邱区	537	7	72	102	41	10	11	13
太平区	937	1	60	166	56	13	12	17
清河门区	440	2	19	131	28	11	11	9
细河区	2037	8	100	286	111	42	42	40
阜新蒙古族自治县	2383	46	482	531	90	38	42	61
彰武县	1266	42	240	277	46	17	12	30
辽阳市	**9113**	**83**	**430**	**1635**	**544**	**191**	**159**	**274**
白塔区	1789	18	96	269	115	39	31	82
文圣区	1336	9	66	150	64	26	37	44
宏伟区	653		13	90	54	16	5	19
弓长岭区	395	1	12	86	18	3	2	5
太子河区	935	2	24	163	68	21	24	27
辽阳县	2474	15	76	524	127	59	23	61
灯塔市	1531	38	143	353	98	27	37	36
盘锦市	**9151**	**32**	**541**	**1158**	**377**	**150**	**174**	**221**
双台子区	1226	12	49	183	55	26	49	41
兴隆台区	4400	2	20	402	178	52	63	108
大洼县	2054	9	314	319	93	50	44	48
盘山县	1471	9	158	254	51	22	18	24
铁岭市	**10841**	**298**	**1454**	**1841**	**427**	**163**	**170**	**284**
银州区	2757	30	157	504	143	55	64	86
清河区	709	5	36	143	25	30	7	27
铁岭县	1212	24	277	35	17	7	16	25
西丰县	967	42	108	285	36	17	20	25
昌图县	2455	129	553	437	77	29	31	66
调兵山市	818	7	25	157	45	10	8	19
开原市	1923	61	298	280	84	15	24	36
朝阳市	**10909**	**150**	**1588**	**1676**	**408**	**130**	**124**	**203**
双塔区	2762	20	166	393	150	50	49	54
龙城区	1008	10	55	113	26	9	8	25
朝阳县	946	13	83	323	19	8	10	5
建平县	1501	2	365	150	43	13	13	23
喀喇沁左翼蒙古族自治县	1086	36	272	129	41	9	6	16
北票市	1911	28	313	364	57	13	14	42
凌源市	1695	41	334	204	72	28	24	38
葫芦岛市	**9299**	**137**	**835**	**1686**	**411**	**121**	**150**	**227**
连山区	2198	5	57	436	98	23	30	49
龙港区	1873	4	15	202	86	40	24	48
南票区	419	1	21	155	27	6	10	8
绥中县	1735	43	106	398	62	19	28	38
建昌县	1136	25	418	158	41	12	13	24
兴城市	1938	59	218	337	97	21	45	60

1999年	2000年	2001年	2002年	2003年	2004年	2005年	2006年	2007年	2008年
420	**642**	**538**	**655**	**838**	**943**	**1045**	**1141**	**1180**	**1059**
104	177	109	118	139	164	205	148	178	154
90	135	108	119	150	171	167	187	254	197
97	131	142	154	219	205	256	274	233	283
53	64	57	95	121	76	104	228	207	125
20	37	37	46	87	111	101	97	104	56
37	53	34	64	70	164	112	107	108	131
19	45	51	59	52	52	100	100	96	113
397	**754**	**714**	**747**	**997**	**1148**	**2060**	**2108**	**1929**	**970**
65	146	148	162	207	215	571	587	399	224
43	41	45	76	112	114	147	253	195	104
93	192	127	141	182	204	312	430	671	308
44	116	80	74	124	139	278	287	166	74
76	115	172	133	128	177	189	259	219	106
76	144	142	161	244	299	563	292	279	154
222	**376**	**574**	**480**	**484**	**489**	**619**	**687**	**707**	**541**
56	54	140	92	93	123	149	172	155	116
14	16	36	25	36	18	33	32	32	32
16	47	67	46	67	60	97	65	79	55
6	16	22	17	12	24	25	39	39	17
42	71	102	113	104	141	187	215	219	112
76	131	159	147	112	73	80	97	89	97
12	41	48	40	60	50	48	67	94	112
298	**408**	**491**	**477**	**577**	**673**	**719**	**713**	**686**	**679**
77	70	85	88	137	107	109	89	103	266
54	82	80	90	79	84	98	147	122	102
24	34	33	49	48	50	62	46	44	47
7	15	20	27	23	28	32	49	47	12
38	46	75	57	64	51	86	68	56	51
50	106	133	117	143	246	230	229	199	129
48	55	65	49	83	107	102	85	115	72
338	**434**	**540**	**621**	**664**	**568**	**681**	**818**	**806**	**750**
62	60	68	92	67	74	77	100	112	83
202	281	335	347	411	337	350	448	407	409
49	55	62	93	117	74	149	139	147	145
25	38	75	89	69	83	105	131	140	113
282	**373**	**431**	**535**	**572**	**735**	**809**	**871**	**803**	**503**
83	112	148	144	156	191	208	242	220	157
30	24	33	28	26	46	45	62	64	55
25	28	39	47	51	86	91	129	132	57
21	43	31	53	56	88	38	53	30	16
38	60	82	102	124	145	197	157	127	70
27	33	31	70	51	62	84	70	60	24
58	73	67	91	108	117	146	158	170	124
233	**354**	**482**	**468**	**674**	**837**	**835**	**927**	**852**	**744**
80	100	182	164	215	218	195	247	234	208
30	44	34	55	103	84	86	98	101	88
13	22	14	25	36	85	39	58	51	73
24	61	39	54	101	152	134	124	98	99
18	19	33	41	43	61	66	85	90	75
41	59	100	64	90	118	168	177	131	118
27	49	80	65	86	119	147	138	147	83
205	**389**	**507**	**453**	**615**	**567**	**659**	**806**	**827**	**543**
39	143	150	115	161	140	168	211	191	145
45	78	135	92	149	131	178	223	223	153
29	10	33	18	11	15	14	18	27	11
36	49	67	114	84	97	126	151	193	88
9	21	24	37	53	54	52	60	75	47
47	88	98	77	157	130	121	143	118	99

1-11 按地区、学历分组的法人单位从业人员数

地区	法人单位数(个)	从业人员数(人)	具有研究生及以上学历人员	具有大学本科学历人员	具有大专学历人员	具有高中学历人员	具有初中及以下学历人员
全省	**315405**	**10307946**	**207582**	**1455788**	**2073556**	**2841751**	**3729269**
沈阳市	**78734**	**2213025**	**69965**	**434319**	**564692**	**593096**	**550953**
和平区	12938	335191	14971	88573	93321	76356	61970
沈河区	11522	248124	13427	72016	77499	54891	30291
大东区	5665	156589	8826	44482	44391	43313	15577
皇姑区	6567	182589	7053	38473	67774	40657	28632
铁西区	7375	131626	1631	22825	38556	42976	25638
苏家屯区	3210	87054	1623	10201	15046	24259	35925
东陵区	8195	233649	8811	43210	47079	60466	74083
沈北新区	3396	141805	3409	26199	32901	35750	43546
于洪区	11269	425714	8464	63330	98903	140162	114855
辽中县	1726	53577	613	5669	9815	12231	25249
康平县	2128	82180	477	8210	16700	24975	31818
法库县	2382	51615	235	4143	8475	13943	24819
新民市	2361	83312	425	6988	14232	23117	38550
大连市	**77293**	**2549658**	**52669**	**351415**	**397119**	**686620**	**1061835**
中山区	10321	255060	11490	65352	65806	79191	33221
西岗区	8532	190688	5693	44268	42018	42497	56212
沙河口区	10457	234378	9235	50791	48469	65085	60798
甘井子区	14018	432803	13246	79247	70972	106966	162372
旅顺口区	3649	113185	2425	12079	15494	29085	54102
金州区	13885	579624	8121	59360	74582	148855	288706
长海县	354	8184	63	1482	1700	2020	2919
瓦房店市	6790	271857	1178	16780	33571	74081	146247
普兰店市	5003	226321	605	9852	20036	62173	133655
庄河市	4284	237558	613	12204	24471	76667	123603
鞍山市	**27996**	**813895**	**9001**	**96097**	**155624**	**244832**	**308341**
铁东区	4424	135556	3106	30282	38352	41366	22450
铁西区	2569	171480	1350	21626	31120	66250	51134
立山区	3358	79546	602	9984	16120	27057	25783
千山区	4566	98363	2322	13029	17876	29160	35976
台安县	2382	66388	198	3333	10604	17499	34754
岫岩满族自治县	2574	62098	313	3676	10180	11880	36049
海城市	8123	200464	1110	14167	31372	51620	102195
抚顺市	**17323**	**511866**	**31160**	**61136**	**105478**	**148536**	**165556**
新抚区	2192	128348	27198	15963	28459	31680	25048
东洲区	2483	62851	353	6825	11251	18193	26229
望花区	3812	116199	1393	14570	24213	42584	33439
顺城区	3080	98183	1872	16833	23596	29401	26481
抚顺县	1597	28110	52	1017	2892	5524	18625
新宾满族自治县	2108	38374	157	2889	7017	10788	17523
清原满族自治县	2051	39801	135	3039	8050	10366	18211
本溪市	**9995**	**401178**	**3761**	**45885**	**77863**	**113170**	**160499**
平山区	2842	169159	1781	20601	35106	47666	64005
溪湖区	1699	56563	383	3802	7542	14527	30309
明山区	2375	75121	1061	12707	18115	21396	21842
南芬区	477	15227	161	1143	1972	3259	8692
本溪满族自治县	1332	47959	157	3636	7351	13245	23570
桓仁满族自治县	1270	37149	218	3996	7777	13077	12081
丹东市	**15380**	**468631**	**5388**	**48693**	**82943**	**112900**	**218707**
元宝区	1829	36789	600	5589	9759	11160	9681
振兴区	3624	145735	3101	21715	32807	41006	47106
振安区	1300	43480	421	4851	6042	9304	22862
宽甸满族自治县	2794	60029	295	3439	10108	14176	32011
东港市	2885	106233	434	7040	13306	19951	65502
凤城市	2948	76365	537	6059	10921	17303	41545

1-11　续表

地　区	法　人单位数(个)	从　业人员数(人)	具有研究生及以上学历人员	具有大学本　科学历人员	具有大专学历人员	具有高中学历人员	具有初中及以下学历人员
锦州市	**13640**	**463185**	**6696**	**64753**	**106728**	**121267**	**163741**
古塔区	2163	83504	1644	15405	22786	26046	17623
凌河区	2332	99985	1448	17585	23873	26177	30902
太和区	2900	102569	2787	16330	22806	25941	34705
黑山县	2018	49869	154	4702	8969	13326	22718
义县	1281	29935	198	2709	7635	7059	12334
凌海市	1580	59960	233	4267	11195	14395	29870
北镇市	1366	37363	232	3755	9464	8323	15589
营口市	**16230**	**484551**	**4310**	**50974**	**81797**	**114601**	**232869**
站前区	3625	95675	1907	16264	23536	26965	27003
西市区	1577	41334	341	5260	9158	11542	15033
鲅鱼圈区	3358	113607	886	11561	17698	28818	54644
老边区	1856	51290	244	4467	7000	10159	29420
盖州市	2571	76090	313	4929	9717	15670	45461
大石桥市	3243	106555	619	8493	14688	21447	61308
阜新市	**9500**	**343562**	**4051**	**38812**	**69137**	**109841**	**121721**
海州区	1900	97762	615	11526	18649	34416	32556
新邱区	537	16403	47	1052	2158	3877	9269
太平区	937	32066	139	2890	6141	12220	10676
清河门区	440	11505	143	1203	2525	3306	4328
细河区	2037	67645	2109	10379	15293	26399	13465
阜新蒙古族自治县	2383	87924	853	8055	16566	20732	41718
彰武县	1266	30257	145	3707	7805	8891	9709
辽阳市	**9113**	**359388**	**3712**	**47391**	**72648**	**108925**	**126712**
白塔区	1789	91431	1269	16029	22141	31321	20671
文圣区	1336	46423	635	7621	12025	17838	8304
宏伟区	653	55954	520	7469	10633	19744	17588
弓长岭区	395	18436	101	1624	2670	6807	7234
太子河区	935	36598	356	5387	7867	10455	12533
辽阳县	2474	66431	506	5093	9294	13581	37957
灯塔市	1531	44115	325	4168	8018	9179	22425
盘锦市	**9151**	**469333**	**4746**	**61036**	**92379**	**156250**	**154922**
双台子区	1226	52146	521	6795	9915	19435	15480
兴隆台区	4400	288992	3603	44724	62747	108318	69600
大洼县	2054	92484	347	6410	13214	20908	51605
盘山县	1471	35711	275	3107	6503	7589	18237
铁岭市	**10841**	**415290**	**3328**	**46369**	**82539**	**100052**	**183002**
银州区	2757	104875	1662	21525	29551	27160	24977
清河区	709	20023	136	1899	4523	5794	7671
铁岭县	1212	44474	203	3001	7901	9930	23439
西丰县	967	24932	259	2932	5891	7426	8424
昌图县	2455	61849	507	5960	14426	17338	23618
调兵山市	818	87094	185	5724	8373	15553	57259
开原市	1923	72043	376	5328	11874	16851	37614
朝阳市	**10909**	**422919**	**4836**	**55711**	**97986**	**121174**	**143212**
双塔区	2762	119194	2642	22679	33094	33102	27677
龙城区	1008	37644	255	3986	7928	10669	14806
朝阳县	946	29331	90	2345	5718	6092	15086
建平县	1501	46423	336	4999	9335	11813	19940
喀喇沁左翼蒙古族自治县	1086	42463	256	4601	8908	13225	15473
北票市	1911	68341	569	6937	13712	19878	27245
凌源市	1695	79523	688	10164	19291	26395	22985
葫芦岛市	**9299**	**361878**	**3178**	**44621**	**77862**	**101964**	**134253**
连山区	2198	105432	1007	9178	19150	32140	43957
龙港区	1873	105187	1177	20334	27019	29495	27162
南票区	419	15840	68	1090	2477	2120	10085
绥中县	1735	45419	307	5038	10558	11774	17742
建昌县	1136	35438	201	3722	7755	9786	13974
兴城市	1938	54562	418	5259	10903	16649	21333

1-12 按行业(大类)、学历分组的法人单位从业人员数

行业大类	法人单位数(个)	从业人员数(人)	具有研究生及以上学历人员	具有大学本科学历人员	具有大专学历人员	具有高中学历人员	具有初中及以下学历人员
总　计	**315405**	**10307946**	**207582**	**1455788**	**2073556**	**2841751**	**3729269**
农、林、牧、渔业	**43**	**12352**	**25**	**732**	**1134**	**1986**	**8475**
农业	12	7849	11	557	727	1005	5549
林业	15	2219	3	95	259	396	1466
畜牧业	6	298		7	30	155	106
渔业	7	1869	11	73	90	389	1306
农、林、牧、渔服务业	3	117			28	41	48
采矿业	**5522**	**548214**	**27718**	**26688**	**45183**	**143119**	**305506**
煤炭开采和洗选业	734	192304	26378	5617	10370	39582	110357
石油和天然气开采业	103	126731	1014	17081	21026	56300	31310
黑色金属矿采选业	1569	107306	171	1875	7000	23660	74600
有色金属矿采选业	767	51492	79	910	2966	10218	37319
非金属矿采选业	2341	69740	76	1194	3768	13234	51468
其他采矿业	8	641		11	53	125	452
制造业	**82600**	**3998259**	**33374**	**294622**	**553452**	**1198992**	**1917819**
农副食品加工业	4896	252192	1205	12596	25870	64881	147640
食品制造业	1881	72519	513	4438	10954	19641	36973
饮料制造业	1260	50196	678	3583	7758	15806	22371
烟草制品业	6	2592	21	433	695	769	674
纺织业	2214	121378	248	3746	9680	30296	77408
纺织服装、鞋、帽制造业	3523	247612	372	4523	13913	52913	175891
皮革、毛皮、羽毛(绒)及其制品业	585	31469	49	605	1424	5941	23450
木材加工及木、竹、藤、棕、草制品业	2283	73721	222	2734	6840	19194	44731
家具制造业	1080	49051	110	2290	5445	14279	26927
造纸及纸制品业	1602	57335	108	2239	6080	15875	33033
印刷业和记录媒介的复制	2102	41139	384	3823	8496	13834	14602
文教体育用品制造业	298	11850	54	582	1568	4183	5463
石油加工、炼焦及核燃料加工业	927	72665	413	7443	13417	22803	28589
化学原料及化学制品制造业	5088	213378	1879	16881	31804	73786	89028
医药制造业	735	59240	1006	8672	13171	23390	13001
化学纤维制造业	112	32420	246	4930	7921	11241	8082
橡胶制品业	1179	51813	221	2559	6467	16422	26144
塑料制品业	3822	132886	461	6709	16013	38931	70772
非金属矿物制品业	7970	351297	1173	11490	32228	83185	223221
黑色金属冶炼及压延加工业	1300	302076	2387	28816	47772	113429	109672
有色金属冶炼及压延加工业	926	84348	336	6176	15996	24655	37185
金属制品业	5659	192108	1411	13374	26738	55945	94640
通用设备制造业	14784	553758	3612	37019	78557	174013	260557
专用设备制造业	5321	215395	2583	25888	39256	69662	78006
交通运输设备制造业	4119	321562	7450	38830	64932	102979	107371
电气机械及器材制造业	4569	197946	1864	16933	32495	65574	81080
通信设备、计算机及其他电子设备制造业	1055	103976	3252	18195	13009	34185	35335
仪器仪表及文化、办公用机械制造业	1644	46106	897	6841	9332	14606	14430
工艺品及其他制造业	1445	46685	193	1860	4574	13591	26467
废弃资源和废旧材料回收加工业	215	9546	26	414	1047	2983	5076
电力、燃气及水的生产和供应业	**1488**	**211503**	**2133**	**30433**	**47218**	**65926**	**65793**
电力、热力的生产和供应业	957	154136	1785	24360	35212	48060	44719
燃气生产和供应业	115	16684	97	2057	3143	4780	6607
水的生产和供应业	416	40683	251	4016	8863	13086	14467
建筑业	**14959**	**1282706**	**7074**	**88421**	**184486**	**333263**	**669462**
房屋和土木工程建筑业	5015	976741	4283	58631	119929	244404	549494
建筑安装业	4004	204682	1692	18800	42429	58618	83143
建筑装饰业	4586	71954	832	8787	17140	22072	23123
其他建筑业	1354	29329	267	2203	4988	8169	13702
交通运输、仓储和邮政业	**8958**	**355876**	**3813**	**35972**	**67552**	**130263**	**118276**
铁路运输业	19	3663	4	169	471	2694	325
道路运输业	3784	138399	648	8351	22341	52160	54899

1-12 续表

行业分组	法人单位数(个)	从业人员数(人)	具有研究生及以上学历人员	具有大学本科学历人员	具有大专学历人员	具有高中学历人员	具有初中及以下学历人员
城市公共交通业	571	56977	137	2423	9101	28213	17103
水上运输业	284	30581	659	6511	7906	8422	7083
航空运输业	32	9744	85	3851	3602	1476	730
管道运输业	6	1431	16	334	463	359	259
装卸搬运和其他运输服务业	3173	69604	1134	9017	12318	19087	28048
仓储业	876	20298	149	1865	4161	7337	6786
邮政业	213	25179	981	3451	7189	10515	3043
信息传输、计算机服务和软件业	**6330**	**132925**	**7816**	**58062**	**35244**	**22015**	**9788**
电信和其他信息传输服务业	975	59752	2700	19444	18401	13051	6156
计算机服务业	2553	21572	781	6541	5705	5395	3150
软件业	2802	51601	4335	32077	11138	3569	482
批发和零售业	**72700**	**775440**	**9367**	**97382**	**206297**	**282389**	**180005**
批发业	48836	441224	6756	61750	121550	145337	105831
零售业	23864	334216	2611	35632	84747	137052	74174
住宿和餐饮业	**5658**	**177901**	**1548**	**12699**	**32206**	**73163**	**58285**
住宿业	1948	79745	850	6737	15331	32766	24061
餐饮业	3710	98156	698	5962	16875	40397	34224
金融业	**1410**	**220650**	**6890**	**60805**	**89172**	**51546**	**12237**
银行业	277	138849	4601	43418	58403	25627	6800
证券业	51	2208	292	1192	575	143	6
保险业	533	72039	1499	13776	27436	24220	5108
其他金融活动	549	7554	498	2419	2758	1556	323
房地产业	**11379**	**216566**	**3897**	**38209**	**62230**	**64227**	**48003**
房地产业	11379	216566	3897	38209	62230	64227	48003
租赁和商务服务业	**20085**	**313347**	**7832**	**58319**	**82761**	**85520**	**78915**
租赁业	740	7792	74	702	1706	2823	2487
商务服务业	19345	305555	7758	57617	81055	82697	76428
科学研究、技术服务和地质勘查业	**10705**	**190368**	**11144**	**63599**	**55258**	**32810**	**27557**
研究与试验发展	1444	34100	3886	12935	7873	5527	3879
专业技术服务业	5238	99508	5208	38215	32982	15632	7471
科技交流和推广服务业	3844	43043	1684	9099	11511	8524	12225
地质勘查业	179	13717	366	3350	2892	3127	3982
水利、环境和公共设施管理业	**2642**	**112178**	**1248**	**10917**	**23590**	**30351**	**46072**
水利管理业	919	20461	199	2552	5455	5233	7022
环境管理业	646	48962	256	3434	7923	12103	25246
公共设施管理业	1077	42755	793	4931	10212	13015	13804
居民服务和其他服务业	**5711**	**74962**	**562**	**5389**	**14078**	**27731**	**27202**
居民服务业	3450	47418	308	3425	9188	18765	15732
其他服务业	2261	27544	254	1964	4890	8966	11470
教育	**11564**	**563126**	**40137**	**248543**	**189626**	**67274**	**17546**
教育	11564	563126	40137	248543	189626	67274	17546
卫生、社会保障和社会福利业	**10138**	**285005**	**9972**	**62268**	**89063**	**88057**	**35645**
卫生	8085	260014	9537	57787	82337	81739	28614
社会保障业	427	7279	210	2527	2753	1173	616
社会福利业	1626	17712	225	1954	3973	5145	6415
文化、体育和娱乐业	**3477**	**74009**	**2812**	**21818**	**22640**	**16975**	**9764**
新闻出版业	274	12779	1191	6058	3500	1289	741
广播、电视、电影和音像业	502	17549	607	5878	6138	3643	1283
文化艺术业	1379	22109	594	6080	8055	4574	2806
体育	420	6580	146	2318	1952	1423	741
娱乐业	902	14992	274	1484	2995	6046	4193
公共管理和社会组织	**40036**	**762559**	**30220**	**240910**	**272366**	**126144**	**92919**
中国共产党机关	1677	27404	2625	13323	8798	1669	989
国家机构	13861	522986	24264	199669	205425	68891	24737
人民政协和民主党派	241	3542	307	1633	1088	375	139
群众团体、社会团体和宗教组织	8569	100288	2652	18755	22477	21514	34890
基层群众自治组织	15688	108339	372	7530	34578	33695	32164

1-13 按登记注册类型、学历分组的法人单位从业人员数

登记注册类型	法人单位数(个)	从业人员数(人)	具有研究生及以上学历人员	具有大学本科学历人员	具有大专学历人员	具有高中学历人员	具有初中及以下学历人员
总　计	**315405**	**10307946**	**207582**	**1455788**	**2073556**	**2841751**	**3729269**
内资企业	**305975**	**9335418**	**188591**	**1326243**	**1920097**	**2554756**	**3345731**
国有企业	47620	2754234	99426	720670	783391	654266	496481
集体企业	20819	655962	3279	33281	92650	187108	339644
股份合作企业	3941	106170	1349	10138	24028	32097	38558
联营企业	434	19932	400	1440	2665	5263	10164
国有联营企业	69	2271	64	268	675	721	543
集体联营企业	196	5772	11	207	782	2400	2372
国有与集体联营企业	57	8378	32	362	678	1010	6296
其他联营企业	112	3511	293	603	530	1132	953
有限责任公司	36650	1579489	43663	188566	297059	467117	583084
国有独资公司	418	210392	28022	21757	32061	62170	66382
其他有限责任公司	36232	1369097	15641	166809	264998	404947	516702
股份有限公司	3988	488085	8816	78708	124771	158383	117407
私营企业	163688	3440811	27544	257763	522750	967217	1665537
私营独资企业	66188	1180689	4929	48551	135086	326844	665279
私营合伙企业	4978	85556	1366	8368	12405	21718	41699
私营有限责任公司	86780	2023144	19849	188338	349739	575238	889980
私营股份有限公司	5742	151422	1400	12506	25520	43417	68579
其他企业	28835	290735	4114	35677	72783	83305	94856
港、澳、台商投资企业	**1991**	**204325**	**2350**	**25155**	**36938**	**63959**	**75923**
合资经营企业(港、澳、台资)	997	113141	1145	12067	17620	37529	44780
合作经营企业(港、澳、台资)	100	14336	104	745	1877	6022	5588
港、澳、台商独资经营企业	783	65758	878	10158	14328	17686	22708
港、澳、台商投资股份有限公司	111	11090	223	2185	3113	2722	2847
外商投资企业	**7439**	**768203**	**16641**	**104390**	**116521**	**223036**	**307615**
中外合资经营企业	3220	312039	9419	37790	53362	89850	121618
中外合作经营企业	354	34640	173	1840	3755	11582	17290
外资企业	3682	386030	6009	50732	51425	114039	163825
外商投资股份有限公司	183	35494	1040	14028	7979	7565	4882

1-14　按地区、专业技术职称分组的法人单位从业人员数

地　　区	法　人单位数（个）	从　业人员数（人）	#具有高级技术职称人　员	#具有中级技术职称人　员	#具有初级技术职称人　员
全　　省	**315405**	**10307946**	**286936**	**773679**	**715150**
沈阳市	**78734**	**2213025**	**78730**	**179260**	**153791**
和平区	12938	335191	18939	39225	29745
沈河区	11522	248124	10831	23811	20666
大东区	5665	156589	4271	9445	6379
皇姑区	6567	182589	9804	17430	12341
铁西区	7375	131626	4308	11031	10481
苏家屯区	3210	87054	2314	6811	6152
东陵区	8195	233649	8450	19532	16399
沈北新区	3396	141805	3667	8084	7893
于洪区	11269	425714	11432	27667	28838
辽中县	1726	53577	1382	3493	2983
康平县	2128	82180	746	3460	3779
法库县	2382	51615	1062	3788	3059
新民市	2361	83312	1524	5483	5076
大连市	**77293**	**2549658**	**64082**	**152198**	**155781**
中山区	10321	255060	6683	19722	18978
西岗区	8532	190688	7139	14846	16024
沙河口区	10457	234378	10831	21354	17724
甘井子区	14018	432803	14759	32708	35161
旅顺口区	3649	113185	3314	7070	8242
金州区	13885	579624	10439	25744	26521
长海县	354	8184	337	880	724
瓦房店市	6790	271857	3089	8334	10343
普兰店市	5003	226321	3453	9162	8899
庄河市	4284	237558	4038	12378	13165
鞍山市	**27996**	**813895**	**20363**	**61187**	**48791**
铁东区	4424	135556	4619	12781	9912
铁西区	2569	171480	4404	13530	10771
立山区	3358	79546	1926	5788	4139
千山区	4566	98363	3600	8267	7266
台安县	2382	66388	893	1637	2084
岫岩满族自治县	2574	62098	876	4029	3778
海城市	8123	200464	4045	15155	10841
抚顺市	**17323**	**511866**	**15177**	**52162**	**36026**
新抚区	2192	128348	7983	28774	10557
东洲区	2483	62851	930	3408	4257
望花区	3812	116199	1789	5549	6287
顺城区	3080	98183	2854	8090	8557
抚顺县	1597	28110	331	1270	1492
新宾满族自治县	2108	38374	637	2351	2120
清原满族自治县	2051	39801	653	2720	2756
本溪市	**9995**	**401178**	**7393**	**29770**	**31463**
平山区	2842	169159	2754	10401	10583
溪湖区	1699	56563	643	2766	3114
明山区	2375	75121	2323	8092	7578
南芬区	477	15227	203	1207	881
本溪满族自治县	1332	47959	841	3885	4704
桓仁满族自治县	1270	37149	629	3419	4603
丹东市	**15380**	**468631**	**11218**	**33691**	**35111**
元宝区	1829	36789	676	2627	2993
振兴区	3624	145735	4593	11192	11417
振安区	1300	43480	1555	3648	3199
宽甸满族自治县	2794	60029	1084	4866	5000
东港市	2885	106233	1685	5968	6285
凤城市	2948	76365	1625	5390	6217

1-14 续表

地　区	法　人 单位数 (个)	从　业 人员数 (人)	#具有高级 技术职称 人　员	#具有中级 技术职称 人　员	#具有初级 技术职称 人　员
锦州市	**13640**	**463185**	**14448**	**40903**	**38519**
古塔区	2163	83504	3070	7453	6974
凌河区	2332	99985	3314	7847	7899
太和区	2900	102569	3237	8213	7434
黑山县	2018	49869	1591	4776	4134
义县	1281	29935	864	3471	3167
凌海市	1580	59960	1160	5020	5201
北镇市	1366	37363	1212	4123	3710
营口市	**16230**	**484551**	**9397**	**29508**	**29240**
站前区	3625	95675	2165	6612	5932
西市区	1577	41334	1195	3893	4057
鲅鱼圈区	3358	113607	1909	5419	5854
老边区	1856	51290	662	2846	3148
盖州市	2571	76090	1506	4737	4408
大石桥市	3243	106555	1960	6001	5841
阜新市	**9500**	**343562**	**10069**	**26895**	**26172**
海州区	1900	97762	3340	8533	8213
新邱区	537	16403	176	807	744
太平区	937	32066	601	2151	3467
清河门区	440	11505	173	722	717
细河区	2037	67645	2430	5904	5751
阜新蒙古族自治县	2383	87924	2369	5924	4827
彰武县	1266	30257	980	2854	2453
辽阳市	**9113**	**359388**	**9703**	**31515**	**26921**
白塔区	1789	91431	2488	7762	7562
文圣区	1336	46423	1106	4719	4811
宏伟区	653	55954	1301	5549	3936
弓长岭区	395	18436	358	886	607
太子河区	935	36598	1040	3243	3179
辽阳县	2474	66431	1930	5239	4103
灯塔市	1531	44115	1480	4117	2723
盘锦市	**9151**	**469333**	**8093**	**31416**	**37093**
双台子区	1226	52146	1153	4114	4972
兴隆台区	4400	288992	5509	20161	22963
大洼县	2054	92484	925	4532	7073
盘山县	1471	35711	506	2609	2085
铁岭市	**10841**	**415290**	**12737**	**36832**	**29603**
银州区	2757	104875	4553	12976	10205
清河区	709	20023	403	1537	1724
铁岭县	1212	44474	1078	3612	3224
西丰县	967	24932	831	2809	1968
昌图县	2455	61849	2559	6884	4577
调兵山市	818	87094	1619	4235	3323
开原市	1923	72043	1694	4779	4582
朝阳市	**10909**	**422919**	**12528**	**34132**	**30861**
双塔区	2762	119194	3253	10232	9583
龙城区	1008	37644	1016	2486	2772
朝阳县	946	29331	930	2280	1592
建平县	1501	46423	1487	4750	3931
喀喇沁左翼蒙古族自治县	1086	42463	1797	4365	3534
北票市	1911	68341	1752	4293	4924
凌源市	1695	79523	2293	5726	4525
葫芦岛市	**9299**	**361878**	**10523**	**30030**	**29416**
连山区	2198	105432	2798	8254	7470
龙港区	1873	105187	3003	7930	9164
南票区	419	15840	325	1207	856
绥中县	1735	45419	1083	3373	3222
建昌县	1136	35438	1418	4075	3450
兴城市	1938	54562	1896	5191	5254

1-15　按行业(大类)、专业技术职称分组的法人单位从业人员数

行业大类	法人单位数(个)	从业人员数(人)	#具有高级技术职称人员	#具有中级技术职称人员	#具有初级技术职称人员
总　计	**315405**	**10307946**	**286936**	**773679**	**715150**
农、林、牧、渔业	**43**	**12352**	**127**	**304**	**584**
农业	12	7849	39	115	213
林业	15	2219	18	132	252
畜牧业	6	298	69	25	21
渔业	7	1869	1	24	70
农、林、牧、渔服务业	3	117		8	28
采矿业	**5522**	**548214**	**11663**	**40485**	**27926**
煤炭开采和洗选业	734	192304	8038	25491	8180
石油和天然气开采业	103	126731	2468	10180	13480
黑色金属矿采选业	1569	107306	523	2166	3093
有色金属矿采选业	767	51492	405	1331	1735
非金属矿采选业	2341	69740	215	900	1426
其他采矿业	8	641	14	417	12
制造业	**82600**	**3998259**	**51110**	**149218**	**185533**
农副食品加工业	4896	252192	2042	6799	7861
食品制造业	1881	72519	540	1392	1973
饮料制造业	1260	50196	345	1303	2122
烟草制品业	6	2592	10	176	187
纺织业	2214	121378	531	2262	3101
纺织服装、鞋、帽制造业	3523	247612	637	2609	4996
皮革、毛皮、羽毛(绒)及其制品业	585	31469	38	219	323
木材加工及木、竹、藤、棕、草制品业	2283	73721	345	1162	2317
家具制造业	1080	49051	205	1211	1713
造纸及纸制品业	1602	57335	298	1102	1453
印刷业和记录媒介的复制	2102	41139	514	1392	1662
文教体育用品制造业	298	11850	66	208	245
石油加工、炼焦及核燃料加工业	927	72665	1633	4704	5487
化学原料及化学制品制造业	5088	213378	3769	11317	12791
医药制造业	735	59240	1472	3815	5158
化学纤维制造业	112	32420	689	3364	2651
橡胶制品业	1179	51813	454	1373	1923
塑料制品业	3822	132886	746	2899	4200
非金属矿物制品业	7970	351297	3051	9759	11305
黑色金属冶炼及压延加工业	1300	302076	4564	14352	15761
有色金属冶炼及压延加工业	926	84348	1091	3261	4738
金属制品业	5659	192108	1908	6057	9441
通用设备制造业	14784	553758	8658	22502	26518
专用设备制造业	5321	215395	5607	13420	15829
交通运输设备制造业	4119	321562	5569	15376	21188
电气机械及器材制造业	4569	197946	3384	9031	9927
通信设备、计算机及其他电子设备制造业	1055	103976	1456	3709	5604
仪器仪表及文化、办公用机械制造业	1644	46106	1193	3289	3006
工艺品及其他制造业	1445	46685	279	915	1617
废弃资源和废旧材料回收加工业	215	9546	16	240	436
电力、燃气及水的生产和供应业	**1488**	**211503**	**7255**	**18509**	**26040**
电力、热力的生产和供应业	957	154136	6372	14819	21718
燃气生产和供应业	115	16684	245	1286	1389
水的生产和供应业	416	40683	638	2404	2933
建筑业	**14959**	**1282706**	**17946**	**73481**	**95162**
房屋和土木工程建筑业	5015	976741	12687	54743	76561
建筑安装业	4004	204682	3625	12547	13318
建筑装饰业	4586	71954	1199	4631	3887
其他建筑业	1354	29329	435	1560	1396
交通运输、仓储和邮政业	**8958**	**355876**	**3009**	**11835**	**16834**
铁路运输业	19	3663	25	143	156
道路运输业	3784	138399	1276	3458	5824

1-15 续表

行业大类	法人单位数(个)	从业人员数(人)	#具有高级技术职称人员	#具有中级技术职称人员	#具有初级技术职称人员
城市公共交通业	571	56977	179	905	1293
水上运输业	284	30581	653	3097	3908
航空运输业	32	9744	137	1217	1522
管道运输业	6	1431	36	135	164
装卸搬运和其他运输服务业	3173	69604	326	1438	2016
仓储业	876	20298	178	802	1209
邮政业	213	25179	199	640	742
信息传输、计算机服务和软件业	**6330**	**132925**	**5405**	**16167**	**18946**
电信和其他信息传输服务业	975	59752	2847	8565	8701
计算机服务业	2553	21572	718	1841	998
软件业	2802	51601	1840	5761	9247
批发和零售业	**72700**	**775440**	**7459**	**23790**	**29266**
批发业	48836	441224	5206	15043	16839
零售业	23864	334216	2253	8747	12427
住宿和餐饮业	**5658**	**177901**	**1219**	**3432**	**5086**
住宿业	1948	79745	755	2096	3298
餐饮业	3710	98156	464	1336	1788
金融业	**1410**	**220650**	**3562**	**37323**	**39236**
银行业	277	138849	2558	32959	35862
证券业	51	2208	77	495	118
保险业	533	72039	739	3181	2745
其他金融活动	549	7554	188	688	511
房地产业	**11379**	**216566**	**5286**	**18151**	**13897**
房地产业	11379	216566	5286	18151	13897
租赁和商务服务业	**20085**	**313347**	**5566**	**15606**	**12105**
租赁业	740	7792	60	343	439
商务服务业	19345	305555	5506	15263	11666
科学研究、技术服务和地质勘查业	**10705**	**190368**	**20971**	**30475**	**24219**
研究与试验发展	1444	34100	5717	5305	3731
专业技术服务业	5238	99508	11198	18993	15083
科技交流和推广服务业	3844	43043	2649	4419	3899
地质勘查业	179	13717	1407	1758	1506
水利、环境和公共设施管理业	**2642**	**112178**	**1979**	**5869**	**6688**
水利管理业	919	20461	594	1906	2510
环境管理业	646	48962	473	1327	1412
公共设施管理业	1077	42755	912	2636	2766
居民服务和其他服务业	**5711**	**74962**	**666**	**1630**	**1772**
居民服务业	3450	47418	417	1010	983
其他服务业	2261	27544	249	620	789
教育	**11564**	**563126**	**107708**	**210472**	**83738**
教育	11564	563126	107708	210472	83738
卫生、社会保障和社会福利业	**10138**	**285005**	**19866**	**69207**	**89426**
卫生	8085	260014	19529	67687	87875
社会保障业	427	7279	215	950	838
社会福利业	1626	17712	122	570	713
文化、体育和娱乐业	**3477**	**74009**	**4341**	**9417**	**7802**
新闻出版业	274	12779	1098	1767	1591
广播、电视、电影和音像业	502	17549	1370	2792	2545
文化艺术业	1379	22109	1436	4261	3115
体育	420	6580	346	425	328
娱乐业	902	14992	91	172	223
公共管理和社会组织	**40036**	**762559**	**11798**	**38308**	**30890**
中国共产党机关	1677	27404	230	319	184
国家机构	13861	522986	8765	31966	24801
人民政协和民主党派	241	3542	66	65	21
群众团体、社会团体和宗教组织	8569	100288	2378	4471	3489
基层群众自治组织	15688	108339	359	1487	2395

1-16 按登记注册类型、专业技术职称分组的法人单位从业人员数

登记注册类型	法人单位数(个)	从业人员数(人)	#具有高级技术职称人员	#具有中级技术职称人员	#具有初级技术职称人员
总计	**315405**	**10307946**	**286936**	**773679**	**715150**
内资企业	**305975**	**9335418**	**274624**	**732673**	**661563**
国有企业	47620	2754234	175287	422603	319500
集体企业	20819	655962	5732	25040	35538
股份合作企业	3941	106170	1716	7000	11439
联营企业	434	19932	426	967	1058
国有联营企业	69	2271	18	111	173
集体联营企业	196	5772	37	227	329
国有与集体联营企业	57	8378	96	304	358
其他联营企业	112	3511	275	325	198
有限责任公司	36650	1579489	35873	107308	105156
国有独资公司	418	210392	9737	31649	13493
其他有限责任公司	36232	1369097	26136	75659	91663
股份有限公司	3988	488085	8801	39662	42683
私营企业	163688	3440811	40864	117032	134011
私营独资企业	66188	1180689	8886	23034	29779
私营合伙企业	4978	85556	1380	3311	3122
私营有限责任公司	86780	2023144	28105	83477	92734
私营股份有限公司	5742	151422	2493	7210	8376
其他企业	28835	290735	5925	13061	12178
港、澳、台商投资企业	**1991**	**204325**	**3456**	**12273**	**14963**
合资经营企业(港、澳、台资)	997	113141	1788	7275	8145
合作经营企业(港、澳、台资)	100	14336	107	409	1019
港、澳、台商独资经营企业	783	65758	1117	3243	4486
港、澳、台商投资股份有限公司	111	11090	444	1346	1313
外商投资企业	**7439**	**768203**	**8856**	**28733**	**38624**
中外合资经营企业	3220	312039	4221	13092	15623
中外合作经营企业	354	34640	295	778	992
外资企业	3682	386030	3629	12230	18772
外商投资股份有限公司	183	35494	711	2633	3237

1-17 按地区、技术等级分组的法人单位从业人员数

地　区	法人单位数(个)	从业人员数(人)	#高级技师	#技师	#高级工	#中级工
全　省	**315405**	**10307946**	**45605**	**124454**	**396230**	**397219**
沈阳市	**78734**	**2213025**	**10200**	**30163**	**72538**	**79400**
和平区	12938	335191	1800	5809	15149	12735
沈河区	11522	248124	849	2698	7481	7029
大东区	5665	156589	399	896	2150	2465
皇姑区	6567	182589	792	2022	7993	6084
铁西区	7375	131626	617	1798	4993	4342
苏家屯区	3210	87054	405	1049	2282	2831
东陵区	8195	233649	1687	4673	5031	6126
沈北新区	3396	141805	390	1335	4601	3031
于洪区	11269	425714	2300	7534	18721	28181
辽中县	1726	53577	188	516	687	1467
康平县	2128	82180	158	831	911	1456
法库县	2382	51615	208	341	661	1008
新民市	2361	83312	407	661	1878	2645
大连市	**77293**	**2549658**	**12934**	**23971**	**59222**	**70280**
中山区	10321	255060	767	1989	5101	4083
西岗区	8532	190688	1072	2595	7440	8408
沙河口区	10457	234378	1176	2564	6893	6564
甘井子区	14018	432803	5099	5324	15457	14039
旅顺口区	3649	113185	515	1131	2905	3553
金州区	13885	579624	2313	5167	9435	14868
长海县	354	8184	45	44	152	242
瓦房店市	6790	271857	658	1477	4561	6403
普兰店市	5003	226321	444	1133	2561	2744
庄河市	4284	237558	845	2547	4717	9376
鞍山市	**27996**	**813895**	**2845**	**7502**	**30541**	**50348**
铁东区	4424	135556	490	887	3645	5120
铁西区	2569	171480	539	3423	16853	31358
立山区	3358	79546	135	539	2717	2135
千山区	4566	98363	652	1076	2700	3410
台安县	2382	66388	98	107	350	1385
岫岩满族自治县	2574	62098	67	200	1052	1097
海城市	8123	200464	864	1270	3224	5843
抚顺市	**17323**	**511866**	**6202**	**23809**	**23908**	**19366**
新抚区	2192	128348	5404	20701	13669	8612
东洲区	2483	62851	154	1178	3315	2588
望花区	3812	116199	153	501	1727	2015
顺城区	3080	98183	300	886	3253	3823
抚顺县	1597	28110	72	136	233	540
新宾满族自治县	2108	38374	66	140	349	1071
清原满族自治县	2051	39801	53	267	1362	717
本溪市	**9995**	**401178**	**1125**	**4357**	**27182**	**18182**
平山区	2842	169159	424	2245	17843	9770
溪湖区	1699	56563	189	596	1575	1687
明山区	2375	75121	212	680	4641	3379
南芬区	477	15227	47	113	668	630
本溪满族自治县	1332	47959	142	360	1347	1763
桓仁满族自治县	1270	37149	111	363	1108	953
丹东市	**15380**	**468631**	**1533**	**4762**	**16309**	**20125**
元宝区	1829	36789	89	236	523	826
振兴区	3624	145735	600	1955	8952	10556
振安区	1300	43480	189	638	924	1620
宽甸满族自治县	2794	60029	191	352	1551	2102
东港市	2885	106233	192	815	2307	2634
凤城市	2948	76365	272	766	2052	2387

1-17　续表

地　区	法　人单位数（个）	从　业人员数（人）	#高级技师	#技师	#高级工	#中级工
锦州市	**13640**	**463185**	**1777**	**4633**	**18876**	**18259**
古塔区	2163	83504	457	830	4993	4863
凌河区	2332	99985	215	1026	5354	2422
太和区	2900	102569	539	1647	3248	5722
黑山县	2018	49869	99	197	1307	1179
义县	1281	29935	69	212	1113	986
凌海市	1580	59960	216	490	1618	1629
北镇市	1366	37363	182	231	1243	1458
营口市	**16230**	**484551**	**1604**	**3821**	**7869**	**13294**
站前区	3625	95675	465	785	1504	2036
西市区	1577	41334	231	692	1136	2116
鲅鱼圈区	3358	113607	281	944	2286	4251
老边区	1856	51290	200	539	1016	1286
盖州市	2571	76090	122	229	560	1143
大石桥市	3243	106555	305	632	1367	2462
阜新市	**9500**	**343562**	**1170**	**3050**	**13659**	**11764**
海州区	1900	97762	226	1045	8094	5414
新邱区	537	16403	13	15	115	211
太平区	937	32066	335	602	1044	1214
清河门区	440	11505	12	30	73	115
细河区	2037	67645	358	651	2759	2620
阜新蒙古族自治县	2383	87924	197	597	951	1294
彰武县	1266	30257	29	110	623	896
辽阳市	**9113**	**359388**	**1434**	**3854**	**17861**	**20011**
白塔区	1789	91431	391	1128	5712	6508
文圣区	1336	46423	253	681	5101	4361
宏伟区	653	55954	120	455	3668	4803
弓长岭区	395	18436	38	128	244	140
太子河区	935	36598	241	547	1072	1380
辽阳县	2474	66431	285	582	1193	1549
灯塔市	1531	44115	106	333	871	1270
盘锦市	**9151**	**469333**	**1262**	**3822**	**50742**	**26428**
双台子区	1226	52146	137	475	2689	1998
兴隆台区	4400	288992	792	2849	45739	21227
大洼县	2054	92484	254	376	1893	2654
盘山县	1471	35711	79	122	421	549
铁岭市	**10841**	**415290**	**983**	**3142**	**10363**	**17760**
银州区	2757	104875	299	939	4298	4583
清河区	709	20023	45	217	1300	862
铁岭县	1212	44474	176	443	1103	1480
西丰县	967	24932	38	99	501	596
昌图县	2455	61849	113	314	893	1370
调兵山市	818	87094	57	403	1166	6982
开原市	1923	72043	255	727	1102	1887
朝阳市	**10909**	**422919**	**1371**	**3044**	**10246**	**12489**
双塔区	2762	119194	608	1184	2928	4381
龙城区	1008	37644	188	437	1108	1274
朝阳县	946	29331	124	139	87	343
建平县	1501	46423	70	190	521	812
喀喇沁左翼蒙古族自治县	1086	42463	93	170	648	1191
北票市	1911	68341	131	408	1160	1347
凌源市	1695	79523	157	516	3794	3141
葫芦岛市	**9299**	**361878**	**846**	**2879**	**22011**	**18438**
连山区	2198	105432	212	685	6912	7930
龙港区	1873	105187	241	908	9018	4029
南票区	419	15840	54	95	280	816
绥中县	1735	45419	99	580	1009	918
建昌县	1136	35438	106	178	1506	1257
兴城市	1938	54562	134	433	3286	3488

1-18 按行业(大类)、技术等级分组的法人单位从业人员数

行业大类	法人单位数(个)	从业人员数(人)	#高级技师	#技师	#高级工	#中级工
总 计	**315405**	**10307946**	**45605**	**124454**	**396230**	**397219**
农、林、牧、渔业	**43**	**12352**	**15**	**118**	**539**	**616**
农业	12	7849		91	186	128
林业	15	2219		21	342	420
畜牧业	6	298	15		2	
渔业	7	1869			9	68
农、林、牧、渔服务业	3	117		6		
采矿业	**5522**	**548214**	**6248**	**24878**	**61184**	**35661**
煤炭开采和洗选业	734	192304	5425	21638	11610	12906
石油和天然气开采业	103	126731	380	1790	40014	15800
黑色金属矿采选业	1569	107306	209	773	7581	4359
有色金属矿采选业	767	51492	140	400	1299	1243
非金属矿采选业	2341	69740	91	258	657	965
其他采矿业	8	641	3	19	23	388
制造业	**82600**	**3998259**	**18911**	**50745**	**152473**	**205376**
农副食品加工业	4896	252192	1023	3538	4357	5295
食品制造业	1881	72519	223	491	741	1390
饮料制造业	1260	50196	136	425	654	1470
烟草制品业	6	2592	3	97	399	671
纺织业	2214	121378	285	816	742	2437
纺织服装、鞋、帽制造业	3523	247612	481	1093	2664	5467
皮革、毛皮、羽毛(绒)及其制品业	585	31469	54	66	98	253
木材加工及木、竹、藤、棕、草制品业	2283	73721	131	409	712	1406
家具制造业	1080	49051	173	648	1120	3924
造纸及纸制品业	1602	57335	121	270	343	788
印刷业和记录媒介的复制	2102	41139	388	761	1774	1736
文教体育用品制造业	298	11850	39	92	90	162
石油加工、炼焦及核燃料加工业	927	72665	162	838	12133	10547
化学原料及化学制品制造业	5088	213378	1118	3276	12442	10943
医药制造业	735	59240	307	666	3970	6371
化学纤维制造业	112	32420	62	454	6411	6835
橡胶制品业	1179	51813	122	325	897	1289
塑料制品业	3822	132886	297	1049	1389	3018
非金属矿物制品业	7970	351297	1062	2737	6020	9917
黑色金属冶炼及压延加工业	1300	302076	1311	5143	23085	38661
有色金属冶炼及压延加工业	926	84348	290	710	6648	2470
金属制品业	5659	192108	856	2020	3829	8856
通用设备制造业	14784	553758	3821	9326	19442	26339
专用设备制造业	5321	215395	2715	6225	14063	17182
交通运输设备制造业	4119	321562	1735	5231	17505	23599
电气机械及器材制造业	4569	197946	896	1988	6196	6791
通信设备、计算机及其他电子设备制造业	1055	103976	582	856	1473	3972
仪器仪表及文化、办公用机械制造业	1644	46106	433	852	1131	1657
工艺品及其他制造业	1445	46685	76	284	1892	1706
废弃资源和废旧材料回收加工业	215	9546	9	59	253	224
电力、燃气及水的生产和供应业	**1488**	**211503**	**1379**	**5324**	**30703**	**15496**
电力、热力的生产和供应业	957	154136	1221	4101	27330	11580
燃气生产和供应业	115	16684	43	292	1215	2036
水的生产和供应业	416	40683	115	931	2158	1880
建筑业	**14959**	**1282706**	**6154**	**17682**	**57044**	**65753**
房屋和土木工程建筑业	5015	976741	4616	14437	44525	53186
建筑安装业	4004	204682	1082	2188	11042	9735
建筑装饰业	4586	71954	347	844	920	1937
其他建筑业	1354	29329	109	213	557	895
交通运输、仓储和邮政业	**8958**	**355876**	**792**	**2177**	**15745**	**18506**
铁路运输业	19	3663	8	46	366	372
道路运输业	3784	138399	198	897	6772	6673

1-18　续表

行业大类	法人单位数（个）	从业人员数（人）	#高级技师	#技师	#高级工	#中级工
城市公共交通业	571	56977	317	462	2554	3728
水上运输业	284	30581	61	231	1529	1817
航空运输业	32	9744	1	9	508	195
管道运输业	6	1431	4	8	172	235
装卸搬运和其他运输服务业	3173	69604	115	184	1012	2275
仓储业	876	20298	44	127	327	302
邮政业	213	25179	44	213	2505	2909
信息传输、计算机服务和软件业	**6330**	**132925**	**2913**	**1301**	**2560**	**3185**
电信和其他信息传输服务业	975	59752	148	692	1786	2465
计算机服务业	2553	21572	51	97	74	91
软件业	2802	51601	2714	512	700	629
批发和零售业	**72700**	**775440**	**1927**	**5450**	**5781**	**6175**
批发业	48836	441224	970	1783	2386	3738
零售业	23864	334216	957	3667	3395	2437
住宿和餐饮业	**5658**	**177901**	**596**	**1322**	**2227**	**3083**
住宿业	1948	79745	381	725	1778	2378
餐饮业	3710	98156	215	597	449	705
金融业	**1410**	**220650**	**143**	**325**	**1313**	**1448**
银行业	277	138849	68	245	811	882
证券业	51	2208	2	1	4	
保险业	533	72039	62	34	55	65
其他金融活动	549	7554	11	45	443	501
房地产业	**11379**	**216566**	**963**	**2029**	**3792**	**4500**
房地产业	11379	216566	963	2029	3792	4500
租赁和商务服务业	**20085**	**313347**	**565**	**1173**	**4358**	**2991**
租赁业	740	7792	8	52	92	67
商务服务业	19345	305555	557	1121	4266	2924
科学研究、技术服务和地质勘查业	**10705**	**190368**	**828**	**1994**	**8676**	**5969**
研究与试验发展	1444	34100	176	375	2258	1348
专业技术服务业	5238	99508	463	1043	2994	2261
科技交流和推广服务业	3844	43043	167	334	889	764
地质勘查业	179	13717	22	242	2535	1596
水利、环境和公共设施管理业	**2642**	**112178**	**193**	**1078**	**13702**	**7547**
水利管理业	919	20461	22	159	3072	1987
环境管理业	646	48962	34	270	3716	2404
公共设施管理业	1077	42755	137	649	6914	3156
居民服务和其他服务业	**5711**	**74962**	**351**	**807**	**1052**	**1159**
居民服务业	3450	47418	262	567	703	733
其他服务业	2261	27544	89	240	349	426
教育	**11564**	**563126**	**1540**	**3150**	**11489**	**5443**
教育	11564	563126	1540	3150	11489	5443
卫生、社会保障和社会福利业	**10138**	**285005**	**922**	**1611**	**10042**	**5810**
卫生	8085	260014	890	1494	9155	5412
社会保障业	427	7279	3	19	98	72
社会福利业	1626	17712	29	98	789	326
文化、体育和娱乐业	**3477**	**74009**	**137**	**369**	**2822**	**1352**
新闻出版业	274	12779	9	66	874	273
广播、电视、电影和音像业	502	17549	12	106	705	524
文化艺术业	1379	22109	91	137	909	308
体育	420	6580	10	40	201	103
娱乐业	902	14992	15	20	133	144
公共管理和社会组织	**40036**	**762559**	**1028**	**2921**	**10728**	**7149**
中国共产党机关	1677	27404	89	367	777	288
国家机构	13861	522986	724	2137	9090	5906
人民政协和民主党派	241	3542	12	69	185	73
群众团体、社会团体和宗教组织	8569	100288	143	227	618	632
基层群众自治组织	15688	108339	60	121	58	250

1-19 按登记注册类型分组、技术等级分组的法人单位从业人员数

登记注册类型	法人单位数(个)	从业人员数(人)				
			#高级技师	#技师	#高级工	#中级工
总计	**315405**	**10307946**	**45605**	**124454**	**396230**	**397219**
内资企业	**305975**	**9335418**	**38918**	**114009**	**380162**	**367873**
国有企业	47620	2754234	7823	28641	209475	146494
集体企业	20819	655962	1430	3966	9279	17079
股份合作企业	3941	106170	437	995	1943	3116
联营企业	434	19932	94	307	529	1337
国有联营企业	69	2271	21	19	28	55
集体联营企业	196	5772	23	135	175	478
国有与集体联营企业	57	8378	44	128	305	751
其他联营企业	112	3511	6	25	21	53
有限责任公司	36650	1579489	12533	43469	95545	95719
国有独资公司	418	210392	6045	23941	28352	22170
其他有限责任公司	36232	1369097	6488	19528	67193	73549
股份有限公司	3988	488085	2166	6150	21219	23157
私营企业	163688	3440811	13563	29042	40583	78799
私营独资企业	66188	1180689	3341	7045	8968	19104
私营合伙企业	4978	85556	337	739	942	1525
私营有限责任公司	86780	2023144	9005	19576	27918	53278
私营股份有限公司	5742	151422	880	1682	2755	4892
其他企业	28835	290735	872	1439	1589	2172
港、澳、台商投资企业	**1991**	**204325**	**1174**	**2723**	**4141**	**7471**
合资经营企业(港、澳、台资)	997	113141	617	1269	1889	3446
合作经营企业(港、澳、台资)	100	14336	48	254	333	347
港、澳、台商独资经营企业	783	65758	481	1149	1509	2708
港、澳、台商投资股份有限公司	111	11090	28	51	410	970
外商投资企业	**7439**	**768203**	**5513**	**7722**	**11927**	**21875**
中外合资经营企业	3220	312039	1819	4883	7055	11972
中外合作经营企业	354	34640	62	167	349	662
外资企业	3682	386030	3531	2507	3646	8339
外商投资股份有限公司	183	35494	101	165	877	902

1-20　按行业(大类)、经营性质分组的产业活动单位数及从业人员数

行业大类	产业活动单位数(个)	经营性单位	非经营性单位	从业人员数(人)	经营性单位	非经营性单位
总　计	**372709**	**280129**	**92580**	**10718590**	**8808351**	**1910239**
按国民经济行业大类分组						
农、林、牧、渔业	**670**	**95**	**575**	**8119**	**5718**	**2401**
农业	20	16	4	2455	2432	23
林业	18	8	10	971	894	77
畜牧业	57	53	4	1174	1149	25
渔业	14	12	2	1243	1227	16
农、林、牧、渔服务业	561	6	555	2276	16	2260
采矿业	**5727**	**5727**		**468504**	**468504**	
煤炭开采和洗选业	783	783		160810	160810	
石油和天然气开采业	131	131		70216	70216	
黑色金属矿采选业	1616	1616		112079	112079	
有色金属矿采选业	791	791		51888	51888	
非金属矿采选业	2397	2397		72835	72835	
其他采矿业	9	9		676	676	
制造业	**83985**	**83985**		**3969561**	**3969561**	
农副食品加工业	5032	5032		253482	253482	
食品制造业	1904	1904		72959	72959	
饮料制造业	1280	1280		50043	50043	
烟草制品业	6	6		2483	2483	
纺织业	2235	2235		124224	124224	
纺织服装、鞋、帽制造业	3562	3562		248548	248548	
皮革、毛皮、羽毛(绒)及其制品业	586	586		31481	31481	
木材加工及木、竹、藤、棕、草制品业	2330	2330		74280	74280	
家具制造业	1092	1092		49022	49022	
造纸及纸制品业	1610	1610		57535	57535	
印刷业和记录媒介的复制	2170	2170		42384	42384	
文教体育用品制造业	301	301		11832	11832	
石油加工、炼焦及核燃料加工业	953	953		81607	81607	
化学原料及化学制品制造业	5194	5194		215787	215787	
医药制造业	741	741		59165	59165	
化学纤维制造业	112	112		12843	12843	
橡胶制品业	1190	1190		52566	52566	
塑料制品业	3856	3856		137536	137536	
非金属矿物制品业	8079	8079		366827	366827	
黑色金属冶炼及压延加工业	1366	1366		191990	191990	
有色金属冶炼及压延加工业	939	939		84102	84102	
金属制品业	5751	5751		204155	204155	
通用设备制造业	14981	14981		573561	573561	
专用设备制造业	5421	5421		233832	233832	
交通运输设备制造业	4253	4253		326015	326015	
电气机械及器材制造业	4612	4612		205015	205015	
通信设备、计算机及其他电子设备制造业	1068	1068		102984	102984	
仪器仪表及文化、办公用机械制造业	1672	1672		48603	48603	
工艺品及其他制造业	1464	1464		45816	45816	
废弃资源和废旧材料回收加工业	225	225		8884	8884	
电力、燃气及水的生产和供应业	**2549**	**2524**	**25**	**259521**	**258118**	**1403**
电力、热力的生产和供应业	1853	1840	13	190123	188820	1303
燃气生产和供应业	166	165	1	21292	21290	2
水的生产和供应业	530	519	11	48106	48008	98
建筑业	**16687**	**16666**	**21**	**1423178**	**1422111**	**1067**
房屋和土木工程建筑业	6229	6220	9	1088214	1087240	974
建筑安装业	4341	4337	4	227794	227748	46
建筑装饰业	4718	4710	8	75403	75356	47
其他建筑业	1399	1399		31767	31767	

1-20 续表

行业大类	产业活动单位数(个)	经营性单位	非经营性单位	从业人员数(人)	经营性单位	非经营性单位
交通运输、仓储和邮政业	**11510**	**10836**	**674**	**412959**	**376029**	**36930**
铁路运输业	32	32		10048	10048	
道路运输业	4449	3830	619	173974	138533	35441
城市公共交通业	634	630	4	62121	61957	164
水上运输业	311	294	17	23368	23049	319
航空运输业	60	56	4	10015	9966	49
管道运输业	6	6		1006	1006	
装卸搬运和其他运输服务业	3391	3382	9	83659	83598	61
仓储业	926	907	19	27657	26776	881
邮政业	1701	1699	2	21111	21096	15
信息传输、计算机服务和软件业	**9015**	**8583**	**432**	**146957**	**141483**	**5474**
电信和其他信息传输服务业	3531	3190	341	70524	66014	4510
计算机服务业	2617	2539	78	22090	21262	828
软件业	2867	2854	13	54343	54207	136
批发和零售业	**84288**	**84230**	**58**	**822096**	**821849**	**247**
批发业	53093	53048	45	473444	473250	194
零售业	31195	31182	13	348652	348599	53
住宿和餐饮业	**6564**	**6491**	**73**	**194292**	**192688**	**1604**
住宿业	2181	2164	17	86969	86787	182
餐饮业	4383	4327	56	107323	105901	1422
金融业	**10200**	**10068**	**132**	**264913**	**259921**	**4992**
银行业	6859	6803	56	158935	154593	4342
证券业	199	189	10	3871	3677	194
保险业	1878	1866	12	88660	88598	62
其他金融活动	1264	1210	54	13447	13053	394
房地产业	**12268**	**11914**	**354**	**237395**	**227370**	**10025**
房地产业	12268	11914	354	237395	227370	10025
租赁和商务服务业	**22597**	**19002**	**3595**	**383215**	**336600**	**46615**
租赁业	822	818	4	8689	8642	47
商务服务业	21775	18184	3591	374526	327958	46568
科学研究、技术服务和地质勘查业	**11884**	**7604**	**4280**	**206541**	**127934**	**78607**
研究与试验发展	1482	1161	321	37039	20268	16771
专业技术服务业	5734	3953	1781	109294	76423	32871
科技交流和推广服务业	4470	2378	2092	46189	26729	19460
地质勘查业	198	112	86	14019	4514	9505
水利、环境和公共设施管理业	**3077**	**999**	**2078**	**117540**	**24827**	**92713**
水利管理业	1141	99	1042	21265	4039	17226
环境管理业	730	187	543	49881	4798	45083
公共设施管理业	1206	713	493	46394	15990	30404
居民服务和其他服务业	**7023**	**5728**	**1295**	**82314**	**71470**	**10844**
居民服务业	4594	3374	1220	52272	43104	9168
其他服务业	2429	2354	75	30042	28366	1676
教育	**17799**	**1813**	**15986**	**583247**	**29435**	**553812**
教育	17799	1813	15986	583247	29435	553812
卫生、社会保障和社会福利业	**14192**	**2158**	**12034**	**303214**	**43761**	**259453**
卫生	11740	2007	9733	276114	42047	234067
社会保障业	616	40	576	8133	372	7761
社会福利业	1836	111	1725	18967	1342	17625
文化、体育和娱乐业	**4003**	**1706**	**2297**	**79536**	**30972**	**48564**
新闻出版业	324	166	158	14717	8564	6153
广播、电视、电影和音像业	711	277	434	19400	4331	15069
文化艺术业	1538	370	1168	22962	2811	20151
体育	450	117	333	6856	1507	5349
娱乐业	980	776	204	15601	13759	1842
公共管理和社会组织	**48671**		**48671**	**755488**		**755488**
中国共产党机关	1717		1717	27063		27063
国家机构	22128		22128	518538		518538
人民政协和民主党派	242		242	3546		3546
群众团体、社会团体和宗教组织	8896		8896	101222		101222
基层群众自治组织	15688		15688	105119		105119

1-21　按地区、经营性质分组的产业活动单位数及从业人员数

地　区	产业活动单位数（个）	经营性单位	非经营性单位	从业人员数（人）	经营性单位	非经营性单位
全　省	**372709**	**280129**	**92580**	**10718590**	**8808351**	**1910239**
沈阳市	**88697**	**74238**	**14459**	**2332884**	**1925286**	**407598**
和平区	15183	13268	1915	319824	247140	72684
沈河区	12746	11333	1413	262904	213030	49874
大东区	6459	5629	830	181885	153176	28709
皇姑区	7343	6039	1304	196541	145273	51268
铁西区	8201	7438	763	149243	123851	25392
苏家屯区	3799	2882	917	100670	82845	17825
东陵区	8858	7773	1085	245080	211192	33888
沈北新区	3651	2976	675	133618	110779	22839
于洪区	11904	10743	1161	449079	411505	37574
辽中县	2120	1346	774	56017	40867	15150
康平县	2652	1523	1129	92753	76259	16494
法库县	2773	1302	1471	54341	40601	13740
新民市	3008	1986	1022	90929	68768	22161
大连市	**87793**	**76859**	**10934**	**2689141**	**2420402**	**268739**
中山区	11538	10625	913	247555	217195	30360
西岗区	9338	8422	916	217365	187669	29696
沙河口区	11797	10934	863	252207	213650	38557
甘井子区	15143	14246	897	456972	423733	33239
旅顺口区	4276	3663	613	127138	110311	16827
金州区	15047	13918	1129	609478	576800	32678
长海县	552	290	262	8938	5602	3336
瓦房店市	8026	6266	1760	286874	257812	29062
普兰店市	5885	4392	1493	236845	209515	27330
庄河市	6191	4103	2088	245769	218115	27654
鞍山市	**32366**	**24919**	**7447**	**825035**	**678293**	**146742**
铁东区	4978	3872	1106	155051	120438	34613
铁西区	2765	2390	375	104220	93635	10585
立山区	3596	3137	459	97206	83643	13563
千山区	4884	4213	671	121880	107365	14515
台安县	2942	1832	1110	70239	55023	15216
岫岩满族自治县	3068	1734	1334	63714	44949	18765
海城市	10133	7741	2392	212725	173240	39485
抚顺市	**19987**	**14380**	**5607**	**515208**	**413985**	**101223**
新抚区	2552	1844	708	86159	68874	17285
东洲区	2826	2223	603	88612	76151	12461
望花区	4247	3706	541	131428	115781	15647
顺城区	3407	2447	960	98715	70953	27762
抚顺县	1810	1175	635	29835	25556	4279
新宾满族自治县	2675	1662	1013	39682	28507	11175
清原满族自治县	2470	1323	1147	40777	28163	12614
本溪市	**12497**	**8557**	**3940**	**422954**	**341731**	**81223**
平山区	3437	2597	840	164376	142647	21729
溪湖区	1943	1517	426	66652	59068	7584
明山区	2750	1978	772	78077	53606	24471
南芬区	585	344	241	25383	22300	3083
本溪满族自治县	1897	1135	762	49053	36019	13034
桓仁满族自治县	1885	986	899	39413	28091	11322
丹东市	**18017**	**11979**	**6038**	**481368**	**382650**	**98718**
元宝区	1990	1595	395	36760	28516	8244
振兴区	4131	3173	958	140577	114666	25911
振安区	1464	961	503	50678	40972	9706
宽甸满族自治县	3237	1705	1532	62482	47644	14838
东港市	3607	2226	1381	111311	93467	17844
凤城市	3588	2319	1269	79560	57385	22175

1-21 续表

地　　区	产业活动单位数（个）	经营性单位	非经营性单位	从业人员数（人）	经营性单位	非经营性单位
锦州市	**17464**	**10571**	**6893**	**479983**	**356705**	**123278**
古塔区	2605	1984	621	80893	62829	18064
凌河区	2794	2065	729	99701	78365	21336
太和区	3354	2416	938	100664	80356	20308
黑山县	2615	1108	1507	59326	41312	18014
义县	1729	799	930	34525	21089	13436
凌海市	2217	1127	1090	64876	47730	17146
北镇市	2150	1072	1078	39998	25024	14974
营口市	**17997**	**13911**	**4086**	**489657**	**401922**	**87735**
站前区	3965	2939	1026	92463	70823	21640
西市区	1729	1392	337	40699	32631	8068
鲅鱼圈区	3557	3088	469	117098	104799	12299
老边区	1961	1625	336	51679	45874	5805
盖州市	2976	2037	939	78273	59213	19060
大石桥市	3809	2830	979	109445	88582	20863
阜新市	**11774**	**6923**	**4851**	**351527**	**254265**	**97262**
海州区	2232	1536	696	70285	54713	15572
新邱区	607	328	279	17483	14444	3039
太平区	1162	859	303	44628	37883	6745
清河门区	580	272	308	24773	21217	3556
细河区	2298	1567	731	67102	43895	23207
阜新蒙古族自治县	3019	1527	1492	94198	65921	28277
彰武县	1876	834	1042	33058	16192	16866
辽阳市	**10885**	**7450**	**3435**	**366627**	**291623**	**75004**
白塔区	1995	1426	569	70801	57077	13724
文圣区	1485	1149	336	45603	34426	11177
宏伟区	778	588	190	57345	46364	10981
弓长岭区	471	287	184	20903	17550	3353
太子河区	1028	727	301	46688	39128	7560
辽阳县	3018	2029	989	69391	55665	13726
灯塔市	2110	1244	866	55896	41413	14483
盘锦市	**11454**	**8261**	**3193**	**456943**	**386512**	**70431**
双台子区	1593	1171	422	57221	42210	15011
兴隆台区	5282	4334	948	270873	247040	23833
大洼县	2633	1560	1073	93739	75380	18359
盘山县	1946	1196	750	35110	21882	13228
铁岭市	**13869**	**7131**	**6738**	**417644**	**295641**	**122003**
银州区	3116	1621	1495	99596	57195	42401
清河区	815	439	376	20579	15519	5060
铁岭县	1604	1015	589	47573	39951	7622
西丰县	1404	639	765	27078	15215	11863
昌图县	3204	1290	1914	66486	37751	28735
调兵山市	1107	572	535	80852	72387	8465
开原市	2619	1555	1064	75480	57623	17857
朝阳市	**16762**	**7472**	**9290**	**433169**	**300063**	**133106**
双塔区	3258	1953	1305	110190	75542	34648
龙城区	1355	830	525	39168	32311	6857
朝阳县	2146	748	1398	32812	21023	11789
建平县	2470	1059	1411	49507	30605	18902
喀喇沁左翼蒙古族自治县	1871	663	1208	44542	29437	15105
北票市	2633	1081	1552	70688	50965	19723
凌源市	3029	1138	1891	86262	60180	26082
葫芦岛市	**12763**	**7112**	**5651**	**380144**	**283033**	**97111**
连山区	2734	1884	850	107602	90914	16688
龙港区	2211	1517	694	107315	86561	20754
南票区	599	274	325	16475	12226	4249
绥中县	2493	1226	1267	49786	31622	18164
建昌县	1979	699	1280	39478	24434	15044
兴城市	2747	1512	1235	59488	37276	22212

1-22　按行业分组的个体经营户数和人数

行　业	户　数（户）	#有营业执照	#已办理税务登记	人　数（人）	#有营业执照	#已办理税务登记
总　计	**1907679**	**1260788**	**1026345**	**5173545**	**3634598**	**3065315**
采矿业	3021	1609	1425	29030	19766	17921
制造业	150612	70916	58057	692428	399142	341432
建筑业	34335	4387	3851	157731	30189	27072
交通运输业	485217	305690	226402	814121	531524	400945
批发和零售业	870401	623409	526121	2243541	1697072	1457168
住宿和餐饮业	116669	87091	74400	569230	463286	409451
房地产业	4487	2241	1720	9571	5264	4082
租赁和商务服务业	17206	11439	9872	39443	27186	23715
居民服务和其他服务业	167697	110879	91541	441489	325662	274534
教育	10935	6806	5021	46069	30353	22369
卫生和社会福利业	31268	26705	20148	73904	63127	50184
文化、体育和娱乐业	15831	9616	7787	56988	42027	36442

1-23　按地区分组的个体经营户数和人数

地　区	户　数（户）	#有营业执照	#已办理税务登记	人　数（人）	#有营业执照	#已办理税务登记
全　省	**1907679**	**1260788**	**1026345**	**5173545**	**3634598**	**3065315**
沈阳市	357943	227083	194614	1098480	749988	654650
大连市	306334	207324	189713	985084	715646	654362
鞍山市	131586	69195	64614	364921	208499	189283
抚顺市	92559	71356	49047	227039	190500	142875
本溪市	69083	45608	21925	167131	119287	68623
丹东市	108141	88663	82676	264440	225499	211624
锦州市	134737	91585	57549	324718	245173	171896
营口市	125110	89588	61766	345072	248918	183800
阜新市	79194	45597	36257	158377	97310	80241
辽阳市	82743	56995	52192	210022	151435	141175
盘锦市	79403	40568	35473	226783	131386	114131
铁岭市	117468	81082	64880	255699	177971	148052
朝阳市	119678	77462	64745	298766	199122	174465
葫芦岛市	103700	68682	50894	247013	173864	130138

第2篇

企业篇

2-1 按行业(大类)、地区分组的

行业大类	企业法人单位数(个)	沈阳市	和平区	沈河区	大东区	皇姑区	铁西区	苏家屯区
总　计	**243783**	**66404**	**11313**	**10227**	**4920**	**5554**	**6591**	**2466**
农、林、牧、渔业	**38**	**6**						**3**
农业	12	2						
林业	12							
畜牧业	5	3						3
渔业	7							
农、林、牧、渔服务业	2	1						
采矿业	**5522**	**138**			**2**	**1**		**21**
煤炭开采和洗选业	734	18						4
石油和天然气开采业	103							
黑色金属矿采选业	1569	7				1		1
有色金属矿采选业	767	3			1			
非金属矿采选业	2341	110			1			16
其他采矿业	8							
制造业	**82596**	**20403**	**870**	**715**	**1493**	**1183**	**1351**	**1431**
农副食品加工业	4896	771	3		8	16	11	88
食品制造业	1881	383	18	14	17	14	17	21
饮料制造业	1260	236	2	3	8	1	7	17
烟草制品业	6	2	2					
纺织业	2214	277	10	8	41	9	12	19
纺织服装、鞋、帽制造业	3523	521	21	45	42	27	25	20
皮革、毛皮、羽毛(绒)及其制品业	585	250	12	9	7	7	8	11
木材加工及木、竹、藤、棕、草制品业	2283	409	7	7	14	7	7	21
家具制造业	1080	417	7	4	4	8	5	31
造纸及纸制品业	1602	403	12	9	23	20	13	31
印刷业和记录媒介的复制	2101	703	90	94	75	65	81	13
文教体育用品制造业	298	92	2	5	9	3	2	3
石油加工、炼焦及核燃料加工业	927	144	1	1	9		2	7
化学原料及化学制品制造业	5088	1096	26	23	54	50	55	99
医药制造业	735	239	13	11	13	9	15	12
化学纤维制造业	112	12		1			1	1
橡胶制品业	1179	370	9	18	21	16	27	20
塑料制品业	3822	935	19	20	39	28	37	74
非金属矿物制品业	7969	1317	25	17	49	22	50	212
黑色金属冶炼及压延加工业	1300	194	5	1	16	5	14	33
有色金属冶炼及压延加工业	926	253	4	5	5	8	6	64
金属制品业	5659	1433	46	39	129	94	69	98
通用设备制造业	14784	4006	141	82	331	342	419	173
专用设备制造业	5321	1591	84	59	190	119	121	73
交通运输设备制造业	4118	1084	69	36	106	90	101	87
电气机械及器材制造业	4569	2032	119	92	168	114	182	141
通信设备、计算机及其他电子设备制造业	1055	383	56	22	25	41	16	21
仪器仪表及文化、办公用机械制造业	1644	450	46	56	60	46	33	6
工艺品及其他制造业	1444	374	20	34	28	21	14	32
废弃资源和废旧材料回收加工业	215	26	1		2	1	1	3
电力、燃气及水的生产和供应业	**1441**	**281**	**41**	**33**	**16**	**9**	**20**	**13**
电力、热力的生产和供应业	943	209	31	27	13	7	17	10
燃气生产和供应业	114	20	3	2	2		1	2
水的生产和供应业	384	52	7	4	1	2	2	1
建筑业	**14957**	**4359**	**733**	**770**	**434**	**436**	**440**	**141**
房屋和土木工程建筑业	5013	1183	184	164	82	106	72	70
建筑安装业	4004	1459	271	237	144	154	129	51
建筑装饰业	4586	1448	250	325	190	150	202	18
其他建筑业	1354	269	28	44	18	26	37	2

企业法人单位数

东陵区	沈北新区	于洪区	辽中县	康平县	法库县	新民市	大连市	中山区	西岗区	沙河口区	甘井子区
7326	**2782**	**10220**	**1140**	**1280**	**1127**	**1458**	**68736**	**9529**	**7669**	**9628**	**13119**
1				**2**			**6**				**2**
1				1			2				1
							3				1
				1			1				
10	**19**	**2**		**16**	**56**	**11**	**213**	**2**			**12**
	7			4	3						
5							7				
	1				1		6				
5	11	2		12	52	11	198	1			11
							2	1			1
3630	**1548**	**5819**	**761**	**397**	**354**	**851**	**21102**	**458**	**674**	**962**	**5138**
94	118	131	111	43	33	115	1432	30	20	12	230
80	50	93	9	11	14	25	584	27	14	26	131
46	40	34	30	11	15	22	208	6	1	7	17
62	23	62	9	8	2	12	483	13	11	18	91
44	30	205	26	16	8	12	1499	41	37	62	357
143	4	31	11	2	1	4	126	4	9	10	52
64	36	146	30	9	28	33	629	6	3	7	220
84	22	228	7	5	3	9	280	8	4	6	76
105	43	97	22	4	5	19	408	7	6	8	70
102	42	86	16	6	5	28	431	33	42	54	101
25	4	37	1			1	95	1	2	3	26
22	19	44	17	1	3	18	91			1	42
186	134	305	53	13	22	76	1093	27	37	35	334
56	40	40	8	3	3	16	124	7		4	28
4	3	1	1				26			1	5
69	23	137	15	5	5	5	188	1	9	8	59
174	70	280	21	110	9	54	1009	19	20	28	251
263	86	331	38	47	101	76	1187	11	15	27	291
37	19	45	11	2	1	5	186	1	1	6	72
50	22	57	9	6	9	8	73	1		2	21
297	119	462	25	14	15	26	1638	31	89	56	540
546	222	1413	145	28	33	131	4993	42	98	220	999
281	115	457	35	14	13	30	1251	21	40	80	281
189	73	249	38	16	6	24	1250	56	97	76	339
337	121	616	31	12	11	88	809	14	29	71	222
92	25	75	3	3	1	3	283	8	13	12	75
107	15	72	4	2		3	446	24	54	103	144
68	28	78	30	5	8	8	240	18	22	19	53
3	2	7	5	1			40	1	1		11
31	**26**	**56**	**10**	**10**	**10**	**6**	**271**	**15**	**19**	**24**	**60**
23	19	42	5	7	6	2	164	9	11	17	33
2	1	2	1	2	1	1	38	3	1	1	16
6	6	12	4	1	3	3	69	3	7	6	11
390	**175**	**548**	**40**	**157**	**27**	**68**	**5210**	**539**	**768**	**980**	**927**
123	80	162	22	68	17	33	1403	53	138	158	237
126	51	200	11	59	7	19	1359	147	185	289	269
112	35	139	1	19	2	5	1834	288	336	439	301
29	9	47	6	11	1	11	614	51	109	94	120

2-1 续表 1

行业大类	企业法人单位数(个)							
		沈阳市	和平区	沈河区	大东区	皇姑区	铁西区	苏家屯区
交通运输、仓储和邮政业	**8685**	**1937**	**217**	**238**	**173**	**131**	**221**	**52**
铁路运输业	19							
道路运输业	3556	1121	86	76	111	59	133	31
城市公共交通业	567	206	22	31	13	33	30	4
水上运输业	270	4	1	2				
航空运输业	28	9		2	2			1
管道运输业	6	1				1		
装卸搬运和其他运输服务业	3168	363	84	93	24	29	44	4
仓储业	858	170	7	13	18	4	11	11
邮政业	213	63	17	21	5	5	3	1
信息传输、计算机服务和软件业	**6032**	**1874**	**638**	**373**	**77**	**164**	**116**	**20**
电信和其他信息传输服务业	775	314	79	56	11	20	23	1
计算机服务业	2471	673	227	136	27	40	35	15
软件业	2786	887	332	181	39	104	58	4
批发和零售业	**72700**	**22065**	**5150**	**4486**	**1778**	**2114**	**3060**	**426**
批发业	48836	16200	3368	3514	1431	1270	2604	248
零售业	23864	5865	1782	972	347	844	456	178
住宿和餐饮业	**5611**	**909**	**230**	**247**	**60**	**118**	**78**	**26**
住宿业	1918	429	98	126	22	59	31	9
餐饮业	3693	480	132	121	38	59	47	17
金融业	**1316**	**310**	**76**	**158**	**11**	**15**	**8**	**4**
银行业	252	36	7	21			1	1
证券业	45	14	3	6	1	2		
保险业	524	104	28	58	3	6	2	1
其他金融活动	495	156	38	73	7	7	5	2
房地产业	**11026**	**3425**	**618**	**664**	**277**	**265**	**334**	**96**
房地产业	11026	3425	618	664	277	265	334	96
租赁和商务服务业	**16886**	**5536**	**1640**	**1485**	**289**	**557**	**470**	**82**
租赁业	734	230	42	30	19	20	16	6
商务服务业	16152	5306	1598	1455	270	537	454	76
科学研究、技术服务和地质勘查业	**7246**	**2471**	**623**	**512**	**114**	**245**	**186**	**65**
研究与试验发展	1117	542	110	80	26	35	50	19
专业技术服务业	3749	1280	373	278	51	116	98	20
科技交流和推广服务业	2272	611	138	146	34	77	38	26
地质勘查业	108	38	2	8	3	17		
水利、环境和公共设施管理业	**896**	**205**	**30**	**23**	**10**	**18**	**13**	**17**
水利管理业	82	22	11	1		1		
环境管理业	172	59	5	4	1	11	2	3
公共设施管理业	642	124	14	18	9	6	11	14
居民服务和其他服务业	**5092**	**1094**	**208**	**224**	**87**	**143**	**96**	**35**
居民服务业	2899	502	102	120	35	63	51	22
其他服务业	2193	592	106	104	52	80	45	13
教育	**1011**	**412**	**45**	**111**	**37**	**54**	**49**	**15**
教育	1011	412	45	111	37	54	49	15
卫生、社会保障和社会福利业	**1235**	**494**	**39**	**86**	**30**	**39**	**122**	**10**
卫生	1149	474	38	79	28	36	121	10
社会保障业	37	4			2			
社会福利业	49	16	1	7		3	1	
文化、体育和娱乐业	**1493**	**485**	**155**	**102**	**32**	**62**	**27**	**9**
新闻出版业	141	104	45	20	4	19	3	1
广播、电视、电影和音像业	225	100	33	23	8	12	2	3
文化艺术业	347	140	41	38	9	16	6	1
体育	96	24	11	2			2	1
娱乐业	684	117	25	19	11	15	14	3

东陵区	沈北新区	于洪区	辽中县	康平县	法库县	新民市	大连市	中山区	西岗区	沙河口区	甘井子区
241	**66**	**349**	**29**	**100**	**95**	**25**	**3469**	**1448**	**314**	**232**	**557**
129	36	235	19	95	91	20	802	32	72	50	288
25	2	37		3	3	3	160	32	49	19	20
		1					174	43	23	12	22
4							15	3	1		10
							3				
29	11	40	2	2	1		1989	1309	150	140	108
47	17	32	8			2	260	16	5	3	94
7		4					66	13	14	8	15
244	**46**	**92**	**11**	**13**	**69**	**11**	**2462**	**401**	**283**	**548**	**835**
26	9	15	5	4	61	4	198	50	24	48	24
101	20	52	6	5	4	5	684	95	85	95	165
117	17	25		4	4	2	1580	256	174	405	646
1345	**366**	**2153**	**184**	**364**	**339**	**300**	**19270**	**3135**	**2741**	**3649**	**3308**
1028	259	1777	88	197	260	156	14983	2615	2398	2933	2442
317	107	376	96	167	79	144	4287	520	343	716	866
60	**14**	**44**	**5**	**9**	**7**	**11**	**1234**	**292**	**190**	**196**	**127**
40	9	21	2	5	2	5	605	150	126	74	42
20	5	23	3	4	5	6	629	142	64	122	85
13	**8**	**8**	**3**	**2**	**2**	**2**	**245**	**107**	**48**	**30**	**21**
	1	1	1	1	1	1	40	24	6	1	1
	1	1					8	4	1	3	
3		2	1				67	36	17	11	1
10	6	4	1	1	1	1	130	43	24	15	19
418	**192**	**424**	**22**	**36**	**18**	**61**	**3682**	**636**	**652**	**572**	**517**
418	192	424	22	36	18	61	3682	636	652	572	517
326	**109**	**301**	**36**	**105**	**83**	**53**	**6642**	**1696**	**1273**	**1479**	**688**
39	4	35	3	6	7	3	300	43	34	53	74
287	105	266	33	99	76	50	6342	1653	1239	1426	614
339	**127**	**156**	**19**	**19**	**46**	**20**	**2370**	**289**	**402**	**512**	**460**
113	49	48	5	1	2	4	364	16	16	95	130
172	48	73	11	13	16	11	1237	178	281	276	183
54	24	34	3	5	27	5	757	95	104	141	144
	6	1			1		12		1		3
32	**15**	**32**	**1**	**5**	**3**	**6**	**293**	**38**	**9**	**33**	**41**
	1	1	1	2	1	3	8	1	1	2	
7	9	12		2	2	1	56	12	2	10	8
25	5	19		1		2	229	25	6	21	33
108	**36**	**109**	**6**	**21**	**9**	**12**	**1355**	**272**	**178**	**249**	**279**
33	12	41	1	9	5	8	666	175	84	126	80
75	24	68	5	12	4	4	689	97	94	123	199
39	**15**	**30**	**5**	**4**	**3**	**5**	**245**	**31**	**25**	**39**	**50**
39	15	30	5	4	3	5	245	31	25	39	50
56	**5**	**71**	**7**	**17**	**3**	**9**	**216**	**45**	**24**	**27**	**50**
54	3	70	6	17	3	9	192	43	23	25	42
1	1						5	1		1	1
1	1	1	1				19	1	1	1	7
43	**15**	**26**	**1**	**3**	**3**	**7**	**451**	**125**	**69**	**96**	**47**
4	2	5				1	25	8	2	9	3
10	2	2		2	1	2	50	11	5	14	4
11	5	7	1	1	1	3	147	49	30	27	15
3	1	4					43	8	15	9	6
15	5	8			1	1	186	49	17	37	19

2-1 续表 2

行业大类	旅顺口区	金州区	长海县	瓦房店市	普兰店市	庄河市	鞍山市	铁东区
总　　计	**3134**	**12797**	**173**	**5690**	**3765**	**3232**	**22221**	**3400**
农、林、牧、渔业			**3**	**1**				
农业				1				
林业								
畜牧业								
渔业			2					
农、林、牧、渔服务业			1					
采矿业	**13**	**27**		**70**	**29**	**60**	**635**	**5**
煤炭开采和洗选业								
石油和天然气开采业								
黑色金属矿采选业				1	2	4	133	4
有色金属矿采选业		1		2	1	2	112	
非金属矿采选业	13	26		67	26	54	388	1
其他采矿业							2	
制造业	**1901**	**5576**	**46**	**2855**	**1976**	**1516**	**7844**	**269**
农副食品加工业	116	334	30	228	134	298	388	4
食品制造业	41	107	1	118	61	58	134	5
饮料制造业	9	54		41	45	28	109	1
烟草制品业								
纺织业	16	114	1	76	93	50	325	4
纺织服装、鞋、帽制造业	40	443		62	351	106	408	10
皮革、毛皮、羽毛(绒)及其制品业	2	34		6	5	4	71	4
木材加工及木、竹、藤、棕、草制品业	24	264		39	42	24	144	2
家具制造业	12	87		25	40	22	80	2
造纸及纸制品业	18	167		46	48	38	124	2
印刷业和记录媒介的复制	12	116	1	24	29	19	143	38
文教体育用品制造业	6	29		3	8	17	9	2
石油加工、炼焦及核燃料加工业	6	15		20	7		39	1
化学原料及化学制品制造业	79	299		129	111	42	441	7
医药制造业	8	49		12	12	4	31	
化学纤维制造业		6		3	9	2	12	
橡胶制品业	29	31		14	18	19	68	5
塑料制品业	76	370	2	81	77	85	345	11
非金属矿物制品业	107	302	2	200	162	70	1172	14
黑色金属冶炼及压延加工业	12	67		7	16	4	126	2
有色金属冶炼及压延加工业	9	23		5	4	8	36	
金属制品业	197	437		149	79	60	801	33
通用设备制造业	667	1078	1	1230	372	286	1161	37
专用设备制造业	142	425		99	65	98	488	19
交通运输设备制造业	155	236	8	142	63	78	253	23
电气机械及器材制造业	79	199		61	89	45	298	20
通信设备、计算机及其他电子设备制造业	12	129		6	7	21	96	3
仪器仪表及文化、办公用机械制造业	12	78		6	14	11	239	17
工艺品及其他制造业	12	72		13	13	18	278	3
废弃资源和废旧材料回收加工业	3	11		10	2	1	25	
电力、燃气及水的生产和供应业	**21**	**52**	**6**	**43**	**14**	**17**	**202**	**15**
电力、热力的生产和供应业	15	30	5	26	4	14	65	10
燃气生产和供应业	4	5		7	1		18	4
水的生产和供应业	2	17	1	10	9	3	119	1
建筑业	**190**	**968**	**19**	**262**	**251**	**306**	**999**	**364**
房屋和土木工程建筑业	65	234	13	154	147	204	378	89
建筑安装业	38	316	1	39	46	29	285	88
建筑装饰业	60	292	5	35	33	45	260	164
其他建筑业	27	126		34	25	28	76	23

铁西区	立山区	千山区	台安县	岫岩满族自治县	海城市	抚顺市	新抚区	东洲区	望花区	顺城区
2226	**2844**	**4032**	**1577**	**1565**	**6577**	**12505**	**1538**	**1962**	**3347**	**2159**
						10				
						9				
						1				
	6	**65**		**223**	**336**	**299**	**1**	**70**	**24**	**22**
						82	1	41	13	
	2	47		29	51	97		26	3	3
				51	61	33				
	4	18		143	222	87		3	8	19
					2					
533	**937**	**2171**	**621**	**588**	**2725**	**4724**	**335**	**896**	**1440**	**804**
3	9	41	112	28	191	165	4	18	32	29
13	10	18	21	25	42	131	6	16	43	27
3	7	21	27	20	30	71	2	11	10	10
						1				
25	11	21	24	62	178	124	4	36	40	14
13	25	38	17	18	287	103	13	30	26	20
1	1	23	10	1	31	5		1	2	
4	4	27	37	12	58	412	4	20	13	53
3	5	38		4	28	57	2	10	8	15
10	8	24	18	6	56	83	10	28	24	10
13	16	20	7	6	43	90	19	14	26	24
1	1	4			1	6	1		2	2
1	4	11	7	2	13	125	12	43	40	17
40	46	144	52	25	127	429	15	106	166	61
2	1	15	6	3	4	68		4	10	4
1	1	7	1		2	8	1	3	3	
8	12	22	1	8	12	64	7	19	17	9
7	39	88	22	14	164	182	10	46	56	48
31	68	283	57	196	523	520	18	72	171	87
7	27	31		1	58	59		2	45	3
1	7	7	7	4	10	73	1	8	46	6
51	176	226	59	19	237	329	30	74	138	53
103	242	416	28	40	295	711	57	138	215	145
50	88	208	4	9	110	297	26	63	128	46
43	34	69	24	12	48	167	41	26	52	36
41	51	140	11	6	29	218	37	57	67	32
20	8	58	1	1	5	23		3	7	10
31	14	145	5	14	13	60	9	9	25	16
7	15	21	60	52	120	122	5	35	19	26
	7	5	3		10	21	1	4	9	1
5	**12**	**5**	**113**	**21**	**31**	**99**	**11**	**18**	**26**	**10**
3	9	3	5	19	16	86	9	18	23	9
1	3	1	5		4	2	1		1	
1		1	103	2	11	11	1		2	1
124	**137**	**143**	**50**	**35**	**146**	**759**	**109**	**110**	**202**	**158**
44	58	80	22	23	62	379	46	60	72	70
52	44	33	10	8	50	191	36	30	63	40
22	18	25	6	3	22	158	25	17	56	43
6	17	5	12	1	12	31	2	3	11	5

2-1 续表 3

行业大类	旅顺口区	金州区	长海县	瓦房店市	普兰店市	庄河市	鞍山市	铁东区
交通运输、仓储和邮政业	**65**	**534**	**18**	**156**	**75**	**70**	**400**	**57**
铁路运输业								
道路运输业	20	174	3	93	49	21	259	20
城市公共交通业	4	30		2	1	3	31	8
水上运输业	13	21	12	9	8	11		
航空运输业			1					
管道运输业				3				
装卸搬运和其他运输服务业	21	215	1	20	10	15	59	18
仓储业	6	87	1	27	4	17	44	6
邮政业	1	7		2	3	3	7	5
信息传输、计算机服务和软件业	**24**	**300**	**3**	**37**	**23**	**8**	**698**	**159**
电信和其他信息传输服务业	4	21	1	14	10	2	49	24
计算机服务业	13	201	2	14	8	6	577	96
软件业	7	78		9	5		72	39
批发和零售业	**411**	**2830**	**17**	**1516**	**835**	**828**	**7152**	**1155**
批发业	252	2298	3	993	507	542	4049	530
零售业	159	532	14	523	328	286	3103	625
住宿和餐饮业	**51**	**148**	**12**	**106**	**58**	**54**	**1043**	**286**
住宿业	21	62	10	76	23	21	121	45
餐饮业	30	86	2	30	35	33	922	241
金融业	**1**	**15**	**2**	**5**	**2**	**14**	**108**	**69**
银行业	1	2	1	1	1	2	13	9
证券业							3	2
保险业		2					47	36
其他金融活动		11	1	4	1	12	45	22
房地产业	**209**	**716**	**16**	**161**	**119**	**84**	**607**	**227**
房地产业	209	716	16	161	119	84	607	227
租赁和商务服务业	**105**	**850**	**15**	**157**	**240**	**139**	**802**	**390**
租赁业	4	57		17	6	12	47	11
商务服务业	101	793	15	140	234	127	755	379
科学研究、技术服务和地质勘查业	**74**	**365**	**7**	**138**	**67**	**56**	**346**	**85**
研究与试验发展	24	69	3	7	3	1	58	12
专业技术服务业	33	151	2	75	30	28	122	49
科技交流和推广服务业	17	143	2	54	31	26	161	20
地质勘查业		2		2	3	1	5	4
水利、环境和公共设施管理业	**13**	**84**	**4**	**31**	**13**	**27**	**46**	**11**
水利管理业		1		2		1	6	2
环境管理业	1	10		9	3	1	13	2
公共设施管理业	12	73	4	20	10	25	27	7
居民服务和其他服务业	**25**	**211**	**2**	**64**	**46**	**29**	**896**	**224**
居民服务业	14	108	1	30	27	21	613	128
其他服务业	11	103	1	34	19	8	283	96
教育	**8**	**44**	**2**	**31**	**4**	**11**	**111**	**22**
教育	8	44	2	31	4	11	111	22
卫生、社会保障和社会福利业	**4**	**27**		**37**	**1**	**1**	**178**	**21**
卫生	2	23		33		1	171	20
社会保障业	1			1			2	1
社会福利业	1	4		3	1		5	
文化、体育和娱乐业	**19**	**50**	**1**	**20**	**12**	**12**	**154**	**41**
新闻出版业	1	2					3	3
广播、电视、电影和音像业	3	2		7	3	1	16	7
文化艺术业	8	10	1	4	1	2	6	3
体育	1	3			1		8	2
娱乐业	6	33		9	7	9	121	26

铁西区	立山区	千山区	台安县	岫岩满族自治县	海城市	抚顺市	新抚区	东洲区	望花区	顺城区
35	**34**	**88**	**40**	**21**	**125**	**431**	**64**	**63**	**105**	**57**
						2			1	1
21	22	62	32	14	88	289	33	55	79	26
5	1	4	4	2	7	27	3		8	13
2	9	9	1	1	19	60	19	3	12	7
6	1	13	3	4	11	42	3	4	4	7
1	1					11	6	1	1	3
74	**85**	**70**	**57**	**79**	**174**	**103**	**25**	**8**	**35**	**30**
2	7	3	2	5	6	33	14	3	8	8
68	72	47	54	74	166	41	5	4	13	15
4	6	20	1		2	29	6	1	14	7
1072	**839**	**1207**	**481**	**287**	**2111**	**3687**	**406**	**601**	**1040**	**406**
591	356	1035	287	94	1156	2744	234	493	873	218
481	483	172	194	193	955	943	172	108	167	188
83	**219**	**38**	**24**	**76**	**317**	**510**	**80**	**25**	**46**	**209**
13	13	14	4	15	17	117	27	11	20	15
70	206	24	20	61	300	393	53	14	26	194
1		**3**	**7**	**5**	**23**	**60**	**21**		**6**	**30**
		1	1	1	1	17	8		1	6
1						5	3		1	1
		2	5		4	26	4		1	21
			1	4	18	12	6		3	2
100	**58**	**73**	**32**	**26**	**91**	**481**	**96**	**39**	**131**	**149**
100	58	73	32	26	91	481	96	39	131	149
63	**65**	**68**	**36**	**49**	**131**	**527**	**199**	**53**	**142**	**68**
3	8	6	2	3	14	16	1	5	9	
60	57	62	34	46	117	511	198	48	133	68
18	**28**	**48**	**84**	**54**	**29**	**326**	**68**	**34**	**92**	**54**
9	6	20	1		10	40	6	5	15	6
8	17	19	6	10	13	158	41	16	42	41
1	5	9	77	43	6	124	21	11	35	7
				1		4		2		
3	**6**	**9**	**3**	**3**	**11**	**41**	**4**	**6**	**9**	**5**
				2	2	7		1		1
2	2	4			3	4	1	1	1	1
1	4	5	3	1	6	30	3	4	8	3
64	**191**	**30**	**23**	**85**	**279**	**245**	**43**	**20**	**34**	**88**
36	130	13	12	65	229	179	31	12	18	70
28	61	17	11	20	50	66	12	8	16	18
14	**56**	**6**	**1**		**12**	**65**	**28**	**2**	**4**	**26**
14	56	6	1		12	65	28	2	4	26
11	**142**	**1**	**1**		**2**	**53**	**29**	**8**	**2**	**11**
10	137	1	1		2	49	29	8	2	8
	1					4				3
1	4									
26	**29**	**7**	**4**	**13**	**34**	**85**	**19**	**9**	**9**	**32**
						3	1			2
2	2				5	14	8	3	2	
	1			1	1	10	3	2	1	3
1	3	2				11	2	3	2	4
23	23	5	4	12	28	47	5	1	4	23

2-1 续表 4

行业大类	抚顺县	新宾满族自治县	清原满族自治县	本溪市	平山区	溪湖区	明山区	南芬区
总　　计	**1059**	**1343**	**1097**	**6963**	**2063**	**1306**	**1689**	**265**
农、林、牧、渔业	**1**	**2**	**7**	**4**				
农业				1				
林业		2	7	2				
畜牧业				1				
渔业	1							
农、林、牧、渔服务业								
采矿业	**73**	**50**	**59**	**444**	**31**	**70**	**42**	**66**
煤炭开采和洗选业	10	16	1	111		17	7	1
石油和天然气开采业								
黑色金属矿采选业	32	17	16	184	23	41	15	40
有色金属矿采选业	6	3	24	34			1	3
非金属矿采选业	25	14	18	114	8	12	19	21
其他采矿业				1				1
制造业	**396**	**453**	**400**	**2187**	**447**	**630**	**480**	**123**
农副食品加工业	9	33	40	74	9	8	10	6
食品制造业	5	18	16	43	2	16	10	2
饮料制造业	9	11	18	54	5	4	7	7
烟草制品业			1					
纺织业	9	12	9	37	10	11	7	2
纺织服装、鞋、帽制造业	8	1	5	33	12	9	5	5
皮革、毛皮、羽毛(绒)及其制品业		1	1	6	2	1	2	
木材加工及木、竹、藤、棕、草制品业	46	165	111	72	2	15	9	4
家具制造业	5	11	6	22	3	6	1	3
造纸及纸制品业	1	8	2	33	5	13	8	
印刷业和记录媒介的复制	3		4	52	13	6	22	3
文教体育用品制造业			1	6	1	4		1
石油加工、炼焦及核燃料加工业	13			42	6	16	13	5
化学原料及化学制品制造业	39	20	22	140	38	52	17	5
医药制造业	1	44	5	75	2	18	6	
化学纤维制造业		1						
橡胶制品业	5		7	49	10	23	7	5
塑料制品业	8	6	8	70	15	24	14	2
非金属矿物制品业	77	41	54	267	31	101	51	11
黑色金属冶炼及压延加工业	3	4	2	161	52	46	21	18
有色金属冶炼及压延加工业	5		7	72	2	23	29	2
金属制品业	15	6	13	137	38	38	31	7
通用设备制造业	85	28	43	390	92	119	94	21
专用设备制造业	16	11	7	65	17	19	21	2
交通运输设备制造业	6	2	4	105	26	17	46	4
电气机械及器材制造业	15	1	9	83	25	19	25	6
通信设备、计算机及其他电子设备制造业	1	1	1	16	2	3	8	
仪器仪表及文化、办公用机械制造业		1		33	16	5	8	
工艺品及其他制造业	7	27	3	37	7	9	6	1
废弃资源和废旧材料回收加工业	5		1	13	4	5	2	1
电力、燃气及水的生产和供应业	**3**	**21**	**10**	**73**	**1**	**9**	**8**	**3**
电力、热力的生产和供应业	2	16	9	63	1	7	5	3
燃气生产和供应业				4		2	2	
水的生产和供应业	1	5	1	6			1	
建筑业	**65**	**58**	**57**	**459**	**150**	**103**	**137**	**3**
房屋和土木工程建筑业	33	48	50	190	49	43	48	2
建筑安装业	14	4	4	106	41	23	34	
建筑装饰业	9	6	2	101	34	18	41	
其他建筑业	9		1	62	26	19	14	1

本溪满族自治县	桓仁满族自治县	丹东市	元宝区	振兴区	振安区	宽甸满族自治县	东港市	凤城市	锦州市	古塔区
901	**739**	**10405**	**1463**	**2721**	**853**	**1547**	**1776**	**2045**	**8489**	**1609**
2	**2**	**2**					**2**		**2**	
	1	1					1		2	
1	1									
1										
		1					1			
187	**48**	**749**	**4**	**3**	**17**	**318**	**26**	**381**	**213**	**1**
69	17	148		2		28	1	117	36	
56	9	139	1			57	2	79	13	
16	14	184	1		8	65	7	103	7	1
46	8	278	2	1	9	168	16	82	157	
291	**216**	**4260**	**472**	**807**	**583**	**474**	**992**	**932**	**3325**	**312**
17	24	358	9	62	20	37	191	39	355	3
3	10	100	22	12	14	13	19	20	75	6
15	16	65	8	5	7	12	18	15	98	1
		1						1		
6	1	221	38	14	43	20	58	48	83	6
2		179	25	35	22	8	74	15	73	10
1		20	3	5		2	6	4	18	2
24	18	150	1	7	16	69	23	34	69	2
4	5	57	7	11	9	7	16	7	12	2
6	1	108	16	13	23	10	21	25	83	7
1	7	116	30	22	20	5	18	21	111	18
		26	3	6	3		2	12	10	
2		17	1	5	4	1	5	1	49	8
20	8	233	28	53	31	37	39	45	208	24
5	44	36	7	11	4	2	6	6	29	3
		4		4					9	
3	1	46	1	12	7	2	12	12	41	5
9	6	124	16	30	11	10	38	19	138	22
45	28	413	26	26	46	134	61	120	487	22
16	8	31	2	6	1	15	1	6	94	
8	8	77	1	8	6	16	18	28	58	2
19	4	140	19	22	22	7	40	30	153	19
57	7	621	71	110	85	18	167	170	385	50
5	1	275	36	72	67	9	44	47	160	17
11	1	287	20	56	34	17	31	129	187	10
5	3	213	36	56	42	8	45	26	211	38
2	1	86	8	58	7	3	7	3	39	15
	4	158	22	77	17	1	3	38	48	10
4	10	81	16	7	21	9	20	8	32	8
1		17		2	1	2	9	3	10	2
25	**27**	**99**	**6**	**18**	**3**	**28**	**24**	**20**	**59**	**5**
21	26	87	6	16	2	27	20	16	39	4
		2		1				1	3	
4	1	10		1	1	1	4	3	17	1
23	**43**	**559**	**137**	**160**	**52**	**73**	**79**	**58**	**432**	**94**
15	33	260	30	59	32	50	51	38	180	21
2	6	117	33	45	10	7	16	6	95	24
5	3	142	63	49	3	10	5	12	133	43
1	1	40	11	7	7	6	7	2	24	6

2-1 续表 5

行业大类	抚顺县	新宾满族自治县	清原满族自治县	本溪市	平山区	溪湖区	明山区	南芬区
交通运输、仓储和邮政业	**50**	**50**	**42**	**164**	**63**	**36**	**21**	**10**
铁路运输业				1	1			
道路运输业	37	42	17	96	29	29	13	4
城市公共交通业		1	2	13	7	1	3	1
水上运输业				1	1			
航空运输业								
管道运输业								
装卸搬运和其他运输服务业	8	4	7	25	16	3	4	1
仓储业	5	3	16	22	5	2		4
邮政业				6	4	1	1	
信息传输、计算机服务和软件业	**3**		**2**	**96**	**53**	**10**	**19**	
电信和其他信息传输服务业				7	4		3	
计算机服务业	2		2	65	30	10	12	
软件业	1			24	19		4	
批发和零售业	**366**	**555**	**313**	**2084**	**783**	**327**	**565**	**46**
批发业	303	398	225	1349	555	270	315	10
零售业	63	157	88	735	228	57	250	36
住宿和餐饮业	**10**	**53**	**87**	**184**	**60**	**6**	**66**	**1**
住宿业	7	12	25	54	13	2	20	
餐饮业	3	41	62	130	47	4	46	1
金融业		**1**	**2**	**63**	**30**		**25**	**2**
银行业		1	1	10	3		4	1
证券业				3	2		1	
保险业				26	12		13	1
其他金融活动			1	24	13		7	
房地产业	**11**	**20**	**35**	**331**	**98**	**37**	**111**	**2**
房地产业	11	20	35	331	98	37	111	2
租赁和商务服务业	**19**	**23**	**23**	**383**	**181**	**31**	**81**	**4**
租赁业			1	19	10	1	2	1
商务服务业	19	23	22	364	171	30	79	3
科学研究、技术服务和地质勘查业	**47**	**15**	**16**	**236**	**82**	**25**	**53**	
研究与试验发展	2	1	5	21	2	12	6	
专业技术服务业	5	4	9	120	50	11	37	
科技交流和推广服务业	38	10	2	90	28	2	8	
地质勘查业	2			5	2		2	
水利、环境和公共设施管理业	**8**	**6**	**3**	**53**	**8**	**3**	**16**	**3**
水利管理业	2	3		10			1	
环境管理业				11	4	1	3	
公共设施管理业	6	3	3	32	4	2	12	3
居民服务和其他服务业	**6**	**28**	**26**	**137**	**53**	**10**	**47**	**1**
居民服务业	6	22	20	81	35	3	29	1
其他服务业		6	6	56	18	7	18	
教育		**2**	**3**	**18**	**7**	**2**	**5**	
教育		2	3	18	7	2	5	
卫生、社会保障和社会福利业	**1**		**2**	**18**	**5**	**4**	**6**	
卫生	1		1	16	5	2	6	
社会保障业			1	1		1		
社会福利业				1		1		
文化、体育和娱乐业		**6**	**10**	**29**	**11**	**3**	**7**	**1**
新闻出版业								
广播、电视、电影和音像业		1		7	2		1	1
文化艺术业		1		3	1	1		
体育				2		1	1	
娱乐业		4	10	17	8	1	5	

本溪满族自治县	桓仁满族自治县	丹东市	元宝区	振兴区	振安区	宽甸满族自治县	东港市	凤城市	锦州市	古塔区
21	**13**	**323**	**23**	**143**	**21**	**35**	**56**	**45**	**319**	**39**
		3		1	1	1			1	
14	7	118	7	30	13	18	17	33	152	15
1		9		5	1	2		1	20	4
		28	2	17		6	3		15	
		1		1					1	
									2	1
	1	114	8	70		5	26	5	86	8
6	5	39	5	10	6	3	10	5	29	4
		11	1	9				1	13	7
2	**12**	**96**	**36**	**44**	**3**	**1**	**5**	**7**	**110**	**24**
		16	1	9	1	1		4	24	3
1	12	54	24	25	1		3	1	47	8
1		26	11	10	1		2	2	39	13
166	**197**	**2376**	**392**	**865**	**69**	**313**	**335**	**402**	**2627**	**701**
90	109	1436	265	543	43	169	190	226	1432	306
76	88	940	127	322	26	144	145	176	1195	395
24	**27**	**407**	**38**	**152**	**24**	**98**	**65**	**30**	**147**	**52**
9	10	199	12	63	13	55	38	18	61	18
15	17	208	26	89	11	43	27	12	86	34
3	**3**	**85**	**37**	**32**	**1**	**1**	**10**	**4**	**64**	**24**
1	1	17	5	8		1	1	2	15	3
		2	2						3	1
		30	13	15			2		27	12
2	2	36	17	9	1		7	2	19	8
37	**46**	**411**	**84**	**126**	**38**	**20**	**69**	**74**	**331**	**128**
37	46	411	84	126	38	20	69	74	331	128
27	**59**	**565**	**127**	**202**	**25**	**109**	**59**	**43**	**410**	**119**
1	4	19	4	7	2	2	4		16	6
26	55	546	123	195	23	107	55	43	394	113
64	**12**	**167**	**36**	**65**	**8**	**21**	**18**	**19**	**231**	**35**
1		11	3	2	1		3	2	16	3
13	9	114	23	46	4	19	14	8	102	28
50	2	30	6	14	3	1	1	5	109	4
	1	12	4	3		1		4	4	
14	**9**	**21**	**5**	**3**	**1**	**9**	**3**		**31**	**6**
3	6	1	1						1	1
3									2	
8	3	20	4	3	1	9	3		28	5
9	**17**	**184**	**45**	**76**	**4**	**30**	**19**	**10**	**129**	**56**
4	9	140	34	49	2	28	17	10	72	36
5	8	44	11	27	2	2	2		57	20
2	**2**	**5**						**5**	**11**	**3**
2	2	5						5	11	3
	3	**19**	**4**	**4**			**3**	**8**	**25**	**5**
	3	17	4	4			2	7	24	5
		1					1		1	
		1						1		
4	**3**	**77**	**17**	**21**	**4**	**17**	**11**	**7**	**23**	**5**
		2		2						
3		12	4	5		1	2		2	
1		2		2					9	
		1						1		
	3	60	13	12	4	16	9	6	12	5

2-1 续表 6

行业大类	凌河区	太和区	黑山县	义县	凌海市	北镇市	营口市	站前区
总　　计	**1694**	**2114**	**784**	**583**	**889**	**816**	**12862**	**2646**
农、林、牧、渔业		**1**			**1**			
农业		1			1			
林业								
畜牧业								
渔业								
农、林、牧、渔服务业								
采矿业	**1**	**8**	**45**	**65**	**66**	**27**	**458**	**2**
煤炭开采和洗选业			6	15	15			
石油和天然气开采业								
黑色金属矿采选业				7	3	3	49	1
有色金属矿采选业		3		2	1		191	
非金属矿采选业	1	5	39	41	47	24	217	1
其他采矿业							1	
制造业	**519**	**1126**	**336**	**252**	**434**	**346**	**5111**	**559**
农副食品加工业	12	94	92	37	60	57	215	10
食品制造业	18	29	2	3	3	14	86	11
饮料制造业	4	20	10	22	20	21	46	1
烟草制品业							2	2
纺织业	32	24	1	2	8	10	294	32
纺织服装、鞋、帽制造业	6	10	11	6	14	16	348	32
皮革、毛皮、羽毛(绒)及其制品业	2	7	1	4	1	1	39	1
木材加工及木、竹、藤、棕、草制品业	2	16	31	4	9	5	78	2
家具制造业	2	3			5		35	2
造纸及纸制品业	5	24	19	6	15	7	124	20
印刷业和记录媒介的复制	36	21	13	3	10	10	92	40
文教体育用品制造业	4	2	2	1	1		39	3
石油加工、炼焦及核燃料加工业	6	16	2	4	8	5	87	12
化学原料及化学制品制造业	22	57	17	15	38	35	341	43
医药制造业	3	14	1	6	1	1	13	2
化学纤维制造业	6			2	1		12	7
橡胶制品业	2	17	2		5	10	29	6
塑料制品业	15	33	5	3	28	32	397	29
非金属矿物制品业	38	155	61	67	92	52	873	36
黑色金属冶炼及压延加工业	3	60	3	7	17	4	80	8
有色金属冶炼及压延加工业	7	21	1	19	7	1	65	7
金属制品业	27	67	16	1	11	12	326	34
通用设备制造业	73	171	17	18	37	19	722	86
专用设备制造业	49	54	15	10	6	9	223	28
交通运输设备制造业	57	81	2	7	12	18	150	30
电气机械及器材制造业	56	92	2	3	15	5	203	43
通信设备、计算机及其他电子设备制造业	9	13		2			32	8
仪器仪表及文化、办公用机械制造业	18	17	1		2		62	14
工艺品及其他制造业	4	7	8		3	2	69	6
废弃资源和废旧材料回收加工业	1	1	1		5		29	4
电力、燃气及水的生产和供应业	**11**	**17**	**9**	**2**	**8**	**7**	**50**	**6**
电力、热力的生产和供应业	7	12	8	1	4	3	36	4
燃气生产和供应业	1	1	1				5	1
水的生产和供应业	3	4		1	4	4	9	1
建筑业	**127**	**123**	**15**	**23**	**32**	**18**	**373**	**91**
房屋和土木工程建筑业	45	62	9	12	20	11	144	25
建筑安装业	29	27	5	3	4	3	74	31
建筑装饰业	49	25	1	6	6	3	99	31
其他建筑业	4	9		2	2	1	56	4

西市区	鲅鱼圈区	老边区	盖州市	大石桥市	阜新市	海州区	新邱区	太平区	清河门区	细河区
1308	**2928**	**1560**	**1863**	**2557**	**5526**	**1278**	**286**	**696**	**214**	**1373**
	22	**18**	**127**	**289**	**328**	**14**	**49**	**17**	**33**	**6**
					151	13	44	14	33	1
					2					2
		4	6	38	38	1				
	8	9	24	150	7			1		
	13	5	97	101	129		5	2		3
	1				1					
657	**888**	**949**	**831**	**1227**	**2052**	**310**	**128**	**363**	**84**	**622**
8	32	22	95	48	160	16	15	8	7	24
10	11	23	20	11	60	7	3	4	3	16
4	13	3	14	11	70	7	7	9	2	11
60	12	35	90	65	49	2	4	9	2	24
28	91	80	49	68	59	14	3	13	3	15
2	10	3	20	3	8	2	1	1		3
6	27	14	17	12	66	3	7	10	2	10
7	10	6	3	7	16	1	1	4	1	4
7	20	28	30	19	26	6	1	3	1	6
8	15	6	11	12	74	16	2	8	2	25
12	11	1	8	4	1					1
15	4	29	2	25	21	3		7	1	6
32	36	85	42	103	123	18	1	23	7	31
2		6	1	2	21	6	1	2		6
2	1	1	1		2		1			1
3	4	6	7	3	22	1		11		7
43	165	55	46	59	93	24	3	26		22
29	100	122	120	466	256	29	38	24	21	39
6	5	40	11	10	9			3		5
6	8	4	13	27	26	2		5	1	9
60	58	93	31	50	92	14	7	16	5	32
123	133	154	111	115	372	64	15	113	15	139
56	29	29	26	55	115	10	12	9		53
29	34	14	25	18	85	19	1	11	2	33
51	23	46	23	17	125	25	2	33	5	56
11	2	4	2	5	35	3		2		28
22	2	21	1	2	23	9		4		9
13	21	13	9	7	37	7	2	5	4	6
2	11	6	3	3	6	2	1			1
1	**18**	**2**	**7**	**16**	**43**	**7**		**3**	**5**	**10**
1	12	1	4	14	26	5		2	3	6
	2	1		1	5	1		1		3
	4		3	1	12	1			2	1
56	**123**	**26**	**41**	**36**	**351**	**92**	**10**	**61**	**7**	**115**
22	46	15	24	12	167	36	8	28	7	53
15	18	1	3	6	56	16	2	12		19
12	41	4		11	114	34		21		40
7	18	6	14	7	14	6				3

2-1 续表 7

行业大类	凌河区	太和区	黑山县	义县	凌海市	北镇市	营口市	站前区
交通运输、仓储和邮政业	**51**	**129**	**20**	**16**	**34**	**30**	**783**	**100**
铁路运输业		1						
道路运输业	14	45	14	13	28	23	246	20
城市公共交通业	4	5	2	1	2	2	16	3
水上运输业	5	10					23	4
航空运输业		1						
管道运输业		1						
装卸搬运和其他运输服务业	20	51	2	1	3	1	345	61
仓储业	3	15	1	1	1	4	144	7
邮政业	5		1				9	5
信息传输、计算机服务和软件业	**41**	**15**		**7**	**22**	**1**	**149**	**41**
电信和其他信息传输服务业	12	7		1		1	26	7
计算机服务业	10	1		6	22		90	14
软件业	19	7					33	20
批发和零售业	**555**	**432**	**294**	**178**	**230**	**237**	**3838**	**1139**
批发业	338	289	171	98	127	103	1478	392
零售业	217	143	123	80	103	134	2360	747
住宿和餐饮业	**37**	**13**	**16**	**2**	**15**	**12**	**389**	**140**
住宿业	19	8	5	2	3	6	82	24
餐饮业	18	5	11		12	6	307	116
金融业	**28**	**8**	**1**	**1**	**1**	**1**	**78**	**48**
银行业	5	3	1	1	1	1	13	7
证券业	2						4	3
保险业	12	3					43	28
其他金融活动	9	2					18	10
房地产业	**83**	**76**	**10**	**11**	**9**	**14**	**486**	**125**
房地产业	83	76	10	11	9	14	486	125
租赁和商务服务业	**129**	**89**	**10**	**8**	**23**	**32**	**444**	**179**
租赁业	2	4				4	17	7
商务服务业	127	85	10	8	23	28	427	172
科学研究、技术服务和地质勘查业	**55**	**42**	**15**	**8**	**7**	**69**	**163**	**60**
研究与试验发展	8	4				1	6	1
专业技术服务业	36	19	3	2	7	7	111	50
科技交流和推广服务业	8	19	12	5		61	42	8
地质勘查业	3			1			4	1
水利、环境和公共设施管理业	**3**	**7**		**2**		**13**	**38**	**8**
水利管理业							6	1
环境管理业	1					1	4	
公共设施管理业	2	7		2		12	28	7
居民服务和其他服务业	**37**	**15**	**5**	**5**	**6**	**5**	**413**	**124**
居民服务业	18	7	1	3	2	5	234	91
其他服务业	19	8	4	2	4		179	33
教育	**4**	**2**	**1**		**1**		**19**	**6**
教育	4	2	1		1		19	6
卫生、社会保障和社会福利业	**6**	**9**	**5**				**24**	**4**
卫生	6	8	5				23	3
社会保障业		1					1	1
社会福利业								
文化、体育和娱乐业	**7**	**2**	**2**	**3**		**4**	**46**	**14**
新闻出版业							1	
广播、电视、电影和音像业	1					1	2	1
文化艺术业	4	1		3		1	3	1
体育							2	1
娱乐业	2	1	2			2	38	11

西市区	鲅鱼圈区	老边区	盖州市	大石桥市	阜新市	海州区	新邱区	太平区	清河门区	细河区
32	**439**	**127**	**42**	**43**	**131**	**43**	**9**	**18**	**4**	**35**
					5	3		2		
2	70	114	16	24	81	15	8	10	3	28
	6		6	1	2				1	1
9	10									
19	250	5	5	5	28	19	1	2		3
2	100	8	15	12	10	2		3		3
	3			1	5	4		1		
7	**80**	**5**	**11**	**5**	**82**	**20**	**1**	**6**	**5**	**45**
1	10	1	5	2	23	5	1	3	2	9
1	62	4	6	3	20	8		3	2	7
5	8				39	7			1	29
313	**763**	**287**	**640**	**696**	**1514**	**467**	**63**	**152**	**40**	**217**
96	294	139	300	257	820	259	41	100	22	122
217	469	148	340	439	694	208	22	52	18	95
47	**97**	**48**	**36**	**21**	**86**	**30**	**5**	**8**	**2**	**21**
7	33	3	12	3	34	11		3		6
40	64	45	24	18	52	19	5	5	2	15
5	**7**	**2**	**3**	**13**	**45**	**25**			**1**	**17**
1	1	1	1	2	10	4			1	3
				1	1	1				
4	3		1	7	26	15				11
	3	1	1	3	8	5				3
49	**184**	**18**	**43**	**67**	**228**	**82**	**4**	**23**	**13**	**76**
49	184	18	43	67	228	82	4	23	13	76
41	**134**	**15**	**20**	**55**	**243**	**88**	**6**	**14**	**8**	**78**
2	4	4			7	1		2		4
39	130	11	20	55	236	87	6	12	8	74
23	**38**	**11**	**7**	**24**	**225**	**53**	**4**	**10**	**4**	**65**
4	1				14	2		1		9
12	29	4	6	10	98	43		8	2	36
6	8	6	1	13	109	6	4	1	1	19
1		1		1	4	2			1	1
7	**11**		**8**	**4**	**33**	**5**	**2**	**6**		**11**
	1		3	1	3		1			
1	3				5			1		2
6	7		5	3	25	5	1	5		9
48	**100**	**44**	**38**	**59**	**79**	**18**	**2**	**2**	**3**	**30**
28	51	18	19	27	37	13	2	1	2	9
20	49	26	19	32	42	5		1	1	21
1	**7**	**4**		**1**	**23**	**6**	**1**	**4**	**1**	**6**
1	7	4		1	23	6	1	4	1	6
7	**10**		**3**		**37**	**11**	**1**	**7**	**3**	**9**
7	10		3		27	9		5	2	7
					8	2	1		1	2
					2			2		
14	**7**	**4**	**6**	**1**	**26**	**7**	**1**	**2**	**1**	**10**
			1							
			1		4	2				
			1	1	9	1	1	1		5
1					1					
13	7	4	3		12	4		1	1	5

2-1 续表 8

行业大类	阜新蒙古族自治县	彰武县	辽阳市	白塔区	文圣区	宏伟区	弓长岭区	太子河区
总 计	**1080**	**599**	**6332**	**1242**	**974**	**498**	**238**	**678**
农、林、牧、渔业			**1**					
农业								
林业								
畜牧业			1					
渔业								
农、林、牧、渔服务业								
采矿业	**167**	**42**	**494**	**1**		**2**	**65**	**8**
煤炭开采和洗选业	46		64					
石油和天然气开采业								
黑色金属矿采选业	37		265			2	54	
有色金属矿采选业	6		14					1
非金属矿采选业	77	42	151	1			11	7
其他采矿业	1							
制造业	**363**	**182**	**2744**	**346**	**238**	**284**	**49**	**489**
农副食品加工业	63	27	126	13		6	1	8
食品制造业	14	13	42	6	5	8	1	2
饮料制造业	21	13	39	1	2	2	5	5
烟草制品业								
纺织业	4	4	171	3	15	2		11
纺织服装、鞋、帽制造业	3	8	67	11	8	2		5
皮革、毛皮、羽毛(绒)及其制品业	1		20		3			1
木材加工及木、竹、藤、棕、草制品业	14	20	46	4	3	1	1	4
家具制造业	1	4	29	2	1	2	1	9
造纸及纸制品业	6	3	63	8	9	4	1	19
印刷业和记录媒介的复制	15	6	51	21	12	5		6
文教体育用品制造业			4	2		1		1
石油加工、炼焦及核燃料加工业	1	3	26	2		15		4
化学原料及化学制品制造业	25	18	231	23	26	74	1	47
医药制造业	4	2	17	3	1	3	1	3
化学纤维制造业			22	2		8		1
橡胶制品业	2	1	81	8	7	1		12
塑料制品业	14	4	120	9	17	35		20
非金属矿物制品业	82	23	320	16	16	21	9	42
黑色金属冶炼及压延加工业		1	211	11	2		4	11
有色金属冶炼及压延加工业	8	1	17		1	3		2
金属制品业	14	4	144	27	23	13	3	26
通用设备制造业	26		461	76	36	36	14	106
专用设备制造业	23	8	115	22	8	11	3	49
交通运输设备制造业	9	10	71	17	10	5	1	21
电气机械及器材制造业	4		92	21	18	5	3	17
通信设备、计算机及其他电子设备制造业	1	1	16	6	3	5		
仪器仪表及文化、办公用机械制造业		1	57	22	8	11		14
工艺品及其他制造业	6	7	81	10	4	4		42
废弃资源和废旧材料回收加工业	2		4			1		1
电力、燃气及水的生产和供应业	**10**	**8**	**29**	**5**	**2**	**1**	**5**	**2**
电力、热力的生产和供应业	3	7	20	3	1	1	4	1
燃气生产和供应业			3		1			
水的生产和供应业	7	1	6	2			1	1
建筑业	**42**	**24**	**260**	**68**	**71**	**41**	**12**	**30**
房屋和土木工程建筑业	17	18	114	31	19	17	11	11
建筑安装业	5	2	60	14	18	9		16
建筑装饰业	16	3	58	12	30	8	1	1
其他建筑业	4	1	28	11	4	7		2

辽阳县	灯塔市	盘锦市	双台子区	兴隆台区	大洼县	盘山县	铁岭市	银州区	清河区	铁岭县
1742	**960**	**6562**	**906**	**3611**	**1103**	**942**	**5602**	**1349**	**353**	**871**
1		**6**		**1**	**3**	**2**				
		4		1	1	2				
1										
		2			2					
228	**190**	**101**		**101**			**186**	**12**	**2**	**69**
	64						15			6
		101		101						
114	95						13			8
13							9			4
101	31						149	12	2	51
930	**408**	**2181**	**181**	**900**	**598**	**502**	**2997**	**541**	**181**	**581**
53	45	205	9	13	76	107	362	29	20	42
15	5	42	3	13	16	10	107	13	12	20
14	10	22	3	8	6	5	123	6	10	16
123	17	27	5	11	8	3	66	10	1	5
13	28	41	5	23	11	2	41	9	3	4
5	11	6		1	4	1	10	4		2
32	1	23	1	6	10	6	120	9	6	27
10	4	24	5	9	6	4	29	8	1	7
16	6	28	4	5	12	7	71	9	15	9
4	3	64	16	44	4		78	25	7	2
		5	1	1	3		5	1	1	
4	1	235	9	41	73	112	16	3	1	8
43	17	305	22	140	80	63	210	25	12	47
2	4	15	3	5	2	5	37	5	1	7
8	3	1				1	2		1	
49	4	27	2	18	4	3	173	83	3	55
33	6	129	19	48	35	27	137	18	12	20
59	157	213	15	65	70	63	338	30	19	74
172	11	4		4			46	4	6	11
8	3	4				4	55	13		19
40	12	108	14	35	43	16	146	28	9	35
148	45	138	13	75	28	22	363	74	26	80
17	5	214	4	146	45	19	202	38	6	31
13	4	152	13	104	32	3	72	23	6	11
25	3	77	9	47	14	7	88	34	1	24
1	1	11	1	8		2	19	14		2
2		28	3	21	4		30	24		4
19	2	27	2	9	9	7	41	2		16
2		6			3	3	10		2	3
9	**5**	**40**	**5**	**9**	**14**	**12**	**59**	**9**	**4**	**8**
7	3	15	3	6	4	2	31	5	3	4
2		2	1		1		6	2		2
	2	23	1	3	9	10	22	2	1	2
16	**22**	**372**	**49**	**186**	**81**	**56**	**239**	**70**	**18**	**29**
11	14	183	26	77	43	37	160	41	15	12
	3	70	9	44	11	6	25	8		5
4	2	64	9	48	7		24	13		2
1	3	55	5	17	20	13	30	8	3	10

2-1 续表 9

行业大类	阜新蒙古族自治县	彰武县	辽阳市	白塔区	文圣区	宏伟区	弓长岭区	太子河区
交通运输、仓储和邮政业	**8**	**14**	**167**	**52**	**14**	**10**	**12**	**20**
铁路运输业			5	5				
道路运输业	7	10	94	26	5	5	8	18
城市公共交通业			26	11	4		1	
水上运输业								
航空运输业								
管道运输业								
装卸搬运和其他运输服务业	1	2	18	4	4	4	2	1
仓储业		2	17	2		1	1	1
邮政业			7	4	1			
信息传输、计算机服务和软件业	**2**	**3**	**107**	**28**	**31**	**14**	**1**	**3**
电信和其他信息传输服务业	1	2	7	2	3			2
计算机服务业			84	20	28	7		1
软件业	1	1	16	6		7	1	
批发和零售业	**355**	**220**	**1485**	**409**	**327**	**74**	**53**	**69**
批发业	177	99	772	245	146	36	34	38
零售业	178	121	713	164	181	38	19	31
住宿和餐饮业	**10**	**10**	**204**	**44**	**61**	**16**	**3**	**9**
住宿业	7	7	39	21	5	4	2	
餐饮业	3	3	165	23	56	12	1	9
金融业	**1**	**1**	**50**	**15**	**22**		**1**	**8**
银行业	1	1	14	6	2		1	3
证券业								
保险业			28	8	14			5
其他金融活动			8	1	6			
房地产业	**15**	**15**	**157**	**55**	**32**	**19**	**7**	**12**
房地产业	15	15	157	55	32	19	7	12
租赁和商务服务业	**30**	**19**	**243**	**93**	**60**	**11**	**11**	**12**
租赁业			20	8	4	3	1	
商务服务业	30	19	223	85	56	8	10	12
科学研究、技术服务和地质勘查业	**41**	**48**	**89**	**31**	**19**	**9**	**4**	**4**
研究与试验发展	1	1	9	4		1	1	1
专业技术服务业	6	3	60	20	18	6	2	3
科技交流和推广服务业	34	44	19	6	1	2	1	
地质勘查业			1	1				
水利、环境和公共设施管理业	**7**	**2**	**19**	**3**	**3**	**4**	**5**	**2**
水利管理业	2		2		1		1	
环境管理业	1	1	2	1		1		
公共设施管理业	4	1	15	2	2	3	4	2
居民服务和其他服务业	**18**	**6**	**209**	**58**	**74**	**9**	**5**	**8**
居民服务业	7	3	146	40	60	2	4	4
其他服务业	11	3	63	18	14	7	1	4
教育	**2**	**3**	**16**	**8**	**3**	**3**		**1**
教育	2	3	16	8	3	3		1
卫生、社会保障和社会福利业	**5**	**1**	**26**	**17**	**5**		**3**	**1**
卫生	4		25	17	5		2	1
社会保障业	1	1						
社会福利业			1				1	
文化、体育和娱乐业	**4**	**1**	**32**	**9**	**12**	**1**	**2**	
新闻出版业								
广播、电视、电影和音像业	1	1	5	3	1			
文化艺术业	1		5	2	1			
体育	1							
娱乐业	1		22	4	10	1	2	

辽阳县	灯塔市	盘锦市	双台子区	兴隆台区	大洼县	盘山县	铁岭市	银州区	清河区	铁岭县
24	**35**	**159**	**33**	**57**	**37**	**32**	**147**	**31**	**12**	**18**
		2	1	1						
12	20	97	23	34	21	19	97	17	8	15
3	7	3		3			20	4	2	
		3			3					
	3	30	8	14	6	2	10	3	1	1
9	3	20	1	1	7	11	16	3	1	2
	2	4		4			4	4		
21	**9**	**62**	**2**	**58**	**2**		**33**	**20**	**1**	**5**
		21	2	19			22	11	1	5
21	7	22		21	1		6	4		
	2	19		18	1		5	5		
349	**204**	**2332**	**451**	**1366**	**265**	**250**	**1136**	**276**	**64**	**105**
168	105	1047	209	474	173	191	656	126	45	52
181	99	1285	242	892	92	59	480	150	19	53
59	**12**	**145**	**22**	**109**	**12**	**2**	**97**	**39**	**13**	**2**
5	2	27	4	19	4		43	16	5	
54	10	118	18	90	8	2	54	23	8	2
1	**3**	**51**	**5**	**44**	**2**		**56**	**37**	**2**	
1	1	11	2	8	1		26	12	1	
		1		1						
	1	27	1	26			22	21		
	1	12	2	9	1		8	4	1	
19	**13**	**214**	**48**	**130**	**22**	**14**	**206**	**98**	**16**	**16**
19	13	214	48	130	22	14	206	98	16	16
25	**31**	**402**	**39**	**302**	**36**	**25**	**174**	**96**	**18**	**13**
3	1	18	1	11		6	6	3	1	1
22	30	384	38	291	36	19	168	93	17	12
10	**12**	**224**	**14**	**159**	**12**	**39**	**89**	**36**	**8**	**11**
1	1	20		20			10	4	2	1
6	5	130	13	105	9	3	60	27	6	7
3	6	65	1	25	3	36	15	2		3
		9		9			4	3		
	2	**32**	**3**	**20**	**6**	**3**	**37**	**9**	**5**	**7**
		1		1			4		1	1
		9		6	2	1	3			1
	2	22	3	13	4	2	30	9	4	5
43	**12**	**138**	**17**	**108**	**9**	**4**	**73**	**37**	**2**	**6**
27	9	82	12	61	8	1	53	22	2	5
16	3	56	5	47	1	3	20	15		1
1		**19**	**5**	**12**	**2**		**19**	**4**	**1**	
1		19	5	12	2		19	4	1	
		57	**29**	**26**	**1**	**1**	**37**	**27**	**3**	
		53	28	25			36	26	3	
		2		1	1		1	1		
		2	1			1				
6	**2**	**27**	**3**	**23**	**1**		**17**	**7**	**3**	**1**
	1	4		4			3	2	1	
2		7	3	3	1		2			
		1		1			2		1	
4	1	15		15			10	5	1	1

2-1 续表 10

行业大类	西丰县	昌图县	调兵山市	开原市	朝阳市	双塔区	龙城区	朝阳县
总　计	**469**	**910**	**416**	**1234**	**5566**	**1568**	**727**	**409**
农、林、牧、渔业								
农业								
林业								
畜牧业								
渔业								
农、林、牧、渔服务业								
采矿业	**26**	**7**	**20**	**50**	**856**	**10**	**21**	**87**
煤炭开采和洗选业	5	1	2	1	24	2	2	1
石油和天然气开采业								
黑色金属矿采选业	1			4	576		6	66
有色金属矿采选业	1			4	34			3
非金属矿采选业	19	6	18	41	222	8	13	17
其他采矿业								
制造业	**226**	**505**	**211**	**752**	**1775**	**351**	**409**	**149**
农副食品加工业	18	121	21	111	139	11	33	14
食品制造业	13	20	12	17	52	12	4	2
饮料制造业	19	44	14	14	44	6	6	3
烟草制品业								
纺织业	14	15	6	15	28	5	4	1
纺织服装、鞋、帽制造业	3	10	3	9	19	4	5	1
皮革、毛皮、羽毛(绒)及其制品业				4	3		1	1
木材加工及木、竹、藤、棕、草制品业	22	32	6	18	41	3	5	2
家具制造业	4	1	1	7	13	1	6	3
造纸及纸制品业	7	2	4	25	29	6	7	1
印刷业和记录媒介的复制	6	12	5	21	39	15	7	1
文教体育用品制造业				3				
石油加工、炼焦及核燃料加工业	1		1	2	7	2	1	
化学原料及化学制品制造业	14	42	15	55	92	11	23	7
医药制造业	19	1		4	20	4	9	2
化学纤维制造业		1			2		1	
橡胶制品业	15	4	6	7	12		7	1
塑料制品业	13	17	9	48	72	15	25	9
非金属矿物制品业	30	93	14	78	317	30	40	40
黑色金属冶炼及压延加工业	4	6	4	11	35	2	4	3
有色金属冶炼及压延加工业		1	4	18	41	4		11
金属制品业	8	22	14	30	71	13	16	12
通用设备制造业	7	31	33	112	262	53	79	18
专用设备制造业	2	15	13	97	266	112	76	11
交通运输设备制造业	3	6	6	17	97	20	17	5
电气机械及器材制造业		6	7	16	44	10	25	
通信设备、计算机及其他电子设备制造业		1		2	9	6		1
仪器仪表及文化、办公用机械制造业				2	5	2	3	
工艺品及其他制造业	3	1	13	6	14	3	5	
废弃资源和废旧材料回收加工业	1	1		3	2	1		
电力、燃气及水的生产和供应业	**6**	**19**	**5**	**8**	**73**	**31**	**10**	
电力、热力的生产和供应业	3	8	3	5	57	26	8	
燃气生产和供应业		1		1	2	1		
水的生产和供应业	3	10	2	2	14	4	2	
建筑业	**14**	**63**	**16**	**29**	**293**	**140**	**43**	**11**
房屋和土木工程建筑业	10	58	11	13	155	55	24	8
建筑安装业	2		1	9	58	36	9	2
建筑装饰业	1	4	2	2	52	36	7	1
其他建筑业	1	1	2	5	28	13	3	

建平县	喀喇沁左翼蒙古族自治县	北票市	凌源市	葫芦岛市	连山区	龙港区	南票区	绥中县	建昌县	兴城市
789	**426**	**780**	**867**	**5609**	**1515**	**1259**	**194**	**974**	**440**	**1227**
				1						**1**
				1						1
318	**81**	**228**	**111**	**408**	**119**	**1**	**68**	**52**	**64**	**104**
1	5	5	8	85	8	1	63		6	7
233	51	182	38	48	9			3	33	3
2	15	10	4	133	76			4	11	42
82	10	31	61	141	26		5	45	14	51
				1						1
172	**148**	**253**	**293**	**1891**	**537**	**391**	**60**	**283**	**97**	**523**
30	7	20	24	146	37	7	4	44	12	42
9	8	5	12	42	11	2		11	7	11
3	8	11	7	75	19	7	2	24	10	13
2		13	3	29	3	1		5	5	15
3	2	2	2	132	9	4		4		115
			1	3				1		2
13	9	4	5	24	6	2	1	8	2	5
	1	1	1	9	4	2				3
1	2	5	7	19	2	1		10		6
6	1	4	5	57	13	15	1	8	7	13
	1		3	28	16	9	1			2
13	8	12	18	146	64	39	9	8	3	23
3			2	10	2	3		1		4
			1							
1	1	2		9	3	2		3		1
5	5	5	8	71	19	13	1	10	3	25
36	35	40	96	289	76	27	29	46	24	87
1	6	1	18	64	27	4	5	4	10	14
1	12	9	4	76	42	22	1	6	3	2
8	5	6	11	141	39	66	2	17	2	15
18	22	56	16	199	80	37	1	10	4	67
10	2	50	5	59	19	22		12		6
7	11	3	34	158	18	86	2	28	4	20
1	1	3	4	76	19	16		18		23
1			1	7	3	2		1		1
				5	1	1				3
	1	1	4	11	1	1	1	4		4
			1	6	4				1	1
8	**10**	**6**	**8**	**62**	**14**	**21**	**3**	**11**	**6**	**7**
7	8	2	6	44	10	12	3	9	5	5
		1		4	1	3				
1	2	3	2	14	3	6		2	1	2
16	**15**	**39**	**29**	**292**	**88**	**99**	**8**	**41**	**17**	**39**
10	12	28	18	117	26	28	4	27	9	23
1		2	8	49	22	17	2	3	1	4
2	1	5		99	35	46	2	7	5	4
3	2	4	3	27	5	8		4	2	8

2-1 续表 11

行业大类	西丰县	昌图县	调兵山市	开原市	朝阳市	双塔区	龙城区	朝阳县
交通运输、仓储和邮政业	**11**	**22**	**14**	**39**	**101**	**38**	**18**	**5**
铁路运输业								
道路运输业	7	11	8	31	33	11	6	4
城市公共交通业	1	6	3	4	29	12	3	
水上运输业								
航空运输业					2	2		
管道运输业								
装卸搬运和其他运输服务业	1	1	2	1	14	5	2	
仓储业	2	4	1	3	19	4	7	1
邮政业					4	4		
信息传输、计算机服务和软件业	**3**	**2**	**2**		**31**	**25**	**2**	
电信和其他信息传输服务业	2	2	1		16	11	2	
计算机服务业	1		1		9	8		
软件业					6	6		
批发和零售业	**129**	**217**	**75**	**270**	**1409**	**433**	**155**	**104**
批发业	81	118	51	183	903	296	124	64
零售业	48	99	24	87	506	137	31	40
住宿和餐饮业	**11**	**9**	**6**	**17**	**75**	**39**	**3**	
住宿业	6	2	5	9	37	16	2	
餐饮业	5	7	1	8	38	23	1	
金融业	**5**	**5**	**1**	**6**	**54**	**49**	**1**	
银行业	4	4	1	4	15	11		
证券业					1	1		
保险业				1	25	25		
其他金融活动	1	1		1	13	12	1	
房地产业	**18**	**20**	**21**	**17**	**269**	**142**	**27**	**2**
房地产业	18	20	21	17	269	142	27	2
租赁和商务服务业	**2**	**11**	**20**	**14**	**286**	**160**	**13**	**5**
租赁业				1	6	4	1	
商务服务业	2	11	20	13	280	156	12	5
科学研究、技术服务和地质勘查业	**7**	**10**	**11**	**6**	**225**	**88**	**10**	**45**
研究与试验发展		1	1	1	6	5		
专业技术服务业	1	9	8	2	114	70	6	2
科技交流和推广服务业	6		1	3	104	12	4	43
地质勘查业			1		1	1		
水利、环境和公共设施管理业	**3**	**7**	**1**	**5**	**27**	**13**	**5**	
水利管理业	1			1	6	3		
环境管理业			1	1	2	1		
公共设施管理业	2	7		3	19	9	5	
居民服务和其他服务业	**3**	**8**	**5**	**12**	**44**	**20**	**8**	
居民服务业	1	7	4	12	26	13	3	
其他服务业	2	1	1		18	7	5	
教育	**3**	**3**	**5**	**3**	**13**	**4**	**1**	
教育	3	3	5	3	13	4	1	
卫生、社会保障和社会福利业	**2**	**1**	**2**	**2**	**20**	**17**		
卫生	2	1	2	2	13	12		
社会保障业					6	4		
社会福利业					1	1		
文化、体育和娱乐业		**1**	**1**	**4**	**15**	**8**	**1**	**1**
新闻出版业					2	2		
广播、电视、电影和音像业					2	1		
文化艺术业		1		1	2			1
体育				1	1	1		
娱乐业			1	2	8	4	1	

建平县	喀喇沁左翼蒙古族自治县	北票市	凌源市	葫芦岛市	连山区	龙港区	南票区	绥中县	建昌县	兴城市
10	**4**	**10**	**16**	**154**	**31**	**36**	**3**	**52**	**6**	**26**
2		5	5	71	16	11	2	22	4	16
4	2	3	5	5	1	1	1		1	1
				22	1	9		10		2
3	1		3	27	4	9		9		5
1	1	2	3	26	6	6		11	1	2
				3	3					
	1	**3**		**129**	**12**	**33**		**14**	**10**	**60**
		3		19	2	14		2		1
	1			99	6	12		12	10	59
				11	4	7				
187	**97**	**156**	**277**	**1725**	**455**	**346**	**33**	**378**	**181**	**332**
108	49	77	185	967	278	212	18	206	92	161
79	48	79	92	758	177	134	15	172	89	171
4	**4**	**7**	**18**	**181**	**50**	**52**	**1**	**26**	**5**	**47**
3	3	2	11	70	14	14		15	3	24
1	1	5	7	111	36	38	1	11	2	23
1	**1**	**1**	**1**	**47**	**12**	**30**	**1**	**2**	**1**	**1**
1	1	1	1	15	3	8	1	1	1	1
				26	8	18				
				6	1	4		1		
27	**21**	**19**	**31**	**198**	**38**	**81**	**3**	**19**	**17**	**40**
27	21	19	31	198	38	81	3	19	17	40
29	**9**	**35**	**35**	**229**	**58**	**84**	**5**	**33**	**19**	**30**
1				13	4	6		2		1
28	9	35	35	216	54	78	5	31	19	29
11	**28**	**15**	**28**	**84**	**14**	**37**	**3**	**24**	**5**	**1**
		1								
6	4	13	13	43	4	30		4	4	1
5	24	1	15	36	7	6	2	20	1	
				5	3	1	1			
2	**3**	**2**	**2**	**20**	**6**	**6**	**1**	**6**	**1**	
	1	2		5	1	2	1	1		
1				2	2					
1	2		2	13	3	4		5	1	
1	**2**	**3**	**10**	**96**	**36**	**20**	**3**	**18**	**6**	**13**
1	1	2	6	68	25	17	2	11	2	11
	1	1	4	28	11	3	1	7	4	2
2		**1**	**5**	**35**	**13**	**12**	**1**	**5**	**4**	
2		1	5	35	13	12	1	5	4	
1	**1**	**1**		**31**	**17**	**7**		**7**		
	1			29	16	7		6		
1		1		1				1		
				1	1					
	1	**1**	**3**	**26**	**15**	**3**	**1**	**3**	**1**	**3**
				1		1				
		1		4	2		1	1		
			1	2		1			1	
	1		2	19	13	1		2		3

2-2 按行业(大类)、地区分组的

行业大类	从业人员数(人)	沈阳市	和平区	沈河区	大东区	皇姑区	铁西区	苏家屯区
总　计	**8422445**	**1804040**	**252396**	**198513**	**128180**	**133613**	**104934**	**69076**
农、林、牧、渔业	**12073**	**591**						**69**
农业	7849	454						
林业	2026							
畜牧业	221	69						69
渔业	1869							
农、林、牧、渔服务业	108	68						
采矿业	**548214**	**26377**			**235**	**21**		**375**
煤炭开采和洗选业	192304	22108						75
石油和天然气开采业	126731							
黑色金属矿采选业	107306	299				21		149
有色金属矿采选业	51492	122			65			
非金属矿采选业	69740	3848			170			151
其他采矿业	641							
制造业	**3998125**	**920830**	**20066**	**11027**	**70185**	**63095**	**38246**	**44576**
农副食品加工业	252192	45968	22		79	689	186	2945
食品制造业	72519	21597	714	110	173	403	1410	461
饮料制造业	50196	14938	146	29	815	4	2837	474
烟草制品业	2592	1169	1169					
纺织业	121378	10939	89	113	807	212	161	747
纺织服装、鞋、帽制造业	247612	20550	343	516	851	727	287	917
皮革、毛皮、羽毛(绒)及其制品业	31469	18334	122	46	198	177	62	251
木材加工及木、竹、藤、棕、草制品业	73721	16242	320	114	407	159	36	479
家具制造业	49051	15385	67	16	122	229	32	1247
造纸及纸制品业	57335	11452	261	219	587	652	178	780
印刷业和记录媒介的复制	41117	15448	1701	1766	1363	1823	1374	164
文教体育用品制造业	11850	2229	5	59	113	88	15	96
石油加工、炼焦及核燃料加工业	72665	7024	7	7	98		23	107
化学原料及化学制品制造业	213378	32148	302	414	771	1678	664	2178
医药制造业	59240	30820	111	619	933	145	205	566
化学纤维制造业	32420	267		5			37	20
橡胶制品业	51813	18678	122	135	707	381	1368	324
塑料制品业	132886	42813	121	378	543	605	339	1576
非金属矿物制品业	351269	56697	540	265	566	583	683	5922
黑色金属冶炼及压延加工业	302076	12963	123	5	1488	115	1287	3111
有色金属冶炼及压延加工业	84348	15952	83	65	86	210	132	2889
金属制品业	192108	51334	461	364	3438	4207	1495	2066
通用设备制造业	553758	147988	1666	1450	6554	9285	7979	3250
专用设备制造业	215395	78118	1621	642	11264	5401	2463	1567
交通运输设备制造业	321550	110147	1190	548	27119	29274	9411	5247
电气机械及器材制造业	197946	79558	3156	1829	8228	3264	4873	5955
通信设备、计算机及其他电子设备制造业	103976	23014	4789	324	482	1124	250	547
仪器仪表及文化、办公用机械制造业	46106	9984	587	667	1370	1075	329	180
工艺品及其他制造业	46613	8632	224	322	871	564	128	428
废弃资源和废旧材料回收加工业	9546	442	4		152	21	2	82
电力、燃气及水的生产和供应业	**208573**	**44645**	**22436**	**8585**	**1358**	**1340**	**1016**	**1128**
电力、热力的生产和供应业	152582	31152	12867	8240	1214	709	1000	982
燃气生产和供应业	16539	2979	2373	35	136		7	59
水的生产和供应业	39452	10514	7196	310	8	631	9	87
建筑业	**1282676**	**221883**	**47320**	**51941**	**12553**	**16354**	**17101**	**8545**
房屋和土木工程建筑业	976711	134607	31826	35925	5528	9412	12801	7134
建筑安装业	204682	61357	11381	9830	4510	3628	2639	1287
建筑装饰业	71954	22314	3605	5768	2371	2990	1449	114
其他建筑业	29329	3605	508	418	144	324	212	10

企业法人单位从业人员数

东陵区	沈北新区	于洪区	辽中县	康平县	法库县	新民市	大连市	中山区	西岗区	沙河口区	甘井子区
204073	**118680**	**389491**	**38597**	**67077**	**37989**	**61421**	**2285409**	**225488**	**161045**	**195972**	**396691**
50				**472**			**873**				**653**
50				404			38				28
							795				625
				68			40				
183	**19449**	**15**		**2729**	**3008**	**362**	**8177**	**59**			**311**
	19369			1868	796						
129							162				
	1				56		522				
54	79	15		861	2156	362	7419	4			292
							74	55			19
141488	**76383**	**301422**	**32543**	**48510**	**28371**	**44918**	**1130143**	**7852**	**33177**	**45667**	**209764**
6436	9251	6678	4671	5197	2421	7393	86811	247	180	369	10536
2137	7948	5127	289	791	898	1136	20382	190	206	1117	2485
1488	2168	3881	1407	522	668	499	8476	47	2	1741	1519
2240	841	3286	577	888	87	891	29724	213	87	417	3090
1268	1499	9644	1553	2208	544	193	138450	658	526	1489	25298
15829	13	731	584	14	35	272	6228	51	119	139	2926
1293	1691	5361	779	848	2068	2687	22964	82	22	402	6317
2230	940	9561	61	488	95	297	22698	111	35	461	2883
2723	1479	2544	496	303	120	1110	13563	44	110	384	1351
3036	1464	1805	276	57	87	532	11458	1594	504	645	3205
833	64	936	1			19	4840	106	13	68	1527
395	376	3204	616	15	240	1936	12787			10	10558
3639	4868	10638	1481	1342	1027	3146	35278	278	339	662	12506
3657	4237	18499	575	239	235	799	9044	33		117	1778
78	96	8	23				1112			5	165
2691	860	10326	609	641	187	327	9768	10	197	1427	2427
5736	2275	6696	358	21579	430	2177	35112	152	186	362	5792
8088	4649	10461	2207	4038	14320	4375	47283	172	188	822	8184
1553	1411	2556	887	229	3	195	13992	1	430	160	7727
4035	1767	3634	807	1182	516	546	2502	1		9	633
6577	3316	24166	1456	1657	556	1575	56526	645	5153	1312	15057
17632	7412	76392	7775	1790	1856	4947	224679	625	1240	16202	30058
12236	4494	34463	929	1216	437	1385	52878	702	6054	1182	10709
12805	4891	15483	1188	1505	123	1363	118416	927	16134	12896	21580
9493	5563	27270	1362	977	833	6755	61824	123	670	1875	6951
9427	1714	3844	47	319	2	145	58624	205	49	83	10094
2563	323	2690	69	58		73	15824	507	547	1037	3182
1360	771	1496	1342	398	583	145	8260	122	185	274	1075
10	2	42	118	9			640	6	1		151
1181	**1012**	**4303**	**291**	**1004**	**544**	**447**	**20994**	**737**	**5431**	**2321**	**3068**
799	620	3761	64	726	113	57	12085	652	1033	1940	2381
19	8	153	6	32	116	35	3552	32	1952	2	450
363	384	389	221	246	315	355	5357	53	2446	379	237
14690	**6716**	**34046**	**1447**	**3713**	**671**	**6786**	**421144**	**16744**	**38669**	**54796**	**61474**
8089	4040	10266	1050	2478	467	5591	327513	7703	26488	37580	38746
4025	1332	20597	318	772	160	878	50765	4361	4307	10141	15022
2295	1150	2227	4	303	10	28	27210	3743	5163	5511	3125
281	194	956	75	160	34	289	15656	937	2711	1564	4581

2-2 续表 1

行业大类	从业人员数(人)	沈阳市	和平区	沈河区	大东区	皇姑区	铁西区	苏家屯区
交通运输、仓储和邮政业	**330635**	**68741**	**22303**	**4723**	**8557**	**2807**	**5385**	**2136**
铁路运输业	3663							
道路运输业	114808	25643	7529	2248	1101	963	1113	1520
城市公共交通业	56800	14448	341	821	2627	785	3074	140
水上运输业	30234	39	5	22				
航空运输业	9695	4641		7	3289			105
管道运输业	1431	430				430		
装卸搬运和其他运输服务业	69559	13835	9723	1021	438	521	971	52
仓储业	19266	4169	65	150	1068	58	219	299
邮政业	25179	5536	4640	454	34	50	8	20
信息传输、计算机服务和软件业	**127563**	**27226**	**10662**	**5436**	**456**	**1889**	**490**	**156**
电信和其他信息传输服务业	55417	14047	6697	1848	141	203	128	5
计算机服务业	20710	4430	1357	1105	147	345	154	125
软件业	51436	8749	2608	2483	168	1341	208	26
批发和零售业	**775440**	**210455**	**45682**	**47927**	**16970**	**20911**	**26405**	**4368**
批发业	441224	122249	23725	27398	8045	11002	18577	2201
零售业	334216	88206	21957	20529	8925	9909	7828	2167
住宿和餐饮业	**175594**	**39823**	**17982**	**6908**	**2031**	**6278**	**1568**	**506**
住宿业	78016	18003	5394	4815	1248	3409	422	243
餐饮业	97578	21820	12588	2093	783	2869	1146	263
金融业	**217063**	**34768**	**9946**	**21632**	**67**	**349**	**124**	**413**
银行业	135855	24610	6476	15714			48	398
证券业	2055	683	424	195	4	35		
保险业	71970	7882	2651	4879	18	249	68	3
其他金融活动	7183	1593	395	844	45	65	8	12
房地产业	**204207**	**61839**	**11464**	**10462**	**4114**	**4146**	**6782**	**2576**
房地产业	204207	61839	11464	10462	4114	4146	6782	2576
租赁和商务服务业	**272432**	**72603**	**26278**	**14512**	**8461**	**7977**	**3123**	**1246**
租赁业	7727	1632	294	149	235	151	41	97
商务服务业	264705	70971	25984	14363	8226	7826	3082	1149
科学研究、技术服务和地质勘查业	**114042**	**36212**	**11987**	**7375**	**819**	**3816**	**1652**	**781**
研究与试验发展	17278	6035	1307	601	113	571	230	135
专业技术服务业	67210	23661	9813	5402	539	2034	1155	292
科技交流和推广服务业	25628	5535	853	922	153	1058	267	354
地质勘查业	3926	981	14	450	14	153		
水利、环境和公共设施管理业	**19469**	**4357**	**512**	**347**	**223**	**322**	**89**	**463**
水利管理业	2429	583	152	48		25		
环境管理业	4443	1553	19	17	3	122	7	286
公共设施管理业	12597	2221	341	282	220	175	82	177
居民服务和其他服务业	**65432**	**12165**	**1903**	**1665**	**937**	**1642**	**1039**	**929**
居民服务业	39369	6125	971	1105	302	796	791	203
其他服务业	26063	6040	932	560	635	846	248	726
教育	**14357**	**4258**	**257**	**1194**	**423**	**580**	**516**	**278**
教育	14357	4258	257	1194	423	580	516	278
卫生、社会保障和社会福利业	**28080**	**6533**	**564**	**1001**	**403**	**789**	**1100**	**189**
卫生	27277	6319	548	935	394	775	1098	189
社会保障业	313	58			9			
社会福利业	490	156	16	66		14	2	
文化、体育和娱乐业	**28470**	**10734**	**3034**	**3778**	**388**	**1297**	**298**	**342**
新闻出版业	7974	5283	1702	2555	40	691	18	4
广播、电视、电影和音像业	3587	1653	446	640	93	120	96	90
文化艺术业	2479	1045	203	260	59	209	11	10
体育	1299	383	261	6			29	11
娱乐业	13131	2370	422	317	196	277	144	227

东陵区	沈北新区	于洪区	辽中县	康平县	法库县	新民市	大连市	中山区	西岗区	沙河口区	甘井子区
7948	**1217**	**7661**	**716**	**3754**	**616**	**918**	**109625**	**43386**	**5996**	**3345**	**15232**
2412	426	2872	507	3689	601	662	33219	3273	2130	1484	4728
2686	68	3699		48	11	148	18232	12881	665	816	1632
		12					17535	10269	1703	52	402
1240							4710	49	8		4618
							225				
542	283	239	24	17	4		24690	12905	679	729	1185
763	440	814	185			108	5922	120	31	227	2387
305		25					5092	3889	780	37	280
6387	**672**	**603**	**86**	**126**	**204**	**59**	**59150**	**11119**	**4015**	**7347**	**34619**
4498	46	147	60	55	188	31	11178	8049	1902	456	330
706	178	215	26	44	7	21	7881	683	783	726	4710
1183	448	241		27	9	7	40091	2387	1330	6165	29579
11389	**3534**	**20961**	**1787**	**3356**	**2635**	**4530**	**203148**	**53206**	**24593**	**29974**	**28616**
8355	2236	13577	1048	2076	2047	1962	135038	28707	19803	20673	18609
3034	1298	7384	739	1280	588	2568	68110	24499	4790	9301	10007
1800	**217**	**1918**	**190**	**140**	**158**	**127**	**52574**	**19773**	**6822**	**9094**	**3679**
1227	112	801	35	122	100	75	28568	11072	5387	2857	1269
573	105	1117	155	18	58	52	24006	8701	1435	6237	2410
108	**355**	**78**	**308**	**358**	**515**	**515**	**43148**	**33904**	**3799**	**939**	**787**
	248	48	301	351	512	514	26325	20914	1225	125	627
	15	10					813	519	41	253	
9		4	1				14587	11896	2164	492	31
99	92	16	6	7	3	1	1423	575	369	69	129
7039	**4261**	**8603**	**334**	**434**	**379**	**1245**	**73364**	**14836**	**12868**	**15590**	**11131**
7039	4261	8603	334	434	379	1245	73364	14836	12868	15590	11131
3516	**841**	**3943**	**367**	**1338**	**386**	**615**	**85684**	**13570**	**14345**	**15659**	**13443**
312	42	165	10	73	32	31	2370	240	240	250	439
3204	799	3778	357	1265	354	584	83314	13330	14105	15409	13004
4254	**2216**	**2084**	**215**	**415**	**277**	**321**	**36342**	**3695**	**7184**	**5415**	**5531**
1310	1043	464	43	30	43	145	4291	729	76	814	1516
2243	596	923	106	341	70	147	21269	2470	6369	3586	2873
701	238	691	66	44	159	29	10091	496	731	1015	981
	339	6			5		691		8		161
652	**541**	**671**	**8**	**254**	**57**	**218**	**6053**	**729**	**38**	**636**	**480**
	86	3	8	179	53	29	71	2	10	22	
259	424	388		19	4	5	1714	500	5	299	152
393	31	280		56		184	4268	227	23	315	328
1500	**759**	**1144**	**75**	**366**	**87**	**119**	**16001**	**2616**	**2095**	**1943**	**4806**
910	171	585	17	134	72	68	7206	1820	1061	1038	606
590	588	559	58	232	15	51	8795	796	1034	905	4200
390	**91**	**410**	**53**	**18**	**19**	**29**	**4170**	**416**	**515**	**724**	**940**
390	91	410	53	18	19	29	4170	416	515	724	940
501	**164**	**1459**	**161**	**35**	**31**	**136**	**6166**	**465**	**664**	**616**	**883**
492	75	1456	155	35	31	136	5996	459	658	612	823
5	44						41	3		3	5
4	45	3	6				129	3	6	1	55
997	**252**	**170**	**16**	**55**	**31**	**76**	**8653**	**2381**	**834**	**1906**	**1274**
142	70	56				5	2484	1048	322	867	230
60	8	12		46	5	37	695	201	64	188	50
173	27	41	16	9	13	14	741	237	121	98	65
50	8	18					507	23	185	35	190
572	139	43			13	20	4226	872	142	718	739

2-2 续表 2

行业大类	旅顺口区	金州区	长海县	瓦房店市	普兰店市	庄河市	鞍山市	铁东区
总 计	**97324**	**546836**	**4810**	**246648**	**200294**	**210301**	**671450**	**100205**
农、林、牧、渔业			**210**	**10**				
农业				10				
林业								
畜牧业								
渔业			170					
农、林、牧、渔服务业			40					
采矿业	**302**	**494**		**4332**	**725**	**1954**	**16832**	**40**
煤炭开采和洗选业								
石油和天然气开采业								
黑色金属矿采选业				40	37	85	6808	35
有色金属矿采选业		10		265	5	242	2703	
非金属矿采选业	302	484		4027	683	1627	7305	5
其他采矿业							16	
制造业	**71868**	**365949**	**2037**	**157393**	**126134**	**110302**	**369899**	**4641**
农副食品加工业	4988	15684	1537	14975	8280	30015	14469	210
食品制造业	1290	3674	14	4953	2520	3933	4083	26
饮料制造业	130	845		1136	2279	777	3557	3
烟草制品业								
纺织业	844	12639	85	6106	3866	2377	16099	60
纺织服装、鞋、帽制造业	2856	41401		3487	52366	10369	12236	92
皮革、毛皮、羽毛(绒)及其制品业	9	1840		186	780	178	1289	39
木材加工及木、竹、藤、棕、草制品业	604	11854		1073	1529	1081	2744	26
家具制造业	582	7159		1064	2143	8260	1632	6
造纸及纸制品业	358	5984		1774	1435	2123	2998	49
印刷业和记录媒介的复制	447	3169	17	463	863	551	1557	341
文教体育用品制造业	675	1661		78	350	362	146	51
石油加工、炼焦及核燃料加工业	55	1312		570	282		2313	5
化学原料及化学制品制造业	1898	10430		3855	3485	1825	9252	55
医药制造业	538	5228		707	414	229	1502	
化学纤维制造业		108		51	234	549	333	
橡胶制品业	599	1510		841	563	2194	5175	311
塑料制品业	1445	16559	18	2285	4043	4270	6893	325
非金属矿物制品业	3714	15391	50	9680	5262	3820	57685	173
黑色金属冶炼及压延加工业	475	3556		796	553	294	132897	623
有色金属冶炼及压延加工业	300	794		106	167	492	2697	
金属制品业	7699	14370		6152	3058	3080	26926	517
通用设备制造业	19206	50911	13	74113	17946	14365	28894	662
专用设备制造业	5626	18335		3271	2644	4355	10913	222
交通运输设备制造业	13842	31634	303	10321	2763	8016	6106	341
电气机械及器材制造业	2772	34494		6158	5866	2915	5654	294
通信设备、计算机及其他电子设备制造业	146	43079		2258	201	2509	2383	24
仪器仪表及文化、办公用机械制造业	367	8479		160	1168	377	3581	179
工艺品及其他制造业	386	3611		602	1036	969	5362	7
废弃资源和废旧材料回收加工业	17	238		172	38	17	523	
电力、燃气及水的生产和供应业	**342**	**3477**	**282**	**2690**	**1215**	**1431**	**11956**	**5721**
电力、热力的生产和供应业	245	2612	238	1351	537	1096	6517	1824
燃气生产和供应业	48	167		851	50		2373	2003
水的生产和供应业	49	698	44	488	628	335	3066	1894
建筑业	**13109**	**96928**	**1006**	**34959**	**39613**	**63846**	**99305**	**26832**
房屋和土木工程建筑业	10726	78272	879	31067	34962	61090	67637	19509
建筑安装业	1714	10215	4	1291	2465	1245	27652	5374
建筑装饰业	420	5691	123	1474	1051	909	2880	1712
其他建筑业	249	2750		1127	1135	602	1136	237

铁西区	立山区	千山区	台安县	岫岩满族自治县	海城市	抚顺市	新抚区	东洲区	望花区	顺城区
160959	**66418**	**84199**	**53070**	**43735**	**162864**	**410067**	**110635**	**50448**	**100781**	**69598**
						2204				
						1818				
						386				
	209	**2986**		**6603**	**6994**	**44445**	**27145**	**3570**	**281**	**501**
						31007	27145	2583	128	
	145	2834		1752	2042	6584		960	64	185
				1757	946	4419				
	64	152		3094	3990	2435		27	89	316
					16					
131665	**26794**	**52225**	**34353**	**24800**	**95421**	**169797**	**28093**	**25929**	**60765**	**21373**
58	91	1023	7155	1034	4898	4501	82	416	1154	808
281	99	1261	944	694	778	3231	55	145	1793	553
110	542	1119	1364	190	229	1991	119	867	115	117
						8				
1944	81	1014	1118	2757	9125	4480	47	1393	1358	721
118	837	760	1127	985	8317	3502	437	692	1080	772
10	80	293	311	1	555	60		21	26	
77	14	353	1529	104	641	9887	72	340	191	1617
19	44	647		421	495	1088	5	93	99	317
139	140	338	1438	69	825	2227	87	402	1220	234
122	172	291	226	48	357	872	121	171	264	180
1	20	69			5	67	5		31	11
3	817	106	1147	49	186	13260	10873	737	1236	171
1107	572	1916	2666	876	2060	11787	888	3662	3404	1164
122	5	585	342	331	117	2147		39	590	118
8	7	203	96		19	9348	8854	48	412	
381	203	142	20	3996	122	1791	63	298	862	327
40	340	1446	986	287	3469	3743	245	1445	1028	516
424	1638	4610	3469	8915	38456	16326	1439	2325	4949	2563
119017	1485	5520		2	6250	18501		25	16777	60
393	113	224	697	84	1186	8132	4	106	7600	101
1831	6942	7476	3290	790	6080	5400	258	1699	1850	1027
2527	7827	8528	1423	1396	6531	17822	1273	3369	3805	5440
538	2464	4744	242	501	2202	8648	789	1537	4113	1510
1005	852	2302	857	90	659	3090	742	368	983	619
537	746	2975	540	188	374	7758	1520	1052	3944	441
215	67	1980	41	6	50	828		93	137	553
619	155	1936	351	205	136	1263	90	92	870	171
19	204	149	2941	781	1261	7633	20	4461	698	1212
	237	215	33		38	406	5	33	176	50
62	**191**	**497**	**1585**	**1248**	**2652**	**14518**	**4485**	**3726**	**2352**	**2137**
20	149	482	784	1081	2177	11067	1482	3726	2262	2122
10	42	10	289		19	665	637		28	
32		5	512	167	456	2786	2366		62	15
16420	**23576**	**12700**	**4636**	**2331**	**12810**	**64225**	**18039**	**9455**	**13196**	**16262**
8109	18051	6263	3458	1786	10461	41470	7742	6683	7933	13280
8142	4849	5765	940	512	2070	17971	9820	2533	2891	1580
147	198	600	52	28	143	4340	407	175	2269	1299
22	478	72	186	5	136	444	70	64	103	103

2-2 续表 3

行业大类	旅顺口区	金州区	长海县	瓦房店市	普兰店市	庄河市	鞍山市	铁东区
交通运输、仓储和邮政业	**1095**	**15958**	**281**	**8874**	**11328**	**4130**	**21991**	**8039**
铁路运输业								
道路运输业	166	4430	23	7424	7293	2268	10970	972
城市公共交通业	28	1366		28	377	439	6067	4056
水上运输业	257	2263	212	443	1508	426		
航空运输业			35					
管道运输业				225				
装卸搬运和其他运输服务业	582	5575	6	431	2004	594	1583	374
仓储业	61	2297	5	314	109	371	1054	363
邮政业	1	27		9	37	32	2317	2274
信息传输、计算机服务和软件业	**106**	**1251**	**5**	**250**	**364**	**74**	**7601**	**3081**
电信和其他信息传输服务业	12	73	2	114	214	26	2547	2331
计算机服务业	51	710	3	77	90	48	4727	563
软件业	43	468		59	60		327	187
批发和零售业	**3532**	**22561**	**105**	**17639**	**9442**	**13480**	**59629**	**16878**
批发业	1756	16493	17	12700	6056	10224	29474	7149
零售业	1776	6068	88	4939	3386	3256	30155	9729
住宿和餐饮业	**929**	**6721**	**134**	**2264**	**1621**	**1537**	**17470**	**7460**
住宿业	392	4221	118	1548	793	911	4354	2572
餐饮业	537	2500	16	716	828	626	13116	4888
金融业	**309**	**980**	**193**	**737**	**747**	**753**	**14598**	**12191**
银行业	309	882	190	707	741	605	9740	7793
证券业							91	77
保险业		4					4043	3801
其他金融活动		94	3	30	6	148	724	520
房地产业	**2363**	**10111**	**130**	**2932**	**1897**	**1506**	**8997**	**2662**
房地产业	2363	10111	130	2932	1897	1506	8997	2662
租赁和商务服务业	**1436**	**11951**	**160**	**3365**	**4370**	**7385**	**14457**	**6219**
租赁业	30	674		118	138	241	1783	501
商务服务业	1406	11277	160	3247	4232	7144	12674	5718
科学研究、技术服务和地质勘查业	**856**	**4455**	**33**	**5939**	**1721**	**1513**	**6992**	**2567**
研究与试验发展	170	877	16	59	22	12	3221	1298
专业技术服务业	523	2689	8	827	806	1118	1965	816
科技交流和推广服务业	163	872	9	5045	408	371	1474	169
地质勘查业		17		8	485	12	332	284
水利、环境和公共设施管理业	**280**	**1645**	**214**	**574**	**259**	**1198**	**964**	**213**
水利管理业		9		13		15	72	11
环境管理业	2	309		354	53	40	441	31
公共设施管理业	278	1327	214	207	206	1143	451	171
居民服务和其他服务业	**444**	**2076**	**6**	**893**	**558**	**564**	**14868**	**2434**
居民服务业	340	1325	4	249	319	444	10939	1600
其他服务业	104	751	2	644	239	120	3929	834
教育	**139**	**633**	**12**	**450**	**100**	**241**	**1206**	**275**
教育	139	633	12	450	100	241	1206	275
卫生、社会保障和社会福利业	**42**	**472**		**3007**	**15**	**2**	**1941**	**446**
卫生	8	457		2977		2	1873	428
社会保障业	25			5			30	18
社会福利业	9	15		25	15		38	
文化、体育和娱乐业	**172**	**1174**	**2**	**340**	**185**	**385**	**2744**	**506**
新闻出版业	6	11					14	14
广播、电视、电影和音像业	53	37		47	37	18	191	81
文化艺术业	41	92	2	58	11	16	84	14
体育	3	55			16		167	20
娱乐业	69	979		235	121	351	2288	377

铁西区	立山区	千山区	台安县	岫岩满族自治县	海城市	抚顺市	新抚区	东洲区	望花区	顺城区
385	**1338**	**3182**	**4739**	**546**	**3762**	**14693**	**4353**	**838**	**1857**	**4249**
						21			2	19
98	541	2657	3363	313	3026	8234	1277	761	986	2234
221	5	132	1283	195	175	3462	2620		699	124
5	786	78	67	2	271	881	308	35	118	220
21	3	315	26	36	290	1421	119	41	42	1018
40	3					674	29	1	10	634
301	**763**	**247**	**169**	**216**	**2824**	**2851**	**2077**	**47**	**235**	**434**
4	54	19	14	20	105	2323	2029	37	42	215
279	688	158	153	196	2690	298	27	9	67	167
18	21	70	2		29	230	21	1	126	52
6893	**5395**	**6075**	**4842**	**3195**	**16351**	**39100**	**8999**	**3971**	**9793**	**5023**
2842	2741	4960	3005	964	7813	24320	3566	3163	8349	2600
4051	2654	1115	1837	2231	8538	14780	5433	808	1444	2423
1110	**2347**	**1062**	**402**	**1223**	**3866**	**10534**	**2187**	**597**	**940**	**4758**
86	222	405	87	396	586	3031	861	424	376	461
1024	2125	657	315	827	3280	7503	1326	173	564	4297
14		**17**	**492**	**581**	**1303**	**14264**	**6417**		**286**	**7050**
		10	288	556	1093	7336	3895		245	2697
14						149	123		14	12
		7	201		34	6464	2124		12	4328
			3	25	176	315	275		15	13
1629	**1256**	**787**	**880**	**352**	**1431**	**7037**	**1257**	**479**	**2046**	**2513**
1629	1256	787	880	352	1431	7037	1257	479	2046	2513
1245	**748**	**1659**	**240**	**747**	**3599**	**11874**	**2926**	**863**	**6314**	**1247**
17	106	858	16	27	258	123	8	27	83	
1228	642	801	224	720	3341	11751	2918	836	6231	1247
229	**381**	**1799**	**422**	**894**	**700**	**5251**	**1146**	**279**	**1739**	**1216**
74	59	1512	3		275	1132	22	34	963	40
143	273	230	65	100	338	2915	986	198	459	1103
12	49	57	354	746	87	1159	138	27	317	73
				48		45		20		
28	**170**	**148**	**22**	**32**	**351**	**1142**	**163**	**319**	**184**	**279**
				29	32	281		175		63
7	105	120			178	191	15	2	1	173
21	65	28	22	3	141	670	148	142	183	43
525	**1628**	**269**	**208**	**836**	**8968**	**3001**	**633**	**97**	**224**	**1373**
370	1079	104	115	669	7002	2464	554	51	188	1105
155	549	165	93	167	1966	537	79	46	36	268
57	**423**	**66**	**5**		**380**	**727**	**263**	**12**	**69**	**345**
57	423	66	5		380	727	263	12	69	345
201	**897**	**362**	**6**		**29**	**2908**	**2225**	**222**	**7**	**409**
194	854	362	6		29	2886	2225	222	7	395
	12					22				14
7	31									
195	**302**	**118**	**69**	**131**	**1423**	**1496**	**227**	**44**	**493**	**429**
						49	6			43
18	9				83	120	86	14	16	
	5			9	56	165	11	4	1	18
40	80	27				84	11	25	19	29
137	208	91	69	122	1284	1078	113	1	457	339

2-2 续表 4

行业大类	抚顺县	新宾满族自治县	清原满族自治县	本溪市	平山区	溪湖区	明山区	南芬区
总 计	**24265**	**27156**	**27184**	**319551**	**145190**	**49101**	**51845**	**12144**
农、林、牧、渔业	**386**	**513**	**1305**	**219**				
农业				49				
林业		513	1305	156				
畜牧业				14				
渔业	386							
农、林、牧、渔服务业								
采矿业	**4512**	**2400**	**6036**	**38208**	**13742**	**6579**	**1507**	**4581**
煤炭开采和洗选业	435	706	10	6496		2791	344	20
石油和天然气开采业								
黑色金属矿采选业	3203	924	1248	25127	13492	3556	717	3504
有色金属矿采选业	203	504	3712	3145			10	164
非金属矿采选业	671	266	1066	3022	250	232	436	475
其他采矿业				418				418
制造业	**13820**	**12154**	**7663**	**144169**	**68147**	**29369**	**15384**	**5866**
农副食品加工业	477	866	698	2285	244	253	541	94
食品制造业	112	314	259	1293	29	248	502	14
饮料制造业	383	196	194	2503	98	101	707	94
烟草制品业			8					
纺织业	371	205	385	3276	159	730	168	24
纺织服装、鞋、帽制造业	270	30	221	1594	393	247	453	372
皮革、毛皮、羽毛(绒)及其制品业		3	10	477	154	8	296	
木材加工及木、竹、藤、棕、草制品业	2183	3735	1749	2693	59	837	173	82
家具制造业	99	295	180	950	31	108	8	271
造纸及纸制品业	23	245	16	507	120	211	77	
印刷业和记录媒介的复制	94		42	1220	423	55	440	22
文教体育用品制造业			20	90	29	49		12
石油加工、炼焦及核燃料加工业	243			1174	343	440	282	95
化学原料及化学制品制造业	1023	1142	504	7585	2837	2239	346	147
医药制造业	105	1192	103	4970	77	1247	550	
化学纤维制造业		34						
橡胶制品业	137		104	1454	293	658	174	235
塑料制品业	354	80	75	1772	381	783	218	30
非金属矿物制品业	2285	1585	1180	16313	6530	5302	1259	272
黑色金属冶炼及压延加工业	1472	130	37	54244	45435	2625	662	2863
有色金属冶炼及压延加工业	112		209	2478	27	858	968	46
金属制品业	302	75	189	6572	1218	3341	1316	176
通用设备制造业	2341	559	1035	12254	2648	3955	3188	710
专用设备制造业	344	265	90	4833	3694	571	313	123
交通运输设备制造业	187	38	153	5659	564	1643	1322	53
电气机械及器材制造业	603	35	163	1944	609	414	650	106
通信设备、计算机及其他电子设备制造业	16	25	4	719	23	413	103	
仪器仪表及文化、办公用机械制造业		40		799	359	97	241	
工艺品及其他制造业	147	1065	30	2055	736	164	408	10
废弃资源和废旧材料回收加工业	137		5	2456	634	1772	19	15
电力、燃气及水的生产和供应业	**61**	**760**	**997**	**9613**	**2713**	**263**	**2843**	**41**
电力、热力的生产和供应业	38	620	817	7406	2713	223	1051	41
燃气生产和供应业				781		40	741	
水的生产和供应业	23	140	180	1426			1051	
建筑业	**877**	**2108**	**4288**	**47372**	**19340**	**6945**	**12675**	**461**
房屋和土木工程建筑业	504	1984	3344	37425	14436	5472	9530	456
建筑安装业	176	47	924	6378	3017	884	2293	
建筑装饰业	97	77	16	1732	588	316	609	
其他建筑业	100		4	1837	1299	273	243	5

本溪满族自治县	桓仁满族自治县	丹东市	元宝区	振兴区	振安区	宽甸满族自治县	东港市	凤城市	锦州市	古塔区
34941	**26330**	**370121**	**28441**	**118638**	**35161**	**45213**	**87634**	**55034**	**339639**	**64362**
98	**121**	**297**					**297**		**311**	
	49	267					267		311	
84	72									
14										
		30					30			
7576	**4223**	**34690**	**11**	**30**	**1718**	**14384**	**1537**	**17010**	**10014**	**2**
2358	983	6776		28		1003	172	5573	3374	
3415	443	6082	1			3404	55	2622	422	
573	2398	11228	2		1447	4101	189	5489	106	2
1230	399	10604	8	2	271	5876	1121	3326	6112	
15214	**10189**	**186985**	**11699**	**44426**	**23328**	**15818**	**66391**	**25323**	**145427**	**16030**
201	952	20870	59	1404	827	1749	15146	1685	14914	84
54	446	3924	716	410	863	275	1163	497	1700	118
823	680	2228	723	118	210	174	614	389	3271	4
		289						289		
2142	53	10309	1829	478	1892	533	4065	1512	5453	185
129		18502	569	3172	2036	488	11301	936	4117	198
19		462	64	78		38	241	41	243	37
555	987	3323	70	104	257	1746	780	366	3425	14
248	284	2618	35	1096	397	346	641	103	234	37
81	18	4947	251	415	741	685	1665	1190	7666	127
36	244	2199	317	343	522	59	640	318	1683	306
		876	24	254	114		192	292	414	
14		1092	9	901	98	8	51	25	8468	7566
1774	242	7757	233	1555	587	2478	1701	1203	10124	1262
774	2322	2305	133	1361	112	105	334	260	2271	92
		5831		5831					149	
35	59	1583	9	689	217	29	532	107	1661	158
140	220	3583	344	669	192	148	1737	493	4253	843
1676	1274	14349	341	513	1823	4236	3516	3920	17898	250
2014	645	3018	46	160	220	1053	230	1309	11434	
263	316	2873	1	428	117	415	748	1164	2611	19
369	152	4124	452	286	490	111	2239	546	5438	194
1379	374	20207	1537	5131	1724	329	8777	2709	10999	1445
102	30	8551	896	1971	2250	149	2254	1031	4283	295
2012	65	12831	318	3712	2973	252	1680	3896	7003	135
120	45	9542	738	1930	2645	69	3661	499	9219	1594
135	45	9117	152	7732	285	46	843	59	1264	584
	102	6841	1614	3636	900	147	154	390	1101	297
103	634	2349	219	30	834	106	1093	67	3880	71
16		485		19	2	44	393	27	251	115
1246	**2507**	**9614**	**175**	**4853**	**235**	**1212**	**1532**	**1607**	**13646**	**1380**
981	2397	5477	175	1589	234	1067	1088	1324	9112	1376
		1386		1378				8	1382	
265	110	2751		1886	1	145	444	275	3152	4
3671	**4280**	**54479**	**3573**	**30818**	**5716**	**4299**	**7153**	**2920**	**55784**	**15448**
3464	4067	48666	2720	28787	4464	3871	6192	2632	43204	8550
5	179	3753	323	1586	1054	135	618	37	9489	5941
195	24	1458	435	395	110	155	126	237	2567	878
7	10	602	95	50	88	138	217	14	524	79

2-2 续表 5

行业大类	抚顺县	新宾满族自治县	清原满族自治县	本溪市	平山区	溪湖区	明山区	南芬区
交通运输、仓储和邮政业	**1345**	**1427**	**624**	**9608**	**6545**	**546**	**1075**	**616**
铁路运输业				**45**	45			
道路运输业	1217	1350	409	3577	1509	515	375	599
城市公共交通业		4	15	3897	3859	10	14	4
水上运输业				116	116			
航空运输业								
管道运输业								
装卸搬运和其他运输服务业	91	53	56	576	542	6	22	2
仓储业	37	20	144	697	442	11		11
邮政业				700	32	4	664	
信息传输、计算机服务和软件业	**39**		**19**	**3158**	**2114**	**32**	**597**	
电信和其他信息传输服务业				1851	1355		496	
计算机服务业	9		19	884	376	32	63	
软件业	30			423	383		38	
批发和零售业	**2109**	**5999**	**3206**	**27764**	**14404**	**4019**	**5633**	**323**
批发业	1715	3114	1813	16891	8564	3281	3299	59
零售业	394	2885	1393	10873	5840	738	2334	264
住宿和餐饮业	**71**	**727**	**1254**	**6383**	**2269**	**174**	**2369**	**58**
住宿业	45	345	519	2117	760	68	608	
餐饮业	26	382	735	4266	1509	106	1761	58
金融业		**248**	**263**	**7654**	**4032**		**2885**	**157**
银行业		248	251	5432	2804		1985	78
证券业				72	47		25	
保险业				1716	1009		628	79
其他金融活动			12	434	172		247	
房地产业	**81**	**145**	**516**	**6673**	**2530**	**284**	**2519**	**11**
房地产业	81	145	516	6673	2530	284	2519	11
租赁和商务服务业	**99**	**111**	**314**	**8631**	**4883**	**582**	**2067**	**19**
租赁业			5	141	105	3	13	3
商务服务业	99	111	309	8490	4778	579	2054	16
科学研究、技术服务和地质勘查业	**612**	**67**	**192**	**4122**	**2089**	**180**	**558**	
研究与试验发展	17	4	52	170	35	77	54	
专业技术服务业	24	17	128	2655	1479	101	448	
科技交流和推广服务业	546	46	12	1249	546	2	48	
地质勘查业	25			48	29		8	
水利、环境和公共设施管理业	**122**	**42**	**33**	**1338**	**111**	**23**	**201**	**6**
水利管理业	26	17		421			10	
环境管理业				111	58	8	25	
公共设施管理业	96	25	33	806	53	15	166	6
居民服务和其他服务业	**128**	**269**	**277**	**2219**	**1160**	**49**	**740**	**2**
居民服务业	128	212	226	1409	649	28	589	2
其他服务业		57	51	810	511	21	151	
教育		**16**	**22**	**1071**	**554**	**15**	**457**	
教育		16	22	1071	554	15	457	
卫生、社会保障和社会福利业	**3**		**42**	**453**	**156**	**23**	**161**	
卫生	3		34	435	156	5	161	
社会保障业			8	10		10		
社会福利业				8		8		
文化、体育和娱乐业		**170**	**133**	**896**	**401**	**18**	**174**	**3**
新闻出版业								
广播、电视、电影和音像业		4		349	53		28	3
文化艺术业		131		31	23	5		
体育				45		10	35	
娱乐业		35	133	471	325	3	111	

本溪满族自治县	桓仁满族自治县	丹东市	元宝区	振兴区	振安区	宽甸满族自治县	东港市	凤城市	锦州市	古塔区
498	**328**	**12549**	**158**	**8176**	**1236**	**595**	**1314**	**1070**	**15832**	**1510**
		589		204	370	15			**50**	
319	260	3666	53	925	696	344	834	814	4201	527
10		2131		1886	128	30		87	2158	33
		2208	3	1929		122	154		1833	
		118		118					74	
									776	661
	4	1962	43	1729		31	127	32	4037	135
169	64	677	57	195	42	53	199	131	579	71
		1198	2	1190				6	2124	83
353	**62**	**3013**	**148**	**2538**	**16**	**10**	**27**	**274**	**7011**	**1869**
		2548	11	2264	4	10		259	6438	1666
351	62	222	85	108	4		18	7	229	108
2		243	52	166	8		9	8	344	95
1507	**1878**	**23248**	**3856**	**8353**	**911**	**3318**	**3922**	**2888**	**36773**	**9741**
639	1049	13079	2138	4266	656	2086	2454	1479	16356	3790
868	829	10169	1718	4087	255	1232	1468	1409	20417	5951
609	**904**	**9335**	**798**	**4028**	**564**	**1431**	**1881**	**633**	**5320**	**1965**
99	582	5897	393	2498	373	920	1253	460	2963	939
510	322	3438	405	1530	191	511	628	173	2357	1026
340	**240**	**12876**	**3676**	**7320**	**3**	**451**	**654**	**772**	**17610**	**3551**
332	233	7434	1825	3808		451	595	755	10132	993
		47	47						78	27
		4968	1720	3239			9		6956	2442
8	7	427	84	273	3		50	17	444	89
810	**519**	**8104**	**1283**	**3681**	**553**	**563**	**1217**	**807**	**6785**	**3341**
810	519	8104	1283	3681	553	563	1217	807	6785	3341
615	**465**	**7436**	**1280**	**1950**	**595**	**1881**	**822**	**908**	**15764**	**5928**
4	13	325	6	31	217	58	13		525	219
611	452	7111	1274	1919	378	1823	809	908	15239	5709
1191	**104**	**2450**	**306**	**1322**	**61**	**217**	**190**	**354**	**3756**	**1052**
4		269	11	180	4		50	24	156	17
546	81	1612	162	990	40	206	132	82	2503	1014
641	12	270	27	69	17	3	8	146	724	21
	11	299	106	83		8		102	373	
860	**137**	**443**	**35**	**28**	**31**	**211**	**138**		**1108**	**103**
392	19	13	13						20	20
20									102	
448	118	430	22	28	31	211	138		986	83
57	**211**	**2197**	**410**	**853**	**32**	**495**	**279**	**128**	**2840**	**2070**
19	122	1783	336	563	17	476	263	128	1206	820
38	89	414	74	290	15	19	16		1634	1250
28	**17**	**58**						**58**	**363**	**59**
28	17	58						58	363	59
	113	**1226**	**893**	**42**			**126**	**165**	**1019**	**223**
	113	1203	893	42			108	160	1013	223
		18					18		6	
		5						5		
268	**32**	**1121**	**140**	**220**	**162**	**328**	**154**	**117**	**276**	**90**
		51		51						
265		128	51	61		6	10		40	
3		4		4					80	
		5						5		
	32	933	89	104	162	322	144	112	156	90

2-2 续表 6

行业大类	凌河区	太和区	黑山县	义县	凌海市	北镇市	营口市	站前区
总　　计	**78869**	**82619**	**32070**	**16027**	**43108**	**22584**	**398124**	**73983**
农、林、牧、渔业		**233**			**78**			
农业		233			78			
林业								
畜牧业								
渔业								
农、林、牧、渔服务业								
采矿业	**536**	**34**	**2784**	**3213**	**2706**	**739**	**19654**	**188**
煤炭开采和洗选业			360	1861	1153			
石油和天然气开采业								
黑色金属矿采选业				208	111	103	2887	22
有色金属矿采选业		17		75	12		10272	
非金属矿采选业	536	17	2424	1069	1430	636	6491	166
其他采矿业							4	
制造业	**18600**	**43667**	**20440**	**8178**	**27590**	**10922**	**220164**	**26576**
农副食品加工业	172	2953	4219	1590	3039	2857	6290	165
食品制造业	371	512	204	14	350	131	3244	282
饮料制造业	466	907	410	582	573	329	1030	55
烟草制品业							1126	1126
纺织业	2378	1920	10	30	912	18	18711	3836
纺织服装、鞋、帽制造业	170	212	1139	302	1295	801	29695	1229
皮革、毛皮、羽毛(绒)及其制品业	25	114	5	46	15	1	2942	5
木材加工及木、竹、藤、棕、草制品业	82	111	2596	263	280	79	1652	9
家具制造业	14	23			160		739	16
造纸及纸制品业	65	501	1756	126	4734	357	3838	1529
印刷业和记录媒介的复制	578	309	187	31	128	144	1245	355
文教体育用品制造业	45	101	261	5	2		2534	53
石油加工、炼焦及核燃料加工业	44	388	39	47	168	216	3551	497
化学原料及化学制品制造业	388	3166	1887	1089	1176	1156	10865	2221
医药制造业	75	1916	1	135	12	40	372	31
化学纤维制造业	135			11	3		2015	1893
橡胶制品业	21	1119	54		151	158	770	69
塑料制品业	329	1223	163	18	936	741	10201	966
非金属矿物制品业	977	4229	3432	1687	5487	1836	43391	1688
黑色金属冶炼及压延加工业	291	5568	437	230	4829	79	8979	841
有色金属冶炼及压延加工业	52	987	100	1034	344	75	5041	214
金属制品业	766	3166	875	18	160	259	13983	772
通用设备制造业	2347	3728	639	619	1278	943	20421	2565
专用设备制造业	1904	829	728	187	105	235	5240	911
交通运输设备制造业	2256	3675	72	94	336	435	6519	830
电气机械及器材制造业	1706	5105	67	16	710	21	7635	1854
通信设备、计算机及其他电子设备制造业	169	507		4			1812	1177
仪器仪表及文化、办公用机械制造业	486	298	15		5		2921	1215
工艺品及其他制造业	2283	66	1109		340	11	3045	118
废弃资源和废旧材料回收加工业	5	34	35		62		357	54
电力、燃气及水的生产和供应业	**5048**	**4009**	**984**	**533**	**1123**	**569**	**6120**	**2495**
电力、热力的生产和供应业	1795	3913	945	215	578	290	3771	740
燃气生产和供应业	1331	12	39				614	532
水的生产和供应业	1922	84		318	545	279	1735	1223
建筑业	**19921**	**10995**	**1432**	**1135**	**4170**	**2683**	**35604**	**12256**
房屋和土木工程建筑业	17151	9057	1332	799	3706	2609	28762	9486
建筑安装业	1752	1059	98	263	333	43	3154	2343
建筑装饰业	878	633	2	47	99	30	2194	397
其他建筑业	140	246		26	32	1	1494	30

西市区	鲅鱼圈区	老边区	盖州市	大石桥市	阜新市	海州区	新邱区	太平区	清河门区	细河区
33511	**101989**	**45381**	**57259**	**86001**	**248905**	**82261**	**13486**	**25452**	**8099**	**44165**
	421	**684**	**3728**	**14633**	**65342**	**39165**	**3827**	**3685**	**3835**	**85**
					56549	39162	3669	3575	3835	36
					30					30
		139	238	2488	2570	3				
	190	288	1510	8284	392			20		
	227	257	1980	3861	5751		158	90		19
	4				50					
23496	**48507**	**34978**	**30699**	**55908**	**78006**	**8584**	**6545**	**7424**	**2152**	**21515**
37	1358	515	2619	1596	10773	1320	489	1363	47	2331
1448	124	415	661	314	3305	71	41	24	68	1146
18	384	36	435	102	2985	51	284	375	60	71
5036	2101	1077	4252	2409	2959	14	26	189	21	2419
1441	12839	5821	4837	3528	2167	220	79	377	235	792
208	1387	49	983	310	167	66	1	2		23
59	507	244	435	398	2382	67	165	233	13	65
24	270	85	60	284	218	33	35	30	4	19
92	416	460	1002	339	892	196	1	140	9	110
131	191	175	271	122	1353	171	17	50	8	247
1214	849	35	308	75	2					2
706	64	1688	55	541	216	28		62	50	14
325	880	3338	1113	2988	4056	675	25	376	270	367
124		193	11	13	1204	165	33	32		661
29	30	50	13		29		25			4
63	72	230	309	27	1373	3		117		1075
473	4519	1266	1255	1722	2062	510	4	319		404
1124	4368	4509	2974	28728	14097	1376	3580	377	788	825
90	3911	3474	312	351	81			56		17
393	1375	36	400	2623	1906	16		101	5	204
1100	2493	3024	1977	4617	3106	486	725	183	53	757
3089	4707	4204	3301	2555	10490	835	565	1927	323	5074
1359	687	674	618	991	4588	327	395	219		1904
2615	802	325	1555	392	1442	462	2	71	23	357
1196	2087	1521	559	418	3069	1203	28	745	49	788
280	7	179	28	141	1825	26		12		1718
704	34	924	28	16	251	148		37		58
99	1951	317	275	285	841	84	24	7	126	60
19	94	114	53	23	167	31	1			3
119	**1319**	**222**	**963**	**1002**	**7549**	**2381**		**1734**	**543**	**955**
119	1196	213	709	794	5015	1026		1703	487	485
	59	9		14	508	50		31		427
	64		254	194	2026	1305			56	43
4532	**7120**	**2237**	**5330**	**4129**	**28856**	**7341**	**791**	**6043**	**354**	**8761**
3894	5765	2022	4483	3112	24535	5694	777	5450	354	7344
298	222	2	62	227	1241	443	14	205		383
295	944	162		396	2449	828		388		877
45	189	51	785	394	631	376				157

2-2 续表 7

行业大类	凌河区	太和区	黑山县	义县	凌海市	北镇市	营口市	站前区
交通运输、仓储和邮政业	**6458**	**4763**	**623**	**380**	**1082**	**1016**	**37569**	**4786**
铁路运输业		50						
道路运输业	548	697	410	365	957	697	6550	1997
城市公共交通业	1737	48	73	7	4	256	940	772
水上运输业	33	1800					7690	356
航空运输业		74						
管道运输业		115						
装卸搬运和其他运输服务业	2003	1759	31	1	105	3	18923	322
仓储业	100	220	105	7	16	60	2234	139
邮政业	2037		4				1232	1200
信息传输、计算机服务和软件业	**2145**	**2830**		**41**	**60**	**66**	**3181**	**2369**
电信和其他信息传输服务业	1891	2785		30		66	2412	2187
计算机服务业	46	4		11	60		589	53
软件业	208	41					180	129
批发和零售业	**10597**	**4174**	**3519**	**1543**	**4749**	**2450**	**36321**	**7876**
批发业	3759	2737	2339	1073	1648	1010	15448	2516
零售业	6838	1437	1180	470	3101	1440	20873	5360
住宿和餐饮业	**1433**	**513**	**436**	**106**	**506**	**361**	**8268**	**2857**
住宿业	953	294	231	106	253	187	2230	301
餐饮业	480	219	205		253	174	6038	2556
金融业	**9052**	**3200**	**500**	**402**	**474**	**431**	**10025**	**6890**
银行业	4187	3145	500	402	474	431	6365	3917
证券业	51						59	56
保险业	4473	41					3232	2594
其他金融活动	341	14					369	323
房地产业	**1554**	**1430**	**135**	**135**	**51**	**139**	**7409**	**2721**
房地产业	1554	1430	135	135	51	139	7409	2721
租赁和商务服务业	**1087**	**5458**	**582**	**168**	**310**	**2231**	**7346**	**3233**
租赁业	8	278				20	60	26
商务服务业	1079	5180	582	168	310	2211	7286	3207
科学研究、技术服务和地质勘查业	**1277**	**541**	**263**	**76**	**155**	**392**	**1860**	**657**
研究与试验发展	90	42				7	97	83
专业技术服务业	766	324	153	38	155	53	1397	528
科技交流和推广服务业	65	175	110	21		332	327	36
地质勘查业	356			17			39	10
水利、环境和公共设施管理业	**286**	**164**		**27**		**528**	**644**	**123**
水利管理业							143	6
环境管理业	61					41	62	
公共设施管理业	225	164		27		487	439	117
居民服务和其他服务业	**418**	**166**	**49**	**52**	**44**	**41**	**2733**	**733**
居民服务业	178	125	16	18	8	41	1526	514
其他服务业	240	41	33	34	36		1207	219
教育	**264**	**12**	**18**		**10**		**185**	**39**
教育	264	12	18		10		185	39
卫生、社会保障和社会福利业	**115**	**420**	**261**				**659**	**78**
卫生	115	414	261				651	70
社会保障业		6					8	8
社会福利业								
文化、体育和娱乐业	**78**	**10**	**44**	**38**		**16**	**382**	**106**
新闻出版业							4	
广播、电视、电影和音像业	34					6	26	2
文化艺术业	31	6		38		5	24	3
体育							41	15
娱乐业	13	4	44			5	287	86

西市区	鲅鱼圈区	老边区	盖州市	大石桥市	阜新市	海州区	新邱区	太平区	清河门区	细河区
160	**29421**	**1686**	**930**	**586**	**7432**	**4299**	**388**	**600**	**131**	**1582**
					2684	2330		354		
11	1925	1549	659	409	2025	214	383	166	36	892
	55		97	16	709				95	614
52	7282									
77	18397	55	49	23	777	686	5	4		52
20	1734	82	125	134	405	292		21		24
	28			4	832	777		55		
201	**419**	**55**	**120**	**17**	**2096**	**1157**	**7**	**49**	**28**	**812**
5	102	9	103	6	1774	1092	7	24	13	621
178	284	46	17	11	135	40		25	5	65
18	33				187	25			10	126
1466	**6562**	**2010**	**12506**	**5901**	**28701**	**7248**	**776**	**1622**	**405**	**2231**
663	2219	997	6899	2154	18423	3215	563	1230	261	1348
803	4343	1013	5607	3747	10278	4033	213	392	144	883
402	**2929**	**679**	**800**	**601**	**3121**	**1083**	**138**	**408**	**26**	**801**
27	1347	16	407	132	1705	492		208		521
375	1582	663	393	469	1416	591	138	200	26	280
1662	**298**	**183**	**451**	**541**	**9667**	**4247**			**88**	**4113**
1131	261	177	430	449	5377	1032			88	3038
				3	26	26				
531	13		15	79	4032	2966				1066
	24	6	6	10	232	223				9
699	**2369**	**300**	**601**	**719**	**4048**	**1551**	**199**	**684**	**123**	**987**
699	2369	300	601	719	4048	1551	199	684	123	987
265	**744**	**1548**	**601**	**955**	**4152**	**1076**	**763**	**726**	**51**	**825**
7	14	13			37	12		8		17
258	730	1535	601	955	4115	1064	763	718	51	808
160	**431**	**180**	**72**	**360**	**4347**	**1306**	**26**	**1478**	**15**	**681**
10	4				1366	12		1316		30
119	398	97	70	185	1592	901		136	7	463
28	29	70	2	162	1005	22	26	26	2	181
3		13		13	384	371			6	7
59	**235**		**81**	**146**	**664**	**282**	**9**	**101**		**93**
	7		25	105	25		6			
3	59				41			11		21
56	169		56	41	598	282	3	90		72
186	**540**	**488**	**293**	**493**	**1151**	**361**	**8**	**50**	**145**	**360**
105	269	204	174	260	595	339	8	9	5	126
81	271	284	119	233	556	22		41	140	234
5	**63**	**73**		**5**	**625**	**145**	**2**	**313**	**20**	**74**
5	63	73		5	625	145	2	313	20	74
17	**553**		**11**		2790	**1839**	**3**	**530**	**175**	**206**
17	553		11		2672	1808		468	172	197
					56	31	3		3	9
					62			62		
82	**58**	**58**	**73**	**5**	**358**	**196**	**4**	**5**	**8**	**84**
			4							
			24		162	137				
			16	5	57	5	4	3		25
26					4					
56	58	58	29		135	54		2	8	59

2-2 续表 8

行业大类	阜新蒙古族自治县	彰武县	辽阳市	白塔区	文圣区	宏伟区	弓长岭区	太子河区
总　　计	**61359**	**14083**	**290956**	**77052**	**34289**	**52030**	**15081**	**29420**
农、林、牧、渔业			**138**					
农业								
林业								
畜牧业			138					
渔业								
农、林、牧、渔服务业								
采矿业	**13917**	**828**	**25014**	**5**		**27**	**7337**	**98**
煤炭开采和洗选业	6272		2732					
石油和天然气开采业								
黑色金属矿采选业	2567		18284			27	6984	
有色金属矿采选业	372		447					13
非金属矿采选业	4656	828	3551	5			353	85
其他采矿业	50							
制造业	**25725**	**6061**	**143373**	**12955**	**18136**	**42736**	**2052**	**17240**
农副食品加工业	4386	837	4950	1510		376	9	231
食品制造业	843	1112	855	61	78	348	23	54
饮料制造业	1832	312	1204	8	429	11	83	305
烟草制品业								
纺织业	210	80	5818	144	1212	68		161
纺织服装、鞋、帽制造业	207	257	4152	416	313	511		575
皮革、毛皮、羽毛(绒)及其制品业	75		451		52			80
木材加工及木、竹、藤、棕、草制品业	1280	559	803	41	29	10	7	78
家具制造业	67	30	1385	14	18	23	12	980
造纸及纸制品业	406	30	2055	367	137	375	10	674
印刷业和记录媒介的复制	797	63	628	246	197	42		63
文教体育用品制造业			38	25		10		3
石油加工、炼焦及核燃料加工业	48	14	635	26		483		44
化学原料及化学制品制造业	1686	657	32699	886	10911	17627	16	1072
医药制造业	288	25	837	99	17	110	18	501
化学纤维制造业			13248	45		12845		19
橡胶制品业	158	20	1558	180	162	8		220
塑料制品业	772	53	5359	188	325	3994		275
非金属矿物制品业	5882	1269	15925	374	484	552	841	1767
黑色金属冶炼及压延加工业		8	16643	1167	606		479	2426
有色金属冶炼及压延加工业	1470	110	3617		19	3006		21
金属制品业	882	20	3246	559	523	408	108	498
通用设备制造业	1766		11563	2003	923	738	302	2293
专用设备制造业	1428	315	4438	1379	519	476	78	1603
交通运输设备制造业	419	108	2741	1337	209	71	30	759
电气机械及器材制造业	256		3289	520	575	64	36	264
通信设备、计算机及其他电子设备制造业	68	1	1243	900	108	198		
仪器仪表及文化、办公用机械制造业		8	1804	260	163	286		1055
工艺品及其他制造业	367	173	2149	200	127	93		1216
废弃资源和废旧材料回收加工业	132		40			3		3
电力、燃气及水的生产和供应业	**1129**	**807**	**5642**	**2371**	**1059**	**7**	**666**	**185**
电力、热力的生产和供应业	705	609	3931	1329	738	7	581	138
燃气生产和供应业			344		321			
水的生产和供应业	424	198	1367	1042			85	47
建筑业	**3479**	**2087**	**62582**	**42962**	**4344**	**6341**	**301**	**5077**
房屋和土木工程建筑业	2944	1972	54993	41791	3205	5142	293	1158
建筑安装业	181	15	6437	724	775	1016		3885
建筑装饰业	306	50	964	384	349	126	8	20
其他建筑业	48	50	188	63	15	57		14

辽阳县	灯塔市	盘锦市	双台子区	兴隆台区	大洼县	盘山县	铁岭市	银州区	清河区	铁岭县
53060	**30024**	**400863**	**36686**	**264908**	**74165**	**25104**	**294913**	**61869**	**14918**	**37435**
138		**7388**		**433**	**1139**	**5816**				
		6730		433	481	5816				
138										
		658			658					
8234	**9313**	**126701**		**126701**			**50507**	**242**	**64**	**5157**
	2732						44069			1441
		126701		126701						
5637	5636						1641			1225
434							474			263
2163	945						4323	242	64	2228
36193	**14061**	**101639**	**12660**	**32577**	**42912**	**13490**	**143668**	**21957**	**7659**	**26023**
1510	1314	7226	247	339	3393	3247	20808	2873	1080	1271
235	56	1980	18	240	792	930	4135	557	560	813
236	132	1300	146	129	932	93	3073	111	567	237
3773	460	1383	95	547	510	231	3785	263	50	655
968	1369	1938	97	820	921	100	2991	490	197	420
88	231	181		3	158	20	438	322		101
632	6	391	10	60	200	121	3642	170	229	995
273	65	483	100	86	193	104	1125	112	5	278
373	119	1078	26	45	819	188	4406	214	459	297
65	15	665	81	507	77		1460	347	164	15
		114	4	66	44		500	45	126	
72	10	15129	442	5249	6814	2624	492	28	16	245
1134	1053	22449	9526	5901	5846	1176	7925	1219	235	1509
40	52	1058	94	611	229	124	1317	240	3	258
263	76	13				13	42		4	
954	34	459	20	254	112	73	5085	1584	68	2466
523	54	7328	253	692	6014	369	5062	600	513	1007
4641	7266	8473	291	1807	4391	1984	16526	1223	614	3943
11683	282	52		52			3673	235	789	388
497	74	304				304	4906	251		2065
902	248	5366	791	1741	2455	379	4452	1010	168	1084
4348	956	4025	98	2300	1166	461	27717	2753	1111	3990
308	75	10982	25	7774	2820	363	8368	1262	89	1129
299	36	5864	114	1613	3946	191	4986	3630	108	607
1817	13	1860	145	1122	515	78	2953	991	22	985
30	7	293	2	233		58	644	566		15
40		591	26	300	265		823	635		166
455	58	427	9	86	97	235	1660	226		1043
34		227			203	24	674		482	41
536	**818**	**4331**	**1858**	**1096**	**923**	**454**	**9451**	**2008**	**1478**	**1623**
513	625	2308	784	829	634	61	7840	1393	1448	1592
23		609	564		45		577	530		9
	193	1414	510	267	244	393	1034	85	30	22
1203	**2354**	**63097**	**10099**	**30009**	**21944**	**1045**	**42741**	**14578**	**3611**	**2026**
1125	2279	54871	9769	23139	21199	764	40077	13871	3568	1199
	37	5741	192	5091	334	124	1510	372		685
71	6	1298	61	1127	110		333	182		30
7	32	1187	77	652	301	157	821	153	43	112

2-2 续表 9

行业大类	阜新蒙古族自治县	彰武县	辽阳市	白塔区	文圣区	宏伟区	弓长岭区	太子河区
交通运输、仓储和邮政业	**167**	**265**	**8471**	**3492**	**1370**	**723**	**769**	**1215**
铁路运输业			239	239				
道路运输业	148	186	5193	2121	270	576	651	1174
城市公共交通业			1380	1047	24		4	
水上运输业								
航空运输业								
管道运输业								
装卸搬运和其他运输服务业	19	11	305	17	86	109	79	6
仓储业		68	324	35		38	35	35
邮政业			1030	33	990			
信息传输、计算机服务和软件业	**16**	**27**	**2438**	**1204**	**470**	**115**	**80**	**424**
电信和其他信息传输服务业	6	11	1707	1002	288			417
计算机服务业			521	158	182	33		7
软件业	10	16	210	44		82	80	
批发和零售业	**13969**	**2450**	**15612**	**4501**	**2454**	**903**	**759**	**1409**
批发业	10424	1382	8783	2142	1148	371	498	1116
零售业	3545	1068	6829	2359	1306	532	261	293
住宿和餐饮业	**393**	**272**	**4295**	**1461**	**1226**	**249**	**109**	**322**
住宿业	350	134	1499	1082	48	111	99	
餐饮业	43	138	2796	379	1178	138	10	322
金融业	**740**	**479**	**9509**	**3423**	**2400**		**91**	**2671**
银行业	740	479	5461	3118	938		91	400
证券业								
保险业			3734	302	1152			2271
其他金融活动			314	3	310			
房地产业	**315**	**189**	**2978**	**1234**	**344**	**560**	**69**	**264**
房地产业	315	189	2978	1234	344	560	69	264
租赁和商务服务业	**582**	**129**	**4931**	**1608**	**637**	**65**	**2057**	**73**
租赁业			116	52	22	25	2	
商务服务业	582	129	4815	1556	615	40	2055	73
科学研究、技术服务和地质勘查业	**496**	**345**	**1448**	**756**	**314**	**90**	**31**	**90**
研究与试验发展	6	2	41	9		10	8	6
专业技术服务业	62	23	949	379	302	66	21	84
科技交流和推广服务业	428	320	145	55	12	14	2	
地质勘查业			313	313				
水利、环境和公共设施管理业	**137**	**42**	**644**	**31**	**159**	**137**	**258**	**46**
水利管理业	19		343		145		198	
环境管理业	7	2	27	24		3		
公共设施管理业	111	40	274	7	14	134	60	46
居民服务和其他服务业	**173**	**54**	**2460**	**530**	**1075**	**49**	**50**	**293**
居民服务业	80	28	2051	430	970	9	47	252
其他服务业	93	26	409	100	105	40	3	41
教育	**47**	**24**	**105**	**41**	**25**	**20**		**3**
教育	47	24	105	41	25	20		3
卫生、社会保障和社会福利业	**33**	**4**	**882**	**398**	**113**		**361**	**10**
卫生	27		878	398	113		357	10
社会保障业	6	4						
社会福利业			4				4	
文化、体育和娱乐业	**41**	**20**	**434**	**80**	**163**	**8**	**91**	
新闻出版业								
广播、电视、电影和音像业	5	20	57	42	3			
文化艺术业	20		32	14	5			
体育	4							
娱乐业	12		345	24	155	8	91	

辽阳县	灯塔市	盘锦市	双台子区	兴隆台区	大洼县	盘山县	铁岭市	银州区	清河区	铁岭县
381	**521**	**7844**	**1463**	**4494**	**1152**	**735**	**4349**	**1851**	**235**	**429**
		35	10	25						
227	174	3583	902	1632	577	472	2201	262	216	391
33	272	1443		1443			210	22	12	
		358			358					
	8	1226	543	477	130	76	82	8	3	30
121	60	287	8	5	87	187	541	244	4	8
	7	912		912			1315	1315		
108	**37**	**2391**	**29**	**2352**	**10**		**2583**	**2432**	**3**	**51**
		1655	29	1626			2532	2388	3	51
108	33	442		436	6		20	13		
	4	294		290	4		31	31		
4030	**1556**	**31271**	**7319**	**18594**	**3235**	**2123**	**16794**	**7097**	**433**	**1081**
2538	970	11290	2254	5536	1814	1686	8064	2289	273	669
1492	586	19981	5065	13058	1421	437	8730	4808	160	412
720	**208**	**4924**	**479**	**3610**	**792**	**43**	**3400**	**1543**	**337**	**8**
138	21	1794	63	1421	310		2355	1068	238	
582	187	3130	416	2189	482	43	1045	475	99	8
414	**510**	**9419**	**490**	**8717**	**212**		**9474**	**7112**	**144**	
414	500	5117	471	4462	184		7880	5544	137	
		13		13						
	9	3861	4	3857			1542	1538		
	1	428	15	385	28		52	30	7	
327	**180**	**4454**	**683**	**2993**	**427**	**351**	**3245**	**1225**	**242**	**182**
327	180	4454	683	2993	427	351	3245	1225	242	182
239	**252**	**26034**	**253**	**24737**	**583**	**461**	**4081**	**639**	**211**	**379**
13	2	144	5	95		44	339	12	21	300
226	250	25890	248	24642	583	417	3742	627	190	79
76	**91**	**5565**	**198**	**4801**	**165**	**401**	**1302**	**347**	**80**	**274**
2	6	244		244			173	39	33	62
58	39	3145	191	2813	108	33	853	264	47	187
16	46	1884	7	1452	57	368	182	10		25
		292		292			94	34		
	13	**724**	**39**	**416**	**203**	**66**	**663**	**132**	**333**	**104**
		16		16			332		264	31
		92		52	32	8	36			28
	13	616	39	348	171	58	295	132	69	45
366	**97**	**3084**	**223**	**2371**	**421**	**69**	**863**	**431**	**7**	**78**
272	71	2050	200	1397	416	37	729	332	7	70
94	26	1034	23	974	5	32	134	99		8
16		**399**	**221**	**141**	**37**		**178**	**51**	**16**	
16		399	221	141	37		178	51	16	
		1007	**659**	**290**	**8**	**50**	**1341**	**147**	**15**	
		934	649	285			1333	139	15	
		13		5	8		8	8		
		60	10			50				
79	**13**	**591**	**13**	**576**	**2**		**273**	**77**	**50**	**20**
	12	61		61			45	11	34	
13		31	13	16	2		73			
		40		40			20		8	
66	1	459		459			135	66	8	20

2-2 续表 10

行业大类	西丰县	昌图县	调兵山市	开原市	朝阳市	双塔区	龙城区	朝阳县
总　计	**13392**	**33563**	**78902**	**54834**	**291075**	**83454**	**30903**	**19705**
农、林、牧、渔业								
农业								
林业								
畜牧业								
渔业								
农、林、牧、渔服务业								
采矿业	**909**	**110**	**42597**	**1428**	**50008**	**167**	**877**	**8964**
煤炭开采和洗选业	353	24	42195	56	8747	39	153	36
石油和天然气开采业								
黑色金属矿采选业	185			231	31995		541	8238
有色金属矿采选业	20			191	3444			106
非金属矿采选业	351	86	402	950	5822	128	183	584
其他采矿业								
制造业	**6499**	**21496**	**18435**	**41599**	**112976**	**21596**	**16838**	**8655**
农副食品加工业	415	6465	1132	7572	7790	217	2627	205
食品制造业	208	495	550	952	1205	106	86	38
饮料制造业	261	1260	144	493	1930	130	202	360
烟草制品业								
纺织业	902	862	401	652	5677	2819	566	38
纺织服装、鞋、帽制造业	243	651	35	955	915	97	78	3
皮革、毛皮、羽毛(绒)及其制品业				15	173		25	3
木材加工及木、竹、藤、棕、草制品业	268	1538	44	398	2463	124	94	78
家具制造业	94	15	38	583	370	6	134	120
造纸及纸制品业	78	47	76	3235	1181	368	235	5
印刷业和记录媒介的复制	116	127	88	603	625	248	87	20
文教体育用品制造业				329				
石油加工、炼焦及核燃料加工业	5		170	28	645	58	247	
化学原料及化学制品制造业	338	1769	107	2748	3228	156	766	386
医药制造业	575	3		238	684	292	283	6
化学纤维制造业		38			33		13	
橡胶制品业	292	89	201	385	1756		1415	5
塑料制品业	240	384	75	2243	1108	117	372	156
非金属矿物制品业	1252	5151	255	4088	14387	1228	1881	1790
黑色金属冶炼及压延加工业	412	186	120	1543	18615	55	328	95
有色金属冶炼及压延加工业		25	259	2306	10023	1002		3639
金属制品业	82	479	352	1277	1741	311	371	355
通用设备制造业	359	995	12766	5743	10231	2553	2916	643
专用设备制造业	251	491	1220	3926	9211	4399	1963	419
交通运输设备制造业	13	68	52	508	15118	5109	1084	288
电气机械及器材制造业		285	227	443	1234	119	802	
通信设备、计算机及其他电子设备制造业		3		60	2116	1961		3
仪器仪表及文化、办公用机械制造业				22	262	75	187	
工艺品及其他制造业	52	32	123	184	227	42	76	
废弃资源和废旧材料回收加工业	43	38		70	28	4		
电力、燃气及水的生产和供应业	**351**	**1200**	**1209**	**1582**	**8755**	**2524**	**2089**	
电力、热力的生产和供应业	150	847	1112	1298	6807	1330	2071	
燃气生产和供应业		35		3	565	545		
水的生产和供应业	201	318	97	281	1383	649	18	
建筑业	**2158**	**5081**	**11023**	**4264**	**50206**	**18559**	**5496**	**175**
房屋和土木工程建筑业	1992	5005	10674	3768	44172	14490	5070	60
建筑安装业	132		20	301	4184	3187	289	75
建筑装饰业	14	68	19	20	955	562	54	40
其他建筑业	20	8	310	175	895	320	83	

建平县	喀喇沁左翼蒙古族自治县	北票市	凌源市	葫芦岛市	连山区	龙港区	南票区	绥中县	建昌县	兴城市
27874	**26891**	**48563**	**53685**	**267745**	**89003**	**84318**	**11626**	**28018**	**20343**	**34437**
				52						**52**
				52						52
11893	**3521**	**19126**	**5460**	**32245**	**10841**	**12**	**8653**	**1961**	**8693**	**2085**
290	6	7900	323	10446	1601	12	8611		91	131
9293	1879	10159	1885	4445	522			255	3642	26
23	1440	408	1467	14218	8145			502	4224	1347
2287	196	659	1785	3057	573		42	1204	736	502
				79						79
8082	**10970**	**13487**	**33348**	**131049**	**43439**	**47526**	**1593**	**11019**	**6151**	**21321**
1681	158	1427	1475	4537	1001	224	35	2304	138	835
96	227	223	429	1585	217	71		956	254	87
624	219	227	168	1710	219	84	8	653	173	573
60		2093	101	2765	1121	35		207	1027	375
128	119	450	40	6803	101	260		241		6201
			145	24				5		19
1704	223	60	180	1110	74	34	35	808	60	99
	20	10	80	126	76	8				42
8	79	177	309	525	77	15		387		46
56	8	27	179	704	139	234	2	89	62	178
	15		325	5879	5675	145	5			54
439	678	279	524	18225	13385	3206	98	286	33	1217
53			50	709	176	279		20		234
			20							
63	49	224		702	23	41		98		540
79	96	67	221	3597	2136	390	5	424	59	583
1766	1489	1725	4508	11919	5161	705	1165	1629	1214	2045
16	871	154	17096	6984	978	546	106	188	2867	2299
42	1252	2528	1560	21306	2100	18626	13	250	104	213
123	122	121	338	3894	1384	1762	20	471	55	202
720	1037	1884	478	6468	2912	1014	20	249	62	2211
204	28	1668	530	4344	2994	739		284		327
152	4212	71	4202	21628	256	17970	75	979	38	2310
36	48	66	163	2407	330	1109		428		540
32			120	94	56	15		13		10
				61	8	6				47
	20	6	83	93	1	8	6	50		28
			24	2850	2839				5	6
978	**691**	**882**	**1591**	**12152**	**6489**	**1270**	**228**	**1832**	**851**	**1482**
818	621	576	1391	10507	6433	278	228	1819	736	1013
		20		204	20	184				
160	70	286	200	1441	36	808		13	115	469
2976	**8476**	**11319**	**3205**	**35398**	**11415**	**13664**	**593**	**4897**	**957**	**3872**
2725	8266	10883	2678	28779	6611	12711	540	4514	866	3537
19		129	485	5050	4204	311	45	233	40	217
91	18	190		1260	492	572	8	128	36	24
141	192	117	42	309	108	70		22	15	94

2-2 续表 11

行业大类	西丰县	昌图县	调兵山市	开原市	朝阳市	双塔区	龙城区	朝阳县
交通运输、仓储和邮政业	**453**	**475**	**102**	**804**	**5747**	**3052**	**844**	**161**
铁路运输业								
道路运输业	378	220	67	667	2042	647	746	157
城市公共交通业	4	106	20	46	1566	794	15	
水上运输业								
航空运输业					152	152		
管道运输业								
装卸搬运和其他运输服务业	10	2	14	15	419	210	7	
仓储业	61	147	1	76	491	172	76	4
邮政业					1077	1077		
信息传输、计算机服务和软件业	**77**	**18**	**2**		**2770**	**2673**	**28**	
电信和其他信息传输服务业	71	18	1		2621	2559	28	
计算机服务业	6		1		84	49		
软件业					65	65		
批发和零售业	**1493**	**3204**	**506**	**2980**	**26038**	**13911**	**2036**	**1431**
批发业	1067	1807	310	1649	11761	3684	1437	1125
零售业	426	1397	196	1331	14277	10227	599	306
住宿和餐饮业	**342**	**193**	**324**	**653**	**3886**	**2413**	**83**	
住宿业	150	61	316	522	1570	896	15	
餐饮业	192	132	8	131	2316	1517	68	
金融业	**507**	**974**	**231**	**506**	**12932**	**11158**	**8**	
银行业	503	970	231	495	7548	5782		
证券业					24	24		
保险业				4	4961	4961		
其他金融活动	4	4		7	399	391	8	
房地产业	**323**	**418**	**341**	**514**	**5711**	**2785**	**679**	**31**
房地产业	323	418	341	514	5711	2785	679	31
租赁和商务服务业	**24**	**91**	**2594**	**143**	**6495**	**2312**	**1552**	**43**
租赁业				6	53	22	15	
商务服务业	24	91	2594	137	6442	2290	1537	43
科学研究、技术服务和地质勘查业	**155**	**118**	**268**	**60**	**2929**	**1161**	**93**	**240**
研究与试验发展		32	2	5	83	63		
专业技术服务业	20	86	202	47	1815	995	72	14
科技交流和推广服务业	135		4	8	1026	98	21	226
地质勘查业			60		5	5		
水利、环境和公共设施管理业	**9**	**20**	**2**	**63**	**382**	**117**	**115**	
水利管理业	2			35	72	29		
环境管理业			2	6	6	3		
公共设施管理业	7	20		22	304	85	115	
居民服务和其他服务业	**33**	**129**	**70**	**115**	**970**	**411**	**142**	
居民服务业	10	126	69	115	657	331	62	
其他服务业	23	3	1		313	80	80	
教育	**34**	**17**	**48**	**12**	**568**	**91**	**13**	
教育	34	17	48	12	568	91	13	
卫生、社会保障和社会福利业	**25**	**2**	**1145**	**7**	**374**	**362**		
卫生	25	2	1145	7	324	320		
社会保障业					37	29		
社会福利业					13	13		
文化、体育和娱乐业		**17**	**5**	**104**	**328**	**162**	**10**	**5**
新闻出版业					87	87		
广播、电视、电影和音像业					12	6		
文化艺术业		17		56	97			5
体育				12	3	3		
娱乐业			5	36	129	66	10	

建平县	喀喇沁左翼蒙古族自治县	北票市	凌源市	葫芦岛市	连山区	龙港区	南票区	绥中县	建昌县	兴城市
260	**35**	**285**	**1110**	**6184**	**2583**	**1299**	**69**	**1095**	**397**	**741**
11		76	405	3704	1266	921	62	676	268	511
73	16	162	506	157	3	9	7		101	37
				455	13	213		188		41
133	7		62	263	21	49		86		107
43	12	47	137	465	140	107		145	28	45
				1140	1140					
	35	**34**		**2094**	**55**	**1837**		**39**	**24**	**139**
		34		1784	22	1749		9		4
	35			248	15	44		30	24	135
				62	18	44				
2003	**1344**	**1612**	**3701**	**20586**	**7675**	**4266**	**259**	**3971**	**1902**	**2513**
1072	762	906	2775	10048	2140	3010	149	2225	1128	1396
931	582	706	926	10538	5535	1256	110	1746	774	1117
292	**238**	**253**	**607**	**6261**	**1129**	**3481**	**20**	**535**	**190**	**906**
142	158	68	291	1930	318	765		301	181	365
150	80	185	316	4331	811	2716	20	234	9	541
443	**376**	**454**	**493**	**11119**	**2508**	**7085**	**114**	**529**	**408**	**475**
443	376	454	493	7098	969	4605	114	527	408	475
				3992	1533	2459				
				29	6	21		2		
379	**681**	**353**	**803**	**3563**	**508**	**1693**	**24**	**592**	**157**	**589**
379	681	353	803	3563	508	1693	24	592	157	589
403	**50**	**446**	**1689**	**2944**	**992**	**947**	**21**	**410**	**422**	**152**
16				79	38	21		10		10
387	50	446	1689	2865	954	926	21	400	422	142
101	**375**	**201**	**758**	**1466**	**202**	**704**	**15**	**485**	**58**	**2**
		20								
79	29	178	448	879	156	637		33	51	2
22	346	3	310	557	28	60	10	452	7	
				30	18	7	5			
14	**39**	**41**	**56**	**343**	**119**	**92**	**5**	**87**	**40**	
	2	41		37	7	23	5	2		
3				67	67					
11	37		56	239	45	69		85	40	
7	**55**	**44**	**311**	**880**	**345**	**142**	**18**	**255**	**37**	**83**
7	35	28	194	629	285	125	15	111	16	77
	20	16	117	**251**	60	17	3	144	21	6
40		**15**	**409**	**444**	**143**	**180**	**9**	**61**	**51**	
40		15	409	**444**	143	180	9	61	51	
3	**4**	**5**		**781**	**452**	**102**		**227**		
	4			**760**	437	102		221		
3		5		**6**				6		
				15	15					
	1	**6**	**144**	**184**	**108**	**18**	**5**	**23**	**5**	**25**
				2		2				
		6		**48**	35		5	8		
			92	**15**		10			5	
	1		52	**119**	73	6		15		25

2-3 按行业(中类)、营业状态分组的企业法人单位数

行业中类	企业法人单位数(个)	营业	停业(歇业)	筹建	当年关闭	当年破产	其他
总　　计	**243783**	**209213**	**25577**	**6034**	**1564**	**213**	**1182**
农、林、牧、渔业	**38**	**38**					
农业	12	12					
谷物及其他作物的种植	8	8					
蔬菜、园艺作物的种植	1	1					
水果、坚果、饮料和香料作物的种植	2	2					
中药材的种植	1	1					
林业	12	12					
林木的培育和种植	12	12					
畜牧业	5	5					
牲畜的饲养	1	1					
家禽的饲养	4	4					
渔业	7	7					
海洋渔业	5	5					
内陆渔业	2	2					
农、林、牧、渔服务业	2	2					
畜牧服务业	1	1					
渔业服务业	1	1					
采矿业	**5522**	**4438**	**825**	**155**	**91**	**3**	**10**
煤炭开采和洗选业	734	519	171	5	36		3
烟煤和无烟煤的开采洗选	708	502	164	5	34		3
褐煤的开采洗选	17	11	6				
其他煤炭采选	9	6	1		2		
石油和天然气开采业	103	97	4	2			
天然原油和天然气开采	4	3		1			
与石油和天然气开采有关的服务活动	99	94	4	1			
黑色金属矿采选业	1569	1314	184	55	11		5
铁矿采选	1495	1252	179	49	11		4
其他黑色金属矿采选	74	62	5	6			1
有色金属矿采选业	767	595	132	33	6	1	
常用有色金属矿采选	515	419	71	21	3	1	
贵金属矿采选	158	125	26	7			
稀有稀土金属矿采选	94	51	35	5	3		
非金属矿采选业	2341	1906	333	60	38	2	2
土砂石开采	1770	1447	252	44	23	2	2
化学矿采选	120	100	12	5	3		
采盐	35	35					
石棉及其他非金属矿采选	416	324	69	11	12		
其他采矿业	8	7	1				
制造业	**82596**	**67108**	**11537**	**2769**	**731**	**135**	**316**
农副食品加工业	4896	4000	595	219	56	7	19
谷物磨制	674	559	70	26	10	4	5
饲料加工	1030	860	132	25	10	1	2
植物油加工	230	169	41	19	1		
制糖	13	9	3	1			
屠宰及肉类加工	854	710	90	38	13		3

2-3　续表 1

行业中类	企业法人单位数(个)	营业	停业(歇业)	筹建	当年关闭	当年破产	其它
水产品加工	1103	916	121	52	9		5
蔬菜、水果和坚果加工	621	498	77	33	9	2	2
其他农副食品加工	371	279	61	25	4		2
食品制造业	1881	1482	291	79	19	4	6
焙烤食品制造	560	451	79	23	5	1	1
糖果、巧克力及蜜饯制造	71	54	16	1			
方便食品制造	221	167	29	19	3	1	2
液体乳及乳制品制造	78	49	25	3	1		
罐头制造	183	147	23	12	1		
调味品、发酵制品制造	288	248	35	3	1		1
其他食品制造	480	366	84	18	8	2	2
饮料制造业	1260	946	235	48	26	3	2
酒精制造	18	12	3	1	2		
酒的制造	629	456	132	20	17	3	1
软饮料制造	605	474	97	27	6		1
精制茶加工	8	4	3		1		
烟草制品业	6	6					
烟叶复烤	2	2					
卷烟制造	4	4					
纺织业	2214	1792	352	35	18	11	6
棉、化纤纺织及印染精加工	575	452	99	12	4	6	2
麻纺织	14	13	1				
丝绢纺织及精加工	276	200	71	3	2		
纺织制成品制造	613	509	78	16	4	2	4
纺织服装、鞋、帽制造业	3523	2883	525	63	27	5	20
纺织服装制造	3383	2767	505	60	26	5	20
纺织面料鞋的制造	117	97	16	3	1		
制帽	23	19	4				
皮革、毛皮、羽毛(绒)及其制品业	585	441	121	14	3	3	3
皮革鞣制加工	20	9	10			1	
皮革制品制造	465	357	93	12	1	1	1
毛皮鞣制及制品加工	71	50	15	1	2	1	2
羽毛(绒)加工及制品制造	29	25	3	1			
木材加工及木、竹、藤、棕、草制品业	2283	1873	307	70	19	5	9
锯材、木片加工	728	623	81	11	10	2	1
人造板制造	439	351	63	20	3		2
木制品制造	1048	843	154	38	5	3	5
竹、藤、棕、草制品制造	68	56	9	1	1		1
家具制造业	1080	857	178	33	6	1	5
木质家具制造	894	707	151	28	5		3
竹、藤家具制造	5	3	1	1			
金属家具制造	70	55	11	2	1		1
塑料家具制造	8	7				1	
其他家具制造	103	85	15	2			1
造纸及纸制品业	1602	1262	265	41	27	2	5
纸浆制造	13	8	2	2	1		
印刷业和记录媒介的复制	2101	1845	206	23	22	1	4
印刷	1955	1714	194	23	21	1	2
装订及其他印刷服务活动	129	114	12		1		2
记录媒介的复制	17	17					

2-3 续表 2

行业中类	企业法人单位数(个)	营业	停业(歇业)	筹建	当年关闭	当年破产	其它
文教体育用品制造业	298	245	44	7	2		
文化用品制造	123	97	25		1		
体育用品制造	102	87	10	4	1		
乐器制造	40	32	6	2			
玩具制造	18	14	3	1			
游艺器材及娱乐用品制造	15	15					
石油加工、炼焦及核燃料加工业	927	725	132	59	8	2	1
精炼石油产品的制造	890	697	126	56	8	2	1
炼焦	37	28	6	3			
化学原料及化学制品制造业	5088	3972	826	205	55	9	21
基础化学原料制造	980	782	151	36	9		2
肥料制造	539	386	110	35	7		1
农药制造	116	88	20	6	1		1
涂料、油墨、颜料及类似产品制造	964	764	147	33	10	4	6
合成材料制造	273	209	44	13	4	1	2
专用化学产品制造	1782	1408	274	67	23	4	6
日用化学产品制造	434	335	80	15	1		3
医药制造业	735	578	104	45	3	3	2
化学药品原药制造	92	72	15	3	1		1
化学药品制剂制造	116	86	17	10		3	
中药饮片加工	142	125	12	5			
中成药制造	128	100	16	10	1		1
兽用药品制造	61	54	4	3			
生物、生化制品的制造	131	86	32	12	1		
卫生材料及医药用品制造	65	55	8	2			
化学纤维制造业	112	88	18	3	2		1
纤维素纤维原料及纤维制造	31	22	5	3	1		
合成纤维制造	81	66	13		1		1
橡胶制品业	1179	984	138	35	13	4	5
轮胎制造	80	58	17	3	2		
橡胶板、管、带的制造	292	242	34	8	3	2	3
橡胶零件制造	470	398	48	19	3	1	1
再生橡胶制造	28	19	7	2			
日用及医用橡胶制品制造	31	24	6		1		
橡胶靴鞋制造	58	45	10	1	1	1	
其他橡胶制品制造	220	198	16	2	3		1
塑料制品业	3822	3175	491	103	43	3	7
塑料薄膜制造	367	318	47	2			
塑料板、管、型材的制造	717	591	89	29	6		2
塑料丝、绳及编织品的制造	750	645	87	12	6		
泡沫塑料制造	271	237	23	7	2	1	1
塑料人造革、合成革制造	25	17	7		1		
塑料包装箱及容器制造	438	368	53	11	5		1
塑料零件制造	223	192	21	4	5	1	
日用塑料制造	589	460	93	19	14	1	2
其他塑料制品制造	442	347	71	19	4		1

2-3　续表 3

行业中类	企业法人单位数(个)	营业	停业(歇业)	筹建	当年关闭	当年破产	其它
非金属矿物制品业	7969	6438	1173	243	68	15	32
水泥、石灰和石膏的制造	523	432	61	17	8	2	3
水泥及石膏制品制造	1049	814	171	43	12	1	8
砖瓦、石材及其他建筑材料制造	3181	2616	449	77	29	4	6
玻璃及玻璃制品制造	670	549	86	20	7	4	4
陶瓷制品制造	139	105	25	6		2	1
耐火材料制品制造	1699	1337	290	59	5	2	6
石墨及其他非金属矿物制品制造	708	585	91	21	7		4
黑色金属冶炼及压延加工业	1300	984	238	55	15	3	5
炼铁	155	96	45	12	1		1
炼钢	71	50	17	3	1		
钢压延加工	879	685	150	32	7	1	4
铁合金冶炼	195	153	26	8	6	2	
有色金属冶炼及压延加工业	926	724	157	31	12		2
常用有色金属冶炼	229	167	49	10	3		
贵金属冶炼	47	40	5	2			
稀有稀土金属冶炼	86	59	25	2			
有色金属合金制造	124	97	20	4	3		
有色金属压延加工	440	361	58	13	6		2
金属制品业	5659	4496	840	232	52	7	32
结构性金属制品制造	2484	1919	394	122	29	2	18
金属工具制造	471	388	62	14	3	2	2
集装箱及金属包装容器制造	404	333	50	13	5	1	2
金属丝绳及其制品的制造	259	203	48	4	2		2
建筑、安全用金属制品制造	549	433	78	32	5		1
金属表面处理及热处理加工	874	733	113	23	4		1
搪瓷制品制造	32	23	7	1			1
不锈钢及类似日用金属制品制造	230	183	33	10	1		3
其他金属制品制造	356	281	55	13	3	2	2
通用设备制造业	14784	12394	1769	447	105	29	40
锅炉及原动机制造	613	522	65	14	6	3	3
金属加工机械制造	1324	1067	194	48	9	5	1
起重运输设备制造	523	443	58	17	1	3	1
泵、阀门、压缩机及类似机械的制造	2221	1906	235	56	14	5	5
轴承、齿轮、传动和驱动部件的制造	1147	1051	69	18	5	3	1
烘炉、熔炉及电炉制造	100	87	11	2			
风机、衡器、包装设备等通用设备制造	1213	1010	159	37	6		1
通用零部件制造及机械修理	4989	4068	659	190	44	7	21
金属铸、锻加工	2654	2240	319	65	20	3	7
专用设备制造业	5321	4361	683	215	32	6	24
矿山、冶金、建筑专用设备制造	1745	1429	210	83	13	2	8
化工、木材、非金属加工专用设备制造	1197	1009	133	46	6		3
食品、饮料、烟草及饲料生产专用设备制造	177	146	23	6		1	1
印刷、制药、日化生产专用设备制造	263	228	30	5			
纺织、服装和皮革工业专用设备制造	131	103	25	1	2		
电子和电工机械专用设备制造	251	205	36	7	1		2
农、林、牧、渔专用机械制造	302	237	49	7	6	1	2
医疗仪器设备及器械制造	246	195	34	14		1	2
环保、社会公共安全及其他专用设备制造	1009	809	143	46	4	1	6

2-3 续表 4

行业中类	企业法人单位数(个)	营业	停业(歇业)	筹建	当年关闭	当年破产	其它
交通运输设备制造业	4118	3376	514	177	31	3	17
铁路运输设备制造	435	355	58	19	1	1	1
汽车制造	2696	2254	338	77	16	2	9
摩托车制造	13	10	3				
自行车制造	43	27	9	5	1		1
船舶及浮动装置制造	851	665	97	72	11		6
航空航天器制造	31	27	2	1	1		
交通器材及其他交通运输设备制造	49	38	7	3	1		
电气机械及器材制造业	4569	3672	684	153	41	4	15
电机制造	422	345	61	11	5		
输配电及控制设备制造	2284	1860	318	73	22		11
电线、电缆、光缆及电工器材制造	840	691	115	24	7	3	
电池制造	92	61	21	7		1	2
家用电力器具制造	256	198	48	8	1		1
非电力家用器具制造	95	68	17	8	2		
照明器具制造	351	274	59	15	2		1
其他电气机械及器材制造	229	175	45	7	2		
通信设备、计算机及其他电子设备制造业	1055	829	164	43	5	2	12
通信设备制造	134	107	21	3		1	2
雷达及配套设备制造	7	7					
广播电视设备制造	54	41	12				1
电子计算机制造	94	73	13	7			1
电子器件制造	186	146	31	6	1		2
电子元件制造	363	288	50	18	2	1	4
家用视听设备制造	34	26	5	2	1		
其他电子设备制造	183	141	32	7	1		2
仪器仪表及文化、办公用机械制造业	1644	1373	215	39	7	1	9
通用仪器仪表制造	1138	960	139	27	6		6
专用仪器仪表制造	282	233	36	10	1	1	1
钟表与计时仪器制造	38	29	8				1
光学仪器及眼镜制造	44	32	10	2			
文化、办公用机械制造	46	40	6				
其他仪器仪表的制造及修理	96	79	16				1
工艺品及其他制造业	1444	1158	231	29	14	2	10
工艺美术品制造	1102	903	167	19	4	2	7
日用杂品制造	106	82	19	4			1
煤制品制造	176	128	35	4	9		
核辐射加工	4	3			1		
其他未列明的制造业	56	42	10	2			2
废弃资源和废旧材料回收加工业	215	149	41	23			2
金属废料和碎屑的加工处理	89	58	19	10			2
非金属废料和碎屑的加工处理	126	91	22	13			
电力、燃气及水的生产和供应业	**1441**	**1218**	**100**	**107**	**6**	**2**	**8**
电力、热力的生产和供应业	943	803	69	61	4	1	5
电力生产	238	180	17	39	1		1
电力供应	92	80	8	3			1
热力生产和供应	613	543	44	19	3	1	3

2-3　续表 5

行业中类	企业法人单位数(个)	营业	停业(歇业)	筹建	当年关闭	当年破产	其它
燃气生产和供应业	114	90	10	11	2	1	
燃气生产和供应业	114	90	10	11	2	1	
水的生产和供应业	384	325	21	35			3
自来水的生产和供应	279	258	10	11			
污水处理及其再生利用	97	60	11	23			3
其他水的处理、利用与分配	8	7		1			
建筑业	**14957**	**12935**	**1690**	**212**	**107**	**4**	**9**
房屋和土木工程建筑业	5013	4301	591	79	39	2	1
房屋工程建筑	2549	2153	326	39	28	2	1
土木工程建筑	2464	2148	265	40	11		
建筑安装业	4004	3490	431	53	26	1	3
建筑安装业	4004	3490	431	53	26	1	3
建筑装饰业	4586	3986	511	53	32	1	3
建筑装饰业	4586	3986	511	53	32	1	3
其他建筑业	1354	1158	157	27	10		2
工程准备	873	730	112	23	7		1
提供施工设备服务	112	94	13	3	1		1
其他未列明的建筑活动	369	334	32	1	2		
交通运输、仓储和邮政业	**8685**	**7199**	**1065**	**272**	**53**	**9**	**87**
铁路运输业	19	16	2	1			
铁路货物运输	8	6	1	1			
铁路运输辅助活动	11	10	1				
道路运输业	3556	2847	551	97	31	5	25
公路旅客运输	271	247	16	5	2	1	
道路货物运输	3053	2406	510	84	25	4	24
道路运输辅助活动	232	194	25	8	4		1
城市公共交通业	567	533	20	9	2		3
公共电汽车客运	89	80	6	3			
轨道交通	4	4					
出租车客运	471	446	14	6	2		3
其他城市公共交通	3	3					
水上运输业	270	212	33	17			8
水上旅客运输	40	33	6	1			
水上货物运输	136	96	23	9			8
水上运输辅助活动	94	83	4	7			
航空运输业	28	22	4	2			
航空客货运输	11	7	2	2			
通用航空服务	6	4	2				
航空运输辅助活动	11	11					
管道运输业	6	6					
管道运输业	6	6					
装卸搬运和其他运输服务业	3168	2718	315	94	11	2	28
装卸搬运	259	211	41	5	1		1
运输代理服务	2909	2507	274	89	10	2	27
仓储业	858	653	128	46	8	2	21
谷物、棉花等农产品仓储	301	241	41	6	5	2	6
其他仓储	557	412	87	40	3		15
邮政业	213	192	12	6	1		2
国家邮政	18	17			1		
其他寄递服务	195	175	12	6			2

2-3 续表 6

行业中类	企业法人单位数(个)	营业	停业(歇业)	筹建	当年关闭	当年破产	其它
信息传输、计算机服务和软件业	**6032**	**4969**	**731**	**267**	**33**	**1**	**31**
电信和其他信息传输服务业	775	625	129	14	4		3
电信	363	269	84	5	3		2
互联网信息服务	283	234	39	8	1		1
广播电视传输服务	122	115	6	1			
卫星传输服务	7	7					
计算机服务业	2471	2185	219	53	10		4
计算机系统服务	476	374	72	22	6		2
数据处理	45	38	6	1			
计算机维修	163	140	17	5	1		
其他计算机服务	1787	1633	124	25	3		2
软件业	2786	2159	383	200	19	1	24
公共软件服务	2331	1800	327	168	16		20
其他软件服务	455	359	56	32	3	1	4
批发和零售业	**72700**	**68242**	**3446**	**340**	**272**	**41**	**359**
批发业	48836	45533	2551	239	191	29	293
农畜产品批发	2384	2234	110	10	7	10	13
食品、饮料及烟草制品批发	4012	3760	187	21	18	1	25
纺织、服装及日用品批发	4098	3798	229	20	21		30
文化、体育用品及器材批发	1293	1217	53	4	11		8
医药及医疗器材批发	1190	1141	38	6	1		4
矿产品、建材及化工产品批发	18281	16923	1083	96	73	13	93
机械设备、五金交电及电子产品批发	14945	14086	640	61	51	5	102
贸易经纪与代理	794	703	63	11	1		16
其他批发	1839	1671	148	10	8		2
零售业	23864	22709	895	101	81	12	66
综合零售	2348	2187	138	6	8	1	8
食品、饮料及烟草制品专门零售	2016	1897	96	10	8	2	3
纺织、服装及日用品专门零售	3283	3121	120	10	14	1	17
文化、体育用品及器材专门零售	1429	1352	59	6	8		4
医药及医疗器材专门零售	2087	2022	50	8	4		3
汽车、摩托车、燃料及零配件专门零售	4223	4084	98	16	15	3	7
家用电器及电子产品专门零售	3687	3532	107	21	10	4	13
五金、家具及室内装修材料专门零售	3445	3229	178	18	11	1	8
无店铺及其他零售	1346	1285	49	6	3		3
住宿和餐饮业	**5611**	**5351**	**201**	**24**	**22**	**1**	**12**
住宿业	1918	1808	87	10	6	1	6
旅游饭店	645	616	21	5	2		1
一般旅馆	1155	1088	55	3	4	1	4
其他住宿服务	118	104	11	2			1
餐饮业	3693	3543	114	14	16		6
正餐服务	3192	3058	103	12	14		5
快餐服务	245	240	3		1		1
饮料及冷饮服务	106	101	4		1		
其他餐饮服务	150	144	4	2			

2-3　续表 7

行业中类	企业法人单位数（个）	营业	停业(歇业)	筹建	当年关闭	当年破产	其它
金融业	**1316**	**1227**	**45**	**34**	**4**	**1**	**5**
银行业	252	249	1	1			1
中央银行	5	5					
商业银行	212	211	1				
其他银行	35	33		1			1
证券业	45	43	2				
证券市场管理	2	2					
证券经纪与交易	34	34					
证券投资	7	5	2				
证券分析与咨询	2	2					
保险业	524	509	6	7	2		
人寿保险	156	156					
非人寿保险	178	178					
保险辅助服务	190	175	6	7	2		
其他金融活动	495	426	36	26	2	1	4
金融信托与管理	35	26	6	3			
金融租赁	1	1					
财务公司	9	8		1			
邮政储蓄	12	12					
典当	210	196	9	5			
其他未列明的金融活动	228	183	21	17	2	1	4
房地产业	**11026**	**8788**	**1833**	**308**	**62**	**4**	**31**
房地产业	11026	8788	1833	308	62	4	31
房地产开发经营	4838	3429	1207	162	31		9
物业管理	3512	3145	252	85	15	2	13
房地产中介服务	1779	1571	170	29	6		3
其他房地产活动	897	643	204	32	10	2	6
租赁和商务服务业	**16886**	**13500**	**2234**	**881**	**94**	**6**	**171**
租赁业	734	576	114	35	5		4
机械设备租赁	695	544	110	33	5		3
文化及日用品出租	39	32	4	2			1
商务服务业	16152	12924	2120	846	89	6	167
企业管理服务	1997	1354	427	142	26	2	46
法律服务	341	332	8	1			
咨询与调查	5183	3970	740	395	28	1	49
广告业	3335	2724	412	148	20	1	30
知识产权服务	141	123	11	5			2
职业中介服务	1471	1214	199	42	7		9
市场管理	870	772	60	30	3	1	4
旅行社	1176	1100	55	12	2		7
其他商务服务	1638	1335	208	71	3	1	20
科学研究、技术服务和地质勘查业	**7246**	**5815**	**910**	**410**	**42**	**1**	**68**
研究与试验发展	1117	815	190	90	10	1	11
自然科学研究与试验发展	116	80	24	10	1		1
工程和技术研究与试验发展	639	481	98	45	8	1	6
农业科学研究与试验发展	175	126	32	15	1		1
医学研究与试验发展	174	118	35	19			2
社会人文科学研究与试验发展	13	10	1	1			1

2-3 续表 8

行业中类	企业法人单位数(个)	营业	停业(歇业)	筹建	当年关闭	当年破产	其它
专业技术服务业	3749	3164	387	157	16		25
气象服务	22	21	1				
地震服务	5	4			1		
海洋服务	9	9					
测绘服务	185	170	11	4			
技术检测	483	422	36	16	5		4
环境监测	69	60	6	2	1		
工程技术与规划管理	2064	1788	187	73	8		8
其他专业技术服务	912	690	146	62	1		13
科技交流和推广服务业	2272	1745	319	162	14		32
技术推广服务	1624	1254	210	139	9		12
科技中介服务	481	368	77	16	3		17
其他科技服务	167	123	32	7	2		3
地质勘查业	108	91	14	1	2		
矿产地质勘查	39	32	5	1	1		
基础地质勘查	23	18	5				
地质勘查技术服务	46	41	4		1		
水利、环境和公共设施管理业	**896**	**709**	**107**	**64**	**5**	**1**	**10**
水利管理业	82	73	5	3			1
防洪管理	5	3	2				
水资源管理	42	39	2	1			
其他水利管理	35	31	1	2			1
环境管理业	172	126	26	15	2		3
自然保护	13	10	3				
环境治理	159	116	23	15	2		3
公共设施管理业	642	510	76	46	3	1	6
市政公共设施管理	85	75	8	1		1	
城市绿化管理	359	286	49	20	1		3
游览景区管理	198	149	19	25	2		3
居民服务和其他服务业	**5092**	**4458**	**483**	**88**	**26**	**3**	**34**
居民服务业	2899	2569	249	52	11	2	16
家庭服务	190	149	28	10	3		
托儿所	6	5				1	
洗染服务	103	88	12	2			1
理发及美容保健服务	718	651	48	11	2		6
洗浴服务	981	914	58	5	3		1
婚姻服务	222	178	30	12	1		1
殡葬服务	153	140	9	2	1		1
摄影扩印服务	276	247	22	5		1	1
其他居民服务	250	197	42	5	1		5
其他服务业	2193	1889	234	36	15	1	18
修理与维护	1486	1333	120	14	8		11
清洁服务	388	300	69	14	3		2
其他未列明的服务	319	256	45	8	4	1	5
教育	**1011**	**878**	**96**	**22**	**4**		**11**
教育	1011	878	96	22	4		11
学前教育	178	159	16		2		1
初等教育	7	6	1				
中等教育	40	29	9		1		1
高等教育	13	12	1				
其他教育	773	672	69	22	1		9

2-3　续表 9

行业中类	企业法人单位数(个)	营业	停业(歇业)	筹建	当年关闭	当年破产	其它
卫生、社会保障和社会福利业	**1235**	**1135**	**81**	**12**			**7**
卫生	1149	1063	73	8			5
医院	282	270	9	3			
卫生院及社区医疗活动	109	107	1	1			
门诊部医疗活动	686	626	54	3			3
计划生育技术服务活动	3	2					1
妇幼保健活动	3	1	1	1			
专科疾病防治活动	17	15	2				
疾病预防控制及防疫活动	15	14	1				
其他卫生活动	34	28	5				1
社会保障业	37	35	2				
社会保障业	37	35	2				
社会福利业	49	37	6	4			2
提供住宿的社会福利	39	29	4	4			2
不提供住宿的社会福利	10	8	2				
文化、体育和娱乐业	**1493**	**1205**	**193**	**69**	**12**	**1**	**13**
新闻出版业	141	129	7	1	2		2
新闻业	2		2				
出版业	139	129	5	1	2		2
广播、电视、电影和音像业	225	183	35	4	1	1	1
广播	3	2	1				
电视	57	49	6	2			
电影	116	91	23	1		1	
音像制作	49	41	5	1	1		1
文化艺术业	347	246	62	31	2		6
文艺创作与表演	134	99	25	7	1		2
艺术表演场馆	22	13	8	1			
图书馆与档案馆	24	22	2				
文物及文化保护	4	2		2			
博物馆	16	11	1	4			
烈士陵园、纪念馆	1	1					
群众文化活动	32	22	7	3			
文化艺术经纪代理	59	44	8	4	1		2
其他文化艺术	55	32	11	10			2
体育	96	69	19	7	1		
体育组织	34	22	7	4	1		
体育场馆	38	32	4	2			
其他体育	24	15	8	1			
娱乐业	684	578	70	26	6		4
室内娱乐活动	388	346	31	7	3		1
游乐园	26	14	8	4			
休闲健身娱乐活动	222	181	23	14	2		2
其他娱乐活动	48	37	8	1	1		1

2-4 按登记注册类型、营业状态分组的企业法人单位数

登记注册类型	企业法人单位数(个)	营业	停业(歇业)	筹建	当年关闭	当年破产	其他
总　计	**243783**	**209213**	**25577**	**6034**	**1564**	**213**	**1182**
内资企业	**234377**	**201523**	**24537**	**5472**	**1516**	**208**	**1121**
国有企业	9353	7338	1695	72	87	70	91
集体企业	16913	13202	3269	58	245	40	99
股份合作企业	3869	3374	423	40	12	2	18
联营企业	379	333	38	3	1	1	3
国有联营企业	58	49	8	1			
集体联营企业	179	161	16	1			1
国有与集体联营企业	51	39	9		1	1	1
其他联营企业	91	84	5	1			1
有限责任公司	36570	32579	2758	734	155	14	330
国有独资公司	417	351	47	12		2	5
其他有限责任公司	36153	32228	2711	722	155	12	325
股份有限公司	3969	3521	303	113	14	2	16
私营企业	160014	138290	15727	4414	987	78	518
私营独资企业	63168	55510	6080	947	455	44	132
私营合伙企业	4553	3899	491	113	39	5	6
私营有限责任公司	86572	73901	8657	3149	472	27	366
私营股份有限公司	5721	4980	499	205	21	2	14
其他企业	3310	2886	324	38	15	1	46
港、澳、台商投资企业	**1988**	**1580**	**241**	**141**	**9**	**1**	**16**
合资经营企业(港、澳、台资)	996	810	144	33	4	1	4
合作经营企业(港、澳、台资)	100	84	11	5			
港、澳、台商独资经营企业	782	601	75	91	5		10
港、澳、台商投资股份有限公司	110	85	11	12			2
外商投资企业	**7418**	**6110**	**799**	**421**	**39**	**4**	**45**
中外合资经营企业	3215	2645	403	130	20	1	16
中外合作经营企业	350	290	44	11	3		2
外资企业	3674	3032	335	265	12	3	27
外商投资股份有限公司	179	143	17	15	4		

2-5　按地区、营业状态分组的企业法人单位数

地　区	企业法人单位数(个)	营业	停业(歇业)	筹建	当年关闭	当年破产	其他
全　省	**243783**	**209213**	**25577**	**6034**	**1564**	**213**	**1182**
沈阳市	**66404**	**55907**	**8434**	**1435**	**426**	**46**	**156**
和平区	11313	10306	756	214	24		13
沈河区	10227	8299	1633	112	106	9	68
大东区	4920	4373	516	16	2	8	5
皇姑区	5554	4820	574	84	61	3	12
铁西区	6591	5756	698	74	46	5	12
苏家屯区	2466	1979	317	72	82	8	8
东陵区	7326	6207	858	239	5	3	14
沈北新区	2782	2088	557	94	23	5	15
于洪区	10220	8342	1510	317	46	1	4
辽中县	1140	856	189	83	9	1	2
康平县	1280	1126	130	9	12	3	
法库县	1127	622	482	18	3		2
新民市	1458	1133	214	103	7		1
大连市	**68736**	**59622**	**6010**	**2099**	**224**	**37**	**744**
中山区	9529	8207	996	310	8	1	7
西岗区	7669	6746	531	240	30		122
沙河口区	9628	8269	941	348	60	5	5
甘井子区	13119	10854	1487	312	39	3	424
旅顺口区	3134	2756	216	147	8	1	6
金州区	12797	10615	1464	529	16	10	163
长海县	173	156	9	6			2
瓦房店市	5690	5447	151	81	7	4	
普兰店市	3765	3518	111	63	49	13	11
庄河市	3232	3054	104	63	7		4
鞍山市	**22221**	**19022**	**2658**	**266**	**114**	**24**	**137**
市辖区							
铁东区	3400	3191	161	5	9	4	30
铁西区	2226	1930	209	12	14	9	52
立山区	2844	2163	618	17	14	4	28
千山区	4032	3292	606	98	21	3	12
台安县	1577	1500	55	12	10		
岫岩满族自治县	1565	1279	241	34	9	2	
海城市	6577	5667	768	88	37	2	15
抚顺市	**12505**	**10915**	**1469**	**96**	**13**	**11**	**1**
新抚区	1538	1377	135	23		2	1
东洲区	1962	1523	430	7	2		
望花区	3347	2844	475	24	4		
顺城区	2159	1905	238	13	2	1	
抚顺县	1059	1027	20	9	1	2	
新宾满族自治县	1343	1241	86	7	3	6	
清原满族自治县	1097	998	85	13	1		
本溪市	**6963**	**5558**	**938**	**207**	**209**	**13**	**38**
平山区	2063	1658	352	30	7	1	15
溪湖区	1306	779	355	72	98		2
明山区	1689	1486	116	18	57	5	7
南芬区	265	202	40	21			2
本溪满族自治县	901	752	31	55	47	5	11
桓仁满族自治县	739	681	44	11		2	1
丹东市	**10405**	**8900**	**1242**	**167**	**76**	**5**	**15**
元宝区	1463	1104	339	12	8		
振兴区	2721	2392	228	65	22	3	11
振安区	853	745	81	24			3
宽甸满族自治县	1547	1497	40	6	3		1
东港市	1776	1727	37	11	1		
凤城市	2045	1435	517	49	42	2	

2-5 续表

地　　区	企业法人单位数(个)	营业	停业(歇业)	筹建	当年关闭	当年破产	其他
锦州市	**8489**	**7345**	**846**	**191**	**51**	**43**	**13**
古塔区	1609	1427	140	28	9	1	4
凌河区	1694	1447	210	29	4		4
太和区	2114	1803	207	90	6	5	3
黑山县	784	717	40	12	3	10	2
义县	583	469	88	19	4	3	
凌海市	889	851	30	1	2	5	
北镇市	816	631	131	12	23	19	
营口市	**12862**	**11451**	**935**	**407**	**60**	**5**	**4**
站前区	2646	2467	111	61	7		
西市区	1308	1042	114	138	9	4	1
鲅鱼圈区	2928	2537	280	100	10		1
老边区	1560	1477	63	5	15		
盖州市	1863	1651	160	51	1		
大石桥市	2557	2277	207	52	18	1	2
阜新市	**5526**	**4268**	**830**	**243**	**176**	**8**	**1**
海州区	1278	1000	241	27	7	2	1
新邱区	286	231	50	5			
太平区	696	502	138	17	39		
清河门区	214	148	34	11	21		
细河区	1373	878	272	113	107	3	
阜新蒙古族自治县	1080	1044	15	19	2		
彰武县	599	465	80	51		3	
辽阳市	**6332**	**5816**	**438**	**57**	**4**	**3**	**14**
白塔区	1242	1162	71	7	1		1
文圣区	974	942	28	2		1	1
宏伟区	498	451	38	9			
弓长岭区	238	214	21	2			1
太子河区	678	592	68	14	2	1	1
辽阳县	1742	1629	98	6		1	8
灯塔市	960	826	114	17	1		2
盘锦市	**6562**	**5969**	**286**	**270**	**16**	**2**	**19**
双台子区	906	814	68	14	3	1	6
兴隆台区	3611	3459	103	36		1	12
大洼县	1103	881	56	153	13		
盘山县	942	815	59	67			1
铁岭市	**5602**	**4539**	**633**	**271**	**134**	**8**	**17**
银州区	1349	1155	139	51	1		3
清河区	353	292	34	23	1		3
铁岭县	871	621	120	128	1		1
西丰县	469	384	72	8	1	4	
昌图县	910	751	109	18	27	3	2
调兵山市	416	275	18	33	90		
开原市	1234	1061	141	10	13	1	8
朝阳市	**5566**	**4985**	**304**	**222**	**49**	**6**	
双塔区	1568	1420	96	39	11	2	
龙城区	727	630	53	39	5		
朝阳县	409	299	31	69	8	2	
建平县	789	774	2	6	7		
喀喇沁左翼蒙古族自治县	426	362	14	43	5	2	
北票市	780	686	72	13	9		
凌源市	867	814	36	13	4		
葫芦岛市	**5609**	**4915**	**554**	**103**	**12**	**2**	**23**
连山区	1515	1317	164	22	5	1	6
龙港区	1259	1092	109	40	3		15
南票区	194	171	17	5	1		
绥中县	974	899	57	16			2
建昌县	440	381	46	12		1	
兴城市	1227	1055	161	8	3		

2-6　按行业(中类)、营业状态分组的企业法人单位从业人员数

行业中类	从业人员数(个)	营业	停业(歇业)	筹建	当年关闭	当年破产	其他
总　计	**8422445**	**8099928**	**231654**	**53226**	**22964**	**3681**	**10992**
农、林、牧、渔业	**12073**	**12073**					
农业	7849	7849					
谷物及其他作物的种植	7529	7529					
蔬菜、园艺作物的种植	233	233					
水果、坚果、饮料和香料作物的种植	38	38					
中药材的种植	49	49					
林业	2026	2026					
林木的培育和种植	2026	2026					
畜牧业	221	221					
牲畜的饲养	48	48					
家禽的饲养	173	173					
渔业	1869	1869					
海洋渔业	957	957					
内陆渔业	912	912					
农、林、牧、渔服务业	108	108					
畜牧服务业	68	68					
渔业服务业	40	40					
采矿业	**548214**	**530809**	**13336**	**2902**	**1080**	**12**	**75**
煤炭开采和洗选业	192304	186749	4940	74	509		32
烟煤和无烟煤的开采洗选	190881	185509	4760	74	506		32
褐煤的开采洗选	759	750	9				
其他煤炭采选	664	490	171		3		
石油和天然气开采业	126731	126700	25	6			
天然原油和天然气开采	30181	30178		3			
与石油和天然气开采有关的服务活动	96550	96522	25	3			
黑色金属矿采选业	107306	101823	3903	1251	313		16
铁矿采选	99534	94337	3848	1021	313		15
其他黑色金属矿采选	7772	7486	55	230			1
有色金属矿采选业	51492	49401	1473	582	34	2	
常用有色金属矿采选	30433	29356	710	336	29	2	
贵金属矿采选	10625	10196	317	112			
稀有稀土金属矿采选	10434	9849	446	134	5		
非金属矿采选业	69740	65500	2990	989	224	10	27
土砂石开采	44188	41201	1979	808	163	10	27
化学矿采选	9470	9099	273	89	9		
采盐	4215	4215					
石棉及其他非金属矿采选	11867	10985	738	92	52		
其他采矿业	641	636	5				
其他采矿业	641	636	5				
制造业	**3998125**	**3817929**	**129217**	**28660**	**15117**	**2965**	**4237**
农副食品加工业	252192	243558	5835	2082	493	37	187
谷物磨制	23607	22692	507	297	79	15	17
饲料加工	40652	39514	791	235	94	2	16
植物油加工	11407	10820	454	132	1		
制糖	1339	1155	52	132			
屠宰及肉类加工	62937	60846	1468	366	213		44

2-6 续表 1

行业中类	从业人员数(个)						
		营业	停业(歇业)	筹建	当年关闭	当年破产	其他
水产品加工	71176	69440	1207	453	57		19
蔬菜、水果和坚果加工	25502	24165	1020	204	35	20	58
其他农副食品加工	15572	14926	336	263	14		33
食品制造业	72519	69090	2112	994	229	42	52
焙烤食品制造	13156	12504	500	130	11	4	7
糖果、巧克力及蜜饯制造	2502	2317	116	69			
方便食品制造	11029	10433	200	307	62	16	11
液体乳及乳制品制造	8821	8493	313	14	1		
罐头制造	10284	9895	149	228	12		
调味品、发酵制品制造	11608	11416	162	8	1		21
其他食品制造	15119	14032	672	238	142	22	13
饮料制造业	50196	47956	1538	526	149	5	22
酒精制造	1240	1208	11	19	2		
酒的制造	30051	28663	1011	257	101	5	14
软饮料制造	18754	17956	495	250	45		8
精制茶加工	151	129	21		1		
烟草制品业	2592	2592					
烟叶复烤	297	297					
卷烟制造	2295	2295					
纺织业	121378	114633	4745	1062	712	119	107
棉、化纤纺织及印染精加工	48239	44894	1858	808	569	104	6
毛纺织和染整精加工	3200	2864	183	150		3	
麻纺织	1694	1693	1				
丝绢纺织及精加工	12472	11786	642	35	9		
纺织制成品制造	21526	20763	505	61	89	7	101
针织品、编织品及其制品制造	34247	32633	1556	8	45	5	
纺织服装、鞋、帽制造业	247612	238280	7376	1246	376	18	316
纺织服装制造	236620	227531	7162	1218	375	18	316
纺织面料鞋的制造	10171	9965	177	28	1		
制帽	821	784	37				
皮革、毛皮、羽毛(绒)及其制品业	31469	30245	1082	104	18	6	14
皮革鞣制加工	413	353	59			1	
皮革制品制造	28392	27381	904	96		4	7
毛皮鞣制及制品加工	1804	1662	113	3	18	1	7
羽毛(绒)加工及制品制造	860	849	6	5			
木材加工及木、竹、藤、棕、草制品业	73721	69982	2823	466	157	13	280
锯材、木片加工	16497	15439	924	77	45	11	1
人造板制造	21182	20568	449	151	4		10
木制品制造	34767	32807	1367	232	91	2	268
竹、藤、棕、草制品制造	1275	1168	83	6	17		1
家具制造业	49051	47266	1546	146	70	1	22
木质家具制造	44183	42934	1062	109	68		10
竹、藤家具制造	70	67	1	2			
金属家具制造	1816	1429	347	28	2		10
塑料家具制造	98	97				1	
其他家具制造	2884	2739	136	7			2
造纸及纸制品业	57335	51394	5019	470	399	2	51
纸浆制造	363	341	2	18	2		
造纸	22625	18851	3375	272	127		
纸制品制造	34347	32202	1642	180	270	2	51

2-6 续表 2

行业中类	从业人员数(个)	营业	停业(歇业)	筹建	当年关闭	当年破产	其他
印刷业和记录媒介的复制	41117	39306	1580	122	83	3	23
印刷	37020	35305	1515	122	73	3	2
装订及其他印刷服务活动	2508	2412	65		10		21
记录媒介的复制	1589	1589					
文教体育用品制造业	11850	11215	512	112	11		
文化用品制造	2842	2472	359		11		
体育用品制造	4069	3926	35	108			
乐器制造	3717	3614	100	3			
玩具制造	652	633	18	1			
游艺器材及娱乐用品制造	570	570					
石油加工、炼焦及核燃料加工业	72665	70279	1410	698	76	6	196
精炼石油产品的制造	69037	66711	1371	677	76	6	196
炼焦	3628	3568	39	21			
化学原料及化学制品制造业	213378	201584	7155	3183	1059	41	356
基础化学原料制造	55535	52688	1438	1250	33		126
肥料制造	31197	30054	741	281	88		33
农药制造	7588	7368	128	87	1		4
涂料、油墨、颜料及类似产品制造	24651	22830	1107	512	169	9	24
合成材料制造	23147	22433	481	151	15	1	66
专用化学产品制造	62673	58545	2494	772	741	31	90
日用化学产品制造	8587	7666	766	130	12		13
医药制造业	59240	57168	1314	631	32	83	12
化学药品原药制造	22309	22157	105	29	12		6
化学药品制剂制造	11999	11552	179	185		83	
中药饮片加工	5408	5293	69	46			
中成药制造	9079	8804	163	103	3		6
兽用药品制造	2833	2560	219	54			
生物、生化制品的制造	6677	5938	513	209	17		
卫生材料及医药用品制造	935	864	66	5			
化学纤维制造业	32420	28895	3351	12	161		1
纤维素纤维原料及纤维制造	6077	2812	3252	12	1		
合成纤维制造	26343	26083	99		160		1
橡胶制品业	51813	49994	1400	252	122	12	33
轮胎制造	15223	14922	279	19	3		
橡胶板、管、带的制造	12228	11564	555	45	37	2	25
橡胶零件制造	11797	11421	257	84	21	9	5
再生橡胶制造	1263	1119	64	80			
日用及医用橡胶制品制造	2024	1965	57		2		
橡胶靴鞋制造	5235	5146	85	2	1	1	
其他橡胶制品制造	4043	3857	103	22	58		3
塑料制品业	132886	126389	5007	861	513	93	23
塑料薄膜制造	9619	9051	563	5			
塑料板、管、型材的制造	23273	22080	899	204	85		5
塑料丝、绳及编织品的制造	47468	46164	998	197	109		
泡沫塑料制造	7143	6967	77	40	21	27	11
塑料人造革、合成革制造	814	759	52		3		
塑料包装箱及容器制造	12749	12002	648	76	20		3
塑料零件制造	10330	9918	165	11	216	20	
日用塑料制造	10606	9280	1097	125	56	46	2
其他塑料制品制造	10884	10168	508	203	3		2

2-6 续表 3

行业中类	从业人员数(个)						
		营业	停业(歇业)	筹建	当年关闭	当年破产	其他
非金属矿物制品业	351269	335445	11648	2275	1264	470	167
水泥、石灰和石膏的制造	49960	48034	1113	396	392	22	3
水泥及石膏制品制造	35747	33618	1495	443	148	1	42
砖瓦、石材及其他建筑材料制造	116563	111166	4625	497	227	25	23
玻璃及玻璃制品制造	27670	25841	1248	147	335	79	20
陶瓷制品制造	5932	5723	148	53		7	1
耐火材料制品制造	91025	87908	2020	612	102	336	47
石墨及其他非金属矿物制品制造	24372	23155	999	127	60		31
黑色金属冶炼及压延加工业	302076	295295	5476	660	567	17	61
炼铁	19302	16663	2337	269	28		5
炼钢	11585	11236	266	82	1		
钢压延加工	252661	249266	2613	269	446	11	56
铁合金冶炼	18528	18130	260	40	92	6	
有色金属冶炼及压延加工业	84348	79824	2843	553	1124		4
常用有色金属冶炼	38769	37404	816	381	168		
贵金属冶炼	4998	4684	310	4			
稀有稀土金属冶炼	4481	4096	368	17			
有色金属合金制造	4848	4554	161	35	98		
有色金属压延加工	31252	29086	1188	116	858		4
金属制品业	192108	178875	9808	1584	1531	64	246
结构性金属制品制造	86154	79362	4623	797	1212	6	154
金属工具制造	13585	12948	503	88	7	25	14
集装箱及金属包装容器制造	22817	21070	1458	176	108	1	4
金属丝绳及其制品的制造	8140	7577	495	10	46		12
建筑、安全用金属制品制造	15979	15019	662	191	105		2
金属表面处理及热处理加工	27553	26477	857	187	29		3
搪瓷制品制造	1017	935	77	1			4
不锈钢及类似日用金属制品制造	6575	5939	552	68	2		14
其他金属制品制造	10288	9548	581	66	22	32	39
通用设备制造业	553758	523903	19765	4008	3945	1219	918
锅炉及原动机制造	24520	23255	1001	186	65	7	6
金属加工机械制造	73937	71672	1783	397	55	25	5
起重运输设备制造	30828	28062	1703	123	3	934	3
泵、阀门、压缩机及类似机械的制造	77827	73689	2586	669	293	180	410
轴承、齿轮、传动和驱动部件的制造	71993	70696	824	362	107	3	1
烘炉、熔炉及电炉制造	2457	2356	95	6			
风机、衡器、包装设备等通用设备制造	58860	54819	2072	232	1732		5
通用零部件制造及机械修理	108537	99684	5818	1102	1436	47	450
金属铸、锻加工	104799	99670	3883	931	254	23	38
专用设备制造业	215395	206425	6137	2108	247	68	410
矿山、冶金、建筑专用设备制造	89468	86484	2004	765	122	8	85
化工、木材、非金属加工专用设备制造	40892	38799	1567	416	47		63
食品、饮料、烟草及饲料生产专用设备制造	6350	5988	300	22		23	17
印刷、制药、日化生产专用设备制造	9749	9488	206	55			
纺织、服装和皮革工业专用设备制造	4403	4129	209	60	5		
电子和电工机械专用设备制造	15338	15009	134	73	2		120
农、林、牧、渔专用机械制造	8647	8062	427	92	29	1	36
医疗仪器设备及器械制造	10436	10042	237	95		35	27
环保、社会公共安全及其他专用设备制造	30112	28424	1053	530	42	1	62

2-6　续表 4

行业中类	从 业 人员数 (个)	营业	停业(歇业)	筹建	当年关闭	当年破产	其他
交通运输设备制造业	321550	311026	6683	1981	788	593	479
铁路运输设备制造	39754	37578	1460	237	20	233	226
汽车制造	149200	144445	3463	574	171	360	187
摩托车制造	532	376	156				
自行车制造	826	610	39	11	164		2
船舶及浮动装置制造	96250	93149	1497	1109	431		64
航空航天器制造	33587	33535	49	2	1		
交通器材及其他交通运输设备制造	1401	1333	19	48	1		
电气机械及器材制造业	197946	188413	7640	1435	382	12	64
电机制造	37035	36338	600	76	21		
输配电及控制设备制造	85899	81623	3342	711	177		46
电线、电缆、光缆及电工器材制造	39070	36849	1780	390	44	7	
电池制造	5093	4825	176	73		5	14
家用电力器具制造	11696	11131	526	35	1		3
非电力家用器具制造	2104	1890	165	43	6		
照明器具制造	11403	10663	561	84	94		1
其他电气机械及器材制造	5646	5094	490	23	39		
通信设备、计算机及其他电子设备制造业	103976	101452	1708	316	445	10	45
通信设备制造	5854	5666	148	10		9	21
雷达及配套设备制造	2904	2904					
广播电视设备制造	1568	1445	120				3
电子计算机制造	19279	19122	139	17			1
电子器件制造	17626	17302	284	32	5		3
电子元件制造	31778	30815	696	220	32	1	14
家用视听设备制造	15019	14562	31	19	407		
其他电子设备制造	9948	9636	290	18	1		3
仪器仪表及文化、办公用机械制造业	46106	44063	1492	368	89	5	89
通用仪器仪表制造	25174	23943	808	324	56		43
专用仪器仪表制造	7155	6851	194	42	33	5	30
钟表与计时仪器制造	3781	3732	34				15
光学仪器及眼镜制造	2672	2319	351	2			
文化、办公用机械制造	6109	6090	19				
其他仪器仪表的制造及修理	1215	1128	86				1
工艺品及其他制造业	46613	44127	2062	272	75	26	51
工艺美术品制造	29066	27071	1717	210	6	26	36
日用杂品制造	5889	5708	150	26			5
煤制品制造	4584	4350	155	11	68		
核辐射加工	42	41			1		
其他未列明的制造业	7032	6957	40	25			10
废弃资源和废旧材料回收加工业	9546	9255	150	133			8
金属废料和碎屑的加工处理	4187	4051	68	60			8
非金属废料和碎屑的加工处理	5359	5204	82	73			
电力、燃气及水的生产和供应业	**208573**	**203119**	**2606**	**2753**	**21**	**13**	**61**
电力、热力的生产和供应业	152582	148412	1837	2259	17	1	56
电力生产	44091	40772	1282	2014	7		16
电力供应	62829	62684	55	80			10
热力生产和供应	45662	44956	500	165	10	1	30

2-6 续表 5

行业中类	从业人员数(个)						
		营业	停业(歇业)	筹建	当年关闭	当年破产	其他
燃气生产和供应业	16539	16182	202	139	4	12	
燃气生产和供应业	16539	16182	202	139	4	12	
水的生产和供应业	39452	38525	567	355			5
自来水的生产和供应	36819	36228	452	139			
污水处理及其再生利用	2334	2013	115	201			5
其他水的处理、利用与分配	299	284		15			
建筑业	**1282676**	**1265315**	**13645**	**1494**	**1994**	**6**	**222**
房屋和土木工程建筑业	976711	968857	5716	631	1504	2	1
房屋工程建筑	627094	622299	3382	301	1109	2	1
土木工程建筑	349617	346558	2334	330	395		
建筑安装业	204682	199561	4169	537	228	2	185
建筑安装业	204682	199561	4169	537	228	2	185
建筑装饰业	71954	68842	2739	180	174	2	17
建筑装饰业	71954	68842	2739	180	174	2	17
其他建筑业	29329	28055	1021	146	88		19
工程准备	18417	17378	825	132	68		14
提供施工设备服务	2322	2269	37	9	2		5
其他未列明的建筑活动	8590	8408	159	5	18		
交通运输、仓储和邮政业	**330635**	**316856**	**9171**	**2369**	**1265**	**150**	**824**
铁路运输业	3663	3606	7	50			
铁路货物运输	2804	2749	5	50			
铁路运输辅助活动	859	857	2				
道路运输业	114808	106493	5626	852	1202	121	514
公路旅客运输	18906	18480	252	26	51	97	
道路货物运输	75457	68414	5196	787	558	24	478
道路运输辅助活动	20445	19599	178	39	593		36
城市公共交通业	56800	55904	819	47	7		23
公共电汽车客运	46992	46229	740	23			
轨道交通	1200	1200					
出租车客运	8600	8467	79	24	7		23
其他城市公共交通	8	8					
水上运输业	30234	29609	218	375			32
水上旅客运输	2543	2420	23	100			
水上货物运输	6949	6689	183	45			32
水上运输辅助活动	20742	20500	12	230			
航空运输业	9695	9676	5	14			
航空客货运输	5288	5272	2	14			
通用航空服务	188	185	3				
航空运输辅助活动	4219	4219					
管道运输业	1431	1431					
管道运输业	1431	1431					
装卸搬运和其他运输服务业	69559	67223	1711	500	25	8	92
装卸搬运	32379	31853	509	15	1		1
运输代理服务	37180	35370	1202	485	24	8	91
仓储业	19266	17801	749	509	29	21	157
谷物、棉花等农产品仓储	6546	6017	340	45	22	21	101
其他仓储	12720	11784	409	464	7		56

2-6　续表 6

行业中类	从业人员数(个)	营业	停业(歇业)	筹建	当年关闭	当年破产	其他
邮政业	25179	25113	36	22	2		6
国家邮政	22506	22504			2		
其他寄递服务	2673	2609	36	22			6
信息传输、计算机服务和软件业	**127563**	**123453**	**2788**	**1094**	**71**	**5**	**152**
电信和其他信息传输服务业	55417	54877	485	40	4		11
电信	48291	48022	247	9	3		10
互联网信息服务	3086	2864	196	24	1		1
广播电视传输服务	4007	3958	42	7			
卫星传输服务	33	33					
计算机服务业	20710	19426	921	273	28		62
计算机系统服务	7027	6409	465	84	17		52
数据处理	1876	1825	26	25			
计算机维修	1182	1136	36	8	2		
其他计算机服务	10625	10056	394	156	9		10
软件业	51436	49150	1382	781	39	5	79
公共软件服务	47664	45764	1195	622	26		57
其他软件服务	3772	3386	187	159	13	5	22
批发和零售业	**775440**	**750496**	**18431**	**2457**	**1677**	**373**	**2006**
批发业	441224	423284	13412	1479	1086	326	1637
农畜产品批发	34280	32710	1139	72	22	221	116
食品、饮料及烟草制品批发	54594	53109	1033	174	110	2	166
纺织、服装及日用品批发	30902	29409	1204	88	86		115
文化、体育用品及器材批发	9797	9540	159	23	39		36
医药及医疗器材批发	20427	20133	242	23	2		27
矿产品、建材及化工产品批发	160305	152749	5790	508	529	89	640
机械设备、五金交电及电子产品批发	105363	101394	2878	388	219	14	470
贸易经纪与代理	8571	8208	195	107	6		55
其他批发	16985	16032	772	96	73		12
零售业	334216	327212	5019	978	591	47	369
综合零售	126926	125325	933	426	204	1	37
食品、饮料及烟草制品专门零售	19388	18445	777	53	74	7	32
纺织、服装及日用品专门零售	30352	29295	806	101	44	3	103
文化、体育用品及器材专门零售	16336	15935	306	25	43		27
医药及医疗器材专门零售	31750	31501	188	27	13		21
汽车、摩托车、燃料及零配件专门零售	48499	47771	476	117	88	24	23
家用电器及电子产品专门零售	29638	28899	514	85	72	8	60
五金、家具及室内装修材料专门零售	21464	20479	771	118	39	4	53
无店铺及其他零售	9863	9562	248	26	14		13
住宿和餐饮业	**175594**	**172179**	**2315**	**425**	**371**	**9**	**295**
住宿业	78016	76286	1150	263	155	9	153
旅游饭店	58092	57456	490	68	72		6
一般旅馆	18172	17377	548	36	83	9	119
其他住宿服务	1752	1453	112	159			28
餐饮业	97578	95893	1165	162	216		142
正餐服务	74271	72772	1009	152	211		127
快餐服务	19714	19669	27		3		15
饮料及冷饮服务	1256	1167	87		2		
其他餐饮服务	2337	2285	42	10			

2-6 续表 7

行业中类	从业人员数(个)						
		营业	停业(歇业)	筹建	当年关闭	当年破产	其他
金融业	**217063**	**216551**	**268**	**169**	**8**	**7**	**60**
银行业	135855	135801	3	23			28
中央银行	1042	1042					
商业银行	128704	128701	3				
其他银行	6109	6058		23			28
证券业	2055	1943	112				
证券市场管理	169	169					
证券经纪与交易	1723	1723					
证券投资	157	45	112				
证券分析与咨询	6	6					
保险业	71970	71913	14	40	3		
人寿保险	55052	55052					
非人寿保险	14068	14068					
保险辅助服务	2850	2793	14	40	3		
其他金融活动	7183	6894	139	106	5	7	32
金融信托与管理	334	298	23	13			
金融租赁	20	20					
财务公司	87	82		5			
邮政储蓄	2976	2976					
典当	1451	1391	40	20			
其他未列明的金融活动	2315	2127	76	68	5	7	32
房地产业	**204207**	**184256**	**15039**	**4144**	**328**	**31**	**409**
房地产业	204207	184256	15039	4144	328	31	409
房地产开发经营	77135	66420	8893	1643	80		99
物业管理	98076	94018	1625	2220	74	17	122
房地产中介服务	15056	13883	1061	75	21		16
其他房地产活动	13940	9935	3460	206	153	14	172
租赁和商务服务业	**272432**	**252530**	**14482**	**3249**	**498**	**75**	**1598**
租赁业	7727	6897	602	190	16		22
机械设备租赁	7447	6655	593	179	16		4
文化及日用品出租	280	242	9	11			18
商务服务业	264705	245633	13880	3059	482	75	1576
企业管理服务	45733	39929	4049	667	209	14	865
法律服务	3335	3279	53	3			
咨询与调查	32635	28766	2287	1274	125	3	180
广告业	21504	19421	1367	460	67	5	184
知识产权服务	929	876	35	9			9
职业中介服务	90722	85844	4540	269	40		29
市场管理	19468	18780	362	151	5	1	169
旅行社	9443	8997	313	45	29		59
其他商务服务	40936	39741	874	181	7	52	81
科学研究、技术服务和地质勘查业	**114042**	**106791**	**4700**	**1956**	**137**	**1**	**457**
研究与试验发展	17278	15478	1227	450	44	1	78
自然科学研究与试验发展	2220	2095	79	44	1		1
工程和技术研究与试验发展	11895	11033	514	248	42	1	57
农业科学研究与试验发展	1892	1344	459	80	1		8
医学研究与试验发展	1136	878	174	76			8
社会人文科学研究与试验发展	135	128	1	2			4

2-6　续表 8

行业中类	从业人员数(个)	营业	停业(歇业)	筹建	当年关闭	当年破产	其他
专业技术服务业	67210	64095	1960	847	57		251
气象服务	230	228	2				
地震服务	25	24			1		
海洋服务	132	132					
测绘服务	2745	2653	78	14			
技术检测	7902	7404	235	89	11		163
环境监测	510	489	15	5	1		
工程技术与规划管理	45468	44081	905	425	42		15
其他专业技术服务	10198	9084	725	314	2		73
科技交流和推广服务业	25628	23450	1362	656	32		128
技术推广服务	15346	13919	771	566	24		66
科技中介服务	8532	8023	377	73	4		55
其他科技服务	1750	1508	214	17	4		7
地质勘查业	3926	3768	151	3	4		
矿产地质勘查	2091	2059	27	3	2		
基础地质勘查	739	655	84				
地质勘查技术服务	1096	1054	40		2		
水利、环境和公共设施管理业	**19469**	**17849**	**847**	**504**	**159**	**12**	**98**
水利管理业	2429	2363	41	14			11
防洪管理	39	16	23				
水资源管理	1933	1922	8	3			
其他水利管理	457	425	10	11			11
环境管理业	4443	3937	215	99	151		41
自然保护	830	826	4				
环境治理	3613	3111	211	99	151		41
公共设施管理业	12597	11549	591	391	8	12	46
市政公共设施管理	2300	2109	155	24		12	
城市绿化管理	5536	5048	327	152	1		8
游览景区管理	4761	4392	109	215	7		38
居民服务和其他服务业	**65432**	**62179**	**2481**	**371**	**103**	**21**	**277**
居民服务业	39369	37661	1296	231	46	17	118
家庭服务	2616	2451	126	34	5		
托儿所	73	58				15	
洗染服务	1072	999	49	22			2
理发及美容保健服务	8245	7840	210	89	23		83
洗浴服务	18376	17926	402	31	14		3
婚姻服务	1029	920	79	26	1		3
殡葬服务	2835	2792	34	6	2		1
摄影扩印服务	2614	2544	52	13		2	3
其他居民服务	2509	2131	344	10	1		23
其他服务业	26063	24518	1185	140	57	4	159
修理与维护	13744	12957	576	61	35		115
清洁服务	5391	5018	304	35	15		19
其他未列明的服务	6928	6543	305	44	7	4	25
教育	**14357**	**13454**	**672**	**126**	**6**		**99**
教育	14357	13454	672	126	6		99
学前教育	2075	1984	73		3		15

2-6 续表 9

行业中类	从业人员数(个)						
		营业	停业(歇业)	筹建	当年关闭	当年破产	其他
初等教育	74	67	7				
中等教育	1289	1216	66		1		6
高等教育	312	252	60				
其他教育	10607	9935	466	126	2		78
卫生、社会保障和社会福利业	**28080**	**27539**	**396**	**96**			**49**
卫生	27277	26879	320	35			43
医院	20390	20297	75	18			
卫生院及社区医疗活动	1497	1488	4	5			
门诊部医疗活动	4380	4164	170	7			39
计划生育技术服务活动	24	21					3
妇幼保健活动	9	1	3	5			
专科疾病防治活动	239	228	11				
疾病预防控制及防疫活动	213	210	3				
其他卫生活动	525	470	54				1
社会保障业	313	298	15				
社会保障业	313	298	15				
社会福利业	490	362	61	61			6
提供住宿的社会福利	406	281	58	61			6
不提供住宿的社会福利	84	81	3				
文化、体育和娱乐业	**28470**	**26550**	**1260**	**457**	**129**	**1**	**73**
新闻出版业	7974	7905	25	5	12		27
新闻业	3		3				
出版业	7971	7905	22	5	12		27
广播、电视、电影和音像业	3587	3308	254	21	2	1	1
广播	54	22	32				
电视	1465	1413	35	17			
电影	1791	1610	177	3		1	
音像制作	277	263	10	1	2		1
文化艺术业	2479	1910	249	228	70		22
文艺创作与表演	1034	818	115	27	68		6
艺术表演场馆	248	202	41	5			
图书馆与档案馆	145	136	9				
文物及文化保护	150	143		7			
博物馆	168	53	2	113			
烈士陵园、纪念馆	11	11					
群众文化活动	243	216	20	7			
文化艺术经纪代理	283	201	26	46	2		8
其他文化艺术	197	130	36	23			8
体育	1299	983	239	74	3		
体育组织	308	245	42	18	3		
体育场馆	766	561	151	54			
其他体育	225	177	46	2			
娱乐业	13131	12444	493	129	42		23
室内娱乐活动	6740	6471	225	20	12		12
游乐园	1038	950	54	34			
休闲健身娱乐活动	4806	4557	161	74	5		9
其他娱乐活动	547	466	53	1	25		2

2-7　按登记注册类型、营业状态分组的企业法人单位从业人员数

登记注册类型	从业人员数(人)	营业	停业(歇业)	筹建	当年关闭	当年破产	其他
总　计	**8422445**	**8099928**	**231654**	**53226**	**22964**	**3681**	**10992**
内资企业	**7450648**	**7145744**	**221065**	**47340**	**22538**	**3632**	**10329**
国有企业	1184960	1153524	24890	1169	1831	1503	2043
集体企业	613055	554855	48954	311	6632	411	1892
股份合作企业	104074	97970	5361	435	100	29	179
联营企业	18378	18007	281	6	3	2	79
国有联营企业	2102	2030	70	2			
集体联营企业	5605	5446	102	1			56
国有与集体联营企业	8168	8092	53		3	2	18
其他联营企业	2503	2439	56	3			5
有限责任公司	1578346	1534022	26296	10068	4220	1281	2459
国有独资公司	210388	204016	4546	845		916	65
其他有限责任公司	1367958	1330006	21750	9223	4220	365	2394
股份有限公司	487859	481046	3989	2586	78	17	143
私营企业	3401992	3247237	109208	32440	9550	388	3169
私营独资企业	1150321	1094494	43549	7372	3791	190	925
私营合伙企业	80149	75256	3383	903	568	8	31
私营有限责任公司	2021032	1933810	58100	21870	4913	179	2160
私营股份有限公司	150490	143677	4176	2295	278	11	53
其他企业	61984	59083	2086	325	124	1	365
港、澳、台商投资企业	**204223**	**200591**	**2437**	**1084**	**20**	**2**	**89**
合资经营企业(港、澳、台资)	113131	110835	1873	396	5	2	20
合作经营企业(港、澳、台资)	14336	14152	141	43			
港、澳、台商独资经营企业	65756	64729	371	583	15		58
港、澳、台商投资股份有限公司	11000	10875	52	62			11
外商投资企业	**767574**	**753593**	**8152**	**4802**	**406**	**47**	**574**
中外合资经营企业	311736	304404	4957	1605	335	1	434
中外合作经营企业	34535	33750	579	199	4		3
外资企业	385908	380458	2557	2681	29	46	137
外商投资股份有限公司	35395	34981	59	317	38		

2-8 按行业(中类)、开业(成立)

行业中类	企业法人单位数(个)	1949年以前	1950-1977年	1978-1991年	1992-1995年	1996年	1997年
总 计	**243783**	**480**	**3582**	**12533**	**13369**	**3820**	**4355**
农、林、牧、渔业	**38**	**1**	**19**	**3**			
农业	12	1	4	2			
谷物及其他作物的种植	8	1	3	1			
蔬菜、园艺作物的种植	1						
水果、坚果、饮料和香料作物的种植	2			1			
中药材的种植	1		1				
林业	12		11	1			
林木的培育和种植	12		11	1			
畜牧业	5						
牲畜的饲养	1						
家禽的饲养	4						
渔业	7		3				
海洋渔业	5		2				
内陆渔业	2		1				
农、林、牧、渔服务业	2		1				
畜牧服务业	1		1				
渔业服务业	1						
采矿业	**5522**	**10**	**101**	**430**	**328**	**109**	**117**
煤炭开采和洗选业	734	3	28	138	92	29	33
烟煤和无烟煤的开采洗选	708	3	27	133	91	29	33
褐煤的开采洗选	17		1	3			
其他煤炭采选	9			2	1		
石油和天然气开采业	103			1	1		1
天然原油和天然气开采	4						
与石油和天然气开采有关的服务活动	99			1	1		1
黑色金属矿采选业	1569		9	39	60	19	13
铁矿采选	1495		5	29	52	17	10
其他黑色金属矿采选	74		4	10	8	2	3
有色金属矿采选业	767	1	9	55	46	14	20
常用有色金属矿采选	515		8	29	26	8	11
贵金属矿采选	158	1	1	20	16	4	4
稀有稀土金属矿采选	94			6	4	2	5
非金属矿采选业	2341	6	55	196	129	47	50
土砂石开采	1770	1	40	132	88	31	35
化学矿采选	120		5	16	10	5	6
采盐	35	4	1	14	4		
石棉及其他非金属矿采选	416	1	9	34	27	11	9
其他采矿业	8			1			
其他采矿业	8			1			
制造业	**82596**	**131**	**1707**	**6176**	**5964**	**1801**	**1989**
农副食品加工业	4896	4	38	188	195	89	98
谷物磨制	674	3	1	13	16	7	8
饲料加工	1030		1	22	20	17	24
植物油加工	230	1	2	15	9	7	4
制糖	13			1			
屠宰及肉类加工	854		24	50	33	23	21

时间分组的企业法人单位数

1998年	1999年	2000年	2001年	2002年	2003年	2004年	2005年	2006年	2007年	2008年
7677	**8404**	**11359**	**12758**	**14793**	**18600**	**20648**	**24409**	**28681**	**29136**	**24447**
	1		**1**	**1**	**4**	**3**		**3**	**1**	**1**
			1		2	1		1		
			1		2					
						1				
								1		
				1		1		1	1	1
								1		
				1		1			1	1
	1				1	1		1		
					1	1		1		
	1									
					1					
					1					
183	**155**	**260**	**315**	**268**	**460**	**712**	**643**	**539**	**432**	**316**
42	30	50	63	45	63	31	25	26	23	9
42	30	47	62	44	62	28	20	24	23	6
		1	1	1	1	2	4	1		2
		2				1	1	1		1
6	5	9	13	9	10	11	10	13	5	8
	1			1			1			
6	4	9	13	8	10	11	9	13	5	8
27	23	41	45	46	136	342	290	150	144	134
25	22	39	45	43	128	340	282	144	139	130
2	1	2		3	8	2	8	6	5	4
23	28	37	65	37	79	69	78	76	62	35
12	21	21	46	25	56	51	54	56	43	27
6	6	10	13	9	10	11	11	12	12	5
5	1	6	6	3	13	7	13	8	7	3
84	68	122	129	131	171	259	240	273	197	129
54	50	89	92	90	132	218	210	219	148	101
10	2	3	8	9	8	9	1	9	10	4
3	1	1				2	2	1	2	
17	15	29	29	32	31	30	27	44	37	24
1	1	1			1			1	1	1
1	1	1			1			1	1	1
3376	**3531**	**4381**	**4924**	**5063**	**6379**	**6588**	**7609**	**8358**	**7085**	**5007**
189	205	295	297	338	413	454	530	525	480	353
13	30	42	46	67	46	61	85	81	72	57
49	52	65	69	69	98	99	127	135	94	64
10	12	13	13	9	18	25	20	21	19	15
1				1		2	3	1	2	1
42	36	52	49	45	61	69	77	83	85	69

2-8 续表 1

行业中类	企业法人单位数(个)	1949年以前	1950-1977年	1978-1991年	1992-1995年	1996年	1997年
水产品加工	1103		4	56	71	25	25
蔬菜、水果和坚果加工	621		2	17	32	6	10
其他农副食品加工	371		4	14	14	4	6
食品制造业	1881	4	37	112	119	36	54
焙烤食品制造	560		16	32	31	6	16
糖果、巧克力及蜜饯制造	71		1	4	6	1	4
方便食品制造	221		2	6	12	3	4
液体乳及乳制品制造	78			3	2		
罐头制造	183		2	10	13	6	8
调味品、发酵制品制造	288	2	11	26	19	9	7
其他食品制造	480	2	5	31	36	11	15
饮料制造业	1260	4	12	83	87	52	45
酒精制造	18			2	1		1
酒的制造	629	3	10	54	47	37	28
软饮料制造	605	1	2	27	39	14	16
精制茶加工	8					1	
烟草制品业	6	1		2		1	
烟叶复烤	2					1	
卷烟制造	4	1		2			
纺织业	2214	6	65	175	140	62	60
棉、化纤纺织及印染精加工	575	2	21	50	40	29	13
毛纺织和染整精加工	49		3	8	5	2	2
麻纺织	14				1		2
丝绢纺织及精加工	276	1	11	32	22	6	6
纺织制成品制造	613	2	14	50	40	15	19
针织品、编织品及其制品制造	687	1	16	35	32	10	18
纺织服装、鞋、帽制造业	3523	1	74	146	173	67	78
纺织服装制造	3383		64	135	170	66	76
纺织面料鞋的制造	117	1	6	5	3	1	1
制帽	23		4	6			1
皮革、毛皮、羽毛(绒)及其制品业	585	2	19	43	37	10	13
皮革鞣制加工	20	1	4	5	2		
皮革制品制造	465	1	11	29	32	8	11
毛皮鞣制及制品加工	71		4	8	2	2	1
羽毛(绒)加工及制品制造	29			1	1		1
木材加工及木、竹、藤、棕、草制品业	2283		28	107	158	52	52
锯材、木片加工	728		15	46	46	16	20
人造板制造	439		3	8	29	9	8
木制品制造	1048		9	49	78	26	23
竹、藤、棕、草制品制造	68		1	4	5	1	1
家具制造业	1080	2	22	48	63	29	25
木质家具制造	894	2	15	40	53	26	22
竹、藤家具制造	5						
金属家具制造	70		4	3	6	2	2
塑料家具制造	8		1		1	1	1
其他家具制造	103		2	5	3		
造纸及纸制品业	1602	7	44	142	118	44	41
纸浆制造	13		1		2		
造纸	378	6	15	37	27	15	12
纸制品制造	1211	1	28	105	89	29	29

1998年	1999年	2000年	2001年	2002年	2003年	2004年	2005年	2006年	2007年	2008年
40	43	64	74	69	108	105	118	98	83	70
18	22	42	31	48	52	64	65	66	73	43
16	10	17	15	30	30	29	35	40	52	34
85	93	111	125	117	140	147	174	176	170	109
24	19	28	37	33	41	43	53	58	66	37
3	5		3	5	5	4	6	9	12	2
13	10	16	12	12	11	19	23	15	27	19
3	4	7	9	11	5	11	9	7	1	3
6	8	11	10	12	15	12	19	23	11	6
20	16	14	18	18	22	16	24	25	23	15
16	31	35	36	26	41	42	40	39	30	27
72	65	106	87	78	109	94	102	98	81	37
		2			2	2	2	4		1
42	43	53	43	29	49	45	40	37	37	12
30	22	51	44	48	58	47	59	54	43	23
				1			1	3	1	1
			1		1					
			1							
					1					
93	89	163	154	165	194	174	200	190	165	87
35	29	41	34	38	54	48	43	36	36	16
2	4	4	2	3	4	3	1	2	3	
1	1	1	1	2	1	2	1	1		
15	2	24	27	30	33	15	10	22	15	2
20	26	41	39	36	46	44	68	59	44	35
20	27	52	51	56	56	62	77	70	67	34
128	122	239	222	198	249	291	396	470	386	228
123	121	237	213	198	245	283	391	438	350	221
4	1	1	6		3	7	3	31	35	6
1		1	3		1	1	2	1	1	1
22	13	22	30	25	29	31	54	161	32	28
						3	2	2	1	
17	13	16	19	16	22	21	43	152	23	19
3		3	6	6	4	6	7	7	6	5
2		3	5	3	3	1	2		2	4
88	79	93	126	139	182	186	277	275	223	156
30	24	33	28	41	53	51	106	108	60	41
18	10	21	24	23	42	37	59	46	47	38
35	43	38	72	69	83	95	107	114	110	63
5	2	1	2	6	4	3	5	7	6	14
32	43	56	62	69	83	90	116	120	110	81
29	38	50	46	57	72	78	95	94	91	61
			1					2	1	
2	2	2	5	7	2	5	6	9	4	7
			1	1			1		1	
1	3	4	9	4	9	7	14	15	13	13
75	91	101	98	111	118	112	134	149	110	72
		1		1	1	1	2	1	1	
13	14	23	23	26	33	21	30	36	26	8
62	77	77	75	84	84	90	102	112	83	64

2-8 续表 2

行业中类	企业法人单位数(个)	1949年以前	1950-1977年	1978-1991年	1992-1995年	1996年	1997年
印刷业和记录媒介的复制	2101	13	69	329	247	64	85
印刷	1955	12	68	308	233	57	79
装订及其他印刷服务活动	129	1	1	21	13	6	5
记录媒介的复制	17				1	1	1
文教体育用品制造业	298		4	25	30	6	9
文化用品制造	123		2	13	12	2	3
体育用品制造	102		1	7	9	3	4
乐器制造	40		1	3	3	1	1
玩具制造	18			1	2		
游艺器材及娱乐用品制造	15			1	4		1
石油加工、炼焦及核燃料加工业	927	3	6	69	61	12	18
精炼石油产品的制造	890	3	6	59	60	11	17
炼焦	37			10	1	1	1
化学原料及化学制品制造业	5088	13	95	389	416	125	114
基础化学原料制造	980	1	24	99	77	24	29
肥料制造	539	2	5	16	17	15	7
农药制造	116	1	6	17	4	3	1
涂料、油墨、颜料及类似产品制造	964	3	12	75	79	19	18
合成材料制造	273	2	4	18	22	11	11
专用化学产品制造	1782	4	40	139	173	40	35
日用化学产品制造	434		4	25	44	13	13
医药制造业	735	4	21	49	75	16	12
化学药品原药制造	92	2	2	9	6	3	1
化学药品制剂制造	116	2	8	15	16	2	1
中药饮片加工	142		1	7	13	2	4
中成药制造	128		7	9	14	2	
兽用药品制造	61		3	3	5		2
生物、生化制品的制造	131			4	10	4	2
卫生材料及医药用品制造	65			2	11	3	2
化学纤维制造业	112	1	3	7	9	7	1
纤维素纤维原料及纤维制造	31			1	3	1	1
合成纤维制造	81	1	3	6	6	6	
橡胶制品业	1179	1	41	101	78	27	28
轮胎制造	80		6	4	2	5	2
橡胶板、管、带的制造	292		16	29	25	6	10
橡胶零件制造	470		11	39	33	12	12
再生橡胶制造	28			4	3		
日用及医用橡胶制品制造	31		2	1	2		
橡胶靴鞋制造	58	1	4	6	8	1	1
其他橡胶制品制造	220		2	18	5	3	3
塑料制品业	3822		44	190	240	83	92
塑料薄膜制造	367		6	27	22	10	7
塑料板、管、型材的制造	717		14	26	47	12	10
塑料丝、绳及编织品的制造	750		10	42	41	12	18
泡沫塑料制造	271		3	9	13	10	9
塑料人造革、合成革制造	25			4	2	3	
塑料包装箱及容器制造	438		2	21	27	14	13

1998年	1999年	2000年	2001年	2002年	2003年	2004年	2005年	2006年	2007年	2008年
143	103	123	143	105	130	135	124	117	85	66
134	92	116	134	97	122	126	116	109	72	60
9	10	7	8	8	8	7	7	4	9	5
	1		1			2	1	4	4	1
13	17	14	15	21	21	19	28	33	19	18
2	7	7	9	7	9	12	11	14	7	6
8	3	5	2	11	6	6	10	10	6	8
1	5		3	3	3	1	6	3	2	2
1	1				2		1	5	2	2
1	1	2	1		1			1	2	
34	42	45	67	72	70	85	82	76	79	53
34	41	43	67	70	68	80	79	72	78	52
	1	2		2	2	5	3	4	1	1
255	267	293	334	324	388	365	454	457	365	246
46	44	60	61	56	68	60	95	88	64	51
27	28	26	32	45	43	40	67	51	51	38
10	5	3	11	6	10	10	9	7	5	3
47	60	55	76	57	87	66	72	91	64	52
13	7	15	16	19	17	22	30	26	19	8
86	95	104	119	116	120	132	157	154	132	74
26	28	30	19	25	43	35	24	40	30	20
51	48	41	35	39	55	62	61	62	38	26
12	3	5	2	8	5	8	11	5	4	3
8	8	8	5	1	6	4	14	4	4	1
8	10	6	5	5	12	14	14	30	5	3
7	9	12	7	10	19	9	3	5	1	5
2	6	4	5	4		7	5	5	4	3
9	8	4	11	8	8	15	10	7	13	6
5	4	2		3	5	5	4	6	7	5
3	7	5	7	7	10	8	10	9	9	7
	1	3		1	6	1	3	2	3	3
3	6	2	7	6	4	7	7	7	6	4
70	58	45	82	59	99	103	95	103	90	64
4			5	1	4	4	6	12	11	11
16	11	12	23	10	27	18	27	19	20	15
32	26	20	35	30	42	45	31	33	31	19
	3		2			1	2	3	4	4
1	4	1	3	2	3	4	1	4	1	2
2	2	2	1	2	4	5	3	8	5	2
15	12	10	13	14	19	26	25	24	18	11
139	167	214	248	287	296	285	353	441	403	244
18	8	24	26	33	34	25	34	44	28	20
23	34	45	44	59	50	63	71	79	65	48
28	31	37	31	51	52	45	64	114	122	40
6	17	22	21	13	17	21	21	31	28	25
1	1	3	1	2		3	1		2	2
16	15	28	32	27	34	41	49	43	43	22

2-8 续表 3

行业中类	企业法人单位数(个)	1949年以前	1950-1977年	1978-1991年	1992-1995年	1996年	1997年
塑料零件制造	223		5	16	20	4	5
日用塑料制造	589		4	23	40	12	16
其他塑料制品制造	442			22	28	6	14
非金属矿物制品业	7969	13	191	867	592	164	184
水泥、石灰和石膏的制造	523	4	28	73	32	13	18
水泥及石膏制品制造	1049	3	15	83	70	13	22
砖瓦、石材及其他建筑材料制造	3181	2	98	481	230	64	60
玻璃及玻璃制品制造	670		15	52	59	16	25
陶瓷制品制造	139	2	9	2	6	5	4
耐火材料制品制造	1699	2	11	115	135	39	37
石墨及其他非金属矿物制品制造	708		15	61	60	14	18
黑色金属冶炼及压延加工业	1300	3	24	97	119	33	27
炼铁	155		2	10	9		3
炼钢	71		3	11	6	1	1
钢压延加工	879	3	18	65	92	28	13
铁合金冶炼	195		1	11	12	4	10
有色金属冶炼及压延加工业	926	2	17	68	88	29	29
常用有色金属冶炼	229		7	15	23	5	4
贵金属冶炼	47		3	7	6	3	1
稀有稀土金属冶炼	86			4	7	4	5
有色金属合金制造	124		1	11	12	2	3
有色金属压延加工	440	2	6	31	40	15	16
金属制品业	5659	2	113	465	408	118	117
结构性金属制品制造	2484	1	14	163	146	49	45
金属工具制造	471		29	46	33	11	8
集装箱及金属包装容器制造	404		10	49	41	6	6
金属丝绳及其制品的制造	259	1	10	26	27	4	6
建筑、安全用金属制品制造	549		19	43	33	17	14
金属表面处理及热处理加工	874		10	85	86	12	29
搪瓷制品制造	32		3	2	2	3	
不锈钢及类似日用金属制品制造	230		2	17	19	8	5
其他金属制品制造	356		16	34	21	8	4
通用设备制造业	14784	16	298	1161	1125	304	388
锅炉及原动机制造	613	2	25	60	49	25	19
金属加工机械制造	1324	2	27	75	76	19	27
起重运输设备制造	523	4	20	56	53	9	12
泵、阀门、压缩机及类似机械的制造	2221	3	61	183	222	52	81
轴承、齿轮、传动和驱动部件的制造	1147	1	25	55	57	24	28
烘炉、熔炉及电炉制造	100		4	9	9	1	3
风机、衡器、包装设备等通用设备制造	1213	1	24	83	89	25	29
通用零部件制造及机械修理	4989	1	70	365	340	95	109
金属铸、锻加工	2654	2	42	275	230	54	80
专用设备制造业	5321	9	104	309	344	101	103
矿山、冶金、建筑专用设备制造	1745	1	22	85	116	31	39
化工、木材、非金属加工专用设备制造	1197		20	65	61	20	22
食品、饮料、烟草及饲料生产专用设备制造	177		3	14	14	9	
印刷、制药、日化生产专用设备制造	263	1	8	15	13	8	4
纺织、服装和皮革工业专用设备制造	131	1	4	18	16	3	4
电子和电工机械专用设备制造	251	1	2	9	13	6	2

1998年	1999年	2000年	2001年	2002年	2003年	2004年	2005年	2006年	2007年	2008年
12	7	12	18	17	22	17	11	24	15	14
24	35	25	38	46	49	42	58	58	61	41
11	19	18	37	39	38	28	44	48	39	32
300	297	407	475	452	537	569	687	826	694	492
37	32	34	21	28	31	24	32	49	27	25
29	35	45	54	64	73	80	92	126	113	94
93	96	137	168	163	190	196	240	363	308	225
35	24	44	40	43	46	59	62	48	46	37
6	3	8	16	8	9	10	11	16	15	3
62	69	90	122	110	133	136	184	166	146	84
38	38	49	54	36	55	64	66	58	39	24
40	62	68	66	68	114	118	128	115	101	68
1	4	6	4	5	21	16	20	16	15	13
2	1	4	1	3	8	11	5	4	2	6
31	44	47	52	60	70	66	77	80	67	37
6	13	11	9		15	25	26	15	17	12
38	27	44	54	46	64	67	73	115	81	55
15	6	7	16	10	9	11	20	32	27	12
	2	2	2	2	2	2	6	5	2	1
4	4	7	3	5	5	8	8	8	7	6
4	2	6	6	8	14	8	8	17	9	9
15	13	22	27	21	34	38	31	53	36	27
206	255	239	302	310	438	459	509	590	511	396
83	96	97	132	154	179	197	241	295	270	207
20	30	21	25	28	36	37	42	42	28	21
18	21	18	21	27	34	29	43	30	19	19
14	9	18	14	16	12	18	20	26	19	15
13	17	25	32	27	61	44	43	58	45	28
34	46	36	40	30	78	80	71	81	73	61
1	4	1	2			3	3	3	4	
9	13	9	19	9	10	24	13	27	21	15
14	19	14	17	19	28	27	33	28	32	30
621	607	744	837	864	1162	1255	1385	1416	1278	922
24	38	31	30	32	52	39	38	56	49	32
47	52	66	73	75	102	106	145	134	153	104
15	20	20	27	32	38	38	40	56	39	29
121	120	137	144	161	168	171	170	169	118	90
55	51	61	77	82	99	113	121	105	88	87
2	7	6	4	5	11	7	9	10	9	2
51	41	71	56	76	104	115	111	124	102	78
181	169	204	274	255	370	444	491	530	542	379
125	109	148	152	146	218	222	260	232	178	121
202	238	250	289	319	457	465	508	569	483	379
69	81	78	84	92	150	162	193	181	167	122
47	41	55	56	85	113	100	97	154	103	117
11	5	10	17	8	16	13	18	14	10	9
8	14	14	24	14	24	24	25	21	26	15
3	8	10	8	4	8	9	11	10	9	4
6	13	11	18	15	17	26	24	28	34	20

2-8 续表 4

行业中类	企业法人单位数(个)	1949年以前	1950-1977年	1978-1991年	1992-1995年	1996年	1997年
农、林、牧、渔专用机械制造	302	3	23	28	10	5	6
医疗仪器设备及器械制造	246	1	7	12	19	4	4
环保、社会公共安全及其他专用设备制造	1009	1	15	63	82	15	22
交通运输设备制造业	4118	9	90	376	334	85	89
铁路运输设备制造	435	5	10	103	49	9	7
汽车制造	2696	1	61	228	217	67	70
摩托车制造	13			1			1
自行车制造	43		5	2	6		1
船舶及浮动装置制造	851	3	10	38	60	9	8
航空航天器制造	31		3	2			1
交通器材及其他交通运输设备制造	49		1	2	2		1
电气机械及器材制造业	4569	5	137	367	405	98	119
电机制造	422	1	16	28	30	8	12
输配电及控制设备制造	2284	2	68	181	216	43	52
电线、电缆、光缆及电工器材制造	840	2	18	69	75	26	21
电池制造	92		3	15	9	1	
家用电力器具制造	256		10	17	15	3	14
非电力家用器具制造	95		1	3	5		3
照明器具制造	351		16	27	36	7	12
其他电气机械及器材制造	229		5	27	19	10	5
通信设备、计算机及其他电子设备制造业	1055		28	69	72	30	27
通信设备制造	134		4	13	12	7	5
雷达及配套设备制造	7				1		
广播电视设备制造	54		1	3	4	6	1
电子计算机制造	94			6	4	1	1
电子器件制造	186		8	11	19	3	7
电子元件制造	363		12	24	18	7	7
家用视听设备制造	34		1	6	4	1	1
其他电子设备制造	183		2	6	10	5	5
仪器仪表及文化、办公用机械制造业	1644	4	50	111	142	31	44
通用仪器仪表制造	1138	1	31	77	98	22	29
专用仪器仪表制造	282	2	3	20	25	3	9
钟表与计时仪器制造	38	1	8	6	3		1
光学仪器及眼镜制造	44		4	1	2		1
文化、办公用机械制造	46		3	2	5	3	2
其他仪器仪表的制造及修理	96		1	5	9	3	2
工艺品及其他制造业	1444	2	31	67	83	24	34
工艺美术品制造	1102	1	23	37	65	19	27
日用杂品制造	106		5	10	6	3	5
煤制品制造	176			14	6	2	1
核辐射加工	4			2			
其他未列明的制造业	56	1	3	4	6		1
废弃资源和废旧材料回收加工业	215		2	14	6	2	3
金属废料和碎屑的加工处理	89		1	8	3	1	1
非金属废料和碎屑的加工处理	126		1	6	3	1	2
电力、燃气及水的生产和供应业	**1441**	**15**	**70**	**145**	**89**	**20**	**17**
电力、热力的生产和供应业	943	1	47	96	63	13	13
电力生产	238	1	21	30	10	4	5
电力供应	92		26	22	8	3	
热力生产和供应	613			44	45	6	8

1998年	1999年	2000年	2001年	2002年	2003年	2004年	2005年	2006年	2007年	2008年
10	17	18	11	15	25	18	26	27	33	20
7	17	7	11	18	16	25	25	27	20	14
41	42	47	60	68	88	88	89	107	81	58
152	137	182	220	232	292	314	350	398	372	327
20	17	25	19	17	23	19	25	26	25	20
111	99	132	161	161	210	222	251	259	225	153
1	1		1		1	3	2	1		1
1	1	1	1	2	4	3	3	4	3	1
18	18	22	32	46	49	62	62	95	108	145
1	1		3	2		2	4	2	6	3
		2	3	4	5	3	3	11	5	4
182	225	244	268	305	334	370	366	404	326	268
20	21	25	23	24	31	35	37	31	39	31
96	106	122	127	164	177	190	189	200	155	127
28	41	51	60	57	62	63	61	89	51	43
2	5	4	8	3	6	8	3	8	3	7
12	14	14	10	18	15	31	20	23	19	14
1	2		3	6	8	10	9	17	8	11
13	21	20	28	22	21	12	26	17	36	22
10	15	8	9	11	14	21	21	19	15	13
38	34	56	57	86	92	68	89	121	103	45
5	5	6	6	9	9	5	6	16	21	2
1		1		1		1	1	1		
4	3	4	3	3	7	2	2	4	5	2
5	3	1	6	6	11	10	11	10	8	4
8	5	4	8	23	21	14	17	13	12	7
8	14	21	20	29	29	21	31	52	35	19
		7		1	1	2		5	2	1
7	4	12	14	14	14	13	21	20	20	10
58	75	83	112	113	158	126	155	154	122	72
47	51	60	79	76	113	90	99	102	84	54
9	18	12	19	17	34	18	29	26	19	11
			3	1	1	5	3	4	2	
1	1	3	4	6	5	3	3	2	6	1
1			3	4		3	7	10	2	1
	5	8	4	9	5	7	14	10	9	5
42	59	86	98	102	133	121	148	156	147	88
32	46	71	69	76	96	91	108	130	121	75
4	3	6	7	6	17	8	6	7	5	4
5	7	7	17	15	14	17	28	18	17	5
							1		1	
1	3	2	5	5	6	5	5	1	3	4
5	6	12	13	12	11	15	21	32	22	20
3	2	4	5	7	7	6	9	12	6	7
2	4	8	8	5	4	9	12	20	16	13
46	**45**	**69**	**65**	**85**	**104**	**88**	**114**	**145**	**145**	**87**
27	33	40	52	60	79	62	85	85	73	60
6	11	14	8	11	8	9	12	17	21	15
3	5	2	2	2	6	3	2	1	2	3
18	17	24	42	47	65	50	71	67	50	42

2-8 续表 5

行业中类	企业法人单位数(个)	1949年以前	1950-1977年	1978-1991年	1992-1995年	1996年	1997年
燃气生产和供应业	114	5	2	8	7	3	1
燃气生产和供应业	114	5	2	8	7	3	1
水的生产和供应业	384	9	21	41	19	4	3
自来水的生产和供应	279	9	20	40	19	4	3
污水处理及其再生利用	97		1	1			
其他水的处理、利用与分配	8						
建筑业	**14957**	**10**	**235**	**1048**	**923**	**215**	**252**
房屋和土木工程建筑业	5013	7	191	649	377	70	72
房屋工程建筑	2549	3	122	412	201	33	39
土木工程建筑	2464	4	69	237	176	37	33
建筑安装业	4004	2	33	262	255	78	94
建筑安装业	4004	2	33	262	255	78	94
建筑装饰业	4586	1	7	96	225	55	70
建筑装饰业	4586	1	7	96	225	55	70
其他建筑业	1354		4	41	66	12	16
工程准备	873		2	25	42	9	10
提供施工设备服务	112		1	5	8		1
其他未列明的建筑活动	369		1	11	16	3	5
交通运输、仓储和邮政业	**8685**	**15**	**163**	**410**	**492**	**137**	**160**
铁路运输业	19		2	5	1		
铁路货物运输	8		1				
铁路运输辅助活动	11		1	5	1		
道路运输业	3556	3	62	171	157	32	44
公路旅客运输	271	1	13	15	11	5	4
道路货物运输	3053	1	44	126	117	21	30
道路运输辅助活动	232	1	5	30	29	6	10
城市公共交通业	567		9	34	132	31	50
公共电汽车客运	89		8	4	8	3	6
轨道交通	4			1			
出租车客运	471		1	29	124	28	43
城市轮渡							
其他城市公共交通	3						1
水上运输业	270	1	1	13	20	8	4
水上旅客运输	40			2	5	2	
水上货物运输	136			10	11	3	2
水上运输辅助活动	94	1	1	1	4	3	2
航空运输业	28			3	4		1
航空客货运输	11			1	2		
通用航空服务	6						1
航空运输辅助活动	11			2	2		
管道运输业	6			1	2		
管道运输业	6			1	2		
装卸搬运和其他运输服务业	3168	1	9	94	129	48	41
装卸搬运	259		3	45	20	6	7
运输代理服务	2909	1	6	49	109	42	34
仓储业	858	9	79	88	45	18	19
谷物、棉花等农产品仓储	301	8	67	33	19	6	6
其他仓储	557	1	12	55	26	12	13

1998年	1999年	2000年	2001年	2002年	2003年	2004年	2005年	2006年	2007年	2008年
6	2	3	8	5	6	10	9	15	10	5
6	2	3	8	5	6	10	9	15	10	5
13	10	26	5	20	19	16	20	45	62	22
10	6	16	4	14	7	8	14	36	52	7
1	3	10	1	6	10	8	6	9	9	14
2	1				2				1	1
422	**447**	**505**	**744**	**883**	**1094**	**1266**	**1486**	**1653**	**1912**	**1692**
151	166	171	251	269	331	380	448	468	511	436
88	86	92	124	145	142	190	213	207	227	189
63	80	79	127	124	189	190	235	261	284	247
124	149	158	212	267	314	316	433	410	462	394
124	149	158	212	267	314	316	433	410	462	394
109	109	129	221	274	338	419	428	614	741	712
109	109	129	221	274	338	419	428	614	741	712
38	23	47	60	73	111	151	177	161	198	150
23	16	26	36	48	70	110	119	109	117	89
3		2		5	7	8	19	11	21	18
12	7	19	24	20	34	33	39	41	60	43
233	**243**	**318**	**383**	**427**	**556**	**797**	**1020**	**1118**	**1047**	**965**
1			2			2	1	2	2	
			1			2	1	1	1	
1			1					1	1	
79	95	123	144	173	221	332	389	513	499	448
8	8	13	8	9	24	30	29	36	38	14
57	68	95	128	157	187	296	346	463	444	412
14	19	15	8	7	10	6	14	14	17	22
42	32	25	26	24	21	29	27	37	17	22
4	4	4	5	2	3	8	3	12	4	8
		1	1						1	
38	28	20	20	22	17	20	24	25	12	14
					1	1				
11	12	12	15	19	16	19	23	19	36	25
2	4	7	2	2	2		1	3	3	4
3	4	3	7	15	6	13	15	7	18	11
6	4	2	6	2	8	6	7	9	15	10
		1	1	2	2	3	2	2	2	5
							2	1	2	3
		1				1		1		2
			1	2	2	2				
1		2								
1		2								
68	72	94	155	171	224	317	478	425	394	386
9	7	6	11	7	12	19	20	22	31	29
59	65	88	144	164	212	298	458	403	363	357
20	27	52	35	34	61	71	73	82	66	40
9	3	14	13	4	13	20	23	21	23	14
11	24	38	22	30	48	51	50	61	43	26

2-8 续表 6

行业中类	企业法人单位数(个)	1949年以前	1950-1977年	1978-1991年	1992-1995年	1996年	1997年
邮政业	213	1	1	1	2		1
国家邮政	18	1	1	1			
其他寄递服务	195				2		1
信息传输、计算机服务和软件业	**6032**	**4**	**1**	**21**	**81**	**24**	**36**
电信和其他信息传输服务业	775	3	1	1	21	2	5
电信	363	3			9	1	3
互联网信息服务	283				2		
广播电视传输服务	122		1	1	10	1	2
卫星传输服务	7						
计算机服务业	2471			12	20	5	12
计算机系统服务	476			4	12	3	5
数据处理	45			2		1	
计算机维修	163			1	2		1
其他计算机服务	1787			5	6	1	6
软件业	2786	1		8	40	17	19
公共软件服务	2331	1		7	35	15	18
其他软件服务	455			1	5	2	1
批发和零售业	**72700**	**264**	**851**	**2286**	**2822**	**797**	**1022**
批发业	48836	102	498	1333	1824	509	658
农畜产品批发	2384	11	121	169	102	24	30
食品、饮料及烟草制品批发	4012	7	55	132	140	35	48
纺织、服装及日用品批发	4098	3	17	68	91	27	43
文化、体育用品及器材批发	1293	2	2	29	32	10	17
医药及医疗器材批发	1190		16	28	58	21	19
矿产品、建材及化工产品批发	18281	78	230	455	682	196	239
机械设备、五金交电及电子产品批发	14945	1	26	257	605	154	191
贸易经纪与代理	794		2	12	19	10	16
其他批发	1839		29	183	95	32	55
零售业	23864	162	353	953	998	288	364
综合零售	2348	112	234	305	100	38	39
食品、饮料及烟草制品专门零售	2016	6	26	82	54	12	27
纺织、服装及日用品专门零售	3283	5	20	89	70	33	35
文化、体育用品及器材专门零售	1429	36	17	56	63	20	14
医药及医疗器材专门零售	2087	1	15	47	62	26	28
汽车、摩托车、燃料及零配件专门零售	4223	1	15	153	377	88	103
家用电器及电子产品专门零售	3687		2	36	65	13	33
五金、家具及室内装修材料专门零售	3445		18	91	91	34	39
无店铺及其他零售	1346	1	6	94	116	24	46
住宿和餐饮业	**5611**	**4**	**51**	**339**	**340**	**114**	**119**
住宿业	1918	4	26	239	199	57	56
旅游饭店	645	4	13	75	93	20	25
一般旅馆	1155		13	149	96	35	27
其他住宿服务	118			15	10	2	4
餐饮业	3693		25	100	141	57	63
正餐服务	3192		21	91	124	51	51
快餐服务	245		2	6	10	5	9
饮料及冷饮服务	106		1	2	1		1
其他餐饮服务	150		1	1	6	1	2

1998年	1999年	2000年	2001年	2002年	2003年	2004年	2005年	2006年	2007年	2008年
11	5	9	5	4	11	24	27	38	31	39
8	1	5		1						
3	4	4	5	3	11	24	27	38	31	39
58	**79**	**273**	**264**	**349**	**413**	**480**	**699**	**973**	**1093**	**1036**
9	12	48	63	46	67	58	84	95	109	144
7	6	18	38	21	22	31	32	33	49	88
	2	15	16	18	23	17	43	46	46	51
2	4	15	9	7	20	9	9	15	12	4
					2	1		1	2	1
21	28	133	97	139	152	180	309	475	464	401
15	8	22	25	27	45	38	53	70	68	71
1	1		1	2	5	5	7	4	7	8
2	1	4	2	10	9	23	11	34	31	29
3	18	107	69	100	93	114	238	367	358	293
28	39	92	104	164	194	242	306	403	520	491
23	30	80	85	136	157	203	255	337	441	412
5	9	12	19	28	37	39	51	66	79	79
2004	**2368**	**3193**	**3728**	**4851**	**5974**	**6504**	**7452**	**9538**	**9980**	**8807**
1270	1524	2036	2482	3300	4216	4519	4862	6440	7011	6072
44	72	114	110	149	162	186	230	285	340	229
85	107	149	176	236	321	318	400	547	707	533
82	94	166	180	255	380	398	428	568	673	609
34	26	64	73	118	129	135	133	165	167	154
35	46	50	63	73	108	92	114	151	163	150
512	637	814	1007	1317	1586	1683	1796	2401	2533	2039
399	477	588	779	1044	1371	1437	1446	1983	2092	2054
16	9	17	20	29	41	80	87	99	153	175
63	56	74	74	79	118	190	228	241	183	129
734	844	1157	1246	1551	1758	1985	2590	3098	2969	2735
86	88	112	105	116	118	133	188	206	178	185
44	59	84	80	93	114	147	318	308	303	252
81	100	118	188	181	230	280	450	473	534	388
50	44	74	75	84	120	120	137	190	165	158
59	54	101	107	154	194	223	245	311	240	214
196	207	255	253	364	363	391	382	374	373	313
81	114	163	222	214	289	335	402	566	572	566
72	101	157	151	264	242	265	361	533	455	557
65	77	93	65	81	88	91	107	137	149	102
223	**201**	**293**	**317**	**327**	**389**	**428**	**564**	**679**	**719**	**485**
102	76	110	117	103	127	119	140	149	164	121
31	29	45	35	34	37	42	43	38	45	31
67	45	55	70	65	84	65	87	104	105	85
4	2	10	12	4	6	12	10	7	14	5
121	125	183	200	224	262	309	424	530	555	364
112	108	167	177	200	232	272	364	450	462	301
4	10	8	12	11	8	15	31	43	44	27
1	2	2	6	11	8	10	10	13	22	16
4	5	6	5	2	14	12	19	24	27	20

2-8 续表 7

行业中类	企业法人单位数(个)	1949年以前	1950-1977年	1978-1991年	1992-1995年	1996年	1997年
金融业	**1316**	**1**	**17**	**90**	**41**	**46**	**44**
银行业	252	1	17	77	14	25	16
中央银行	5	1	2	2			
商业银行	212		14	71	9	14	12
其他银行	35		1	4	5	11	4
证券业	45			1	9	3	3
证券市场管理	2				1		
证券经纪与交易	34			1	7	3	2
证券投资	7				1		1
证券分析与咨询	2						
保险业	524			5	7	15	15
人寿保险	156			1	2	10	7
非人寿保险	178			4	5	5	8
保险辅助服务	190						
其他金融活动	495			7	11	3	10
金融信托与管理	35			1	2		
金融租赁	1						
财务公司	9						
邮政储蓄	12						
典当	210			3	8	2	8
其他未列明的金融活动	228			3	1	1	2
房地产业	**11026**	**8**	**71**	**344**	**699**	**148**	**145**
房地产业	11026	8	71	344	699	148	145
房地产开发经营	4838		1	112	443	51	64
物业管理	3512		8	43	131	67	58
房地产中介服务	1779		5	25	40	9	5
其他房地产活动	897	8	57	164	85	21	18
租赁和商务服务业	**16886**	**3**	**82**	**482**	**691**	**153**	**189**
租赁业	734		2	26	30	3	11
机械设备租赁	695		2	26	28	3	11
文化及日用品出租	39				2		
商务服务业	16152	3	80	456	661	150	178
企业管理服务	1997	3	60	189	166	33	26
法律服务	341		1	23	51	10	5
咨询与调查	5183		2	41	108	29	34
广告业	3335			16	101	22	32
知识产权服务	141			4	3	1	
职业中介服务	1471		2	50	41	4	12
市场管理	870		9	32	64	25	27
旅行社	1176		3	28	49	12	16
其他商务服务	1638		3	73	78	14	26
科学研究、技术服务和地质勘查业	**7246**	**1**	**57**	**325**	**466**	**110**	**102**
研究与试验发展	1117		9	45	73	14	18
自然科学研究与试验发展	116			1	4	3	1
工程和技术研究与试验发展	639		8	31	44	4	10
农业科学研究与试验发展	175		1	7	4	5	4
医学研究与试验发展	174			6	20	2	3
社会人文科学研究与试验发展	13				1		

1998年	1999年	2000年	2001年	2002年	2003年	2004年	2005年	2006年	2007年	2008年
30	**34**	**32**	**28**	**77**	**103**	**73**	**162**	**153**	**198**	**166**
8	11	9	5	4	4	2	13	12	25	8
8	10	8	5	4	3	2	11	12	23	6
	1	1			1		2		2	2
3	2	1	1	2	7	1	1	1	3	7
										1
2	2		1	2	6	1	1		1	5
1					1				2	1
		1						1		
6		6	13	32	57	44	80	78	82	77
2		2	6	20	21	9	21	13	17	25
4		2	3	9	9	16	38	31	24	20
		2	4	3	27	19	21	34	41	32
13	21	16	9	39	35	26	68	62	88	74
		2		2	2	4	5	5	6	4
									1	
	1		1					3	1	2
									1	11
13	18	5	3	31	14	8	24	19	42	9
	2	9	5	6	19	14	39	35	37	48
301	**375**	**612**	**608**	**764**	**816**	**916**	**1077**	**1314**	**1527**	**1047**
301	375	612	608	764	816	916	1077	1314	1527	1047
160	208	317	261	340	298	363	473	603	690	293
99	106	179	205	268	339	374	359	410	453	350
18	34	74	104	118	115	136	195	249	307	327
24	27	42	38	38	64	43	50	52	77	77
353	**435**	**686**	**644**	**821**	**1124**	**1427**	**1834**	**2105**	**2690**	**2721**
22	19	34	29	39	54	54	77	78	107	126
19	18	32	27	34	51	50	72	74	105	120
3	1	2	2	5	3	4	5	4	2	6
331	416	652	615	782	1070	1373	1757	2027	2583	2595
42	45	65	52	74	105	126	186	176	302	274
17	13	16	33	26	26	36	27	25	20	11
58	127	237	142	206	299	458	589	727	969	963
71	69	106	127	171	233	268	348	476	586	637
1	3	3	7	16	23	26	12	13	12	15
22	30	46	58	76	102	151	212	167	207	262
56	34	38	56	52	64	63	72	73	99	84
31	52	79	89	85	106	134	129	138	131	89
33	43	62	51	76	112	111	182	232	257	260
132	**167**	**244**	**317**	**357**	**456**	**573**	**682**	**845**	**1054**	**1073**
23	26	39	58	46	73	98	122	114	151	138
	2	1	9	6	5	10	19	12	17	18
12	14	24	20	24	47	61	68	63	90	83
4	4	5	14	8	13	10	18	18	27	24
7	6	7	14	7	8	14	16	20	15	12
		2	1	1		3	1	1	2	1

2-8 续表 8

行业中类	企业法人单位数（个）	1949年以前	1950-1977年	1978-1991年	1992-1995年	1996年	1997年
专业技术服务业	3749	1	32	174	267	66	58
气象服务	22			2	4		
地震服务	5				1		
海洋服务	9			1	1		
测绘服务	185			7	9	5	
技术检测	483	1	5	26	33	10	15
环境监测	69			1	7		
工程技术与规划管理	2064		27	120	180	41	31
其他专业技术服务	912			17	32	10	12
科技交流和推广服务业	2272		11	91	119	30	26
技术推广服务	1624		9	68	72	22	21
科技中介服务	481			15	34	7	4
其他科技服务	167		2	8	13	1	1
地质勘查业	108		5	15	7		
矿产地质勘查	39		3	4	3		
基础地质勘查	23		1	7	3		
地质勘查技术服务	46		1	4	1		
水利、环境和公共设施管理业	**896**		**7**	**33**	**51**	**13**	**10**
水利管理业	82		5	9	4	2	2
防洪管理	5			1	1		
水资源管理	42		4	3	2	2	1
其他水利管理	35		1	5	1		1
环境管理业	172			6	9	1	2
自然保护	13				1		
环境治理	159			6	8	1	2
公共设施管理业	642		2	18	38	10	6
市政公共设施管理	85		2	8	10	1	1
城市绿化管理	359			6	18	5	3
游览景区管理	198			4	10	4	2
居民服务和其他服务业	**5092**	**2**	**36**	**150**	**192**	**89**	**100**
居民服务业	2899	2	24	67	95	60	63
家庭服务	190			1	1	2	1
托儿所	6						
洗染服务	103	1		2	4	2	5
理发及美容保健服务	718		6	11	15	4	7
洗浴服务	981	1	7	17	25	32	27
婚姻服务	222			2	6	6	3
殡葬服务	153		1	6	17	5	7
摄影扩印服务	276		5	10	17	2	5
其他居民服务	250		5	18	10	7	8
其他服务业	2193		12	83	97	29	37
修理与维护	1486		9	54	77	26	33
清洁服务	388			11	11		1
其他未列明的服务	319		3	18	9	3	3
教育	**1011**		**15**	**51**	**45**	**10**	**15**
教育	1011		15	51	45	10	15
学前教育	178		9	21	8	1	3

1998年	1999年	2000年	2001年	2002年	2003年	2004年	2005年	2006年	2007年	2008年
84	95	129	182	220	275	322	347	491	510	406
		3	1	1	2	2	3	1	3	
		1				1			2	
					2		1	3	1	
1	4	2	9	13	24	21	17	21	29	21
19	19	15	21	17	36	37	34	83	52	48
	1		2	7	5	7	10	11	5	11
50	52	77	113	144	142	169	185	248	256	189
14	19	31	36	38	64	85	97	124	162	137
21	41	71	68	85	103	144	203	235	381	519
16	34	41	52	55	58	92	121	143	267	443
3	3	26	11	22	37	38	67	72	78	55
2	4	4	5	8	8	14	15	20	36	21
4	5	5	9	6	5	9	10	5	12	10
1	4		5	1	2	4	2	2	4	3
2	1	1		3	2	1	1			1
1		4	4	2	1	4	7	3	8	6
29	**28**	**54**	**35**	**47**	**87**	**87**	**90**	**97**	**99**	**74**
5	6	8	4	2	8	7	7	2	6	2
		2					1			
4	5	3	1		4	3	3	2	3	1
1	1	3	3	2	4	4	3		3	1
7	4	7	7	7	12	13	16	28	18	24
		2		3			3	2		2
7	4	5	7	4	12	13	13	26	18	22
17	18	39	24	38	67	67	67	67	75	48
1	1	1	4	4	6	7	10	8	9	11
9	13	19	13	21	46	43	39	36	45	25
7	4	19	7	13	15	17	18	23	21	12
192	**187**	**289**	**242**	**299**	**394**	**441**	**551**	**667**	**645**	**571**
131	115	194	131	172	235	244	287	368	374	314
3	4	8	3	5	15	22	23	25	31	42
		1			1		1	1	1	1
6	3	3	4	6	10	11	7	16	13	8
24	20	43	31	51	48	57	81	110	120	86
63	61	81	46	57	91	101	87	111	101	69
5	4	12	9	8	14	15	21	31	45	38
11	6	13	9	11	10	13	13	14	12	3
13	14	21	17	20	27	11	25	33	26	28
6	3	12	12	14	19	14	29	27	25	39
61	72	95	111	127	159	197	264	299	271	257
50	53	65	85	88	112	128	173	206	178	140
6	11	21	19	24	29	27	33	59	57	70
5	8	9	7	15	18	42	58	34	36	47
28	**31**	**39**	**30**	**60**	**85**	**77**	**106**	**138**	**159**	**110**
28	31	39	30	60	85	77	106	138	159	110
6	6	12	7	12	14	16	10	18	22	13

2-8 续表 9

行业中类	企业法人单位数（个）	1949年以前	1950-1977年	1978-1991年	1992-1995年	1996年	1997年
初等教育	7				1		
中等教育	40		1	3	1	1	2
高等教育	13			2			
其他教育	773		5	25	35	8	10
卫生、社会保障和社会福利业	**1235**	**6**	**71**	**113**	**63**	**13**	**19**
卫生	1149	6	68	106	58	12	19
医院	282	6	25	25	23	2	7
卫生院及社区医疗活动	109		17	14	3	1	
门诊部医疗活动	686		23	60	27	6	12
计划生育技术服务活动	3					1	
妇幼保健活动	3						
专科疾病防治活动	17		1	1	1	1	
疾病预防控制及防疫活动	15		1	3	1	1	
其他卫生活动	34		1	3	3		
社会保障业	37		1	2	2	1	
社会保障业	37		1	2	2	1	
社会福利业	49		2	5	3		
提供住宿的社会福利	39		1	5	2		
不提供住宿的社会福利	10		1		1		
文化、体育和娱乐业	**1493**	**5**	**28**	**87**	**82**	**21**	**19**
新闻出版业	141	2	5	35	21	5	
新闻业	2						
出版业	139	2	5	35	21	5	
广播、电视、电影和音像业	225	3	18	30	22	3	4
广播	3			1			1
电视	57			1	10		3
电影	116	3	17	27	10	3	
音像制作	49		1	1	2		
文化艺术业	347		4	9	10	3	4
文艺创作与表演	134		1		2	2	2
艺术表演场馆	22		3	4	1		
图书馆与档案馆	24			1		1	
文物及文化保护	4				1		
博物馆	16						
烈士陵园、纪念馆	1						
群众文化活动	32			4	1		2
文化艺术经纪代理	59				3		
其他文化艺术	55				2		
体育	96			3	4	2	4
体育组织	34				3		
体育场馆	38			3	1	2	4
其他体育	24						
娱乐业	684		1	10	25	8	7
室内娱乐活动	388		1	7	14	4	4
游乐园	26			1	2		
休闲健身娱乐活动	222			1	8	2	1
其他娱乐活动	48			1	1	2	2

1998年	1999年	2000年	2001年	2002年	2003年	2004年	2005年	2006年	2007年	2008年
					1				4	1
5		3	1	1	1	2	7	5	5	2
		1			2	1	1	1	1	4
17	25	23	22	47	67	58	88	114	127	90
29	**31**	**46**	**48**	**49**	**64**	**81**	**159**	**151**	**168**	**114**
29	27	43	42	41	56	76	148	140	161	111
5	4	6	7	13	21	20	35	35	23	23
2	1	2	4	1	3	8	15	14	19	4
19	20	35	28	25	31	45	88	80	109	75
	1						1			
			1						2	
1	1		1	1		1	3	3		2
1						1	1	1	3	2
1			1	1	1	1	5	7	5	5
	1	1	4	5	6	3	5	5	1	
	1	1	4	5	6	3	5	5	1	
	3	2	2	3	2	2	6	6	6	3
	3	2	2	3	1	1	4	5	4	2
					1	1	2	1	2	1
38	**46**	**65**	**65**	**65**	**98**	**107**	**161**	**205**	**182**	**175**
3	6	4	6	4	5	7	5	14	12	6
	1							1		
3	5	4	6	4	5	7	5	13	12	6
5	3	9	7	7	14	13	24	18	18	25
		1								
3		3	4	4	2	4	5	8	2	7
2	1	4	1	2	7	7	8	4	9	10
	2	1	2	1	5	2	11	6	7	8
5	6	8	11	10	22	25	45	53	54	58
3	3	1	6	8	15	12	18	27	11	19
	1			1		1	2	1	5	2
	1	4	2		2	1	4	4	4	
1										
			1			1		2	5	3
							1			
1		1			2	3	1	4	6	4
		1	1	1	2	5	9	10	13	11
	1	1	1		1	2	10	5	10	19
2	3	9	8	2	10	8	6	17	5	10
	1	4	2	2	3	1	4	9		4
	2	2	3		4	5	1	4	3	2
2		3	3		3	2	1	4	2	4
23	28	35	33	42	47	54	81	103	93	76
16	17	23	22	23	31	30	40	53	54	46
2	1	3		3	3		2	2	2	2
5	7	8	8	13	13	18	34	37	30	26
	3	1	3	3		6	5	11	7	2

2-9 按地区、开业(成立)

地区	企业法人单位数(个)	1949年以前	1950-1977年	1978-1991年	1992-1995年	1996年	1997年	1998年
全省	**243783**	**480**	**3582**	**12533**	**13369**	**3820**	**4355**	**7677**
沈阳市	**66404**	**67**	**824**	**3615**	**4141**	**889**	**1175**	**2156**
和平区	11313	13	97	499	701	139	187	382
沈河区	10227	3	90	434	502	112	173	302
大东区	4920	6	96	349	375	82	91	164
皇姑区	5554	1	83	416	444	69	113	199
铁西区	6591	13	93	337	434	81	130	205
苏家屯区	2466	7	57	290	220	45	45	88
东陵区	7326	2	60	345	500	124	131	229
沈北新区	2782		24	155	147	36	50	93
于洪区	10220	8	84	435	589	116	184	292
辽中县	1140	4	24	93	86	25	20	62
康平县	1280	2	51	59	31	18	14	37
法库县	1127	2	32	54	25	17	8	29
新民市	1458	6	33	149	87	25	29	74
大连市	**68736**	**114**	**419**	**2522**	**3961**	**1027**	**1191**	**1890**
中山区	9529	10	34	245	521	130	179	255
西岗区	7669	7	24	242	468	113	112	207
沙河口区	9628	6	29	251	503	113	111	187
甘井子区	13119	15	51	484	756	170	218	353
旅顺口区	3134	9	39	189	258	62	106	137
金州区	12797	10	44	416	834	206	220	302
长海县	173		6	14	17	3	3	4
瓦房店市	5690	23	66	279	285	115	106	198
普兰店市	3765	21	74	222	204	78	72	136
庄河市	3232	13	52	180	115	37	64	111
鞍山市	**22221**	**37**	**263**	**1104**	**1057**	**376**	**401**	**755**
铁东区	3400	5	43	160	168	44	51	86
铁西区	2226	5	64	121	110	41	38	53
立山区	2844	1	28	215	160	37	40	88
千山区	4032	7	19	174	195	70	84	121
台安县	1577		8	53	53	15	19	49
岫岩满族自治县	1565	2	43	143	104	37	25	48
海城市	6577	17	58	238	267	132	144	310
抚顺市	**12505**	**38**	**376**	**1030**	**730**	**199**	**200**	**391**
新抚区	1538	7	74	166	79	33	28	33
东洲区	1962	3	72	212	132	40	31	55
望花区	3347	4	45	200	189	24	39	72
顺城区	2159	2	34	111	109	38	41	67
抚顺县	1059	2	24	64	60	16	19	57
新宾满族自治县	1343	12	90	173	78	14	18	48
清原满族自治县	1097	8	37	104	83	34	24	59
本溪市	**6963**	**18**	**209**	**449**	**286**	**245**	**157**	**248**
平山区	2063	3	59	151	85	114	43	65
溪湖区	1306	5	32	74	52	38	30	59
明山区	1689	2	36	93	44	52	42	45
南芬区	265	1	10	26	21	12	7	17
本溪满族自治县	901	2	42	75	60	15	15	30
桓仁满族自治县	739	5	30	30	24	14	20	32
丹东市	**10405**	**54**	**303**	**777**	**665**	**219**	**232**	**450**
元宝区	1463	2	42	66	74	27	38	58
振兴区	2721	11	56	152	186	65	71	120
振安区	853	3	17	58	52	22	21	36
宽甸满族自治县	1547	7	39	119	69	25	24	58
东港市	1776	19	31	144	129	31	37	100
凤城市	2045	12	118	238	155	49	41	78

时间分组的企业法人单位数

1999年	2000年	2001年	2002年	2003年	2004年	2005年	2006年	2007年	2008年
8404	**11359**	**12758**	**14793**	**18600**	**20648**	**24409**	**28681**	**29136**	**24447**
2343	**2611**	**2974**	**3725**	**4608**	**5158**	**6442**	**7897**	**8744**	**8041**
358	447	527	688	869	843	1056	1301	1501	1625
351	397	476	559	687	787	988	1287	1585	1433
199	203	235	275	333	368	447	561	555	572
180	220	221	263	356	430	509	566	736	704
265	252	283	332	412	520	568	800	935	886
87	98	110	144	162	192	188	267	229	218
262	269	410	460	534	623	725	995	882	591
88	126	110	146	202	218	541	304	317	149
379	401	419	684	797	882	1031	1206	1218	1216
56	55	60	47	66	82	71	121	95	97
35	53	50	43	63	63	116	195	258	187
23	24	22	25	43	57	76	144	295	237
60	66	51	59	84	93	126	150	138	126
2050	**3097**	**3734**	**4695**	**5843**	**6636**	**6904**	**7926**	**8353**	**6976**
259	404	447	606	799	983	1091	1191	1205	1059
247	336	400	541	678	786	805	895	978	766
217	313	454	648	828	913	947	1179	1411	1355
421	520	673	912	1148	1298	1282	1475	1619	1513
99	143	163	199	201	240	246	333	337	231
334	512	684	893	1191	1257	1312	1563	1402	1116
6	11	3	10	18	13	20	16	14	9
197	359	397	348	426	521	543	601	676	470
173	346	292	305	311	304	311	335	287	233
97	153	221	233	243	321	347	338	424	224
1055	**1398**	**1359**	**1482**	**1689**	**1782**	**2018**	**2579**	**2422**	**2188**
90	176	170	204	246	296	341	485	489	341
71	75	95	105	136	183	187	227	202	502
180	163	151	173	211	174	276	400	299	233
145	208	255	240	382	407	414	429	395	396
103	154	110	116	112	84	93	193	202	201
52	126	89	109	135	125	118	130	113	132
414	496	489	535	467	513	589	715	722	383
371	**601**	**673**	**681**	**832**	**861**	**1450**	**1836**	**1336**	**805**
48	57	97	96	95	100	103	130	214	155
68	115	112	131	143	142	247	215	117	120
58	113	147	134	202	193	566	807	412	118
79	115	146	137	191	183	220	231	242	201
39	61	61	65	88	87	94	77	123	113
28	72	60	48	56	92	144	219	124	60
51	68	50	70	57	64	76	157	104	38
211	**270**	**301**	**349**	**527**	**734**	**690**	**771**	**757**	**560**
63	82	81	107	149	213	234	255	183	154
47	52	61	65	112	127	143	139	123	76
47	63	73	84	133	249	166	189	190	168
10	7	7	11	21	23	19	19	14	21
21	37	34	48	78	62	65	89	113	68
23	29	45	34	34	60	63	80	134	73
468	**570**	**691**	**643**	**884**	**877**	**819**	**923**	**955**	**717**
70	89	93	113	149	166	117	117	127	103
137	141	173	160	234	199	234	248	287	184
32	54	49	42	69	61	79	87	98	50
65	104	149	88	139	145	109	148	134	120
86	105	103	118	127	151	136	156	140	157
78	77	124	122	166	155	144	167	169	103

2-9 续表

地　　区	企业法人单位数(个)	1949年以前	1950-1977年	1978-1991年	1992-1995年	1996年	1997年	1998年
锦州市	**8489**	**26**	**229**	**551**	**513**	**150**	**161**	**278**
古塔区	1609	4	51	94	109	39	27	60
凌河区	1694	9	30	130	110	26	30	61
太和区	2114	1	29	88	128	33	45	48
黑山县	784	4	48	52	24	12	14	20
义县	583	3	14	40	22	7	11	23
凌海市	889	3	38	68	65	18	14	28
北镇市	816	2	19	79	55	15	20	38
营口市	**12862**	**16**	**114**	**437**	**480**	**202**	**180**	**395**
站前区	2646	6	15	66	109	32	34	76
西市区	1308		11	34	54	11	16	32
鲅鱼圈区	2928	1	7	68	113	33	47	70
老边区	1560		4	83	52	22	12	63
盖州市	1863	5	49	116	67	57	40	93
大石桥市	2557	4	28	70	85	47	31	61
阜新市	**5526**	**21**	**212**	**521**	**275**	**84**	**95**	**168**
海州区	1278	6	47	151	69	18	14	44
新邱区	286		14	37	23	5	7	12
太平区	696		13	104	44	11	11	14
清河门区	214	1	9	28	17	7	6	6
细河区	1373		31	78	51	20	31	29
阜新蒙古族自治县	1080	4	66	69	49	18	22	37
彰武县	599	10	32	54	22	5	4	26
辽阳市	**6332**	**14**	**136**	**446**	**400**	**148**	**127**	**237**
白塔区	1242	6	36	85	83	29	22	59
文圣区	974	2	28	61	35	22	27	38
宏伟区	498		3	30	41	13	4	19
弓长岭区	238		4	17	8		2	5
太子河区	678		7	50	54	17	21	26
辽阳县	1742	6	24	101	97	50	22	56
灯塔市	960		34	102	82	17	29	34
盘锦市	**6562**	**8**	**78**	**164**	**190**	**71**	**132**	**185**
双台子区	906	1	16	30	37	21	41	39
兴隆台区	3611		10	67	103	25	56	95
大洼县	1103	6	40	24	23	12	21	30
盘山县	942	1	12	43	27	13	14	21
铁岭市	**5602**	**40**	**135**	**316**	**204**	**68**	**105**	**200**
银州区	1349	6	19	73	45	17	27	56
清河区	353		5	15	10	7	3	17
铁岭县	871	13	8	20	15	7	15	24
西丰县	469	9	26	43	24	9	17	20
昌图县	910	3	26	61	33	12	20	41
调兵山市	416	1	7	26	10	7	4	11
开原市	1234	8	44	78	67	9	19	31
朝阳市	**5566**	**9**	**163**	**238**	**195**	**73**	**82**	**144**
双塔区	1568	1	18	39	55	24	29	40
龙城区	727		4	22	15	8	7	19
朝阳县	409	3	18	13	12	3	1	2
建平县	789	1	29	33	24	8	8	16
喀喇沁左翼蒙古族自治县	426	1	21	15	18	5	4	9
北票市	780	2	27	42	27	8	12	33
凌源市	867	1	46	74	44	17	21	25
葫芦岛市	**5609**	**18**	**121**	**363**	**272**	**69**	**117**	**180**
连山区	1515	4	33	110	84	17	28	44
龙港区	1259		5	27	29	14	10	39
南票区	194		8	36	14	2	9	8
绥中县	974	7	19	71	45	14	18	32
建昌县	440	1	20	36	24	6	9	15
兴城市	1227	6	36	83	76	16	43	42

1999年	2000年	2001年	2002年	2003年	2004年	2005年	2006年	2007年	2008年
353	**446**	**419**	**458**	**625**	**680**	**760**	**822**	**894**	**943**
88	109	92	76	106	139	162	129	152	145
78	75	78	101	130	151	120	152	217	171
90	110	115	121	175	168	200	230	195	253
29	33	33	37	58	56	68	92	96	96
17	33	28	31	53	49	60	59	70	44
34	48	29	53	57	68	66	81	94	124
17	38	44	39	46	49	84	79	70	110
322	**646**	**618**	**624**	**851**	**1001**	**1915**	**1983**	**1796**	**885**
53	95	114	114	170	155	507	524	335	184
37	31	34	66	92	99	132	244	183	99
75	177	122	121	162	197	287	414	644	291
42	108	73	68	113	131	272	281	160	71
53	105	147	117	105	149	172	238	204	95
62	130	128	138	209	270	545	282	270	145
145	**271**	**336**	**348**	**380**	**372**	**498**	**572**	**564**	**469**
44	40	65	64	84	104	116	157	129	102
11	13	17	17	20	11	25	24	24	24
16	36	36	33	61	54	86	56	64	45
1	9	8	9	7	16	13	26	28	13
28	45	44	81	86	109	159	186	194	102
37	100	132	124	79	49	59	75	55	86
8	28	34	20	43	29	40	48	70	97
263	**319**	**359**	**366**	**479**	**531**	**599**	**624**	**596**	**637**
65	45	57	59	114	90	80	71	78	256
47	48	48	69	66	64	82	127	112	97
22	28	21	41	43	45	56	40	38	45
7	11	14	13	19	24	24	41	36	11
34	40	62	47	52	46	55	59	51	47
47	99	112	104	120	174	212	208	184	120
41	48	45	33	65	88	90	78	97	61
282	**370**	**451**	**501**	**575**	**510**	**606**	**727**	**761**	**702**
56	53	64	73	61	68	68	89	102	73
172	250	288	299	370	314	333	413	393	397
32	30	43	65	92	59	106	107	135	133
22	37	56	64	52	69	99	118	131	99
214	**277**	**264**	**310**	**392**	**494**	**572**	**689**	**639**	**425**
58	71	73	75	104	114	136	153	158	118
12	17	15	22	14	33	32	48	39	42
25	28	33	42	45	79	88	120	128	55
19	38	26	34	37	48	31	46	22	16
28	44	45	45	77	71	99	130	98	59
19	17	15	25	26	45	59	50	44	17
53	62	57	67	89	104	127	142	150	118
159	**226**	**237**	**302**	**476**	**558**	**589**	**667**	**620**	**609**
53	63	92	95	147	167	152	198	185	173
25	37	26	45	88	69	76	79	88	81
6	12	9	20	29	35	32	49	41	55
19	33	32	38	61	110	108	95	78	90
12	14	18	16	26	29	43	51	47	54
25	33	35	45	63	70	83	97	78	87
19	34	25	43	62	78	95	98	103	69
167	**257**	**342**	**309**	**439**	**454**	**547**	**665**	**699**	**490**
36	82	86	90	117	120	156	188	169	130
37	43	66	64	100	108	160	188	191	139
11	6	30	4	7	10	7	9	18	10
32	35	56	65	67	77	79	113	149	80
8	15	18	21	40	36	37	42	62	38
43	76	86	65	108	103	108	125	110	93

2-10 按行业(中类)、登记注册类型

行业中类	企业法人单位数(个)	内资企业			
			国有企业	集体企业	股份合作企业
总　　计	**243783**	**234377**	**9353**	**16913**	**3869**
农、林、牧、渔业	**38**	**38**	**25**	**1**	
农业	12	12	9		
谷物及其他作物的种植	8	8	6		
蔬菜、园艺作物的种植	1	1	1		
水果、坚果、饮料和香料作物的种植	2	2	1		
中药材的种植	1	1	1		
林业	12	12	12		
林木的培育和种植	12	12	12		
畜牧业	5	5	1		
牲畜的饲养	1	1			
家禽的饲养	4	4	1		
渔业	7	7	2	1	
海洋渔业	5	5	1	1	
内陆渔业	2	2	1		
农、林、牧、渔服务业	2	2	1		
畜牧服务业	1	1	1		
渔业服务业	1	1			
采矿业	**5522**	**5431**	**59**	**592**	**19**
煤炭开采和洗选业	734	734	23	147	5
烟煤和无烟煤的开采洗选	708	708	22	139	5
褐煤的开采洗选	17	17	1	5	
其他煤炭采选	9	9		3	
石油和天然气开采业	103	100	3		5
天然原油和天然气开采	4	3	1		
与石油和天然气开采有关的服务活动	99	97	2		5
黑色金属矿采选业	1569	1559	2	81	2
铁矿采选	1495	1486	2	79	2
其他黑色金属矿采选	74	73		2	
有色金属矿采选业	767	731	7	87	4
常用有色金属矿采选	515	483	2	47	3
贵金属矿采选	158	157	3	31	
稀有稀土金属矿采选	94	91	2	9	1
非金属矿采选业	2341	2300	23	275	3
土砂石开采	1770	1746	17	181	3
化学矿采选	120	118	2	15	
采盐	35	35	3	18	
石棉及其他非金属矿采选	416	401	1	61	
其他采矿业	8	7	1	2	
其他采矿业	8	7	1	2	
制造业	**82596**	**76587**	**2008**	**7703**	**1651**
农副食品加工业	4896	4346	112	148	43
谷物磨制	674	635	29	8	2
饲料加工	1030	972	13	17	9
植物油加工	230	216	3	14	2
制糖	13	11	1		1
屠宰及肉类加工	854	813	53	41	13

分组的企业法人单位数

联营企业	有限责任公司	股份有限公司	私营企业	其他企业	港、澳、台商投资企业	外商投资企业
379	**36570**	**3969**	**160014**	**3310**	**1988**	**7418**
	2	**1**	**9**			
	2		1			
	2					
			1			
			4			
			1			
			3			
		1	3			
			3			
		1				
			1			
			1			
15	**229**	**41**	**4434**	**42**	**31**	**60**
5	11		537	6		
5	10		521	6		
	1		10			
			6			
1	26	2	63		1	2
	1		1		1	
1	25	2	62			2
1	68	8	1387	10	5	5
1	68	7	1317	10	5	4
		1	70			1
3	50	22	551	7	14	22
2	30	8	386	5	13	19
1	8	5	108	1		1
	12	9	57	1	1	2
5	73	9	1893	19	11	30
3	49	4	1473	16	6	18
	4	1	95	1		2
	3		11			
2	17	4	314	2	5	10
	1		3			1
	1		3			1
124	**5989**	**1104**	**57304**	**704**	**1077**	**4932**
7	353	68	3551	64	94	456
1	50	11	519	15	10	29
	92	9	825	7	9	49
	18	3	175	1	2	12
	3		6		1	1
1	75	10	608	12	16	25

2-10 续表 1

行业中类	企业法人单位数(个)	内资企业			
			国有企业	集体企业	股份合作企业
水产品加工	1103	882	6	45	9
蔬菜、水果和坚果加工	621	507	3	10	5
其他农副食品加工	371	310	4	13	2
食品制造业	1881	1649	73	76	26
焙烤食品制造	560	510	24	18	8
糖果、巧克力及蜜饯制造	71	67	2	2	
方便食品制造	221	186	7	10	2
液体乳及乳制品制造	78	70	3	2	
罐头制造	183	139	2	6	
调味品、发酵制品制造	288	256	14	13	7
其他食品制造	480	421	21	25	9
饮料制造业	1260	1171	26	75	10
酒精制造	18	16	1	1	
酒的制造	629	593	15	35	4
软饮料制造	605	554	10	38	6
精制茶加工	8	8		1	
烟草制品业	6	6	1	3	
烟叶复烤	2	2	1	1	
卷烟制造	4	4		2	
纺织业	2214	2012	70	168	28
棉、化纤纺织及印染精加工	575	545	28	49	10
毛纺织和染整精加工	49	44	10	6	
麻纺织	14	11			
丝绢纺织及精加工	276	272	9	16	1
纺织制成品制造	613	566	13	62	12
针织品、编织品及其制品制造	687	574	10	35	5
纺织服装、鞋、帽制造业	3523	2927	39	198	47
纺织服装制造	3383	2802	36	185	44
纺织面料鞋的制造	117	105	3	9	
制帽	23	20		4	3
皮革、毛皮、羽毛(绒)及其制品业	585	512	14	39	14
皮革鞣制加工	20	15	3	3	
皮革制品制造	465	408	10	31	11
毛皮鞣制及制品加工	71	62	1	5	3
羽毛(绒)加工及制品制造	29	27			
木材加工及木、竹、藤、棕、草制品业	2283	2043	31	156	23
锯材、木片加工	728	694	15	67	2
人造板制造	439	397	6	20	7
木制品制造	1048	890	8	64	12
竹、藤、棕、草制品制造	68	62	2	5	2
家具制造业	1080	892	9	52	6
木质家具制造	894	721	5	41	4
竹、藤家具制造	5	3			
金属家具制造	70	67	2	8	
塑料家具制造	8	8	1	1	
其他家具制造	103	93	1	2	2
造纸及纸制品业	1602	1516	28	172	30
纸浆制造	13	11		1	
造纸	378	350	13	36	10
纸制品制造	1211	1155	15	135	20

联营企业	有限责任公司	股份有限公司	私营企业	其他企业	港、澳、台商投资企业	外商投资企业
1	42	20	741	18	36	185
2	45	9	423	10	12	102
2	28	6	254	1	8	53
	127	30	1301	16	53	179
	39	4	411	6	12	38
	4		59		2	2
	15	6	146		9	26
	10	3	52		3	5
	6	1	123	1	10	34
	15	7	198	2	6	26
	38	9	312	7	11	48
1	108	18	924	9	17	72
	1		13			2
	42	10	480	7	7	29
1	63	7	427	2	10	41
	2	1	4			
	1	1				
	1	1				
4	131	19	1566	26	33	169
1	68	7	377	5	10	20
	3		25			5
	1		9	1	2	1
	8	2	236			4
2	29	5	433	10	5	42
1	22	5	486	10	16	97
3	146	26	2432	36	67	529
3	144	26	2328	36	66	515
	2		91		1	11
			13			3
2	27	4	401	11	10	63
			8	1	1	4
2	22	3	326	3	6	51
	1	1	49	2	2	7
	4		18	5	1	1
1	87	14	1703	28	59	181
	20	1	576	13	4	30
	19	6	336	3	7	35
1	47	7	739	12	46	112
	1		52		2	4
3	39	10	759	14	30	158
2	26	9	625	9	23	150
			3		2	
1	7	1	46	2	2	1
			5	1		
	6		80	2	3	7
	90	28	1154	14	21	65
	1	1	8			2
	33	8	249	1	10	18
	56	19	897	13	11	45

2-10 续表 2

行业中类	企业法人单位数(个)	内资企业	国有企业	集体企业	股份合作企业
印刷业和记录媒介的复制	2101	2063	132	390	81
印刷	1955	1921	128	366	69
装订及其他印刷服务活动	129	125	4	24	12
记录媒介的复制	17	17			
文教体育用品制造业	298	229	5	23	5
文化用品制造	123	109	4	16	1
体育用品制造	102	63		3	2
乐器制造	40	30	1	3	1
玩具制造	18	13			
游艺器材及娱乐用品制造	15	14		1	1
石油加工、炼焦及核燃料加工业	927	872	25	68	20
精炼石油产品的制造	890	836	24	62	19
炼焦	37	36	1	6	1
化学原料及化学制品制造业	5088	4728	125	482	105
基础化学原料制造	980	919	35	119	16
肥料制造	539	500	14	17	4
农药制造	116	107	8	6	5
涂料、油墨、颜料及类似产品制造	964	897	13	79	27
合成材料制造	273	256	6	32	7
专用化学产品制造	1782	1673	43	194	36
日用化学产品制造	434	376	6	35	10
医药制造业	735	643	38	29	7
化学药品原药制造	92	80	5	7	
化学药品制剂制造	116	101	10	5	
中药饮片加工	142	127	3	4	
中成药制造	128	110	8	4	3
兽用药品制造	61	61	4	3	3
生物、生化制品的制造	131	105	5	1	
卫生材料及医药用品制造	65	59	3	5	1
化学纤维制造业	112	100	6	8	2
纤维素纤维原料及纤维制造	31	27	1	3	1
合成纤维制造	81	73	5	5	1
橡胶制品业	1179	1119	26	155	35
轮胎制造	80	75	2	9	1
橡胶板、管、带的制造	292	275	4	37	9
橡胶零件制造	470	457	6	81	21
再生橡胶制造	28	26	1	2	1
日用及医用橡胶制品制造	31	25	1	2	
橡胶靴鞋制造	58	49	5	7	
其他橡胶制品制造	220	212	7	17	3
塑料制品业	3822	3554	42	264	64
塑料薄膜制造	367	338	6	21	9
塑料板、管、型材的制造	717	652	6	50	11
塑料丝、绳及编织品的制造	750	726	6	51	8
泡沫塑料制造	271	260	2	22	6
塑料人造革、合成革制造	25	24		5	
塑料包装箱及容器制造	438	402	2	25	11
塑料零件制造	223	192	2	21	5
日用塑料制造	589	560	14	42	9
其他塑料制品制造	442	400	4	27	5

联营企业	有限责任公司	股份有限公司	私营企业	其他企业	港、澳、台商投资企业	外商投资企业
4	121	24	1291	20	6	32
4	112	24	1200	18	6	28
	7		76	2		4
	2		15			
1	11	1	181	2	12	57
	6	1	81		1	13
	1		56	1	8	31
	2		23		1	9
1	2		9	1	1	4
			12		1	
1	85	23	646	4	11	44
	82	23	622	4	11	43
1	3		24			1
8	422	83	3480	23	67	293
1	72	19	654	3	10	51
1	36	7	418	3	6	33
1	13	10	64		1	8
1	67	10	693	7	9	58
2	28	6	173	2	5	12
2	172	20	1201	5	22	87
	34	11	277	3	14	44
2	119	26	418	4	26	66
1	15	3	49		3	9
	19	7	59	1	5	10
	22	4	92	2	4	11
1	28	6	60		7	11
	6	1	44			
	20	5	73	1	6	20
	9		41		1	5
	12		72		3	9
	5		17			4
	7		55		3	5
1	84	14	798	6	15	45
	9	1	53		1	4
	24	5	191	5	7	10
1	27	5	316		2	11
	3		19		1	1
	5		17		1	5
	1	1	35			9
	15	2	167	1	3	5
4	243	40	2867	30	57	211
	20	4	275	3	7	22
2	63	7	508	5	14	51
1	26	3	627	4	7	17
	15		214	1	2	9
	1		18			1
	40	6	316	2	12	24
	15	4	143	2	5	26
1	44	12	427	11	4	25
	19	4	339	2	6	36

2-10 续表 3

行业中类	企业法人单位数(个)	内资企业	国有企业	集体企业	股份合作企业
非金属矿物制品业	7969	7616	156	933	88
水泥、石灰和石膏的制造	523	515	23	50	3
水泥及石膏制品制造	1049	1002	38	94	11
砖瓦、石材及其他建筑材料制造	3181	3088	41	462	34
玻璃及玻璃制品制造	670	612	14	62	18
陶瓷制品制造	139	127	6	6	1
耐火材料制品制造	1699	1605	20	177	7
石墨及其他非金属矿物制品制造	708	667	14	82	14
黑色金属冶炼及压延加工业	1300	1236	30	133	21
炼铁	155	151	2	18	
炼钢	71	70	4	13	1
钢压延加工	879	830	19	78	17
铁合金冶炼	195	185	5	24	3
有色金属冶炼及压延加工业	926	866	24	120	15
常用有色金属冶炼	229	219	2	34	4
贵金属冶炼	47	46		7	2
稀有稀土金属冶炼	86	76	3	15	1
有色金属合金制造	124	117	2	17	3
有色金属压延加工	440	408	17	47	5
金属制品业	5659	5349	79	674	119
结构性金属制品制造	2484	2386	27	267	51
金属工具制造	471	425	8	53	12
集装箱及金属包装容器制造	404	375	13	55	8
金属丝绳及其制品的制造	259	244	3	48	10
建筑、安全用金属制品制造	549	503	7	58	14
金属表面处理及热处理加工	874	849	11	126	16
搪瓷制品制造	32	28		4	
不锈钢及类似日用金属制品制造	230	206	1	18	4
其他金属制品制造	356	333	9	45	4
通用设备制造业	14784	14207	316	1527	346
锅炉及原动机制造	613	578	19	55	15
金属加工机械制造	1324	1262	30	89	36
起重运输设备制造	523	496	28	65	18
泵、阀门、压缩机及类似机械的制造	2221	2096	61	228	108
轴承、齿轮、传动和驱动部件的制造	1147	1104	14	66	12
烘炉、熔炉及电炉制造	100	97	5	13	3
风机、衡器、包装设备等通用设备制造	1213	1142	33	115	25
通用零部件制造及机械修理	4989	4868	89	608	101
金属铸、锻加工	2654	2564	37	288	28
专用设备制造业	5321	4965	147	432	135
矿山、冶金、建筑专用设备制造	1745	1692	51	157	51
化工、木材、非金属加工专用设备制造	1197	1076	19	93	25
食品、饮料、烟草及饲料生产专用设备制造	177	162	6	16	4
印刷、制药、日化生产专用设备制造	263	245	3	12	3
纺织、服装和皮革工业专用设备制造	131	118	6	14	5
电子和电工机械专用设备制造	251	237	7	12	6

					港、澳、台商投资企业	外商投资企业
联营企业	有限责任公司	股份有限公司	私营企业	其他企业		
10	499	87	5776	67	93	260
1	42	7	384	5	5	3
3	102	15	729	10	18	29
1	130	21	2361	38	17	76
	53	16	446	3	8	50
	12	1	97	4	2	10
5	119	20	1252	5	30	64
	41	7	507	2	13	28
1	119	21	907	4	14	50
	13	2	116		2	2
	12	2	38			1
1	72	12	628	3	9	40
	22	5	125	1	3	7
1	92	21	584	9	14	46
	27	5	146	1	4	6
	6	3	27	1		1
	7		48	2	1	9
	9	3	82	1		7
1	43	10	281	4	9	23
6	393	63	3960	55	49	261
3	204	21	1789	24	16	82
1	20	3	323	5	8	38
2	35	8	250	4	5	24
	17		165	1	1	14
	35	6	379	4	8	38
	55	19	610	12	5	20
			24			4
	9	1	170	3	3	21
	18	5	250	2	3	20
22	964	181	10748	103	77	500
2	42	4	435	6	4	31
3	122	19	947	16	13	49
1	56	6	319	3	1	26
3	183	37	1465	11	15	110
	58	18	925	11	6	37
	5	5	64	2		3
	93	22	848	6	14	57
11	288	54	3686	31	10	111
2	117	16	2059	17	14	76
12	501	76	3618	44	49	307
4	199	25	1179	26	6	47
5	82	13	834	5	16	105
	14	2	119	1	2	13
	20	1	205	1	5	13
1	9	4	79		4	9
	31	6	172	3	2	12

2-10 续表 4

行业中类	企业法人单位数(个)	内资企业	国有企业	集体企业	股份合作企业
农、林、牧、渔专用机械制造	302	293	19	27	3
医疗仪器设备及器械制造	246	206	6	14	8
环保、社会公共安全及其他专用设备制造	1009	936	30	87	30
交通运输设备制造业	4118	3819	206	505	102
铁路运输设备制造	435	430	39	147	17
汽车制造	2696	2493	141	308	69
摩托车制造	13	12		3	
自行车制造	43	40	3	4	2
船舶及浮动装置制造	851	773	18	39	14
航空航天器制造	31	25	3	1	
交通器材及其他交通运输设备制造	49	46	2	3	
电气机械及器材制造业	4569	4310	140	531	163
电机制造	422	394	18	37	12
输配电及控制设备制造	2284	2171	69	268	95
电线、电缆、光缆及电工器材制造	840	803	21	97	29
电池制造	92	83	8	17	2
家用电力器具制造	256	225	8	22	3
非电力家用器具制造	95	84		3	1
照明器具制造	351	329	8	34	13
其他电气机械及器材制造	229	221	8	53	8
通信设备、计算机及其他电子设备制造业	1055	846	54	61	28
通信设备制造	134	122	6	18	6
雷达及配套设备制造	7	7	1		
广播电视设备制造	54	48	4	3	1
电子计算机制造	94	66	4	2	
电子器件制造	186	136	13	10	7
电子元件制造	363	284	16	16	10
家用视听设备制造	34	21	4	4	1
其他电子设备制造	183	162	6	8	3
仪器仪表及文化、办公用机械制造业	1644	1518	38	145	64
通用仪器仪表制造	1138	1051	30	88	47
专用仪器仪表制造	282	269	4	29	8
钟表与计时仪器制造	38	36	2	10	3
光学仪器及眼镜制造	44	34	2	5	2
文化、办公用机械制造	46	35		7	
其他仪器仪表的制造及修理	96	93		6	4
工艺品及其他制造业	1444	1268	13	109	20
工艺美术品制造	1102	966	8	63	18
日用杂品制造	106	78		15	1
煤制品制造	176	171	1	25	1
核辐射加工	4	2			
其他未列明的制造业	56	51	4	6	
废弃资源和废旧材料回收加工业	215	205	3	27	4
金属废料和碎屑的加工处理	89	88	2	14	2
非金属废料和碎屑的加工处理	126	117	1	13	2
电力、燃气及水的生产和供应业	**1441**	**1364**	**302**	**164**	**9**
电力、热力的生产和供应业	943	897	191	64	6
电力生产	238	207	50	17	1
电力供应	92	91	69	9	
热力生产和供应	613	599	72	38	5

联营企业	有限责任公司	股份有限公司	私营企业	其他企业	港、澳、台商投资企业	外商投资企业
1	16	2	222	3		9
	25	3	150		4	36
1	105	20	658	5	10	63
14	370	68	2512	42	57	242
	37	7	181	2	1	4
8	256	37	1641	33	39	164
	2		7		1	
	4	1	25	1		3
6	62	20	608	6	12	66
	7	2	12		3	3
	2	1	38		1	2
11	463	85	2879	38	49	210
	37	8	278	4	3	25
8	248	50	1413	20	31	82
1	87	12	551	5	6	31
	9	3	44		3	6
	28	4	158	2	2	29
1	10	2	67		1	10
	23	5	241	5	2	20
1	21	1	127	2	1	7
1	118	26	551	7	41	168
	15	3	72	2	3	9
	2		4			
	6	1	33			6
1	9	3	46	1	11	17
	23	5	77	1	8	42
	35	10	197		9	70
	5	1	6		5	8
	23	3	116	3	5	16
3	182	36	1041	9	22	104
1	124	28	728	5	14	73
1	32	7	186	2	2	11
	3		18		1	1
	2		23			10
	4	1	23		4	7
1	17		63	2	1	2
1	60	9	1037	19	28	148
1	48	8	806	14	24	112
	3	1	58		2	26
	6		137	1	1	4
			2			2
	3		34	4	1	4
	22	2	147		3	7
	15	1	54			1
	7	1	93		3	6
6	**255**	**42**	**553**	**33**	**31**	**46**
4	192	33	390	17	20	26
1	50	16	64	8	14	17
	5		8			1
3	137	17	318	9	6	8

2-10 续表 5

行业中类	企业法人单位数(个)	内资企业	国有企业	集体企业	股份合作企业
燃气生产和供应业	114	97	17	3	1
燃气生产和供应业	114	97	17	3	1
水的生产和供应业	384	370	94	97	2
自来水的生产和供应	279	274	77	94	1
污水处理及其再生利用	97	89	17	3	1
其他水的处理、利用与分配	8	7			
建筑业	**14957**	**14754**	**685**	**1054**	**192**
房屋和土木工程建筑业	5013	4964	445	558	71
房屋工程建筑	2549	2534	139	326	39
土木工程建筑	2464	2430	306	232	32
建筑安装业	4004	3952	150	327	63
建筑安装业	4004	3952	150	327	63
建筑装饰业	4586	4505	40	117	42
建筑装饰业	4586	4505	40	117	42
其他建筑业	1354	1333	50	52	16
工程准备	873	860	34	38	6
提供施工设备服务	112	109	4	4	1
其他未列明的建筑活动	369	364	12	10	9
交通运输、仓储和邮政业	**8685**	**8443**	**668**	**464**	**124**
铁路运输业	19	18	5	6	
铁路货物运输	8	7	2		
铁路运输辅助活动	11	11	3	6	
道路运输业	3556	3528	191	247	49
公路旅客运输	271	271	32	14	6
道路货物运输	3053	3027	89	192	28
道路运输辅助活动	232	230	70	41	15
城市公共交通业	567	546	43	34	27
公共电汽车客运	89	77	18		2
轨道交通	4	4	2		
出租车客运	471	462	23	33	25
其他城市公共交通	3	3		1	
水上运输业	270	258	27	14	4
水上旅客运输	40	39	2	3	2
水上货物运输	136	131	13	3	1
水上运输辅助活动	94	88	12	8	1
航空运输业	28	27	9		
航空客货运输	11	10	2		
通用航空服务	6	6	1		
航空运输辅助活动	11	11	6		
管道运输业	6	6	2		
管道运输业	6	6	2		
装卸搬运和其他运输服务业	3168	3060	119	125	36
装卸搬运	259	256	15	74	5
运输代理服务	2909	2804	104	51	31
仓储业	858	790	253	38	7
谷物、棉花等农产品仓储	301	295	170	11	1
其他仓储	557	495	83	27	6

联营企业	有限责任公司	股份有限公司	私营企业	其他企业	港、澳、台商投资企业	外商投资企业
	20	3	53		8	9
	20	3	53		8	9
2	43	6	110	16	3	11
2	20	1	65	14	2	3
	20	5	41	2		8
	3		4		1	
16	**2228**	**197**	**10348**	**34**	**50**	**153**
9	934	70	2874	3	9	40
8	502	44	1474	2	1	14
1	432	26	1400	1	8	26
6	617	63	2720	6	16	36
6	617	63	2720	6	16	36
1	523	52	3711	19	21	60
1	523	52	3711	19	21	60
	154	12	1043	6	4	17
	107	11	660	4	1	12
	10		89	1	1	2
	37	1	294	1	2	3
16	**987**	**246**	**5856**	**82**	**78**	**164**
		2	5			1
		2	3			1
			2			
6	436	88	2478	33	7	21
1	55	16	145	2		
3	362	66	2259	28	7	19
2	19	6	74	3		2
1	89	20	329	3	11	10
	14	3	39	1	6	6
	1		1			
1	73	17	288	2	5	4
	1		1			
1	43	12	154	3	1	11
1	3	3	24	1		1
	25	4	83	2	1	4
	15	5	47			6
1	4	3	10			1
	1	1	6			1
	2		3			
1	1	2	1			
	1	1	2			
	1	1	2			
5	297	97	2353	28	37	71
	19	3	138	2		3
5	278	94	2215	26	37	68
2	94	20	366	10	20	48
2	26	4	78	3	2	4
	68	16	288	7	18	44

2-10 续表 6

行业中类	企业法人单位数(个)	内资企业	国有企业	集体企业	股份合作企业
邮政业	213	210	19		1
国家邮政	18	18	17		
其他寄递服务	195	192	2		1
信息传输、计算机服务和软件业	**6032**	**5596**	**116**	**37**	**39**
电信和其他信息传输服务业	775	728	80	18	9
电信	363	322	44	3	5
互联网信息服务	283	278	3	1	2
广播电视传输服务	122	121	31	14	2
卫星传输服务	7	7	2		
计算机服务业	2471	2428	16	7	15
计算机系统服务	476	463	6	4	2
数据处理	45	32	1		1
计算机维修	163	159	3		2
其他计算机服务	1787	1774	6	3	10
软件业	2786	2440	20	12	15
公共软件服务	2331	2012	16	12	12
其他软件服务	455	428	4		3
批发和零售业	**72700**	**72281**	**1923**	**4090**	**987**
批发业	48836	48546	1313	2545	575
农畜产品批发	2384	2374	267	245	13
食品、饮料及烟草制品批发	4012	3977	203	109	51
纺织、服装及日用品批发	4098	4047	50	77	35
文化、体育用品及器材批发	1293	1282	46	38	14
医药及医疗器材批发	1190	1181	38	22	17
矿产品、建材及化工产品批发	18281	18222	361	1197	193
机械设备、五金交电及电子产品批发	14945	14842	279	512	224
贸易经纪与代理	794	786	19	6	4
其他批发	1839	1835	50	339	24
零售业	23864	23735	610	1545	412
综合零售	2348	2321	121	562	38
食品、饮料及烟草制品专门零售	2016	2009	98	93	30
纺织、服装及日用品专门零售	3283	3251	58	137	60
文化、体育用品及器材专门零售	1429	1419	102	83	33
医药及医疗器材专门零售	2087	2083	68	76	78
汽车、摩托车、燃料及零配件专门零售	4223	4198	70	288	63
家用电器及电子产品专门零售	3687	3677	25	57	29
五金、家具及室内装修材料专门零售	3445	3437	35	140	69
无店铺及其他零售	1346	1340	33	109	12
住宿和餐饮业	**5611**	**5282**	**417**	**375**	**78**
住宿业	1918	1832	343	253	36
旅游饭店	645	572	132	57	8
一般旅馆	1155	1144	189	181	28
其他住宿服务	118	116	22	15	
餐饮业	3693	3450	74	122	42
正餐服务	3192	2991	65	102	35
快餐服务	245	219	3	11	2
饮料及冷饮服务	106	96	2	2	3
其他餐饮服务	150	144	4	7	2

联营企业	有限责任公司	股份有限公司	私营企业	其他企业	港、澳、台商投资企业	外商投资企业
	23	3	159	5	2	1
	1					
	22	3	159	5	2	1
3	**486**	**112**	**4671**	**132**	**58**	**378**
1	88	33	490	9	21	26
	40	18	208	4	19	22
1	31	9	227	4	2	3
	16	6	51	1		1
	1		4			
2	131	27	2121	109	6	37
1	63	11	373	3	1	12
	5	1	24		1	12
	16	2	134	2	1	3
1	47	13	1590	104	3	10
	267	52	2060	14	31	315
	216	42	1705	9	29	290
	51	10	355	5	2	25
122	**19578**	**980**	**43850**	**751**	**103**	**316**
82	15064	646	27826	495	62	228
4	512	17	1230	86		10
9	1434	37	2035	99	8	27
4	1758	53	2045	25	15	36
1	460	29	688	6	2	9
1	376	29	687	11	4	5
33	4697	240	11409	92	13	46
22	5338	208	8196	63	17	86
3	217	15	431	91	3	5
5	272	18	1105	22		4
40	4514	334	16024	256	41	88
7	327	38	1190	38	8	19
4	404	21	1330	29	1	6
3	650	34	2272	37	15	17
	339	21	831	10	4	6
15	326	33	1456	31		4
6	617	66	3049	39	10	15
2	861	62	2618	23	2	8
2	809	45	2320	17		8
1	181	14	958	32	1	5
14	**678**	**41**	**3519**	**160**	**86**	**243**
7	299	19	859	16	39	47
1	138	12	220	4	35	38
5	144	7	579	11	4	7
1	17		60	1		2
7	379	22	2660	144	47	196
6	300	21	2345	117	40	161
	28		167	8	4	22
	24	1	62	2	2	8
1	27		86	17	1	5

2-10 续表 7

行业中类	企业法人单位数(个)	内资企业	国有企业	集体企业	股份合作企业
金融业	**1316**	**1265**	**97**	**49**	**82**
银行业	252	237	49	43	52
中央银行	5	5	5		
商业银行	212	205	27	39	48
其他银行	35	27	17	4	4
证券业	45	45	9		1
证券市场管理	2	2	1		
证券经纪与交易	34	34	6		1
证券投资	7	7	2		
证券分析与咨询	2	2			
保险业	524	497	17		18
人寿保险	156	140	6		4
非人寿保险	178	167	6		9
保险辅助服务	190	190	5		5
其他金融活动	495	486	22	6	11
金融信托与管理	35	34	1	1	2
金融租赁	1	1			
财务公司	9	9	2		
邮政储蓄	12	12	5		
典当	210	210	3	1	3
其他未列明的金融活动	228	220	11	4	6
房地产业	**11026**	**10314**	**575**	**408**	**148**
房地产业	11026	10314	575	408	148
房地产开发经营	4838	4323	128	47	49
物业管理	3512	3386	225	173	42
房地产中介服务	1779	1756	42	31	19
其他房地产活动	897	849	180	157	38
租赁和商务服务业	**16886**	**16497**	**898**	**866**	**212**
租赁业	734	727	27	27	14
机械设备租赁	695	689	25	24	13
文化及日用品出租	39	38	2	3	1
商务服务业	16152	15770	871	839	198
企业管理服务	1997	1904	301	286	30
法律服务	341	341	12	5	3
咨询与调查	5183	4942	118	75	37
广告业	3335	3326	85	30	29
知识产权服务	141	141	8	2	6
职业中介服务	1471	1466	73	114	21
市场管理	870	866	74	175	15
旅行社	1176	1173	86	29	26
其他商务服务	1638	1611	114	123	31
科学研究、技术服务和地质勘查业	**7246**	**7008**	**850**	**402**	**162**
研究与试验发展	1117	1075	116	50	20
自然科学研究与试验发展	116	112	5	1	1
工程和技术研究与试验发展	639	614	80	28	9
农业科学研究与试验发展	175	171	15	10	3
医学研究与试验发展	174	165	13	11	7
社会人文科学研究与试验发展	13	13	3		

联营企业	有限责任公司	股份有限公司	私营企业	其他企业	港、澳、台商投资企业	外商投资企业
2	**222**	**390**	**394**	**29**	**9**	**42**
	2	88		3	3	12
	1	87		3	1	6
	1	1			2	6
	7	21	5	2		
				1		
	6	20	1			
	1	1	2	1		
			2			
	63	262	126	11	2	25
	12	108	7	3		16
	11	140		1	2	9
	40	14	119	7		
2	150	19	263	13	4	5
	7	1	19	3		1
		1				
	1		5	1		
	7					
2	75	6	116	4		
	60	11	123	5	4	4
9	**2179**	**285**	**6594**	**116**	**324**	**388**
9	2179	285	6594	116	324	388
1	1114	139	2802	43	254	261
4	734	98	2061	49	41	85
1	210	34	1404	15	8	15
3	121	14	327	9	21	27
15	**2149**	**305**	**11672**	**380**	**69**	**320**
	92	9	547	11	3	4
	89	9	518	11	2	4
	3		29		1	
15	2057	296	11125	369	66	316
4	388	45	744	106	25	68
	7	3	282	29		
2	586	73	3976	75	32	209
	410	53	2687	32	2	7
	19	2	104			
6	179	29	1005	39		5
1	101	18	450	32	1	3
	196	49	772	15	1	2
2	171	24	1105	41	5	22
13	**896**	**116**	**4280**	**289**	**31**	**207**
2	124	11	732	20	6	36
	10		91	4		4
2	75	4	409	7	4	21
	22	2	116	3		4
	15	5	110	4	2	7
	2		6	2		

2-10 续表 8

行业中类	企业法人单位数(个)	内资企业	国有企业	集体企业	股份合作企业
专业技术服务业	3749	3620	501	177	71
气象服务	22	22	11	5	
地震服务	5	4		1	
海洋服务	9	9		1	
测绘服务	185	185	29	18	3
技术检测	483	470	99	46	11
环境监测	69	69	10	4	2
工程技术与规划管理	2064	2014	320	80	46
其他专业技术服务	912	847	32	22	9
科技交流和推广服务业	2272	2208	201	169	70
技术推广服务	1624	1595	131	127	56
科技中介服务	481	454	51	29	9
其他科技服务	167	159	19	13	5
地质勘查业	108	105	32	6	1
矿产地质勘查	39	36	11	1	1
基础地质勘查	23	23	11	4	
地质勘查技术服务	46	46	10	1	
水利、环境和公共设施管理业	**896**	**877**	**121**	**69**	**12**
水利管理业	82	82	35	6	1
防洪管理	5	5	3		
水资源管理	42	42	21	3	
其他水利管理	35	35	11	3	1
环境管理业	172	163	23	12	1
自然保护	13	11	2	1	
环境治理	159	152	21	11	1
公共设施管理业	642	632	63	51	10
市政公共设施管理	85	84	16	12	
城市绿化管理	359	354	18	17	7
游览景区管理	198	194	29	22	3
居民服务和其他服务业	**5092**	**4985**	**156**	**304**	**94**
居民服务业	2899	2828	97	178	50
家庭服务	190	189	3	4	1
托儿所	6	6	1		
洗染服务	103	98	1	5	3
理发及美容保健服务	718	685	4	11	11
洗浴服务	981	959	19	51	19
婚姻服务	222	220	15	18	2
殡葬服务	153	151	27	30	1
摄影扩印服务	276	272	10	11	10
其他居民服务	250	248	17	48	3
其他服务业	2193	2157	59	126	44
修理与维护	1486	1460	37	82	33
清洁服务	388	382	8	18	8
其他未列明的服务	319	315	14	26	3
教育	**1011**	**996**	**93**	**63**	**11**
教育	1011	996	93	63	11
学前教育	178	177	11	17	1

联营企业	有限责任公司	股份有限公司	私营企业	其他企业	港、澳、台商投资企业	外商投资企业
7	556	74	2197	37	13	116
	1		5			
			3			1
			8			
1	22	1	109	2		
1	82	6	220	5	1	12
1	13		38	1		
4	349	45	1157	13	5	45
	89	22	657	16	7	58
4	201	29	1306	228	12	52
4	127	16	918	216	3	26
	61	8	286	10	5	22
	13	5	102	2	4	4
	15	2	45	4		3
	5		17	1		3
	2		4	2		
	8	2	24	1		
6	**124**	**26**	**509**	**10**	**5**	**14**
1	15	1	21	2		
			2			
1	8		8	1		
	7	1	11	1		
	27	4	94	2	2	7
	2	1	4	1		2
	25	3	90	1	2	5
5	82	21	394	6	3	7
1	18	3	34		1	
2	47	14	247	2		5
2	17	4	113	4	2	2
4	**372**	**53**	**3799**	**203**	**23**	**84**
2	185	17	2145	154	14	57
	17		159	5		1
			4	1		
	8		79	2		5
	67	6	539	47	7	26
1	33	3	763	70	2	20
	12	3	164	6	1	1
1	15	1	72	4	1	1
	11	2	224	4	3	1
	22	2	141	15		2
2	187	36	1654	49	9	27
1	118	23	1131	35	5	21
1	36	8	299	4	1	5
	33	5	224	10	3	1
	45	**5**	**643**	**136**	**2**	**13**
	45	5	643	136	2	13
	3	1	122	22		1

2-10 续表 9

行业中类	企业法人单位数(个)	内资企业	国有企业	集体企业	股份合作企业
初等教育	7	6			
中等教育	40	40	5	1	1
高等教育	13	13	2		
其他教育	773	760	75	45	9
卫生、社会保障和社会福利业	**1235**	**1225**	**130**	**191**	**15**
卫生	1149	1141	103	177	15
医院	282	277	50	23	5
卫生院及社区医疗活动	109	109	15	39	
门诊部医疗活动	686	686	27	100	7
计划生育技术服务活动	3	3			
妇幼保健活动	3	2	1		
专科疾病防治活动	17	17	2	3	2
疾病预防控制及防疫活动	15	15	4	5	1
其他卫生活动	34	32	4	7	
社会保障业	37	37	19	12	
社会保障业	37	37	19	12	
社会福利业	49	47	8	2	
提供住宿的社会福利	39	39	6	2	
不提供住宿的社会福利	10	8	2		
文化、体育和娱乐业	**1493**	**1434**	**230**	**81**	**34**
新闻出版业	141	141	90	11	
新闻业	2	2			
出版业	139	139	90	11	
广播、电视、电影和音像业	225	221	65	17	8
广播	3	3	1		
电视	57	57	13	6	3
电影	116	113	49	9	4
音像制作	49	48	2	2	1
文化艺术业	347	343	40	20	9
文艺创作与表演	134	133	8	2	7
艺术表演场馆	22	21	9	2	
图书馆与档案馆	24	24	11	8	
文物及文化保护	4	4	1	1	
博物馆	16	15		1	
烈士陵园、纪念馆	1	1			
群众文化活动	32	32	6	4	
文化艺术经纪代理	59	59	2		2
其他文化艺术	55	54	3	2	
体育	96	86	17	5	3
体育组织	34	32	4	2	
体育场馆	38	34	10	2	2
其他体育	24	20	3	1	1
娱乐业	684	643	18	28	14
室内娱乐活动	388	380	10	21	10
游乐园	26	23		2	2
休闲健身娱乐活动	222	195	5	5	2
其他娱乐活动	48	45	3		

联营企业	有限责任公司	股份有限公司	私营企业	其他企业	港、澳、台商投资企业	外商投资企业
			5	1		1
	1		24	8		
	1		6	4		
	40	4	486	101	2	11
7	**23**	**5**	**706**	**148**	**2**	**8**
6	16	5	679	140	2	6
1	7	2	177	12	2	3
1	1		37	16		
4	6	3	431	108		
	1		1	1		
			1			1
			10			
			5			
	1		17	3		2
1	2		3			
1	2		3			
	5		24	8		2
	3		20	8		
	2		4			2
7	**128**	**20**	**873**	**61**	**9**	**50**
1	16	2	20	1		
	1		1			
1	15	2	19	1		
1	25	6	92	7	1	3
	1			1		
	7		25	3		
1	13	5	30	2	1	2
	4	1	37	1		1
2	26	4	230	12	1	3
1	11	3	92	9		1
	1		9		1	
	1		4			
			2			
1	2		11			1
			1			
	2		19	1		
	8		46	1		
	1	1	46	1		1
	13	2	45	1		10
	6	1	18	1		2
	3	1	16			4
	4		11			4
3	48	6	486	40	7	34
2	17	3	288	29	2	6
			18	1	1	2
1	28	3	142	9	2	25
	3		38	1	2	1

2-11 按地区、登记注册类型

地 区	企业法人单位数(个)	内资企业	国有企业	集体企业	股份合作企业
全 省	**243783**	**234377**	**9353**	**16913**	**3869**
沈阳市	**66404**	**63751**	**3131**	**4227**	**1255**
和平区	11313	10904	665	436	256
沈河区	10227	9871	496	405	156
大东区	4920	4792	265	566	30
皇姑区	5554	5423	358	568	254
铁西区	6591	6487	334	460	170
苏家屯区	2466	2319	141	307	31
东陵区	7326	6801	250	335	142
沈北新区	2782	2622	115	194	18
于洪区	10220	9615	298	526	120
辽中县	1140	1121	20	74	52
康平县	1280	1274	62	124	
法库县	1127	1108	39	75	6
新民市	1458	1414	88	157	20
大连市	**68736**	**64364**	**1464**	**2075**	**1032**
中山区	9529	8974	263	174	207
西岗区	7669	7434	216	219	259
沙河口区	9628	9362	243	174	249
甘井子区	13119	12187	253	409	160
旅顺口区	3134	2956	89	124	34
金州区	12797	11121	206	352	64
长海县	173	171	16	18	2
瓦房店市	5690	5441	91	291	45
普兰店市	3765	3592	49	185	6
庄河市	3232	3126	38	129	6
鞍山市	**22221**	**21928**	**571**	**1984**	**145**
铁东区	3400	3345	152	232	40
铁西区	2226	2184	102	272	28
立山区	2844	2828	94	426	19
千山区	4032	3936	68	392	41
台安县	1577	1569	35	117	1
岫岩满族自治县	1565	1556	49	204	6
海城市	6577	6510	71	341	10
抚顺市	**12505**	**12334**	**890**	**1779**	**76**
新抚区	1538	1515	241	266	15
东洲区	1962	1942	161	491	13
望花区	3347	3285	130	447	8
顺城区	2159	2118	124	112	19
抚顺县	1059	1044	14	107	
新宾满族自治县	1343	1341	87	187	12
清原满族自治县	1097	1089	133	169	9
本溪市	**6963**	**6843**	**536**	**972**	**67**
平山区	2063	2029	146	385	34
溪湖区	1306	1279	69	173	
明山区	1689	1669	138	170	17
南芬区	265	255	27	57	3
本溪满族自治县	901	892	103	126	3
桓仁满族自治县	739	719	53	61	10
丹东市	**10405**	**9860**	**459**	**846**	**381**
元宝区	1463	1405	77	121	67
振兴区	2721	2532	142	181	234
振安区	853	793	26	81	19
宽甸满族自治县	1547	1533	62	99	16
东港市	1776	1633	59	146	29
凤城市	2045	1964	93	218	16

分组的企业法人单位数

联营企业	有限责任公司	股份有限公司	私营企业	其他企业	港、澳、台商投资企业	外商投资企业
379	**36570**	**3969**	**160014**	**3310**	**1988**	**7418**
119	**8548**	**1562**	**44224**	**685**	**685**	**1968**
13	1018	139	8342	35	110	299
18	1526	335	6660	275	123	233
19	593	42	3275	2	30	98
5	1766	225	2189	58	30	101
21	766	198	4466	72	34	70
3	186	58	1573	20	17	130
6	799	186	5025	58	117	408
16	633	59	1536	51	44	116
9	909	207	7474	72	162	443
1	67	31	869	7	5	14
	60	5	1014	9	2	4
3	142	25	813	5	5	14
5	83	52	988	21	6	38
77	**16992**	**693**	**41375**	**656**	**747**	**3625**
9	3260	190	4804	67	141	414
1	2487	13	4237	2	47	188
6	3391	26	5265	8	49	217
13	2953	207	8009	183	140	792
5	497	52	2136	19	34	144
23	2711	129	7557	79	255	1421
	40	4	88	3	1	1
9	904	55	3895	151	34	215
7	372	16	2894	63	26	147
4	377	1	2490	81	20	86
20	**2533**	**247**	**15615**	**813**	**105**	**188**
4	665	138	2038	76	27	28
5	803	4	950	20	15	27
4	222	45	1896	122	4	12
4	231	42	3115	43	28	68
	86	9	1189	132	1	7
1	34	5	1252	5	3	6
2	492	4	5175	415	27	40
33	**1279**	**74**	**8190**	**13**	**37**	**134**
8	146	33	806		7	16
3	102	4	1168		5	15
17	333	9	2337	4	13	49
2	312	24	1521	4	10	31
	15	1	907		2	13
1	287	2	763	2		2
2	84	1	688	3		8
23	**908**	**244**	**3954**	**139**	**25**	**95**
10	235	70	1124	25	2	32
1	96	6	931	3	7	20
11	298	95	919	21	4	16
1	18	6	120	23	4	6
	86	23	518	33	1	8
	175	44	342	34	7	13
15	**805**	**229**	**6903**	**222**	**94**	**451**
4	81	48	982	25	11	47
6	380	110	1455	24	19	170
1	63	17	508	78	10	50
1	53	29	1201	72	2	12
1	58	1	1324	15	27	116
2	170	24	1433	8	25	56

2-11 续表

地区	企业法人单位数(个)				
		内资企业			
			国有企业	集体企业	股份合作企业
锦州市	**8489**	**8312**	**473**	**1102**	**251**
古塔区	1609	1591	114	190	59
凌河区	1694	1671	138	261	85
太和区	2114	2030	104	198	88
黑山县	784	779	30	127	6
义县	583	575	21	81	5
凌海市	889	867	33	128	5
北镇市	816	799	33	117	3
营口市	**12862**	**12400**	**259**	**662**	**33**
站前区	2646	2586	76	232	11
西市区	1308	1226	16	112	4
鲅鱼圈区	2928	2759	83	80	10
老边区	1560	1535	11	61	2
盖州市	1863	1824	39	107	2
大石桥市	2557	2470	34	70	4
阜新市	**5526**	**5388**	**409**	**859**	**58**
海州区	1278	1255	128	231	3
新邱区	286	280	18	63	
太平区	696	680	37	186	4
清河门区	214	208	21	45	
细河区	1373	1318	104	122	8
阜新蒙古族自治县	1080	1051	54	149	7
彰武县	599	596	47	63	36
辽阳市	**6332**	**6179**	**195**	**369**	**68**
白塔区	1242	1200	69	68	6
文圣区	974	952	42	49	20
宏伟区	498	474	7	17	19
弓长岭区	238	233	5	30	
太子河区	678	646	21	40	12
辽阳县	1742	1733	20	56	6
灯塔市	960	941	31	109	5
盘锦市	**6562**	**6464**	**217**	**387**	**365**
双台子区	906	901	41	115	73
兴隆台区	3611	3549	72	138	264
大洼县	1103	1089	75	80	13
盘山县	942	925	29	54	15
铁岭市	**5602**	**5501**	**304**	**654**	**62**
银州区	1349	1316	88	183	36
清河区	353	344	17	49	4
铁岭县	871	845	14	57	3
西丰县	469	462	27	67	4
昌图县	910	907	82	70	3
调兵山市	416	402	22	50	1
开原市	1234	1225	54	178	11
朝阳市	**5566**	**5515**	**221**	**330**	**11**
双塔区	1568	1554	78	67	6
龙城区	727	722	12	21	1
朝阳县	409	406	6	15	
建平县	789	780	28	56	1
喀喇沁左翼蒙古族自治县	426	421	24	38	1
北票市	780	777	35	27	1
凌源市	867	855	38	106	1
葫芦岛市	**5609**	**5537**	**223**	**667**	**65**
连山区	1515	1504	55	224	19
龙港区	1259	1218	50	55	28
南票区	194	193	6	82	
绥中县	974	968	37	115	5
建昌县	440	439	32	41	5
兴城市	1227	1215	43	150	8

联营企业	有限责任公司	股份有限公司	私营企业	其他企业	港、澳、台商投资企业	外商投资企业
12	**977**	**112**	**5146**	**239**	**42**	**135**
4	185	21	974	44	8	10
4	316	32	818	17	4	19
1	345	56	1218	20	16	68
	27		521	68	1	4
3	46	1	410	8	2	6
	53	2	628	18	4	18
	5		577	64	7	10
18	**551**	**122**	**10702**	**53**	**102**	**360**
3	139	48	2073	4	18	42
	180	19	889	6	21	61
4	122	16	2434	10	33	136
	18	7	1424	12	5	20
6	24	8	1622	16	8	31
5	68	24	2260	5	17	70
6	**410**	**71**	**3540**	**35**	**25**	**113**
2	92	25	771	3	4	19
	8	1	188	2		6
	74	5	370	4	4	12
1	15	2	121	3		6
1	171	18	890	4	12	43
2	30	15	785	9	5	24
	20	5	415	10		3
5	**402**	**69**	**4988**	**83**	**45**	**108**
	36	13	998	10	11	31
	175	11	639	16	5	17
	73	18	329	11	9	15
1	10	4	180	3	2	3
	44	13	511	5	6	26
	43	6	1576	26	4	5
4	21	4	755	12	8	11
5	**1193**	**224**	**4002**	**71**	**14**	**84**
	69	73	525	5	1	4
5	1014	113	1912	31	12	50
	68	30	815	8	1	13
	42	8	750	27		17
8	**453**	**134**	**3789**	**97**	**27**	**74**
1	137	71	793	7	10	23
	25	11	235	3	3	6
	84	16	665	6	5	21
1	4	3	350	6	3	4
1	35	13	694	9	2	1
2	4	4	318	1	1	13
3	164	16	734	65	3	6
	841	**33**	**4049**	**30**	**21**	**30**
	349	26	1024	4	6	8
	176	1	510	1	2	3
	16		368	1		3
	33		654	8	3	6
	52	3	293	10	5	
	20	1	693		1	2
	195	2	507	6	4	8
38	**678**	**155**	**3537**	**174**	**19**	**53**
12	216	51	872	55	3	8
14	363	58	607	43	11	30
2	4	5	87	7		1
3	37	8	743	20		6
1	32	8	311	9	1	
6	26	25	917	40	4	8

2-12 按行业(中类)、登记注册类型

行业中类	从业人员数(个)				
		内资企业			
			国有企业	集体企业	股份合作企业
总　计	**8422445**	**7450648**	**1184960**	**613055**	**104074**
农、林、牧、渔业	**12073**	**12073**	**9580**	**625**	
农业	7849	7849	6954		
谷物及其他作物的种植	7529	7529	6644		
蔬菜、园艺作物的种植	233	233	233		
水果、坚果、饮料和香料作物的种植	38	38	28		
中药材的种植	49	49	49		
林业	2026	2026	2026		
林木的培育和种植	2026	2026	2026		
畜牧业	221	221	14		
牲畜的饲养	48	48			
家禽的饲养	173	173	14		
渔业	1869	1869	518	625	
海洋渔业	957	957	132	625	
内陆渔业	912	912	386		
农、林、牧、渔服务业	108	108	68		
畜牧服务业	68	68	68		
渔业服务业	40	40			
采矿业	**548214**	**541284**	**193022**	**35199**	**2065**
煤炭开采和洗选业	192304	192304	59989	10326	566
烟煤和无烟煤的开采洗选	190881	190881	59918	9996	566
褐煤的开采洗选	759	759	71	16	
其他煤炭采选	664	664		314	
石油和天然气开采业	126731	126701	124743		157
天然原油和天然气开采	30181	30169	30139		
与石油和天然气开采有关的服务活动	96550	96532	94604		157
黑色金属矿采选业	107306	105492	35	11470	51
铁矿采选	99534	97833	35	11375	51
其他黑色金属矿采选	7772	7659		95	
有色金属矿采选业	51492	48100	4186	4423	1073
常用有色金属矿采选	30433	29298	3065	2212	1020
贵金属矿采选	10625	9575	954	1922	
稀有稀土金属矿采选	10434	9227	167	289	53
非金属矿采选业	69740	68101	3990	8551	218
土砂石开采	44188	43441	548	4404	218
化学矿采选	9470	9442	945	1378	
采盐	4215	4215	2484	529	
石棉及其他非金属矿采选	11867	11003	13	2240	
其他采矿业	641	586	79	429	
其他采矿业	641	586	79	429	

分组的企业法人单位从业人员数

联营企业	有限责任公司	股份有限公司	私营企业	其他企业	港、澳、台商投资企业	外商投资企业
18378	**1578346**	**487859**	**3401992**	**61984**	**204223**	**767574**
	885	**526**	**457**			
	885		10			
	885					
			10			
			207			
			48			
			159			
		526	200			
			200			
		526				
			40			
			40			
7240	**103130**	**3921**	**195632**	**1075**	**3128**	**3802**
6421	69413		45350	239		
6421	69369		44372	239		
	44		628			
			350			
13	789	314	685		12	18
	27		3		12	
13	762	314	682			18
48	17029	910	75704	245	1600	214
48	17029	908	68142	245	1600	101
		2	7562			113
227	11824	2405	23773	189	1124	2268
192	5129	1942	15617	121	465	670
35	1226	153	5237	48		1050
	5469	310	2919	20	659	548
531	4056	292	50061	402	392	1247
222	1429	61	36207	352	118	629
	544	32	6518	25		28
	788		414			
309	1295	199	6922	25	274	590
	19		59			55
	19		59			55

2-12 续表 1

行业中类	从业人员数(个)				
		内资企业			
			国有企业	集体企业	股份合作企业
制造业	**3998125**	**3260883**	**308175**	**276516**	**45755**
农副食品加工业	252192	193196	5656	4785	3626
谷物磨制	23607	21576	915	222	18
饲料加工	40652	32323	110	267	144
植物油加工	11407	10087	46	341	74
制糖	1339	1125	2		8
屠宰及肉类加工	62937	55027	1469	634	3009
水产品加工	71176	45120	3060	2634	182
蔬菜、水果和坚果加工	25502	18047	7	189	101
其他农副食品加工	15572	9891	47	498	90
食品制造业	72519	52635	2443	1859	338
焙烤食品制造	13156	10954	437	177	91
糖果、巧克力及蜜饯制造	2502	1781	13	12	
方便食品制造	11029	6372	135	53	11
液体乳及乳制品制造	8821	4589	257	16	
罐头制造	10284	5953	75	32	
调味品、发酵制品制造	11608	9489	761	331	83
其他食品制造	15119	13497	765	1238	153
饮料制造业	50196	30434	494	1276	147
酒精制造	1240	891	120	8	
酒的制造	30051	16723	206	563	35
软饮料制造	18754	12669	168	704	112
精制茶加工	151	151		1	
烟草制品业	2592	2592	289	457	
烟叶复烤	297	297	289	8	
卷烟制造	2295	2295		449	
纺织业	121378	95350	2395	4216	570
棉、化纤纺织及印染精加工	48239	43033	750	1355	204
毛纺织和染整精加工	3200	3070	353	27	
麻纺织	1694	1483			
丝绢纺织及精加工	12472	12260	597	1071	20
纺织制成品制造	21526	15788	193	1280	245
针织品、编织品及其制品制造	34247	19716	502	483	101
纺织服装、鞋、帽制造业	247612	146758	2267	6306	1256
纺织服装制造	236620	141665	2190	6159	1191
纺织面料鞋的制造	10171	4758	77	113	
制帽	821	335		34	65
皮革、毛皮、羽毛(绒)及其制品业	31469	23997	127	817	298
皮革鞣制加工	413	92	35	8	
皮革制品制造	28392	21556	91	682	229
毛皮鞣制及制品加工	1804	1550	1	127	69
羽毛(绒)加工及制品制造	860	799			
木材加工及木、竹、藤、棕、草制品业	73721	57409	856	2978	485
锯材、木片加工	16497	15051	334	1026	67
人造板制造	21182	17665	168	342	196
木制品制造	34767	23536	321	1481	191
竹、藤、棕、草制品制造	1275	1157	33	129	31
家具制造业	49051	26696	42	1209	53
木质家具制造	44183	22281	20	778	16
竹、藤家具制造	70	36			

联营企业	有限责任公司	股份有限公司	私营企业	其他企业	港、澳、台商投资企业	外商投资企业
5957	**617654**	**200688**	**1781046**	**25092**	**132532**	**604710**
66	22534	6953	147586	1990	12387	46609
4	2149	669	17232	367	321	1710
	3792	785	27138	87	2124	6205
	2795	140	6683	8	133	1187
	359		756		182	32
6	7204	1668	40400	637	2701	5209
6	2674	3089	32809	666	5027	21029
38	2214	542	14741	215	1220	6235
12	1347	60	7827	10	679	5002
	8613	3682	35433	267	5813	14071
	1326	197	8656	70	343	1859
	235		1521		685	36
	1805	322	4046		2680	1977
	867	1192	2257		487	3745
	154	108	5528	56	1094	3237
	1418	1570	5303	23	378	1741
	2808	293	8122	118	146	1476
10	5332	855	22230	90	7620	12142
	32		731			349
	3807	585	11480	47	6026	7302
10	1480	262	9890	43	1594	4491
	13	8	129			
	946	900				
	946	900				
122	17285	2353	67544	865	6319	19709
3	13866	1539	25254	62	2509	2697
	958		1732			130
	240		1219	24	71	140
	218	224	10130			212
114	940	112	12632	272	236	5502
5	1063	478	16577	507	3503	11028
40	22947	1191	111898	853	20054	80800
40	22925	1191	107116	853	20049	74906
	22		4546		5	5408
			236			486
14	556	86	21752	347	715	6757
			48	1	7	314
14	498	46	19910	86	678	6158
	18	40	1280	15	29	225
	40		514	245	1	60
2	3039	471	48948	630	4084	12228
	806	34	12427	357	51	1395
	768	275	15870	46	567	2950
2	1462	162	19690	227	3426	7805
	3		961		40	78
18	1263	135	23843	133	2044	20311
12	1009	125	20237	84	1870	20032
			36		34	

2-12 续表 2

行业中类	从业人员数(个)	内资企业			
			国有企业	集体企业	股份合作企业
金属家具制造	1816	1661	11	408	
塑料家具制造	98	98	1	13	
其他家具制造	2884	2620	10	10	37
造纸及纸制品业	57335	51408	1650	4279	586
纸浆制造	363	212		2	
造纸	22625	21096	1380	1320	159
纸制品制造	34347	30100	270	2957	427
印刷业和记录媒介的复制	41117	38671	4664	5972	1461
印刷	37020	35333	4604	5598	1363
装订及其他印刷服务活动	2508	1749	60	374	98
记录媒介的复制	1589	1589			
文教体育用品制造业	11850	4929	98	540	163
文化用品制造	2842	2035	80	416	1
体育用品制造	4069	1434		22	75
乐器制造	3717	562	18	50	47
玩具制造	652	368			
游艺器材及娱乐用品制造	570	530		52	40
石油加工、炼焦及核燃料加工业	72665	69100	14460	5115	688
精炼石油产品的制造	69037	65999	14440	4549	686
炼焦	3628	3101	20	566	2
化学原料及化学制品制造业	213378	197412	19990	20665	1979
基础化学原料制造	55535	51549	1111	10559	359
肥料制造	31197	29914	3488	303	28
农药制造	7588	6664	2131	72	67
涂料、油墨、颜料及类似产品制造	24651	22503	224	1922	368
合成材料制造	23147	22574	903	1393	126
专用化学产品制造	62673	57080	11009	5503	910
日用化学产品制造	8587	7128	1124	913	121
医药制造业	59240	49202	8410	926	300
化学药品原药制造	22309	20049	5627	257	
化学药品制剂制造	11999	9686	2088	191	
中药饮片加工	5408	4799	66	132	
中成药制造	9079	6855	232	61	260
兽用药品制造	2833	2833	224	236	16
生物、生化制品的制造	6677	4156	153	6	
卫生材料及医药用品制造	935	824	20	43	24
化学纤维制造业	32420	31681	21615	160	246
纤维素纤维原料及纤维制造	6077	6002	298	22	20
合成纤维制造	26343	25679	21317	138	226
橡胶制品业	51813	38896	1943	7438	731
轮胎制造	15223	10196	2	4039	8
橡胶板、管、带的制造	12228	9180	52	980	228
橡胶零件制造	11797	10328	375	1492	418
再生橡胶制造	1263	1002	145	51	45
日用及医用橡胶制品制造	2024	1561	10	43	
橡胶靴鞋制造	5235	2967	1254	431	
其他橡胶制品制造	4043	3662	105	402	32
塑料制品业	132886	105034	921	7619	1170
塑料薄膜制造	9619	8619	75	525	350

联营企业	有限责任公司	股份有限公司	私营企业	其他企业	港、澳、台商投资企业	外商投资企业
6	191	10	1021	14	85	70
			64	20		
	63		2485	15	55	209
	5836	3749	35122	186	2357	3570
	24	25	161			151
	3784	3267	11185	1	752	777
	2028	457	23776	185	1605	2642
100	5341	303	20542	288	309	2137
100	4505	303	18590	270	309	1378
	223		976	18		759
	613		976			
30	259	27	3787	25	602	6319
	193	27	1318		18	789
	10		1312	15	291	2344
	38		409		48	3107
30	18		310	10	205	79
			438		40	
545	6994	21346	19906	46	548	3017
	6436	21346	18496	46	548	2490
545	558		1410			527
127	35138	30314	88723	476	3920	12046
35	5913	10779	22768	25	364	3622
3	12419	1177	12342	154	306	977
26	966	1566	1836		40	884
6	4479	1423	13927	154	553	1595
19	987	14071	5038	37	193	380
38	9685	1190	28667	78	1972	3621
	689	108	4145	28	492	967
131	19935	2649	16686	165	3261	6777
111	10610	130	3314		458	1802
	2277	1467	3594	69	687	1626
	982	110	3429	80	102	507
20	3657	497	2128		1135	1089
	611	9	1737			
	1663	436	1882	16	849	1672
	135		602		30	81
	5776		3884		98	641
	5408		254			75
	368		3630		98	566
4	9140	332	19226	82	1548	11369
	3008	5	3134		2	5025
	3743	77	4024	76	1364	1684
4	931	205	6903		4	1465
	107		654		1	260
	1062		446		125	338
	37	31	1214			2268
	252	14	2851	6	52	329
53	9146	1044	84663	418	4520	23332
	1186	41	6425	17	106	894

2-12 续表 3

行业中类	从业人员数（个）	内资企业	国有企业	集体企业	股份合作企业
塑料板、管、型材的制造	23273	17351	95	1767	107
塑料丝、绳及编织品的制造	47468	43010	119	2164	140
泡沫塑料制造	7143	6331	15	486	25
塑料人造革、合成革制造	814	794		34	
塑料包装箱及容器制造	12749	8792	86	309	153
塑料零件制造	10330	3323	26	637	87
日用塑料制造	10606	9859	456	1175	183
其他塑料制品制造	10884	6955	49	522	125
非金属矿物制品业	351269	325371	11275	36947	2088
水泥、石灰和石膏的制造	49960	49308	2004	2416	141
水泥及石膏制品制造	35747	32131	2657	1886	175
砖瓦、石材及其他建筑材料制造	116563	113394	1791	21040	758
玻璃及玻璃制品制造	27670	22341	403	1089	712
陶瓷制品制造	5932	5601	125	212	14
耐火材料制品制造	91025	81233	3867	8497	82
石墨及其他非金属矿物制品制造	24372	21363	428	1807	206
黑色金属冶炼及压延加工业	302076	292396	122431	9116	4379
炼铁	19302	18916	15	2409	
炼钢	11585	11505	58	1012	20
钢压延加工	252661	244565	121699	4846	1120
铁合金冶炼	18528	17410	659	849	3239
有色金属冶炼及压延加工业	84348	75729	6867	11168	964
常用有色金属冶炼	38769	37783	924	7973	252
贵金属冶炼	4998	4948		699	269
稀有稀土金属冶炼	4481	3582	62	361	83
有色金属合金制造	4848	4369	12	450	234
有色金属压延加工	31252	25047	5869	1685	126
金属制品业	192108	164575	5300	23927	2980
结构性金属制品制造	86154	80345	1943	9053	955
金属工具制造	13585	9740	253	1021	440
集装箱及金属包装容器制造	22817	16896	243	5224	417
金属丝绳及其制品的制造	8140	6007	109	1001	304
建筑、安全用金属制品制造	15979	13496	190	1261	286
金属表面处理及热处理加工	27553	24687	503	4595	535
搪瓷制品制造	1017	932		34	
不锈钢及类似日用金属制品制造	6575	3705	65	599	24
其他金属制品制造	10288	8767	1994	1139	19
通用设备制造业	553758	487384	22607	53976	8604
锅炉及原动机制造	24520	19798	637	1555	401
金属加工机械制造	73937	70081	1933	2901	928
起重运输设备制造	30828	23885	3023	2208	244
泵、阀门、压缩机及类似机械的制造	77827	67124	3944	6339	2415
轴承、齿轮、传动和驱动部件的制造	71993	67216	2850	1543	1535
烘炉、熔炉及电炉制造	2457	2387	365	293	83
风机、衡器、包装设备等通用设备制造	58860	40743	1762	5579	382
通用零部件制造及机械修理	108537	101857	3726	24469	1712
金属铸、锻加工	104799	94293	4367	9089	904
专用设备制造业	215395	188957	11868	11213	2893
矿山、冶金、建筑专用设备制造	89468	83976	5561	4750	1450
化工、木材、非金属加工专用设备制造	40892	33004	2431	2770	317

联营企业	有限责任公司	股份有限公司	私营企业	其他企业	港、澳、台商投资企业	外商投资企业
21	2262	464	12560	75	1144	4778
12	936	117	39474	48	504	3954
	1449		4314	42	73	739
	6		754			20
	1403	90	6745	6	836	3121
	411	75	2038	49	857	6150
20	709	149	7038	129	112	635
	784	108	5315	52	888	3041
334	37952	7161	227672	1942	5486	20412
13	10094	820	33721	99	268	384
117	3590	518	22907	281	1181	2435
2	4486	399	83664	1254	877	2292
	5266	946	13889	36	607	4722
	1264	3	3804	179	3	328
202	9463	4277	54782	63	2160	7632
	3789	198	14905	30	390	2619
2	41029	60795	53977	667	2592	7088
	4460	433	11599		316	70
	8173	143	2099			80
2	26341	57059	32874	624	1986	6110
	2055	3160	7405	43	290	828
12	21601	2959	31698	460	4894	3725
	14911	2394	11327	2	749	237
	1484	231	2105	160		50
	507		2507	62	5	894
	899	52	2702	20		479
12	3800	282	13057	216	4140	2065
105	30136	5579	95647	901	3169	24364
71	22938	3137	41985	263	688	5121
9	684	158	7020	155	363	3482
25	2056	1162	7741	28	792	5129
	601		3983	9	542	1591
	987	161	10522	89	350	2133
	1791	688	16302	273	313	2553
			898			85
	187	6	2764	60	45	2825
	892	267	4432	24	76	1445
487	86155	19603	284954	10998	6034	60340
112	3341	300	13403	49	211	4511
20	28481	1973	24983	8862	996	2860
2	3986	213	13985	224	1231	5712
38	12354	1627	40186	221	552	10151
	12721	8819	39183	565	494	4283
	66	217	1352	11		70
	10484	4121	18360	55	358	17759
284	7628	1183	62231	624	461	6219
31	7094	1150	71271	387	1731	8775
331	62686	8083	90886	997	5083	21355
93	37649	1628	32210	635	2277	3215
204	6033	1861	19351	37	1095	6793

2-12 续表 4

行业中类	从业人员数(个)	内资企业			
			国有企业	集体企业	股份合作企业
食品、饮料、烟草及饲料生产专用设备制造	6350	5981	85	572	59
印刷、制药、日化生产专用设备制造	9749	8679	81	101	30
纺织、服装和皮革工业专用设备制造	4403	3517	37	199	65
电子和电工机械专用设备制造	15338	15037	1472	229	93
农、林、牧、渔专用机械制造	8647	8330	358	649	384
医疗仪器设备及器械制造	10436	4749	384	282	62
环保、社会公共安全及其他专用设备制造	30112	25684	1459	1661	433
交通运输设备制造业	321550	249245	21370	25600	3549
铁路运输设备制造	39754	39213	5130	13149	741
汽车制造	149200	100075	10258	5926	1991
摩托车制造	532	508		137	
自行车制造	826	762	14	234	96
船舶及浮动装置制造	96250	75084	4321	6063	721
航空航天器制造	33587	32416	1527	75	
交通器材及其他交通运输设备制造	1401	1187	120	16	
电气机械及器材制造业	197946	138760	7515	13176	4374
电机制造	37035	15355	3007	1062	153
输配电及控制设备制造	85899	67744	2480	6699	2747
电线、电缆、光缆及电工器材制造	39070	33297	1040	2693	949
电池制造	5093	1545	106	309	98
家用电力器具制造	11696	5386	243	535	22
非电力家用器具制造	2104	1669		32	20
照明器具制造	11403	9899	170	569	310
其他电气机械及器材制造	5646	3865	469	1277	75
通信设备、计算机及其他电子设备制造业	103976	45576	6479	3168	369
通信设备制造	5854	3083	550	372	90
雷达及配套设备制造	2904	2904	2100		
广播电视设备制造	1568	1258	105	18	3
电子计算机制造	19279	2085	104	150	
电子器件制造	17626	11800	387	107	83
电子元件制造	31778	9826	645	236	142
家用视听设备制造	15019	10366	2420	2210	10
其他电子设备制造	9948	4254	168	75	41
仪器仪表及文化、办公用机械制造业	46106	33351	1997	2811	940
通用仪器仪表制造	25174	20118	1358	1291	708
专用仪器仪表制造	7155	6308	206	500	184
钟表与计时仪器制造	3781	2973	301	600	23
光学仪器及眼镜制造	2672	871	132	275	13
文化、办公用机械制造	6109	1918		90	
其他仪器仪表的制造及修理	1215	1163		55	12
工艺品及其他制造业	46613	34837	2101	3615	472
工艺美术品制造	29066	22491	105	1286	461
日用杂品制造	5889	1698		179	8
煤制品制造	4584	4496	2	2063	3
核辐射加工	42	5			
其他未列明的制造业	7032	6147	1994	87	
废弃资源和废旧材料回收加工业	9546	9302	45	5182	46
金属废料和碎屑的加工处理	4187	4176	31	2204	9
非金属废料和碎屑的加工处理	5359	5126	14	2978	37

联营企业	有限责任公司	股份有限公司	私营企业	其他企业	港、澳、台商投资企业	外商投资企业
	1565	12	3640	48	9	360
	737	835	6846	49	200	870
15	508	733	1960		475	411
	9588	239	3388	28	17	284
9	269	86	6508	67		317
	582	669	2770		98	5589
10	5755	2020	14213	133	912	3516
2821	99051	9946	86154	754	10743	61562
	15497	463	4208	25	10	531
567	27169	7054	46571	539	8330	40795
	76		295		24	
	30	20	348	20		64
2254	25924	2279	33352	170	1094	20072
	30302	120	392		1146	25
	53	10	988		139	75
188	28183	7285	77290	749	10080	49106
	833	2459	7805	36	41	21639
132	13081	3801	38405	399	6862	11293
8	8373	658	19516	60	1040	4733
	155	15	862		1233	2315
	1905	128	2523	30	799	5511
45	378	22	1172		3	432
	2982	199	5473	196	85	1419
3	476	3	1534	28	17	1764
26	18297	1026	16131	80	4913	53487
	257	129	1670	15	1110	1661
	678		126			
	261	388	483			310
26	250	124	1419	12	662	16532
	8665	81	2454	23	1000	4826
	2087	206	6510		1719	20233
	5551	66	109		281	4372
	548	32	3360	30	141	5553
104	5953	1636	19573	337	1907	10848
60	3058	555	13044	44	951	4105
9	729	241	4204	235	591	256
	1741		308		5	803
	48		403			1801
	60	840	928		337	3854
35	317		686	58	23	29
285	5091	194	22733	346	1397	10379
285	1315	193	18569	277	1269	5306
	215	1	1295		90	4101
	96		2322	10	18	70
			5			37
	3465		542	59	20	865
	1440	31	2558		35	209
	801	2	1129			11
	639	29	1429		35	198

2-12 续表 5

行业中类	从业人员数(个)	内资企业	国有企业	集体企业	股份合作企业
电力、燃气及水的生产和供应业	**208573**	**191028**	**122989**	**3443**	**178**
电力、热力的生产和供应业	152582	139070	84386	2477	124
电力生产	44091	33881	14295	372	20
电力供应	62829	61389	59972	192	
热力生产和供应	45662	43800	10119	1913	104
燃气生产和供应业	16539	13296	8765	33	4
燃气生产和供应业	16539	13296	8765	33	4
水的生产和供应业	39452	38662	29838	933	50
自来水的生产和供应	36819	36377	29311	917	30
污水处理及其再生利用	2334	2021	527	16	20
其他水的处理、利用与分配	299	264			
建筑业	**1282676**	**1263428**	**184225**	**137555**	**12141**
房屋和土木工程建筑业	976711	964618	154117	94674	7559
房屋工程建筑	627094	620818	40309	66347	5404
土木工程建筑	349617	343800	113808	28327	2155
建筑安装业	204682	201414	25212	38875	3242
建筑安装业	204682	201414	25212	38875	3242
建筑装饰业	71954	68387	2093	2222	1058
建筑装饰业	71954	68387	2093	2222	1058
其他建筑业	29329	29009	2803	1784	282
工程准备	18417	18162	2018	1518	126
提供施工设备服务	2322	2313	131	26	1
其他未列明的建筑活动	8590	8534	654	240	155
交通运输、仓储和邮政业	**330635**	**307933**	**102466**	**20320**	**3171**
铁路运输业	3663	3613	2948	203	
铁路货物运输	2804	2754	2309		
铁路运输辅助活动	859	859	639	203	
道路运输业	114808	113241	25001	11750	1289
公路旅客运输	18906	18906	6920	535	251
道路货物运输	75457	73910	4392	9465	411
道路运输辅助活动	20445	20425	13689	1750	627
城市公共交通业	56800	47363	17583	569	626
公共电汽车客运	46992	37732	16975		97
轨道交通	1200	1200	114		
出租车客运	8600	8423	494	567	529
其他城市公共交通	8	8		2	
水上运输业	30234	27419	8516	650	120
水上旅客运输	2543	2509	942	157	103
水上货物运输	6949	6920	3282	38	14
水上运输辅助活动	20742	17990	4292	455	3
航空运输业	9695	6407	3250		
航空客货运输	5288	2000	1673		
通用航空服务	188	188	70		
航空运输辅助活动	4219	4219	1507		
管道运输业	1431	1431	1091		
管道运输业	1431	1431	1091		

联营企业	有限责任公司	股份有限公司	私营企业	其他企业	港、澳、台商投资企业	外商投资企业
289	**35944**	**13701**	**13948**	**536**	**11576**	**5969**
253	27370	13404	10725	331	8677	4835
10	12802	4995	1256	131	7610	2600
	1080		145			1440
243	13488	8409	9324	200	1067	795
	3278	98	1118		2818	425
	3278	98	1118		2818	425
36	5296	199	2105	205	81	709
36	4703	147	1062	171	46	396
	551	52	821	34		313
	42		222		35	
1822	**394626**	**40396**	**492433**	**230**	**4770**	**14478**
1757	334657	30536	341278	40	1206	10887
1457	205523	26649	275099	30	360	5916
300	129134	3887	66179	10	846	4971
59	45850	8763	79375	38	2453	815
59	45850	8763	79375	38	2453	815
6	9402	965	52526	115	1076	2491
6	9402	965	52526	115	1076	2491
	4717	132	19254	37	35	285
	2583	128	11755	34	20	235
	1006		1147	2	7	2
	1128	4	6352	1	8	48
393	**54209**	**18214**	**107538**	**1622**	**5512**	**17190**
		185	277			50
		185	260			50
			17			
47	13615	6549	54561	429	199	1368
20	3333	1987	5855	5		
18	9796	2033	47402	393	199	1348
9	486	2529	1304	31		20
12	19069	484	8325	695	3838	5599
	16977	212	2804	667	3758	5502
	1073		13			
12	1016	272	5505	28	80	97
	3		3			
15	9140	5841	3049	88	4	2811
15	106	228	950	8		34
	2082	230	1194	80	4	25
	6952	5383	905			2752
5	318	2666	168			3288
	255	15	57			3288
	10		108			
5	53	2651	3			
	115	200	25			
	115	200	25			

2-12 续表 6

行业中类	从业人员数(个)	内资企业	国有企业	集体企业	股份合作企业
装卸搬运和其他运输服务业	69559	65683	14502	5490	950
装卸搬运	32379	31905	8530	4416	144
运输代理服务	37180	33778	5972	1074	806
仓储业	19266	17718	8120	1658	170
谷物、棉花等农产品仓储	6546	6482	4339	344	2
其他仓储	12720	11236	3781	1314	168
邮政业	25179	25058	21455		16
国家邮政	22506	22506	21441		
其他寄递服务	2673	2552	14		16
信息传输、计算机服务和软件业	**127563**	**66505**	**12242**	**279**	**323**
电信和其他信息传输服务业	55417	25594	11727	137	68
电信	48291	18869	9706	21	50
互联网信息服务	3086	2692	22	8	8
广播电视传输服务	4007	4000	1994	108	10
卫星传输服务	33	33	5		
计算机服务业	20710	15660	112	47	90
计算机系统服务	7027	3740	64	28	5
数据处理	1876	736	3		31
计算机维修	1182	886	14		6
其他计算机服务	10625	10298	31	19	48
软件业	51436	25251	403	95	165
公共软件服务	47664	21871	243	95	111
其他软件服务	3772	3380	160		54
批发和零售业	**775440**	**749336**	**52098**	**48121**	**8105**
批发业	441224	434854	36005	29097	4474
农畜产品批发	34280	34195	7541	2972	397
食品、饮料及烟草制品批发	54594	53682	12217	1937	810
纺织、服装及日用品批发	30902	29898	707	908	230
文化、体育用品及器材批发	9797	9725	1216	312	78
医药及医疗器材批发	20427	20299	1416	292	129
矿产品、建材及化工产品批发	160305	159525	8997	14924	1286
机械设备、五金交电及电子产品批发	105363	103244	2957	3885	1329
贸易经纪与代理	8571	7335	137	37	39
其他批发	16985	16951	817	3830	176
零售业	334216	314482	16093	19024	3631
综合零售	126926	110301	3682	8288	558
食品、饮料及烟草制品专门零售	19388	19288	1735	2505	326
纺织、服装及日用品专门零售	30352	29521	1344	1445	480
文化、体育用品及器材专门零售	16336	16200	4196	1772	559
医药及医疗器材专门零售	31750	31718	2631	581	474
汽车、摩托车、燃料及零配件专门零售	48499	47039	1054	2154	544
家用电器及电子产品专门零售	29638	29461	163	357	217
五金、家具及室内装修材料专门零售	21464	21202	627	1033	381
无店铺及其他零售	9863	9752	661	889	92
住宿和餐饮业	**175594**	**133053**	**17170**	**6603**	**1071**
住宿业	78016	61836	15477	4867	616
旅游饭店	58092	42544	10806	2242	223
一般旅馆	18172	17690	4352	2478	393
其他住宿服务	1752	1602	319	147	

联营企业	有限责任公司	股份有限公司	私营企业	其他企业	港、澳、台商投资企业	外商投资企业
301	7351	1672	35165	252	1201	2675
	1398	63	17314	40		474
301	5953	1609	17851	212	1201	2201
13	2444	572	4601	140	211	1337
13	563	69	1117	35	19	45
	1881	503	3484	105	192	1292
	2157	45	1367	18	59	62
	1065					
	1092	45	1367	18	59	62
14	**8690**	**11152**	**32590**	**1215**	**12734**	**48324**
4	2461	6985	3984	228	12052	17771
	1642	5663	1579	208	12033	17389
4	414	222	1998	16	19	375
	399	1100	385	4		7
	6		22			
10	1584	249	12704	864	270	4780
4	753	170	2670	46	3	3284
	77	6	619		24	1116
	180	6	647	33	140	156
6	574	67	8768	785	103	224
	4645	3918	15902	123	412	25773
	3957	3524	13841	100	346	25447
	688	394	2061	23	66	326
1374	**204778**	**52035**	**374336**	**8489**	**8363**	**17741**
875	124488	20066	213264	6585	2543	3827
71	5131	408	16072	1603		85
88	14581	438	21914	1697	129	783
32	13387	921	13539	174	297	707
6	2925	178	4487	523	19	53
3	6093	2091	10079	196	43	85
458	38680	13913	80703	564	254	526
139	38545	1861	54107	421	590	1529
53	1592	114	4064	1299	1211	25
25	3554	142	8299	108		34
499	80290	31969	161072	1904	5820	13914
172	34983	22319	40002	297	4364	12261
61	3551	462	10298	350	40	60
15	7069	250	18663	255	519	312
	3050	323	6230	70	31	105
117	9967	218	17541	189		32
45	7823	7110	28074	235	766	694
55	7274	853	20398	144	96	81
16	4991	290	13784	80		262
18	1582	144	6082	284	4	107
209	**23584**	**2137**	**80260**	**2019**	**13860**	**28681**
119	15289	1646	23686	136	9574	6606
36	12140	1569	15470	58	9509	6039
79	2698	77	7547	66	65	417
4	451		669	12		150

2-12 续表 7

行业中类	从业人员数(个)	内资企业	国有企业	集体企业	股份合作企业
餐饮业	97578	71217	1693	1736	455
正餐服务	74271	65589	1542	1522	414
快餐服务	19714	2927	41	116	21
饮料及冷饮服务	1256	958	67	14	10
其他餐饮服务	2337	1743	43	84	10
金融业	**217063**	**213716**	**39692**	**10638**	**20472**
银行业	135855	134654	36273	10573	17805
中央银行	1042	1042	1042		
商业银行	128704	128120	33139	9049	15984
其他银行	6109	5492	2092	1524	1821
证券业	2055	2055	788		12
证券市场管理	169	169	159		
证券经纪与交易	1723	1723	584		12
证券投资	157	157	45		
证券分析与咨询	6	6			
保险业	71970	70036	813		2423
人寿保险	55052	53526	495		2028
非人寿保险	14068	13660	285		380
保险辅助服务	2850	2850	33		15
其他金融活动	7183	6971	1818	65	232
金融信托与管理	334	331	14	20	41
金融租赁	20	20			
财务公司	87	87	61		
邮政储蓄	2976	2976	1372		
典当	1451	1451	60	1	27
其他未列明的金融活动	2315	2106	311	44	164
房地产业	**204207**	**184623**	**14327**	**8387**	**4217**
房地产业	204207	184623	14327	8387	4217
房地产开发经营	77135	67726	2305	495	667
物业管理	98076	90170	8202	3496	2236
房地产中介服务	15056	13217	862	692	233
其他房地产活动	13940	13510	2958	3704	1081
租赁和商务服务业	**272432**	**267335**	**65628**	**48235**	**2313**
租赁业	7727	6846	983	461	163
机械设备租赁	7447	6568	912	440	161
文化及日用品出租	280	278	71	21	2
商务服务业	264705	260489	64645	47774	2150
企业管理服务	45733	43646	14585	6260	262
法律服务	3335	3335	109	105	24
咨询与调查	32635	31201	2050	816	316
广告业	21504	21389	1034	199	146
知识产权服务	929	929	61	8	47
职业中介服务	90722	90692	25504	25570	148
市场管理	19468	19266	3362	3006	256
旅行社	9443	9436	1243	247	185
其他商务服务	40936	40595	16697	11563	766
科学研究、技术服务和地质勘查业	**114042**	**109884**	**36280**	**5903**	**2244**
研究与试验发展	17278	16893	6166	515	163
自然科学研究与试验发展	2220	2182	1491	10	2
工程和技术研究与试验发展	11895	11622	3972	238	121

联营企业	有限责任公司	股份有限公司	私营企业	其他企业	港、澳、台商投资企业	外商投资企业
90	8295	491	56574	1883	4286	22075
65	7233	485	52890	1438	3512	5170
	317		2175	257	593	16194
	225	6	631	5	163	135
25	520		878	183	18	576
8	**5628**	**130516**	**4309**	**2453**	**435**	**2912**
	723	68480		800	337	864
	695	68453		800	95	489
	28	27			242	375
	211	880	83	81		
				10		
	200	875	52			
	11	5	25	71		
			6			
	1856	60957	2504	1483	84	1850
	1255	48161	162	1425		1526
	301	12661		33	84	324
	300	135	2342	25		
8	2838	199	1722	89	14	198
	108	39	86	23		3
		20				
	4		19	3		
	1604					
8	571	45	714	25		
	551	95	903	38	14	195
210	**56929**	**5738**	**93408**	**1407**	**8452**	**11132**
210	56929	5738	93408	1407	8452	11132
18	22209	2681	38952	399	4209	5200
76	30123	2743	42458	836	2259	5647
9	2555	216	8579	71	1729	110
107	2042	98	3419	101	255	175
190	**32416**	**3972**	**107951**	**6630**	**655**	**4442**
	1139	84	3847	169	22	859
	1119	84	3683	169	20	859
	20		164		2	
190	31277	3888	104104	6461	633	3583
44	9370	853	9602	2670	304	1783
	52	13	2820	212		
13	5075	487	21870	574	242	1192
	5518	411	13904	177	57	58
	99	56	658			
66	4340	591	33763	710		30
20	3225	793	8212	392	1	201
	1617	530	5524	90	1	6
47	1981	154	7751	1636	28	313
197	**20339**	**2355**	**40104**	**2462**	**509**	**3649**
19	4311	711	4861	147	39	346
	42		616	21		38
19	3762	654	2819	37	23	250

2-12 续表 8

行业中类	从业人员数(个)	内资企业	国有企业	集体企业	股份合作企业
农业科学研究与试验发展	1892	1873	523	153	10
医学研究与试验发展	1136	1081	118	114	30
社会人文科学研究与试验发展	135	135	62		
专业技术服务业	67210	63918	18901	3533	1443
气象服务	230	230	149	29	
地震服务	25	24	9		
海洋服务	132	132	6		
测绘服务	2745	2745	344	352	44
技术检测	7902	7256	2175	699	168
环境监测	510	510	76	32	20
工程技术与规划管理	45468	44100	14811	2057	1109
其他专业技术服务	10198	8921	1346	349	102
科技交流和推广服务业	25628	25161	8269	1722	631
技术推广服务	15346	15206	2192	1293	481
科技中介服务	8532	8282	5443	284	58
其他科技服务	1750	1673	634	145	92
地质勘查业	3926	3912	2944	133	7
矿产地质勘查	2091	2077	1780	22	7
基础地质勘查	739	739	584	99	
地质勘查技术服务	1096	1096	580	12	
水利、环境和公共设施管理业	**19469**	**18622**	**4160**	**1612**	**121**
水利管理业	2429	2429	944	63	9
防洪管理	39	39	17		
水资源管理	1933	1933	712	23	
其他水利管理	457	457	215	40	9
环境管理业	4443	3795	1232	300	26
自然保护	830	267	14	5	
环境治理	3613	3528	1218	295	26
公共设施管理业	12597	12398	1984	1249	86
市政公共设施管理	2300	2196	512	410	
城市绿化管理	5536	5472	330	294	57
游览景区管理	4761	4730	1142	545	29
居民服务和其他服务业	**65432**	**63301**	**2228**	**5287**	**986**
居民服务业	39369	37650	1573	1782	542
家庭服务	2616	2612	22	30	1
托儿所	73	73	15		
洗染服务	1072	1010	25	36	24
理发及美容保健服务	8245	7940	34	85	110
洗浴服务	18376	17458	201	492	274
婚姻服务	1029	968	55	63	11
殡葬服务	2835	2813	839	501	10
摄影扩印服务	2614	2289	73	64	80
其他居民服务	2509	2487	309	511	32
其他服务业	26063	25651	655	3505	444
修理与维护	13744	13429	447	726	301
清洁服务	5391	5321	58	1258	123
其他未列明的服务	6928	6901	150	1521	20

联营企业	有限责任公司	股份有限公司	私营企业	其他企业	港、澳、台商投资企业	外商投资企业
	315	33	777	62		19
	159	24	614	22	16	39
	33		35	5		
149	12776	1207	25557	352	280	3012
	5		47			
			15			1
			126			
32	379	7	1580	7		
30	1678	53	2354	99	4	642
6	134		204	38		
81	8923	822	16191	106	147	1221
	1657	325	5040	102	129	1148
29	3041	425	9101	1943	190	277
29	2324	303	6703	1881	16	124
	519	100	1830	48	130	120
	198	22	568	14	44	33
	211	12	585	20		14
	30		230	8		14
	6		43	7		
	175	12	312	5		
248	**3891**	**664**	**7773**	**153**	**156**	**691**
86	1098	5	211	13		
			22			
86	1031		79	2		
	67	5	110	11		
	639	24	1510	64	37	611
	72	2	135	39		563
	567	22	1375	25	37	48
162	2154	635	6052	76	119	80
107	378	208	581		104	
17	1247	229	3252	46		64
38	529	198	2219	30	15	16
63	**9244**	**551**	**40887**	**4055**	**968**	**1163**
55	3529	166	26718	3285	923	796
	289		2181	89		4
			55	3		
	112		795	18		62
	801	39	5694	1177	76	229
21	1428	45	13215	1782	450	468
	58	7	739	35	58	3
34	332	50	988	59	18	4
	95	14	1948	15	321	4
	414	11	1103	107		22
8	5715	385	14169	770	45	367
6	1267	256	9855	571	27	288
2	1139	108	2598	35	1	69
	3309	21	1716	164	17	10

2-12 续表 9

行业中类	从业人员数(个)	内资企业	国有企业	集体企业	股份合作企业
教育	**14357**	**13973**	**2813**	**798**	**66**
教育	14357	13973	2813	798	66
学前教育	2075	2051	128	286	25
初等教育	74	69			
中等教育	1289	1289	651	5	3
高等教育	312	312	157		
其他教育	10607	10252	1877	507	38
卫生、社会保障和社会福利业	**28080**	**27923**	**8529**	**2893**	**400**
卫生	27277	27124	8306	2738	400
医院	20390	20254	7363	1315	265
卫生院及社区医疗活动	1497	1497	349	540	
门诊部医疗活动	4380	4380	312	542	113
计划生育技术服务活动	24	24			
妇幼保健活动	9	6	1		
专科疾病防治活动	239	239	82	42	14
疾病预防控制及防疫活动	213	213	113	69	8
其他卫生活动	525	511	86	230	
社会保障业	313	313	172	93	
社会保障业	313	313	172	93	
社会福利业	490	486	51	62	
提供住宿的社会福利	406	406	28	62	
不提供住宿的社会福利	84	80	23		
文化、体育和娱乐业	**28470**	**25748**	**9336**	**641**	**446**
新闻出版业	7974	7974	6727	140	
新闻业	3	3			
出版业	7971	7971	6727	140	
广播、电视、电影和音像业	3587	3518	1450	128	171
广播	54	54	6		
电视	1465	1465	597	51	52
电影	1791	1727	834	68	109
音像制作	277	272	13	9	10
文化艺术业	2479	2449	575	138	30
文艺创作与表演	1034	1031	144	6	15
艺术表演场馆	248	238	171	5	
图书馆与档案馆	145	145	58	67	
文物及文化保护	150	150	131	12	
博物馆	168	156		12	
烈士陵园、纪念馆	11	11			
群众文化活动	243	243	40	25	
文化艺术经纪代理	283	283	10		15
其他文化艺术	197	192	21	11	
体育	1299	1097	338	17	78
体育组织	308	302	48	7	
体育场馆	766	707	278	9	77
其他体育	225	88	12	1	1
娱乐业	13131	10710	246	218	167
室内娱乐活动	6740	6361	71	182	140
游乐园	1038	181		7	11
休闲健身娱乐活动	4806	3673	170	29	16
其他娱乐活动	547	495	5		

联营企业	有限责任公司	股份有限公司	私营企业	其他企业	港、澳、台商投资企业	外商投资企业
	483	**36**	**7920**	**1857**	**237**	**147**
	483	36	7920	1857	237	147
	15	11	1347	239		24
			62	7		5
	12		516	102		
	2		81	72		
	454	25	5914	1437	237	118
113	**3383**	**376**	**11134**	**1095**	**59**	**98**
108	3296	376	10882	1018	59	94
52	3120	330	7333	476	59	77
5	70		409	124		
51	80	46	2836	400		
	18		3	3		
			5			3
			101			
			23			
	8		172	15		14
5	24		19			
5	24		19			
	63		233	77		4
	55		184	77		
	8		49			4
51	**2533**	**881**	**10266**	**1594**	**277**	**2445**
7	415	570	111	4		
	1		2			
7	414	570	109	4		
2	532	89	664	482	25	44
	16			32		
	163		189	413		
2	331	84	277	22	25	39
	22	5	198	15		5
11	356	16	1264	59	10	20
10	187	13	612	44		3
	1		61		10	
	6		14			
			7			
1	106		37			12
			11			
	16		159	3		
	38		212	8		
	2	3	151	4		5
	182	81	390	11		202
	59	55	122	11		6
	88	26	229			59
	35		39			137
31	1048	125	7837	1038	242	2179
30	228	79	4830	801	45	334
			161	2	7	850
1	792	46	2414	205	140	993
	28		432	30	50	2

2-13 按地区、登记注册类型分组的

地区	从业人员数(人)	内资企业			
			国有企业	集体企业	股份合作企业
全省	**8422445**	**7450648**	**1184960**	**613055**	**104074**
沈阳市	**1804040**	**1582531**	**258188**	**114572**	**24961**
和平区	252396	225659	79156	15027	3184
沈河区	198513	182354	44234	9203	2704
大东区	128180	99698	15848	12138	727
皇姑区	133613	128408	16633	18556	4538
铁西区	104934	95787	19882	9322	2306
苏家屯区	69076	63320	6459	11814	587
东陵区	204073	156571	11776	9802	3814
沈北新区	118680	100060	22866	3901	576
于洪区	389491	331458	32484	13112	2565
辽中县	38597	37446	1202	1888	2397
康平县	67077	66804	3958	3335	
法库县	37989	36937	1160	2022	962
新民市	61421	58029	2530	4452	601
大连市	**2285409**	**1784802**	**151261**	**79690**	**23150**
中山区	225488	193488	31532	2369	3240
西岗区	161045	146797	18069	4998	3442
沙河口区	195972	168259	19122	7951	3147
甘井子区	396691	315845	36480	21770	3804
旅顺口区	97324	83599	11302	3551	1461
金州区	546836	306333	13942	10016	3164
长海县	4810	4799	472	112	203
瓦房店市	246648	215329	12666	12176	2874
普兰店市	200294	166668	4017	7061	844
庄河市	210301	183685	3659	9686	971
鞍山市	**671450**	**648336**	**171833**	**82698**	**6394**
铁东区	100205	97268	23184	6733	2290
铁西区	160959	158902	123533	10878	554
立山区	66418	65393	7173	21196	547
千山区	84199	78015	3056	21023	1078
台安县	53070	52538	2074	2522	416
岫岩满族自治县	43735	42211	3528	10925	73
海城市	162864	154009	9285	9421	1436
抚顺市	**410067**	**388310**	**60738**	**49047**	**2396**
新抚区	110635	106635	21037	7396	194
东洲区	50448	47561	7164	13055	273
望花区	100781	93127	10996	15210	355
顺城区	69598	63844	8221	4968	601
抚顺县	24265	23241	545	1412	
新宾满族自治县	27156	27150	4186	2784	487
清原满族自治县	27184	26752	8589	4222	486
本溪市	**319551**	**308916**	**22722**	**41323**	**2508**
平山区	145190	141685	6226	15599	903
溪湖区	49101	47861	3091	10311	
明山区	51845	49370	7537	4595	819
南芬区	12144	11765	1132	5880	89
本溪满族自治县	34941	34280	3685	3156	363
桓仁满族自治县	26330	23955	1051	1782	334
丹东市	**370121**	**322911**	**38002**	**23522**	**13031**
元宝区	28441	26408	2117	3097	1384
振兴区	118638	95926	22863	2992	5214
振安区	35161	30672	2170	3126	366
宽甸满族自治县	45213	43602	3714	2054	722
东港市	87634	73960	2854	6532	2484
凤城市	55034	52343	4284	5721	2861

企业法人单位从业人员数

联营企业	有限责任公司	股份有限公司	私营企业	其他企业	港、澳、台商投资企业	外商投资企业
18378	**1578346**	**487859**	**3401992**	**61984**	**204223**	**767574**
3321	**363817**	**97241**	**711060**	**9371**	**58502**	**163007**
199	38470	16005	73353	265	6612	20125
207	32771	30181	58199	4855	4823	11336
154	31507	2823	36495	6	3368	25114
630	54173	4190	28203	1485	1324	3881
159	20626	8941	34035	516	5458	3689
28	8545	3815	31922	150	580	5176
340	29192	6725	94539	383	8170	39332
424	22457	5776	43504	556	4963	13657
730	111558	14089	156311	609	22175	35858
10	874	1493	29514	68	422	729
	2280	86	57009	136	80	193
213	1774	349	30387	70	299	753
227	9590	2768	37589	272	228	3164
3520	**405012**	**102207**	**998903**	**21059**	**68183**	**432424**
243	57347	44766	52574	1417	11760	20240
5	55115	4364	60797	7	3494	10754
49	60462	1421	76044	63	2400	25313
172	70120	19913	159887	3699	9965	70881
70	11251	1827	53776	361	2746	10979
282	84040	9582	176505	8802	22225	218278
	992	671	2238	111	9	2
611	32596	10574	140200	3632	3869	27450
97	18500	9076	126167	906	7614	26012
1991	14589	13	150715	2061	4101	22515
383	**91966**	**21555**	**260805**	**12702**	**7854**	**15260**
77	21951	14909	26388	1736	958	1979
65	13934	3443	6346	149	663	1394
178	16152	326	19209	612	200	825
15	7192	1713	43527	411	2498	3686
	8773	725	35871	2157	1	531
19	3305	89	24245	27	402	1122
29	20659	350	105219	7610	3132	5723
1026	**101968**	**37472**	**135566**	**97**	**9057**	**12700**
82	48814	18918	10194		2137	1863
47	8041	490	18491		1516	1371
195	22317	10917	33132	5	3317	4337
616	15701	6204	27493	40	1442	4312
	239	512	20533		645	379
20	4768	123	14745	37		6
66	2088	308	10978	15		432
827	**90694**	**57307**	**90915**	**2620**	**3166**	**7469**
277	46364	46598	25188	530	320	3185
25	9952	463	23918	101	465	775
477	16788	5110	13744	300	990	1485
48	1126	194	2962	334	211	168
	8887	1132	16518	539	25	636
	7577	3810	8585	816	1155	1220
304	**42730**	**18411**	**183100**	**3811**	**6373**	**40837**
64	1959	3839	13740	208	343	1690
138	28563	8542	27409	205	1761	20951
3	1632	3221	18553	1601	1424	3065
3	1787	1675	32268	1379	75	1536
88	2868	5	58783	346	2112	11562
8	5921	1129	32347	72	658	2033

2-13 续表

地 区	就业人数（人）	内资企业	国有企业	集体企业	股份合作企业
锦州市	**339639**	**314875**	**57219**	**39967**	**8197**
古塔区	64362	61297	16490	8424	749
凌河区	78869	76976	27107	12247	732
太和区	82619	67363	5449	6271	1545
黑山县	32070	31719	1861	5019	716
义县	16027	14497	834	2190	379
凌海市	43108	41516	2126	3961	3556
北镇市	22584	21507	3352	1855	520
营口市	**398124**	**342583**	**28738**	**18957**	**1839**
站前区	73983	66436	15518	4834	131
西市区	33511	26626	1625	1561	115
鲅鱼圈区	101989	78098	6399	1333	246
老边区	45381	42265	324	3531	217
盖州市	57259	53386	2979	4065	515
大石桥市	86001	75772	1893	3633	615
阜新市	**248905**	**238324**	**67234**	**29908**	**2612**
海州区	82261	79864	49958	4976	11
新邱区	13486	13102	687	4323	
太平区	25452	24605	4524	5442	25
清河门区	8099	7885	578	2552	
细河区	44165	40234	6523	1979	1957
阜新蒙古族自治县	61359	58583	3546	8813	415
彰武县	14083	14051	1418	1823	204
辽阳市	**290956**	**270825**	**43172**	**24390**	**3745**
白塔区	77052	73696	9745	2771	367
文圣区	34289	32815	12823	1863	508
宏伟区	52030	43667	13327	5071	1578
弓长岭区	15081	14188	555	6724	
太子河区	29420	25700	3578	1934	890
辽阳县	53060	52145	1327	2342	269
灯塔市	30024	28614	1817	3685	133
盘锦市	**400863**	**393735**	**187341**	**9297**	**6745**
双台子区	36686	36366	9627	3562	830
兴隆台区	264908	261410	167114	3436	5009
大洼县	74165	72516	4013	1139	755
盘山县	25104	23443	6587	1160	151
铁岭市	**294913**	**283337**	**25811**	**40927**	**2709**
银州区	61869	56152	14066	4702	725
清河区	14918	12585	1467	1696	40
铁岭县	37435	35928	1156	2228	34
西丰县	13392	13263	1275	3081	38
昌图县	33563	33402	3361	2127	875
调兵山市	78902	78076	1148	19295	150
开原市	54834	53931	3338	7798	847
朝阳市	**291075**	**281411**	**13885**	**16165**	**2951**
双塔区	83454	79421	7668	3525	1177
龙城区	30903	30630	384	410	8
朝阳县	19705	19565	63	425	
建平县	27874	27446	1416	988	443
喀喇沁左翼蒙古族自治县	26891	24745	748	5951	376
北票市	48563	47518	1145	973	454
凌源市	53685	52086	2461	3893	493
葫芦岛市	**267745**	**260165**	**29229**	**42592**	**2836**
连山区	89003	88553	13584	15272	1205
龙港区	84318	79518	6553	13644	1098
南票区	11626	11596	233	2414	
绥中县	28018	27417	3599	4162	235
建昌县	20343	20341	1503	1717	69
兴城市	34437	32740	3757	5383	229

联营企业	有限责任公司	股份有限公司	私营企业	其他企业	港、澳、台商投资企业	外商投资企业
202	**64659**	**24559**	**117187**	**2885**	**10382**	**14382**
85	13391	5317	16255	586	737	2328
37	19048	7089	10609	107	549	1344
60	20544	8671	24428	395	7813	7443
	2317		20787	1019	30	321
20	1260	104	9519	191	771	759
	7383	3378	20939	173	307	1285
	716		14650	414	175	902
806	**34539**	**27687**	**229424**	**593**	**13205**	**42336**
37	10141	8866	26893	16	1903	5644
	7047	2056	14180	42	1601	5284
170	8429	8455	53007	59	6735	17156
	4454	154	33489	96	580	2536
132	563	419	44519	194	294	3579
467	3905	7737	57336	186	2092	8137
166	**28875**	**8212**	**100696**	**621**	**2997**	**7584**
55	7665	4335	12853	11	91	2306
	339	22	7669	62		384
	6904	494	7177	39	263	584
50	776	8	3892	29		214
7	7432	2501	19786	49	1252	2679
54	3799	715	40936	305	1391	1385
	1960	137	8383	126		32
230	**61630**	**19460**	**116891**	**1307**	**7780**	**12351**
	39932	3028	17800	53	1657	1699
	4661	1985	10762	213	121	1353
	4593	11360	7562	176	3905	4458
5	462	42	6251	149	310	583
	2905	2427	13784	182	466	3254
	8114	272	39445	376	302	613
225	963	346	21287	158	1019	391
28	**73538**	**16012**	**99453**	**1321**	**1180**	**5948**
	11020	2307	8995	25	23	297
28	49188	9693	26115	827	1042	2456
	12027	3853	50574	155	115	1534
	1303	159	13769	314		1661
415	**76264**	**14711**	**119939**	**2561**	**5260**	**6316**
20	7841	10167	18155	476	3060	2657
	2034	732	6522	94	1453	880
	4584	349	27459	118	171	1336
20	125	190	8483	51	70	59
5	2497	2079	22298	160	131	30
303	46974	913	9288	5	9	817
67	12209	281	27734	1657	366	537
	78318	**16255**	**153456**	**381**	**7248**	**2416**
	31231	8420	27373	27	3532	501
	9950	1583	18265	30	107	166
	1111		17963	3		140
	3214		21335	50	91	337
	4058	2069	11381	162	2146	
	3657	27	41262		1010	35
	25097	4156	15877	109	362	1237
7150	**64336**	**26770**	**84597**	**2655**	**3036**	**4544**
144	16720	18165	22633	830	166	284
477	36656	7304	12969	817	2613	2187
6166	374	60	2187	162		30
27	2012	112	16992	278		601
35	4921	256	11775	65	2	
301	3653	873	18041	503	255	1442

2-14 按行业(中类)、登记注册类型

行业中类	全年营业收入(千元)	内资企业			
			国有企业	集体企业	股份合作企业
总　计	**4540884301**	**3899923791**	**646804137**	**116666862**	**37828095**
农、林、牧、渔业	**685753**	**685753**	**390035**	**22832**	
农业	332552	332552	285251		
谷物及其他作物的种植	301421	301421	260120		
蔬菜、园艺作物的种植	2200	2200	2200		
水果、坚果、饮料和香料作物的种植	14000	14000	8000		
中药材的种植	14931	14931	14931		
林业	63510	63510	63510		
林木的培育和种植	63510	63510	63510		
畜牧业	130935	130935	2100		
牲畜的饲养	64800	64800			
家禽的饲养	66135	66135	2100		
渔业	156106	156106	37524	22832	
海洋渔业	48106	48106	9524	22832	
内陆渔业	108000	108000	28000		
农、林、牧、渔服务业	2650	2650	1650		
畜牧服务业	1650	1650	1650		
渔业服务业	1000	1000			
采矿业	**188169372**	**185011365**	**78484631**	**6730754**	**324132**
煤炭开采和洗选业	40131069	40131069	15354556	649940	9089
烟煤和无烟煤的开采洗选	40009298	40009298	15349466	641340	9089
褐煤的开采洗选	58030	58030	5090	1262	
其他煤炭采选	63741	63741		7338	
石油和天然气开采业	62049951	62036307	61430856		102492
天然原油和天然气开采	32232141	32228073	32217230		
与石油和天然气开采有关的服务活动	29817810	29808234	29213626		102492
黑色金属矿采选业	56833486	56049524	3853	3726634	21430
铁矿采选	55446229	54892473	3853	3725205	21430
其他黑色金属矿采选	1387257	1157050		1429	
有色金属矿采选业	14925141	13367019	1224694	931491	130881
常用有色金属矿采选	10572897	9984088	1103426	607079	82881
贵金属矿采选	1331893	1281187	113372	317018	
稀有稀土金属矿采选	3020351	2101745	7896	7395	48000
非金属矿采选业	14168948	13373269	469411	1377607	60240
土砂石开采	8789279	8271229	146780	739030	60240
化学矿采选	1509821	1480087	74067	174148	
采盐	527431	527431	244772	110859	
石棉及其他非金属矿采选	3342416	3094521	3792	353570	
其他采矿业	60778	54178	1261	45081	
其他采矿业	60778	54178	1261	45081	

分组的全年营业收入

联营企业	有限责任公司	股份有限公司	私营企业	其他企业	港、澳、台商投资企业	外商投资企业
4823752	**854517272**	**790394441**	**1423303074**	**25586158**	**133648396**	**507312114**
	41301	**80000**	**151585**			
	41301		6000			
	41301					
			6000			
			128835			
			64800			
			64035			
		80000	15750			
			15750			
		80000				
			1000			
			1000			
1353061	**27018796**	**1599943**	**69301541**	**198506**	**1123703**	**2034303**
797198	15218810		8051812	49663		
797198	15206810		7955731	49663		
	12000		39678			
			56403			
3086	244199	96932	158742		4068	9577
	10843				4068	
3086	233356	96932	158742			9577
2646	8083185	742141	43414812	54823	504675	279287
2646	8083185	742141	42259191	54823	504675	49080
			1155622			230207
62541	2392184	707709	7865695	51824	435916	1122205
61835	1136678	613880	6336223	42086	93960	494849
706	154845	15612	675297	4337		50706
	1100662	78217	854175	5400	341956	576650
487591	1079406	53162	9803655	42196	179045	616634
55719	333513	7553	6891604	36790	56328	461722
	44996	3616	1179697	3563		29734
	134618		37182			
431872	566280	41993	1695171	1843	122717	125177
	1011		6824			6600
	1011		6824			6600

2-14 续表 1

行业中类	全年营业收入(千元)	内资企业	国有企业	集体企业	股份合作企业
制造业	**2287082871**	**1784322042**	**208994240**	**63530601**	**18635371**
农副食品加工业	167280244	122330809	1455317	2030618	2285034
谷物磨制	18600865	16562747	605855	106841	5494
饲料加工	33928340	23244816	6794	163313	153739
植物油加工	29417182	20910523	1464	222722	31872
制糖	611610	532024			2955
屠宰及肉类加工	40226080	34403680	501001	230439	2026135
水产品加工	27915096	17879827	333361	1171891	28185
蔬菜、水果和坚果加工	7969872	4981413		58754	9307
其他农副食品加工	8611199	3815781	6841	76659	27348
食品制造业	29078732	20208342	435248	323847	18747
焙烤食品制造	3858525	3264630	16825	21715	4720
糖果、巧克力及蜜饯制造	1282635	1013771	147	673	
方便食品制造	5755027	2866383	17657	5360	459
液体乳及乳制品制造	6651053	4703069	110285	872	
罐头制造	2919411	1666350	5849	647	
调味品、发酵制品制造	3894246	2803294	102063	67493	3430
其他食品制造	4717835	3890845	182421	227085	10139
饮料制造业	21981399	10504450	68588	246578	74852
酒精制造	466926	392749	46557		
酒的制造	12057350	5292647	11179	117042	5336
软饮料制造	9418521	4780452	10852	129536	69517
精制茶加工	38602	38602			
烟草制品业	4226857	4226857	39867	38537	
烟叶复烤	42072	42072	39867	2205	
卷烟制造	4184785	4184785		36332	
纺织业	28132668	22381192	200030	1460340	74383
棉、化纤纺织及印染精加工	11729209	10144086	114731	292635	24188
毛纺织和染整精加工	674012	517090	5108	1558	
麻纺织	625397	541546			
丝绢纺织及精加工	2957648	2930168	6523	895867	5100
纺织制成品制造	6169539	4787817	69089	219426	38164
针织品、编织品及其制品制造	5976862	3460485	4578	50855	6931
纺织服装、鞋、帽制造业	46742543	30892925	138451	1325213	89408
纺织服装制造	39787850	24528547	135275	1314707	88077
纺织面料鞋的制造	6855848	6330511	3176	6528	
制帽	98845	33867		3978	1331
皮革、毛皮、羽毛(绒)及其制品业	8791147	6620516	459	20374	22459
皮革鞣制加工	740142	10925			
皮革制品制造	6927268	5564846	459	14794	12569
毛皮鞣制及制品加工	912959	884413		5580	9890
羽毛(绒)加工及制品制造	210779	160332			
木材加工及木、竹、藤、棕、草制品业	27548822	21701229	115042	751341	182520
锯材、木片加工	4977224	3818009	30458	173469	90251
人造板制造	10287552	9342255	50281	209817	51020
木制品制造	11927236	8234568	31525	330914	37899
竹、藤、棕、草制品制造	356809	306397	2778	37142	3350
家具制造业	20637181	13262275	1077	85105	3507
木质家具制造	18368691	11135199	90	55109	667
竹、藤家具制造	14626	9446			

联营企业	有限责任公司	股份有限公司	私营企业	其他企业	港、澳、台商投资企业	外商投资企业
2175649	**390224728**	**336162199**	**749447900**	**15151354**	**83578522**	**419182308**
11469	23740925	6027662	86061495	718289	9386496	35562939
	1504008	286870	13934092	119586	227094	1811024
	5198009	689673	17023924	9364	3804315	6879210
	8210996	1931718	10508928	2822	271117	8235542
	168646		360424		77248	2338
3312	4543260	1086787	25593966	418778	1931162	3891238
66	2905071	1794586	11501330	145338	2161177	7874091
1181	773394	234547	3882006	22223	683998	2304462
6910	437541	3481	3256824	176	230385	4565033
	4304256	3969835	11113975	42435	3293241	5577149
	802737	76416	2333480	8737	174745	419149
	472770		540181		264566	4298
	1366345	13981	1462580		1960990	927654
	362054	3422044	807814		91120	1856864
	19202	18150	1618709	3792	212393	1040669
	482974	376981	1770353		408736	682216
	798174	62262	2580857	29906	180692	646299
1058	1380415	417436	8311377	4145	4562462	6914487
	3463		342728			74177
	905189	234511	4017141	2249	3017405	3747298
1058	471321	179642	3916629	1896	1545057	3093012
	441	3283	34879			
	2380470	1767983				
	2380470	1767983				
6473	4485044	679136	15277514	198272	2070654	3680823
	3306834	557563	5839649	8486	1118740	466383
	208153		302272			156922
	284554		252935	4057	62258	21593
	78036	43331	1901311			27481
6438	407966	22461	3998797	25474	415328	966394
35	199501	55780	2982551	160254	474327	2042050
7988	6638169	202133	22429990	61574	3867327	11982292
7988	6637361	202133	16081432	61574	3866330	11392973
	808		6320000		997	524340
			28558			64978
1764	80059	29330	6439505	26565	117053	2053579
			10925		176	729041
1764	71238	29330	5428518	6174	108893	1253528
	4300		862191	2453	7983	20562
	4521		137872	17939		50447
	1258090	159878	19155397	78960	927858	4919735
	391873	18518	3062526	50915	11705	1147510
	290622	119042	8616612	4859	206365	738933
	575331	22318	7213397	23185	697241	2995427
	265		262862		12547	37865
4420	313580	71816	12761434	21335	614717	6760189
3969	175874	70705	10816035	12751	556163	6677329
			9446		5180	

2-14 续表 2

行业中类	全年营业收入（千元）				
		内资企业	国有企业	集体企业	股份合作企业
金属家具制造	699927	662790	716	27018	
塑料家具制造	13281	13281		2846	
其他家具制造	1540656	1441558	271	132	2840
造纸及纸制品业	17520670	13694541	133000	841390	94715
纸浆制造	84484	67783			
造纸	4882321	4358784	85985	245463	46823
纸制品制造	12553865	9267974	47015	595927	47891
印刷业和记录媒介的复制	10745797	10122916	609829	788588	314080
印刷	8743549	8232895	605708	740259	307712
装订及其他印刷服务活动	336377	224150	4121	48329	6368
记录媒介的复制	1665871	1665871			
文教体育用品制造业	2728151	1498525	12678	73674	34533
文化用品制造	557043	432809	2716	51949	
体育用品制造	737812	292140		725	17333
乐器制造	737939	105845	9962	6328	1764
玩具制造	85334	59290			
游艺器材及娱乐用品制造	610023	608440		14672	15436
石油加工、炼焦及核燃料加工业	279771533	232417687	55917601	2437185	919469
精炼石油产品的制造	274022533	227514441	55917601	2407910	919469
炼焦	5749000	4903246		29275	
化学原料及化学制品制造业	122352435	109250125	5039712	7285340	548199
基础化学原料制造	23947886	21094845	275316	4534721	65660
肥料制造	15258854	14761463	1982700	117629	1379
农药制造	2980498	2644047	665199	8392	5462
涂料、油墨、颜料及类似产品制造	9999233	8711871	66791	325104	112527
合成材料制造	39003270	37621340	70944	335433	26423
专用化学产品制造	28541261	22824619	1776465	1716515	321068
日用化学产品制造	2621431	1591941	202297	247546	15680
医药制造业	25981043	18860588	3210963	405732	183188
化学药品原药制造	9168125	8047169	2655626	202106	
化学药品制剂制造	6354269	2734711	493795	26833	
中药饮片加工	1788157	1508040	9362	110648	
中成药制造	3074337	2312730	49987	47383	176102
兽用药品制造	1300731	1300731	144	12498	5890
生物、生化制品的制造	3625983	2381882	582	1849	
卫生材料及医药用品制造	669441	575325	1468	4414	1196
化学纤维制造业	10633368	10373470	7787025	60583	32626
纤维素纤维原料及纤维制造	1128642	1119719	617	1077	531
合成纤维制造	9504726	9253751	7786408	59507	32095
橡胶制品业	24327453	15224411	201823	3373757	346730
轮胎制造	10929432	5350708		2229769	
橡胶板、管、带的制造	3539782	2481629	8972	95229	122791
橡胶零件制造	4791350	4578605	72018	697761	176260
再生橡胶制造	2315025	569691	9215		38100
日用及医用橡胶制品制造	467784	400778		265	
橡胶靴鞋制造	628162	345853	98765	55755	
其他橡胶制品制造	1655919	1497148	12853	294979	9578
塑料制品业	52943402	34854487	195400	1169197	202022
塑料薄膜制造	4309465	3507909	16070	98285	15895

联营企业	有限责任公司	股份有限公司	私营企业	其他企业	港、澳、台商投资企业	外商投资企业
452	104247	1111	526380	2866	8137	29000
			7348	3087		
	33460		1402225	2631	45237	53860
	1317446	402351	10881455	24183	1906814	1919315
	492	1600	65691			16701
	511585	249326	3219602		294993	228544
	805368	151425	7596163	24183	1611821	1674070
91916	2075154	36266	6100481	106600	107113	515768
91916	1898908	36266	4447117	105008	107113	403541
	30071		133668	1592		112227
	146175		1519696			
27404	78549	4277	1266565	844	180700	1048926
	72708	4277	301159		575	123658
	880		272778	423	58562	387110
	992		86799		106100	525994
27404	3969		27497	421	13880	12164
			578332		1583	
838469	12666350	137764981	21853455	20177	812963	46540882
	11340145	137764981	19144158	20177	812963	45695128
838469	1326205		2709297			845754
51312	16223575	39558841	40383967	159179	4129239	8973070
4366	2926642	3055744	10227136	5261	227487	2625555
10	5617152	668003	6252290	122301	222513	274878
33183	414679	628359	888773		13952	322499
5031	1270143	445221	6480375	6678	293415	993947
3678	1215509	33980311	1985127	3915	677721	704209
5045	4591863	689926	13702949	20788	2450326	3266317
	187587	91277	847317	236	243826	785664
45892	6990690	1025169	6983531	15422	1445175	5675280
45010	3712871	90455	1341101		217577	903379
	629397	274897	1304690	5098	167847	3451711
	376395	55018	949026	7590	93258	186860
882	1039007	199412	799957		254519	507088
	441083	714	840402			
	761356	404673	1210688	2734	708757	535344
	30581		537667		3217	90899
	1109705		1383530		101786	158112
	905644		211850			8923
	204061		1171681		101786	149189
176	2533654	144187	8603026	21057	459921	8643121
	1348240		1772699			5578724
	651106	55662	1527137	20733	411410	646743
176	273537	79784	3279069			212745
	4479		517896			1745334
	174774		225739		38330	28676
	5909	7749	177674			282309
	75610	993	1102811	324	10181	148590
10950	4237071	302438	28629247	108162	2827826	15261089
	770204	11217	2587567	8672	11341	790214

2-14 续表 3

行业中类	全年营业收入(千元)	内资企业	国有企业	集体企业	股份合作企业
塑料板、管、型材的制造	16533369	8052895	65352	178421	64487
塑料丝、绳及编织品的制造	14855387	12255897	5068	284112	29030
泡沫塑料制造	2087730	1672736	2875	161232	975
塑料人造革、合成革制造	1150561	1146413		4604	
塑料包装箱及容器制造	5172296	2978678	3141	53633	39541
塑料零件制造	2472184	1012983	1112	185909	8396
日用塑料制造	2735068	2384558	83402	74914	39864
其他塑料制品制造	3627341	1842418	18380	128088	3834
非金属矿物制品业	137339006	118472211	2446390	6552607	846684
水泥、石灰和石膏的制造	15646557	15092350	253016	447332	44262
水泥及石膏制品制造	15761790	12957760	830065	198721	39811
砖瓦、石材及其他建筑材料制造	32704408	31518774	160417	2101578	64738
玻璃及玻璃制品制造	11976894	9004591	50252	218252	656935
陶瓷制品制造	1254340	1177227	7297	18878	1788
耐火材料制品制造	49961639	40550057	1092025	3045066	11856
石墨及其他非金属矿物制品制造	10033379	8171452	53317	522779	27295
黑色金属冶炼及压延加工业	359468945	334753593	98908534	6025840	5866065
炼铁	10578128	10450867		168700	
炼钢	17142119	17083336	4915	283469	3739
钢压延加工	304345730	281958174	98043327	2288352	2764832
铁合金冶炼	27402969	25261217	860292	3285319	3097494
有色金属冶炼及压延加工业	75498065	53386014	1424706	2560169	597438
常用有色金属冶炼	22114283	21071386	49062	961691	478231
贵金属冶炼	2039385	1974064		45457	13509
稀有稀土金属冶炼	7286130	6029382	3141	543685	33384
有色金属合金制造	3689537	2252303	3430	83848	56491
有色金属压延加工	40368730	22058879	1369073	925487	15824
金属制品业	85248900	65350634	2004836	5378585	739632
结构性金属制品制造	41357828	35569828	382634	1850489	405101
金属工具制造	3662399	2667113	25333	144036	51570
集装箱及金属包装容器制造	13730983	6959839	44973	719337	56573
金属丝绳及其制品的制造	3700056	2555538	35688	407157	46134
建筑、安全用金属制品制造	6801867	5874388	41697	312000	61308
金属表面处理及热处理加工	7790466	6276547	92926	1323986	112960
搪瓷制品制造	371731	304934		3055	
不锈钢及类似日用金属制品制造	1693240	830455	3995	72765	3650
其他金属制品制造	6140330	4311992	1377591	545759	2334
通用设备制造业	236218977	193051878	8821328	9157644	1811694
锅炉及原动机制造	7656206	4744165	42702	277778	16535
金属加工机械制造	43406830	41108712	345519	992725	111465
起重运输设备制造	20090752	13654307	2437344	592437	108695
泵、阀门、压缩机及类似机械的制造	29189906	24110624	808942	730094	533072
轴承、齿轮、传动和驱动部件的制造	29945251	27044450	986846	437692	194101
烘炉、熔炉及电炉制造	1014782	926577	163894	88802	2170
风机、衡器、包装设备等通用设备制造	32711861	16038444	356521	545087	233119
通用零部件制造及机械修理	31326364	28680282	1244557	3218331	370191
金属铸、锻加工	40877026	36744317	2435003	2274697	242346
专用设备制造业	102931580	88410172	9349074	2739842	718496
矿山、冶金、建筑专用设备制造	56004722	51325779	7247538	1530313	429483
化工、木材、非金属加工专用设备制造	18191818	15093958	1314958	643887	29235

联营企业	有限责任公司	股份有限公司	私营企业	其他企业	港、澳、台商投资企业	外商投资企业
3780	1473856	141551	6057840	67608	937733	7542740
3731	262178	22397	11643579	5803	17382	2582108
	290119		1215260	2275	10740	404254
	340		1141469			4149
	902852	31887	1947554	71	1231229	962389
	178055	35404	597875	6231	242497	1216705
3440	194430	17205	1960247	11057	52816	297694
	165039	42778	1477854	6445	324089	1460834
59324	17566843	8209559	82639069	151735	3946017	14920778
948	4392801	427828	9516805	9357	17426	536781
14137	1617964	308090	9903522	45450	1089308	1714722
194	3189489	53251	25876561	72547	678384	507250
	1684209	752127	5634484	8331	77219	2895084
	198123	26	944403	6712		77113
44045	4372571	6562350	25416686	5457	1840980	7570602
	2111687	105886	5346608	3881	242700	1619226
1598	63266404	104954029	55231926	499197	3234075	21481276
	599937	147623	9534607		90050	37211
	14693815	95000	2002397			58783
1598	43080184	99071640	36214907	493335	2984998	19402557
	4892468	5639766	7480015	5862	159027	1982725
1042	16833727	2224887	29503696	240349	15691284	6420767
	9503825	1839832	8238680	64	810673	232224
	940033	245292	527630	202142		65321
	1444010		3998603	6559		1256748
	492277	7633	1608624			1437234
1042	4453582	132129	15130159	31584	14880611	3429240
33034	16253638	2026068	38698838	216002	1595164	18303102
19341	12893782	794878	19105251	118352	241821	5546179
10653	171413	37023	2217547	9538	81149	914137
3040	776413	908667	4447079	3756	467143	6304001
	403608		1662641	310	541576	602942
	393544	73278	4979325	13236	59498	867981
	429419	155240	4121962	40055	145826	1368093
			301879			66797
	26134	198	694219	29494	701	862084
	1159325	56784	1168936	1263	57450	1770888
36580	39124844	11151266	111378793	11569729	2937120	40229979
2613	805541	64174	3528121	6701	65979	2846062
528	15208695	2814934	10691829	10943017	331392	1966726
	1404795	21234	9024717	65084	1223314	5213132
3706	5490792	453208	16029569	61241	226158	4853123
	7135077	3127193	14847273	316268	197447	2703353
	34436	218407	418670	198		88205
	2798869	3530891	8570263	3694	157640	16515777
24041	2007849	338012	21411499	65802	75532	2570550
5692	4238791	583211	26856851	107725	659659	3473050
189662	35347280	3787436	36003329	275053	2442115	12079294
8343	27653149	787527	13455920	213506	1306888	3372055
170838	2439514	735080	9751917	8529	455633	2642228

2-14 续表 4

行业中类	全年营业收入（千元）	内资企业			
			国有企业	集体企业	股份合作企业
食品、饮料、烟草及饲料生产专用设备制造	2002071	1903533	5443	211439	2992
印刷、制药、日化生产专用设备制造	3361635	2723400	5752	12430	6037
纺织、服装和皮革工业专用设备制造	1193307	993237		21449	37460
电子和电工机械专用设备制造	4848556	4759209	331362	13294	15624
农、林、牧、渔专用机械制造	1894476	1793725	25314	48315	106180
医疗仪器设备及器械制造	4995581	1650661	31498	42674	4962
环保、社会公共安全及其他专用设备制造	10439414	8166671	387208	216040	86524
交通运输设备制造业	192962428	103979449	5330417	2884638	835468
铁路运输设备制造	12881338	11354911	1351844	1339344	44551
汽车制造	101692175	38837180	1938897	682931	688075
摩托车制造	138822	121737		4984	
自行车制造	206782	166483		4695	39900
船舶及浮动装置制造	63418910	38919013	1696325	781454	62942
航空航天器制造	13840085	13817465	287961	70754	
交通器材及其他交通运输设备制造	784316	762658	55391	477	
电气机械及器材制造业	106764612	77829746	1881137	3659520	1578629
电机制造	10883694	5495135	592501	150220	40977
输配电及控制设备制造	45887563	34446463	638367	2028045	865304
电线、电缆、光缆及电工器材制造	34542971	30827542	480172	1231147	580075
电池制造	1905596	417169	11239	51810	4323
家用电力器具制造	7661603	3122005	145365	66465	755
非电力家用器具制造	1063842	973415		170	7975
照明器具制造	2547424	2128683	7613	72415	76008
其他电气机械及器材制造	2271919	419335	5880	59247	3210
通信设备、计算机及其他电子设备制造业	61843041	31117199	2324913	204533	28676
通信设备制造	5957070	1616109	65053	43519	9819
雷达及配套设备制造	2250283	2250283	1983381		
广播电视设备制造	493942	395640	79	1505	2067
电子计算机制造	11377238	1952355	13029	32768	
电子器件制造	10561659	8687059	10895	15205	9586
电子元件制造	7814548	1797421	43383	34803	5237
家用视听设备制造	16284398	10929467	202836	63759	198
其他电子设备制造	7103903	3488866	6257	12974	1768
仪器仪表及文化、办公用机械制造业	14236755	9472351	445074	373964	117401
通用仪器仪表制造	9303561	6468439	416509	290573	73690
专用仪器仪表制造	2062934	1818959	19272	55478	39926
钟表与计时仪器制造	251996	155765	253	10116	1866
光学仪器及眼镜制造	524559	99004	9039	1886	706
文化、办公用机械制造	1726324	617313		2460	
其他仪器仪表的制造及修理	367381	312871		13451	1213
工艺品及其他制造业	10504849	7530292	478995	748413	48040
工艺美术品制造	7093563	5534053	11932	619778	46449
日用杂品制造	1530517	341497		6461	839
煤制品制造	870423	825653		115376	752
核辐射加工	5723	320			
其他未列明的制造业	1004623	828769	467062	6798	
废弃资源和废旧材料回收加工业	2642272	2543162	16727	527444	20674
金属废料和碎屑的加工处理	1804082	1804082	11724	103752	2258
非金属废料和碎屑的加工处理	838190	739080	5003	423693	18416

联营企业	有限责任公司	股份有限公司	私营企业	其他企业	港、澳、台商投资企业	外商投资企业
	199678	2441	1476538	5000	173	98365
	163872	107275	2423033	5000	53435	584800
4279	171165	199117	559766		103307	96763
	2939761	41964	1410723	6481	4322	85025
2785	60248	7793	1537896	5195		100751
	180978	684155	706394		4699	3340221
3418	1538914	1222084	4681142	31342	513659	1759084
674316	64000228	5824925	24331700	97756	5508482	83474497
	7380766	61637	1171777	4992	1858	1524568
114155	13103300	3939036	18294844	75942	4976773	57878221
	8585		108168		17085	
	3327	1323	114593	2646		40299
560160	30386547	1807045	3610364	14176	482368	24017529
	13116578	15134	327039		11832	10788
	1125	750	704916		18565	3093
17403	22338403	4703405	43374547	276702	6134086	22800781
	698385	870167	3129613	13272	6257	5382303
11380	8163165	3195567	19378581	166055	4821353	6619748
1085	10806608	488113	17163976	76366	382337	3333092
	18337	706	330754		498450	989977
	1891681	51713	965145	880	393657	4145941
4057	385090	3468	572655			90427
	321731	93124	1538167	19626	29148	389593
882	53407	549	295657	503	2884	1849700
3146	19879516	214889	8450194	11331	3168817	27557024
	472104	22003	1002732	878	261850	4079111
	198616		68286			
	117752	142347	131889			98302
3146	98390	14434	1786620	3969	1352375	8072508
	7838188	12934	798227	2025	323348	1551251
	296365	15757	1401876		443689	5573438
	10651883	5068	5721		94447	5260484
	206218	2346	3254843	4460	693108	2921929
27605	1788411	487233	6086902	145763	1751520	3012883
23710	1345185	145597	4169698	3477	1480417	1354704
	195467	85373	1315851	107590	115653	128322
	81678		61852		691	95541
	653		86721			425554
	32232	256262	326359		129758	979253
3895	133196		126422	34696	25002	29508
32647	1591171	13408	4557079	60540	353275	2621282
32647	1273623	13408	3484160	52055	306672	1252838
	47827		286370		33949	1155071
	9547		698390	1587	2469	42301
			320			5403
	260174		87839	6897	10185	165669
	421061	1376	1555881		5221	93889
	368839		1317509			
	52221	1376	238371		5221	93889

2-14 续表 5

行业中类	全年营业收入(千元)	内资企业			
			国有企业	集体企业	股份合作企业
电力、燃气及水的生产和供应业	**134658412**	**121121711**	**96516654**	**306782**	**31275**
电力、热力的生产和供应业	126784310	114048160	93278756	160286	13701
电力生产	33107800	21373607	10475607	25748	2910
电力供应	81842739	81540580	80886314	19121	
热力生产和供应	11833771	11133972	1916834	115417	10791
燃气生产和供应业	3321875	2653487	1172385	9161	326
燃气生产和供应业	3321875	2653487	1172385	9161	326
水的生产和供应业	4552227	4420064	2065513	137334	17248
自来水的生产和供应	3551629	3490998	1982481	137334	5477
污水处理及其再生利用	821052	768080	83032		11771
其他水的处理、利用与分配	179546	160986			
建筑业	**273836025**	**269250545**	**50956586**	**17206378**	**2103842**
房屋和土木工程建筑业	214607530	211965611	44861740	10358403	1295054
房屋工程建筑	121176475	119331480	9845753	7978089	1037001
土木工程建筑	93431055	92634131	35015987	2380314	258053
建筑安装业	42627778	41704454	5236644	6477576	630872
建筑安装业	42627778	41704454	5236644	6477576	630872
建筑装饰业	12073348	11131088	383141	234823	127501
建筑装饰业	12073348	11131088	383141	234823	127501
其他建筑业	4527369	4449392	475061	135576	50415
工程准备	3005421	2933870	302534	95126	23148
提供施工设备服务	390484	390099	31559	1757	
其他未列明的建筑活动	1131464	1125423	140968	38693	27267
交通运输、仓储和邮政业	**98160496**	**85873801**	**29661014**	**2684147**	**601153**
铁路运输业	315709	315708	228364	8879	
铁路货物运输	232645	232644	156739		
铁路运输辅助活动	83064	83064	71625	8879	
道路运输业	28829284	27901866	3346910	1966355	387153
公路旅客运输	2716966	2716966	547196	156866	9506
道路货物运输	22047464	21120046	578256	1615517	274832
道路运输辅助活动	4064854	4064854	2221458	193972	102815
城市公共交通业	4346828	3584816	784654	57489	55434
公共电汽车客运	3109681	2409950	729860		19461
轨道交通	60290	60290	170		
出租车客运	1175636	1113355	54624	57453	35973
其他城市公共交通	1221	1221		36	
水上运输业	22988505	20188802	8920035	168896	576
水上旅客运输	1027582	1022382	758235	22539	126
水上货物运输	8959945	8956207	6358429	16732	250
水上运输辅助活动	13000978	10210213	1803371	129625	200
航空运输业	7078242	3791559	2733841		
航空客货运输	5818350	2531667	2324733		
通用航空服务	159186	159186	200		
航空运输辅助活动	1100706	1100706	408908		
管道运输业	508143	508143	394220		
管道运输业	508143	508143	394220		

联营企业	有限责任公司	股份有限公司	私营企业	其他企业	港、澳、台商投资企业	外商投资企业
52692	**16711056**	**3998308**	**3389987**	**114957**	**6279208**	**7257493**
30332	13882030	3963816	2620821	98417	5920835	6815315
794	8981562	1628463	179353	79169	5562192	6172000
	549555		85590			302159
29539	4350913	2335353	2355877	19248	358642	341156
	1186121	15844	269650		330283	338104
	1186121	15844	269650		330283	338104
22360	1642905	18648	499516	16540	28090	104073
22360	1188615	5753	136175	12802	9530	51101
	448513	12895	208131	3738		52972
	5777		155209		18560	
112850	**101223155**	**10074064**	**87471287**	**102383**	**1099304**	**3486176**
103495	89075008	8331253	57934658	6000	250191	2391728
85511	45709068	7777545	46896513	2000	81700	1763295
17984	43365940	553708	11038145	4000	168491	628433
9355	9532475	1488064	18323558	5910	678333	244991
9355	9532475	1488064	18323558	5910	678333	244991
	1904075	214873	8198870	67805	167144	775116
	1904075	214873	8198870	67805	167144	775116
	711597	39874	3014201	22668	3636	74341
	475708	39784	1974902	22668	1356	70195
	124850		231933		351	34
	111039	90	807366		1929	4112
53040	**17744809**	**7348670**	**27370197**	**410771**	**1321542**	**10965153**
		29321	49144			1
		29321	46584			1
			2560			
5603	3022966	2716936	16219477	236466	244053	683365
1236	454584	413082	1134196	300		
4267	2490454	1137474	14784476	234770	244053	683365
100	77928	1166380	300805	1396		
287	1546277	78409	1002557	59709	281986	480026
	1200642	10982	394605	54400	274467	425264
	56365		3755			
287	288185	67427	604097	5309	7519	54762
	1085		100			
	6328743	3113121	1605865	51566	205	2799498
	6041	31161	202480	1800		5200
	1252811	174982	1103237	49766	205	3533
	5069891	2906978	300148			2790765
639	162957	677927	216195			3286683
	147441	1146	58347			3286683
	1333		157653			
639	14183	676781	195			
	38159	38576	37188			
	38159	38576	37188			

2-14 续表 6

行业中类	全年营业收入(千元)	内资企业			
			国有企业	集体企业	股份合作企业
装卸搬运和其他运输服务业	16995890	13153952	1842078	379231	144564
装卸搬运	2175883	1521904	508907	287671	22869
运输代理服务	14820007	11632048	1333171	91560	121695
仓储业	14678703	14027738	9318376	103297	13132
谷物、棉花等农产品仓储	10328677	10302844	8152480	70327	
其他仓储	4350026	3724894	1165896	32970	13132
邮政业	2419192	2401217	2092536		294
国家邮政	2199871	2199871	2090310		
其他寄递服务	219321	201346	2226		294
信息传输、计算机服务和软件业	**57891710**	**24967919**	**6412727**	**39433**	**27000**
电信和其他信息传输服务业	41589231	15458015	6258792	13530	3119
电信	40157471	14053065	5799268	1428	2886
互联网信息服务	323481	296847	1440	282	192
广播电视传输服务	1105063	1104887	457889	11820	41
卫星传输服务	3216	3216	195		
计算机服务业	3083407	2429044	21048	3036	5259
计算机系统服务	1783499	1264210	17178	235	1043
数据处理	143929	68050	260		1099
计算机维修	139013	115370	124		640
其他计算机服务	1016966	981414	3486	2801	2477
软件业	13219072	7080860	132887	22867	18622
公共软件服务	9728728	3635754	41737	22867	15572
其他软件服务	3490344	3445106	91150		3050
批发和零售业	**1089428326**	**1055624969**	**110804811**	**17665471**	**4224778**
批发业	900165451	883778533	105692972	13627371	3092867
农畜产品批发	34086841	33883444	7850139	1379273	90271
食品、饮料及烟草制品批发	53803319	52958455	18520724	621326	472769
纺织、服装及日用品批发	30258194	28937698	207069	231435	109011
文化、体育用品及器材批发	6764400	6637485	797257	43493	64471
医药及医疗器材批发	24762270	24233235	3352636	144587	91007
矿产品、建材及化工产品批发	617725033	612507152	68871018	7797419	1371239
机械设备、五金交电及电子产品批发	117128386	109398463	5554409	1894649	813534
贸易经纪与代理	4002693	3674827	113417	34218	1984
其他批发	11634315	11547774	426303	1480971	78581
零售业	189262875	171846436	5111839	4038100	1131911
综合零售	54558281	42564725	1000816	1321684	45409
食品、饮料及烟草制品专门零售	4970734	4963604	427626	202137	41997
纺织、服装及日用品专门零售	11714139	11059182	304846	255181	76666
文化、体育用品及器材专门零售	5886993	5855591	895046	182015	362451
医药及医疗器材专门零售	8007512	8000904	533478	121919	62199
汽车、摩托车、燃料及零配件专门零售	73486363	69011637	1497575	1302117	353683
家用电器及电子产品专门零售	18037752	17965422	30481	114611	36027
五金、家具及室内装修材料专门零售	8503735	8359941	124509	199333	116927
无店铺及其他零售	4097366	4065430	297462	339103	36552
住宿和餐饮业	**22157357**	**15051384**	**1800387**	**535148**	**108408**
住宿业	9017627	6292961	1655328	392984	62647
旅游饭店	7398794	4785955	1315861	223763	17916
一般旅馆	1505010	1395590	317444	160089	44731
其他住宿服务	113823	111416	22023	9132	

联营企业	有限责任公司	股份有限公司	私营企业	其他企业	港、澳、台商投资企业	外商投资企业
46273	4169198	448099	6074224	50285	707876	3134062
	264670	3679	429362	4746		653979
46273	3904528	444420	5644862	45539	707876	2480083
238	2304627	237354	2038989	11725	72548	578417
238	1554539	53414	468446	3400	6408	19425
	750088	183940	1570543	8325	66140	558992
	171882	8927	126558	1020	14874	3101
	109561					
	62321	8927	126558	1020	14874	3101
3809	**1818230**	**12020352**	**4442597**	**203771**	**11114603**	**21809188**
110	584669	8086074	457057	54664	11004600	15126616
	436925	7548206	210919	53433	11004510	15099896
110	52819	57444	183519	1041	90	26544
	93069	480424	61454	190		176
	1856		1165			
3699	344582	56802	1851644	142974	13008	641355
300	263873	43927	936278	1376	120	519169
	23927	253	42511		1938	73941
	19765	119	93047	1675	2950	20693
3399	37017	12503	779808	139923	8000	27552
	888979	3877476	2133896	6133	96995	6041217
	774231	976166	1800168	5013	82837	6010137
	114748	2901310	333728	1120	14158	31080
893764	**232840243**	**306253485**	**378144899**	**4797518**	**13818714**	**19984643**
670561	190015551	270032290	296522656	4124265	6164132	10222786
41926	6657953	479367	16419711	964804		203397
97420	15043859	220244	17037442	944671	261163	583701
5931	8764262	3516623	15836499	266868	807136	513360
120	1687969	197996	3823204	22975	31662	95253
639	9181508	2005220	9339696	117942	105455	423580
384216	104293803	260223669	168621399	944389	1814743	3403138
121215	41262377	3014948	56491897	245434	2817742	4912181
16161	1111047	81054	1877762	439184	326231	1635
2933	2012773	293169	7075046	177998		86541
223203	42824692	36221195	81622243	673253	7654582	9761857
21875	12524640	14385809	13164209	100283	4209941	7783615
13578	1093306	75430	3033040	76490	3445	3685
118766	4048201	96183	6078748	80591	364659	290298
	1111326	277751	3003075	23927	18947	12455
23150	2514893	58544	4620826	65895		6608
30240	14036881	20751101	30911708	128332	2992738	1481988
6470	4351929	437379	12931835	56690	60102	12228
4176	2488083	98792	5308999	19122		143794
4948	655433	40206	2569803	121923	4750	27186
19813	**2424213**	**178830**	**9635475**	**349110**	**2357492**	**4748481**
16225	1606720	118927	2423871	16259	1646837	1077829
1395	1388206	114822	1718536	5456	1628063	984776
14404	193193	4105	651581	10043	18774	90646
426	25321		53754	760		2407

2-14 续表 7

行业中类	全年营业收入（千元）	内资企业	国有企业	集体企业	股份合作企业
餐饮业	13139730	8758423	145059	142164	45761
正餐服务	9230155	8109690	137189	129239	41525
快餐服务	3526009	367617	3472	6536	3050
饮料及冷饮服务	132781	90940	2170	354	210
其他餐饮服务	250785	190176	2228	6035	976
金融业	**168395859**	**163617025**	**40206023**	**2635226**	**10261745**
银行业	121257449	119772241	36703791	2624588	8806265
中央银行	43328	43328	43328		
商业银行	101649289	100918666	22339064	2262018	4680884
其他银行	19564832	18810247	14321399	362570	4125381
证券业	3150124	3150124	2217097		12100
证券市场管理	897557	897557	897552		
证券经纪与交易	2248765	2248765	1318826		12100
证券投资	3477	3477	719		
证券分析与咨询	325	325			
保险业	41313159	38102910	322516		1022524
人寿保险	30665085	28379782	296095		802652
非人寿保险	10400980	9476034	24051		218458
保险辅助服务	247094	247094	2370		1414
其他金融活动	2675127	2591750	962619	10638	420856
金融信托与管理	67159	67159	1386	100	4718
金融租赁	1000	1000			
财务公司	403558	403558	401862		
邮政储蓄	691076	691076	339728		
典当	363248	363248	16426		18107
其他未列明的金融活动	1149086	1065709	203217	10538	398031
房地产业	**129758703**	**109410228**	**3036087**	**1271207**	**682207**
房地产业	129758703	109410228	3036087	1271207	682207
房地产开发经营	118177063	99245759	2019817	577740	512880
物业管理	8197682	7251207	635978	454772	93868
房地产中介服务	1506698	1345630	99409	22698	48728
其他房地产活动	1877260	1567632	280883	215997	26731
租赁和商务服务业	**41711975**	**37741790**	**7565434**	**2338700**	**400906**
租赁业	1226665	1200278	34297	21278	17998
机械设备租赁	1198050	1177326	33142	21237	17998
文化及日用品出租	28615	22952	1155	41	
商务服务业	40485310	36541512	7531137	2317422	382908
企业管理服务	13422074	10217084	2134609	721449	15762
法律服务	431852	431852	7055	14986	4692
咨询与调查	3978360	3386393	125860	56183	14404
广告业	5381889	5361707	1111469	25460	37163
知识产权服务	160157	160157	8883	1390	2912
职业中介服务	4990938	4986493	697857	671957	37149
市场管理	6242395	6183115	2222362	416284	98468
旅行社	3180852	3180598	515682	17533	112195
其他商务服务	2696793	2634113	707360	392180	60163
科学研究、技术服务和地质勘查业	**25680053**	**25079631**	**7428302**	**743436**	**252575**
研究与试验发展	9776671	9697382	1564968	60033	4976
自然科学研究与试验发展	320827	314322	182524	120	120
工程和技术研究与试验发展	9216513	9145034	1339992	53091	3892

联营企业	有限责任公司	股份有限公司	私营企业	其他企业	港、澳、台商投资企业	外商投资企业
3588	817493	59903	7211604	332851	710655	3670652
2088	692857	59783	6786246	260763	475939	644526
	30357		287326	36876	210666	2947726
	19523	120	66397	2166	23327	18514
1500	74756		71635	33046	723	59886
1890	**3134612**	**105374056**	**630665**	**1372808**	**469183**	**4309651**
	90000	70622650		924947	455707	1029501
	90000	70621753		924947	48038	682585
		897			407669	346916
	58055	838704	23105	1063		
				5		
	57955	837704	22180			
	100	1000	600	1058		
			325			
	2218132	33799783	300361	439594	12150	3198099
	2017744	24786750	113087	363454		2285303
	169312	8989213		75000	12150	912796
	31076	23820	187274	1140		
1890	768425	112919	307199	7204	1326	82051
	52972	2158	5525	300		
		1000				
	486		950	260		
	351348					
1890	181111	37306	106832	1576		
	182508	72455	193892	5068	1326	82051
12517	**38075280**	**4747811**	**60831377**	**753742**	**9217825**	**11130650**
12517	38075280	4747811	60831377	753742	9217825	11130650
	35558951	4364201	55588220	623950	8414108	10517196
7536	1943160	343146	3673026	99721	549816	396659
39	299851	24153	844684	6068	137324	23744
4942	273318	16311	725447	24003	116577	193051
10284	**9912765**	**1268103**	**15695858**	**549740**	**3043135**	**927050**
	334241	8867	764808	18789	11943	14444
	329096	8867	748197	18789	6280	14444
	5145		16611		5663	
10284	9578524	1259236	14931050	530951	3031192	912606
2886	4497001	96369	2533312	215696	2925053	279937
	14301	3953	360777	26088		
1241	879248	89274	2162479	57704	96864	495103
	1186515	378114	2604007	18979	1261	18921
	17007	18297	111668			
1403	812338	72005	2619064	74720		4445
4154	757183	185011	2462088	37565	6686	52594
	747915	383336	1350577	53360		254
600	667016	32877	727078	46839	1328	61352
23478	**10274842**	**380935**	**5727459**	**248604**	**43129**	**557293**
9001	7226292	103157	719760	9195	3360	75929
	10842		118623	2093		6505
9001	7186924	100626	448166	3342	3360	68119

2-14 续表 8

行业中类	全年营业收入(千元)	内资企业	国有企业	集体企业	股份合作企业
农业科学研究与试验发展	116687	115947	19105	676	180
医学研究与试验发展	82559	81994	5101	6146	784
社会人文科学研究与试验发展	40085	40085	18246		
专业技术服务业	12652322	12180143	4793137	540236	162328
气象服务	39363	39363	19565	15149	
地震服务	8629	4507		960	
海洋服务	20314	20314		136	
测绘服务	403282	403282	39969	31562	3356
技术检测	978567	943033	278441	86042	11027
环境监测	99074	99074	5904	5805	1920
工程技术与规划管理	9688277	9470180	4282343	356837	142157
其他专业技术服务	1414816	1200390	166915	43745	3868
科技交流和推广服务业	2586144	2539032	572303	135058	85128
技术推广服务	1611191	1592267	171886	86900	67407
科技中介服务	703387	693314	294702	31420	14514
其他科技服务	271566	253451	105715	16738	3207
地质勘查业	664916	663074	497894	8109	143
矿产地质勘查	316614	314772	276706	729	143
基础地质勘查	163242	163242	134903	6814	
地质勘查技术服务	185060	185060	86285	566	
水利、环境和公共设施管理业	**3253404**	**3019777**	**517769**	**222587**	**13771**
水利管理业	459121	459121	251288	4990	
防洪管理	1750	1750	1630		
水资源管理	412976	412976	222973	3531	
其他水利管理	44395	44395	26685	1459	
环境管理业	796669	569113	78656	19377	4246
自然保护	303109	105580	6715	130	
环境治理	493560	463533	71941	19247	4246
公共设施管理业	1997614	1991543	187825	198220	9525
市政公共设施管理	284328	282535	75152	30105	
城市绿化管理	856482	856274	54439	29801	7645
游览景区管理	856804	852734	58234	138314	1880
居民服务和其他服务业	**9043404**	**8801654**	**330016**	**392507**	**67208**
居民服务业	5926668	5731387	265759	174793	32401
家庭服务	572558	572558	1996	1156	
托儿所	14227	14227	40		
洗染服务	143582	138256	1565	2117	774
理发及美容保健服务	1213356	1195910	570	3210	7018
洗浴服务	2528666	2398130	11374	24421	15895
婚姻服务	93246	87014	2095	4680	420
殡葬服务	637559	636653	222328	57352	558
摄影扩印服务	395734	362059	3881	5009	4210
其他居民服务	327740	326580	21910	76848	3526
其他服务业	3116736	3070267	64257	217714	34807
修理与维护	2024341	1988522	43913	49155	13678
清洁服务	462081	451446	10826	50713	19541
其他未列明的服务	630314	630299	9518	117846	1588

联营企业	有限责任公司	股份有限公司	私营企业	其他企业	港、澳、台商投资企业	外商投资企业
	13482	1250	78254	3000		740
	6272	1281	62150	260		565
	8772		12567	500		
7924	2664383	201572	3719487	91076	25323	446856
	483		4166			
			3547			4122
			20178			
2091	80347	100	243528	2329		
1500	239647	11535	311025	3816	1185	34349
1818	43849		20178	19600		
2515	2134195	105794	2391901	54438	15889	202208
	165862	84143	724964	10893	8249	206177
6553	350650	74043	1179504	135793	14446	32666
6553	278034	60138	794000	127349	1105	17819
	58568	2637	283789	7684	1457	8616
	14048	11268	101715	760	11884	6231
	33517	2163	108708	12540		1842
	6038		31076	80		1842
	5745		3820	11960		
	21734	2163	73812	500		
56556	**719624**	**61344**	**1413719**	**14407**	**13993**	**219634**
15200	164268	1450	20645	1280		
			120			
15200	160829		10363	80		
	3439	1450	10162	1200		
	161260	2304	297060	6210	12030	215526
	72031	200	21554	4950		197529
	89229	2104	275506	1260	12030	17997
41356	394096	57590	1096014	6917	1963	4108
33762	20489	4156	118871		1793	
1765	157748	44911	559115	850		208
5829	215859	8523	418028	6067	170	3900
10274	**1149831**	**76068**	**5977577**	**798173**	**124407**	**117343**
9194	658912	31103	3890067	669158	119175	76106
	184171		380123	5112		
			13687	500		
	42371		89466	1963		5326
	138057	1632	782671	262752	4650	12796
1911	154981	1405	1802114	386029	73856	56680
	11631	520	66431	1237	6222	10
7283	67636	26000	251773	3723	906	
	22661	842	324099	1357	33541	134
	37404	704	179703	6485		1160
1080	490919	44965	2087510	129015	5232	41237
1080	246188	37249	1477898	119361	5232	30587
	122823	5292	238721	3530		10635
	121908	2424	370891	6124		15

2-14 续表 9

行业中类	全年营业收入(千元)	内资企业	国有企业	集体企业	股份合作企业
教育	**1194057**	**1170061**	**291990**	**40868**	**3298**
教育	1194057	1170061	291990	40868	3298
学前教育	106683	104520	3995	8388	800
初等教育	3247	3162			
中等教育	57874	57874	22922	245	
高等教育	18212	18212	10583		
其他教育	1008041	986293	254490	32235	2498
卫生、社会保障和社会福利业	**3485841**	**3473443**	**985552**	**248372**	**35210**
卫生	3416226	3404318	965834	238067	35210
医院	2798795	2787391	874928	153769	10722
卫生院及社区医疗活动	111017	111017	39309	34061	
门诊部医疗活动	449502	449502	39196	37276	23876
计划生育技术服务活动	2125	2125			
妇幼保健活动	229	229	226		
专科疾病防治活动	19011	19011	2544	2670	282
疾病预防控制及防疫活动	9710	9710	5132	3605	330
其他卫生活动	25837	25333	4499	6686	
社会保障业	41941	41941	15658	7771	
社会保障业	41941	41941	15658	7771	
社会福利业	27674	27184	4060	2534	
提供住宿的社会福利	16834	16834	2041	2534	
不提供住宿的社会福利	10840	10350	2019		
文化、体育和娱乐业	**6290683**	**5700693**	**2421879**	**52413**	**55216**
新闻出版业	2957614	2957614	2166471	12538	
新闻业	180	180			
出版业	2957434	2957434	2166471	12538	
广播、电视、电影和音像业	559832	537909	136145	11571	31667
广播	2137	2137	400		
电视	164074	164074	58292	8041	2657
电影	321149	299326	76603	2516	28408
音像制作	72472	72372	850	1014	602
文化艺术业	333028	331935	16582	5687	1070
文艺创作与表演	160600	160599	2126	40	482
艺术表演场馆	19848	19168	7301	172	
图书馆与档案馆	7321	7321	2796	3930	
文物及文化保护	985	985	875	10	
博物馆	1836	1586		150	
烈士陵园、纪念馆	300	300			
群众文化活动	31051	31051	1885	1354	
文化艺术经纪代理	97520	97520	863		588
其他文化艺术	13567	13405	736	31	
体育	202950	163470	40459	603	5708
体育组织	73570	73499	2073	257	
体育场馆	79060	75835	38175	246	5697
其他体育	50320	14136	211	100	11
娱乐业	2237259	1709765	62222	22014	16771
室内娱乐活动	973632	950474	2026	19043	16271
游乐园	221116	14620		1669	491
休闲健身娱乐活动	928884	635178	58473	1302	9
其他娱乐活动	113627	109493	1723		

联营企业	有限责任公司	股份有限公司	私营企业	其他企业	港、澳、台商投资企业	外商投资企业
	85370	**1258**	**598477**	**148800**	**14972**	**9024**
	85370	1258	598477	148800	14972	9024
	1582	291	77958	11506		2163
			3162			85
	1622		31361	1724		
	1320		4019	2290		
	80846	967	481977	133280	14972	6776
10941	**443204**	**54068**	**1590122**	**105974**	**6760**	**5638**
9194	426028	54068	1573211	102706	6760	5148
6799	407503	52431	1231981	49258	6760	4644
183	3799		24651	9014		
2212	12896	1637	288112	44297		
	1755		300	70		
			3			
			13515			
			643			
	75		14006	67		504
1747	15027		1738			
1747	15027		1738			
	2149		15173	3268		490
	2028		6963	3268		
	121		8210			490
33133	**675213**	**714947**	**1482353**	**265539**	**21904**	**568086**
3761	105815	649066	19643	320		
			180			
3761	105815	649066	19463	320		
	175572	30159	114126	38669	9354	12569
	785			952		
	36120		35263	23701		
	126722	29794	33901	1382	9354	12469
	11945	365	44962	12634		100
9599	130220	458	165549	2770	680	413
9589	102728	308	43208	2118		1
	60		11635		680	
	327		268			
			100			
10			1426			250
			300			
	15300		12512			
	11795		83724	550		
	10	150	12376	102		162
	69840	3090	36169	7601		39480
	49942	2290	11336	7601		71
	10468	800	20449			3225
	9430		4384			36184
19773	193766	32174	1146866	216179	11870	515624
19687	28020	18858	668926	177643	730	22428
			12460			206496
86	124276	13316	399180	38536	8981	284725
	41470		66300		2159	1975

2-15 按地区、登记注册类型

地区	全年营业收入（千元）				
		内资企业			
			国有企业	集体企业	股份合作企业
全　　省	**4540884301**	**3899923791**	**646804137**	**116666862**	**37828095**
沈阳市	**1369127317**	**1160926207**	**130567472**	**28437253**	**8640240**
和平区	138932566	118551894	32304487	2930154	472322
沈河区	332386810	321030894	33208965	854173	892649
大东区	109457584	59465551	6625649	4342767	196286
皇姑区	51541709	49702555	5412040	2201020	1475268
铁西区	79214501	72845762	19550635	1206917	483158
苏家屯区	45951673	40584380	2124427	4861542	364554
东陵区	123501288	85675219	4997542	2441589	1997111
沈北新区	103428731	82165198	9042165	1896260	395747
于洪区	278931721	227549282	15980005	4624173	965888
辽中县	33580355	33288752	102436	639988	1078010
康平县	16943211	16894293	335118	505071	
法库县	24617023	23971072	259421	792113	205185
新民市	30640146	29201355	624581	1141485	114061
大连市	**1170315306**	**893249780**	**88423090**	**13666124**	**6076463**
中山区	190308903	175062210	30113910	175020	597060
西岗区	90472731	81539580	4977794	1058047	738312
沙河口区	90373639	69704717	7016947	875357	727154
甘井子区	232323356	198148571	18670035	3518959	1074087
旅顺口区	24144978	19355332	5202607	434634	205147
金州区	329732270	167462598	15376977	1803798	1173982
长海县	1451692	1406890	76544	154686	65554
瓦房店市	91361694	81759356	3292418	2857968	902424
普兰店市	60105133	49572195	1044226	1289073	240219
庄河市	60040910	49238330	2651633	1498581	352525
鞍山市	**391507389**	**379951668**	**142999846**	**18968415**	**5270327**
铁东区	63854776	61794130	8148409	1644326	905808
铁西区	108825248	107536784	96989593	630754	96948
立山区	58556296	57499708	33146074	3526380	136287
千山区	53082124	50811944	983892	4013673	583361
台安县	17668730	17408137	731344	1298752	277622
岫岩满族自治县	13052768	12459180	854322	4216352	20506
海城市	76467447	72441785	2146212	3638179	3249794
抚顺市	**181200283**	**171511777**	**15600023**	**6150600**	**815277**
新抚区	74293183	72499793	6670897	734375	45312
东洲区	12459462	11344798	1974011	1501544	22841
望花区	44942828	41793944	2087507	1727644	128665
顺城区	22471859	19254726	2089533	252031	226472
抚顺县	11601972	11275493	61218	296384	
新宾满族自治县	7012360	7012360	774738	661536	131710
清原满族自治县	8418620	8330662	1942119	977086	260278
本溪市	**175336163**	**163636877**	**5447920**	**5319850**	**835526**
平山区	121035232	112590314	1512066	1950295	203091
溪湖区	12886628	11853604	725323	996200	
明山区	21354671	19926777	1891540	532906	298235
南芬区	2567145	2515084	224497	572268	33579
本溪满族自治县	10572174	10529740	785915	1031003	122337
桓仁满族自治县	6920313	6221358	308579	237179	178284
丹东市	**103215297**	**88684560**	**9559133**	**4123401**	**1940559**
元宝区	6177545	5597560	280169	366353	331303
振兴区	37611932	30168024	5464308	284681	551584
振安区	8751324	7242383	305436	558322	57281
宽甸满族自治县	13502768	12522246	815215	276127	170219
东港市	22199357	19001503	1878079	1753241	470775
凤城市	14972369	14152843	815926	884677	359396

分组的全年营业收入

联营企业	有限责任公司	股份有限公司	私营企业	其他企业	港、澳、台商投资企业	外商投资企业
4823752	**854517272**	**790394441**	**1423303074**	**25586158**	**133648396**	**507312114**
1851706	**261829974**	**295900289**	**431791408**	**1907864**	**50818085**	**157383025**
118740	30438690	14962221	37278408	46873	11416608	8964063
26691	26965074	234446095	23768277	868970	2402562	8953353
22201	20484391	2076301	25716104	1852	2555756	47436278
38936	28266162	2730600	9444049	134479	600833	1238321
92821	16677750	4288686	30452722	93072	3422575	2946164
1682	5688063	2145150	25305716	93245	700967	4666326
83428	19023658	4261322	52750960	119608	8177214	29648854
146025	28499206	5850281	36073814	261700	4744687	16518845
907848	79505904	22121751	103314334	129377	16498112	34884326
117850	955573	1564933	28825861	4100	28628	262975
	324843	72300	15632252	24708	2046	46872
269829	920907	84127	21435490	4000	216580	429371
25655	4079752	1296521	21793420	125879	51516	1387275
880090	**257534328**	**157520842**	**353905247**	**15243596**	**33246898**	**243818628**
40677	40754706	65859360	37330745	190732	5331576	9915117
319	53903935	3069778	17791225	170	4321787	4611364
10802	39219780	690471	21152957	11251	1355918	19313004
57625	46073952	70905925	57261526	586462	5829995	28344790
5292	2385862	478985	10605100	37705	880021	3909625
45017	44358000	9329447	84302026	11073352	9940775	152328897
	188001	510184	410098	1822	44802	
150417	18484230	3998756	50118439	1954704	1444311	8158027
46022	7298099	2675637	36557222	421697	2169392	8363545
523919	4867762	2300	38375909	965701	1928322	8874259
241767	**56848695**	**14506977**	**136493834**	**4621807**	**4835901**	**6719820**
31852	18948106	12900315	18392963	822350	1533620	527027
18127	7853378	124355	1816349	7281	541117	747347
9378	10292717	171170	10110244	107458	24683	1031905
6553	4925192	910208	38425390	963675	821268	1448912
	3404071	314791	11006719	374837		260594
2900	1208797	13960	6139332	3012	115500	478088
172957	10216434	72178	50602836	2343194	1799714	2225948
75094	**42950723**	**64674751**	**41233915**	**11395**	**4332616**	**5355890**
6764	11827541	51557490	1657415		564093	1229296
10402	2316902	1103419	4415680		699443	415222
18362	21662065	7794543	8375058	100	1537443	1611440
20912	4959726	3562741	8139918	3394	1322102	1895031
	63289	603200	10251403		209535	116943
16731	1324656	12400	4083717	6871		
1923	796544	40958	4310726	1030		87958
179316	**25242081**	**93519640**	**32580322**	**512223**	**1532585**	**10166701**
82350	12451729	85485651	10762153	142980	302442	8142475
2469	2454486	263468	7405395	6262	816585	216440
91851	5318618	6198577	5536454	58595	133433	1294461
2646	132365	22783	1410490	116456	26267	25794
	2866547	342372	5317801	63766		42434
	2018334	1206789	2148028	124164	253858	445097
31929	**16493826**	**7954797**	**48014580**	**566336**	**2501291**	**12029446**
7086	660102	987319	2932529	32698	162200	417786
9083	10107282	4612857	9099859	38369	1205293	6238616
300	1244157	1450340	3329505	297042	274547	1234394
8994	1375415	352617	9461025	62636	48500	932021
2762	1020545	1	13751960	124141	656685	2541169
3704	2086327	551662	9439702	11449	154066	665460

2-15 续表

地区	全年营业收入（千元）	内资企业			
			国有企业	集体企业	股份合作企业
锦州市	**160555020**	**141457348**	**43832143**	**7672773**	**4643411**
古塔区	50756676	47955734	34835265	1189628	111913
凌河区	16988302	16443085	5502216	494118	88651
太和区	47855730	34330404	2222072	884098	660086
黑山县	8621513	8542707	262120	661598	142922
义县	5759242	4721245	89621	411157	490163
凌海市	22636627	21901721	630468	3743139	3016835
北镇市	7936930	7562452	290381	289034	132841
营口市	**189694394**	**145944623**	**10347872**	**7033004**	**478910**
站前区	29988554	26495422	3510255	1056327	20938
西市区	14004401	9612664	464772	517454	60076
鲅鱼圈区	53493363	28088731	4012993	174582	61892
老边区	28216790	26856312	243137	2628447	61822
盖州市	14712217	13631132	1328886	1542401	110315
大石桥市	49279069	41260362	787829	1113793	163867
阜新市	**56817749**	**52931365**	**12460643**	**3083209**	**1670153**
海州区	18682014	17731140	9696282	505788	2433
新邱区	2498145	2453311	157385	117971	
太平区	6268752	5947838	619710	371888	638
清河门区	3562938	3488624	378758	132178	
细河区	13446298	11913201	767569	162479	1620472
阜新蒙古族自治县	9951334	8992335	692178	1593594	40502
彰武县	2408267	2404916	148761	199310	6108
辽阳市	**171625422**	**148833054**	**15098022**	**7572315**	**1145477**
白塔区	35560054	33541717	2714259	314518	180273
文圣区	8566016	8234014	2863841	222947	66553
宏伟区	63179790	44921821	3822811	3420666	361252
弓长岭区	5130493	5004909	221005	1216769	
太子河区	11890696	10631241	3919944	343335	215360
辽阳县	29127464	28751168	829552	881504	289043
灯塔市	18170907	17748185	726610	1172575	32995
盘锦市	**185099017**	**180742919**	**97137283**	**1807697**	**2223723**
双台子区	16729078	15598050	3910701	541548	209012
兴隆台区	133364179	131352038	89091284	862512	1527473
大洼县	23806525	23218519	2082395	215779	461477
盘山县	11199235	10574313	2052903	187858	25761
铁岭市	**122489899**	**115737209**	**7305171**	**5720436**	**509545**
银州区	33130413	29328903	4612283	1244839	196297
清河区	6717277	5156370	164313	308929	1021
铁岭县	23520757	22920541	772571	1059221	
西丰县	3492544	3440931	276688	353919	19010
昌图县	13513768	13249780	552781	270567	118378
调兵山市	15445967	15142362	267759	525851	40170
开原市	26669174	26498323	658776	1957110	134670
朝阳市	**102044940**	**98400049**	**4034676**	**2163004**	**626623**
双塔区	28281328	26718142	2241071	433671	223672
龙城区	9374095	9121824	183461	52262	1244
朝阳县	7777555	7460648	80789	24773	
建平县	12701719	12150288	629485	446739	145000
喀喇沁左翼蒙古族自治县	9055013	8489373	226632	707314	55280
北票市	16055940	15987147	310007	107949	103617
凌源市	18799291	18472627	363232	390296	97810
葫芦岛市	**108361291**	**104421542**	**10496029**	**4948781**	**2951862**
连山区	48773258	48420944	3810784	1853613	388700
龙港区	38303096	36370961	2434869	1336580	2481490
南票区	1988418	1186160	32518	214786	
绥中县	7669013	7557899	3197302	833945	62715
建昌县	6093950	6093950	389626	159336	3926
兴城市	5533556	4791628	630929	550521	15030

联营企业	有限责任公司	股份有限公司	私营企业	其他企业	港、澳、台商投资企业	外商投资企业
53765	**27096478**	**15825929**	**42033372**	**299478**	**5537478**	**13560193**
16095	3669463	4192275	3907677	33418	318238	2482703
11613	4519010	2443545	3376162	7770	196316	348901
23710	13640178	7462688	9406796	30776	4298788	9226538
	1397281		5925018	153768	10273	68533
2347	394720	47827	3257589	27822	530519	507478
	2743735	1679594	10068108	19842	93693	641212
	732091		6092023	26083	89650	284828
334805	**22675701**	**20160577**	**84768782**	**144970**	**8974292**	**34775479**
11376	4514775	6866763	10513217	1771	1055527	2437605
	1666770	1392062	5510910	620	671042	3720695
19743	4911325	2948455	15942875	16866	5465121	19939512
	9527491	96299	14249489	49627	159298	1201180
37242	73169	293251	10185687	60180	113345	967740
266445	1982171	8563747	28366605	15906	1509959	6508747
29570	**10094970**	**3682429**	**21711031**	**199359**	**1100995**	**2785390**
7569	1896722	2636796	2985457	93	6008	944866
	47769	3991	2118914	7281		44834
	3058399	39348	1817945	39909	40974	279941
5600	1233126	90	1738777	95		74314
198	2327790	875678	6042412	116604	219422	1313675
16203	950539	96861	5569205	33253	834591	124409
	580627	29664	1438321	2124		3351
260163	**27780058**	**36268453**	**60337124**	**371443**	**14262898**	**8529470**
	17162123	2076257	11079326	14960	1097083	921254
	1363405	588496	3105753	23018	16114	315889
	2100643	32686894	2517044	12511	12419712	5838257
183	128358	18041	3411570	8983	85020	40565
	644249	759020	4667874	81459	166961	1092494
	5656827	54699	20841414	198130	147959	228337
259980	724451	85046	14714144	32383	330049	92673
11730	**25047109**	**18569367**	**35706719**	**239290**	**514322**	**3841777**
	3910048	2894203	4124026	8511	38300	1092728
11730	18962664	12864118	7833838	198419	472723	1539418
	1327359	2771676	16341224	18609	3298	584708
	847038	39370	7407631	13752		624922
164891	**30064926**	**7325547**	**63835039**	**811653**	**3154980**	**3597710**
87130	4100513	6530946	12320403	236493	1405087	2396423
	359744	170353	4147182	4828	1399549	161358
	3070790	22199	17987438	8322	10421	589795
1236	8432	8936	2760892	11818	38543	13070
35	1574242	399677	10315842	18257	194399	69589
18014	10358191	16045	3916302	30	14660	288946
58475	10593014	177392	12386981	531905	92321	78530
	25123979	**17467453**	**48948167**	**36147**	**2008530**	**1636361**
	9111179	7182470	7512100	13980	933187	629999
	3753400	682835	4447775	848	218383	33888
	1962212		5392874			316907
	1492171		9432184	4710	54523	496908
	1898690	424931	5167196	9331	565639	
	1591100	2469	13872005	0	59514	9279
	5315228	9174748	3124035	7277	177283	149381
708926	**25734427**	**37017389**	**21943533**	**620596**	**827526**	**3112223**
33561	5390845	30333822	6530781	78838	14759	337556
110427	18218742	6424272	4957979	406603	682117	1250018
534114	35812	4285	360458	4187		802258
1463	415446	38629	2990464	17935		111114
706	956585	16263	4564948	2560		
28655	716998	200118	2538904	110473	130651	611277

2-16 按行业(中类)、登记注册类型

行业中类	资产总额(千元)	内资企业			
			国有企业	集体企业	股份合作企业
总　　计	**7063843759**	**6246991872**	**1793752902**	**135081087**	**148232503**
农、林、牧、渔业	**1550851**	**1550851**	**1110219**	**74850**	
农业	1129926	1129926	956626		
谷物及其他作物的种植	897340	897340	769040		
蔬菜、园艺作物的种植	122061	122061	122061		
水果、坚果、饮料和香料作物的种植	101734	101734	56734		
中药材的种植	8791	8791	8791		
林业	12183	12183	12183		
林木的培育和种植	12183	12183	12183		
畜牧业	50250	50250	2750		
牲畜的饲养	30000	30000			
家禽的饲养	20250	20250	2750		
渔业	354552	354552	135800	74850	
海洋渔业	206552	206552	105800	74850	
内陆渔业	148000	148000	30000		
农、林、牧、渔服务业	3940	3940	2860		
畜牧服务业	2860	2860	2860		
渔业服务业	1080	1080			
采矿业	**214743464**	**210969204**	**118467429**	**6103431**	**249340**
煤炭开采和洗选业	57545608	57545608	22327957	965913	36832
烟煤和无烟煤的开采洗选	57353040	57353040	22322177	932652	36832
褐煤的开采洗选	134893	134893	5780	3670	
其他煤炭采选	57675	57675		29591	
石油和天然气开采业	94687719	94648086	93826709		96063
天然原油和天然气开采	60151019	60143719	60097670		
与石油和天然气开采有关的服务活动	34536700	34504367	33729039		96063
黑色金属矿采选业	36510236	35252805	7940	2333913	6908
铁矿采选	35560703	34356446	7940	2331301	6908
其他黑色金属矿采选	949533	896359		2612	
有色金属矿采选业	13470952	11861086	1267879	813044	92414
常用有色金属矿采选	6892988	6471254	1133661	321512	73720
贵金属矿采选	1518683	1409427	124618	144672	
稀有稀土金属矿采选	5059281	3980405	9600	346860	18694
非金属矿采选业	12498017	11649519	1033684	1986400	17123
土砂石开采	7052388	6580162	147831	1362960	17123
化学矿采选	1866346	1854431	192705	97850	
采盐	1017858	1017858	685148	102077	
石棉及其他非金属矿采选	2561425	2197068	8000	423513	
其他采矿业	30932	12100	3260	4161	
其他采矿业	30932	12100	3260	4161	
制造业	**1977107867**	**1559433524**	**251637452**	**41875844**	**14068297**
农副食品加工业	79974122	59412672	2282306	923583	949485
谷物磨制	10390065	8841708	1050483	154570	2738
饲料加工	12914959	10039770	18148	105690	32716
植物油加工	10261161	6728021	91144	130423	61068
制糖	1018282	828751	4550		2780
屠宰及肉类加工	15763478	14042321	640879	155135	793927

分组的企业资产总额

联营企业	有限责任公司	股份有限公司	私营企业	其他企业	港、澳、台商投资企业	外商投资企业
5668960	**1460842998**	**1534640893**	**1127769176**	**41003353**	**239057061**	**577794826**
	128300	**118000**	**119482**			
	128300		45000			
	128300					
			45000			
			47500			
			30000			
			17500			
		118000	25902			
			25902			
		118000				
			1080			
			1080			
2349681	**35957319**	**1281867**	**45933255**	**626882**	**2313173**	**1461087**
2064854	24166156		7933454	50442		
2064854	24081598		7864485	50442		
	84558		40885			
			28084			
3890	336429	219664	165331		7300	32333
	46049				7300	
3890	290380	219664	165331			32333
3360	6856885	495736	25056880	491183	1191068	66363
3360	6856885	491436	24167433	491183	1191068	13189
		4300	889447			53174
59425	3699676	466123	5409503	53022	826339	783527
56005	969275	335190	3532269	49622	167243	254491
3420	287470	77639	769108	2500		109256
	2442931	53294	1108126	900	659096	419780
218152	897794	100344	7363787	32235	288466	560032
36330	260210	80670	4649150	25888	55362	416864
	213422	1524	1345033	3897		11915
	202913		27720			
181822	221249	18150	1341884	2450	233104	131253
	379		4300			18832
	379		4300			18832
1834354	**497773012**	**262277685**	**478887130**	**11079750**	**85908663**	**331765680**
5519	8812213	4555452	41676456	207658	3475272	17086178
750	710666	60072	6817364	45065	130384	1417973
	1302379	299042	8272368	9427	546608	2328581
	1827246	1063767	3549953	4420	111413	3421727
	101764		719657		187756	1775
111	1825704	502215	10051005	73345	579550	1141607

2-16 续表 1

行业中类	资产总额(千元)				
		内资企业			
			国有企业	集体企业	股份合作企业
水产品加工	16689622	11304124	459070	317662	43876
蔬菜、水果和坚果加工	6280686	4199828	7120	23459	4195
其他农副食品加工	6655869	3428149	10912	36644	8185
食品制造业	22985761	14116971	1498205	202586	39927
焙烤食品制造	2703355	2312345	42126	20397	7398
糖果、巧克力及蜜饯制造	518267	382365	201	416	
方便食品制造	4929282	2278136	187447	6226	6965
液体乳及乳制品制造	4370751	1513526	94800	14632	
罐头制造	2879290	1720236	35207	10875	
调味品、发酵制品制造	2700591	1722805	178844	36756	7779
其他食品制造	4884225	4187558	959580	113284	17785
饮料制造业	21054504	8476372	381247	221772	177685
酒精制造	530924	259466	53526	2100	
酒的制造	12389835	4227440	294844	123898	5370
软饮料制造	8116829	3972550	32877	95671	172315
精制茶加工	16916	16916		103	
烟草制品业	2679680	2679680	119730	41514	
烟叶复烤	122430	122430	119730	2700	
卷烟制造	2557250	2557250		38814	
纺织业	25358431	20213033	2164805	733743	222320
棉、化纤纺织及印染精加工	11858228	9791258	916637	144303	22697
毛纺织和染整精加工	1365676	1296941	432492	23784	
麻纺织	302304	213802			
丝绢纺织及精加工	2784948	2734208	666688	264410	12963
纺织制成品制造	4427664	3264221	64106	226075	173526
针织品、编织品及其制品制造	4619611	2912603	84882	75171	13134
纺织服装、鞋、帽制造业	30802257	20060429	179014	755373	115952
纺织服装制造	29216001	18864186	174216	713133	111441
纺织面料鞋的制造	1515524	1155701	4798	28490	
制帽	70732	40542		13750	4511
皮革、毛皮、羽毛(绒)及其制品业	3445420	2394763	237407	146096	55812
皮革鞣制加工	183002	50218	40990	1100	
皮革制品制造	2548923	1670696	178681	112434	17840
毛皮鞣制及制品加工	578802	544207	17736	32562	37972
羽毛(绒)加工及制品制造	134693	129642			
木材加工及木、竹、藤、棕、草制品业	17285253	11877057	162333	409100	130513
锯材、木片加工	3231028	2546492	84425	108256	80600
人造板制造	5656251	4628828	62001	74808	31829
木制品制造	8201093	4541930	14237	193662	14910
竹、藤、棕、草制品制造	196881	159807	1670	32374	3174
家具制造业	13091335	6506835	9834	86468	2816
木质家具制造	12039670	5648567	3224	58790	1026
竹、藤家具制造	45211	31620			
金属家具制造	394683	340550	4110	25003	
塑料家具制造	21430	21430	2000	2267	
其他家具制造	590341	464668	500	408	1790
造纸及纸制品业	15909499	13290249	2698973	572819	83460
纸浆制造	46114	24879		3180	
造纸	8558248	7552196	2617297	206513	32188
纸制品制造	7305137	5713174	81676	363126	51272

联营企业	有限责任公司	股份有限公司	私营企业	其他企业	港、澳、台商投资企业	外商投资企业
1270	936248	2262716	7223296	59986	1209263	4176235
857	1314663	360626	2474173	14735	282195	1798663
2531	793543	7014	2568640	680	428103	2799617
	2320050	1351492	8658616	46095	2717791	6150999
	447989	108047	1680088	6300	51741	339269
	19414		362334		133900	2002
	395944	85830	1595724		1544024	1107122
	357002	499117	547975		378384	2478841
	26226	29050	1613999	4879	218144	940910
	441345	337631	712370	8080	257243	720543
	632130	291817	2146126	26836	134355	562312
1500	1551686	368995	5766678	6809	5476903	7101229
	52103		151737			271458
	1141105	302894	2356210	3119	3923893	4238502
1500	355874	64557	3246066	3690	1553010	2591269
	2604	1544	12665			
	1396531	1121905				
	1396531	1121905				
4668	3853940	498485	12520899	214173	2086257	3059141
20	3290907	419972	4986820	9902	1451498	615472
	124076		716589			68735
	34460		174727	4615	16113	72389
	63428	19310	1707409			50740
4128	233659	13508	2530280	18939	298834	864609
520	107410	45695	2405074	180717	319812	1387196
5003	8284791	114649	10543618	62029	3145289	7596539
5003	8283421	114649	9400294	62029	3143505	7208310
	1370		1121043		1784	358039
			22281			30190
37608	75491	79262	1741519	21568	195466	855191
			8128		6545	126239
37608	70946	79262	1166915	7010	184883	693344
	3224		449745	2968	3988	30607
	1321		116731	11590	50	5001
620	897573	226184	9983081	67653	1147556	4260640
	438543	5636	1793165	35867	12013	672523
	177865	177468	4100865	3992	182270	845153
620	280665	43080	3966962	27794	939679	2719484
	500		122089		13594	23480
1738	229421	38012	6118606	19940	737612	5846888
1475	102347	37722	5432507	11476	633938	5757165
			31620		13591	
263	119074	290	188410	3400	31281	22852
			14163	3000		
	8000		451906	2064	58802	66871
	1319902	1890607	6677688	46800	1304080	1315170
	150	8087	13462			21235
	778322	1764126	2152350	1400	538465	467587
	541430	118394	4511876	45400	765615	826348

2-16 续表 2

行业中类	资产总额（千元）				
		内资企业			
			国有企业	集体企业	股份合作企业
印刷业和记录媒介的复制	9920265	8747596	986086	601194	302760
印刷	8881075	7816081	984265	570351	291634
装订及其他印刷服务活动	304289	196614	1821	30843	11126
记录媒介的复制	734901	734901			
文教体育用品制造业	2383162	1188341	296991	79151	16703
文化用品制造	543107	395980	1823	53907	71
体育用品制造	654707	200952		901	12062
乐器制造	928011	379075	295168	5840	820
玩具制造	93320	54837			
游艺器材及娱乐用品制造	164017	157497		18503	3750
石油加工、炼焦及核燃料加工业	116386629	103180529	17975293	749628	351599
精炼石油产品的制造	112940860	100134468	17975293	701122	350173
炼焦	3445769	3046061		48506	1426
化学原料及化学制品制造业	144205567	130708313	21988801	3517056	395468
基础化学原料制造	31079268	27857402	649283	1972750	38833
肥料制造	44365362	43670430	16106060	77041	1740
农药制造	4275736	3278593	590831	15663	29216
涂料、油墨、颜料及类似产品制造	10461506	9182442	271918	266581	87633
合成材料制造	25592717	25170845	409358	165521	19029
专用化学产品制造	25907415	19885070	3727982	818005	210974
日用化学产品制造	2523563	1663531	233369	201495	8043
医药制造业	32087380	22263562	3431105	313633	63572
化学药品原药制造	10184260	8666321	2684721	126217	
化学药品制剂制造	8896640	4504682	624588	40950	
中药饮片加工	2540993	2001634	16757	40043	
中成药制造	3620374	2447139	37427	55278	57640
兽用药品制造	785666	785666	4592	36737	3065
生物、生化制品的制造	4968282	2829329	61891	10405	
卫生材料及医药用品制造	1091165	1028791	1129	4003	2867
化学纤维制造业	12987412	12749860	11267234	13609	30268
纤维素纤维原料及纤维制造	1535641	1527667	1159306	1245	3048
合成纤维制造	11451771	11222193	10107928	12364	27220
橡胶制品业	19501878	11847602	313150	1716665	185402
轮胎制造	10970438	5360808	55	1147806	2000
橡胶板、管、带的制造	3338059	2286268	37372	100276	48417
橡胶零件制造	2392748	2130077	120048	309436	113499
再生橡胶制造	1052300	655556	3650	3156	10385
日用及医用橡胶制品制造	389461	301068	188	5730	
橡胶靴鞋制造	380683	225510	89991	17389	
其他橡胶制品制造	978189	888315	61846	132872	11101
塑料制品业	51938886	28064373	273067	915054	213388
塑料薄膜制造	3284919	2465765	30255	69618	46996
塑料板、管、型材的制造	22257276	7178821	17228	247217	70572
塑料丝、绳及编织品的制造	10801374	8179090	2595	234134	22706
泡沫塑料制造	3201238	2800592	68172	45004	18080
塑料人造革、合成革制造	438399	434941		65075	
塑料包装箱及容器制造	3588997	1778972	14320	52636	22786

联营企业	有限责任公司	股份有限公司	私营企业	其他企业	港、澳、台商投资企业	外商投资企业
9410	2265866	226711	4336019	19550	237057	935612
9410	1774811	226711	3941164	17735	237057	827937
	36121		114888	1815		107675
	454934		279967			
22105	55647	2250	709401	6093	133746	1061075
	49106	2250	288823		2556	144571
	1370		181316	5303	98704	355051
	1621		75626		15863	533073
22105	3550		28392	790	10103	28380
			135244		6520	
658563	9767971	63087846	10573982	15647	392596	12813504
	9272470	63087846	8731917	15647	392596	12413796
658563	495501		1842065			399708
43794	39766136	36153681	28501512	341865	3668265	9828989
3178	10668174	7829716	6691363	4105	249321	2972545
500	19595916	3364541	4482752	41880	293839	401093
1320	517724	1254341	869498		37750	959393
2763	2646168	849648	5053335	4396	245573	1033491
11695	811138	22144907	1597004	12193	256554	165318
24338	5258662	617918	8949600	277591	2379760	3642585
	268354	92610	857960	1700	205468	654564
25222	7504715	1737444	9130509	57362	2311877	7511941
24722	3613452	46938	2170271		319385	1198554
	938206	798826	2054734	47378	314550	4077408
	580930	94495	1260052	9357	142562	396797
500	1106360	207279	982655		439652	733583
	261122	2500	477650			
	971104	587406	1197896	627	1084012	1054941
	33541		987251		11716	50658
	594473		844276		84975	152577
	304060		60008			7974
	290413		784268		84975	144603
388	3739948	109804	5759593	22652	441876	7212400
	2042347	2600	2166000		2000	5607630
	1089375	74216	914315	22297	375831	675960
388	343295	23711	1219700		29939	232732
	32082		606283		70	396674
	175849		119301		15109	73284
	4561	7777	105792			155173
	52439	1500	628202	355	18927	70947
6321	4852983	554633	21192547	56380	6261429	17613084
	520007	11454	1779662	7773	23570	795584
1921	1045589	193119	5578820	24355	4796773	10281682
500	197740	18468	7696528	6419	83122	2539162
	1883724		783940	1672	9159	391487
	804		369062			3458
	523805	12532	1152553	340	734197	1075828

2-16 续表 3

行业中类	资产总额(千元)				
		内资企业			
			国有企业	集体企业	股份合作企业
塑料零件制造	1822144	489429	1256	60701	12397
日用塑料制造	3397754	3111723	112527	71414	14037
其他塑料制品制造	3146785	1625040	26714	69255	5814
非金属矿物制品业	117779134	101675756	3597233	4955186	328908
水泥、石灰和石膏的制造	24357819	23080909	649027	394502	45347
水泥及石膏制品制造	12050364	9700979	617150	240143	51976
砖瓦、石材及其他建筑材料制造	19685311	18197190	711474	1326522	65137
玻璃及玻璃制品制造	11385053	8898201	103850	189352	132717
陶瓷制品制造	1917205	1766133	6485	193720	1108
耐火材料制品制造	40316658	33357578	1367145	2202619	6531
石墨及其他非金属矿物制品制造	8066724	6674766	142102	408328	26092
黑色金属冶炼及压延加工业	341164258	321661346	124860632	2348421	3322132
炼铁	5941828	5731580	2675	181989	
炼钢	27190194	27166326	30105	83380	2187
钢压延加工	295846018	277351255	124492344	1203331	1485393
铁合金冶炼	12186218	11412185	335508	879721	1834552
有色金属冶炼及压延加工业	57579009	38502771	4431323	1858587	228722
常用有色金属冶炼	20630114	19875998	76685	952816	69936
贵金属冶炼	1410123	1383015		69854	32377
稀有稀土金属冶炼	3196505	2423123	2883	256918	25356
有色金属合金制造	2859350	1558405	4378	161991	39948
有色金属压延加工	29482917	13262230	4347377	417008	61105
金属制品业	63979243	52893738	2316804	4103023	496762
结构性金属制品制造	34086186	31630978	485405	1160277	149993
金属工具制造	3530088	2034922	132088	130948	93939
集装箱及金属包装容器制造	8819340	5589814	95002	844075	87891
金属丝绳及其制品的制造	3873365	2731274	432565	234203	28557
建筑、安全用金属制品制造	3498933	2778618	69866	214131	63347
金属表面处理及热处理加工	4931132	4412449	71333	1299509	47699
搪瓷制品制造	163768	133174		4576	
不锈钢及类似日用金属制品制造	936293	524368	2237	31529	9651
其他金属制品制造	4140138	3058141	1028308	183775	15685
通用设备制造业	218117933	173355758	16335921	7432822	1930819
锅炉及原动机制造	9991985	7003134	2407572	373513	40118
金属加工机械制造	46139893	42372794	423434	401210	117712
起重运输设备制造	15693998	11285771	3091367	446694	95925
泵、阀门、压缩机及类似机械的制造	28096238	22920460	2868056	893111	537886
轴承、齿轮、传动和驱动部件的制造	26664334	22978567	1312483	477566	294752
烘炉、熔炉及电炉制造	640459	532472	142820	65005	14341
风机、衡器、包装设备等通用设备制造	32531230	15872456	720242	676235	411068
通用零部件制造及机械修理	24073705	21075783	1593348	2570460	247231
金属铸、锻加工	34286091	29314321	3776599	1529028	171786
专用设备制造业	116108202	96920372	13480561	2282769	626125
矿山、冶金、建筑专用设备制造	69674887	60914126	9356237	1417365	345447
化工、木材、非金属加工专用设备制造	17363253	13446455	2742852	396173	46622
食品、饮料、烟草及饲料生产专用设备制造	1582601	1373022	8750	97103	4033
印刷、制药、日化生产专用设备制造	2864864	2268837	62325	24619	4659
纺织、服装和皮革工业专用设备制造	2134821	1120249	84325	38074	10991
电子和电工机械专用设备制造	6179546	5927813	694635	22196	10598

联营企业	有限责任公司	股份有限公司	私营企业	其他企业	港、澳、台商投资企业	外商投资企业
	83331	20694	307730	3320	182862	1149853
3900	177894	282559	2442333	7059	53496	232535
	420089	15807	1081919	5442	378250	1143495
88827	22013639	4411165	66135592	145206	3855385	12247993
1076	8656158	615387	12694231	25181	310679	966231
33460	1712259	197368	6816975	31648	1129054	1220331
450	1975033	157029	13902368	59177	705424	782697
	4204101	1438712	2823853	5616	110395	2376457
	487050	625	1071920	5225		151072
53841	3360120	1969509	24386904	10909	1351504	5607576
	1618918	32535	4439341	7450	248329	1143629
19698	59064271	106931268	24935219	179705	3663076	15839836
	578414	166603	4801899		186939	23309
	25847723	47652	1155279			23868
19698	31022807	103032410	15926081	169191	3311731	15183032
	1615327	3684603	3051960	10514	164406	609627
2000	14509857	3515709	13811851	144722	15120919	3955319
	12002126	2585129	4189256	50	406374	347742
	406591	237652	520059	116482		27108
	431445		1699012	7509	7301	766081
	256846	37043	1058199			1300945
2000	1412849	655885	6345325	20681	14707244	1513443
17372	18116155	1892157	25752410	199055	1883601	9201904
8987	14603817	858000	14285691	78808	373810	2081398
3493	220894	46013	1397063	10484	64796	1430370
4892	1102399	823405	2626920	5230	440312	2789214
	456592		1578090	1267	617897	524194
	283414	32341	2095782	19737	134494	585821
	585887	59010	2285419	63592	196576	322107
			128598			30594
	38038	1473	431252	10188	6487	405438
	825114	71915	923595	9749	49229	1032768
45522	49145525	12447217	77449450	8568482	3672581	41089594
4340	1159779	100854	2912561	4397	78313	2910538
1128	22736105	3581780	7205751	7905674	507542	3259557
4055	1531640	11207	6058196	46687	1221508	3186719
7432	5926398	564744	12076313	46520	215601	4960177
	6966469	2358685	11110277	458335	101256	3584511
	28508	115562	165573	663		107987
	3780710	4831972	5443372	8857	196358	16462416
25305	2645019	440569	13508220	45631	208964	2788958
3262	4370897	441844	18969187	51718	1143039	3828731
164500	48536164	5355563	26346567	128123	4560269	14627561
18528	38407652	1224644	10079166	65087	3476838	5283923
133411	3021361	1221856	5875968	8212	479041	3437757
	488349	7560	762209	5018	478	209101
	251681	376704	1543011	5838	38578	557449
5007	213225	327377	441250		137867	876705
	4373072	34350	787058	5904	18016	233717

2-16 续表 4

行业中类	资产总额（千元）				
		内资企业	国有企业	集体企业	股份合作企业
农、林、牧、渔专用机械制造	2760685	2516902	67294	68370	53426
医疗仪器设备及器械制造	3639381	1716751	56312	32843	12754
环保、社会公共安全及其他专用设备制造	9908164	7636217	407831	186026	137595
交通运输设备制造业	278557149	190296286	9011588	2899594	1920320
铁路运输设备制造	13779471	12681360	1432514	715811	52011
汽车制造	92076796	36887035	3182795	668947	1820557
摩托车制造	180516	164775		7381	
自行车制造	174467	167545	33733	11617	7362
船舶及浮动装置制造	145287812	113452267	3516051	1487661	40390
航空航天器制造	26411058	26373761	839275	6132	
交通器材及其他交通运输设备制造	647029	569543	7220	2045	
电气机械及器材制造业	86127581	60645763	5139575	2389379	1462601
电机制造	11185626	6330597	1430464	115262	16314
输配电及控制设备制造	40940974	30711880	2164535	1303722	571957
电线、电缆、光缆及电工器材制造	21690833	17846050	1195442	610197	774652
电池制造	1519561	416734	38778	28640	2679
家用电力器具制造	6274109	2371396	148749	87293	757
非电力家用器具制造	986381	750316		2667	8351
照明器具制造	2127838	1718056	134473	134977	82631
其他电气机械及器材制造	1402259	500734	27134	106621	5260
通信设备、计算机及其他电子设备制造业	50791839	27675926	4109121	242102	59056
通信设备制造	3915164	1585795	230223	58882	26275
雷达及配套设备制造	1080959	1080959	828613		
广播电视设备制造	823179	709615	1861	2907	909
电子计算机制造	6805301	1081194	282451	51152	
电子器件制造	12369654	9281634	288367	19033	10640
电子元件制造	7099871	2352069	194688	31678	19465
家用视听设备制造	11799715	9445554	2239444	57125	537
其他电子设备制造	6897996	2139106	43474	21325	1230
仪器仪表及文化、办公用机械制造业	14242046	10189754	1516825	359067	158318
通用仪器仪表制造	9075698	6747225	1111834	225727	123574
专用仪器仪表制造	2126447	1795081	72040	57709	24802
钟表与计时仪器制造	710955	584226	321740	51213	3124
光学仪器及眼镜制造	460011	91873	11211	3679	800
文化、办公用机械制造	1618786	750095		5250	
其他仪器仪表的制造及修理	250149	221254		15489	6018
工艺品及其他制造业	8460539	5887973	563044	605318	175456
工艺美术品制造	3837378	3014450	20715	329132	173565
日用杂品制造	1706664	219574		40502	1351
煤制品制造	637251	598848	4220	197743	540
核辐射加工	29951	551			
其他未列明的制造业	2249295	2054550	538109	37941	
废弃资源和废旧材料回收加工业	2203493	1949844	9244	400532	21948
金属废料和碎屑的加工处理	1450234	1450234	1889	206614	5810
非金属废料和碎屑的加工处理	753259	499610	7355	193918	16138
电力、燃气及水的生产和供应业	**233922781**	**205699069**	**129076087**	**496486**	**93819**
电力、热力的生产和供应业	206331167	180851913	117745308	365986	45982
电力生产	88040580	66247274	26860711	72327	33000
电力供应	87539836	86672597	86034054	55679	
热力生产和供应	30750751	27932042	4850543	237980	12982

联营企业	有限责任公司	股份有限公司	私营企业	其他企业	港、澳、台商投资企业	外商投资企业
5369	184152	3445	2128004	6842		243783
	129323	944613	540906		98834	1823796
2185	1467349	1215014	4188995	31222	310617	1961330
611758	149999181	7719814	18065563	68468	7612748	80648115
	9561517	33956	878479	7072	3000	1095111
161850	11391275	6517614	13090792	53205	7030447	48159314
	11669		145725		15741	
	9128	5853	96852	3000		6922
449908	103884552	1140450	2928064	5191	500923	31334622
	25140420	21741	366193		13578	23719
	620	200	559458		49059	28427
16711	17711543	5955155	27768450	202349	7230217	18251601
	686934	1160315	2888855	32453	347732	4507297
10211	8581055	4274358	13744550	61492	5954159	4274935
600	6633895	233754	8334400	63110	421390	3423393
	25655	10260	310722		329835	772992
	949689	223962	960226	720	143267	3759446
4800	470783	2020	261695		2155	233910
	315061	49759	956851	44304	29809	379973
1100	48471	727	311151	270	1870	899655
4857	16931558	1030098	5143037	156097	2897820	20218093
	338504	62069	868735	1107	171131	2158238
	228383		23963			
	91397	470334	142207			113564
4857	67108	304970	356722	13934	1524837	4199270
	8074680	20324	866790	1800	303266	2784754
	803580	74229	1228429		500735	4247067
	7048068	95583	4797		119521	2234640
	279838	2589	1651394	139256	278330	4480560
22039	1948423	838312	5291026	55744	1383167	2669125
16732	1286796	322870	3657184	2508	1139709	1188764
177	335819	173286	1087570	43678	141759	189607
	96853		111296		2750	123979
	2139		74044			368138
	124062	342156	278627		88750	779941
5130	102754		82305	9558	10199	18696
18611	1836142	61645	2608232	19525	171533	2401033
18611	426499	61145	1967258	17525	157450	665478
	44765	500	132456		8321	1478769
	20090		376145	110	1100	37303
			551			29400
	1344788		131822	1890	4662	190083
	671217	2170	844733		39300	214349
	623942		611979			
	47275	2170	232754		39300	214349
68273	**56263550**	**9599522**	**10017412**	**83920**	**11848016**	**16375696**
62068	44452129	9527436	8585084	67920	10788435	14690819
13101	31307996	4344695	3579483	35961	8875874	12917432
	385168		197696			867239
48967	12758965	5182741	4807905	31959	1912561	906148

2-16 续表 5

行业中类	资产总额(千元)				
		内资企业			
			国有企业	集体企业	股份合作企业
燃气生产和供应业	7678361	5597643	2824794	12504	44
燃气生产和供应业	7678361	5597643	2824794	12504	44
水的生产和供应业	19913253	19249513	8505985	117996	47793
自来水的生产和供应	16041591	15745400	7872072	117886	20760
污水处理及其再生利用	3295120	2940923	633913	110	27033
其他水的处理、利用与分配	576542	563190			
建筑业	**223491458**	**218572141**	**47747310**	**13514852**	**1871438**
房屋和土木工程建筑业	169019792	166618290	43262401	8226676	1250001
房屋工程建筑	87392528	85649330	6996029	5973843	711509
土木工程建筑	81627264	80968960	36266372	2252833	538492
建筑安装业	37783373	36766776	3911278	4813931	501446
建筑安装业	37783373	36766776	3911278	4813931	501446
建筑装饰业	11739874	10359086	261277	310611	78505
建筑装饰业	11739874	10359086	261277	310611	78505
其他建筑业	4948419	4827989	312354	163634	41486
工程准备	3431091	3363281	207325	125019	14245
提供施工设备服务	305685	297134	30281	2225	50
其他未列明的建筑活动	1211643	1167574	74748	36390	27191
交通运输、仓储和邮政业	**241657132**	**205481219**	**98116420**	**1852272**	**991190**
铁路运输业	347217	347217	198396	11119	
铁路旅客运输					
铁路货物运输	291399	291399	154869		
铁路运输辅助活动	55818	55818	43527	11119	
道路运输业	25114397	23846113	5058328	1356881	452667
公路旅客运输	3966288	3966288	1371731	130539	36816
道路货物运输	14559579	13616668	1005860	1081683	300392
道路运输辅助活动	6588530	6263157	2680737	144659	115459
城市公共交通业	9958342	8504511	1059883	82895	97988
公共电汽车客运	7487982	6341910	923890		2520
轨道交通	30438	30438	15541		
出租车客运	2438662	2130903	120452	82835	95468
其他城市公共交通	1260	1260		60	
水上运输业	119551636	94004654	43188932	146605	1984
水上旅客运输	1427853	1425013	1002884	47833	1114
水上货物运输	12477861	12462935	8638989	15644	670
水上运输辅助活动	105645922	80116706	33547059	83128	200
航空运输业	26383928	26340459	23833017		
航空客货运输	22266484	22223015	22121334		
通用航空服务	527729	527729	-7316		
航空运输辅助活动	3589715	3589715	1718999		
管道运输业	1142603	1142603	1057675		
管道运输业	1142603	1142603	1057675		
装卸搬运和其他运输服务业	25386403	20710458	2192070	152157	416397
装卸搬运	3378741	1073424	314145	89472	16902
运输代理服务	22007662	19637034	1877925	62685	399495
仓储业	28327872	25147567	16437446	102615	22037
谷物、棉花等农产品仓储	15436865	15375569	12694239	60429	754
其他仓储	12891007	9771998	3743207	42186	21283

联营企业	有限责任公司	股份有限公司	私营企业	其他企业	港、澳、台商投资企业	外商投资企业
	2408858	44988	306455		925825	1154893
	2408858	44988	306455		925825	1154893
6205	9402563	27098	1125873	16000	133756	529984
6205	7348095	16622	351410	12350	120404	175787
	1759075	10476	506666	3650		354197
	295393		267797		13352	
138926	**74962477**	**6452787**	**73863136**	**21215**	**1199167**	**3720150**
127503	62522218	5067594	46160797	1100	251622	2149880
115054	32727339	4523006	34602350	200	160057	1583141
12449	29794879	544588	11558447	900	91565	566739
11123	9706364	1220698	16597432	4504	710596	306001
11123	9706364	1220698	16597432	4504	710596	306001
300	2011865	147911	7534841	13776	200548	1180240
300	2011865	147911	7534841	13776	200548	1180240
	722030	16584	3570066	1835	36401	84029
	522401	15162	2477349	1780	100	67710
	58181		206367	30	1808	6743
	141448	1422	886350	25	34493	9576
195221	**55688930**	**23025179**	**25355387**	**256620**	**1970432**	**34205481**
		65145	72557			
		65145	71385			
			1172			
13316	3661384	4768854	8444218	90465	171368	1096916
1561	795107	516027	1109507	5000		
7840	2785447	1254036	7100657	80753	171368	771543
3915	80830	2998791	234054	4712		325373
765	5607793	107956	1533531	13700	425820	1028011
	4993671	37003	374826	10000	396114	749958
	3000		11897			
765	610122	70953	1146608	3700	29706	278053
	1000		200			
104648	34567944	13560097	2414276	20168	79	25546903
104648	14699	34688	219037	110		2840
	2286714	199413	1301447	20058	79	14847
	32266531	13325996	893792			25529216
350	171565	1791131	544396			43469
	75660	2338	23683			43469
	14645		520400			
350	81260	1788793	313			
	68708	9800	6420			
	68708	9800	6420			
75989	5995676	2007373	9794080	76716	949314	3726631
	412167	3746	235662	1330		2305317
75989	5583509	2003627	9558418	75386	949314	1421314
153	5404366	710323	2415436	55191	417955	2762350
153	1639345	438018	493751	48880	8109	53187
	3765021	272305	1921685	6311	409846	2709163

2-16 续表 6

行业中类	资产总额(千元)	内资企业	国有企业	集体企业	股份合作企业
邮政业	5444734	5437637	5090673		117
国家邮政	5224522	5224522	5089803		
其他寄递服务	220212	213115	870		117
信息传输、计算机服务和软件业	**106771661**	**44424550**	**20764375**	**54849**	**24281**
电信和其他信息传输服务业	84125916	28178667	20506847	15811	1851
电信	79863408	23936892	18580106	768	933
互联网信息服务	376468	361405	22348	113	197
广播电视传输服务	3877352	3871682	1904328	14930	721
卫星传输服务	8688	8688	65		
计算机服务业	2427211	2283411	29714	2463	5227
计算机系统服务	948288	903643	20718	668	1887
数据处理	101283	40732	330		28
计算机维修	136586	127991	3489		150
其他计算机服务	1241054	1211045	5177	1795	3162
软件业	20218534	13962472	227814	36575	17203
公共软件服务	17628756	11448142	154500	36575	16953
其他软件服务	2589778	2514330	73314		250
批发和零售业	**399005257**	**382119549**	**54354974**	**9245355**	**2559494**
批发业	302027652	294112991	50567951	6767698	1769429
农畜产品批发	26771315	26718863	8879052	488561	241817
食品、饮料及烟草制品批发	34317037	33891461	14309988	579346	194816
纺织、服装及日用品批发	16972866	16401572	309722	132520	39154
文化、体育用品及器材批发	3576729	3503646	742031	29420	28756
医药及医疗器材批发	12670649	12334725	1079471	63196	52165
矿产品、建材及化工产品批发	144755833	142865147	21688257	3927720	827139
机械设备、五金交电及电子产品批发	56654237	52332930	3407160	1035620	360579
贸易经纪与代理	2754594	2529672	33943	19068	1086
其他批发	3554392	3534975	118327	492247	23917
零售业	96977605	88006558	3787023	2477657	790065
综合零售	35633635	29555137	826952	1044624	38439
食品、饮料及烟草制品专门零售	3115472	3103807	386826	127980	66415
纺织、服装及日用品专门零售	6672069	6041699	272883	164318	41241
文化、体育用品及器材专门零售	4453060	4342400	1104623	129407	221338
医药及医疗器材专门零售	4806128	4801410	288941	64925	36444
汽车、摩托车、燃料及零配件专门零售	26357338	24598482	573913	567509	236235
家用电器及电子产品专门零售	8210064	8126383	47578	54234	38278
五金、家具及室内装修材料专门零售	5114532	5021628	168762	131703	88647
无店铺及其他零售	2615307	2415612	116545	192957	23028
住宿和餐饮业	**40715644**	**27273952**	**4576249**	**865494**	**145684**
住宿业	28602221	17974039	4290517	735266	99149
旅游饭店	24352511	14029897	3330360	498056	54988
一般旅馆	3677059	3394898	942127	226037	44161
其他住宿服务	572651	549244	18030	11173	
餐饮业	12113423	9299913	285732	130228	46535
正餐服务	9823387	8407258	279716	119686	44444
快餐服务	1920505	616349	686	5685	1120
饮料及冷饮服务	114507	83918	1881	222	431
其他餐饮服务	255024	192388	3449	4635	540

联营企业	有限责任公司	股份有限公司	私营企业	其他企业	港、澳、台商投资企业	外商投资企业
	211494	4500	130473	380	5896	1201
	134719					
	76775	4500	130473	380	5896	1201
3895	**3503258**	**6328121**	**8483557**	**5262214**	**18494860**	**43852251**
50	1352788	5322704	696236	282380	15455839	40491410
	786593	3989247	299798	279447	15455789	40470727
50	91140	8138	238486	933	50	15013
	473784	1325319	150600	2000		5670
	1271		7352			
3845	387250	31850	1727326	95736	2291	141509
570	310255	17410	551215	920	300	44345
	8558	100	31716		875	59676
	9252	620	107130	7350	16	8579
3275	59185	13720	1037265	87466	1100	28909
	1763220	973567	6059995	4884098	3036730	3219332
	1309160	136668	4910860	4883426	2998283	3182331
	454060	836899	1149135	672	38447	37001
697500	**123783936**	**45547288**	**144402264**	**1528738**	**6085637**	**10800071**
607368	98069803	32360008	102768017	1202717	2408820	5505841
63353	7096551	571543	9103740	274246		52452
16594	11320457	382551	6811627	276082	119678	305898
4787	4871032	6312589	4653581	78187	374774	196520
120	904372	99778	1667680	31489	5693	67390
1065	3599859	2606235	4916593	16141	161439	174485
342879	46929259	18463478	50516255	170160	752871	1137815
128691	21147997	3626460	22536472	89951	771513	3549794
48617	1027267	105008	1058746	235937	222852	2070
1262	1173009	192366	1503323	30524		19417
90132	25714133	13187280	41634247	326021	3676817	5294230
17891	9659390	9337267	8548286	82288	2265744	3812754
3862	1055257	44526	1379505	39436	5115	6550
32113	2376028	58218	3061688	35210	230500	399870
	898306	196164	1782435	10127	11222	99438
8965	1746692	51099	2571412	32932		4718
8388	6138700	3198894	13824413	50430	1083507	675349
14038	1749315	206107	5991201	25632	78679	5002
3504	1562210	65839	2993805	7158		92904
1371	528235	29166	1481502	42808	2050	197645
14939	**6697975**	**502589**	**14305485**	**165537**	**6381991**	**7059701**
10065	5285402	401719	7114026	37895	5641335	4986847
5176	4331012	396029	5389117	25159	5613514	4709100
4704	529314	5690	1630529	12336	27821	254340
185	425076		94380	400		23407
4874	1412573	100870	7191459	127642	740656	2072854
4342	1234744	100570	6523954	99802	627446	788683
	33380		562698	12780	94427	1209729
	22804	300	57890	390	9783	20806
532	121645		46917	14670	9000	53636

2-16 续表 7

行业中类	资产总额（千元）	内资企业	国有企业	集体企业	股份合作企业
金融业	**2430288875**	**2390474862**	**909876351**	**44567353**	**123940646**
银行业	2166645044	2131097071	853636930	44553810	119055021
中央银行	49894443	49894443	49894443		
商业银行	1947396582	1930609399	661497080	44537130	110868401
其他银行	169354019	150593229	142245407	16680	8186620
证券业	13128951	13128951	3735262		600
证券市场管理	101867	101867	101482		
证券经纪与交易	12675182	12675182	3290979		600
证券投资	346847	346847	342801		
证券分析与咨询	5055	5055			
保险业	70433670	67272795	111325		1625950
人寿保险	56732587	54956825	54798		1119056
非人寿保险	12945209	11560096	53044		504345
保险辅助服务	755874	755874	3483		2549
其他金融活动	180081210	178976045	52392834	13543	3259075
金融信托与管理	2755276	2722066	2031009	100	27107
金融租赁	5247	5247			
财务公司	7721417	7721417	7720506		
邮政储蓄	142995310	142995310	30218815		
典当	1740754	1740754	12400	1980	21166
其他未列明的金融活动	24863206	23791251	12410104	11463	3210802
房地产业	**666621597**	**488694033**	**19282071**	**5880997**	**2683293**
房地产业	666621597	488694033	19282071	5880997	2683293
房地产开发经营	606080019	445652403	14565750	2736731	1642769
物业管理	28273372	17902147	1854451	1621839	179340
房地产中介服务	10418453	9580308	402726	95012	142862
其他房地产活动	21849753	15559175	2459144	1427415	718322
租赁和商务服务业	**396655416**	**387878375**	**113085579**	**8382519**	**957898**
租赁业	2569566	2379802	391965	93113	20890
机械设备租赁	2544763	2357416	390755	93098	20090
文化及日用品出租	24803	22386	1210	15	800
商务服务业	394085850	385498573	112693614	8289406	937008
企业管理服务	336490924	332434828	105633889	6223526	284675
法律服务	196891	196891	2495	4338	486
咨询与调查	24505275	21614650	496506	79578	171158
广告业	3829374	3808220	395752	12398	33215
知识产权服务	221654	221654	8186	674	1050
职业中介服务	2759140	2756720	214296	229802	14660
市场管理	19843991	18360724	4262961	1374875	364223
旅行社	1397605	1397048	223132	15968	20926
其他商务服务	4840996	4707838	1456397	348247	46615
科学研究、技术服务和地质勘查业	**63213289**	**61804938**	**12058716**	**1125449**	**231892**
研究与试验发展	13207892	12976860	3509277	185472	17117
自然科学研究与试验发展	462585	392059	185287	10	35
工程和技术研究与试验发展	11760179	11630539	3178109	168081	14966
农业科学研究与试验发展	631008	626967	87877	10735	1043
医学研究与试验发展	297053	270228	39652	6646	1073
社会人文科学研究与试验发展	57067	57067	18352		

联营企业	有限责任公司	股份有限公司	私营企业	其他企业	港、澳、台商投资企业	外商投资企业
6598	**144737837**	**1148799180**	**3829323**	**14717574**	**10448446**	**29365567**
	17182390	1082151356		14517564	10383865	25164108
	17182390	1082006834		14517564	1933615	14853568
		144522			8450250	10310540
	701997	8539401	148590	3101		
				385		
	701877	8538841	142885			
	120	560	650	2716		
			5055			
	7827914	57390780	233980	82846	11760	3149115
	7296695	46295072	118557	72647		1775762
	32807	10961941		7959	11760	1373353
	498412	133767	115423	2240		
6598	119025536	717643	3446753	114063	52821	1052344
	428765	187991	46148	946		33210
		5247				
	402		464	45		
	112776495					
6598	1002276	121325	574069	940		
	4817598	403080	2826072	112132	52821	1019134
31179	**194602380**	**15380438**	**248171774**	**2661901**	**88916288**	**89011276**
31179	194602380	15380438	248171774	2661901	88916288	89011276
500	178459576	14716751	231269857	2260469	80017124	80410492
2661	4252493	557796	9248741	184826	5805457	4565768
5047	7050054	32579	1844038	7990	56714	781431
22971	4840257	73312	5809138	208616	3036993	3253585
129013	**196512227**	**11981084**	**53968401**	**2861654**	**4614180**	**4162861**
	771729	4556	1077997	19552	8154	181610
	767993	4556	1061372	19552	5737	181610
	3736		16625		2417	
129013	195740498	11976528	52890404	2842102	4606026	3981251
10763	184016167	10557234	23064244	2644330	3425545	630551
	4596	1392	177934	5650		
175	4754855	498193	15579686	34499	1106658	1783967
	625216	275830	2443135	22674	286	20868
	89712	25243	96789			
2815	600838	118120	1548064	28125		2420
115115	3864162	269143	8053742	56503	6000	1477267
	309055	103747	712506	11714	100	457
145	1475897	127626	1214304	38607	67437	65721
25768	**38026473**	**764708**	**8814886**	**757046**	**460219**	**948132**
300	7505938	80237	1606527	71992	46186	184846
	3428		178807	24492		70526
300	7151665	73936	1041218	2264	25815	103825
	289088	3101	196253	38870		4041
	53483	3200	160318	5856	20371	6454
	8274		29931	510		

2-16 续表 8

行业中类	资产总额（千元）				
		内资企业			
			国有企业	集体企业	股份合作企业
专业技术服务业	42089763	41292080	5894073	758919	167594
气象服务	22886	22886	15169	2724	
地震服务	4107	1953		402	
海洋服务	17811	17811		248	
测绘服务	425552	425552	32906	13650	933
技术检测	978427	954056	223509	59072	45245
环境监测	59743	59743	8572	1503	3690
工程技术与规划管理	38694520	38543805	5515342	661202	115459
其他专业技术服务	1886717	1266274	98575	20118	2267
科技交流和推广服务业	7287500	6937904	2233151	171250	46981
技术推广服务	4266549	4118408	484505	86442	21730
科技中介服务	2446472	2263490	1320601	72403	19448
其他科技服务	574479	556006	428045	12405	5803
地质勘查业	628134	598094	422215	9808	200
矿产地质勘查	375461	345421	258874	750	200
基础地质勘查	104492	104492	86717	8476	
地质勘查技术服务	148181	148181	76624	582	
水利、环境和公共设施管理业	**40470511**	**38254846**	**6728899**	**287445**	**249404**
水利管理业	30911781	30911781	4021064	6239	
防洪管理	3377	3377	477		
水资源管理	30870416	30870416	3999573	4781	
其他水利管理	37988	37988	21014	1458	
环境管理业	1697112	837283	371962	19790	768
自然保护	858262	27246	16300	330	
环境治理	838850	810037	355662	19460	768
公共设施管理业	7861618	6505782	2335873	261416	248636
市政公共设施管理	1951422	1893251	1519245	19894	
城市绿化管理	2446690	1180026	57655	49154	203606
游览景区管理	3463506	3432505	758973	192368	45030
居民服务和其他服务业	**8074394**	**7632053**	**554230**	**377162**	**49622**
居民服务业	5582344	5275603	455751	181125	26216
家庭服务	154362	154362	441	1567	40
托儿所	2786	2786	200		
洗染服务	109684	102783	642	6369	526
理发及美容保健服务	613021	589506	1000	4928	3505
洗浴服务	2819303	2570335	7914	32486	15312
婚姻服务	74388	62792	3788	3408	576
殡葬服务	1251114	1245693	337233	87339	700
摄影扩印服务	246408	236157	7762	3213	4296
其他居民服务	311278	311189	96771	41815	1261
其他服务业	2492050	2356450	98479	196037	23406
修理与维护	1701951	1609792	44431	98547	20547
清洁服务	314742	271601	31685	19334	2235
其他未列明的服务	475357	475057	22363	78156	624
教育	**1957524**	**1919327**	**693362**	**52216**	**3233**
教育	1957524	1919327	693362	52216	3233
学前教育	112146	110854	3886	8377	200

联营企业	有限责任公司	股份有限公司	私营企业	其他企业	港、澳、台商投资企业	外商投资企业
18632	29048080	288216	5089976	26590	387747	409936
	720		4273			
			1551			2154
			17563			
8277	139310	87	228896	1493		
2895	287634	9400	323911	2390	4549	19822
580	15583		20615	9200		
6880	28460538	169675	3609065	5644	29014	121701
	144295	109054	884102	7863	354184	266259
6836	1440601	383908	2000178	654999	26286	323310
6836	1197707	348025	1328786	644377	535	147606
	234776	33361	572779	10122	10675	172307
	8118	2522	98613	500	15076	3397
	31854	12347	118205	3465		30040
	13209		72123	265		30040
	1628		5971	1700		
	17017	12347	40111	1500		
75261	**27835093**	**387768**	**2676415**	**14561**	**65922**	**2149743**
7853	26853619	1357	21119	530		
			2900			
7853	26847844		10285	80		
	5775	1357	7934	450		
	115036	1298	316499	11930	5700	854129
	1161	158	3367	5930		831016
	113875	1140	313132	6000	5700	23113
67408	866438	385113	2338797	2101	60222	1295614
52820	153567	30874	116851		58171	
2681	151920	39283	675607	120		1266664
11907	560951	314956	1546339	1981	2051	28950
80543	**1252598**	**82453**	**4693385**	**542060**	**230550**	**211791**
79443	911326	10425	3116692	494625	206237	100504
	32571		118728	1015		
			1812	774		
	9095		84131	2020		6901
	85408	2904	389249	102512	11662	11853
1578	507679	587	1643343	361436	172301	76667
	5944	51	48426	599	11496	100
77865	233449	3416	498190	7501	2221	3200
	9585	554	209987	760	8557	1694
	27595	2913	122826	18008		89
1100	341272	72028	1576693	47435	24313	111287
1100	173436	12710	1219650	39371	24313	67846
	20950	1590	192847	2960		43141
	146886	57728	164196	5104		300
	75023	**2671**	**978495**	**114327**	**15875**	**22322**
	75023	2671	978495	114327	15875	22322
	1713	100	86294	10284		1292

2-16 续表 9

行业中类	资产总额(千元)	内资企业	国有企业	集体企业	股份合作企业
初等教育	3196	2696			
中等教育	314564	314564	125394	360	30
高等教育	17067	17067	2000		
其他教育	1510551	1474146	562082	43479	3003
卫生、社会保障和社会福利业	**4900929**	**4830008**	**1300415**	**268878**	**37188**
卫生	4524878	4454235	1265882	258409	37188
医院	3877218	3806775	1214577	142204	15246
卫生院及社区医疗活动	192255	192255	26623	75486	
门诊部医疗活动	394455	394455	14783	24122	21626
计划生育技术服务活动	1259	1259			
妇幼保健活动	224	224	124		
专科疾病防治活动	6783	6783	1201	1930	156
疾病预防控制及防疫活动	9436	9436	4539	3502	160
其他卫生活动	43248	43048	4035	11165	
社会保障业	40090	40090	7695	8701	
社会保障业	40090	40090	7695	8701	
社会福利业	335961	335683	26838	1768	
提供住宿的社会福利	319530	319530	21890	1768	
不提供住宿的社会福利	16431	16153	4948		
文化、体育和娱乐业	**12695109**	**9979371**	**4322764**	**55635**	**75784**
新闻出版业	5505205	5505205	3805455	10387	
新闻业	120	120			
出版业	5505085	5505085	3805455	10387	
广播、电视、电影和音像业	1007731	959402	322358	12586	14738
广播	3344	3344	150		
电视	275429	275429	118863	7822	561
电影	663299	615030	201753	3880	13677
音像制作	65659	65599	1592	884	500
文化艺术业	420608	392620	61707	9976	1133
文艺创作与表演	92707	92239	7580	306	383
艺术表演场馆	171013	158500	41238	1520	
图书馆与档案馆	20284	20284	4296	2776	
文物及文化保护	4088	4088	3324	14	
博物馆	36081	21081		4250	
烈士陵园、纪念馆	118	118			
群众文化活动	22674	22674	3480	1110	
文化艺术经纪代理	51181	51181	748		750
其他文化艺术	22462	22455	1041		
体育	1131454	792673	90180	3220	54685
体育组织	583873	565281	2757	660	
体育场馆	282484	221600	87040	2510	54585
其他体育	265097	5792	383	50	100
娱乐业	4630111	2329471	43064	19466	5228
室内娱乐活动	912008	842540	7827	6771	2585
游乐园	1553978	83552		10015	2120
休闲健身娱乐活动	1964646	1283971	34395	2680	523
其他娱乐活动	199479	119408	842		

联营企业	有限责任公司	股份有限公司	私营企业	其他企业	港、澳、台商投资企业	外商投资企业
			2496	200		500
	100		185023	3657		
	156		10146	4765		
	73054	2571	694536	95421	15875	20530
4189	**1444257**	**138027**	**1461374**	**175680**	**4100**	**66821**
3487	1199356	138027	1384995	166891	4100	66543
607	1160674	130488	1052737	90242	4100	66343
195	4800		50238	34913		
2685	32679	7539	249513	41508		
	1000		153	106		
			100			
			3496			
			1235			
	203		27523	122		200
702	22200		792			
702	22200		792			
	222701		75587	8789		278
	221076		66007	8789		
	1625		9580			278
13620	**1598353**	**1971526**	**1808015**	**133674**	**99542**	**2616196**
1898	109759	1551427	25919	360		
			120			
1898	109759	1551427	25799	360		
1446	296342	140181	158163	13588	8072	40257
	630			2564		
	91260		48809	8114		
1446	194638	138181	59035	2420	8072	40197
	9814	2000	50319	490		60
403	64849	472	251938	2142	12513	15475
393	38215	422	43170	1770		468
	60		115682		12513	
	199		13013			
			750			
10	12386		4435			15000
			118			
	3395		14689			
	10566		38817	300		
	28	50	21264	72		7
	468158	97000	78630	800		338781
	429741	96000	35323	800		18592
	37051	1000	39414			60884
	1366		3893			259305
9873	659245	182446	1293365	116784	78957	2221683
9841	43191	1152	670453	100720	1070	68398
			71267	150	19759	1450667
32	596264	181294	455869	12914	42828	637847
	19790		95776	3000	15300	64771

2-17　按地区、登记注册类型

地区	资产总额(千元)	内资企业			
			国有企业	集体企业	股份合作企业
全　省	**7063843759**	**6246991872**	**1793752902**	**135081087**	**148232503**
沈阳市	**2022492879**	**1731535475**	**539034981**	**27136665**	**27407313**
和平区	380703815	337314742	115872894	2799746	955205
沈河区	695847574	665758206	256338357	909026	17854372
大东区	126026446	84651336	33517839	2426309	168413
皇姑区	68834917	61440884	7346198	2152998	771818
铁西区	96972060	81640653	24006648	1237552	378371
苏家屯区	35454541	28853380	2180681	5176519	267168
东陵区	164689514	95533056	12678379	1436360	2256296
沈北新区	65663864	48990253	13307073	938489	355911
于洪区	311273287	253972884	71670307	3565310	981074
辽中县	22600603	22249330	309162	3278870	503790
康平县	19135595	18569405	436507	2260455	
法库县	16408368	14732146	164449	267662	2826493
新民市	18882295	17829200	1206487	687369	88402
大连市	**2334238907**	**1981170531**	**547084825**	**18016990**	**37886853**
中山区	1069786252	1014300971	433698168	1821470	2251421
西岗区	237540154	211254647	16220715	1323376	2299843
沙河口区	146378381	108574673	10172400	590375	896767
甘井子区	292894299	243684026	40545514	5304195	9637650
旅顺口区	41985466	33161670	7359355	639743	271775
金州区	373877184	221291064	27909201	4202055	11221855
长海县	3893486	3887995	894801	1038967	102226
瓦房店市	75171562	68000483	2979785	1846591	6223070
普兰店市	55057962	44997637	1274702	847022	4736286
庄河市	37654161	32017365	6030184	403196	245960
鞍山市	**532682954**	**517210317**	**165431672**	**23216622**	**13735068**
铁东区	210727867	206660042	26085210	1191080	4200601
铁西区	134605692	133080477	123082981	916253	384056
立山区	36158323	35702632	11937326	4219269	156253
千山区	58422637	54383588	1156751	3775454	668817
台安县	18310818	18089880	756766	6440493	115216
岫岩满族自治县	12717815	11944269	516305	4708226	17122
海城市	61739802	57349429	1896333	1965847	8193003
抚顺市	**188706592**	**177433891**	**27384313**	**4527037**	**3421018**
新抚区	89118391	88160107	9568279	740107	881070
东洲区	15561673	14443431	5853896	881202	15719
望花区	45422465	40336488	7597789	1589583	1070483
顺城区	21602584	17887312	1917693	265333	19821
抚顺县	5517707	5252641	70888	184954	
新宾满族自治县	5880300	5875300	660168	422063	1366883
清原满族自治县	5603472	5478612	1715600	443795	67042
本溪市	**248154274**	**235466056**	**14031673**	**5007880**	**9232821**
平山区	148329930	140687895	5967530	1710843	101756
溪湖区	10816675	9880322	797858	1290023	
明山区	60317520	58388469	5858100	680392	5090295
南芬区	2919844	2716817	145423	429055	550431
本溪满族自治县	15011659	14958546	905970	694704	2153741
桓仁满族自治县	10758646	8834007	356792	202863	1336598
丹东市	**155234490**	**118702335**	**31803203**	**3875438**	**2380425**
元宝区	18865117	18124318	7566573	382673	597414
振兴区	83739556	53140859	16534286	654876	611135
振安区	9881809	8288900	905157	267608	48911
宽甸满族自治县	11886263	11175918	1835881	331434	197165
东港市	18500853	16447635	4096331	1421481	510414
凤城市	12360892	11524705	864975	817366	415386

分组的企业资产总额

联营企业	有限责任公司	股份有限公司	私营企业	其他企业	港、澳、台商投资企业	外商投资企业
5668960	**1460842998**	**1534640893**	**1127769176**	**41003353**	**239057061**	**577794826**
1459469	**482996914**	**351184806**	**300697510**	**1617817**	**102018248**	**188939156**
214966	69675014	114135642	33622560	38715	24437438	18951635
94793	176312760	192435865	20808413	1004620	11786177	18303191
21746	25089380	1104912	22321717	1020	7547335	33827775
29504	34602856	6954716	9524022	58772	2241417	5152616
27316	26378022	6352567	23202844	57333	10324477	5006930
1030	5015814	4413804	11755267	43097	1527504	5073657
163137	33670847	6407191	38850326	70520	19110804	50045654
128389	12686195	1936009	19526532	111655	3086082	13587529
674436	91225774	15463827	70276161	115995	21457188	35843215
31500	557515	907523	16607910	53060	87676	263597
	3811442	9423	12036278	15300	6860	559330
69432	332335	103318	10965677	2780	285570	1390652
3220	3638960	960009	11199803	44950	119720	933375
712084	**486364316**	**490184105**	**382225552**	**18695806**	**75395088**	**277673288**
144851	100461772	423604540	50904589	1414160	23876933	31608348
3	155379979	3290635	32740000	96	7402302	18883205
9291	57727787	5467116	33705214	5723	5746700	32057008
123733	61398091	39592937	80707082	6374824	14407962	34802311
6765	8578734	612644	15545023	147631	3141759	5682037
186358	77200293	12170828	79544638	8855836	17152693	135433427
	388748	422297	1039024	1932	5491	
63148	13824281	3299094	38311143	1453371	714442	6456637
13370	7596795	1723894	28580724	224844	2017673	8042652
164565	3807836	120	21148115	217389	929133	4707663
371319	**81379168**	**122334375**	**93258561**	**17483532**	**7640085**	**7832552**
11172	42150816	120195789	12295527	529847	1788798	2279027
6344	7143858	23487	1516825	6673	953089	572126
44960	9859019	110063	9317492	58250	15953	439738
6529	8022813	1720959	23229270	15802995	2447218	1591831
	3175384	153519	7207293	241209	1	220937
3613	1255061	100610	5336692	6640	40050	733496
298701	9772217	29948	34355462	837918	2394976	1995397
111598	**44985097**	**65842412**	**31146452**	**15964**	**6738039**	**4534662**
2922	19560578	55662888	1744263		410717	547567
3895	4281406	405036	3002277		765666	352576
19612	13280579	8704765	8072417	1260	3739806	1346171
23909	6449562	687276	8519064	4654	1623487	2091785
	47575	366416	4582808		198363	66703
57320	841645	5790	2512001	9430		5000
3940	523752	10241	2713622	620		124860
93632	**68896372**	**112417503**	**25290970**	**495205**	**2232662**	**10455556**
24158	36617465	89968566	6152321	145256	495414	7146621
1193	3160284	47634	4582410	920	599949	336404
64921	19687935	20398903	6564435	43488	485591	1443460
3360	300470	21924	1184363	81791	85697	117330
	5908308	498327	4733637	63859	1	53112
	3221910	1482149	2073804	159891	566010	1358629
37609	**19498848**	**19115470**	**41595055**	**396287**	**7445383**	**29086772**
14888	1015645	3025707	5500432	20986	92272	648527
16664	13801292	11818873	9651320	52413	6141961	24456736
500	1085170	3432453	2335068	214033	442086	1150823
1569	721264	176393	7872227	39985	57381	652964
2908	1108243	200	9242678	65380	457003	1596215
1080	1767234	661844	6993330	3490	254680	581507

2-17 续表

地 区	资产总额(千元)				
		内资企业			
			国有企业	集体企业	股份合作企业
锦州市	**221892206**	**207897162**	**63062638**	**9162595**	**12774413**
古塔区	35347660	33752285	13967229	2450094	1691231
凌河区	67093994	66485976	37763479	1045305	85917
太和区	83213772	73100260	9833643	657117	1832916
黑山县	7971350	7863340	549595	318460	3557857
义县	6986024	6038319	129448	3166278	119795
凌海市	15838262	15407680	567182	1192376	5160916
北镇市	5441144	5249302	252062	332965	325781
营口市	**281976320**	**255159967**	**70657753**	**3093466**	**18825754**
站前区	88758049	86307971	20658866	500685	11144954
西市区	19998402	16209386	8016449	236975	31888
鲅鱼圈区	108269774	94353585	39226943	289922	35338
老边区	22251405	21276752	81778	733037	155736
盖州市	12532192	12113075	2086167	548565	3540382
大石桥市	30166498	24899198	587550	784282	3917456
阜新市	**108350324**	**101842152**	**26864334**	**8277106**	**358919**
海州区	36369524	34163522	18186828	1439581	1265
新邱区	3476786	3391371	378469	125092	
太平区	10635388	10041761	785932	546407	762
清河门区	5451529	5354392	1344432	482403	
细河区	37430712	34999440	5398105	335824	303869
阜新蒙古族自治县	10064953	8975734	555157	3008802	46763
彰武县	4921432	4915932	215411	2338997	6260
辽阳市	**211779380**	**182540211**	**42441024**	**13320325**	**911422**
白塔区	65271514	63141479	12508771	2560250	135057
文圣区	28309864	27675604	11043274	491016	72201
宏伟区	52211893	28834435	3770774	1171186	243186
弓长岭区	5013310	4805312	94265	1405014	
太子河区	26017787	23714966	13957509	2081789	240914
辽阳县	23760982	23441748	589978	4650129	203787
灯塔市	11194030	10926667	476453	960941	16277
盘锦市	**232508993**	**228587722**	**127041183**	**5673427**	**2945989**
双台子区	30931933	30228178	5254106	2647817	224009
兴隆台区	176039662	173910145	118313399	2000366	2471188
大洼县	16918510	16545100	1636836	956503	233622
盘山县	8618888	7904299	1836842	68741	17170
铁岭市	**168605196**	**158745688**	**43289855**	**6438217**	**6045713**
银州区	86180904	82345876	39888034	858077	187759
清河区	11935592	8017901	140607	1042746	1030
铁岭县	14783916	14206721	283213	373354	4630
西丰县	2790761	2677645	380491	189459	28910
昌图县	11527556	10980141	634802	142735	3129940
调兵山市	21301437	20673396	937724	1559485	14267
开原市	20085030	19844008	1024984	2272361	2679177
朝阳市	**145304332**	**141876478**	**13637785**	**1531154**	**10856493**
双塔区	82277977	81285997	11441453	195774	4998837
龙城区	8856702	8407187	389552	57703	58
朝阳县	5914889	5836578	100149	55481	
建平县	10180783	9773857	477249	209974	2718236
喀喇沁左翼蒙古族自治县	7195237	6243583	109274	513160	901534
北票市	12143586	11984582	448747	142463	2070875
凌源市	18735158	18344694	671361	356599	166953
葫芦岛市	**158878846**	**155785821**	**28949597**	**5804165**	**1450302**
连山区	43585449	43493463	6549883	1766866	334110
龙港区	85541552	83348936	10847255	2630364	1096012
南票区	2511609	2426876	45925	276917	
绥中县	14434366	14256425	10159662	424660	8717
建昌县	4743319	4741319	362977	63921	5508
兴城市	8062551	7518802	983895	641437	5955

联营企业	有限责任公司	股份有限公司	私营企业	其他企业	港、澳、台商投资企业	外商投资企业
26771	**20842273**	**75532426**	**26242192**	**253854**	**5865725**	**8129319**
6263	3975104	8591135	3011980	59249	682331	913044
2626	4260298	20282951	3027248	18152	292519	315499
16732	8912037	44365725	7452743	29347	4566513	5546999
	486851		2858573	92004	3130	104880
1150	379218	84481	2146844	11105	215318	732387
	2566363	2208134	3698004	14705	86678	343904
	262402		4046800	29292	19236	172606
326761	**32472266**	**77775659**	**51954805**	**53503**	**3936290**	**22880063**
25794	11943113	35763955	6269853	751	476720	1973358
	2263041	1173194	4486789	1050	677590	3111426
63699	4659622	38179177	11888519	10365	1889289	12026900
	12403317	22950	7862817	17117	104854	869799
12578	79269	187097	5639517	19500	52183	366934
224690	1123904	2449286	15807310	4720	735654	4531646
9601	**17361877**	**26724803**	**21782848**	**462664**	**2179272**	**4328900**
662	2601871	8679426	3253876	13	595214	1610788
	104598	5000	2776592	1620		85415
	6705370	72053	1916277	14960	380254	213373
5700	2816382	10	697270	8195		97137
568	3820432	17767798	6953839	419005	245431	2185841
2671	975014	106510	4263946	16871	958373	130846
	338210	94006	1921048	2000		5500
387478	**25294163**	**61638898**	**38441436**	**105465**	**15662463**	**13576706**
	10411877	29985486	7533495	6543	938374	1191661
	2965210	9973450	3111731	18722	20262	613998
	975410	20051436	2617843	4600	13986757	9390701
195	1914196	12604	1368187	10851	156270	51728
	1109593	1126084	5182543	16534	259075	2043746
	7276823	28061	10653774	39196	144212	175022
387283	641054	461777	7973863	9019	157513	109850
6827	**40472927**	**27172938**	**25170282**	**104149**	**629949**	**3291322**
	17874202	1539736	2677260	11048	5940	697815
6827	18636246	23518405	8916827	46887	621279	1508238
	2699469	2075878	8927529	15263	2730	370680
	1263010	38919	4648666	30951		714589
47480	**37839417**	**31810946**	**33002365**	**271695**	**5736042**	**4123466**
2831	5134785	29538907	6692041	43442	1475818	2359210
	4370866	479230	1979516	3906	3718643	199048
	6924868	310357	6300460	9839	129229	447966
1561	21548	33294	2016405	5977	33579	79537
520	1109652	368104	5578846	15542	149415	398000
12504	15273498	844540	2031358	20	61726	566315
30064	5004200	236514	8403739	192969	167632	73390
	42136324	**40592984**	**33089581**	**32157**	**2398443**	**1029411**
	23051719	33454784	8134466	8964	621162	370818
	3988980	308827	3659348	2719	377273	72242
	2252523		3428135	290		78311
	1200887		5164276	3235	67367	339559
	1089157	631053	2993346	6059	951654	
	2075515	1762	7245220		153383	5621
	8477543	6196558	2464790	10890	227604	162860
2078331	**60303036**	**32313568**	**23871567**	**1015255**	**1179372**	**1913653**
20402	12690071	14921553	7155197	55381	5510	86476
327742	44500326	16964294	6573174	409769	1128387	1064229
1673109	36653	4259	382435	7578		84733
1961	624752	12695	3016297	7681		177941
3420	808808	93059	2944943	458683	2000	
51697	1642426	317708	3799521	76163	43475	500274

2-18 按行业(中类)、从业人员数

行业中类	企业法人单位数(个)	7人及以下	8-19人	20-49人
总　计	**243783**	**118470**	**63377**	**36971**
农、林、牧、渔业	**38**	**1**	**3**	**6**
农业	12		1	2
谷物及其他作物的种植	8			
蔬菜、园艺作物的种植	1			
水果、坚果、饮料和香料作物的种植	2		1	1
中药材的种植	1			1
林业	12			
林木的培育和种植	12			
畜牧业	5	1	2	1
牲畜的饲养	1			1
家禽的饲养	4	1	2	
渔业	7			2
海洋渔业	5			2
内陆渔业	2			
农、林、牧、渔服务业	2			1
畜牧服务业	1			
渔业服务业	1			1
采矿业	**5522**	**767**	**1493**	**1962**
煤炭开采和洗选业	734	118	77	234
烟煤和无烟煤的开采洗选	708	107	72	230
褐煤的开采洗选	17	9	4	2
其他煤炭采选	9	2	1	2
石油和天然气开采业	103	22	62	11
天然原油和天然气开采	4	1	1	1
与石油和天然气开采有关的服务活动	99	21	61	10
黑色金属矿采选业	1569	108	300	651
铁矿采选	1495	101	291	638
其他黑色金属矿采选	74	7	9	13
有色金属矿采选业	767	119	199	267
常用有色金属矿采选	515	72	150	189
贵金属矿采选	158	29	33	50
稀有稀土金属矿采选	94	18	16	28
非金属矿采选业	2341	398	853	799
土砂石开采	1770	308	644	617
化学矿采选	120	13	18	60
采盐	35	9	9	10
石棉及其他非金属矿采选	416	68	182	112
其他采矿业	8	2	2	
其他采矿业	8	2	2	
制造业	**82596**	**24002**	**23526**	**20667**
农副食品加工业	4896	1183	1229	1335
谷物磨制	674	148	196	209
饲料加工	1030	252	288	272
植物油加工	230	65	64	56
制糖	13	4	1	3

组距分组的企业法人单位数

50-99人	100-299人	300-499人	500-999人	1000-2999人	3000-4999人	5000人及以上
12583	**8811**	**1626**	**1129**	**632**	**95**	**89**
6	**13**	**5**	**2**	**1**	**1**	
2	2	3		1	1	
2	1	3		1	1	
	1					
3	8	1				
3	8	1				
	1					
	1					
	2	1	2			
	2		1			
		1	1			
1						
1						
786	**396**	**58**	**33**	**14**	**3**	**10**
180	93	13	9	4		6
177	91	13	8	4		6
1			1			
2	2					
1	4					3
						1
1	4					2
309	157	28	10	4	1	1
288	140	23	8	4	1	1
21	17	5	2			
91	64	11	10	4	2	
57	35	6	3	1	2	
24	17	1	3	1		
10	12	4	4	2		
202	78	5	4	2		
153	47	1				
12	13	1	2	1		
1	4		1	1		
36	14	3	1			
3		1				
3		1				
7466	**5392**	**774**	**459**	**228**	**37**	**45**
564	457	75	36	15	2	
76	40	4	1			
145	66	1	5		1	
17	22	4		2		
	3	2				

2-18 续表 1

行业中类	企业法人单位数(个)	7人及以下	8-19人	20-49人
屠宰及肉类加工	854	214	186	191
水产品加工	1103	260	229	321
蔬菜、水果和坚果加工	621	125	162	195
其他农副食品加工	371	115	103	88
食品制造业	1881	579	527	453
焙烤食品制造	560	198	198	112
糖果、巧克力及蜜饯制造	71	21	21	17
方便食品制造	221	77	52	48
液体乳及乳制品制造	78	29	10	9
罐头制造	183	28	42	53
调味品、发酵制品制造	288	76	83	74
其他食品制造	480	150	121	140
饮料制造业	1260	401	369	317
酒精制造	18	4	3	5
酒的制造	629	200	183	148
软饮料制造	605	195	178	164
精制茶加工	8	2	5	
烟草制品业	6		1	
烟叶复烤	2		1	
卷烟制造	4			
纺织业	2214	499	544	657
棉、化纤纺织及印染精加工	575	123	148	142
毛纺织和染整精加工	49	15	12	11
麻纺织	14	2	3	1
丝绢纺织及精加工	276	64	52	78
纺织制成品制造	613	173	169	166
针织品、编织品及其制品制造	687	122	160	259
纺织服装、鞋、帽制造业	3523	719	695	950
纺织服装制造	3383	689	676	912
纺织面料鞋的制造	117	24	11	32
制帽	23	6	8	6
皮革、毛皮、羽毛(绒)及其制品业	585	171	111	111
皮革鞣制加工	20	12	5	2
皮革制品制造	465	128	76	86
毛皮鞣制及制品加工	71	25	19	17
羽毛(绒)加工及制品制造	29	6	11	6
木材加工及木、竹、藤、棕、草制品业	2283	588	696	661
锯材、木片加工	728	174	246	248
人造板制造	439	109	109	95
木制品制造	1048	289	312	298
竹、藤、棕、草制品制造	68	16	29	20
家具制造业	1080	337	293	261
木质家具制造	894	274	235	223
竹、藤家具制造	5	2	1	2
金属家具制造	70	25	20	11
塑料家具制造	8	3	3	2
其他家具制造	103	33	34	23
造纸及纸制品业	1602	428	463	444
纸浆制造	13	4	3	4
造纸	378	91	96	103
纸制品制造	1211	333	364	337

50-99人	100-299人	300-499人	500-999人	1000-2999人	3000-4999人	5000人及以上
111	109	23	13	7		
109	136	29	13	5	1	
78	52	7	2			
28	29	5	2	1		
155	140	16	9	1	1	
27	22	2	1			
8	3		1			
18	21	2	3			
15	8	4	2		1	
26	30	4				
24	27	3		1		
37	29	1	2			
98	45	13	13	4		
1	5					
54	21	11	10	2		
43	18	2	3	2		
	1					
	3		2			
	1					
	2		2			
273	166	41	22	12		
80	42	15	15	10		
5	3	1	2			
3	3	2				
48	29	5				
66	32	6		1		
71	57	12	5	1		
531	469	95	54	8		2
483	467	94	53	8		1
46	2		1			1
2		1				
40	146	2	2	2		
	1					
28	141	2	2	2		
7	3					
5	1					
209	108	15	4	2		
48	11		1			
72	45	7	1	1		
87	51	8	2	1		
2	1					
91	83	8	5	1		1
72	75	8	5	1		1
11	3					
8	5					
159	92	9	4	2	1	
1	1					
45	32	5	3	2	1	
113	59	4	1			

2-18 续表 2

行业中类	企业法人单位数（个）			
		7人及以下	8-19人	20-49人
印刷业和记录媒介的复制	2101	873	665	405
印刷	1955	814	623	378
装订及其他印刷服务活动	129	55	42	25
记录媒介的复制	17	4		2
文教体育用品制造业	298	87	84	75
文化用品制造	123	39	39	34
体育用品制造	102	30	25	21
乐器制造	40	11	9	12
玩具制造	18	4	7	5
游艺器材及娱乐用品制造	15	3	4	3
石油加工、炼焦及核燃料加工业	927	225	323	217
精炼石油产品的制造	890	214	315	208
炼焦	37	11	8	9
化学原料及化学制品制造业	5088	1662	1499	1198
基础化学原料制造	980	229	278	261
肥料制造	539	170	129	153
农药制造	116	33	24	29
涂料、油墨、颜料及类似产品制造	964	366	304	203
合成材料制造	273	92	81	60
专用化学产品制造	1782	582	550	416
日用化学产品制造	434	190	133	76
医药制造业	735	174	134	215
化学药品原药制造	92	17	22	15
化学药品制剂制造	116	28	12	18
中药饮片加工	142	21	27	66
中成药制造	128	26	18	35
兽用药品制造	61	11	16	19
生物、生化制品的制造	131	42	22	44
卫生材料及医药用品制造	65	29	17	18
化学纤维制造业	112	26	27	37
纤维素纤维原料及纤维制造	31	8	11	9
合成纤维制造	81	18	16	28
橡胶制品业	1179	343	367	299
轮胎制造	80	27	17	4
橡胶板、管、带的制造	292	91	83	74
橡胶零件制造	470	131	159	124
再生橡胶制造	28	9	3	10
日用及医用橡胶制品制造	31	13	8	4
橡胶靴鞋制造	58	11	15	16
其他橡胶制品制造	220	61	82	67
塑料制品业	3822	1146	1241	887
塑料薄膜制造	367	104	125	93
塑料板、管、型材的制造	717	200	217	187
塑料丝、绳及编织品的制造	750	154	245	148
泡沫塑料制造	271	82	90	72
塑料人造革、合成革制造	25	11	7	5

50-99人	100-299人	300-499人	500-999人	1000-2999人	3000-4999人	5000人及以上
104	46	6	1	1		
95	39	5		1		
4	2		1			
5	5	1				
23	25	1	2	1		
6	5					
13	13					
1	3	1	2	1		
	2					
3	2					
66	68	11	5	7	3	2
64	65	10	2	7	3	2
2	3	1	3			
396	263	33	20	10	3	4
101	90	13	5	1	1	1
59	21		3	2	1	1
14	10	3	2	1		
55	29	2	2	3		
22	10	3	3		1	1
126	88	12	4	3		1
19	15		1			
98	86	14	11	1		2
17	12	4	3			2
22	30	3	2	1		
19	8		1			
23	22	1	3			
7	7	1				
9	7	5	2			
1						
8	7	1	1	2	1	2
	1			1	1	
8	6	1	1	1		2
89	53	13	7	7	1	
13	9	3	2	4	1	
20	17	3	2	2		
41	12	2	1			
3	3					
1	3	1	1			
6	4	4	1	1		
5	5					
255	258	20	10	4	1	
26	18	1				
68	37	6	1	1		
55	141	4	1	1	1	
19	6	1		1		
	1	1				

2-18 续表 3

行业中类	企业法人单位数(个)	7人及以下	8-19人	20-49人
塑料包装箱及容器制造	438	121	147	118
塑料零件制造	223	74	68	52
日用塑料制造	589	241	195	115
其他塑料制品制造	442	159	147	97
非金属矿物制品业	7969	1936	2150	2151
水泥、石灰和石膏的制造	523	77	125	123
水泥及石膏制品制造	1049	277	285	301
砖瓦、石材及其他建筑材料制造	3181	695	769	931
玻璃及玻璃制品制造	670	197	178	156
陶瓷制品制造	139	44	47	30
耐火材料制品制造	1699	436	535	418
石墨及其他非金属矿物制品制造	708	210	211	192
黑色金属冶炼及压延加工业	1300	267	315	329
炼铁	155	28	42	31
炼钢	71	17	12	20
钢压延加工	879	176	211	233
铁合金冶炼	195	46	50	45
有色金属冶炼及压延加工业	926	200	244	214
常用有色金属冶炼	229	42	61	56
贵金属冶炼	47	5	9	8
稀有稀土金属冶炼	86	17	19	28
有色金属合金制造	124	28	38	27
有色金属压延加工	440	108	117	95
金属制品业	5659	1840	1731	1306
结构性金属制品制造	2484	847	779	553
金属工具制造	471	137	142	119
集装箱及金属包装容器制造	404	100	111	97
金属丝绳及其制品的制造	259	91	66	65
建筑、安全用金属制品制造	549	165	151	154
金属表面处理及热处理加工	874	275	277	196
搪瓷制品制造	32	11	7	8
不锈钢及类似日用金属制品制造	230	80	85	42
其他金属制品制造	356	134	113	72
通用设备制造业	14784	4367	4354	3995
锅炉及原动机制造	613	174	170	162
金属加工机械制造	1324	435	365	350
起重运输设备制造	523	139	115	140
泵、阀门、压缩机及类似机械的制造	2221	638	643	585
轴承、齿轮、传动和驱动部件的制造	1147	177	259	476
烘炉、熔炉及电炉制造	100	36	32	17
风机、衡器、包装设备等通用设备制造	1213	411	350	299
通用零部件制造及机械修理	4989	1856	1642	1129
金属铸、锻加工	2654	501	778	837
专用设备制造业	5321	1623	1682	1276
矿山、冶金、建筑专用设备制造	1745	476	580	433
化工、木材、非金属加工专用设备制造	1197	360	383	295
食品、饮料、烟草及饲料生产专用设备制造	177	46	46	52
印刷、制药、日化生产专用设备制造	263	62	75	74
纺织、服装和皮革工业专用设备制造	131	48	42	20

50-99人	100-299人	300-499人	500-999人	1000-2999人	3000-4999人	5000人及以上
32	16	1	3			
7	15	3	3	1		
23	15					
25	9	3	2			
1032	576	76	32	12	3	1
56	112	20	7	2	1	
100	76	8	2			
590	177	15	4			
76	49	10	4			
5	11		1	1		
151	118	21	10	7	2	1
54	33	2	4	2		
162	149	36	17	15	4	6
21	19	8	1	5		
11	5		3	2	1	
111	99	25	10	5	3	6
19	26	3	3	3		
127	100	18	12	8	1	2
28	24	6	5	5		2
10	10	3	2			
13	7	1	1			
19	12					
57	47	8	4	3	1	
449	274	29	21	8		1
172	110	14	5	3		1
57	12	3		1		
45	37	6	7	1		
23	11		3			
43	34	2				
72	47	4	1	2		
4	2					
12	8		3			
21	13		2	1		
1149	756	93	46	16	1	7
54	44	6	1	2		
80	72	10	7	3		2
65	46	8	8	2		
207	116	20	10	2		
102	109	12	8	2		2
12	3					
86	52	7	3	2	1	2
229	120	10	2			1
314	194	20	7	3		
412	253	35	23	11	3	3
132	88	17	11	3	3	2
88	56	8	4	3		
23	8	1	1			
31	19	1	1			
12	7	2				

2-18 续表 4

行业中类	企业法人单位数(个)	7人及以下	8-19人	20-49人
电子和电工机械专用设备制造	251	85	95	47
农、林、牧、渔专用机械制造	302	90	75	86
医疗仪器设备及器械制造	246	86	76	57
环保、社会公共安全及其他专用设备制造	1009	370	310	212
交通运输设备制造业	4118	1228	1193	893
铁路运输设备制造	435	128	92	112
汽车制造	2696	851	874	542
摩托车制造	13	1	5	4
自行车制造	43	18	12	8
船舶及浮动装置制造	851	207	194	207
航空航天器制造	31	4	6	8
交通器材及其他交通运输设备制造	49	19	10	12
电气机械及器材制造业	4569	1482	1326	1084
电机制造	422	152	118	93
输配电及控制设备制造	2284	724	692	533
电线、电缆、光缆及电工器材制造	840	204	224	248
电池制造	92	37	30	10
家用电力器具制造	256	107	70	48
非电力家用器具制造	95	35	26	23
照明器具制造	351	124	98	84
其他电气机械及器材制造	229	99	68	45
通信设备、计算机及其他电子设备制造业	1055	361	257	207
通信设备制造	134	39	44	32
雷达及配套设备制造	7	2	1	1
广播电视设备制造	54	29	9	7
电子计算机制造	94	34	21	15
电子器件制造	186	54	41	42
电子元件制造	363	117	89	72
家用视听设备制造	34	8	3	8
其他电子设备制造	183	78	49	30
仪器仪表及文化、办公用机械制造业	1644	693	472	319
通用仪器仪表制造	1138	494	337	208
专用仪器仪表制造	282	109	79	65
钟表与计时仪器制造	38	17	6	6
光学仪器及眼镜制造	44	14	11	10
文化、办公用机械制造	46	12	10	12
其他仪器仪表的制造及修理	96	47	29	18
工艺品及其他制造业	1444	480	471	326
工艺美术品制造	1102	345	374	254
日用杂品制造	106	39	24	26
煤制品制造	176	73	58	31
核辐射加工	4	3		1
其他未列明的制造业	56	20	15	14
废弃资源和废旧材料回收加工业	215	84	63	45
金属废料和碎屑的加工处理	89	33	22	24
非金属废料和碎屑的加工处理	126	51	41	21
电力、燃气及水的生产和供应业	**1441**	**397**	**352**	**297**
电力、热力的生产和供应业	943	201	253	207
电力生产	238	52	50	59
电力供应	92	8	12	11
热力生产和供应	613	141	191	137

50-99人	100-299人	300-499人	500-999人	1000-2999人	3000-4999人	5000人及以上
9	12			2		1
36	14		1			
14	8	1	3	1		
67	41	5	2	2		
349	302	57	43	42	3	8
38	47	10	2	4		2
184	162	28	30	22	2	1
1	2					
4	1					
113	85	18	11	12	1	3
5	1	1		4		2
4	4					
344	258	28	29	13	4	1
24	23	3	3	3	2	1
178	127	11	13	5	1	
82	63	9	8	2		
7	6			2		
16	9	2	3		1	
7	4					
19	22	2	2			
11	4	1		1		
85	96	15	13	14	4	3
7	9	1	1	1		
	1		1	1		
5	3	1				
9	10	1		2		2
16	26	2	4			1
35	31	5	7	5	2	
4	1	4		5	1	
9	15	1			1	
92	49	7	8	3	1	
62	30	3	2	2		
18	9		2			
2	3	1	2	1		
4	2	2	1			
6	3	1	1		1	
	2					
95	56	6	6	4		
79	43	6	1			
6	8		2	1		
7	5		2			
3			1	3		
11	8	1	1	2		
3	5		1	1		
8	3	1		1		
112	**149**	**51**	**47**	**30**	**2**	**4**
84	102	39	35	17	2	3
19	22	11	14	9	1	1
7	26	11	12	3		2
58	54	17	9	5	1	

2-18 续表 5

行业中类	企业法人单位数(个)			
		7人及以下	8-19人	20-49人
燃气生产和供应业	114	33	22	27
燃气生产和供应业	114	33	22	27
水的生产和供应业	384	163	77	63
自来水的生产和供应	279	129	46	34
污水处理及其再生利用	97	31	28	28
其他水的处理、利用与分配	8	3	3	1
建筑业	**14957**	**6299**	**3345**	**2417**
房屋和土木工程建筑业	5013	1334	929	910
房屋工程建筑	2549	574	399	422
土木工程建筑	2464	760	530	488
建筑安装业	4004	1641	956	732
建筑安装业	4004	1641	956	732
建筑装饰业	4586	2702	1076	554
建筑装饰业	4586	2702	1076	554
其他建筑业	1354	622	384	221
工程准备	873	379	269	150
提供施工设备服务	112	63	28	12
其他未列明的建筑活动	369	180	87	59
交通运输、仓储和邮政业	**8685**	**4734**	**2110**	**1002**
铁路运输业	19	2	5	3
铁路货物运输	8	1		3
铁路运输辅助活动	11	1	5	
道路运输业	3556	1744	912	492
公路旅客运输	271	77	67	47
道路货物运输	3053	1582	801	399
道路运输辅助活动	232	85	44	46
城市公共交通业	567	287	125	63
公共电汽车客运	89	11	15	9
轨道交通	4	1	1	
出租车客运	471	272	109	54
其他城市公共交通	3	3		
水上运输业	270	110	76	35
水上旅客运输	40	10	12	9
水上货物运输	136	67	39	16
水上运输辅助活动	94	33	25	10
航空运输业	28	10	3	2
航空客货运输	11	5	2	1
通用航空服务	6	3	1	
航空运输辅助活动	11	2		1
管道运输业	6	1	1	
管道运输业	6	1	1	
装卸搬运和其他运输服务业	3168	2096	687	225
装卸搬运	259	100	68	43
运输代理服务	2909	1996	619	182
仓储业	858	356	260	160
谷物、棉花等农产品仓储	301	89	115	73
其他仓储	557	267	145	87

50-99人	100-299人	300-499人	500-999人	1000-2999人	3000-4999人	5000人及以上
10	7	3	7	5		
10	7	3	7	5		
18	40	9	5	8		1
12	35	9	5	8		1
6	4					
	1					
1029	**1008**	**322**	**300**	**197**	**23**	**17**
483	634	262	254	170	22	15
242	388	195	193	115	11	10
241	246	67	61	55	11	5
336	230	42	39	25	1	2
336	230	42	39	25	1	2
139	96	12	5	2		
139	96	12	5	2		
71	48	6	2			
43	27	4	1			
6	2		1			
22	19	2				
371	**286**	**83**	**52**	**34**	**7**	**6**
4	3	1		1		
1	2			1		
3	1	1				
185	148	46	21	7		1
34	33	6	5	2		
130	93	33	11	4		
21	22	7	5	1		1
26	35	5	12	11	2	1
9	17	4	11	10	2	1
	1			1		
17	17	1	1			
13	15	11	3	4	2	1
2	4	2	1			
6	4	2		1	1	
5	7	7	2	3	1	1
4	3	1	2	2	1	
	1			1	1	
1	1					
3	1	1	2	1		
	2	1	1			
	2	1	1			
80	54	16	5	2		3
23	15	4	2	1		3
57	39	12	3	1		
54	24	2	2			
17	6	1				
37	18	1	2			

2-18 续表 6

行业中类	企业法人单位数（个）	7人及以下	8-19人	20-49人
邮政业	213	128	41	22
国家邮政	18	2		1
其他寄递服务	195	126	41	21
信息传输、计算机服务和软件业	**6032**	**4272**	**1068**	**399**
电信和其他信息传输服务业	775	460	140	61
电信	363	200	50	24
互联网信息服务	283	197	50	25
广播电视传输服务	122	57	39	12
卫星传输服务	7	6	1	
计算机服务业	2471	1893	435	109
计算机系统服务	476	348	87	28
数据处理	45	22	5	10
计算机维修	163	119	34	6
其他计算机服务	1787	1404	309	65
软件业	2786	1919	493	229
公共软件服务	2331	1575	423	200
其他软件服务	455	344	70	29
批发和零售业	**72700**	**49323**	**17848**	**4004**
批发业	48836	33428	11905	2663
农畜产品批发	2384	1233	709	306
食品、饮料及烟草制品批发	4012	2421	1057	390
纺织、服装及日用品批发	4098	2984	891	174
文化、体育用品及器材批发	1293	1005	229	40
医药及医疗器材批发	1190	697	326	116
矿产品、建材及化工产品批发	18281	12391	4722	925
机械设备、五金交电及电子产品批发	14945	10993	3259	556
贸易经纪与代理	794	502	213	65
其他批发	1839	1202	499	91
零售业	23864	15895	5943	1341
综合零售	2348	1245	571	263
食品、饮料及烟草制品专门零售	2016	1363	520	100
纺织、服装及日用品专门零售	3283	2248	810	151
文化、体育用品及器材专门零售	1429	912	381	93
医药及医疗器材专门零售	2087	1371	527	115
汽车、摩托车、燃料及零配件专门零售	4223	2538	1278	285
家用电器及电子产品专门零售	3687	2664	800	178
五金、家具及室内装修材料专门零售	3445	2614	711	104
无店铺及其他零售	1346	940	345	52
住宿和餐饮业	**5611**	**1595**	**2105**	**1171**
住宿业	1918	607	551	379
旅游饭店	645	72	107	154
一般旅馆	1155	485	400	205
其他住宿服务	118	50	44	20
餐饮业	3693	988	1554	792
正餐服务	3192	794	1335	733
快餐服务	245	79	117	29
饮料及冷饮服务	106	50	40	13
其他餐饮服务	150	65	62	17

50-99人	100-299人	300-499人	500-999人	1000-2999人	3000-4999人	5000人及以上
5	2		6	7	2	
	1		5	7	2	
5	1		1			
128	**103**	**23**	**20**	**14**	**4**	**1**
30	44	12	16	10	1	1
18	34	10	15	10	1	1
8	2	1				
4	8	1	1			
20	11	2		1		
8	4			1		
2	4	2				
3	1					
7	2					
78	48	9	4	3	3	
70	44	9	4	3	3	
8	4					
927	**423**	**75**	**62**	**32**	**5**	**1**
581	201	34	18	5	1	
112	22	1	1			
78	46	15	4	1		
29	19	1				
12	5	1	1			
34	11	2	2	2		
170	51	11	9	1	1	
104	30	2	1			
7	6			1		
35	11	1				
346	222	41	44	27	4	1
76	111	30	28	20	3	1
18	10	1	3	1		
51	18	3	2			
26	13	3		1		
45	19	2	4	3	1	
88	28		4	2		
26	15	1	3			
10	5	1				
6	3					
428	**244**	**49**	**14**	**3**	**1**	**1**
188	143	37	12	1		
139	126	34	12	1		
47	15	3				
2	2					
240	101	12	2	2	1	1
225	92	11	2			
12	3	1		2	1	1
2	1					
1	5					

2-18 续表 7

行业中类	企业法人单位数（个）			
		7人及以下	8-19人	20-49人
金融业	**1316**	**461**	**256**	**177**
银行业	252	4	11	26
中央银行	5			
商业银行	212	4	10	18
其他银行	35		1	8
证券业	45	5	18	12
证券市场管理	2		1	
证券经纪与交易	34	1	14	11
证券投资	7	2	3	1
证券分析与咨询	2	2		
保险业	524	146	90	105
人寿保险	156	7	12	31
非人寿保险	178	12	35	60
保险辅助服务	190	127	43	14
其他金融活动	495	306	137	34
金融信托与管理	35	21	8	6
金融租赁	1			1
财务公司	9	7	1	1
邮政储蓄	12			
典当	210	144	60	5
其他未列明的金融活动	228	134	68	21
房地产业	**11026**	**5008**	**3368**	**1926**
房地产业	11026	5008	3368	1926
房地产开发经营	4838	1848	1737	1038
物业管理	3512	1270	1127	694
房地产中介服务	1779	1363	292	88
其他房地产活动	897	527	212	106
租赁和商务服务业	**16886**	**12115**	**3296**	**946**
租赁业	734	533	143	39
机械设备租赁	695	506	132	39
文化及日用品出租	39	27	11	
商务服务业	16152	11582	3153	907
企业管理服务	1997	1246	435	179
法律服务	341	167	145	27
咨询与调查	5183	4029	903	212
广告业	3335	2630	574	110
知识产权服务	141	108	24	6
职业中介服务	1471	937	316	95
市场管理	870	390	268	142
旅行社	1176	857	232	64
其他商务服务	1638	1218	256	72
科学研究、技术服务和地质勘查业	**7246**	**4330**	**1762**	**806**
研究与试验发展	1117	775	219	80
自然科学研究与试验发展	116	90	17	5
工程和技术研究与试验发展	639	426	130	49
农业科学研究与试验发展	175	122	36	13
医学研究与试验发展	174	130	31	12
社会人文科学研究与试验发展	13	7	5	1

50-99人	100-299人	300-499人	500-999人	1000-2999人	3000-4999人	5000人及以上
71	**147**	**75**	**81**	**41**	**6**	**1**
10	62	49	54	30	6	
	5					
8	38	47	52	29	6	
2	19	2	2	1		
6	2	2				
	1					
5	1	2				
1						
52	71	21	27	11		1
19	40	12	23	11		1
30	29	9	3			
3	2		1			
3	12	3				
	9	3				
1						
2	3					
466	**222**	**22**	**4**	**10**		
466	222	22	4	10		
162	48	4		1		
251	142	17	4	7		
22	12	1		1		
31	20			1		
257	**162**	**48**	**35**	**19**	**5**	**3**
9	7	2	1			
8	7	2	1			
1						
248	155	46	34	19	5	3
58	50	15	8	6		
2						
29	8	1	1			
17	2		1	1		
3						
57	27	15	11	7	3	3
34	27	6	3			
17	6					
31	35	9	10	5	2	
208	**108**	**17**	**11**	**3**	**1**	
24	9	3	5	2		
3				1		
19	7	2	5	1		
1	2	1				
1						

2-18 续表 8

行业中类	企业法人单位数(个)	7人及以下	8-19人	20-49人
专业技术服务业	3749	1904	1030	571
气象服务	22	13	6	2
地震服务	5	3	2	
海洋服务	9	4	3	1
测绘服务	185	93	58	28
技术检测	483	216	165	73
环境监测	69	43	22	4
工程技术与规划管理	2064	897	611	380
其他专业技术服务	912	635	163	83
科技交流和推广服务业	2272	1609	478	142
技术推广服务	1624	1165	330	97
科技中介服务	481	334	105	35
其他科技服务	167	110	43	10
地质勘查业	108	42	35	13
矿产地质勘查	39	15	10	6
基础地质勘查	23	9	7	2
地质勘查技术服务	46	18	18	5
水利、环境和公共设施管理业	**896**	**412**	**235**	**151**
水利管理业	82	33	28	10
防洪管理	5	2	3	
水资源管理	42	16	13	3
其他水利管理	35	15	12	7
环境管理业	172	89	27	31
自然保护	13	6	2	1
环境治理	159	83	25	30
公共设施管理业	642	290	180	110
市政公共设施管理	85	29	23	15
城市绿化管理	359	179	99	63
游览景区管理	198	82	58	32
居民服务和其他服务业	**5092**	**2728**	**1676**	**522**
居民服务业	2899	1449	984	350
家庭服务	190	123	34	25
托儿所	6	2	3	1
洗染服务	103	67	22	10
理发及美容保健服务	718	349	276	73
洗浴服务	981	340	412	169
婚姻服务	222	180	38	3
殡葬服务	153	56	56	29
摄影扩印服务	276	169	84	17
其他居民服务	250	163	59	23
其他服务业	2193	1279	692	172
修理与维护	1486	830	516	118
清洁服务	388	246	96	31
其他未列明的服务	319	203	80	23
教育	**1011**	**494**	**327**	**146**
教育	1011	494	327	146
学前教育	178	81	62	32

50-99人	100-299人	300-499人	500-999人	1000-2999人	3000-4999人	5000人及以上
154	75	10	5			
1						
1						
1	5					
21	7	1				
110	54	8	4			
20	9	1	1			
23	16	1	1	1	1	
18	12		1	1		
3	3				1	
2	1	1				
7	8	3				
1	4	3				
3	2					
3	2					
57	**38**	**3**				
4	6	1				
3	6	1				
1						
14	10	1				
1	2	1				
13	8					
39	22	1				
13	5					
11	7					
15	10	1				
108	**48**	**7**	**1**	**2**		
76	35	4	1			
3	5					
3	1					
17	3					
38	17	4	1			
1						
8	4					
4	2					
2	3					
32	13	3		2		
19	3					
6	6	3				
7	4			2		
29	**13**	**2**				
29	13	2				
3						

2-18 续表 9

行业中类	企业法人单位数(个)	7人及以下	8-19人	20-49人
初等教育	7	3	3	1
中等教育	40	17	8	9
高等教育	13	6	2	2
其他教育	773	387	252	102
卫生、社会保障和社会福利业	**1235**	**757**	**207**	**155**
卫生	1149	709	177	148
医院	282	57	45	85
卫生院及社区医疗活动	109	57	22	24
门诊部医疗活动	686	556	92	30
计划生育技术服务活动	3	2	1	
妇幼保健活动	3	3		
专科疾病防治活动	17	8	5	2
疾病预防控制及防疫活动	15	7	4	3
其他卫生活动	34	19	8	4
社会保障业	37	23	11	3
社会保障业	37	23	11	3
社会福利业	49	25	19	4
提供住宿的社会福利	39	20	15	3
不提供住宿的社会福利	10	5	4	1
文化、体育和娱乐业	**1493**	**775**	**400**	**217**
新闻出版业	141	59	37	19
新闻业	2	2		
出版业	139	57	37	19
广播、电视、电影和音像业	225	116	59	40
广播	3	1	1	1
电视	57	25	19	8
电影	116	51	30	30
音像制作	49	39	9	1
文化艺术业	347	271	58	9
文艺创作与表演	134	101	25	3
艺术表演场馆	22	15	4	2
图书馆与档案馆	24	21	2	1
文物及文化保护	4	2	1	
博物馆	16	11	4	
烈士陵园、纪念馆	1		1	
群众文化活动	32	22	7	2
文化艺术经纪代理	59	50	8	1
其他文化艺术	55	49	6	
体育	96	54	25	12
体育组织	34	23	6	4
体育场馆	38	12	15	8
其他体育	24	19	4	
娱乐业	684	275	221	137
室内娱乐活动	388	140	139	83
游乐园	26	15	5	4
休闲健身娱乐活动	222	102	54	44
其他娱乐活动	48	18	23	6

50-99人	100-299人	300-499人	500-999人	1000-2999人	3000-4999人	5000人及以上
2	4					
2	1					
22	8	2				
73	**30**	**7**	**3**	**3**		
72	30	7	3	3		
55	27	7	3	3		
6						
6	2					
2						
1						
2	1					
1						
1						
61	**29**	**5**	**5**	**1**		
14	6	1	4	1		
14	6	1	4	1		
7	2	1				
2	2	1				
5						
6	3					
4	1					
	1					
	1					
1						
1						
3	2					
1						
2	1					
	1					
31	16	3	1			
18	8					
		1	1			
12	8	2				
1						

2-19 按地区、从业人员数组距

地 区	企业法人单位数(个)	7人及以下	8-19人	20-49人	50-99人
全 省	**243783**	**118470**	**63377**	**36971**	**12583**
沈阳市	**66404**	**38378**	**14700**	**7738**	**2757**
和平区	11313	8195	1843	771	247
沈河区	10227	7474	1682	627	217
大东区	4920	3365	798	464	156
皇姑区	5554	1743	2470	1079	140
铁西区	6591	4879	1101	355	127
苏家屯区	2466	1054	677	428	165
东陵区	7326	3600	1857	1005	452
沈北新区	2782	1222	687	417	219
于洪区	10220	4807	2643	1631	570
辽中县	1140	443	214	274	133
康平县	1280	498	246	187	81
法库县	1127	620	171	145	85
新民市	1458	478	311	355	165
大连市	**68736**	**35275**	**16154**	**10518**	**3262**
中山区	9529	6305	1953	783	262
西岗区	7669	5151	1416	704	201
沙河口区	9628	6519	1935	678	260
甘井子区	13119	7163	2933	1700	679
旅顺口区	3134	1238	810	673	235
金州区	12797	6337	3018	1789	738
长海县	173	78	39	33	13
瓦房店市	5690	1348	1716	1941	295
普兰店市	3765	772	1062	1296	312
庄河市	3232	364	1272	921	267
鞍山市	**22221**	**11551**	**6336**	**2636**	**884**
铁东区	3400	1599	1291	306	78
铁西区	2226	1671	316	131	39
立山区	2844	1699	719	251	90
千山区	4032	2549	791	409	145
台安县	1577	610	340	354	169
岫岩满族自治县	1565	596	541	255	87
海城市	6577	2827	2338	930	276
抚顺市	**12505**	**4961**	**4444**	**2127**	**475**
新抚区	1538	780	402	201	62
东洲区	1962	995	570	256	76
望花区	3347	1292	1303	529	104
顺城区	2159	744	849	372	89
抚顺县	1059	387	271	307	57
新宾满族自治县	1343	447	498	307	57
清原满族自治县	1097	316	551	155	30
本溪市	**6963**	**1906**	**2737**	**1476**	**450**
平山区	2063	295	1153	399	118
溪湖区	1306	352	476	310	82
明山区	1689	656	619	237	87
南芬区	265	65	94	64	26
本溪满族自治县	901	300	230	247	64
桓仁满族自治县	739	238	165	219	73
丹东市	**10405**	**4135**	**2836**	**2026**	**713**
元宝区	1463	870	370	134	49
振兴区	2721	1444	645	356	114
振安区	853	241	291	152	77
宽甸满族自治县	1547	359	537	480	95
东港市	1776	372	453	501	219
凤城市	2045	849	540	403	159

分组的企业法人单位数

100-299人	300-499人	500-999人	1000-2999人	3000-4999人	5000人及以上
8811	**1626**	**1129**	**632**	**95**	**89**
2195	**278**	**194**	**119**	**25**	**20**
153	45	32	13	8	6
140	30	27	25	4	1
89	16	17	8	4	3
80	18	15	7		2
91	9	14	14	1	
123	10	5	4		
342	33	21	13	3	
204	15	13	3	1	1
435	59	36	28	4	7
64	6	5	1		
259	7		2		
85	18	3			
130	12	6	1		
2451	**516**	**326**	**175**	**30**	**29**
138	36	26	14	7	5
131	26	19	16	2	3
168	32	15	14	3	4
473	79	46	34	9	3
132	32	10	3	1	
615	150	99	39	4	8
9		1			
305	33	26	20	4	2
194	68	50	9		2
286	60	34	26		2
553	**120**	**85**	**49**	**3**	**4**
71	21	18	14	1	1
43	15	5	5		1
56	13	7	8		1
98	19	15	5	1	
87	10	7			
65	14	6		1	
133	28	27	17		1
325	**80**	**56**	**28**	**3**	**6**
49	18	13	9		4
37	10	11	7		
81	19	10	5	2	2
64	20	14	7		
32	2	3			
26	7	1			
36	4	4		1	
261	**53**	**47**	**26**	**4**	**3**
57	8	15	11	4	3
60	12	10	4		
58	15	12	5		
11	2	1	2		
40	12	5	3		
35	4	4	1		
530	**82**	**53**	**25**	**3**	**2**
25	7	6	2		
97	23	19	18	3	2
77	7	6	2		
63	11	2			
194	22	14	1		
74	12	6	2		

2-19 续表

地　区	企业法人单位数(个)	7人及以下	8-19人	20-49人	50-99人
锦州市	**8489**	**3775**	**2187**	**1396**	**597**
古塔区	1609	727	502	230	66
凌河区	1694	829	460	225	73
太和区	2114	945	586	298	152
黑山县	784	258	160	196	100
义县	583	284	113	106	54
凌海市	889	285	212	219	97
北镇市	816	447	154	122	55
营口市	**12862**	**5731**	**3607**	**2272**	**614**
站前区	2646	1731	459	257	93
西市区	1308	800	207	190	46
鲅鱼圈区	2928	1304	1007	347	140
老边区	1560	335	643	439	76
盖州市	1863	611	349	709	107
大石桥市	2557	950	942	330	152
阜新市	**5526**	**2271**	**1225**	**835**	**817**
海州区	1278	694	270	152	68
新邱区	286	78	57	68	44
太平区	696	345	171	101	35
清河门区	214	86	47	26	30
细河区	1373	707	322	205	64
阜新蒙古族自治县	1080	91	193	186	538
彰武县	599	270	165	97	38
辽阳市	**6332**	**1921**	**2262**	**1397**	**368**
白塔区	1242	565	423	122	44
文圣区	974	443	309	152	25
宏伟区	498	152	179	91	33
弓长岭区	238	32	87	56	38
太子河区	678	156	264	137	64
辽阳县	1742	251	665	662	96
灯塔市	960	322	335	177	68
盘锦市	**6562**	**2731**	**2154**	**951**	**313**
双台子区	906	545	213	76	33
兴隆台区	3611	1539	1317	439	139
大洼县	1103	337	299	195	100
盘山县	942	310	325	241	41
铁岭市	**5602**	**1987**	**1371**	**1250**	**537**
银州区	1349	617	342	199	92
清河区	353	122	83	98	29
铁岭县	871	267	174	225	114
西丰县	469	161	151	101	35
昌图县	910	273	215	243	112
调兵山市	416	217	83	62	19
开原市	1234	330	323	322	136
朝阳市	**5566**	**1393**	**1851**	**1410**	**454**
双塔区	1568	537	576	271	69
龙城区	727	159	285	157	71
朝阳县	409	159	72	78	59
建平县	789	160	291	224	65
喀喇沁左翼蒙古族自治县	426	109	129	104	43
北票市	780	116	268	239	83
凌源市	867	153	230	337	64
葫芦岛市	**5609**	**2455**	**1513**	**939**	**342**
连山区	1515	650	393	267	90
龙港区	1259	504	404	180	77
南票区	194	59	46	62	18
绥中县	974	434	262	166	56
建昌县	440	199	110	62	35
兴城市	1227	609	298	202	66

100–299人	300–499人	500–999人	1000–2999人	3000–4999人	5000人及以上
360	**74**	**51**	**42**	**7**	
52	9	11	9	3	
55	21	12	17	2	
90	19	15	8	1	
59	2	8	1		
18	6	1	1		
58	10	3	4	1	
28	7	1	2		
453	**81**	**71**	**26**	**5**	**2**
60	12	22	11	1	
46	8	8	3		
83	21	15	7	2	2
52	8	5	2		
65	10	11	1		
147	22	10	2	2	
265	**64**	**36**	**12**		**1**
59	16	15	3		1
34	3	2			
28	8	4	4		
21	4				
42	17	11	5		
56	12	4			
25	4				
270	**48**	**46**	**14**	**2**	**4**
59	11	14	3		1
29	7	7	1		1
27	5	4	4	1	2
18	5		1	1	
40	6	9	2		
51	10	5	2		
46	4	7	1		
292	**42**	**44**	**24**	**5**	**6**
18	5	11	4		1
105	27	26	13	2	4
148	10	5	6	2	1
21		2	1	1	
334	**61**	**35**	**22**	**3**	**2**
61	12	14	11	1	
12	3	4	2		
75	10	4	2		
15	5		1		
56	7	3	1		
20	4	3	4	2	2
95	20	7	1		
295	**74**	**47**	**37**	**3**	**2**
57	21	19	17	1	
39	7	5	4		
30	7	2	2		
34	10	3	2		
25	6	4	5	1	
51	8	10	4		1
59	15	4	3	1	1
227	**53**	**38**	**33**	**2**	**7**
69	15	12	16		3
54	14	12	10	1	3
6	2				1
43	7	5	1		
24	5	2	2	1	
31	10	7	4		

2-20 按登记注册类型、从业人员数

登记注册类型	企业法人单位数(个)	7人及以下	8-19人	20-49人
总　计	**243783**	**118470**	**63377**	**36971**
内资企业	**234377**	**115878**	**61658**	**34984**
国有企业	9353	3464	2190	1686
集体企业	16913	7454	4253	3064
股份合作企业	3869	1887	1008	599
联营企业	379	156	109	70
国有联营企业	58	19	17	12
集体联营企业	179	72	56	38
国有与集体联营企业	51	20	13	9
其他联营企业	91	45	23	11
有限责任公司	36570	19684	9123	4228
国有独资公司	417	90	84	72
其他有限责任公司	36153	19594	9039	4156
股份有限公司	3969	1539	1002	642
私营企业	160014	79948	43046	24254
私营独资企业	63168	28261	19289	11137
私营合伙企业	4553	2187	1341	721
私营有限责任公司	86572	46714	20899	11546
私营股份有限公司	5721	2786	1517	850
其他企业	3310	1746	927	441
港、澳、台商投资企业	**1988**	**554**	**383**	**365**
合资经营企业(港、澳、台资)	996	233	172	201
合作经营企业(港、澳、台资)	100	24	19	22
港、澳、台商独资经营企业	782	265	164	123
港、澳、台商投资股份有限公司	110	32	28	19
外商投资企业	**7418**	**2038**	**1336**	**1622**
中外合资经营企业	3215	734	571	775
中外合作经营企业	350	82	60	77
外资企业	3674	1166	671	742
外商投资股份有限公司	179	56	34	28

组距分组的企业法人单位数

50-99人	100-299人	300-499人	500-999人	1000-2999人	3000-4999人	5000人及以上
12583	**8811**	**1626**	**1129**	**632**	**95**	**89**
11429	**7538**	**1316**	**892**	**528**	**75**	**79**
756	704	221	170	115	27	20
1147	717	123	84	62	6	3
188	137	24	21	5		
17	21	1	3	1		1
4	5	1				
5	6		1	1		
3	4		1			1
5	6		1			
1530	1259	327	226	143	17	33
33	61	23	15	25	3	11
1497	1198	304	211	118	14	22
248	261	79	101	71	15	11
7412	4386	538	279	131	10	10
2952	1375	98	39	17		
194	98	8	2	2		
3977	2702	399	212	104	9	10
289	211	33	26	8	1	
131	53	3	8			1
233	**282**	**74**	**63**	**33**	**1**	
128	164	46	34	18		
10	12	5	4	4		
86	92	19	23	9	1	
9	14	4	2	2		
921	**991**	**236**	**174**	**71**	**19**	**10**
444	495	106	58	24	4	4
46	62	8	11	4		
410	413	116	100	40	11	5
21	21	6	5	3	4	1

2-21 按行业(中类)、全年营业收入组距分组的企业法人单位数

行业中类	企业法人单位数(个)	100万元及以下	100-200万元	200-500万元	500-1000万元	1000-2000万元	2000-5000万元	5000万元-1亿元	1亿元以上
总　计	**243783**	**111631**	**31039**	**49982**	**15506**	**15035**	**9776**	**5320**	**5494**
农、林、牧、渔业	**38**	**2**	**4**	**8**	**10**	**5**	**4**	**5**	
农业	12			2	4	2	1	3	
谷物及其他作物的种植	8			1	2	1	1	3	
蔬菜、园艺作物的种植	1			1					
水果、坚果、饮料和香料作物的种植	2				2				
中药材的种植	1					1			
林业	12	1	2	3	4	2			
林木的培育和种植	12	1	2	3	4	2			
畜牧业	5		1	1		1	1	1	
牲畜的饲养	1							1	
家禽的饲养	4		1	1		1	1		
渔业	7			2	2		2	1	
海洋渔业	5			2	2		1		
内陆渔业	2						1	1	
农、林、牧、渔服务业	2	1	1						
畜牧服务业	1		1						
渔业服务业	1	1							
采矿业	**5522**	**1198**	**396**	**2131**	**542**	**318**	**456**	**295**	**186**
煤炭开采和洗选业	734	190	42	223	104	61	66	31	17
烟煤和无烟煤的开采洗选	708	175	40	218	103	60	64	31	17
褐煤的开采洗选	17	11	2	1	1	1	1		
其他煤炭采选	9	4		4			1		
石油和天然气开采业	103	17	8	61	5	3	3	3	3
天然原油和天然气开采	4	1		1		1			1
与石油和天然气开采有关的服务活动	99	16	8	60	5	2	3	3	2
黑色金属矿采选业	1569	175	58	416	227	144	233	201	115
铁矿采选	1495	160	54	398	218	136	222	194	113
其他黑色金属矿采选	74	15	4	18	9	8	11	7	2
有色金属矿采选业	767	176	71	291	64	28	75	28	34
常用有色金属矿采选	515	102	57	207	34	17	58	19	21
贵金属矿采选	158	43	14	67	8	8	11	5	2
稀有稀土金属矿采选	94	31		17	22	3	6	4	11
非金属矿采选业	2341	639	214	1138	141	82	78	32	17
土砂石开采	1770	519	169	833	109	62	53	16	9
化学矿采选	120	17	5	65	13	7	9	3	1
采盐	35	13		14	1	2	1	3	1
石棉及其他非金属矿采选	416	90	40	226	18	11	15	10	6
其他采矿业	8	1	3	2	1		1		
其他采矿业	8	1	3	2	1		1		
制造业	**82596**	**30196**	**8660**	**23889**	**5648**	**3680**	**4721**	**2973**	**2829**
农副食品加工业	4896	1383	342	1545	383	245	379	311	308
谷物磨制	674	148	44	211	58	49	66	58	40
饲料加工	1030	271	70	315	92	70	75	67	70
植物油加工	230	93	15	56	9	8	13	15	21
制糖	13	5		3	1		1	1	2
屠宰及肉类加工	854	261	71	242	58	29	55	53	85

2-21　续表 1

行业中类	企业法人单位数(个)	100万元及以下	100-200万元	200-500万元	500-1000万元	1000-2000万元	2000-5000万元	5000万元-1亿元	1亿元以上
水产品加工	1103	295	71	403	80	49	73	69	63
蔬菜、水果和坚果加工	621	174	37	217	57	24	71	30	11
其他农副食品加工	371	136	34	98	28	16	25	18	16
食品制造业	1881	777	174	519	130	73	84	70	54
焙烤食品制造	560	268	64	162	20	10	17	11	8
糖果、巧克力及蜜饯制造	71	28	11	13	4	4	7	2	2
方便食品制造	221	98	24	48	18	8	7	6	12
液体乳及乳制品制造	78	36	6	7	9	3	2	9	6
罐头制造	183	41	6	69	20	17	14	12	4
调味品、发酵制品制造	288	116	20	79	18	20	12	13	10
其他食品制造	480	190	43	141	41	11	25	17	12
饮料制造业	1260	534	115	376	49	45	50	48	43
酒精制造	18	7	1	3		1	2	3	1
酒的制造	629	259	60	184	25	21	25	31	24
软饮料制造	605	263	53	188	24	23	22	14	18
精制茶加工	8	5	1	1			1		
烟草制品业	6			1		1	2		2
烟叶复烤	2			1			1		
卷烟制造	4					1	1		2
纺织业	2214	671	212	789	151	112	142	93	44
棉、化纤纺织及印染精加工	575	177	60	175	38	25	46	28	26
毛纺织和染整精加工	49	22	3	14	3	2	2		3
麻纺织	14	3		3		2	2	3	1
丝绢纺织及精加工	276	86	16	106	21	14	18	12	3
纺织制成品制造	613	211	67	188	41	37	39	24	6
针织品、编织品及其制品制造	687	172	66	303	48	32	35	26	5
纺织服装、鞋、帽制造业	3523	1156	375	1174	255	163	174	110	116
纺织服装制造	3383	1115	364	1150	252	162	173	100	67
纺织面料鞋的制造	117	34	5	17	2		1	9	49
制帽	23	7	6	7	1	1		1	
皮革、毛皮、羽毛(绒)及其制品业	585	224	60	109	28	17	117	20	10
皮革鞣制加工	20	15	1	1	2				1
皮革制品制造	465	166	52	78	17	14	113	18	7
毛皮鞣制及制品加工	71	37	4	16	7	2	2	1	2
羽毛(绒)加工及制品制造	29	6	3	14	2	1	2	1	
木材加工及木、竹、藤、棕、草制品业	2283	717	249	791	194	113	97	70	52
锯材、木片加工	728	164	87	373	49	24	15	9	7
人造板制造	439	129	43	120	42	24	35	26	20
木制品制造	1048	388	112	283	99	63	45	33	25
竹、藤、棕、草制品制造	68	36	7	15	4	2	2	2	
家具制造业	1080	439	112	267	68	64	63	32	35
木质家具制造	894	354	89	228	53	54	57	30	29
竹、藤家具制造	5	2		1	2				
金属家具制造	70	32	9	12	8	4	2	1	2
塑料家具制造	8	4		4					
其他家具制造	103	47	14	22	5	6	4	1	4
造纸及纸制品业	1602	590	177	479	108	67	95	54	32
纸浆制造	13	7	1	3		1		1	
造纸	378	137	21	119	20	16	34	23	8
纸制品制造	1211	446	155	357	88	50	61	30	24

2-21 续表 2

行业中类	企业法人单位数(个)	100万元及以下	100-200万元	200-500万元	500-1000万元	1000-2000万元	2000-5000万元	5000万元-1亿元	1亿元以上
印刷业和记录媒介的复制	2101	1096	311	483	72	38	57	29	15
印刷	1955	1011	297	459	68	35	52	25	8
装订及其他印刷服务活动	129	83	13	23	2	2	5	1	
记录媒介的复制	17	2	1	1	2	1		3	7
文教体育用品制造业	298	111	45	76	18	19	17	6	6
文化用品制造	123	46	21	35	9	6	4	2	
体育用品制造	102	39	14	26	5	8	9		1
乐器制造	40	16	6	7	3		2	4	2
玩具制造	18	6	1	7	1	2	1		
游艺器材及娱乐用品制造	15	4	3	1		3	1		3
石油加工、炼焦及核燃料加工业	927	265	94	272	51	40	56	49	100
精炼石油产品的制造	890	250	91	269	49	36	54	48	93
炼焦	37	15	3	3	2	4	2	1	7
化学原料及化学制品制造业	5088	1932	469	1406	374	242	294	209	162
基础化学原料制造	980	278	84	290	66	72	83	72	35
肥料制造	539	205	42	152	39	24	32	20	25
农药制造	116	40	8	28	10	6	7	9	8
涂料、油墨、颜料及类似产品制造	964	435	91	241	79	33	36	29	20
合成材料制造	273	103	26	75	20	15	14	7	13
专用化学产品制造	1782	646	174	512	139	79	113	61	58
日用化学产品制造	434	225	44	108	21	13	9	11	3
医药制造业	735	231	48	177	72	54	63	44	46
化学药品原药制造	92	24	4	15	12	6	7	12	12
化学药品制剂制造	116	40	6	9	18	11	14	8	10
中药饮片加工	142	24	10	62	7	12	18	8	1
中成药制造	128	37	4	28	17	11	13	9	9
兽用药品制造	61	21	6	14	7	2	4	2	5
生物、生化制品的制造	131	53	6	36	10	10	6	2	8
卫生材料及医药用品制造	65	32	12	13	1	2	1	3	1
化学纤维制造业	112	35	6	35	10	6	5	7	8
纤维素纤维原料及纤维制造	31	16	2	7	1		1	2	2
合成纤维制造	81	19	4	28	9	6	4	5	6
橡胶制品业	1179	445	142	306	77	60	68	43	38
轮胎制造	80	35	3	14	7	3	3	4	11
橡胶板、管、带的制造	292	109	37	74	17	19	17	7	12
橡胶零件制造	470	181	55	116	33	23	34	20	8
再生橡胶制造	28	11	3	6	2	1	1	2	2
日用及医用橡胶制品制造	31	17	1	5	3	1	1	1	2
橡胶靴鞋制造	58	19	7	14	2	8	4	4	
其他橡胶制品制造	220	73	36	77	13	5	8	5	3
塑料制品业	3822	1374	407	1193	234	138	217	181	78
塑料薄膜制造	367	119	33	133	28	15	22	9	8
塑料板、管、型材的制造	717	241	79	193	53	37	59	31	24
塑料丝、绳及编织品的制造	750	189	66	264	45	31	40	105	10
泡沫塑料制造	271	93	31	95	20	8	15	5	4
塑料人造革、合成革制造	25	12	2	7				1	3
塑料包装箱及容器制造	438	145	48	154	24	18	29	7	13
塑料零件制造	223	103	17	55	10	6	18	8	6
日用塑料制造	589	281	73	169	26	8	20	10	2
其他塑料制品制造	442	191	58	123	28	15	14	5	8

2-21　续表 3

行业中类	企业法人单位数(个)	100万元及以下	100-200万元	200-500万元	500-1000万元	1000-2000万元	2000-5000万元	5000万元-1亿元	1亿元以上
非金属矿物制品业	7969	2519	846	2743	533	358	452	251	267
水泥、石灰和石膏的制造	523	118	26	138	50	59	68	30	34
水泥及石膏制品制造	1049	398	91	297	69	47	68	41	38
砖瓦、石材及其他建筑材料制造	3181	982	423	1276	178	108	103	58	53
玻璃及玻璃制品制造	670	238	68	196	42	34	39	29	24
陶瓷制品制造	139	58	16	44	7	5	6	1	2
耐火材料制品制造	1699	475	153	561	137	83	126	73	91
石墨及其他非金属矿物制品制造	708	250	69	231	50	22	42	19	25
黑色金属冶炼及压延加工业	1300	327	95	300	98	67	110	96	207
炼铁	155	44	13	38	16	3	9	11	21
炼钢	71	17	7	17	9	4	2	6	9
钢压延加工	879	217	67	200	60	48	83	64	140
铁合金冶炼	195	49	8	45	13	12	16	15	37
有色金属冶炼及压延加工业	926	260	59	210	99	52	72	58	116
常用有色金属冶炼	229	59	10	68	15	17	22	10	28
贵金属冶炼	47	7		16	8	3	3	6	4
稀有稀土金属冶炼	86	26	5	17	7	3	3	6	19
有色金属合金制造	124	36	9	28	15	8	11	10	7
有色金属压延加工	440	132	35	81	54	21	33	26	58
金属制品业	5659	2285	642	1510	372	260	293	161	136
结构性金属制品制造	2484	1033	266	676	159	96	115	70	69
金属工具制造	471	170	55	146	33	30	22	9	6
集装箱及金属包装容器制造	404	127	41	95	32	28	40	19	22
金属丝绳及其制品的制造	259	88	35	70	19	18	16	7	6
建筑、安全用金属制品制造	549	216	52	147	34	23	43	22	12
金属表面处理及热处理加工	874	356	115	228	67	44	34	19	11
搪瓷制品制造	32	16	1	5	2	3	2	3	
不锈钢及类似日用金属制品制造	230	109	33	51	13	10	7	4	3
其他金属制品制造	356	170	44	92	13	8	14	8	7
通用设备制造业	14784	5351	1565	4435	1053	699	873	480	328
锅炉及原动机制造	613	226	64	172	48	31	44	15	13
金属加工机械制造	1324	534	132	367	84	55	71	38	43
起重运输设备制造	523	176	49	102	45	48	49	29	25
泵、阀门、压缩机及类似机械的制造	2221	810	250	562	189	128	151	77	54
轴承、齿轮、传动和驱动部件的制造	1147	190	64	509	93	53	112	74	52
烘炉、熔炉及电炉制造	100	42	8	33	4		7	4	2
风机、衡器、包装设备等通用设备制造	1213	521	147	259	87	52	77	43	27
通用零部件制造及机械修理	4989	2194	629	1530	248	134	144	67	43
金属铸、锻加工	2654	658	222	901	255	198	218	133	69
专用设备制造业	5321	1978	666	1416	427	237	284	164	149
矿山、冶金、建筑专用设备制造	1745	563	212	479	155	101	107	67	61
化工、木材、非金属加工专用设备制造	1197	415	166	342	105	48	49	34	38
食品、饮料、烟草及饲料生产专用设备制造	177	65	22	45	14	9	11	6	5
印刷、制药、日化生产专用设备制造	263	88	29	73	23	11	24	8	7
纺织、服装和皮革工业专用设备制造	131	55	12	32	15	3	6	6	2
电子和电工机械专用设备制造	251	103	44	57	16	9	11	6	5

2-21 续表 4

行业中类	企业法人单位数(个)	100万元及以下	100-200万元	200-500万元	500-1000万元	1000-2000万元	2000-5000万元	5000万元-1亿元	1亿元以上
农、林、牧、渔专用机械制造	302	101	28	115	20	13	20	4	1
医疗仪器设备及器械制造	246	127	36	44	8	9	10	5	7
环保、社会公共安全及其他专用设备制造	1009	461	117	229	71	34	46	28	23
交通运输设备制造业	4118	1690	451	1118	218	163	195	111	172
铁路运输设备制造	435	171	62	104	30	16	29	13	10
汽车制造	2696	1114	317	742	108	86	134	78	117
摩托车制造	13	2	2	5	2	1		1	
自行车制造	43	24	4	10	1	1	2	1	
船舶及浮动装置制造	851	351	60	238	72	52	29	13	36
航空航天器制造	31	7	2	5	3	4	1	2	7
交通器材及其他交通运输设备制造	49	21	4	14	2	3		3	2
电气机械及器材制造业	4569	1885	517	1057	290	198	263	170	189
电机制造	422	180	47	102	27	13	26	11	16
输配电及控制设备制造	2284	917	269	517	168	120	131	81	81
电线、电缆、光缆及电工器材制造	840	270	85	201	56	38	69	53	68
电池制造	92	47	7	22	7	1	3	2	3
家用电力器具制造	256	131	32	46	11	10	8	6	12
非电力家用器具制造	95	46	6	30	3	1	2	3	4
照明器具制造	351	172	37	77	15	12	22	13	3
其他电气机械及器材制造	229	122	34	62	3	3	2	1	2
通信设备、计算机及其他电子设备制造业	1055	462	99	202	86	43	50	40	73
通信设备制造	134	52	16	29	13	8	3	5	8
雷达及配套设备制造	7	2	1					2	2
广播电视设备制造	54	28	3	7	7	3	3	2	1
电子计算机制造	94	38	9	18	7	4	5	2	11
电子器件制造	186	71	13	39	17	9	17	11	9
电子元件制造	363	170	35	72	30	13	16	10	17
家用视听设备制造	34	13	2	3	5			3	8
其他电子设备制造	183	88	20	34	7	6	6	5	17
仪器仪表及文化、办公用机械制造业	1644	762	200	357	110	63	88	39	25
通用仪器仪表制造	1138	534	143	238	77	44	57	29	16
专用仪器仪表制造	282	123	36	67	21	11	16	4	4
钟表与计时仪器制造	38	21	4	6	1	2	3	1	
光学仪器及眼镜制造	44	25	2	10	1	1	2	2	1
文化、办公用机械制造	46	17	4	8	2	3	5	3	4
其他仪器仪表的制造及修理	96	42	11	28	8	2	5		
工艺品及其他制造业	1444	608	156	478	73	35	56	24	14
工艺美术品制造	1102	446	116	391	61	27	37	17	7
日用杂品制造	106	51	7	25	3	3	11	4	2
煤制品制造	176	82	22	53	5	3	7	3	1
核辐射加工	4	3			1				
其他未列明的制造业	56	26	11	9	3	2	1		4
废弃资源和废旧材料回收加工业	215	89	26	65	15	8	5	3	4
金属废料和碎屑的加工处理	89	35	11	26	6	3	3	2	3
非金属废料和碎屑的加工处理	126	54	15	39	9	5	2	1	1
电力、燃气及水的生产和供应业	**1441**	**481**	**154**	**355**	**94**	**65**	**107**	**58**	**127**
电力、热力的生产和供应业	943	276	90	235	62	47	80	46	107
电力生产	238	94	20	41	15	7	10	14	37
电力供应	92	13	2	12	3	1	8	7	46
热力生产和供应	613	169	68	182	44	39	62	25	24

2-21　续表 5

行业中类	企业法人单位数(个)	100万元及以下	100-200万元	200-500万元	500-1000万元	1000-2000万元	2000-5000万元	5000万元-1亿元	1亿元以上
燃气生产和供应业	114	40	12	24	8	5	8	8	9
燃气生产和供应业	114	40	12	24	8	5	8	8	9
水的生产和供应业	384	165	52	96	24	13	19	4	11
自来水的生产和供应	279	113	47	69	17	7	14	3	9
污水处理及其再生利用	97	50	4	24	7	5	5	1	1
其他水的处理、利用与分配	8	2	1	3		1			1
建筑业	**14957**	**7372**	**1577**	**2277**	**1216**	**787**	**854**	**442**	**432**
房屋和土木工程建筑业	5013	1743	445	779	427	369	542	350	358
房屋工程建筑	2549	780	204	340	170	180	374	268	233
土木工程建筑	2464	963	241	439	257	189	168	82	125
建筑安装业	4004	1918	464	654	396	244	202	60	66
建筑安装业	4004	1918	464	654	396	244	202	60	66
建筑装饰业	4586	2940	517	623	279	124	74	22	7
建筑装饰业	4586	2940	517	623	279	124	74	22	7
其他建筑业	1354	771	151	221	114	50	36	10	1
工程准备	873	496	104	141	64	32	29	7	
提供施工设备服务	112	67	10	17	12	4		1	1
其他未列明的建筑活动	369	208	37	63	38	14	7	2	
交通运输、仓储和邮政业	**8685**	**4996**	**1214**	**1019**	**483**	**364**	**291**	**154**	**164**
铁路运输业	19	7	1	3	1	2	4		1
铁路货物运输	8	2	1		1	1	2		1
铁路运输辅助活动	11	5		3		1	2		
道路运输业	3556	1782	594	546	232	164	118	62	58
公路旅客运输	271	94	53	59	19	19	14	7	6
道路货物运输	3053	1591	493	455	192	131	93	51	47
道路运输辅助活动	232	97	48	32	21	14	11	4	5
城市公共交通业	567	261	118	86	40	22	21	12	7
公共电汽车客运	89	18	8	15	8	8	15	10	7
轨道交通	4	2		1				1	
出租车客运	471	239	109	70	32	14	6	1	
其他城市公共交通	3	2	1						
水上运输业	270	111	41	21	18	25	20	9	25
水上旅客运输	40	14	9	3	5	4	3	1	1
水上货物运输	136	61	18	9	10	15	9	5	9
水上运输辅助活动	94	36	14	9	3	6	8	3	15
航空运输业	28	12	3	2	1	1		1	8
航空客货运输	11	6	1					1	3
通用航空服务	6	4	1						1
航空运输辅助活动	11	2	1	2	1	1			4
管道运输业	6			1			3		2
管道运输业	6			1			3		2
装卸搬运和其他运输服务业	3168	2242	317	237	139	96	78	35	24
装卸搬运	259	128	48	38	22	9	7	3	4
运输代理服务	2909	2114	269	199	117	87	71	32	20
仓储业	858	432	110	114	46	50	45	30	31
谷物、棉花等农产品仓储	301	111	43	42	16	22	26	18	23
其他仓储	557	321	67	72	30	28	19	12	8

2-21 续表 6

行业中类	企业法人单位数（个）	100万元及以下	100–200万元	200–500万元	500–1000万元	1000–2000万元	2000–5000万元	5000万元–1亿元	1亿元以上
邮政业	213	149	30	9	6	4	2	5	8
国家邮政	18	2		2			1	5	8
其他寄递服务	195	147	30	7	6	4	1		
信息传输、计算机服务和软件业	**6032**	**4535**	**703**	**388**	**147**	**91**	**80**	**23**	**65**
电信和其他信息传输服务业	775	486	110	51	20	17	31	9	51
电信	363	198	40	27	8	12	20	9	49
互联网信息服务	283	222	39	11	3	4	4		
广播电视传输服务	122	60	30	13	9	1	7		2
卫星传输服务	7	6	1						
计算机服务业	2471	1998	280	115	46	15	13	1	3
计算机系统服务	476	322	58	55	17	11	9	1	3
数据处理	45	28	4	6	4		3		
计算机维修	163	129	19	9	4	2			
其他计算机服务	1787	1519	199	45	21	2	1		
软件业	2786	2051	313	222	81	59	36	13	11
公共软件服务	2331	1691	279	183	72	52	32	12	10
其他软件服务	455	360	34	39	9	7	4	1	1
批发和零售业	**72700**	**28527**	**10217**	**15893**	**5473**	**8355**	**2274**	**931**	**1030**
批发业	48836	17805	6853	8372	4573	7903	1856	711	763
农畜产品批发	2384	727	285	364	180	636	89	49	54
食品、饮料及烟草制品批发	4012	1591	457	610	289	838	118	49	60
纺织、服装及日用品批发	4098	1816	567	643	322	584	100	35	31
文化、体育用品及器材批发	1293	669	150	220	96	99	38	13	8
医药及医疗器材批发	1190	429	178	157	128	151	69	36	42
矿产品、建材及化工产品批发	18281	5221	2449	3293	1995	3569	966	365	423
机械设备、五金交电及电子产品批发	14945	6120	2444	2697	1359	1620	423	151	131
贸易经纪与代理	794	386	98	123	57	117	8	1	4
其他批发	1839	846	225	265	147	289	45	12	10
零售业	23864	10722	3364	7521	900	452	418	220	267
综合零售	2348	934	272	848	80	30	54	38	92
食品、饮料及烟草制品专门零售	2016	1129	242	550	46	24	11	12	2
纺织、服装及日用品专门零售	3283	1650	508	942	81	43	35	14	10
文化、体育用品及器材专门零售	1429	669	197	417	66	45	23	6	6
医药及医疗器材专门零售	2087	1115	283	538	63	34	30	12	12
汽车、摩托车、燃料及零配件专门零售	4223	1234	611	1550	285	151	169	100	123
家用电器及电子产品专门零售	3687	1764	554	1049	135	80	62	25	18
五金、家具及室内装修材料专门零售	3445	1714	522	1061	94	21	20	10	3
无店铺及其他零售	1346	513	175	566	50	24	14	3	1
住宿和餐饮业	**5611**	**2284**	**1935**	**598**	**414**	**214**	**124**	**25**	**17**
住宿业	1918	879	516	185	145	103	63	17	10
旅游饭店	645	121	127	115	105	89	61	17	10
一般旅馆	1155	685	347	68	40	13	2		
其他住宿服务	118	73	42	2		1			
餐饮业	3693	1405	1419	413	269	111	61	8	7
正餐服务	3192	1152	1232	394	247	103	56	7	1
快餐服务	245	103	103	10	14	5	3	1	6
饮料及冷饮服务	106	66	31	3	4	2			
其他餐饮服务	150	84	53	6	4	1	2		

2-21　续表 7

行业中类	企业法人单位数(个)	100万元及以下	100-200万元	200-500万元	500-1000万元	1000-2000万元	2000-5000万元	5000万元-1亿元	1亿元以上
金融业	**1316**	**526**	**146**	**72**	**67**	**69**	**104**	**85**	**247**
银行业	252	14	6	5	12	5	17	44	149
中央银行	5	1		1	1	2			
商业银行	212	10	6	3	10	3	16	37	127
其他银行	35	3		1	1		1	7	22
证券业	45	12	3		3	9	13	2	3
证券市场管理	2	1							1
证券经纪与交易	34	3	2		3	9	13	2	2
证券投资	7	6	1						
证券分析与咨询	2	2							
保险业	524	195	37	31	34	40	62	36	89
人寿保险	156	20	5	5	10	8	24	21	63
非人寿保险	178	21	15	12	21	31	38	14	26
保险辅助服务	190	154	17	14	3	1		1	
其他金融活动	495	305	100	36	18	15	12	3	6
金融信托与管理	35	28	2	3			2		
金融租赁	1	1							
财务公司	9	7						1	1
邮政储蓄	12	1				5	3		3
典当	210	134	52	13	5	3	2	1	
其他未列明的金融活动	228	134	46	20	13	7	5	1	2
房地产业	**11026**	**7588**	**893**	**817**	**435**	**370**	**404**	**215**	**304**
房地产业	11026	7588	893	817	435	370	404	215	304
房地产开发经营	4838	3217	113	209	215	247	341	199	297
物业管理	3512	2236	541	430	155	88	48	8	6
房地产中介服务	1779	1482	147	96	30	18	3	3	
其他房地产活动	897	653	92	82	35	17	12	5	1
租赁和商务服务业	**16886**	**12482**	**2283**	**1200**	**411**	**262**	**149**	**52**	**47**
租赁业	734	538	109	46	20	13	5	2	1
机械设备租赁	695	511	98	46	19	13	5	2	1
文化及日用品出租	39	27	11		1				
商务服务业	16152	11944	2174	1154	391	249	144	50	46
企业管理服务	1997	1406	277	128	62	52	38	15	19
法律服务	341	216	72	41	9	1	2		
咨询与调查	5183	4322	487	251	88	23	9	2	1
广告业	3335	2483	470	250	64	47	12	5	4
知识产权服务	141	105	22	7	4	3			
职业中介服务	1471	1015	214	121	41	39	23	8	10
市场管理	870	433	220	95	48	33	27	7	7
旅行社	1176	716	229	146	36	20	18	8	3
其他商务服务	1638	1248	183	115	39	31	15	5	2
科学研究、技术服务和地质勘查业	**7246**	**4920**	**1132**	**663**	**228**	**163**	**82**	**35**	**23**
研究与试验发展	1117	856	114	86	22	18	6	7	8
自然科学研究与试验发展	116	94	8	7	4	1		1	1
工程和技术研究与试验发展	639	462	71	59	14	14	6	6	7
农业科学研究与试验发展	175	139	22	12	2				
医学研究与试验发展	174	154	13	5		2			
社会人文科学研究与试验发展	13	7		3	2	1			

2-21 续表 8

行业中类	企业法人单位数(个)	100万元及以下	100-200万元	200-500万元	500-1000万元	1000-2000万元	2000-5000万元	5000万元-1亿元	1亿元以上
专业技术服务业	3749	2247	716	415	162	114	61	19	15
气象服务	22	10	8	2	1	1			
地震服务	5	3		2					
海洋服务	9	5	2		2				
测绘服务	185	111	40	21	7	3	2	1	
技术检测	483	277	97	66	19	20	4		
环境监测	69	53	6	7		3			
工程技术与规划管理	2064	1105	443	257	109	74	47	15	14
其他专业技术服务	912	683	120	60	24	13	8	3	1
科技交流和推广服务业	2272	1769	283	141	39	24	11	5	
技术推广服务	1624	1283	199	97	22	14	7	2	
科技中介服务	481	361	66	33	7	8	4	2	
其他科技服务	167	125	18	11	10	2		1	
地质勘查业	108	48	19	21	5	7	4	4	
矿产地质勘查	39	18	5	8	2	2	2	2	
基础地质勘查	23	8	5	5	1	2	1	1	
地质勘查技术服务	46	22	9	8	2	3	1	1	
水利、环境和公共设施管理业	**896**	**480**	**180**	**103**	**65**	**40**	**18**	**7**	**3**
水利管理业	82	43	20	7	1	6	3	1	1
防洪管理	5	4	1						
水资源管理	42	16	10	5	1	5	3	1	1
其他水利管理	35	23	9	2		1			
环境管理业	172	100	24	19	10	9	6	3	1
自然保护	13	6	1	1	1		1	2	1
环境治理	159	94	23	18	9	9	5	1	
公共设施管理业	642	337	136	77	54	25	9	3	1
市政公共设施管理	85	40	21	10	9	2	3		
城市绿化管理	359	188	83	40	29	16	3		
游览景区管理	198	109	32	27	16	7	3	3	1
居民服务和其他服务业	**5092**	**3449**	**981**	**299**	**133**	**167**	**53**	**8**	**2**
居民服务业	2899	1871	609	166	93	119	33	7	1
家庭服务	190	143	27	6	2	6	3	2	1
托儿所	6	3	2			1			
洗染服务	103	77	15	5	1	4	1		
理发及美容保健服务	718	460	183	25	13	30	7		
洗浴服务	981	544	252	72	37	59	13	4	
婚姻服务	222	199	16	5	2				
殡葬服务	153	70	29	23	18	5	7	1	
摄影扩印服务	276	188	49	18	13	7	1		
其他居民服务	250	187	36	12	7	7	1		
其他服务业	2193	1578	372	133	40	48	20	1	1
修理与维护	1486	1073	254	95	20	31	12		1
清洁服务	388	287	63	18	11	7	2		
其他未列明的服务	319	218	55	20	9	10	6	1	
教育	**1011**	**735**	**169**	**63**	**24**	**15**	**4**	**1**	
教育	1011	735	169	63	24	15	4	1	
学前教育	178	141	31	5		1			

2-21　续表 9

行业中类	企业法人单位数（个）	100万元及以下	100-200万元	200-500万元	500-1000万元	1000-2000万元	2000-5000万元	5000万元-1亿元	1亿元以上
初等教育	7	5	2						
中等教育	40	24	8	5	2	1			
高等教育	13	7	4	1	1				
其他教育	773	558	124	52	21	13	4	1	
卫生、社会保障和社会福利业	**1235**	**896**	**160**	**91**	**42**	**20**	**16**	**2**	**8**
卫生	1149	832	142	88	42	19	16	2	8
医院	282	106	49	58	32	13	14	2	8
卫生院及社区医疗活动	109	76	20	10	2	1			
门诊部医疗活动	686	594	65	13	8	4	2		
计划生育技术服务活动	3	2	1						
妇幼保健活动	3	3							
专科疾病防治活动	17	13	2	1		1			
疾病预防控制及防疫活动	15	11	3	1					
其他卫生活动	34	27	2	5					
社会保障业	37	23	11	2		1			
社会保障业	37	23	11	2		1			
社会福利业	49	41	7	1					
提供住宿的社会福利	39	35	4						
不提供住宿的社会福利	10	6	3	1					
文化、体育和娱乐业	**1493**	**964**	**235**	**116**	**74**	**50**	**35**	**9**	**10**
新闻出版业	141	60	21	19	11	5	12	6	7
新闻业	2	2							
出版业	139	58	21	19	11	5	12	6	7
广播、电视、电影和音像业	225	147	34	12	16	11	5		
广播	3	3							
电视	57	35	10	2	6	2	2		
电影	116	70	20	8	9	6	3		
音像制作	49	39	4	2	1	3			
文化艺术业	347	307	21	9	6	2		2	
文艺创作与表演	134	119	9	2	3			1	
艺术表演场馆	22	17	3	1	1				
图书馆与档案馆	24	22	2						
文物及文化保护	4	4							
博物馆	16	16							
烈士陵园、纪念馆	1	1							
群众文化活动	32	26	3	1	1	1			
文化艺术经纪代理	59	51	2	3	1	1		1	
其他文化艺术	55	51	2	2					
体育	96	70	12	6	5		3		
体育组织	34	25	3	4	1		1		
体育场馆	38	26	6	2	3		1		
其他体育	24	19	3		1		1		
娱乐业	684	380	147	70	36	32	15	1	3
室内娱乐活动	388	208	93	42	19	19	7		
游乐园	26	18	4	2			1		1
休闲健身娱乐活动	222	126	38	23	14	12	6	1	2
其他娱乐活动	48	28	12	3	3	1	1		

2-22 按地区、全年营业收入组距分组的企业法人单位数

地区	企业法人单位数(个)	100万元及以下	100-200万元	200-500万元	500-1000万元	1000-2000万元	2000-5000万元	5000万元-1亿元	1亿元以上
全省	**243783**	**111631**	**31039**	**49982**	**15506**	**15035**	**9776**	**5320**	**5494**
沈阳市	**66404**	**36431**	**8467**	**9158**	**3540**	**2703**	**2797**	**1536**	**1772**
和平区	11313	6958	1193	1444	641	467	293	131	186
沈河区	10227	6750	1264	1075	420	290	214	86	128
大东区	4920	2937	594	564	265	141	226	96	97
皇姑区	5554	2778	1001	889	327	262	175	57	65
铁西区	6591	3418	1105	1038	348	269	206	90	117
苏家屯区	2466	1215	280	423	138	94	105	87	124
东陵区	7326	3694	941	895	437	442	527	167	223
沈北新区	2782	1542	227	339	102	89	135	179	169
于洪区	10220	5100	1452	1387	569	437	553	257	465
辽中县	1140	445	104	242	61	47	95	84	62
康平县	1280	499	170	234	106	46	94	128	3
法库县	1127	637	67	185	28	30	54	50	76
新民市	1458	458	69	443	98	89	120	124	57
大连市	**68736**	**33438**	**7029**	**13780**	**4336**	**4769**	**2516**	**1427**	**1441**
中山区	9529	6205	786	942	526	379	313	165	213
西岗区	7669	5071	764	810	408	309	160	62	85
沙河口区	9628	6162	1065	1141	545	325	210	79	101
甘井子区	13119	7480	1325	1743	914	734	471	200	252
旅顺口区	3134	1515	431	626	198	170	118	39	37
金州区	12797	5807	1363	2388	943	911	624	328	433
长海县	173	75	19	31	23	10	11	3	1
瓦房店市	5690	630	395	2826	318	860	299	214	148
普兰店市	3765	368	397	1863	177	551	125	213	71
庄河市	3232	125	484	1410	284	520	185	124	100
鞍山市	**22221**	**7347**	**3089**	**5831**	**1953**	**2394**	**917**	**341**	**349**
铁东区	3400	849	634	828	377	490	98	58	66
铁西区	2226	1433	221	213	166	70	72	29	22
立山区	2844	1112	352	639	421	138	110	30	42
千山区	4032	1653	401	699	527	246	334	82	90
台安县	1577	344	267	623	139	72	46	48	38
岫岩满族自治县	1565	810	227	245	119	41	66	40	17
海城市	6577	1146	987	2584	204	1337	191	54	74
抚顺市	**12505**	**4935**	**2405**	**2930**	**791**	**856**	**306**	**129**	**153**
新抚区	1538	987	232	154	41	37	35	16	36
东洲区	1962	951	252	567	56	71	26	19	20
望花区	3347	1549	658	637	170	166	91	32	44
顺城区	2159	745	562	459	139	147	46	28	33
抚顺县	1059	172	121	379	152	177	32	17	9
新宾满族自治县	1343	254	293	466	150	148	21	8	3
清原满族自治县	1097	277	287	268	83	110	55	9	8
本溪市	**6963**	**1304**	**1324**	**2393**	**622**	**853**	**230**	**112**	**125**
平山区	2063	297	616	406	133	524	34	18	35
溪湖区	1306	278	120	572	137	107	54	17	21
明山区	1689	255	409	653	164	97	41	33	37
南芬区	265	41	10	145	31	20	10	5	3
本溪满族自治县	901	318	74	305	52	54	58	21	19
桓仁满族自治县	739	115	95	312	105	51	33	18	10
丹东市	**10405**	**4096**	**1478**	**2844**	**621**	**530**	**511**	**184**	**141**
元宝区	1463	969	237	105	42	50	36	10	14
振兴区	2721	1607	322	308	168	119	108	35	54
振安区	853	395	118	127	58	53	77	13	12
宽甸满族自治县	1547	240	268	707	121	88	74	33	16
东港市	1776	262	291	825	121	91	82	71	33
凤城市	2045	623	242	772	111	129	134	22	12

2-22 续表

地 区	企业法人单位数（个）	100万元及以下	100-200万元	200-500万元	500-1000万元	1000-2000万元	2000-5000万元	5000万元-1亿元	1亿元以上
锦州市	**8489**	**4551**	**985**	**1196**	**500**	**473**	**373**	**185**	**226**
古塔区	1609	879	206	216	82	123	47	19	37
凌河区	1694	1118	195	160	69	50	47	25	30
太和区	2114	1159	194	297	117	118	109	46	74
黑山县	784	278	117	130	100	70	56	15	18
义县	583	343	63	49	38	32	39	10	9
凌海市	889	290	123	244	49	40	47	56	40
北镇市	816	484	87	100	45	40	28	14	18
营口市	**12862**	**5578**	**2118**	**2962**	**483**	**546**	**493**	**375**	**307**
站前区	2646	1720	345	226	61	61	97	89	47
西市区	1308	901	77	75	80	45	56	49	25
鲅鱼圈区	2928	1173	579	660	116	151	82	73	94
老边区	1560	392	390	531	50	78	48	47	24
盖州市	1863	585	267	677	91	117	74	32	20
大石桥市	2557	807	460	793	85	94	136	85	97
阜新市	**5526**	**2563**	**530**	**1384**	**372**	**360**	**167**	**71**	**79**
海州区	1278	603	200	243	95	71	30	17	19
新邱区	286	81	22	116	31	16	15	1	4
太平区	696	437	75	69	50	20	24	9	12
清河门区	214	113	19	28	22	12	15	1	4
细河区	1373	867	105	166	83	52	49	24	27
阜新蒙古族自治县	1080	71	55	673	64	171	27	9	10
彰武县	599	391	54	89	27	18	7	10	3
辽阳市	**6332**	**1752**	**714**	**2374**	**480**	**313**	**311**	**220**	**168**
白塔区	1242	473	245	349	56	40	35	17	27
文圣区	974	338	130	302	94	34	51	14	11
宏伟区	498	139	56	166	39	25	37	14	22
弓长岭区	238	41	14	94	11	21	18	36	3
太子河区	678	184	40	293	61	38	32	11	19
辽阳县	1742	328	186	810	105	131	89	32	61
灯塔市	960	249	43	360	114	24	49	96	25
盘锦市	**6562**	**2045**	**1025**	**2193**	**439**	**304**	**228**	**147**	**181**
双台子区	906	409	142	202	35	65	23	9	21
兴隆台区	3611	814	669	1498	226	151	111	58	84
大洼县	1103	484	124	171	111	63	50	48	52
盘山县	942	338	90	322	67	25	44	32	24
铁岭市	**5602**	**2550**	**453**	**770**	**430**	**376**	**479**	**333**	**211**
银州区	1349	711	128	132	73	44	92	116	53
清河区	353	186	25	41	22	13	37	19	10
铁岭县	871	411	30	53	91	94	80	63	49
西丰县	469	258	60	51	32	47	9	8	4
昌图县	910	359	90	132	101	70	76	54	28
调兵山市	416	219	41	38	22	35	43	4	14
开原市	1234	406	79	323	89	73	142	69	53
朝阳市	**5566**	**2027**	**750**	**1289**	**563**	**318**	**241**	**171**	**207**
双塔区	1568	821	199	213	128	68	56	35	48
龙城区	727	276	54	204	66	48	48	16	15
朝阳县	409	172	52	106	24	13	18	8	16
建平县	789	214	81	209	112	69	37	32	35
喀喇沁左翼蒙古族自治县	426	130	28	130	49	30	11	14	34
北票市	780	184	120	194	94	61	37	52	38
凌源市	867	230	216	233	90	29	34	14	21
葫芦岛市	**5609**	**3014**	**672**	**878**	**376**	**240**	**207**	**89**	**133**
连山区	1515	876	162	147	128	60	66	32	44
龙港区	1259	471	162	290	104	89	70	21	52
南票区	194	99	30	36	16	5	4	1	3
绥中县	974	509	122	237	47	18	19	9	13
建昌县	440	191	71	82	20	36	18	11	11
兴城市	1227	868	125	86	61	32	30	15	10

2-23 按登记注册类型、全年营业收入组距分组的企业法人单位数

登记注册类型	企业法人单位数(个)	100万元及以下	100-200万元	200-500万元	500-1000万元	1000-2000万元	2000-5000万元	5000万元-1亿元	1亿元以上
总 计	**243783**	**111631**	**31039**	**49982**	**15506**	**15035**	**9776**	**5320**	**5494**
内资企业	**234377**	**108438**	**30405**	**48573**	**14623**	**14250**	**8837**	**4690**	**4561**
国有企业	9353	4422	1111	1358	626	580	486	273	497
集体企业	16913	8641	2192	3373	890	860	535	260	162
股份合作企业	3869	2059	500	664	202	167	148	69	60
联营企业	379	154	56	81	28	26	18	8	8
国有联营企业	58	25	8	10	6	4	4	1	
集体联营企业	179	74	30	40	10	12	7	2	4
国有与集体联营企业	51	18	8	12	5	4	2	1	1
其他联营企业	91	37	10	19	7	6	5	4	3
有限责任公司	36570	15334	4879	6667	2981	3261	1573	795	1080
国有独资公司	417	127	33	60	26	35	39	21	76
其他有限责任公司	36153	15207	4846	6607	2955	3226	1534	774	1004
股份有限公司	3969	1573	454	646	294	246	235	144	377
私营企业	160014	74479	20676	35216	9519	8866	5772	3127	2359
私营独资企业	63168	27073	9127	17636	3116	3246	1600	923	447
私营合伙企业	4553	2182	618	1005	239	330	99	51	29
私营有限责任公司	86572	42691	10226	15423	5718	4916	3788	2046	1764
私营股份有限公司	5721	2533	705	1152	446	374	285	107	119
其他企业	3310	1776	537	568	83	244	70	14	18
港、澳、台商投资企业	**1988**	**703**	**110**	**241**	**168**	**166**	**213**	**145**	**242**
合资经营企业(港、澳、台资)	996	296	55	117	84	103	133	84	124
合作经营企业(港、澳、台资)	100	33	7	14	10	6	10	11	9
港、澳、台商独资经营企业	782	332	39	89	66	51	65	45	95
港、澳、台商投资股份有限公司	110	42	9	21	8	6	5	5	14
外商投资企业	**7418**	**2490**	**524**	**1168**	**715**	**619**	**726**	**485**	**691**
中外合资经营企业	3215	939	212	502	328	301	348	243	342
中外合作经营企业	350	90	30	61	31	29	45	32	32
外资企业	3674	1393	267	577	338	280	325	203	291
外商投资股份有限公司	179	68	15	28	18	9	8	7	26

2-24　按行业(中类)、资产总额组距分组的企业法人单位数

行业中类	企业法人单位数(个)	50万元及以下	50-100万元	100-500万元	500-1000万元	1000-5000万元	5000万元-1亿元	1亿元以上
总　计	**243783**	**82383**	**41203**	**73289**	**17753**	**19383**	**4135**	**5637**
农、林、牧、渔业	**38**	**8**		**12**	**2**	**7**	**3**	**6**
农业	12			2	1	3	2	4
谷物及其他作物的种植	8			2		2	1	3
蔬菜、园艺作物的种植	1							1
水果、坚果、饮料和香料作物的种植	2					1	1	
中药材的种植	1				1			
林业	12	7		5				
林木的培育和种植	12	7		5				
畜牧业	5	1		2		2		
牲畜的饲养	1					1		
家禽的饲养	4	1		2		1		
渔业	7			1	1	2	1	2
海洋渔业	5			1	1	1	1	1
内陆渔业	2					1		1
农、林、牧、渔服务业	2			2				
畜牧服务业	1			1				
渔业服务业	1			1				
采矿业	**5522**	**781**	**495**	**2382**	**828**	**794**	**126**	**116**
煤炭开采和洗选业	734	55	40	321	147	143	12	16
烟煤和无烟煤的开采洗选	708	49	36	313	143	140	11	16
褐煤的开采洗选	17	5	4	5	1	1	1	
其他煤炭采选	9	1		3	3	2		
石油和天然气开采业	103	8	3	68	6	12	2	4
天然原油和天然气开采	4	1			1	1		1
与石油和天然气开采有关的服务活动	99	7	3	68	5	11	2	3
黑色金属矿采选业	1569	93	53	530	369	396	74	54
铁矿采选	1495	79	50	510	361	371	70	54
其他黑色金属矿采选	74	14	3	20	8	25	4	
有色金属矿采选业	767	131	82	310	89	105	20	30
常用有色金属矿采选	515	101	47	198	66	79	12	12
贵金属矿采选	158	22	26	71	16	15	4	4
稀有稀土金属矿采选	94	8	9	41	7	11	4	14
非金属矿采选业	2341	492	316	1149	217	137	18	12
土砂石开采	1770	378	238	889	172	83	7	3
化学矿采选	120	18	11	57	18	10	2	4
采盐	35	8	4	16	2	1	2	2
石棉及其他非金属矿采选	416	88	63	187	25	43	7	3
其他采矿业	8	2	1	4		1		
其他采矿业	8	2	1	4		1		
制造业	**82596**	**18816**	**11841**	**31116**	**7638**	**9234**	**1937**	**2014**
农副食品加工业	4896	872	530	1822	546	794	178	154
谷物磨制	674	91	66	272	83	117	21	24
饲料加工	1030	151	137	415	98	176	33	20
植物油加工	230	45	34	79	18	25	12	17
制糖	13	2	1	5			1	4
屠宰及肉类加工	854	194	88	269	90	136	39	38

2-24 续表 1

行业中类	企业法人单位数(个)	50万元及以下	50-100万元	100-500万元	500-1000万元	1000-5000万元	5000万元-1亿元	1亿元以上
水产品加工	1103	198	92	386	150	207	44	26
蔬菜、水果和坚果加工	621	106	64	264	74	89	14	10
其他农副食品加工	371	85	48	132	33	44	14	15
食品制造业	1881	517	256	637	173	204	56	38
焙烤食品制造	560	209	94	189	27	33	3	5
糖果、巧克力及蜜饯制造	71	21	12	19	7	10	2	
方便食品制造	221	60	28	70	22	24	6	11
液体乳及乳制品制造	78	16	9	18	5	19	6	5
罐头制造	183	20	15	70	21	40	13	4
调味品、发酵制品制造	288	75	44	97	25	34	8	5
其他食品制造	480	116	54	174	66	44	18	8
饮料制造业	1260	299	198	471	104	120	25	43
酒精制造	18	3		6	2	3	3	1
酒的制造	629	148	94	230	57	63	14	23
软饮料制造	605	145	103	232	45	53	8	19
精制茶加工	8	3	1	3		1		
烟草制品业	6			1		2		3
烟叶复烤	2			1				1
卷烟制造	4					2		2
纺织业	2214	434	290	909	212	279	48	42
棉、化纤纺织及印染精加工	575	112	58	218	58	82	24	23
毛纺织和染整精加工	49	9	3	14	5	10	5	3
麻纺织	14	3	1	2	1	5	2	
丝绢纺织及精加工	276	45	26	130	29	38	4	4
纺织制成品制造	613	128	107	229	63	75	5	6
针织品、编织品及其制品制造	687	137	95	316	56	69	8	6
纺织服装、鞋、帽制造业	3523	818	556	1434	290	347	43	35
纺织服装制造	3383	796	543	1398	270	303	40	33
纺织面料鞋的制造	117	17	9	26	19	41	3	2
制帽	23	5	4	10	1	3		
皮革、毛皮、羽毛(绒)及其制品业	585	156	74	151	149	44	9	2
皮革鞣制加工	20	7	2	4	2	4	1	
皮革制品制造	465	126	53	112	139	27	7	1
毛皮鞣制及制品加工	71	17	16	20	6	10	1	1
羽毛(绒)加工及制品制造	29	6	3	15	2	3		
木材加工及木、竹、藤、棕、草制品业	2283	514	317	946	204	244	31	27
锯材、木片加工	728	153	98	378	51	42	2	4
人造板制造	439	79	55	160	48	70	17	10
木制品制造	1048	254	157	383	102	127	12	13
竹、藤、棕、草制品制造	68	28	7	25	3	5		
家具制造业	1080	232	182	402	124	102	21	17
木质家具制造	894	185	141	346	100	88	18	16
竹、藤家具制造	5	1			3	1		
金属家具制造	70	14	17	25	8	4	1	1
塑料家具制造	8	2	1	3	2			
其他家具制造	103	30	23	28	11	9	2	
造纸及纸制品业	1602	375	247	622	144	160	31	23
纸浆制造	13	7		3	2	1		
造纸	378	70	58	143	27	51	15	14
纸制品制造	1211	298	189	476	115	108	16	9

2-24　续表 2

行业中类	企业法人单位数(个)	50万元及以下	50-100万元	100-500万元	500-1000万元	1000-5000万元	5000万元-1亿元	1亿元以上
印刷业和记录媒介的复制	2101	757	420	692	106	87	23	16
印刷	1955	701	391	650	102	76	21	14
装订及其他印刷服务活动	129	55	27	40	1	5	1	
记录媒介的复制	17	1	2	2	3	6	1	2
文教体育用品制造业	298	71	39	116	31	32	6	3
文化用品制造	123	33	15	56	9	8	2	
体育用品制造	102	21	16	36	14	12	3	
乐器制造	40	11	5	11	5	4	1	3
玩具制造	18	4	1	8	1	4		
游艺器材及娱乐用品制造	15	2	2	5	2	4		
石油加工、炼焦及核燃料加工业	927	147	120	359	77	146	31	47
精炼石油产品的制造	890	139	114	350	73	142	29	43
炼焦	37	8	6	9	4	4	2	4
化学原料及化学制品制造业	5088	1145	745	1860	477	596	136	129
基础化学原料制造	980	162	109	365	112	163	39	30
肥料制造	539	135	63	196	53	67	11	14
农药制造	116	19	10	33	19	23	4	8
涂料、油墨、颜料及类似产品制造	964	263	146	360	77	87	13	18
合成材料制造	273	61	37	101	21	33	9	11
专用化学产品制造	1782	366	308	645	169	201	48	45
日用化学产品制造	434	139	72	160	26	22	12	3
医药制造业	735	129	60	189	76	175	53	53
化学药品原药制造	92	15	4	21	9	25	6	12
化学药品制剂制造	116	21	8	12	2	40	18	15
中药饮片加工	142	16	11	63	18	19	8	7
中成药制造	128	22	10	24	8	43	14	7
兽用药品制造	61	8	5	18	12	16	1	1
生物、生化制品的制造	131	25	12	32	21	25	6	10
卫生材料及医药用品制造	65	22	10	19	6	7		1
化学纤维制造业	112	23	12	33	14	16	6	8
纤维素纤维原料及纤维制造	31	10	6	7	2	2	2	2
合成纤维制造	81	13	6	26	12	14	4	6
橡胶制品业	1179	261	192	454	96	130	24	22
轮胎制造	80	18	7	27	7	8	2	11
橡胶板、管、带的制造	292	60	38	121	20	38	8	7
橡胶零件制造	470	112	78	180	43	50	6	1
再生橡胶制造	28	6	2	9	3	5	1	2
日用及医用橡胶制品制造	31	5	7	9	2	5	2	1
橡胶靴鞋制造	58	13	6	23	6	9	1	
其他橡胶制品制造	220	47	54	85	15	15	4	
塑料制品业	3822	902	551	1500	313	374	131	51
塑料薄膜制造	367	71	42	166	46	29	6	7
塑料板、管、型材的制造	717	137	105	252	73	112	20	18
塑料丝、绳及编织品的制造	750	147	87	302	52	83	75	4
泡沫塑料制造	271	63	49	108	21	25	2	3
塑料人造革、合成革制造	25	7	2	9	2	1	1	3
塑料包装箱及容器制造	438	99	61	187	35	43	9	4
塑料零件制造	223	57	36	80	21	21	3	5
日用塑料制造	589	198	94	222	34	31	7	3
其他塑料制品制造	442	123	75	174	29	29	8	4

2-24 续表 3

行业中类	企业法人单位数(个)	50万元及以下	50–100万元	100–500万元	500–1000万元	1000–5000万元	5000万元–1亿元	1亿元以上
非金属矿物制品业	7969	1581	1068	3318	732	898	189	183
水泥、石灰和石膏的制造	523	69	34	170	46	134	30	40
水泥及石膏制品制造	1049	234	134	378	84	158	37	24
砖瓦、石材及其他建筑材料制造	3181	646	503	1508	273	203	35	13
玻璃及玻璃制品制造	670	149	86	256	64	81	17	17
陶瓷制品制造	139	35	18	54	10	19		3
耐火材料制品制造	1699	298	198	658	192	230	52	71
石墨及其他非金属矿物制品制造	708	150	95	294	63	73	18	15
黑色金属冶炼及压延加工业	1300	154	119	427	140	269	64	127
炼铁	155	20	14	58	14	29	5	15
炼钢	71	10	6	26	7	13	1	8
钢压延加工	879	99	79	289	97	183	46	86
铁合金冶炼	195	25	20	54	22	44	12	18
有色金属冶炼及压延加工业	926	138	93	297	103	173	53	69
常用有色金属冶炼	229	34	21	75	23	43	10	23
贵金属冶炼	47	3		22	3	12	2	5
稀有稀土金属冶炼	86	5	12	23	9	22	6	9
有色金属合金制造	124	22	18	35	17	21	6	5
有色金属压延加工	440	74	42	142	51	75	29	27
金属制品业	5659	1428	862	2105	517	572	87	88
结构性金属制品制造	2484	632	396	922	211	237	43	43
金属工具制造	471	108	79	186	40	49	3	6
集装箱及金属包装容器制造	404	79	48	131	47	68	14	17
金属丝绳及其制品的制造	259	53	33	105	30	26	4	8
建筑、安全用金属制品制造	549	129	68	214	55	74	6	3
金属表面处理及热处理加工	874	247	146	312	83	72	11	3
搪瓷制品制造	32	13	3	7	2	7		
不锈钢及类似日用金属制品制造	230	68	36	86	19	19	1	1
其他金属制品制造	356	99	53	142	30	20	5	7
通用设备制造业	14784	3228	2221	5873	1364	1543	281	274
锅炉及原动机制造	613	130	81	249	61	58	14	20
金属加工机械制造	1324	286	188	547	111	125	36	31
起重运输设备制造	523	93	60	164	63	96	19	28
泵、阀门、压缩机及类似机械的制造	2221	442	315	863	206	292	57	46
轴承、齿轮、传动和驱动部件的制造	1147	131	97	529	131	171	43	45
烘炉、熔炉及电炉制造	100	20	21	39	8	9	1	2
风机、衡器、包装设备等通用设备制造	1213	289	190	432	116	142	21	23
通用零部件制造及机械修理	4989	1441	961	1891	336	300	31	29
金属铸、锻加工	2654	396	308	1159	332	350	59	50
专用设备制造业	5321	1139	748	2050	534	591	121	138
矿山、冶金、建筑专用设备制造	1745	302	218	720	191	218	35	61
化工、木材、非金属加工专用设备制造	1197	263	176	473	91	137	28	29
食品、饮料、烟草及饲料生产专用设备制造	177	47	24	60	21	15	8	2
印刷、制药、日化生产专用设备制造	263	50	38	101	30	29	11	4
纺织、服装和皮革工业专用设备制造	131	28	18	48	13	16	4	4
电子和电工机械专用设备制造	251	69	39	84	32	19	3	5

2-24　续表 4

行业中类	企业法人单位数(个)	50万元及以下	50-100万元	100-500万元	500-1000万元	1000-5000万元	5000万元-1亿元	1亿元以上
农、林、牧、渔专用机械制造	302	64	35	129	32	36	4	2
医疗仪器设备及器械制造	246	68	39	84	22	20	6	7
环保、社会公共安全及其他专用设备制造	1009	248	161	351	102	101	22	24
交通运输设备制造业	4118	1164	587	1390	323	394	98	162
铁路运输设备制造	435	110	53	163	42	53	8	6
汽车制造	2696	767	402	900	204	249	65	109
摩托车制造	13	1	1	6	3	1		1
自行车制造	43	14	5	14	6	4		
船舶及浮动装置制造	851	254	122	285	52	78	24	36
航空航天器制造	31	3	1	4	10	4	1	8
交通器材及其他交通运输设备制造	49	15	3	18	6	5		2
电气机械及器材制造业	4569	1078	678	1603	415	539	109	147
电机制造	422	104	61	148	33	44	13	19
输配电及控制设备制造	2284	508	321	848	229	271	45	62
电线、电缆、光缆及电工器材制造	840	147	114	284	84	132	32	47
电池制造	92	22	14	33	9	8	3	3
家用电力器具制造	256	83	45	70	19	21	7	11
非电力家用器具制造	95	25	15	31	9	11	1	3
照明器具制造	351	101	67	109	24	43	7	
其他电气机械及器材制造	229	88	41	80	8	9	1	2
通信设备、计算机及其他电子设备制造业	1055	272	129	304	104	134	46	66
通信设备制造	134	32	15	45	15	13	7	7
雷达及配套设备制造	7	1		2		1	1	2
广播电视设备制造	54	13	11	13	7	7	2	1
电子计算机制造	94	17	11	26	12	12	4	12
电子器件制造	186	43	25	44	24	25	12	13
电子元件制造	363	103	40	119	28	44	13	16
家用视听设备制造	34	5	5	5	1	7	4	7
其他电子设备制造	183	58	22	50	17	25	3	8
仪器仪表及文化、办公用机械制造业	1644	450	251	569	154	163	27	30
通用仪器仪表制造	1138	303	179	403	105	113	16	19
专用仪器仪表制造	282	80	36	105	23	30	3	5
钟表与计时仪器制造	38	13	6	6	5	4	2	2
光学仪器及眼镜制造	44	13	9	9	5	4	3	1
文化、办公用机械制造	46	8	4	14	6	8	3	3
其他仪器仪表的制造及修理	96	33	17	32	10	4		
工艺品及其他制造业	1444	464	267	506	100	88	8	11
工艺美术品制造	1102	367	196	394	79	57	4	5
日用杂品制造	106	42	15	26	6	12	3	2
煤制品制造	176	40	44	67	12	12	1	
核辐射加工	4	1	1			2		
其他未列明的制造业	56	14	11	19	3	5		4
废弃资源和废旧材料回收加工业	215	68	29	76	16	18	2	6
金属废料和碎屑的加工处理	89	28	11	29	8	7	2	4
非金属废料和碎屑的加工处理	126	40	18	47	8	11		2
电力、燃气及水的生产和供应业	**1441**	**295**	**97**	**398**	**146**	**222**	**78**	**205**
电力、热力的生产和供应业	943	139	63	257	109	165	62	148
电力生产	238	31	11	51	35	28	13	69
电力供应	92	7	5	9	6	22	21	22
热力生产和供应	613	101	47	197	68	115	28	57

2-24 续表 5

行业中类	企业法人单位数(个)	50万元及以下	50-100万元	100-500万元	500-1000万元	1000-5000万元	5000万元-1亿元	1亿元以上
燃气生产和供应业	114	14	12	42	11	11	4	20
燃气生产和供应业	114	14	12	42	11	11	4	20
水的生产和供应业	384	142	22	99	26	46	12	37
自来水的生产和供应	279	117	13	68	19	33	6	23
污水处理及其再生利用	97	25	7	29	7	12	6	11
其他水的处理、利用与分配	8		2	2		1		3
建筑业	**14957**	**5021**	**2408**	**3719**	**1420**	**1693**	**351**	**345**
房屋和土木工程建筑业	5013	1197	553	1095	606	1021	255	286
房屋工程建筑	2549	548	228	444	313	673	175	168
土木工程建筑	2464	649	325	651	293	348	80	118
建筑安装业	4004	1241	606	1198	426	414	68	51
建筑安装业	4004	1241	606	1198	426	414	68	51
建筑装饰业	4586	2116	1021	991	264	168	19	7
建筑装饰业	4586	2116	1021	991	264	168	19	7
其他建筑业	1354	467	228	435	124	90	9	1
工程准备	873	271	153	297	86	59	6	1
提供施工设备服务	112	50	16	35	5	6		
其他未列明的建筑活动	369	146	59	103	33	25	3	
交通运输、仓储和邮政业	**8685**	**3092**	**1213**	**2392**	**942**	**730**	**140**	**176**
铁路运输业	19	4	2	6	2	2	2	1
铁路货物运输	8	1	1	2	1		2	1
铁路运输辅助活动	11	3	1	4	1	2		
道路运输业	3556	1355	534	1052	276	271	38	30
公路旅客运输	271	57	32	92	25	46	12	7
道路货物运输	3053	1225	476	894	225	195	21	17
道路运输辅助活动	232	73	26	66	26	30	5	6
城市公共交通业	567	143	83	205	47	65	13	11
公共电汽车客运	89	14	3	22	11	21	9	9
轨道交通	4		1	1		2		
出租车客运	471	127	78	182	36	42	4	2
其他城市公共交通	3	2	1					
水上运输业	270	59	27	56	26	58	15	29
水上旅客运输	40	8	3	14	2	9	1	3
水上货物运输	136	39	15	23	13	28	7	11
水上运输辅助活动	94	12	9	19	11	21	7	15
航空运输业	28	8	2	1	1	5	4	7
航空客货运输	11	2	2	1	1	2	1	2
通用航空服务	6	4				1		1
航空运输辅助活动	11	2				2	3	4
管道运输业	6			2	1		1	2
管道运输业	6			2	1		1	2
装卸搬运和其他运输服务业	3168	1146	441	836	506	175	28	36
装卸搬运	259	102	43	84	14	11		5
运输代理服务	2909	1044	398	752	492	164	28	31
仓储业	858	230	100	214	81	149	35	49
谷物、棉花等农产品仓储	301	49	27	81	32	69	15	28
其他仓储	557	181	73	133	49	80	20	21

2-24　续表 6

行业中类	企业法人单位数(个)	50万元及以下	50-100万元	100-500万元	500-1000万元	1000-5000万元	5000万元-1亿元	1亿元以上
邮政业	213	147	24	20	2	5	4	11
国家邮政	18	2		1			4	11
其他寄递服务	195	145	24	19	2	5		
信息传输、计算机服务和软件业	6032	3487	1000	1074	174	175	31	91
电信和其他信息传输服务业	775	385	125	124	30	27	15	69
电信	363	178	47	39	10	14	12	63
互联网信息服务	283	167	59	38	10	8	1	
广播电视传输服务	122	36	19	45	9	5	2	6
卫星传输服务	7	4		2	1			
计算机服务业	2471	1600	366	429	51	22	3	
计算机系统服务	476	256	70	111	22	14	3	
数据处理	45	20	6	12	5	2		
计算机维修	163	105	25	25	8			
其他计算机服务	1787	1219	265	281	16	6		
软件业	2786	1502	509	521	93	126	13	22
公共软件服务	2331	1246	430	445	76	104	11	19
其他软件服务	455	256	79	76	17	22	2	3
批发和零售业	**72700**	**24985**	**16836**	**22645**	**3898**	**3312**	**507**	**517**
批发业	48836	15257	11316	15903	3063	2568	366	363
农畜产品批发	2384	651	405	819	196	215	52	46
食品、饮料及烟草制品批发	4012	1341	811	1277	249	259	32	43
纺织、服装及日用品批发	4098	1543	943	1251	193	136	18	14
文化、体育用品及器材批发	1293	541	306	334	54	51	3	4
医药及医疗器材批发	1190	334	264	347	86	117	24	18
矿产品、建材及化工产品批发	18281	4807	4279	6463	1320	1092	142	178
机械设备、五金交电及电子产品批发	14945	4827	3787	4754	847	590	84	56
贸易经纪与代理	794	295	160	221	50	60	7	1
其他批发	1839	918	361	437	68	48	4	3
零售业	23864	9728	5520	6742	835	744	141	154
综合零售	2348	880	451	666	108	134	36	73
食品、饮料及烟草制品专门零售	2016	1046	392	472	70	28	7	1
纺织、服装及日用品专门零售	3283	1614	724	793	71	68	6	7
文化、体育用品及器材专门零售	1429	588	293	420	61	55	6	6
医药及医疗器材专门零售	2087	1072	422	470	62	45	11	5
汽车、摩托车、燃料及零配件专门零售	4223	1036	1019	1557	236	266	57	52
家用电器及电子产品专门零售	3687	1468	947	1074	111	71	11	5
五金、家具及室内装修材料专门零售	3445	1558	953	815	67	42	6	4
无店铺及其他零售	1346	466	319	475	49	35	1	1
住宿和餐饮业	**5611**	**2244**	**981**	**1519**	**310**	**408**	**69**	**80**
住宿业	1918	623	238	552	141	246	51	67
旅游饭店	645	67	39	178	65	191	44	61
一般旅馆	1155	511	178	329	74	52	7	4
其他住宿服务	118	45	21	45	2	3		2
餐饮业	3693	1621	743	967	169	162	18	13
正餐服务	3192	1332	650	880	159	148	14	9
快餐服务	245	138	37	51	4	8	3	4
饮料及冷饮服务	106	60	22	19	3	2		
其他餐饮服务	150	91	34	17	3	4	1	

2-24 续表 7

行业中类	企业法人单位数(个)	50万元及以下	50-100万元	100-500万元	500-1000万元	1000-5000万元	5000万元-1亿元	1亿元以上
金融业	**1316**	**318**	**103**	**222**	**123**	**155**	**54**	**341**
银行业	252	15	5	13	3	9	5	202
中央银行	5						1	4
商业银行	212	11	4	9	1	8	3	176
其他银行	35	4	1	4	2	1	1	22
证券业	45	8	3	4		2	6	22
证券市场管理	2	1						1
证券经纪与交易	34	4	1	1		2	6	20
证券投资	7	2	2	2				1
证券分析与咨询	2	1		1				
保险业	524	158	63	119	35	68	19	62
人寿保险	156	15	17	49	9	18	8	40
非人寿保险	178	28	17	37	18	47	10	21
保险辅助服务	190	115	29	33	8	3	1	1
其他金融活动	495	137	32	86	85	76	24	55
金融信托与管理	35	22	1	3	1	4		4
金融租赁	1				1			
财务公司	9	7		1				1
邮政储蓄	12				1			11
典当	210	50	13	39	65	38	2	3
其他未列明的金融活动	228	58	18	43	17	34	22	36
房地产业	**11026**	**3752**	**1237**	**1563**	**1118**	**1433**	**581**	**1342**
房地产业	11026	3752	1237	1563	1118	1433	581	1342
房地产开发经营	4838	688	164	358	793	1090	518	1227
物业管理	3512	1540	754	783	179	166	30	60
房地产中介服务	1779	1198	213	245	53	49	8	13
其他房地产活动	897	326	106	177	93	128	25	42
租赁和商务服务业	**16886**	**10223**	**2386**	**2699**	**499**	**623**	**172**	**284**
租赁业	734	310	127	221	34	35	2	5
机械设备租赁	695	289	116	214	34	35	2	5
文化及日用品出租	39	21	11	7				
商务服务业	16152	9913	2259	2478	465	588	170	279
企业管理服务	1997	778	172	308	143	274	115	207
法律服务	341	230	56	52	3			
咨询与调查	5183	3651	677	623	97	88	18	29
广告业	3335	2100	619	537	39	35	2	3
知识产权服务	141	106	19	12		3	1	
职业中介服务	1471	835	258	287	52	31	5	3
市场管理	870	268	96	278	72	105	23	28
旅行社	1176	811	161	163	19	21	1	
其他商务服务	1638	1134	201	218	40	31	5	9
科学研究、技术服务和地质勘查业	**7246**	**3711**	**1206**	**1670**	**316**	**249**	**38**	**56**
研究与试验发展	1117	599	168	223	49	49	12	17
自然科学研究与试验发展	116	70	21	16	2	4	2	1
工程和技术研究与试验发展	639	311	99	140	38	31	5	15
农业科学研究与试验发展	175	97	28	35	5	5	4	1
医学研究与试验发展	174	116	19	28	3	7	1	
社会人文科学研究与试验发展	13	5	1	4	1	2		

2-24　续表 8

行业中类	企业法人单位数(个)	50万元及以下	50–100万元	100–500万元	500–1000万元	1000–5000万元	5000万元–1亿元	1亿元以上
专业技术服务业	3749	1751	664	979	187	128	14	26
气象服务	22	11	5	5	1			
地震服务	5	2	2	1				
海洋服务	9	4	2	1	2			
测绘服务	185	97	32	45	6	3	2	
技术检测	483	198	88	155	28	13	1	
环境监测	69	42	13	13	1			
工程技术与规划管理	2064	823	387	602	130	91	8	23
其他专业技术服务	912	574	135	157	19	21	3	3
科技交流和推广服务业	2272	1331	354	435	69	61	9	13
技术推广服务	1624	944	255	326	50	38	3	8
科技中介服务	481	289	66	85	15	17	5	4
其他科技服务	167	98	33	24	4	6	1	1
地质勘查业	108	30	20	33	11	11	3	
矿产地质勘查	39	9	8	10	4	5	3	
基础地质勘查	23	6	3	9	3	2		
地质勘查技术服务	46	15	9	14	4	4		
水利、环境和公共设施管理业	**896**	**348**	**124**	**252**	**69**	**69**	**10**	**24**
水利管理业	82	38	8	20	6	4		6
防洪管理	5	4		1				
水资源管理	42	14	2	12	5	3		6
其他水利管理	35	20	6	7	1	1		
环境管理业	172	87	25	31	14	11		4
自然保护	13	7	1	1	1	1		2
环境治理	159	80	24	30	13	10		2
公共设施管理业	642	223	91	201	49	54	10	14
市政公共设施管理	85	27	15	24	6	8	3	2
城市绿化管理	359	124	58	127	22	24	1	3
游览景区管理	198	72	18	50	21	22	6	9
居民服务和其他服务业	**5092**	**3130**	**793**	**911**	**143**	**94**	**13**	**8**
居民服务业	2899	1759	410	549	95	69	10	7
家庭服务	190	148	16	21	2	2	1	
托儿所	6	3	3					
洗染服务	103	67	15	17	2	2		
理发及美容保健服务	718	461	114	122	17	4		
洗浴服务	981	514	145	229	47	37	3	6
婚姻服务	222	189	18	14		1		
殡葬服务	153	47	15	51	17	17	5	1
摄影扩印服务	276	163	48	59	5	1		
其他居民服务	250	167	36	36	5	5	1	
其他服务业	2193	1371	383	362	48	25	3	1
修理与维护	1486	881	285	264	40	14	1	1
清洁服务	388	275	55	50	4	4		
其他未列明的服务	319	215	43	48	4	7	2	
教育	**1011**	**645**	**128**	**184**	**26**	**23**	**2**	**3**
教育	1011	645	128	184	26	23	2	3
学前教育	178	133	19	21	3	2		

2-24 续表 9

行业中类	企业法人单位数(个)	50万元及以下	50-100万元	100-500万元	500-1000万元	1000-5000万元	5000万元-1亿元	1亿元以上
初等教育	7	5	1	1				
中等教育	40	21	7	6	1	3	1	1
高等教育	13	9	1	2	1			
其他教育	773	477	100	154	21	18	1	2
卫生、社会保障和社会福利业	**1235**	**770**	**149**	**197**	**40**	**64**	**7**	**8**
卫生	1149	718	141	180	38	58	7	7
医院	282	75	28	96	25	44	7	7
卫生院及社区医疗活动	109	60	11	28	5	5		
门诊部医疗活动	686	532	93	47	5	9		
计划生育技术服务活动	3	2	1					
妇幼保健活动	3	3						
专科疾病防治活动	17	12	3	2				
疾病预防控制及防疫活动	15	10	4	1				
其他卫生活动	34	24	1	6	3			
社会保障业	37	27	2	7		1		
社会保障业	37	27	2	7		1		
社会福利业	49	25	6	10	2	5		1
提供住宿的社会福利	39	21	6	5	1	5		1
不提供住宿的社会福利	10	4		5	1			
文化、体育和娱乐业	**1493**	**757**	**206**	**334**	**61**	**98**	**16**	**21**
新闻出版业	141	60	16	25	5	22	4	9
新闻业	2	2						
出版业	139	58	16	25	5	22	4	9
广播、电视、电影和音像业	225	87	38	62	12	23	2	1
广播	3	1	1	1				
电视	57	20	12	16	2	6	1	
电影	116	37	19	33	9	16	1	1
音像制作	49	29	6	12	1	1		
文化艺术业	347	244	50	38	7	7	1	
文艺创作与表演	134	102	18	11	2	1		
艺术表演场馆	22	11	2	4	2	2	1	
图书馆与档案馆	24	18	1	3	2			
文物及文化保护	4	2	1	1				
博物馆	16	8	4	2		2		
烈士陵园、纪念馆	1	1						
群众文化活动	32	20	4	7	1			
文化艺术经纪代理	59	40	11	6		2		
其他文化艺术	55	42	9	4				
体育	96	52	15	14	3	5	4	3
体育组织	34	18	5	5	1	2	1	2
体育场馆	38	15	6	9	2	3	3	
其他体育	24	19	4					1
娱乐业	684	314	87	195	34	41	5	8
室内娱乐活动	388	184	50	122	19	12		1
游乐园	26	11	1	7	2	3		2
休闲健身娱乐活动	222	100	26	53	11	23	4	5
其他娱乐活动	48	19	10	13	2	3	1	

2-25　按地区、资产总额组距分组的企业法人单位数

地　区	企业法人单位数（个）	50万元及以下	50-100万元	100-500万元	500-1000万元	1000-5000万元	5000万元-1亿元	1亿元以上
全　省	**243783**	**82383**	**41203**	**73289**	**17753**	**19383**	**4135**	**5637**
沈阳市	**66404**	**25146**	**12711**	**16682**	**4109**	**4882**	**1193**	**1681**
和平区	11313	4540	2317	2688	677	691	126	274
沈河区	10227	6078	1582	1503	388	399	91	186
大东区	4920	1538	1314	1283	294	300	70	121
皇姑区	5554	2209	1354	1344	243	257	68	79
铁西区	6591	2422	1624	1693	259	348	82	163
苏家屯区	2466	819	365	757	191	216	60	58
东陵区	7326	2217	1277	2023	752	650	165	242
沈北新区	2782	1250	363	468	143	342	88	128
于洪区	10220	2632	1945	3384	795	901	212	351
辽中县	1140	206	159	345	133	209	50	38
康平县	1280	359	175	407	75	159	98	7
法库县	1127	472	99	327	51	140	29	9
新民市	1458	404	137	460	108	270	54	25
大连市	**68736**	**23566**	**9400**	**21299**	**5430**	**6069**	**1192**	**1780**
中山区	9529	4107	1290	2179	822	667	148	316
西岗区	7669	3310	1245	1807	553	487	97	170
沙河口区	9628	4347	1740	2289	527	476	71	178
甘井子区	13119	5291	1891	3186	1034	1193	213	311
旅顺口区	3134	1077	446	934	242	312	57	66
金州区	12797	4188	1608	3577	1129	1466	320	509
长海县	173	41	24	43	17	37	4	7
瓦房店市	5690	678	614	2998	526	632	125	117
普兰店市	3765	370	264	2256	282	458	71	64
庄河市	3232	157	278	2030	298	341	86	42
鞍山市	**22221**	**6829**	**4138**	**7763**	**1442**	**1376**	**289**	**384**
铁东区	3400	1057	622	1301	143	141	35	101
铁西区	2226	1140	375	430	108	110	32	31
立山区	2844	1360	252	674	328	153	28	49
千山区	4032	861	775	1508	346	382	79	81
台安县	1577	556	164	595	75	127	36	24
岫岩满族自治县	1565	413	203	671	124	127	16	11
海城市	6577	1442	1747	2584	318	336	63	87
抚顺市	**12505**	**4313**	**2715**	**3916**	**676**	**606**	**128**	**151**
新抚区	1538	871	217	246	69	77	25	33
东洲区	1962	966	490	331	65	79	15	16
望花区	3347	990	843	1050	213	160	39	52
顺城区	2159	645	475	742	115	121	24	37
抚顺县	1059	172	246	495	69	64	6	7
新宾满族自治县	1343	276	235	688	77	55	9	3
清原满族自治县	1097	393	209	364	68	50	10	3
本溪市	**6963**	**1184**	**1206**	**3002**	**727**	**573**	**119**	**152**
平山区	2063	230	508	1033	112	110	27	43
溪湖区	1306	468	244	358	91	109	20	16
明山区	1689	140	245	836	254	132	26	56
南芬区	265	30	33	107	41	44	6	4
本溪满族自治县	901	214	84	362	94	107	23	17
桓仁满族自治县	739	102	92	306	135	71	17	16
丹东市	**10405**	**2696**	**1840**	**3499**	**1018**	**1020**	**175**	**157**
元宝区	1463	456	353	440	95	78	15	26
振兴区	2721	877	509	730	214	261	58	72
振安区	853	344	129	180	75	97	12	16
宽甸满族自治县	1547	244	233	794	119	121	24	12
东港市	1776	253	259	654	270	286	36	18
凤城市	2045	522	357	701	245	177	30	13

2-25 续表

地区	企业法人单位数(个)	50万元及以下	50-100万元	100-500万元	500-1000万元	1000-5000万元	5000万元-1亿元	1亿元以上
锦州市	**8489**	**2913**	**1492**	**2384**	**690**	**681**	**136**	**193**
古塔区	1609	420	413	501	115	97	23	40
凌河区	1694	761	265	405	92	109	19	43
太和区	2114	628	404	587	191	188	49	67
黑山县	784	198	119	299	95	59	8	6
义县	583	242	75	139	49	61	12	5
凌海市	889	261	110	279	92	109	17	21
北镇市	816	403	106	174	56	58	8	11
营口市	**12862**	**5188**	**2070**	**3547**	**754**	**876**	**194**	**233**
站前区	2646	1539	392	364	122	139	41	49
西市区	1308	769	114	189	73	113	24	26
鲅鱼圈区	2928	875	535	982	216	198	55	67
老边区	1560	378	245	740	78	87	13	19
盖州市	1863	805	351	467	91	119	19	11
大石桥市	2557	822	433	805	174	220	42	61
阜新市	**5526**	**1702**	**864**	**1881**	**415**	**451**	**98**	**115**
海州区	1278	486	266	299	77	93	23	34
新邱区	286	62	44	111	35	23	7	4
太平区	696	232	158	184	53	40	14	15
清河门区	214	76	25	48	22	37	2	4
细河区	1373	610	188	262	110	131	28	44
阜新蒙古族自治县	1080	6	63	821	76	88	17	9
彰武县	599	230	120	156	42	39	7	5
辽阳市	**6332**	**1684**	**1097**	**2219**	**468**	**584**	**114**	**166**
白塔区	1242	478	266	307	50	79	19	43
文圣区	974	375	129	312	58	58	17	25
宏伟区	498	118	74	171	42	59	10	24
弓长岭区	238	19	26	98	32	53	5	5
太子河区	678	191	113	215	54	70	15	20
辽阳县	1742	305	412	660	146	159	28	32
灯塔市	960	198	77	456	86	106	20	17
盘锦市	**6562**	**2059**	**923**	**2317**	**483**	**506**	**116**	**158**
双台子区	906	327	223	229	44	48	11	24
兴隆台区	3611	1148	462	1366	245	248	59	83
大洼县	1103	318	132	342	113	138	23	37
盘山县	942	266	106	380	81	72	23	14
铁岭市	**5602**	**1599**	**820**	**1501**	**629**	**761**	**150**	**142**
银州区	1349	415	214	337	129	170	32	52
清河区	353	121	53	66	39	59	6	9
铁岭县	871	176	100	214	163	181	30	7
西丰县	469	165	65	150	37	42	4	6
昌图县	910	315	125	189	117	133	17	14
调兵山市	416	146	56	104	43	44	11	12
开原市	1234	261	207	441	101	132	50	42
朝阳市	**5566**	**1205**	**982**	**1969**	**544**	**578**	**121**	**167**
双塔区	1568	428	344	444	105	143	37	67
龙城区	727	140	152	247	75	78	16	19
朝阳县	409	143	71	103	35	40	7	10
建平县	789	166	139	242	112	101	16	13
喀喇沁左翼蒙古族自治县	426	98	54	136	52	60	8	18
北票市	780	81	165	311	98	83	22	20
凌源市	867	149	57	486	67	73	15	20
葫芦岛市	**5609**	**2299**	**945**	**1310**	**368**	**420**	**110**	**157**
连山区	1515	547	283	374	106	129	26	50
龙港区	1259	439	228	249	115	113	46	69
南票区	194	59	33	73	12	12	4	1
绥中县	974	445	144	259	54	49	14	9
建昌县	440	162	80	110	27	41	13	7
兴城市	1227	647	177	245	54	76	7	21

2-26　按登记注册类型、资产总额组距分组的企业法人单位数

登记注册类型	企业法人单位数(个)	50万元及以下	50-100万元	100-500万元	500-1000万元	1000-5000万元	5000万元-1亿元	1亿元以上
总　计	**243783**	**82383**	**41203**	**73289**	**17753**	**19383**	**4135**	**5637**
内资企业	**234377**	**80767**	**40451**	**71070**	**16699**	**17360**	**3509**	**4521**
国有企业	9353	2776	1100	2347	807	1200	410	713
集体企业	16913	6309	2630	5305	1220	1143	158	148
股份合作企业	3869	1462	641	1106	249	284	40	87
联营企业	379	125	56	125	22	33	8	10
国有联营企业	58	22	4	15	4	10	3	
集体联营企业	179	59	38	62	8	8	1	3
国有与集体联营企业	51	14	4	19	3	8		3
其他联营企业	91	30	10	29	7	7	4	4
有限责任公司	36570	10825	6312	10984	2763	3426	849	1411
国有独资公司	417	64	31	73	27	67	28	127
其他有限责任公司	36153	10761	6281	10911	2736	3359	821	1284
股份有限公司	3969	1073	619	995	310	435	138	399
私营企业	160014	56553	28617	49296	11197	10734	1892	1725
私营独资企业	63168	23227	11625	21467	3603	2689	371	186
私营合伙企业	4553	1763	841	1432	264	218	16	19
私营有限责任公司	86572	29851	15084	24657	6848	7318	1406	1408
私营股份有限公司	5721	1712	1067	1740	482	509	99	112
其他企业	3310	1644	476	912	131	105	14	28
港、澳、台商投资企业	**1988**	**303**	**101**	**342**	**236**	**459**	**176**	**371**
合资经营企业(港、澳、台资)	996	105	40	173	122	273	99	184
合作经营企业(港、澳、台资)	100	16	8	17	6	18	12	23
港、澳、台商独资经营企业	782	158	40	127	96	154	56	151
港、澳、台商投资股份有限公司	110	24	13	25	12	14	9	13
外商投资企业	**7418**	**1313**	**651**	**1877**	**818**	**1564**	**450**	**745**
中外合资经营企业	3215	432	233	757	397	804	241	351
中外合作经营企业	350	48	11	92	49	89	31	30
外资企业	3674	792	392	968	362	648	168	344
外商投资股份有限公司	179	41	15	60	10	23	10	20

2-27 按地区、学历分组的企业法人单位从业人员数

地 区	企业法人单位数(个)	从业人员数(人)	具有研究生及以上学历人员	具有大学本科学历人员	具有大专学历人员	具有高中学历人员	具有初中及以下学历人员
全 省	**243783**	**8422445**	**117848**	**846172**	**1446439**	**2502246**	**3491424**
沈阳市	**66404**	**1804040**	**37624**	**280427**	**440603**	**528382**	**517004**
和平区	11313	252396	6509	54885	70184	63419	57399
沈河区	10227	198513	8469	50881	64559	47763	26841
大东区	4920	128180	6749	30624	35909	40540	14358
皇姑区	5554	133613	1859	18552	53041	35099	25062
铁西区	6591	104934	994	13271	29884	38135	22650
苏家屯区	2466	69076	482	3876	9091	21577	34050
东陵区	7326	204073	5395	32543	38682	56361	71092
沈北新区	2782	118680	1329	16695	27796	31561	41299
于洪区	10220	389491	5191	49275	87570	135719	111736
辽中县	1140	38597	224	1817	3654	8971	23931
康平县	1280	67077	163	4894	10838	21179	30003
法库县	1127	37989	87	929	3297	10817	22859
新民市	1458	61421	173	2185	6098	17241	35724
大连市	**68736**	**2285409**	**31108**	**253487**	**324456**	**644884**	**1031474**
中山区	9529	225488	8660	53372	56572	75361	31523
西岗区	7669	161045	3066	30587	34112	38704	54576
沙河口区	9628	195972	4032	33691	39404	61087	57758
甘井子区	13119	396691	7828	63647	63084	103128	159004
旅顺口区	3134	97324	527	5704	11556	26755	52782
金州区	12797	546836	5411	45643	66403	144686	284693
长海县	173	4810	11	100	478	1609	2612
瓦房店市	5690	246648	788	10161	24590	67960	143149
普兰店市	3765	200294	430	4278	11612	55472	128502
庄河市	3232	210301	355	6304	16645	70122	116875
鞍山市	**22221**	**671450**	**3783**	**52170**	**105273**	**217332**	**292892**
铁东区	3400	100205	891	14963	27542	37375	19434
铁西区	2226	160959	919	17641	27755	64466	50178
立山区	2844	66418	339	5192	12195	23743	24949
千山区	4032	84199	1093	8406	13805	26639	34256
台安县	1577	53070	66	946	4841	13825	33392
岫岩满族自治县	1565	43735	34	603	2743	7463	32892
海城市	6577	162864	441	4419	16392	43821	97791
抚顺市	**12505**	**410067**	**27972**	**30122**	**72826**	**130992**	**148155**
新抚区	1538	110635	26644	10970	22729	29680	20612
东洲区	1962	50448	172	2874	7752	15311	24339
望花区	3347	100781	618	8355	20073	40060	31675
顺城区	2159	69598	416	6053	14062	25286	23781
抚顺县	1059	24265	33	365	1615	4840	17412
新宾满族自治县	1343	27156	62	832	3010	8043	15209
清原满族自治县	1097	27184	27	673	3585	7772	15127
本溪市	**6963**	**319551**	**1505**	**19264**	**51273**	**96726**	**150783**
平山区	2063	145190	925	11452	26721	43800	62292
溪湖区	1306	49101	143	1544	5088	13329	28997
明山区	1689	51845	338	4282	11371	16559	19295
南芬区	265	12144	9	218	778	2750	8389
本溪满族自治县	901	34941	35	895	3151	9846	21014
桓仁满族自治县	739	26330	55	873	4164	10442	10796
丹东市	**10405**	**370121**	**2476**	**20190**	**47716**	**95366**	**204373**
元宝区	1463	28441	217	2992	6678	9853	8701
振兴区	2721	118638	1863	11886	23438	37176	44275
振安区	853	35161	93	1278	3618	8155	22017
宽甸满族自治县	1547	45213	47	672	3746	10745	30003
东港市	1776	87634	142	2067	6191	16074	63160
凤城市	2045	55034	114	1295	4045	13363	36217

2-27　续表

地　　区	企业法人单位数(个)	从业人员数(人)	具有研究生及以上学历人员	具有大学本科学历人员	具有大专学历人员	具有高中学历人员	具有初中及以下学历人员
锦州市	**8489**	**339639**	**2679**	**28484**	**60544**	**100352**	**147580**
古塔区	1609	64362	591	7932	15782	23706	16351
凌河区	1694	78869	393	8583	17848	23749	28296
太和区	2114	82619	1483	8684	16155	23651	32646
黑山县	784	32070	36	815	2329	8988	19902
义县	583	16027	36	457	1479	4218	9837
凌海市	889	43108	84	1320	4381	10505	26818
北镇市	816	22584	56	693	2570	5535	13730
营口市	**12862**	**398124**	**1611**	**21716**	**51669**	**100350**	**222778**
站前区	2646	73983	562	6594	16297	24740	25790
西市区	1308	33511	138	2173	6508	10371	14321
鲅鱼圈区	2928	101989	440	6432	13715	27377	54025
老边区	1560	45381	139	2533	4679	9219	28811
盖州市	1863	57259	96	961	3246	10845	42111
大石桥市	2557	86001	236	3023	7224	17798	57720
阜新市	**5526**	**248905**	**1084**	**15012**	**38949**	**85561**	**108299**
海州区	1278	82261	145	5527	13416	32064	31109
新邱区	286	13486	4	258	898	3286	9040
太平区	696	25452	70	1329	4422	10710	8921
清河门区	214	8099	40	430	1288	2562	3779
细河区	1373	44165	184	4128	10039	17275	12539
阜新蒙古族自治县	1080	61359	614	2628	7065	15166	35886
彰武县	599	14083	27	712	1821	4498	7025
辽阳市	**6332**	**290956**	**1577**	**23924**	**47813**	**97685**	**119957**
白塔区	1242	77052	468	9445	17240	29822	20077
文圣区	974	34289	195	3500	8088	15233	7273
宏伟区	498	52030	401	6115	9033	19150	17331
弓长岭区	238	15081	14	356	1431	6416	6864
太子河区	678	29420	173	2248	5361	9561	12077
辽阳县	1742	53060	291	1523	4139	10977	36130
灯塔市	960	30024	35	737	2521	6526	20205
盘锦市	**6562**	**400863**	**2236**	**40529**	**69372**	**144209**	**126201**
双台子区	906	36686	168	2777	5151	16670	11920
兴隆台区	3611	264908	1801	34303	54624	105396	50468
大洼县	1103	74165	182	2349	6810	16949	47875
盘山县	942	25104	85	1100	2787	5194	15938
铁岭市	**5602**	**294913**	**853**	**14131**	**35586**	**76552**	**167791**
银州区	1349	61869	334	6044	14713	19882	20896
清河区	353	14918	52	706	2422	4791	6947
铁岭县	871	37435	150	1809	4677	8469	22330
西丰县	469	13392	64	452	1442	4492	6942
昌图县	910	33563	50	789	3073	10641	19010
调兵山市	416	78902	76	2723	4469	14763	56871
开原市	1234	54834	127	1608	4790	13514	34795
朝阳市	**5566**	**291075**	**1232**	**18941**	**48735**	**94021**	**128146**
双塔区	1568	83454	595	9042	21214	28314	24289
龙城区	727	30903	131	2210	5184	9567	13811
朝阳县	409	19705	54	431	1604	3924	13692
建平县	789	27874	51	758	2576	6727	17762
喀喇沁左翼蒙古族自治县	426	26891	32	572	2807	9577	13903
北票市	780	48563	186	2337	5646	15395	24999
凌源市	867	53685	183	3591	9704	20517	19690
葫芦岛市	**5609**	**267745**	**1327**	**19199**	**42863**	**81311**	**123045**
连山区	1515	89003	724	4905	12580	28879	41915
龙港区	1259	84318	464	11178	20550	26248	25878
南票区	194	11626	5	211	664	1362	9384
绥中县	974	28018	39	1550	4084	7712	14633
建昌县	440	20343	15	349	1562	5804	12613
兴城市	1227	34437	80	1006	3423	11306	18622

2-28 按行业(中类)、学历分组的企业法人单位从业人员数

行业中类	企业法人单位数(个)	从业人员数(人)	具有研究生及以上学历人员	具有大学本科学历人员	具有大专学历人员	具有高中学历人员	具有初中及以下学历人员
总　计	**243783**	**8422445**	**117848**	**846172**	**1446439**	**2502246**	**3491424**
农、林、牧、渔业	**38**	**12073**	**25**	**722**	**1100**	**1849**	**8377**
农业	12	7849	11	557	727	1005	5549
谷物及其他作物的种植	8	7529	10	535	598	930	5456
蔬菜、园艺作物的种植	1	233		21	124	38	50
水果、坚果、饮料和香料作物的种植	2	38	1	1	3	12	21
中药材的种植	1	49			2	25	22
林业	12	2026	3	88	230	327	1378
林木的培育和种植	12	2026	3	88	230	327	1378
畜牧业	5	221		4	29	92	96
牲畜的饲养	1	48				7	41
家禽的饲养	4	173		4	29	85	55
渔业	7	1869	11	73	90	389	1306
海洋渔业	5	957	2	5	45	244	661
内陆渔业	2	912	9	68	45	145	645
农、林、牧、渔服务业	2	108			24	36	48
畜牧服务业	1	68			21	26	21
渔业服务业	1	40			3	10	27
采矿业	**5522**	**548214**	**27718**	**26688**	**45183**	**143119**	**287190**
煤炭开采和洗选业	734	192304	26378	5617	10370	39582	110357
烟煤和无烟煤的开采洗选	708	190881	26376	5571	10290	39478	109166
褐煤的开采洗选	17	759		45	57	39	618
其他煤炭采选	9	664	2	1	23	65	573
石油和天然气开采业	103	126731	1014	17081	21026	56300	12994
天然原油和天然气开采	4	30181	482	3987	5327	18417	1968
与石油和天然气开采有关的服务活动	99	96550	532	13094	15699	37883	11026
黑色金属矿采选业	1569	107306	171	1875	7000	23660	74600
铁矿采选	1495	99534	160	1848	6793	22386	68347
其他黑色金属矿采选	74	7772	11	27	207	1274	6253
有色金属矿采选业	767	51492	79	910	2966	10218	37319
常用有色金属矿采选	515	30433	26	465	2035	6575	21332
贵金属矿采选	158	10625	29	257	472	1970	7897
稀有稀土金属矿采选	94	10434	24	188	459	1673	8090
非金属矿采选业	2341	69740	76	1194	3768	13234	51468
土砂石开采	1770	44188	44	560	2217	8613	32754
化学矿采选	120	9470	5	109	409	1848	7099
采盐	35	4215	13	311	498	613	2780
石棉及其他非金属矿采选	416	11867	14	214	644	2160	8835
其他采矿业	8	641		11	53	125	452
其他采矿业	8	641		11	53	125	452
制造业	**82596**	**3998125**	**33371**	**294618**	**553433**	**1198971**	**1917732**
农副食品加工业	4896	252192	1205	12596	25870	64881	147640
谷物磨制	674	23607	91	969	2282	6357	13908
饲料加工	1030	40652	622	4827	5881	10127	19195
植物油加工	230	11407	47	725	2433	3710	4492
制糖	13	1339		38	108	408	785
屠宰及肉类加工	854	62937	173	2029	6474	16240	38021

2-28　续表 1

行业中类	企业法人单位数（个）	从业人员数（人）	具有研究生及以上学历人员	具有大学本科学历人员	具有大专学历人员	具有高中学历人员	具有初中及以下学历人员
水产品加工	1103	71176	142	2032	4800	17694	46508
蔬菜、水果和坚果加工	621	25502	76	1074	2068	5998	16286
其他农副食品加工	371	15572	54	902	1824	4347	8445
食品制造业	1881	72519	513	4438	10954	19641	36973
焙烤食品制造	560	13156	82	639	1894	4750	5791
糖果、巧克力及蜜饯制造	71	2502	4	98	332	848	1220
方便食品制造	221	11029	50	793	1891	3519	4776
液体乳及乳制品制造	78	8821	176	1354	2731	1652	2908
罐头制造	183	10284	27	330	791	2140	6996
调味品、发酵制品制造	288	11608	30	389	1377	3101	6711
其他食品制造	480	15119	144	835	1938	3631	8571
饮料制造业	1260	50196	678	3583	7758	15806	22371
酒精制造	18	1240	3	200	188	191	658
酒的制造	629	30051	76	1452	4041	10459	14023
软饮料制造	605	18754	598	1923	3513	5139	7581
精制茶加工	8	151	1	8	16	17	109
烟草制品业	6	2592	21	433	695	769	674
烟叶复烤	2	297		3	13	48	233
卷烟制造	4	2295	21	430	682	721	441
纺织业	2214	121378	248	3746	9680	30296	77408
棉、化纤纺织及印染精加工	575	48239	102	1518	3572	11811	31236
毛纺织和染整精加工	49	3200		192	523	1049	1436
麻纺织	14	1694		51	92	323	1228
丝绢纺织及精加工	276	12472	47	207	405	2541	9272
纺织制成品制造	613	21526	54	615	2124	6094	12639
针织品、编织品及其制品制造	687	34247	45	1163	2964	8478	21597
纺织服装、鞋、帽制造业	3523	247612	372	4523	13913	52913	175891
纺织服装制造	3383	236620	360	4280	13350	50653	167977
纺织面料鞋的制造	117	10171	11	219	523	1893	7525
制帽	23	821	1	24	40	367	389
皮革、毛皮、羽毛(绒)及其制品业	585	31469	49	605	1424	5941	23450
皮革鞣制加工	20	413		11	72	180	150
皮革制品制造	465	28392	28	517	1161	5163	21523
毛皮鞣制及制品加工	71	1804	1	47	150	475	1131
羽毛(绒)加工及制品制造	29	860	20	30	41	123	646
木材加工及木、竹、藤、棕、草制品业	2283	73721	222	2734	6840	19194	44731
锯材、木片加工	728	16497	19	438	1516	4102	10422
人造板制造	439	21182	40	537	1519	5004	14082
木制品制造	1048	34767	151	1715	3703	9796	19402
竹、藤、棕、草制品制造	68	1275	12	44	102	292	825
家具制造业	1080	49051	110	2290	5445	14279	26927
木质家具制造	894	44183	79	1953	4651	12774	24726
竹、藤家具制造	5	70		11	23	16	20
金属家具制造	70	1816	19	115	250	565	867
塑料家具制造	8	98			4	34	60
其他家具制造	103	2884	12	211	517	890	1254
造纸及纸制品业	1602	57335	108	2239	6080	15875	33033
纸浆制造	13	363	1	11	50	144	157
造纸	378	22625	29	878	2480	6810	12428
纸制品制造	1211	34347	78	1350	3550	8921	20448

2-28 续表 2

行业中类	企业法人单位数(个)	从业人员数(人)	具有研究生及以上学历人员	具有大学本科学历人员	具有大专学历人员	具有高中学历人员	具有初中及以下学历人员
印刷业和记录媒介的复制	2101	41117	381	3821	8486	13830	14599
印刷	1955	37020	287	3008	7516	12660	13549
装订及其他印刷服务活动	129	2508	12	138	470	912	976
记录媒介的复制	17	1589	82	675	500	258	74
文教体育用品制造业	298	11850	54	582	1568	4183	5463
文化用品制造	123	2842	22	215	423	1061	1121
体育用品制造	102	4069	21	173	552	1125	2198
乐器制造	40	3717	2	82	292	1505	1836
玩具制造	18	652		31	146	302	173
游艺器材及娱乐用品制造	15	570	9	81	155	190	135
石油加工、炼焦及核燃料加工业	927	72665	413	7443	13417	22803	28589
精炼石油产品的制造	890	69037	410	7127	12674	21645	27181
炼焦	37	3628	3	316	743	1158	1408
化学原料及化学制品制造业	5088	213378	1879	16881	31804	73786	89028
基础化学原料制造	980	55535	330	3570	8172	15711	27752
肥料制造	539	31197	215	1823	3254	13135	12770
农药制造	116	7588	205	855	928	2796	2804
涂料、油墨、颜料及类似产品制造	964	24651	253	2599	3579	7857	10363
合成材料制造	273	23147	190	2296	4087	8961	7613
专用化学产品制造	1782	62673	599	5038	10331	22660	24045
日用化学产品制造	434	8587	87	700	1453	2666	3681
医药制造业	735	59240	1006	8672	13171	23390	13001
化学药品原药制造	92	22309	262	3570	4978	10109	3390
化学药品制剂制造	116	11999	200	1636	2972	4145	3046
中药饮片加工	142	5408	31	336	875	1949	2217
中成药制造	128	9079	142	1216	1938	3631	2152
兽用药品制造	61	2833	42	395	487	1017	892
生物、生化制品的制造	131	6677	318	1385	1727	2178	1069
卫生材料及医药用品制造	65	935	11	134	194	361	235
化学纤维制造业	112	32420	246	4930	7921	11241	8082
纤维素纤维原料及纤维制造	31	6077	14	267	654	1892	3250
合成纤维制造	81	26343	232	4663	7267	9349	4832
橡胶制品业	1179	51813	221	2559	6467	16422	26144
轮胎制造	80	15223	79	962	1774	5664	6744
橡胶板、管、带的制造	292	12228	54	725	1782	3917	5750
橡胶零件制造	470	11797	52	512	1709	3536	5988
再生橡胶制造	28	1263	7	62	234	380	580
日用及医用橡胶制品制造	31	2024	1	53	133	558	1279
橡胶靴鞋制造	58	5235	11	94	325	1254	3551
其他橡胶制品制造	220	4043	17	151	510	1113	2252
塑料制品业	3822	132886	461	6709	16013	38931	70772
塑料薄膜制造	367	9619	43	585	1284	2595	5112
塑料板、管、型材的制造	717	23273	198	1661	3706	7917	9791
塑料丝、绳及编织品的制造	750	47468	16	1756	4032	10955	30709
泡沫塑料制造	271	7143	11	272	815	2238	3807
塑料人造革、合成革制造	25	814	9	58	151	317	279
塑料包装箱及容器制造	438	12749	68	749	1992	4010	5930
塑料零件制造	223	10330	21	456	1159	3348	5346
日用塑料制造	589	10606	37	588	1584	3649	4748
其他塑料制品制造	442	10884	58	584	1290	3902	5050

2-28　续表 3

行业中类	企业法人单位数(个)	从业人员数(人)	具有研究生及以上学历人员	具有大学本科学历人员	具有大专学历人员	具有高中学历人员	具有初中及以下学历人员
非金属矿物制品业	7969	351269	1173	11489	32226	83182	223199
水泥、石灰和石膏的制造	523	49960	96	1520	4462	14382	29500
水泥及石膏制品制造	1049	35747	173	1802	4398	10296	19078
砖瓦、石材及其他建筑材料制造	3181	116563	168	2126	7869	23564	82836
玻璃及玻璃制品制造	670	27670	143	1454	3488	8782	13803
陶瓷制品制造	139	5932	28	429	970	1406	3099
耐火材料制品制造	1699	91025	455	3197	8588	18665	60120
石墨及其他非金属矿物制品制造	708	24372	110	961	2451	6087	14763
黑色金属冶炼及压延加工业	1300	302076	2387	28816	47772	113429	109672
炼铁	155	19302	10	344	1060	5112	12776
炼钢	71	11585	62	717	1609	3314	5883
钢压延加工	879	252661	1407	26369	42678	99631	82576
铁合金冶炼	195	18528	908	1386	2425	5372	8437
有色金属冶炼及压延加工业	926	84348	336	6176	15996	24655	37185
常用有色金属冶炼	229	38769	79	2625	8709	12493	14863
贵金属冶炼	47	4998	6	203	483	1534	2772
稀有稀土金属冶炼	86	4481	20	206	534	1015	2706
有色金属合金制造	124	4848	83	566	863	1303	2033
有色金属压延加工	440	31252	148	2576	5407	8310	14811
金属制品业	5659	192108	1411	13374	26738	55945	94640
结构性金属制品制造	2484	86154	818	7019	12577	24507	41233
金属工具制造	471	13585	90	810	2006	4053	6626
集装箱及金属包装容器制造	404	22817	129	1731	3477	6951	10529
金属丝绳及其制品的制造	259	8140	14	436	1130	2373	4187
建筑、安全用金属制品制造	549	15979	81	803	2006	4667	8422
金属表面处理及热处理加工	874	27553	132	1326	3135	7891	15069
搪瓷制品制造	32	1017		24	116	296	581
不锈钢及类似日用金属制品制造	230	6575	34	335	576	1497	4133
其他金属制品制造	356	10288	113	890	1715	3710	3860
通用设备制造业	14784	553758	3612	37019	78557	174013	260557
锅炉及原动机制造	613	24520	157	1369	3031	8082	11881
金属加工机械制造	1324	73937	743	7139	12950	29625	23480
起重运输设备制造	523	30828	237	3256	4929	10103	12303
泵、阀门、压缩机及类似机械的制造	2221	77827	560	6239	12402	24709	33917
轴承、齿轮、传动和驱动部件的制造	1147	71993	232	3359	7795	20249	40358
烘炉、熔炉及电炉制造	100	2457	24	197	506	902	828
风机、衡器、包装设备等通用设备制造	1213	58860	609	5484	11091	20666	21010
通用零部件制造及机械修理	4989	108537	578	6026	16339	32424	53170
金属铸、锻加工	2654	104799	472	3950	9514	27253	63610
专用设备制造业	5321	215395	2583	25888	39256	69662	78006
矿山、冶金、建筑专用设备制造	1745	89468	959	10931	16801	29048	31729
化工、木材、非金属加工专用设备制造	1197	40892	450	3604	7131	14697	15010
食品、饮料、烟草及饲料生产专用设备制造	177	6350	29	395	1053	1803	3070
印刷、制药、日化生产专用设备制造	263	9749	46	649	1421	3131	4502
纺织、服装和皮革工业专用设备制造	131	4403	32	398	601	1691	1681
电子和电工机械专用设备制造	251	15338	125	3708	4013	5308	2184

2-28 续表 4

行业中类	企业法人单位数(个)	从业人员数(人)	具有研究生及以上学历人员	具有大学本科学历人员	具有大专学历人员	具有高中学历人员	具有初中及以下学历人员
农、林、牧、渔专用机械制造	302	8647	38	240	798	2033	5538
医疗仪器设备及器械制造	246	10436	415	1558	1900	2598	3965
环保、社会公共安全及其他专用设备制造	1009	30112	489	4405	5538	9353	10327
交通运输设备制造业	4118	321550	7450	38830	64926	102973	107371
铁路运输设备制造	435	39754	181	2956	6127	16155	14335
汽车制造	2696	149200	5854	16154	24973	49895	52324
摩托车制造	13	532	3	22	48	105	354
自行车制造	43	826	6	37	105	206	472
船舶及浮动装置制造	851	96250	624	9230	21850	28984	35562
航空航天器制造	31	33587	766	10288	11609	7323	3601
交通器材及其他交通运输设备制造	49	1401	16	143	214	305	723
电气机械及器材制造业	4569	197946	1864	16933	32495	65574	81080
电机制造	422	37035	218	2070	3600	10712	20435
输配电及控制设备制造	2284	85899	1090	8807	16563	28425	31014
电线、电缆、光缆及电工器材制造	840	39070	268	3529	6392	11973	16908
电池制造	92	5093	39	384	753	2749	1168
家用电力器具制造	256	11696	75	750	2127	5294	3450
非电力家用器具制造	95	2104	79	262	395	572	796
照明器具制造	351	11403	59	536	1578	3318	5912
其他电气机械及器材制造	229	5646	36	595	1087	2531	1397
通信设备、计算机及其他电子设备制造业	1055	103976	3252	18195	13009	34185	35335
通信设备制造	134	5854	97	931	1156	2606	1064
雷达及配套设备制造	7	2904	24	411	452	1419	598
广播电视设备制造	54	1568	33	367	439	472	257
电子计算机制造	94	19279	126	1214	1734	5594	10611
电子器件制造	186	17626	1882	6389	2230	4634	2491
电子元件制造	363	31778	221	1829	3685	10247	15796
家用视听设备制造	34	15019	118	1573	1489	8189	3650
其他电子设备制造	183	9948	751	5481	1824	1024	868
仪器仪表及文化、办公用机械制造业	1644	46106	897	6841	9332	14606	14430
通用仪器仪表制造	1138	25174	637	4650	6006	8506	5375
专用仪器仪表制造	282	7155	132	1193	1714	2097	2019
钟表与计时仪器制造	38	3781	24	204	408	1192	1953
光学仪器及眼镜制造	44	2672	45	206	292	1111	1018
文化、办公用机械制造	46	6109	30	399	626	1420	3634
其他仪器仪表的制造及修理	96	1215	29	189	286	280	431
工艺品及其他制造业	1444	46613	193	1859	4573	13583	26405
工艺美术品制造	1102	29066	117	846	2600	8402	17101
日用杂品制造	106	5889	15	222	443	1685	3524
煤制品制造	176	4584	44	254	679	1034	2573
核辐射加工	4	42		6	9	17	10
其他未列明的制造业	56	7032	17	531	842	2445	3197
废弃资源和废旧材料回收加工业	215	9546	26	414	1047	2983	5076
金属废料和碎屑的加工处理	89	4187	12	195	401	556	3023
非金属废料和碎屑的加工处理	126	5359	14	219	646	2427	2053
电力、燃气及水的生产和供应业	**1441**	**208573**	**2126**	**30161**	**46633**	**64672**	**64981**
电力、热力的生产和供应业	943	152582	1782	24177	34890	47400	44333
电力生产	238	44091	257	6041	10901	15027	11865
电力供应	92	62829	1310	14804	15402	17438	13875
热力生产和供应	613	45662	215	3332	8587	14935	18593

2-28　续表 5

行业中类	企业法人单位数(个)	从业人员数(人)	具有研究生及以上学历人员	具有大学本科学历人员	具有大专学历人员	具有高中学历人员	具有初中及以下学历人员
燃气生产和供应业	114	16539	97	2037	3093	4730	6582
燃气生产和供应业	114	16539	97	2037	3093	4730	6582
水的生产和供应业	384	39452	247	3947	8650	12542	14066
自来水的生产和供应	279	36819	161	3408	7975	11785	13490
污水处理及其再生利用	97	2334	78	448	618	701	489
其他水的处理、利用与分配	8	299	8	91	57	56	87
建筑业	**14957**	**1282676**	**7074**	**88419**	**184481**	**333253**	**669449**
房屋和土木工程建筑业	5013	976711	4283	58629	119924	244394	549481
房屋工程建筑	2549	627094	2793	27973	61852	147729	386747
土木工程建筑	2464	349617	1490	30656	58072	96665	162734
建筑安装业	4004	204682	1692	18800	42429	58618	83143
建筑安装业	4004	204682	1692	18800	42429	58618	83143
建筑装饰业	4586	71954	832	8787	17140	22072	23123
建筑装饰业	4586	71954	832	8787	17140	22072	23123
其他建筑业	1354	29329	267	2203	4988	8169	13702
工程准备	873	18417	122	1303	3248	5138	8606
提供施工设备服务	112	2322	36	109	270	424	1483
其他未列明的建筑活动	369	8590	109	791	1470	2607	3613
交通运输、仓储和邮政业	**8685**	**330635**	**3653**	**33532**	**61323**	**123250**	**108877**
铁路运输业	19	3663	4	169	471	2694	325
铁路货物运输	8	2804	2	110	172	2294	226
铁路运输辅助活动	11	859	2	59	299	400	99
道路运输业	3556	114808	506	6170	16597	45635	45900
公路旅客运输	271	18906	157	1188	2837	8876	5848
道路货物运输	3053	75457	231	3804	10126	28555	32741
道路运输辅助活动	232	20445	118	1178	3634	8204	7311
城市公共交通业	567	56800	137	2385	8995	28184	17099
公共电汽车客运	89	46992	70	1557	6687	24627	14051
轨道交通	4	1200	32	228	365	525	50
出租车客运	471	8600	35	597	1941	3029	2998
其他城市公共交通	3	8		3	2	3	
水上运输业	270	30234	647	6389	7803	8382	7013
水上旅客运输	40	2543	162	208	452	1017	704
水上货物运输	136	6949	98	1813	1669	1217	2152
水上运输辅助活动	94	20742	387	4368	5682	6148	4157
航空运输业	28	9695	85	3837	3572	1471	730
航空客货运输	11	5288	41	2858	1701	565	123
通用航空服务	6	188		4	46	27	111
航空运输辅助活动	11	4219	44	975	1825	879	496
管道运输业	6	1431	16	334	463	359	259
管道运输业	6	1431	16	334	463	359	259
装卸搬运和其他运输服务业	3168	69559	1130	9010	12290	19084	28045
装卸搬运	259	32379	24	570	1241	10054	20490
运输代理服务	2909	37180	1106	8440	11049	9030	7555
仓储业	858	19266	147	1787	3943	6926	6463
谷物、棉花等农产品仓储	301	6546	41	489	1497	2035	2484
其他仓储	557	12720	106	1298	2446	4891	3979

2-28 续表 6

行业中类	企业法人单位数(个)	从业人员数(人)	具有研究生及以上学历人员	具有大学本科学历人员	具有大专学历人员	具有高中学历人员	具有初中及以下学历人员
邮政业	213	25179	981	3451	7189	10515	3043
国家邮政	18	22506	973	2985	6300	9427	2821
其他寄递服务	195	2673	8	466	889	1088	222
信息传输、计算机服务和软件业	**6032**	**127563**	**7581**	**56195**	**33284**	**21143**	**9360**
电信和其他信息传输服务业	775	55417	2563	18155	16697	12239	5763
电信	363	48291	2177	16067	14547	10516	4984
互联网信息服务	283	3086	214	1171	1151	395	155
广播电视传输服务	122	4007	171	908	990	1315	623
卫星传输服务	7	33	1	9	9	13	1
计算机服务业	2471	20710	697	6032	5510	5356	3115
计算机系统服务	476	7027	455	3917	1703	676	276
数据处理	45	1876	30	563	587	583	113
计算机维修	163	1182	59	307	517	269	30
其他计算机服务	1787	10625	153	1245	2703	3828	2696
软件业	2786	51436	4321	32008	11077	3548	482
公共软件服务	2331	47664	4056	30141	9875	3185	407
其他软件服务	455	3772	265	1867	1202	363	75
批发和零售业	**72700**	**775440**	**9367**	**97382**	**206297**	**282389**	**180005**
批发业	48836	441224	6756	61750	121550	145337	105831
农畜产品批发	2384	34280	549	2733	6295	11223	13480
食品、饮料及烟草制品批发	4012	54594	579	5763	12746	16836	18670
纺织、服装及日用品批发	4098	30902	544	5793	10012	9717	4836
文化、体育用品及器材批发	1293	9797	244	2140	3193	3128	1092
医药及医疗器材批发	1190	20427	375	4321	7254	6179	2298
矿产品、建材及化工产品批发	18281	160305	2087	18657	40742	57835	40984
机械设备、五金交电及电子产品批发	14945	105363	2135	20584	36646	32394	13604
贸易经纪与代理	794	8571	144	1036	2080	2425	2886
其他批发	1839	16985	99	723	2582	5600	7981
零售业	23864	334216	2611	35632	84747	137052	74174
综合零售	2348	126926	920	13029	27420	58148	27409
食品、饮料及烟草制品专门零售	2016	19388	120	1336	4277	7932	5723
纺织、服装及日用品专门零售	3283	30352	217	2226	7437	13381	7091
文化、体育用品及器材专门零售	1429	16336	217	1863	5011	6459	2786
医药及医疗器材专门零售	2087	31750	189	3905	10301	12767	4588
汽车、摩托车、燃料及零配件专门零售	4223	48499	285	5559	12298	16531	13826
家用电器及电子产品专门零售	3687	29638	434	4999	10761	9572	3872
五金、家具及室内装修材料专门零售	3445	21464	175	1898	5395	8864	5132
无店铺及其他零售	1346	9863	54	817	1847	3398	3747
住宿和餐饮业	**5611**	**175594**	**1538**	**12612**	**31834**	**72265**	**57345**
住宿业	1918	78016	841	6681	15085	32174	23235
旅游饭店	645	58092	751	5289	11286	23729	17037
一般旅馆	1155	18172	60	1288	3481	7727	5616
其他住宿服务	118	1752	30	104	318	718	582
餐饮业	3693	97578	697	5931	16749	40091	34110
正餐服务	3192	74271	321	3115	9581	30621	30633
快餐服务	245	19714	364	2614	6483	7941	2312
饮料及冷饮服务	106	1256	3	62	291	644	256
其他餐饮服务	150	2337	9	140	394	885	909

2-28　续表 7

行业中类	企业法人单位数(个)	从业人员数(人)					
			具有研究生及以上学历人员	具有大学本科学历人员	具有大专学历人员	具有高中学历人员	具有初中及以下学历人员
金融业	**1316**	**217063**	**6571**	**59171**	**87924**	**51191**	**12206**
银行业	252	135855	4373	42074	57336	25294	6778
中央银行	5	1042	20	502	228	174	118
商业银行	212	128704	4189	39758	54631	23702	6424
其他银行	35	6109	164	1814	2477	1418	236
证券业	45	2055	250	1108	549	142	6
证券市场管理	2	169	85	60	10	12	2
证券经纪与交易	34	1723	157	1012	480	70	4
证券投资	7	157	6	35	59	57	
证券分析与咨询	2	6	2	1		3	
保险业	524	71970	1483	13752	27410	24218	5107
人寿保险	156	55052	899	8896	20024	21424	3809
非人寿保险	178	14068	507	4306	6534	2176	545
保险辅助服务	190	2850	77	550	852	618	753
其他金融活动	495	7183	465	2237	2629	1537	315
金融信托与管理	35	334	11	139	93	58	33
金融租赁	1	20	2	10	4	4	
财务公司	9	87	9	41	29	6	2
邮政储蓄	12	2976	162	831	1156	706	121
典当	210	1451	36	296	621	418	80
其他未列明的金融活动	228	2315	245	920	726	345	79
房地产业	**11026**	**204207**	**3612**	**35683**	**57838**	**61544**	**45530**
房地产业	11026	204207	3612	35683	57838	61544	45530
房地产开发经营	4838	77135	2294	21462	27727	16597	9055
物业管理	3512	98076	794	8601	20180	36619	31882
房地产中介服务	1779	15056	373	3961	6184	3030	1508
其他房地产活动	897	13940	151	1659	3747	5298	3085
租赁和商务服务业	**16886**	**272432**	**5666**	**47337**	**68284**	**78684**	**72461**
租赁业	734	7727	74	691	1680	2810	2472
机械设备租赁	695	7447	74	669	1639	2715	2350
文化及日用品出租	39	280		22	41	95	122
商务服务业	16152	264705	5592	46646	66604	75874	69989
企业管理服务	1997	45733	1413	9260	11609	10709	12742
法律服务	341	3335	474	1931	760	129	41
咨询与调查	5183	32635	1758	11697	12391	5246	1543
广告业	3335	21504	624	6226	8626	4955	1073
知识产权服务	141	929	65	415	334	68	47
职业中介服务	1471	90722	564	8090	17465	28400	36203
市场管理	870	19468	131	1828	4364	7714	5431
旅行社	1176	9443	196	2215	4025	2121	886
其他商务服务	1638	40936	367	4984	7030	16532	12023
科学研究、技术服务和地质勘查业	**7246**	**114042**	**6204**	**39773**	**31446**	**19325**	**17294**
研究与试验发展	1117	17278	1558	6400	4392	3540	1388
自然科学研究与试验发展	116	2220	74	331	869	848	98
工程和技术研究与试验发展	639	11895	1242	5221	2568	2126	738
农业科学研究与试验发展	175	1892	87	354	551	392	508
医学研究与试验发展	174	1136	139	423	366	164	44
社会人文科学研究与试验发展	13	135	16	71	38	10	

2-28 续表 8

行业中类	企业法人单位数(个)	从业人员数(人)	具有研究生及以上学历人员	具有大学本科学历人员	具有大专学历人员	具有高中学历人员	具有初中及以下学历人员
专业技术服务业	3749	67210	3255	26902	21023	10500	5530
气象服务	22	230	9	62	109	46	4
地震服务	5	25	1	11	6	7	
海洋服务	9	132		34	27	50	21
测绘服务	185	2745	89	662	994	670	330
技术检测	483	7902	237	1660	2464	2007	1534
环境监测	69	510	27	133	181	114	55
工程技术与规划管理	2064	45468	2492	20756	13883	5789	2548
其他专业技术服务	912	10198	400	3584	3359	1817	1038
科技交流和推广服务业	2272	25628	1294	5411	5144	4567	9212
技术推广服务	1624	15346	865	3634	3318	3335	4194
科技中介服务	481	8532	219	1206	1343	892	4872
其他科技服务	167	1750	210	571	483	340	146
地质勘查业	108	3926	97	1060	887	718	1164
矿产地质勘查	39	2091	42	488	332	294	935
基础地质勘查	23	739	7	148	224	220	140
地质勘查技术服务	46	1096	48	424	331	204	89
水利、环境和公共设施管理业	**896**	**19469**	**248**	**2477**	**4275**	**6171**	**6298**
水利管理业	82	2429	26	422	497	669	815
防洪管理	5	39		8	11	11	9
水资源管理	42	1933	14	288	349	590	692
其他水利管理	35	457	12	126	137	68	114
环境管理业	172	4443	60	519	885	1328	1651
自然保护	13	830	10	124	165	316	215
环境治理	159	3613	50	395	720	1012	1436
公共设施管理业	642	12597	162	1536	2893	4174	3832
市政公共设施管理	85	2300	38	408	644	626	584
城市绿化管理	359	5536	97	707	1284	1726	1722
游览景区管理	198	4761	27	421	965	1822	1526
居民服务和其他服务业	**5092**	**65432**	**438**	**3767**	**11349**	**24752**	**25126**
居民服务业	2899	39369	225	1970	6796	16241	14137
家庭服务	190	2616	53	178	463	1325	597
托儿所	6	73		21	26	26	
洗染服务	103	1072	21	76	177	388	410
理发及美容保健服务	718	8245	54	469	1659	3530	2533
洗浴服务	981	18376	30	367	2204	7604	8171
婚姻服务	222	1029	20	157	334	378	140
殡葬服务	153	2835	6	216	590	792	1231
摄影扩印服务	276	2614	16	255	707	1173	463
其他居民服务	250	2509	25	231	636	1025	592
其他服务业	2193	26063	213	1797	4553	8511	10989
修理与维护	1486	13744	104	897	2828	5363	4552
清洁服务	388	5391	72	396	687	1590	2646
其他未列明的服务	319	6928	37	504	1038	1558	3791
教育	**1011**	**14357**	**587**	**3847**	**4611**	**3952**	**1360**
教育	1011	14357	587	3847	4611	3952	1360
学前教育	178	2075	31	295	958	586	205

2-28　续表 9

行业中类	企业法人单位数(个)	从业人员数(人)	具有研究生及以上学历人员	具有大学本科学历人员	具有大专学历人员	具有高中学历人员	具有初中及以下学历人员
初等教育	7	74	7	28	39		
中等教育	40	1289	48	592	342	224	83
高等教育	13	312	5	153	84	41	29
其他教育	773	10607	496	2779	3188	3101	1043
卫生、社会保障和社会福利业	**1235**	**28080**	**698**	**6857**	**10253**	**7663**	**2609**
卫生	1149	27277	683	6766	9971	7356	2501
医院	282	20390	495	5197	7320	5399	1979
卫生院及社区医疗活动	109	1497	28	258	543	505	163
门诊部医疗活动	686	4380	120	1120	1783	1126	231
计划生育技术服务活动	3	24	2	19		3	
妇幼保健活动	3	9	1	2	1	5	
专科疾病防治活动	17	239	1	42	124	66	6
疾病预防控制及防疫活动	15	213	11	50	63	54	35
其他卫生活动	34	525	25	78	137	198	87
社会保障业	37	313	9	48	154	83	19
社会保障业	37	313	9	48	154	83	19
社会福利业	49	490	6	43	128	224	89
提供住宿的社会福利	39	406	3	31	96	193	83
不提供住宿的社会福利	10	84	3	12	32	31	6
文化、体育和娱乐业	**1493**	**28470**	**1371**	**6931**	**6891**	**8053**	**5224**
新闻出版业	141	7974	973	4182	1946	631	242
新闻业	2	3		1		1	1
出版业	139	7971	973	4181	1946	630	241
广播、电视、电影和音像业	225	3587	170	845	1122	1006	444
广播	3	54	15	25	7	5	2
电视	57	1465	122	459	374	384	126
电影	116	1791	24	275	644	553	295
音像制作	49	277	9	86	97	64	21
文化艺术业	347	2479	68	563	926	651	271
文艺创作与表演	134	1034	22	193	377	327	115
艺术表演场馆	22	248	17	65	73	53	40
图书馆与档案馆	24	145	3	26	76	40	
文物及文化保护	4	150		10	47	26	67
博物馆	16	168	5	17	102	37	7
烈士陵园、纪念馆	1	11		2	7	2	
群众文化活动	32	243	5	90	65	64	19
文化艺术经纪代理	59	283	8	86	123	57	9
其他文化艺术	55	197	8	74	56	45	14
体育	96	1299	11	239	322	360	367
体育组织	34	308	4	91	82	101	30
体育场馆	38	766	3	114	173	194	282
其他体育	24	225	4	34	67	65	55
娱乐业	684	13131	149	1102	2575	5405	3900
室内娱乐活动	388	6740	19	294	1108	3006	2313
游乐园	26	1038	7	123	282	562	64
休闲健身娱乐活动	222	4806	121	657	1073	1652	1303
其他娱乐活动	48	547	2	28	112	185	220

2-29 按登记注册类型、学历分组的企业法人单位从业人员数

登记注册类型	企业法人单位数(个)	从业人员数(人)	具有研究生及以上学历人员	具有大学本科学历人员	具有大专学历人员	具有高中学历人员	具有初中及以下学历人员
总　计	**243783**	**8422445**	**117848**	**846172**	**1446439**	**2502246**	**3509740**
内资企业	**234377**	**7450648**	**98877**	**716946**	**1293148**	**2215354**	**3126323**
国有企业	9353	1184960	15873	163106	243592	400999	361390
集体企业	16913	613055	2396	25178	81858	172585	331038
股份合作企业	3869	104074	1105	9250	23568	31750	38401
联营企业	379	18378	116	930	2299	5005	10028
国有联营企业	58	2102	63	245	554	704	536
集体联营企业	179	5605	8	187	753	2338	2319
国有与集体联营企业	51	8168	32	323	596	956	6261
其他联营企业	91	2503	13	175	396	1007	912
有限责任公司	36570	1578346	43605	188171	296625	466932	583013
国有独资公司	417	210388	28022	21753	32061	62170	66382
其他有限责任公司	36153	1367958	15583	166418	264564	404762	516631
股份有限公司	3969	487859	8800	78683	124692	158298	117386
私营企业	160014	3401992	26115	245807	510264	958394	1661412
私营独资企业	63168	1150321	4115	39745	124864	319377	662220
私营合伙企业	4553	80149	954	6230	10966	20971	41028
私营有限责任公司	86572	2021032	19696	187742	349237	574740	889617
私营股份有限公司	5721	150490	1350	12090	25197	43306	68547
其他企业	3310	61984	867	5821	10250	21391	23655
港、澳、台商投资企业	**1988**	**204223**	**2342**	**25153**	**36926**	**63939**	**75863**
合资经营企业(港、澳、台资)	996	113131	1137	12067	17618	37529	44780
合作经营企业(港、澳、台资)	100	14336	104	745	1877	6022	5588
港、澳、台商独资经营企业	782	65756	878	10156	14328	17686	22708
港、澳、台商投资股份有限公司	110	11000	223	2185	3103	2702	2787
外商投资企业	**7418**	**767574**	**16629**	**104073**	**116365**	**222953**	**307554**
中外合资经营企业	3215	311736	9413	37610	53328	89808	121577
中外合作经营企业	350	34535	171	1789	3723	11571	17281
外资企业	3674	385908	6005	50670	51399	114020	163814
外商投资股份有限公司	179	35395	1040	14004	7915	7554	4882

2-30　按地区、专业技术职称分组的企业法人单位从业人员数

地　　区	企业法人单位数(个)	从业人员数(人)	#具有高级技术职称人员	#具有中级技术职称人员	#具有初级技术职称人员
全　　省	**243783**	**8422445**	**133703**	**425806**	**486994**
沈阳市	**66404**	**1804040**	**40047**	**101448**	**108559**
和平区	11313	252396	10136	21346	20328
沈河区	10227	198513	6569	16008	15645
大东区	4920	128180	1100	3358	3916
皇姑区	5554	133613	3393	8066	6441
铁西区	6591	104934	2286	5775	7523
苏家屯区	2466	69076	833	2952	3510
东陵区	7326	204073	4861	13375	12862
沈北新区	2782	118680	1128	3469	5467
于洪区	10220	389491	8166	22014	25406
辽中县	1140	38597	396	1006	1612
康平县	1280	67077	365	1742	2029
法库县	1127	37989	340	707	1142
新民市	1458	61421	474	1630	2678
大连市	**68736**	**2285409**	**33295**	**100162**	**123683**
中山区	9529	225488	4281	15547	16462
西岗区	7669	161045	4148	10519	12274
沙河口区	9628	195972	4319	11857	11478
甘井子区	13119	396691	8640	23837	30534
旅顺口区	3134	97324	1143	3770	5902
金州区	12797	546836	6598	19209	22753
长海县	173	4810	24	145	242
瓦房店市	5690	246648	1599	5012	8836
普兰店市	3765	200294	983	3483	5408
庄河市	3232	210301	1560	6783	9794
鞍山市	**22221**	**671450**	**9516**	**32157**	**31783**
铁东区	3400	100205	1696	6357	5630
铁西区	2226	160959	3345	10684	8847
立山区	2844	66418	732	2476	2551
千山区	4032	84199	2052	5035	5495
台安县	1577	53070	105	495	1540
岫岩满族自治县	1565	43735	200	609	1099
海城市	6577	162864	1386	6501	6621
抚顺市	**12505**	**410067**	**9957**	**38330**	**25617**
新抚区	1538	110635	7194	26769	8971
东洲区	1962	50448	468	2001	3119
望花区	3347	100781	1059	3488	4758
顺城区	2159	69598	808	4084	5415
抚顺县	1059	24265	171	533	873
新宾满族自治县	1343	27156	91	473	987
清原满族自治县	1097	27184	166	982	1494
本溪市	**6963**	**319551**	**3169**	**14970**	**18098**
平山区	2063	145190	1318	6204	7211
溪湖区	1306	49101	400	1553	1925
明山区	1689	51845	860	3967	4396
南芬区	265	12144	113	669	369
本溪满族自治县	901	34941	276	1291	2015
桓仁满族自治县	739	26330	202	1286	2182
丹东市	**10405**	**370121**	**4905**	**15120**	**20147**
元宝区	1463	28441	400	1808	2400
振兴区	2721	118638	2872	6930	7721
振安区	853	35161	416	1403	1924
宽甸满族自治县	1547	45213	257	1289	1962
东港市	1776	87634	531	2139	3351
凤城市	2045	55034	429	1551	2789

2-30 续表

地 区	企业法人单位数(个)	从业人员数(人)	#具有高级技术职称人员	#具有中级技术职称人员	#具有初级技术职称人员
锦州市	**8489**	**339639**	**4910**	**17100**	**21179**
古塔区	1609	64362	1204	4156	4696
凌河区	1694	78869	1217	4404	5400
太和区	2114	82619	1620	5130	5407
黑山县	784	32070	202	716	1291
义县	583	16027	98	531	1160
凌海市	889	43108	347	1541	2108
北镇市	816	22584	222	622	1117
营口市	**12862**	**398124**	**3438**	**14438**	**20142**
站前区	2646	73983	924	4065	4513
西市区	1308	33511	470	2097	2802
鲅鱼圈区	2928	101989	743	3183	4581
老边区	1560	45381	409	1589	2603
盖州市	1863	57259	302	1260	2200
大石桥市	2557	86001	590	2244	3443
阜新市	**5526**	**248905**	**3495**	**12131**	**15723**
海州区	1278	82261	1756	5146	5813
新邱区	286	13486	50	279	265
太平区	696	25452	401	1422	2737
清河门区	214	8099	64	313	541
细河区	1373	44165	808	3053	3760
阜新蒙古族自治县	1080	61359	339	1487	2086
彰武县	599	14083	77	431	521
辽阳市	**6332**	**290956**	**4440**	**17504**	**19190**
白塔区	1242	77052	1598	5831	6458
文圣区	974	34289	410	2152	2776
宏伟区	498	52030	825	4647	3565
弓长岭区	238	15081	113	384	371
太子河区	678	29420	536	1927	2383
辽阳县	1742	53060	740	1588	2462
灯塔市	960	30024	218	975	1175
盘锦市	**6562**	**400863**	**4692**	**20075**	**28578**
双台子区	906	36686	540	1830	2694
兴隆台区	3611	264908	3685	15845	20854
大洼县	1103	74165	297	1822	4318
盘山县	942	25104	170	578	712
铁岭市	**5602**	**294913**	**3041**	**13484**	**15586**
银州区	1349	61869	979	5817	5442
清河区	353	14918	148	714	1289
铁岭县	871	37435	416	1339	2233
西丰县	469	13392	43	362	452
昌图县	910	33563	189	1052	977
调兵山市	416	78902	934	2758	2757
开原市	1234	54834	332	1442	2436
朝阳市	**5566**	**291075**	**2769**	**11585**	**15623**
双塔区	1568	83454	1084	5194	6042
龙城区	727	30903	464	1298	2117
朝阳县	409	19705	124	284	396
建平县	789	27874	134	900	1296
喀喇沁左翼蒙古族自治县	426	26891	178	836	1568
北票市	780	48563	361	1404	2279
凌源市	867	53685	424	1669	1925
葫芦岛市	**5609**	**267745**	**3554**	**13122**	**16724**
连山区	1515	89003	1191	4613	4663
龙港区	1259	84318	1478	5285	7098
南票区	194	11626	93	332	409
绥中县	974	28018	270	1238	1786
建昌县	440	20343	135	322	708
兴城市	1227	34437	387	1332	2060

2-31　按行业(中类)、专业技术职称分组的企业法人单位从业人员数

行业中类	企业法人单位数(个)	从业人员数(人)	#具有高级技术职称人员	#具有中级技术职称人员	#具有初级技术职称人员
总　计	**243783**	**8422445**	**133703**	**425806**	**486994**
农、林、牧、渔业	**38**	**12073**	**119**	**256**	**529**
农业	12	7849	39	115	213
谷物及其他作物的种植	8	7529	32	70	140
蔬菜、园艺作物的种植	1	233	6	40	68
水果、坚果、饮料和香料作物的种植	2	38	1	5	5
中药材的种植	1	49			
林业	12	2026	14	109	217
林木的培育和种植	12	2026	14	109	217
畜牧业	5	221	65	2	8
牲畜的饲养	1	48			
家禽的饲养	4	173	65	2	8
渔业	7	1869	1	24	70
海洋渔业	5	957	1	15	37
内陆渔业	2	912		9	33
农、林、牧、渔服务业	2	108		6	21
畜牧服务业	1	68		5	19
渔业服务业	1	40		1	2
采矿业	**5522**	**548214**	**11663**	**40485**	**27926**
煤炭开采和洗选业	734	192304	8038	25491	8180
烟煤和无烟煤的开采洗选	708	190881	8029	25479	8163
褐煤的开采洗选	17	759	1	4	2
其他煤炭采选	9	664	8	8	15
石油和天然气开采业	103	126731	2468	10180	13480
天然原油和天然气开采	4	30181	423	982	856
与石油和天然气开采有关的服务活动	99	96550	2045	9198	12624
黑色金属矿采选业	1569	107306	523	2166	3093
铁矿采选	1495	99534	509	2137	3030
其他黑色金属矿采选	74	7772	14	29	63
有色金属矿采选业	767	51492	405	1331	1735
常用有色金属矿采选	515	30433	177	794	1039
贵金属矿采选	158	10625	104	242	293
稀有稀土金属矿采选	94	10434	124	295	403
非金属矿采选业	2341	69740	215	900	1426
土砂石开采	1770	44188	89	483	788
化学矿采选	120	9470	41	151	285
采盐	35	4215	17	63	45
石棉及其他非金属矿采选	416	11867	68	203	308
其他采矿业	8	641	14	417	12
其他采矿业	8	641	14	417	12
制造业	**82596**	**3998125**	**51109**	**149218**	**185531**
农副食品加工业	4896	252192	2042	6799	7861
谷物磨制	674	23607	132	399	657
饲料加工	1030	40652	808	2705	1904
植物油加工	230	11407	191	258	454
制糖	13	1339	7	30	74
屠宰及肉类加工	854	62937	361	1119	1588

2-31 续表 1

行业中类	企业法人单位数(个)	从业人员数(人)	#具有高级技术职称人员	#具有中级技术职称人员	#具有初级技术职称人员
水产品加工	1103	71176	321	1592	2155
蔬菜、水果和坚果加工	621	25502	123	390	480
其他农副食品加工	371	15572	99	306	549
食品制造业	1881	72519	540	1392	1973
焙烤食品制造	560	13156	50	173	258
糖果、巧克力及蜜饯制造	71	2502	9	62	65
方便食品制造	221	11029	52	170	158
液体乳及乳制品制造	78	8821	59	152	283
罐头制造	183	10284	72	198	332
调味品、发酵制品制造	288	11608	121	244	397
其他食品制造	480	15119	177	393	480
饮料制造业	1260	50196	345	1303	2122
酒精制造	18	1240	12	25	76
酒的制造	629	30051	234	952	1783
软饮料制造	605	18754	98	322	257
精制茶加工	8	151	1	4	6
烟草制品业	6	2592	10	176	187
烟叶复烤	2	297		8	20
卷烟制造	4	2295	10	168	167
纺织业	2214	121378	531	2262	3101
棉、化纤纺织及印染精加工	575	48239	260	1220	1564
毛纺织和染整精加工	49	3200	34	87	135
麻纺织	14	1694	5	29	32
丝绢纺织及精加工	276	12472	42	175	229
纺织制成品制造	613	21526	73	326	336
针织品、编织品及其制品制造	687	34247	117	425	805
纺织服装、鞋、帽制造业	3523	247612	637	2609	4996
纺织服装制造	3383	236620	588	2526	4910
纺织面料鞋的制造	117	10171	48	50	37
制帽	23	821	1	33	49
皮革、毛皮、羽毛(绒)及其制品业	585	31469	38	219	323
皮革鞣制加工	20	413		4	13
皮革制品制造	465	28392	25	180	250
毛皮鞣制及制品加工	71	1804	13	34	60
羽毛(绒)加工及制品制造	29	860		1	
木材加工及木、竹、藤、棕、草制品业	2283	73721	345	1162	2317
锯材、木片加工	728	16497	60	208	370
人造板制造	439	21182	136	406	905
木制品制造	1048	34767	141	510	1024
竹、藤、棕、草制品制造	68	1275	8	38	18
家具制造业	1080	49051	205	1211	1713
木质家具制造	894	44183	160	1062	1538
竹、藤家具制造	5	70	1		1
金属家具制造	70	1816	15	61	51
塑料家具制造	8	98		2	
其他家具制造	103	2884	29	86	123
造纸及纸制品业	1602	57335	298	1102	1453
纸浆制造	13	363	6	7	9
造纸	378	22625	113	498	689
纸制品制造	1211	34347	179	597	755

2-31 续表 2

行业中类	企业法人单位数(个)	从业人员数(人)	#具有高级技术职称人员	#具有中级技术职称人员	#具有初级技术职称人员
印刷业和记录媒介的复制	2101	41117	514	1392	1662
印刷	1955	37020	491	1305	1484
装订及其他印刷服务活动	129	2508	6	42	55
记录媒介的复制	17	1589	17	45	123
文教体育用品制造业	298	11850	66	208	245
文化用品制造	123	2842	23	77	73
体育用品制造	102	4069	11	53	98
乐器制造	40	3717	20	57	58
玩具制造	18	652	4	10	14
游艺器材及娱乐用品制造	15	570	8	11	2
石油加工、炼焦及核燃料加工业	927	72665	1633	4704	5487
精炼石油产品的制造	890	69037	1599	4582	5354
炼焦	37	3628	34	122	133
化学原料及化学制品制造业	5088	213378	3769	11317	12791
基础化学原料制造	980	55535	850	3275	3571
肥料制造	539	31197	487	1081	1569
农药制造	116	7588	305	560	468
涂料、油墨、颜料及类似产品制造	964	24651	477	1467	1907
合成材料制造	273	23147	355	1711	1215
专用化学产品制造	1782	62673	1224	3003	3797
日用化学产品制造	434	8587	71	220	264
医药制造业	735	59240	1472	3815	5158
化学药品原药制造	92	22309	582	1795	2289
化学药品制剂制造	116	11999	335	728	885
中药饮片加工	142	5408	124	226	324
中成药制造	128	9079	218	535	884
兽用药品制造	61	2833	39	173	169
生物、生化制品的制造	131	6677	145	299	558
卫生材料及医药用品制造	65	935	29	59	49
化学纤维制造业	112	32420	689	3364	2651
纤维素纤维原料及纤维制造	31	6077	55	261	222
合成纤维制造	81	26343	634	3103	2429
橡胶制品业	1179	51813	454	1373	1923
轮胎制造	80	15223	78	302	450
橡胶板、管、带的制造	292	12228	144	473	639
橡胶零件制造	470	11797	163	376	511
再生橡胶制造	28	1263	19	51	90
日用及医用橡胶制品制造	31	2024	6	20	32
橡胶靴鞋制造	58	5235	15	52	77
其他橡胶制品制造	220	4043	29	99	124
塑料制品业	3822	132886	746	2899	4200
塑料薄膜制造	367	9619	68	208	262
塑料板、管、型材的制造	717	23273	249	897	1066
塑料丝、绳及编织品的制造	750	47468	135	633	1058
泡沫塑料制造	271	7143	22	165	208
塑料人造革、合成革制造	25	814	11	26	241
塑料包装箱及容器制造	438	12749	76	318	461
塑料零件制造	223	10330	49	194	270
日用塑料制造	589	10606	63	242	299
其他塑料制品制造	442	10884	73	216	335

2-31 续表 3

行业中类	企业法人单位数(个)	从业人员数(人)	#具有高级技术职称人员	#具有中级技术职称人员	#具有初级技术职称人员
非金属矿物制品业	7969	351269	3051	9759	11305
水泥、石灰和石膏的制造	523	49960	647	1911	2581
水泥及石膏制品制造	1049	35747	414	1076	1260
砖瓦、石材及其他建筑材料制造	3181	116563	489	1575	2670
玻璃及玻璃制品制造	670	27670	282	727	1086
陶瓷制品制造	139	5932	78	226	184
耐火材料制品制造	1699	91025	771	2887	2593
石墨及其他非金属矿物制品制造	708	24372	370	1357	931
黑色金属冶炼及压延加工业	1300	302076	4564	14352	15761
炼铁	155	19302	159	352	661
炼钢	71	11585	97	267	595
钢压延加工	879	252661	4132	13290	13830
铁合金冶炼	195	18528	176	443	675
有色金属冶炼及压延加工业	926	84348	1091	3261	4738
常用有色金属冶炼	229	38769	537	1861	2759
贵金属冶炼	47	4998	67	190	185
稀有稀土金属冶炼	86	4481	39	126	204
有色金属合金制造	124	4848	112	243	195
有色金属压延加工	440	31252	336	841	1395
金属制品业	5659	192108	1908	6057	9441
结构性金属制品制造	2484	86154	730	2589	4520
金属工具制造	471	13585	188	403	489
集装箱及金属包装容器制造	404	22817	246	933	1441
金属丝绳及其制品的制造	259	8140	71	265	626
建筑、安全用金属制品制造	549	15979	126	399	495
金属表面处理及热处理加工	874	27553	301	842	1184
搪瓷制品制造	32	1017	30	62	61
不锈钢及类似日用金属制品制造	230	6575	52	96	142
其他金属制品制造	356	10288	164	468	483
通用设备制造业	14784	553758	8658	22502	26518
锅炉及原动机制造	613	24520	443	964	1351
金属加工机械制造	1324	73937	1628	4326	4347
起重运输设备制造	523	30828	612	1717	2085
泵、阀门、压缩机及类似机械的制造	2221	77827	1457	3954	4509
轴承、齿轮、传动和驱动部件的制造	1147	71993	677	1927	3248
烘炉、熔炉及电炉制造	100	2457	37	85	122
风机、衡器、包装设备等通用设备制造	1213	58860	1390	2812	3063
通用零部件制造及机械修理	4989	108537	1223	3572	4216
金属铸、锻加工	2654	104799	1191	3145	3577
专用设备制造业	5321	215395	5607	13420	15829
矿山、冶金、建筑专用设备制造	1745	89468	2773	6885	8354
化工、木材、非金属加工专用设备制造	1197	40892	822	2123	2206
食品、饮料、烟草及饲料生产专用设备制造	177	6350	78	327	278
印刷、制药、日化生产专用设备制造	263	9749	147	403	579
纺织、服装和皮革工业专用设备制造	131	4403	124	302	244
电子和电工机械专用设备制造	251	15338	383	686	785

2-31　续表 4

行业中类	企业法人单位数(个)	从业人员数(人)	#具有高级技术职称人员	#具有中级技术职称人员	#具有初级技术职称人员
农、林、牧、渔专用机械制造	302	8647	50	180	261
医疗仪器设备及器械制造	246	10436	291	353	635
环保、社会公共安全及其他专用设备制造	1009	30112	939	2161	2487
交通运输设备制造业	4118	321550	5569	15376	21188
铁路运输设备制造	435	39754	750	1827	2244
汽车制造	2696	149200	2002	6361	8888
摩托车制造	13	532	14	30	10
自行车制造	43	826	6	21	33
船舶及浮动装置制造	851	96250	1675	4400	7582
航空航天器制造	31	33587	1108	2680	2369
交通器材及其他交通运输设备制造	49	1401	14	57	62
电气机械及器材制造业	4569	197946	3384	9031	9927
电机制造	422	37035	314	894	1361
输配电及控制设备制造	2284	85899	2146	5446	5418
电线、电缆、光缆及电工器材制造	840	39070	554	1601	1675
电池制造	92	5093	64	172	183
家用电力器具制造	256	11696	121	331	636
非电力家用器具制造	95	2104	60	142	114
照明器具制造	351	11403	73	266	298
其他电气机械及器材制造	229	5646	52	179	242
通信设备、计算机及其他电子设备制造业	1055	103976	1456	3709	5604
通信设备制造	134	5854	116	293	508
雷达及配套设备制造	7	2904	129	271	241
广播电视设备制造	54	1568	50	165	195
电子计算机制造	94	19279	75	334	692
电子器件制造	186	17626	453	1277	1185
电子元件制造	363	31778	331	629	979
家用视听设备制造	34	15019	149	397	1401
其他电子设备制造	183	9948	153	343	403
仪器仪表及文化、办公用机械制造业	1644	46106	1193	3289	3006
通用仪器仪表制造	1138	25174	863	2197	2106
专用仪器仪表制造	282	7155	190	527	401
钟表与计时仪器制造	38	3781	18	188	262
光学仪器及眼镜制造	44	2672	52	202	72
文化、办公用机械制造	46	6109	28	71	87
其他仪器仪表的制造及修理	96	1215	42	104	78
工艺品及其他制造业	1444	46613	278	915	1615
工艺美术品制造	1102	29066	151	406	800
日用杂品制造	106	5889	30	72	108
煤制品制造	176	4584	12	34	71
核辐射加工	4	42	3	5	1
其他未列明的制造业	56	7032	82	398	635
废弃资源和废旧材料回收加工业	215	9546	16	240	436
金属废料和碎屑的加工处理	89	4187	9	133	167
非金属废料和碎屑的加工处理	126	5359	7	107	269
电力、燃气及水的生产和供应业	**1441**	**208573**	**7242**	**18440**	**25918**
电力、热力的生产和供应业	943	152582	6369	14795	21672
电力生产	238	44091	1520	4696	7142
电力供应	92	62829	4080	7167	11210
热力生产和供应	613	45662	769	2932	3320

2-31 续表 5

行业中类	企业法人单位数(个)	从业人员数(人)	#具有高级技术职称人员	#具有中级技术职称人员	#具有初级技术职称人员
燃气生产和供应业	114	16539	245	1286	1389
燃气生产和供应业	114	16539	245	1286	1389
水的生产和供应业	384	39452	628	2359	2857
自来水的生产和供应	279	36819	525	2110	2611
污水处理及其再生利用	97	2334	89	210	223
其他水的处理、利用与分配	8	299	14	39	23
建筑业	**14957**	**1282676**	**17945**	**73479**	**95159**
房屋和土木工程建筑业	5013	976711	12686	54741	76558
房屋工程建筑	2549	627094	6946	33607	46937
土木工程建筑	2464	349617	5740	21134	29621
建筑安装业	4004	204682	3625	12547	13318
建筑安装业	4004	204682	3625	12547	13318
建筑装饰业	4586	71954	1199	4631	3887
建筑装饰业	4586	71954	1199	4631	3887
其他建筑业	1354	29329	435	1560	1396
工程准备	873	18417	260	975	893
提供施工设备服务	112	2322	17	77	50
其他未列明的建筑活动	369	8590	158	508	453
交通运输、仓储和邮政业	**8685**	**330635**	**2714**	**10443**	**14692**
铁路运输业	19	3663	25	143	156
铁路货物运输	8	2804	22	70	36
铁路运输辅助活动	11	859	3	73	120
道路运输业	3556	114808	1043	2202	3839
公路旅客运输	271	18906	503	404	799
道路货物运输	3053	75457	442	1234	2098
道路运输辅助活动	232	20445	98	564	942
城市公共交通业	567	56800	168	879	1237
公共电汽车客运	89	46992	78	597	1000
轨道交通	4	1200	10	25	46
出租车客运	471	8600	80	257	191
其他城市公共交通	3	8			
水上运输业	270	30234	609	3039	3873
水上旅客运输	40	2543	44	124	128
水上货物运输	136	6949	121	1349	1298
水上运输辅助活动	94	20742	444	1566	2447
航空运输业	28	9695	136	1213	1515
航空客货运输	11	5288	84	807	1161
通用航空服务	6	188		2	2
航空运输辅助活动	11	4219	52	404	352
管道运输业	6	1431	36	135	164
管道运输业	6	1431	36	135	164
装卸搬运和其他运输服务业	3168	69559	326	1434	2016
装卸搬运	259	32379	28	197	567
运输代理服务	2909	37180	298	1237	1449
仓储业	858	19266	172	758	1150
谷物、棉花等农产品仓储	301	6546	85	372	676
其他仓储	557	12720	87	386	474

2-31　续表 6

行业中类	企业法人单位数(个)	从业人员数(人)	#具有高级技术职称人员	#具有中级技术职称人员	#具有初级技术职称人员
邮政业	213	25179	199	640	742
国家邮政	18	22506	195	600	698
其他寄递服务	195	2673	4	40	44
信息传输、计算机服务和软件业	**6032**	**127563**	**5124**	**15267**	**17982**
电信和其他信息传输服务业	775	55417	2669	7832	7877
电信	363	48291	2582	7458	7352
互联网信息服务	283	3086	35	77	97
广播电视传输服务	122	4007	50	297	428
卫星传输服务	7	33	2		
计算机服务业	2471	20710	630	1694	872
计算机系统服务	476	7027	525	1374	666
数据处理	45	1876	38	128	64
计算机维修	163	1182	9	27	25
其他计算机服务	1787	10625	58	165	117
软件业	2786	51436	1825	5741	9233
公共软件服务	2331	47664	1673	5410	8981
其他软件服务	455	3772	152	331	252
批发和零售业	**72700**	**775440**	**7459**	**23790**	**29266**
批发业	48836	441224	5206	15043	16839
农畜产品批发	2384	34280	283	1060	1486
食品、饮料及烟草制品批发	4012	54594	423	1686	1825
纺织、服装及日用品批发	4098	30902	273	789	898
文化、体育用品及器材批发	1293	9797	249	314	263
医药及医疗器材批发	1190	20427	657	1674	3144
矿产品、建材及化工产品批发	18281	160305	1261	4527	4981
机械设备、五金交电及电子产品批发	14945	105363	1695	4395	3596
贸易经纪与代理	794	8571	125	335	280
其他批发	1839	16985	240	263	366
零售业	23864	334216	2253	8747	12427
综合零售	2348	126926	514	1597	3508
食品、饮料及烟草制品专门零售	2016	19388	112	378	462
纺织、服装及日用品专门零售	3283	30352	150	446	436
文化、体育用品及器材专门零售	1429	16336	150	461	673
医药及医疗器材专门零售	2087	31750	255	1704	3122
汽车、摩托车、燃料及零配件专门零售	4223	48499	572	2521	2699
家用电器及电子产品专门零售	3687	29638	298	1037	976
五金、家具及室内装修材料专门零售	3445	21464	152	360	335
无店铺及其他零售	1346	9863	50	243	216
住宿和餐饮业	**5611**	**175594**	**1198**	**3400**	**5056**
住宿业	1918	78016	741	2068	3270
旅游饭店	645	58092	594	1737	2918
一般旅馆	1155	18172	132	311	312
其他住宿服务	118	1752	15	20	40
餐饮业	3693	97578	457	1332	1786
正餐服务	3192	74271	434	1235	1623
快餐服务	245	19714	9	40	71
饮料及冷饮服务	106	1256	1	14	28
其他餐饮服务	150	2337	13	43	64

2-31 续表 7

行业中类	企业法人单位数(个)	从业人员数(人)	#具有高级技术职称人员	#具有中级技术职称人员	#具有初级技术职称人员
金融业	**1316**	**217063**	**3305**	**35969**	**38681**
银行业	252	135855	2319	31687	35349
中央银行	5	1042	48	472	251
商业银行	212	128704	2115	29874	33300
其他银行	35	6109	156	1341	1798
证券业	45	2055	69	467	106
证券市场管理	2	169	4	38	12
证券经纪与交易	34	1723	65	410	82
证券投资	7	157		19	12
证券分析与咨询	2	6			
保险业	524	71970	737	3168	2733
人寿保险	156	55052	516	1634	1500
非人寿保险	178	14068	189	1434	1156
保险辅助服务	190	2850	32	100	77
其他金融活动	495	7183	180	647	493
金融信托与管理	35	334	5	53	39
金融租赁	1	20	2	8	4
财务公司	9	87	2	19	4
邮政储蓄	12	2976	54	178	222
典当	210	1451	37	124	64
其他未列明的金融活动	228	2315	80	265	160
房地产业	**11026**	**204207**	**5057**	**17156**	**12855**
房地产业	11026	204207	5057	17156	12855
房地产开发经营	4838	77135	3726	11993	7606
物业管理	3512	98076	969	3892	4064
房地产中介服务	1779	15056	222	729	536
其他房地产活动	897	13940	140	542	649
租赁和商务服务业	**16886**	**272432**	**3967**	**11533**	**9021**
租赁业	734	7727	57	339	438
机械设备租赁	695	7447	57	337	437
文化及日用品出租	39	280		2	1
商务服务业	16152	264705	3910	11194	8583
企业管理服务	1997	45733	1134	3659	2475
法律服务	341	3335	107	419	295
咨询与调查	5183	32635	1717	3393	1266
广告业	3335	21504	234	757	716
知识产权服务	141	929	88	119	46
职业中介服务	1471	90722	269	1434	1834
市场管理	870	19468	128	528	588
旅行社	1176	9443	75	499	729
其他商务服务	1638	40936	158	386	634
科学研究、技术服务和地质勘查业	**7246**	**114042**	**12054**	**15594**	**11561**
研究与试验发展	1117	17278	2814	2157	1501
自然科学研究与试验发展	116	2220	76	80	23
工程和技术研究与试验发展	639	11895	2545	1807	1250
农业科学研究与试验发展	175	1892	91	161	139
医学研究与试验发展	174	1136	76	95	88
社会人文科学研究与试验发展	13	135	26	14	1

2-31　续表 8

行业中类	企业法人单位数(个)	从业人员数(人)	#具有高级技术职称人员	#具有中级技术职称人员	#具有初级技术职称人员
专业技术服务业	3749	67210	7767	11703	8687
气象服务	22	230	14	15	26
地震服务	5	25	9	6	
海洋服务	9	132	18	21	28
测绘服务	185	2745	136	283	453
技术检测	483	7902	274	621	581
环境监测	69	510	34	53	26
工程技术与规划管理	2064	45468	6680	9627	6561
其他专业技术服务	912	10198	602	1077	1012
科技交流和推广服务业	2272	25628	1230	1314	1093
技术推广服务	1624	15346	816	842	634
科技中介服务	481	8532	235	309	259
其他科技服务	167	1750	179	163	200
地质勘查业	108	3926	243	420	280
矿产地质勘查	39	2091	85	183	104
基础地质勘查	23	739	60	86	51
地质勘查技术服务	46	1096	98	151	125
水利、环境和公共设施管理业	**896**	**19469**	**445**	**1029**	**987**
水利管理业	82	2429	144	202	239
防洪管理	5	39		1	4
水资源管理	42	1933	116	163	190
其他水利管理	35	457	28	38	45
环境管理业	172	4443	62	220	192
自然保护	13	830	14	15	21
环境治理	159	3613	48	205	171
公共设施管理业	642	12597	239	607	556
市政公共设施管理	85	2300	55	175	98
城市绿化管理	359	5536	165	364	362
游览景区管理	198	4761	19	68	96
居民服务和其他服务业	**5092**	**65432**	**453**	**1204**	**1466**
居民服务业	2899	39369	221	618	714
家庭服务	190	2616	4	33	37
托儿所	6	73			
洗染服务	103	1072	6	23	30
理发及美容保健服务	718	8245	121	274	192
洗浴服务	981	18376	23	119	219
婚姻服务	222	1029	5	25	49
殡葬服务	153	2835	20	54	65
摄影扩印服务	276	2614	15	37	55
其他居民服务	250	2509	27	53	67
其他服务业	2193	26063	232	586	752
修理与维护	1486	13744	183	445	530
清洁服务	388	5391	28	53	67
其他未列明的服务	319	6928	21	88	155
教育	**1011**	**14357**	**866**	**1443**	**1021**
教育	1011	14357	866	1443	1021
学前教育	178	2075	36	79	97

2-31 续表 9

行业中类	企业法人单位数(个)	从业人员数(人)	#具有高级技术职称人员	#具有中级技术职称人员	#具有初级技术职称人员
初等教育	7	74	7	22	
中等教育	40	1289	238	237	154
高等教育	13	312	53	51	13
其他教育	773	10607	532	1054	757
卫生、社会保障和社会福利业	**1235**	**28080**	**2007**	**5700**	**7783**
卫生	1149	27277	1997	5677	7769
医院	282	20390	1673	4815	6667
卫生院及社区医疗活动	109	1497	58	238	332
门诊部医疗活动	686	4380	224	506	648
计划生育技术服务活动	3	24		2	
妇幼保健活动	3	9		1	
专科疾病防治活动	17	239	3	28	9
疾病预防控制及防疫活动	15	213	9	28	30
其他卫生活动	34	525	30	59	83
社会保障业	37	313		2	8
社会保障业	37	313		2	8
社会福利业	49	490	10	21	6
提供住宿的社会福利	39	406	8	21	6
不提供住宿的社会福利	10	84	2		
文化、体育和娱乐业	**1493**	**28470**	**976**	**1400**	**1560**
新闻出版业	141	7974	841	1047	1166
新闻业	2	3			
出版业	139	7971	841	1047	1166
广播、电视、电影和音像业	225	3587	34	132	152
广播	3	54			
电视	57	1465	12	56	53
电影	116	1791	17	68	99
音像制作	49	277	5	8	
文化艺术业	347	2479	21	81	62
文艺创作与表演	134	1034	7	24	13
艺术表演场馆	22	248	6	14	12
图书馆与档案馆	24	145		2	
文物及文化保护	4	150	3	4	17
博物馆	16	168		2	3
烈士陵园、纪念馆	1	11			
群众文化活动	32	243		7	4
文化艺术经纪代理	59	283	5	25	11
其他文化艺术	55	197		3	2
体育	96	1299	28	25	9
体育组织	34	308	19	16	4
体育场馆	38	766	2	4	2
其他体育	24	225	7	5	3
娱乐业	684	13131	52	115	171
室内娱乐活动	388	6740	26	25	46
游乐园	26	1038	3	15	5
休闲健身娱乐活动	222	4806	22	72	105
其他娱乐活动	48	547	1	3	15

2-32 按登记注册类型、专业技术职称分组的企业法人单位从业人员数

登记注册类型	企业法人单位数（个）	从业人员数（人）	#具有高级技术职称人员	#具有中级技术职称人员	#具有初级技术职称人员
总　计	**243783**	**8422445**	**133703**	**425806**	**486994**
内资企业	**234377**	**7450648**	**121438**	**384843**	**433426**
国有企业	9353	1184960	31342	94679	112587
集体企业	16913	613055	3922	19388	27858
股份合作企业	3869	104074	1471	6626	10843
联营企业	379	18378	129	660	827
国有联营企业	58	2102	14	73	113
集体联营企业	179	5605	26	220	329
国有与集体联营企业	51	8168	73	292	337
其他联营企业	91	2503	16	75	48
有限责任公司	36570	1578346	35770	107190	105080
国有独资公司	417	210388	9737	31649	13493
其他有限责任公司	36153	1367958	26033	75541	91587
股份有限公司	3969	487859	8789	39634	42614
私营企业	160014	3401992	38678	113429	131142
私营独资企业	63168	1150321	7159	20225	27400
私营合伙企业	4553	80149	1123	2846	2838
私营有限责任公司	86572	2021032	27969	83256	92611
私营股份有限公司	5721	150490	2427	7102	8293
其他企业	3310	61984	1337	3237	2475
港、澳、台商投资企业	**1988**	**204223**	**3456**	**12271**	**14963**
合资经营企业(港、澳、台资)	996	113131	1788	7275	8145
合作经营企业(港、澳、台资)	100	14336	107	409	1019
港、澳、台商独资经营企业	782	65756	1117	3241	4486
港、澳、台商投资股份有限公司	110	11000	444	1346	1313
外商投资企业	**7418**	**767574**	**8809**	**28692**	**38605**
中外合资经营企业	3215	311736	4186	13053	15605
中外合作经营企业	350	34535	286	776	991
外资企业	3674	385908	3626	12230	18772
外商投资股份有限公司	179	35395	711	2633	3237

2-33 按地区、技术等级分组的企业法人单位从业人员数

地区	法人单位数（个）	从业人员数（人）	#高级技师	#技师	#高级工	#中级工
全省	**243783**	**8422445**	**41534**	**114140**	**332903**	**361387**
沈阳市	**66404**	**1804040**	**8950**	**26852**	**57420**	**72315**
和平区	11313	252396	1656	5186	11657	11395
沈河区	10227	198513	684	2255	5206	5938
大东区	4920	128180	233	702	1598	2266
皇姑区	5554	133613	577	1346	5596	5019
铁西区	6591	104934	520	1458	4124	4090
苏家屯区	2466	69076	374	954	1453	2541
东陵区	7326	204073	1547	4346	3540	5404
沈北新区	2782	118680	377	1189	4026	2619
于洪区	10220	389491	2248	7353	17572	27790
辽中县	1140	38597	141	464	520	1334
康平县	1280	67077	148	771	514	1066
法库县	1127	37989	155	296	389	765
新民市	1458	61421	290	532	1225	2088
大连市	**68736**	**2285409**	**12352**	**22295**	**50478**	**66675**
中山区	9529	225488	724	1734	4277	3849
西岗区	7669	161045	1026	2377	6278	7962
沙河口区	9628	195972	996	2327	5234	5998
甘井子区	13119	396691	5011	5112	13849	13531
旅顺口区	3134	97324	501	1063	2320	3244
金州区	12797	546836	2230	4980	8563	14551
长海县	173	4810	39	38	70	175
瓦房店市	5690	246648	615	1380	4170	6159
普兰店市	3765	200294	398	848	1890	2344
庄河市	3232	210301	812	2436	3827	8862
鞍山市	**22221**	**671450**	**2663**	**7100**	**24664**	**47427**
铁东区	3400	100205	449	745	1996	4509
铁西区	2226	160959	525	3411	16099	31215
立山区	2844	66418	121	520	1961	1960
千山区	4032	84199	635	989	1983	3079
台安县	1577	53070	61	99	230	1229
岫岩满族自治县	1565	43735	54	169	386	668
海城市	6577	162864	818	1167	2009	4767
抚顺市	**12505**	**410067**	**6040**	**23556**	**21948**	**18125**
新抚区	1538	110635	5385	20665	13324	8467
东洲区	1962	50448	140	1171	3020	2454
望花区	3347	100781	134	482	1597	1923
顺城区	2159	69598	233	759	2288	3176
抚顺县	1059	24265	58	128	229	526
新宾满族自治县	1343	27156	44	101	249	936
清原满族自治县	1097	27184	46	250	1241	643
本溪市	**6963**	**319551**	**1030**	**4105**	**23529**	**16267**
平山区	2063	145190	418	2143	16671	9282
溪湖区	1306	49101	175	580	1348	1536
明山区	1689	51845	205	604	3730	2919
南芬区	265	12144	43	108	592	586
本溪满族自治县	901	34941	131	330	565	1250
桓仁满族自治县	739	26330	58	340	623	694
丹东市	**10405**	**370121**	**1348**	**4080**	**11428**	**17288**
元宝区	1463	28441	69	171	187	498
振兴区	2721	118638	538	1729	7370	9851
振安区	853	35161	179	537	652	1462
宽甸满族自治县	1547	45213	164	269	922	1608
东港市	1776	87634	165	732	1238	1960
凤城市	2045	55034	233	642	1059	1909

2-33　续表

地　区	法人单位数（个）	从业人员数（人）	#高级技师	#技师	#高级工	#中级工
锦州市	**8489**	**339639**	**1583**	**3938**	**13261**	**14956**
古塔区	1609	64362	431	711	4366	4554
凌河区	1694	78869	199	838	4175	2019
太和区	2114	82619	517	1449	2779	5449
黑山县	784	32070	49	141	398	511
义县	583	16027	63	188	342	527
凌海市	889	43108	200	427	534	949
北镇市	816	22584	124	184	667	947
营口市	**12862**	**398124**	**1425**	**3359**	**6120**	**11986**
站前区	2646	73983	409	652	1084	1847
西市区	1308	33511	202	588	909	1998
鲅鱼圈区	2928	101989	277	888	1991	4007
老边区	1560	45381	184	503	887	1229
盖州市	1863	57259	109	202	357	911
大石桥市	2557	86001	244	526	892	1994
阜新市	**5526**	**248905**	**932**	**2508**	**10845**	**9797**
海州区	1278	82261	145	968	7469	5175
新邱区	286	13486	7	14	56	151
太平区	696	25452	323	593	1012	1202
清河门区	214	8099	6	23	19	45
细河区	1373	44165	272	528	1619	2108
阜新蒙古族自治县	1080	61359	169	302	420	734
彰武县	599	14083	10	80	250	382
辽阳市	**6332**	**290956**	**1248**	**3325**	**15700**	**18630**
白塔区	1242	77052	340	1020	5241	6329
文圣区	974	34289	193	590	4547	3918
宏伟区	498	52030	112	440	3551	4761
弓长岭区	238	15081	30	109	147	93
太子河区	678	29420	228	501	796	1318
辽阳县	1742	53060	258	381	839	1239
灯塔市	960	30024	87	284	579	972
盘锦市	**6562**	**400863**	**1175**	**3612**	**48329**	**25082**
双台子区	906	36686	111	421	1932	1635
兴隆台区	3611	264908	750	2772	45368	20924
大洼县	1103	74165	240	333	898	2070
盘山县	942	25104	74	86	131	453
铁岭市	**5602**	**294913**	**774**	**2597**	**7426**	**15125**
银州区	1349	61869	227	678	2774	3466
清河区	353	14918	42	212	1187	743
铁岭县	871	37435	174	418	960	1311
西丰县	469	13392	20	39	115	177
昌图县	910	33563	76	223	462	988
调兵山市	416	78902	33	390	1118	6920
开原市	1234	54834	202	637	810	1520
朝阳市	**5566**	**291075**	**1017**	**2752**	**8244**	**10775**
双塔区	1568	83454	440	1089	2212	3723
龙城区	727	30903	174	430	1009	1235
朝阳县	409	19705	68	130	72	287
建平县	789	27874	59	132	247	568
喀喇沁左翼蒙古族自治县	426	26891	47	129	335	900
北票市	780	48563	98	366	928	1169
凌源市	867	53685	131	476	3441	2893
葫芦岛市	**5609**	**267745**	**678**	**2416**	**18608**	**15864**
连山区	1515	89003	196	594	6485	7476
龙港区	1259	84318	209	776	8318	3517
南票区	194	11626	43	78	184	714
绥中县	974	28018	55	521	733	656
建昌县	440	20343	79	138	906	1012
兴城市	1227	34437	96	309	1982	2489

2-34 按行业(中类)、技术等级分组的企业法人单位从业人员数

行业中类	法人单位数(个)	从业人员数(人)	#高级技师	#技师	#高级工	#中级工
总　　计	**243783**	**8422445**	**41534**	**114140**	**332903**	**361387**
农、林、牧、渔业	**38**	**12073**	**15**	**113**	**494**	**572**
农业	12	7849		91	186	128
谷物及其他作物的种植	8	7529		91	186	128
蔬菜、园艺作物的种植	1	233				
水果、坚果、饮料和香料作物的种植	2	38				
中药材的种植	1	49				
林业	12	2026		16	297	376
林木的培育和种植	12	2026		16	297	376
畜牧业	5	221	15		2	
牲畜的饲养	1	48				
家禽的饲养	4	173	15		2	
渔业	7	1869			9	68
海洋渔业	5	957			9	68
内陆渔业	2	912				
农、林、牧、渔服务业	2	108		6		
畜牧服务业	1	68		6		
渔业服务业	1	40				
采矿业	**5522**	**548214**	**6248**	**24878**	**61184**	**35661**
煤炭开采和洗选业	734	192304	5425	21638	11610	12906
烟煤和无烟煤的开采洗选	708	190881	5420	21632	11608	12895
褐煤的开采洗选	17	759	2			
其他煤炭采选	9	664	3	6	2	11
石油和天然气开采业	103	126731	380	1790	40014	15800
天然原油和天然气开采	4	30181	106	424	14309	4425
与石油和天然气开采有关的服务活动	99	96550	274	1366	25705	11375
黑色金属矿采选业	1569	107306	209	773	7581	4359
铁矿采选	1495	99534	207	772	7576	4269
其他黑色金属矿采选	74	7772	2	1	5	90
有色金属矿采选业	767	51492	140	400	1299	1243
常用有色金属矿采选	515	30433	50	293	1078	788
贵金属矿采选	158	10625	43	66	133	220
稀有稀土金属矿采选	94	10434	47	41	88	235
非金属矿采选业	2341	69740	91	258	657	965
土砂石开采	1770	44188	61	122	199	506
化学矿采选	120	9470	6	52	127	132
采盐	35	4215		28	248	116
石棉及其他非金属矿采选	416	11867	24	56	83	211
其他采矿业	8	641	3	19	23	388
其他采矿业	8	641	3	19	23	388
制造业	**82596**	**3998125**	**18911**	**50744**	**152423**	**205341**
农副食品加工业	4896	252192	1023	3538	4357	5295
谷物磨制	674	23607	28	97	103	321
饲料加工	1030	40652	478	2224	677	834
植物油加工	230	11407	163	302	374	937
制糖	13	1339	10	21	50	85
屠宰及肉类加工	854	62937	121	359	407	1001

2-34　续表 1

行业中类	法人单位数(个)	从业人员数(人)	#高级技师	#技师	#高级工	#中级工
水产品加工	1103	71176	85	259	2354	1380
蔬菜、水果和坚果加工	621	25502	73	154	189	335
其他农副食品加工	371	15572	65	122	203	402
食品制造业	1881	72519	223	491	741	1390
焙烤食品制造	560	13156	33	82	73	203
糖果、巧克力及蜜饯制造	71	2502	7	19	55	59
方便食品制造	221	11029	15	67	38	150
液体乳及乳制品制造	78	8821	29	14	34	70
罐头制造	183	10284	29	68	66	59
调味品、发酵制品制造	288	11608	46	120	45	116
其他食品制造	480	15119	64	121	430	733
饮料制造业	1260	50196	136	425	654	1470
酒精制造	18	1240	1	12	47	45
酒的制造	629	30051	104	325	550	1244
软饮料制造	605	18754	31	87	55	179
精制茶加工	8	151		1	2	2
烟草制品业	6	2592	3	97	399	671
烟叶复烤	2	297		4	17	12
卷烟制造	4	2295	3	93	382	659
纺织业	2214	121378	285	816	742	2437
棉、化纤纺织及印染精加工	575	48239	110	459	326	1052
毛纺织和染整精加工	49	3200	36	30	92	141
麻纺织	14	1694	1	7	12	72
丝绢纺织及精加工	276	12472	11	99	100	305
纺织制成品制造	613	21526	30	59	45	137
针织品、编织品及其制品制造	687	34247	97	162	167	730
纺织服装、鞋、帽制造业	3523	247612	481	1093	2664	5467
纺织服装制造	3383	236620	445	1055	2627	5340
纺织面料鞋的制造	117	10171	32	36	15	66
制帽	23	821	4	2	22	61
皮革、毛皮、羽毛(绒)及其制品业	585	31469	54	66	98	253
皮革鞣制加工	20	413		2		
皮革制品制造	465	28392	44	26	64	214
毛皮鞣制及制品加工	71	1804	9	36	34	39
羽毛(绒)加工及制品制造	29	860	1	2		
木材加工及木、竹、藤、棕、草制品业	2283	73721	131	409	712	1406
锯材、木片加工	728	16497	18	79	151	331
人造板制造	439	21182	59	128	229	395
木制品制造	1048	34767	47	192	324	670
竹、藤、棕、草制品制造	68	1275	7	10	8	10
家具制造业	1080	49051	173	648	1120	3924
木质家具制造	894	44183	155	587	1025	3780
竹、藤家具制造	5	70				
金属家具制造	70	1816	8	8	31	45
塑料家具制造	8	98		4		2
其他家具制造	103	2884	10	49	64	97
造纸及纸制品业	1602	57335	121	270	343	788
纸浆制造	13	363	1	3	4	10
造纸	378	22625	64	115	119	316
纸制品制造	1211	34347	56	152	220	462

2-34 续表 2

行业中类	法人单位数(个)	从业人员数(人)				
			#高级技师	#技师	#高级工	#中级工
印刷业和记录媒介的复制	2101	41117	388	761	1774	1736
印刷	1955	37020	386	750	1758	1690
装订及其他印刷服务活动	129	2508	2	9	16	33
记录媒介的复制	17	1589		2		13
文教体育用品制造业	298	11850	39	92	90	162
文化用品制造	123	2842	9	17	7	24
体育用品制造	102	4069	3	19	46	42
乐器制造	40	3717	22	44	4	31
玩具制造	18	652		4	3	3
游艺器材及娱乐用品制造	15	570	5	8	30	62
石油加工、炼焦及核燃料加工业	927	72665	162	838	12133	10547
精炼石油产品的制造	890	69037	159	809	11847	10303
炼焦	37	3628	3	29	286	244
化学原料及化学制品制造业	5088	213378	1118	3276	12442	10943
基础化学原料制造	980	55535	213	440	2952	4146
肥料制造	539	31197	92	332	2207	1554
农药制造	116	7588	58	60	113	64
涂料、油墨、颜料及类似产品制造	964	24651	224	807	813	606
合成材料制造	273	23147	41	145	1173	768
专用化学产品制造	1782	62673	466	1460	5162	3739
日用化学产品制造	434	8587	24	32	22	66
医药制造业	735	59240	307	666	3970	6371
化学药品原药制造	92	22309	57	294	3310	5332
化学药品制剂制造	116	11999	96	116	147	126
中药饮片加工	142	5408	47	77	54	151
中成药制造	128	9079	60	114	379	618
兽用药品制造	61	2833	8	22	22	53
生物、生化制品的制造	131	6677	28	27	21	44
卫生材料及医药用品制造	65	935	11	16	37	47
化学纤维制造业	112	32420	62	454	6411	6835
纤维素纤维原料及纤维制造	31	6077	19	268	819	3334
合成纤维制造	81	26343	43	186	5592	3501
橡胶制品业	1179	51813	122	325	897	1289
轮胎制造	80	15223	11	27	137	160
橡胶板、管、带的制造	292	12228	33	147	476	378
橡胶零件制造	470	11797	49	88	148	403
再生橡胶制造	28	1263	18	29	55	108
日用及医用橡胶制品制造	31	2024		4	11	61
橡胶靴鞋制造	58	5235	1	12	6	37
其他橡胶制品制造	220	4043	10	18	64	142
塑料制品业	3822	132886	297	1049	1389	3018
塑料薄膜制造	367	9619	16	60	73	141
塑料板、管、型材的制造	717	23273	95	457	523	1006
塑料丝、绳及编织品的制造	750	47468	61	228	270	650
泡沫塑料制造	271	7143	10	28	130	207
塑料人造革、合成革制造	25	814	11	13	44	180
塑料包装箱及容器制造	438	12749	39	96	145	339
塑料零件制造	223	10330	14	53	56	109
日用塑料制造	589	10606	24	52	90	193
其他塑料制品制造	442	10884	27	62	58	193

2-34　续表 3

行业中类	法人单位数（个）	从业人员数（人）	#高级技师	#技师	#高级工	#中级工
非金属矿物制品业	7969	351269	1062	2736	6012	9906
水泥、石灰和石膏的制造	523	49960	177	452	1979	2253
水泥及石膏制品制造	1049	35747	114	293	350	531
砖瓦、石材及其他建筑材料制造	3181	116563	232	563	870	1880
玻璃及玻璃制品制造	670	27670	130	305	489	861
陶瓷制品制造	139	5932	13	79	361	723
耐火材料制品制造	1699	91025	326	724	1515	2018
石墨及其他非金属矿物制品制造	708	24372	70	320	448	1640
黑色金属冶炼及压延加工业	1300	302076	1311	5143	23085	38661
炼铁	155	19302	183	268	311	919
炼钢	71	11585	49	136	540	431
钢压延加工	879	252661	1002	4588	21316	36353
铁合金冶炼	195	18528	77	151	918	958
有色金属冶炼及压延加工业	926	84348	290	710	6648	2470
常用有色金属冶炼	229	38769	72	304	6049	1408
贵金属冶炼	47	4998	13	22	60	40
稀有稀土金属冶炼	86	4481	16	46	66	144
有色金属合金制造	124	4848	40	55	134	186
有色金属压延加工	440	31252	149	283	339	692
金属制品业	5659	192108	856	2020	3829	8856
结构性金属制品制造	2484	86154	298	646	1332	4968
金属工具制造	471	13585	91	199	402	472
集装箱及金属包装容器制造	404	22817	136	380	351	1245
金属丝绳及其制品的制造	259	8140	75	145	214	242
建筑、安全用金属制品制造	549	15979	51	155	277	474
金属表面处理及热处理加工	874	27553	129	299	446	832
搪瓷制品制造	32	1017	12	29	29	29
不锈钢及类似日用金属制品制造	230	6575	36	38	42	60
其他金属制品制造	356	10288	28	129	736	534
通用设备制造业	14784	553758	3821	9326	19442	26339
锅炉及原动机制造	613	24520	177	333	1701	1506
金属加工机械制造	1324	73937	940	2291	3264	5680
起重运输设备制造	523	30828	203	685	1317	2525
泵、阀门、压缩机及类似机械的制造	2221	77827	585	1311	2440	3991
轴承、齿轮、传动和驱动部件的制造	1147	71993	329	871	2790	3880
烘炉、熔炉及电炉制造	100	2457	32	19	30	114
风机、衡器、包装设备等通用设备制造	1213	58860	486	1437	3665	1620
通用零部件制造及机械修理	4989	108537	522	1180	2340	3328
金属铸、锻加工	2654	104799	547	1199	1895	3695
专用设备制造业	5321	215395	2715	6225	14063	17182
矿山、冶金、建筑专用设备制造	1745	89468	929	2939	9363	11049
化工、木材、非金属加工专用设备制造	1197	40892	1088	1474	2074	2869
食品、饮料、烟草及饲料生产专用设备制造	177	6350	51	102	85	132
印刷、制药、日化生产专用设备制造	263	9749	61	221	223	558
纺织、服装和皮革工业专用设备制造	131	4403	55	151	209	334
电子和电工机械专用设备制造	251	15338	88	273	554	403

2-34 续表 4

行业中类	法人单位数(个)	从业人员数(人)	#高级技师	#技师	#高级工	#中级工
农、林、牧、渔专用机械制造	302	8647	20	114	104	228
医疗仪器设备及器械制造	246	10436	57	134	247	94
环保、社会公共安全及其他专用设备制造	1009	30112	366	817	1204	1515
交通运输设备制造业	4118	321550	1735	5231	17505	23599
铁路运输设备制造	435	39754	181	663	4065	2422
汽车制造	2696	149200	825	2093	6132	11566
摩托车制造	13	532	5	5	6	6
自行车制造	43	826	1	15	6	21
船舶及浮动装置制造	851	96250	570	1929	4971	6927
航空航天器制造	31	33587	153	508	2275	2616
交通器材及其他交通运输设备制造	49	1401		18	50	41
电气机械及器材制造业	4569	197946	896	1988	6196	6791
电机制造	422	37035	51	251	2185	1534
输配电及控制设备制造	2284	85899	497	902	2234	3128
电线、电缆、光缆及电工器材制造	840	39070	165	509	1352	1484
电池制造	92	5093	36	42	25	25
家用电力器具制造	256	11696	88	142	105	187
非电力家用器具制造	95	2104	16	20	77	45
照明器具制造	351	11403	23	80	140	244
其他电气机械及器材制造	229	5646	20	42	78	144
通信设备、计算机及其他电子设备制造业	1055	103976	582	856	1473	3972
通信设备制造	134	5854	27	41	212	166
雷达及配套设备制造	7	2904	6	68	120	1320
广播电视设备制造	54	1568	12	22	32	29
电子计算机制造	94	19279	32	50	33	91
电子器件制造	186	17626	144	163	205	471
电子元件制造	363	31778	277	227	395	1592
家用视听设备制造	34	15019	47	189	365	202
其他电子设备制造	183	9948	37	96	111	101
仪器仪表及文化、办公用机械制造业	1644	46106	433	852	1131	1657
通用仪器仪表制造	1138	25174	332	513	758	1040
专用仪器仪表制造	282	7155	51	99	212	299
钟表与计时仪器制造	38	3781	4	143	103	197
光学仪器及眼镜制造	44	2672	18	25	13	36
文化、办公用机械制造	46	6109	22	57	29	55
其他仪器仪表的制造及修理	96	1215	6	15	16	30
工艺品及其他制造业	1444	46613	76	284	1850	1682
工艺美术品制造	1102	29066	47	132	157	620
日用杂品制造	106	5889	11	15	12	46
煤制品制造	176	4584	4	6	10	17
核辐射加工	4	42				
其他未列明的制造业	56	7032	14	131	1671	999
废弃资源和废旧材料回收加工业	215	9546	9	59	253	224
金属废料和碎屑的加工处理	89	4187	4	23	242	191
非金属废料和碎屑的加工处理	126	5359	5	36	11	33
电力、燃气及水的生产和供应业	**1441**	**208573**	**1308**	**5286**	**30307**	**15200**
电力、热力的生产和供应业	943	152582	1150	4071	27061	11428
电力生产	238	44091	215	982	6201	5484
电力供应	92	62829	574	2080	17664	2783
热力生产和供应	613	45662	361	1009	3196	3161

2-34　续表 5

行业中类	法人单位数(个)	从业人员数(人)	#高级技师	#技师	#高级工	#中级工
燃气生产和供应业	114	16539	43	292	1215	2036
燃气生产和供应业	114	16539	43	292	1215	2036
水的生产和供应业	384	39452	115	923	2031	1736
自来水的生产和供应	279	36819	80	847	1953	1650
污水处理及其再生利用	97	2334	24	52	71	75
其他水的处理、利用与分配	8	299	11	24	7	11
建筑业	**14957**	**1282676**	**6154**	**17682**	**57029**	**65752**
房屋和土木工程建筑业	5013	976711	4616	14437	44510	53185
房屋工程建筑	2549	627094	3268	9640	20239	32088
土木工程建筑	2464	349617	1348	4797	24271	21097
建筑安装业	4004	204682	1082	2188	11042	9735
建筑安装业	4004	204682	1082	2188	11042	9735
建筑装饰业	4586	71954	347	844	920	1937
建筑装饰业	4586	71954	347	844	920	1937
其他建筑业	1354	29329	109	213	557	895
工程准备	873	18417	64	141	289	500
提供施工设备服务	112	2322	3	8	129	13
其他未列明的建筑活动	369	8590	42	64	139	382
交通运输、仓储和邮政业	**8685**	**330635**	**756**	**1810**	**11115**	**15531**
铁路运输业	19	3663	8	46	366	372
铁路货物运输	8	2804	8	46	366	371
铁路运输辅助活动	11	859				1
道路运输业	3556	114808	165	551	2410	3894
公路旅客运输	271	18906	50	106	248	402
道路货物运输	3053	75457	89	334	1277	1549
道路运输辅助活动	232	20445	26	111	885	1943
城市公共交通业	567	56800	316	462	2554	3728
公共电汽车客运	89	46992	313	439	2475	3556
轨道交通	4	1200		6	37	148
出租车客运	471	8600	3	17	42	24
其他城市公共交通	3	8				
水上运输业	270	30234	61	231	1471	1788
水上旅客运输	40	2543	4	15	8	39
水上货物运输	136	6949	9	12	29	9
水上运输辅助活动	94	20742	48	204	1434	1740
航空运输业	28	9695	1	9	506	194
航空客货运输	11	5288	1		418	151
通用航空服务	6	188				
航空运输辅助活动	11	4219		9	88	43
管道运输业	6	1431	4	8	172	235
管道运输业	6	1431	4	8	172	235
装卸搬运和其他运输服务业	3168	69559	113	184	1012	2275
装卸搬运	259	32379	13	30	870	1664
运输代理服务	2909	37180	100	154	142	611
仓储业	858	19266	44	106	119	136
谷物、棉花等农产品仓储	301	6546	25	35	23	77
其他仓储	557	12720	19	71	96	59

2-34 续表 6

行业中类	法人单位数（个）	从业人员数（人）				
			#高级技师	#技师	#高级工	#中级工
邮政业	213	25179	44	213	2505	2909
国家邮政	18	22506	44	208	2502	2896
其他寄递服务	195	2673		5	3	13
信息传输、计算机服务和软件业	**6032**	**127563**	**2897**	**1245**	**2300**	**2990**
电信和其他信息传输服务业	775	55417	137	640	1546	2277
电信	363	48291	128	623	1450	2097
互联网信息服务	283	3086	9	4	6	17
广播电视传输服务	122	4007		13	90	163
卫星传输服务	7	33				
计算机服务业	2471	20710	47	94	55	84
计算机系统服务	476	7027	35	58	16	27
数据处理	45	1876	3	1	1	2
计算机维修	163	1182	3	3	3	2
其他计算机服务	1787	10625	6	32	35	53
软件业	2786	51436	2713	511	699	629
公共软件服务	2331	47664	2689	459	666	591
其他软件服务	455	3772	24	52	33	38
批发和零售业	**72700**	**775440**	**1927**	**5450**	**5781**	**6175**
批发业	48836	441224	970	1783	2386	3738
农畜产品批发	2384	34280	43	82	169	338
食品、饮料及烟草制品批发	4012	54594	70	123	317	539
纺织、服装及日用品批发	4098	30902	26	46	72	127
文化、体育用品及器材批发	1293	9797	14	22	124	105
医药及医疗器材批发	1190	20427	161	375	482	490
矿产品、建材及化工产品批发	18281	160305	258	498	656	1129
机械设备、五金交电及电子产品批发	14945	105363	359	554	505	869
贸易经纪与代理	794	8571	13	12	12	40
其他批发	1839	16985	26	71	49	101
零售业	23864	334216	957	3667	3395	2437
综合零售	2348	126926	187	587	204	429
食品、饮料及烟草制品专门零售	2016	19388	24	116	168	122
纺织、服装及日用品专门零售	3283	30352	30	77	32	69
文化、体育用品及器材专门零售	1429	16336	14	62	704	610
医药及医疗器材专门零售	2087	31750	352	1237	1606	132
汽车、摩托车、燃料及零配件专门零售	4223	48499	200	1199	460	655
家用电器及电子产品专门零售	3687	29638	102	293	129	204
五金、家具及室内装修材料专门零售	3445	21464	29	63	46	104
无店铺及其他零售	1346	9863	19	33	46	112
住宿和餐饮业	**5611**	**175594**	**592**	**1296**	**2045**	**2966**
住宿业	1918	78016	380	703	1598	2261
旅游饭店	645	58092	316	655	1234	1973
一般旅馆	1155	18172	60	44	352	253
其他住宿服务	118	1752	4	4	12	35
餐饮业	3693	97578	212	593	447	705
正餐服务	3192	74271	197	570	429	640
快餐服务	245	19714	4	7	5	17
饮料及冷饮服务	106	1256		2		4
其他餐饮服务	150	2337	11	14	13	44

2-34　续表 7

行业中类	法人单位数(个)	从业人员数(人)	#高级技师	#技师	#高级工	#中级工
金融业	**1316**	**217063**	**140**	**303**	**1255**	**1425**
银行业	252	135855	68	224	754	861
中央银行	5	1042		7	44	13
商业银行	212	128704	48	169	695	817
其他银行	35	6109	20	48	15	31
证券业	45	2055	1	1	4	
证券市场管理	2	169				
证券经纪与交易	34	1723	1	1	4	
证券投资	7	157				
证券分析与咨询	2	6				
保险业	524	71970	62	33	55	65
人寿保险	156	55052	59	18	46	52
非人寿保险	178	14068	3	15	9	10
保险辅助服务	190	2850				3
其他金融活动	495	7183	9	45	442	499
金融信托与管理	35	334				1
金融租赁	1	20				
财务公司	9	87			5	
邮政储蓄	12	2976	2	35	423	491
典当	210	1451	1	3	3	4
其他未列明的金融活动	228	2315	6	7	11	3
房地产业	**11026**	**204207**	**912**	**1909**	**2637**	**3861**
房地产业	11026	204207	912	1909	2637	3861
房地产开发经营	4838	77135	567	809	1266	1520
物业管理	3512	98076	300	1038	1216	2132
房地产中介服务	1779	15056	24	28	33	68
其他房地产活动	897	13940	21	34	122	141
租赁和商务服务业	**16886**	**272432**	**449**	**805**	**1905**	**1809**
租赁业	734	7727	8	50	80	64
机械设备租赁	695	7447	8	50	80	64
文化及日用品出租	39	280				
商务服务业	16152	264705	441	755	1825	1745
企业管理服务	1997	45733	92	280	984	878
法律服务	341	3335	9			
咨询与调查	5183	32635	141	63	94	121
广告业	3335	21504	63	56	68	82
知识产权服务	141	929	10	25	9	1
职业中介服务	1471	90722	37	118	540	428
市场管理	870	19468	52	112	61	94
旅行社	1176	9443	20	57	35	70
其他商务服务	1638	40936	17	44	34	71
科学研究、技术服务和地质勘查业	**7246**	**114042**	**580**	**1122**	**2290**	**2003**
研究与试验发展	1117	17278	152	180	472	392
自然科学研究与试验发展	116	2220		7	8	3
工程和技术研究与试验发展	639	11895	127	149	442	342
农业科学研究与试验发展	175	1892	8	11	19	39
医学研究与试验发展	174	1136	17	13	3	8
社会人文科学研究与试验发展	13	135				

2-34 续表 8

行业中类	法人单位数(个)	从业人员数(人)	#高级技师	#技师	#高级工	#中级工
专业技术服务业	3749	67210	333	741	1240	1058
气象服务	22	230			1	3
地震服务	5	25				
海洋服务	9	132	16	11	12	32
测绘服务	185	2745	12	4	17	14
技术检测	483	7902	44	137	177	192
环境监测	69	510	6	8	3	2
工程技术与规划管理	2064	45468	175	489	898	606
其他专业技术服务	912	10198	80	92	132	209
科技交流和推广服务业	2272	25628	92	131	144	229
技术推广服务	1624	15346	55	78	95	160
科技中介服务	481	8532	36	35	24	41
其他科技服务	167	1750	1	18	25	28
地质勘查业	108	3926	3	70	434	324
矿产地质勘查	39	2091	3	43	294	219
基础地质勘查	23	739		12	100	60
地质勘查技术服务	46	1096		15	40	45
水利、环境和公共设施管理业	**896**	**19469**	**110**	**187**	**644**	**673**
水利管理业	82	2429	2	21	305	84
防洪管理	5	39				
水资源管理	42	1933	1	19	284	75
其他水利管理	35	457	1	2	21	9
环境管理业	172	4443	21	49	58	165
自然保护	13	830	14	15	17	47
环境治理	159	3613	7	34	41	118
公共设施管理业	642	12597	87	117	281	424
市政公共设施管理	85	2300	18	19	51	125
城市绿化管理	359	5536	69	95	200	219
游览景区管理	198	4761		3	30	80
居民服务和其他服务业	**5092**	**65432**	**329**	**737**	**469**	**691**
居民服务业	2899	39369	241	506	165	273
家庭服务	190	2616		2	1	
托儿所	6	73				
洗染服务	103	1072	2	19		24
理发及美容保健服务	718	8245	57	221	43	104
洗浴服务	981	18376	136	157	59	62
婚姻服务	222	1029	1	2		5
殡葬服务	153	2835	13	24	34	62
摄影扩印服务	276	2614	25	59	6	7
其他居民服务	250	2509	7	22	22	9
其他服务业	2193	26063	88	231	304	418
修理与维护	1486	13744	65	209	226	369
清洁服务	388	5391	14	13	8	11
其他未列明的服务	319	6928	9	9	70	38
教育	**1011**	**14357**	**60**	**264**	**296**	**218**
教育	1011	14357	60	264	296	218
学前教育	178	2075		1		1

2-34　续表 9

行业中类	法人单位数（个）	从业人员数（人）	#高级技师	#技师	#高级工	#中级工
初等教育	7	74				
中等教育	40	1289	7	19	44	41
高等教育	13	312		4	9	11
其他教育	773	10607	53	240	243	165
卫生、社会保障和社会福利业	**1235**	**28080**	**120**	**219**	**159**	**182**
卫生	1149	27277	115	217	154	182
医院	282	20390	69	140	80	94
卫生院及社区医疗活动	109	1497	14	38	1	11
门诊部医疗活动	686	4380	14	28	8	15
计划生育技术服务活动	3	24				
妇幼保健活动	3	9				
专科疾病防治活动	17	239		1		
疾病预防控制及防疫活动	15	213			3	
其他卫生活动	34	525	18	10	62	62
社会保障业	37	313			2	
社会保障业	37	313			2	
社会福利业	49	490	5	2	3	
提供住宿的社会福利	39	406	4	2	3	
不提供住宿的社会福利	10	84	1			
文化、体育和娱乐业	**1493**	**28470**	**26**	**90**	**570**	**337**
新闻出版业	141	7974	4	42	457	123
新闻业	2	3				
出版业	139	7971	4	42	457	123
广播、电视、电影和音像业	225	3587	3	20	84	98
广播	3	54				
电视	57	1465		3	2	11
电影	116	1791	3	15	79	86
音像制作	49	277		2	3	1
文化艺术业	347	2479	2	7	20	19
文艺创作与表演	134	1034	2	2	2	4
艺术表演场馆	22	248			16	13
图书馆与档案馆	24	145				
文物及文化保护	4	150		2	2	2
博物馆	16	168				
烈士陵园、纪念馆	1	11				
群众文化活动	32	243				
文化艺术经纪代理	59	283		3		
其他文化艺术	55	197				
体育	96	1299	2	5		2
体育组织	34	308	1	3		
体育场馆	38	766	1	2		
其他体育	24	225				2
娱乐业	684	13131	15	16	9	95
室内娱乐活动	388	6740		3	2	19
游乐园	26	1038	1	2	3	11
休闲健身娱乐活动	222	4806	13	11	4	65
其他娱乐活动	48	547	1			

2-35 按登记注册类型、技术等级分组的企业法人单位从业人员数

登记注册类型	法人单位数(个)	从业人员数(人)				
			#高级技师	技师	高级工	中级工
总　计	**243783**	**8422445**	**41534**	**114140**	**332903**	**361387**
内资企业	**234377**	**7450648**	**34847**	**103695**	**316835**	**332042**
国有企业	9353	1184960	4473	19550	148192	112995
集体企业	16913	613055	1311	3764	8676	16325
股份合作企业	3869	104074	418	981	1889	3071
联营企业	379	18378	89	289	461	1271
国有联营企业	58	2102	19	11	14	28
集体联营企业	179	5605	21	134	174	476
国有与集体联营企业	51	8168	44	126	265	746
其他联营企业	91	2503	5	18	8	21
有限责任公司	36570	1578346	12530	43464	95544	95713
国有独资公司	417	210388	6045	23941	28352	22170
其他有限责任公司	36153	1367958	6485	19523	67192	73543
股份有限公司	3969	487859	2166	6148	21215	23157
私营企业	160014	3401992	13326	28529	40161	78442
私营独资企业	63168	1150321	3129	6597	8591	18785
私营合伙企业	4553	80149	328	710	915	1503
私营有限责任公司	86572	2021032	8989	19553	27900	53263
私营股份有限公司	5721	150490	880	1669	2755	4891
其他企业	3310	61984	534	970	697	1068
港、澳、台商投资企业	**1988**	**204223**	**1174**	**2723**	**4141**	**7471**
合资经营企业(港、澳、台资)	996	113131	617	1269	1889	3446
合作经营企业(港、澳、台资)	100	14336	48	254	333	347
港、澳、台商独资经营企业	782	65756	481	1149	1509	2708
港、澳、台商投资股份有限公司	110	11000	28	51	410	970
外商投资企业	**7418**	**767574**	**5513**	**7722**	**11927**	**21874**
中外合资经营企业	3215	311736	1819	4883	7055	11972
中外合作经营企业	350	34535	62	167	349	661
外资企业	3674	385908	3531	2507	3646	8339
外商投资股份有限公司	179	35395	101	165	877	902

2-36　按行业(中类)、控股情况分组的企业法人单位数

行业中类	企业法人单位数(个)	国有控股	集体控股	私人控股	港澳台商控股	外商控股	其他
总　计	**243783**	**12784**	**22709**	**192280**	**1710**	**5875**	**8425**
农、林、牧、渔业	**38**	**26**	**1**	**11**			
农业	12	10		2			
谷物及其他作物的种植	8	7		1			
蔬菜、园艺作物的种植	1	1					
水果、坚果、饮料和香料作物的种植	2	1		1			
中药材的种植	1	1					
林业	12	12					
林木的培育和种植	12	12					
畜牧业	5	1		4			
牲畜的饲养	1			1			
家禽的饲养	4	1		3			
渔业	7	2	1	4			
海洋渔业	5	1	1	3			
内陆渔业	2	1		1			
农、林、牧、渔服务业	2	1		1			
畜牧服务业	1	1					
渔业服务业	1			1			
采矿业	**5522**	**76**	**647**	**4648**	**26**	**45**	**80**
煤炭开采和洗选业	734	27	151	548			8
烟煤和无烟煤的开采洗选	708	26	144	530			8
褐煤的开采洗选	17	1	5	11			
其他煤炭采选	9		2	7			
石油和天然气开采业	103	7	17	72	1		6
天然原油和天然气开采	4	2		1	1		
与石油和天然气开采有关的服务活动	99	5	17	71			6
黑色金属矿采选业	1569	7	87	1452	6	2	15
铁矿采选	1495	7	85	1380	6	2	15
其他黑色金属矿采选	74		2	72			
有色金属矿采选业	767	9	104	609	10	17	18
常用有色金属矿采选	515	2	53	427	9	15	9
贵金属矿采选	158	4	32	117		1	4
稀有稀土金属矿采选	94	3	19	65	1	1	5
非金属矿采选业	2341	25	286	1962	9	26	33
土砂石开采	1770	19	193	1517	5	18	18
化学矿采选	120	2	14	101		2	1
采盐	35	3	19	12			1
石棉及其他非金属矿采选	416	1	60	332	4	6	13
其他采矿业	8	1	2	5			
其他采矿业	8	1	2	5			
制造业	**82596**	**2715**	**9848**	**63659**	**827**	**3537**	**2010**
农副食品加工业	4896	135	232	4029	72	286	142
谷物磨制	674	36	12	580	7	18	21
饲料加工	1030	14	29	917	8	33	29
植物油加工	230	6	16	194		7	7
制糖	13	1	2	9		1	
屠宰及肉类加工	854	61	56	686	16	18	17

2-36 续表 1

行业分组	法人单位数(个)	国有控股	集体控股	私人控股	港澳台商控股	外商控股	其他
水产品加工	1103	9	75	851	24	105	39
蔬菜、水果和坚果加工	621	4	21	499	7	66	24
其他农副食品加工	371	4	21	293	10	38	5
食品制造业	1881	90	112	1466	38	114	61
焙烤食品制造	560	24	24	457	10	32	13
糖果、巧克力及蜜饯制造	71	2	2	63	2	2	
方便食品制造	221	12	12	169	4	15	9
液体乳及乳制品制造	78	4	4	62	2	3	3
罐头制造	183	4	10	135	7	21	6
调味品、发酵制品制造	288	18	22	220	6	14	8
其他食品制造	480	26	38	360	7	27	22
饮料制造业	1260	34	99	1026	17	48	36
酒精制造	18	1	1	15		1	
酒的制造	629	17	45	526	8	16	17
软饮料制造	605	16	52	478	9	31	19
精制茶加工	8		1	7			
烟草制品业	6	3	3				
烟叶复烤	2	1	1				
卷烟制造	4	2	2				
纺织业	2214	85	207	1702	22	115	83
棉、化纤纺织及印染精加工	575	35	63	420	5	12	40
毛纺织和染整精加工	49	12	6	25		4	2
麻纺织	14			10	2	1	1
丝绢纺织及精加工	276	9	17	241		3	6
纺织制成品制造	613	14	76	469	4	31	19
针织品、编织品及其制品制造	687	15	45	537	11	64	15
纺织服装、鞋、帽制造业	3523	47	274	2632	39	378	153
纺织服装制造	3383	44	259	2523	39	368	150
纺织面料鞋的制造	117	3	9	94		8	3
制帽	23		6	15		2	
皮革、毛皮、羽毛(绒)及其制品业	585	18	56	431	8	53	19
皮革鞣制加工	20	3	3	8	1	4	1
皮革制品制造	465	13	44	344	4	45	15
毛皮鞣制及制品加工	71	2	9	51	2	4	3
羽毛(绒)加工及制品制造	29			28	1		
木材加工及木、竹、藤、棕、草制品业	2283	35	182	1835	44	149	38
锯材、木片加工	728	15	69	611	2	27	4
人造板制造	439	7	28	361	5	25	13
木制品制造	1048	11	78	810	35	93	21
竹、藤、棕、草制品制造	68	2	7	53	2	4	
家具制造业	1080	10	66	841	25	119	19
木质家具制造	894	6	51	687	19	114	17
竹、藤家具制造	5			4	1		
金属家具制造	70	2	9	56	2	1	
塑料家具制造	8	1	1	6			
其他家具制造	103	1	5	88	3	4	2
造纸及纸制品业	1602	33	207	1271	19	41	31
纸浆制造	13		2	9		1	1
造纸	378	17	46	287	8	15	5
纸制品制造	1211	16	159	975	11	25	25

2-36 续表 2

行业分组	法人单位数(个)	国有控股	集体控股	私人控股	港澳台商控股	外商控股	其他
印刷业和记录媒介的复制	2101	148	473	1414	4	21	41
印刷	1955	142	439	1315	4	19	36
装订及其他印刷服务活动	129	5	34	83		2	5
记录媒介的复制	17	1		16			
文教体育用品制造业	298	6	28	201	11	45	7
文化用品制造	123	4	16	89	1	10	3
体育用品制造	102		5	61	8	26	2
乐器制造	40	1	4	26	1	7	1
玩具制造	18	1	1	13		2	1
游艺器材及娱乐用品制造	15		2	12	1		
石油加工、炼焦及核燃料加工业	927	39	105	734	7	25	17
精炼石油产品的制造	890	37	98	707	7	25	16
炼焦	37	2	7	27			1
化学原料及化学制品制造业	5088	186	624	3891	55	197	135
基础化学原料制造	980	51	141	727	8	35	18
肥料制造	539	19	22	463	6	18	11
农药制造	116	11	15	79	1	5	5
涂料、油墨、颜料及类似产品制造	964	19	110	764	7	30	34
合成材料制造	273	12	40	198	3	10	10
专用化学产品制造	1782	66	248	1349	18	64	37
日用化学产品制造	434	8	48	311	12	35	20
医药制造业	735	53	54	535	17	41	35
化学药品原药制造	92	9	9	62	2	7	3
化学药品制剂制造	116	13	9	79	4	7	4
中药饮片加工	142	4	7	112	2	6	11
中成药制造	128	10	10	95	3	6	4
兽用药品制造	61	5	7	46			3
生物、生化制品的制造	131	8	3	93	6	13	8
卫生材料及医药用品制造	65	4	9	48		2	2
化学纤维制造业	112	8	10	83	3	6	2
纤维素纤维原料及纤维制造	31	3	4	20	1	2	1
合成纤维制造	81	5	6	63	2	4	1
橡胶制品业	1179	34	195	877	12	36	25
轮胎制造	80	4	9	59	1	4	3
橡胶板、管、带的制造	292	6	49	217	5	6	9
橡胶零件制造	470	9	103	342	2	9	5
再生橡胶制造	28	1	3	21	1	1	1
日用及医用橡胶制品制造	31	1	2	24		3	1
橡胶靴鞋制造	58	6	7	36		8	1
其他橡胶制品制造	220	7	22	178	3	5	5
塑料制品业	3822	63	363	3119	43	139	95
塑料薄膜制造	367	8	35	302	4	9	9
塑料板、管、型材的制造	717	10	71	572	12	34	18
塑料丝、绳及编织品的制造	750	9	65	649	6	8	13
泡沫塑料制造	271	3	28	228		7	5
塑料人造革、合成革制造	25		5	19		1	
塑料包装箱及容器制造	438	4	39	355	11	19	10
塑料零件制造	223	4	25	167	3	18	6
日用塑料制造	589	17	56	470	2	16	28
其他塑料制品制造	442	8	39	357	5	27	6

2-36 续表 3

行业分组	法人单位数(个)	国有控股	集体控股	私人控股	港澳台商控股	外商控股	其他
非金属矿物制品业	7969	208	1055	6285	84	188	149
水泥、石灰和石膏的制造	523	33	59	413	3	2	13
水泥及石膏制品制造	1049	49	115	825	17	17	26
砖瓦、石材及其他建筑材料制造	3181	51	505	2500	15	58	52
玻璃及玻璃制品制造	670	21	84	516	8	33	8
陶瓷制品制造	139	7	7	110	2	9	4
耐火材料制品制造	1699	29	187	1372	28	50	33
石墨及其他非金属矿物制品制造	708	18	98	549	11	19	13
黑色金属冶炼及压延加工业	1300	60	156	1027	9	29	19
炼铁	155	3	18	130	2	1	1
炼钢	71	7	14	47		1	2
钢压延加工	879	41	97	697	6	25	13
铁合金冶炼	195	9	27	153	1	2	3
有色金属冶炼及压延加工业	926	34	136	689	8	31	28
常用有色金属冶炼	229	5	36	169	4	3	12
贵金属冶炼	47	4	9	32		1	1
稀有稀土金属冶炼	86	3	16	59	1	5	2
有色金属合金制造	124	2	21	93		3	5
有色金属压延加工	440	20	54	336	3	19	8
金属制品业	5659	112	823	4364	40	200	120
结构性金属制品制造	2484	43	327	1981	13	66	54
金属工具制造	471	8	73	352	6	26	6
集装箱及金属包装容器制造	404	20	70	283	3	19	9
金属丝绳及其制品的制造	259	4	59	182	1	10	3
建筑、安全用金属制品制造	549	9	75	413	8	32	12
金属表面处理及热处理加工	874	14	144	675	3	15	23
搪瓷制品制造	32		4	26	1	1	
不锈钢及类似日用金属制品制造	230	3	21	182	3	17	4
其他金属制品制造	356	11	50	270	2	14	9
通用设备制造业	14784	404	1927	11757	59	372	265
锅炉及原动机制造	613	22	74	472	3	24	18
金属加工机械制造	1324	45	137	1067	8	39	28
起重运输设备制造	523	35	84	367		21	16
泵、阀门、压缩机及类似机械的制造	2221	78	349	1655	13	88	38
轴承、齿轮、传动和驱动部件的制造	1147	22	81	998	4	26	16
烘炉、熔炉及电炉制造	100	5	17	73		3	2
风机、衡器、包装设备等通用设备制造	1213	44	141	953	10	46	19
通用零部件制造及机械修理	4989	107	721	3978	9	83	91
金属铸、锻加工	2654	46	323	2194	12	42	37
专用设备制造业	5321	208	619	4109	29	217	139
矿山、冶金、建筑专用设备制造	1745	68	241	1353	5	24	54
化工、木材、非金属加工专用设备制造	1197	25	131	930	12	74	25
食品、饮料、烟草及饲料生产专用设备制造	177	7	21	134	2	12	1
印刷、制药、日化生产专用设备制造	263	6	14	222	1	10	10
纺织、服装和皮革工业专用设备制造	131	10	19	87		8	7
电子和电工机械专用设备制造	251	13	19	209		8	2

2-36　续表 4

行业分组	法人单位数(个)	国有控股	集体控股	私人控股	港澳台商控股	外商控股	其他
农、林、牧、渔专用机械制造	302	22	30	235		7	8
医疗仪器设备及器械制造	246	10	22	181	2	29	2
环保、社会公共安全及其他专用设备制造	1009	47	122	758	7	45	30
交通运输设备制造业	4118	299	638	2820	46	192	123
铁路运输设备制造	435	51	165	207		3	9
汽车制造	2696	194	393	1863	33	135	78
摩托车制造	13		3	9	1		
自行车制造	43	3	6	31		2	1
船舶及浮动装置制造	851	38	65	654	10	50	34
航空航天器制造	31	11	3	15	1	1	
交通器材及其他交通运输设备制造	49	2	3	41	1	1	1
电气机械及器材制造业	4569	187	728	3343	45	159	107
电机制造	422	23	55	312	2	19	11
输配电及控制设备制造	2284	89	380	1664	27	61	63
电线、电缆、光缆及电工器材制造	840	31	130	633	7	24	15
电池制造	92	10	20	56	2	3	1
家用电力器具制造	256	9	29	187	3	24	4
非电力家用器具制造	95	6	5	75	1	6	2
照明器具制造	351	8	46	273	2	17	5
其他电气机械及器材制造	229	11	63	143	1	5	6
通信设备、计算机及其他电子设备制造业	1055	82	93	679	36	130	35
通信设备制造	134	9	26	87	2	7	3
雷达及配套设备制造	7	1		5			1
广播电视设备制造	54	4	4	39		4	3
电子计算机制造	94	8	3	56	10	14	3
电子器件制造	186	20	15	106	10	28	7
电子元件制造	363	24	26	239	5	59	10
家用视听设备制造	34	7	6	10	4	7	
其他电子设备制造	183	9	13	137	5	11	8
仪器仪表及文化、办公用机械制造业	1644	64	217	1228	9	77	49
通用仪器仪表制造	1138	45	137	871	4	51	30
专用仪器仪表制造	282	9	39	215	2	8	9
钟表与计时仪器制造	38	3	12	22		1	
光学仪器及眼镜制造	44	3	7	22		10	2
文化、办公用机械制造	46	2	7	27	3	6	1
其他仪器仪表的制造及修理	96	2	15	71		1	7
工艺品及其他制造业	1444	22	133	1110	24	121	34
工艺美术品制造	1102	13	85	867	20	92	25
日用杂品制造	106		17	65	2	20	2
煤制品制造	176	2	25	141	1	4	3
核辐射加工	4	1		2		1	
其他未列明的制造业	56	6	6	35	1	4	4
废弃资源和废旧材料回收加工业	215	8	33	161	2	8	3
金属废料和碎屑的加工处理	89	4	17	66		1	1
非金属废料和碎屑的加工处理	126	4	16	95	2	7	2
电力、燃气及水的生产和供应业	**1441**	**404**	**195**	**721**	**29**	**30**	**62**
电力、热力的生产和供应业	943	270	88	507	18	15	45
电力生产	238	91	23	85	12	13	14
电力供应	92	72	9	10	1		
热力生产和供应	613	107	56	412	5	2	31

2-36 续表 5

行业分组	法人单位数(个)	国有控股	集体控股	私人控股	港澳台商控股	外商控股	其他
燃气生产和供应业	114	20	5	69	8	8	4
燃气生产和供应业	114	20	5	69	8	8	4
水的生产和供应业	384	114	102	145	3	7	13
自来水的生产和供应	279	89	97	79	2	3	9
污水处理及其再生利用	97	23	5	61		4	4
其他水的处理、利用与分配	8	2		5	1		
建筑业	**14957**	**911**	**1488**	**12187**	**48**	**125**	**198**
房屋和土木工程建筑业	5013	576	751	3596	9	30	51
房屋工程建筑	2549	198	429	1889	2	11	20
土木工程建筑	2464	378	322	1707	7	19	31
建筑安装业	4004	211	453	3239	15	32	54
建筑安装业	4004	211	453	3239	15	32	54
建筑装饰业	4586	62	197	4184	21	50	72
建筑装饰业	4586	62	197	4184	21	50	72
其他建筑业	1354	62	87	1168	3	13	21
工程准备	873	41	57	754	1	8	12
提供施工设备服务	112	5	6	94	1	2	4
其他未列明的建筑活动	369	16	24	320	1	3	5
交通运输、仓储和邮政业	**8685**	**851**	**681**	**6503**	**78**	**104**	**468**
铁路运输业	19	8	6	5			
铁路货物运输	8	5		3			
铁路运输辅助活动	11	3	6	2			
道路运输业	3556	230	341	2789	5	19	172
公路旅客运输	271	47	26	181			17
道路货物运输	3053	105	253	2525	5	17	148
道路运输辅助活动	232	78	62	83		2	7
城市公共交通业	567	56	71	387	11	5	37
公共电汽车客运	89	25	2	46	6	3	7
轨道交通	4	3		1			
出租车客运	471	28	68	338	5	2	30
其他城市公共交通	3		1	2			
水上运输业	270	44	25	169		2	30
水上旅客运输	40	3	7	26			4
水上货物运输	136	17	7	91		2	19
水上运输辅助活动	94	24	11	52			7
航空运输业	28	13		12		1	2
航空客货运输	11	3		6		1	1
通用航空服务	6	1		5			
航空运输辅助活动	11	9		1			1
管道运输业	6	3		2			1
管道运输业	6	3		2			1
装卸搬运和其他运输服务业	3168	184	179	2530	40	47	188
装卸搬运	259	19	83	148			9
运输代理服务	2909	165	96	2382	40	47	179
仓储业	858	290	56	433	20	30	29
谷物、棉花等农产品仓储	301	183	13	97	2	1	5
其他仓储	557	107	43	336	18	29	24

2-36　续表 6

行业分组	法人单位数(个)	国有控股	集体控股	私人控股	港澳台商控股	外商控股	其他
邮政业	213	23	3	176	2		9
国家邮政	18	18					
其他寄递服务	195	5	3	176	2		9
信息传输、计算机服务和软件业	**6032**	**173**	**104**	**5091**	**54**	**336**	**274**
电信和其他信息传输服务业	775	113	37	550	18	23	34
电信	363	69	9	234	16	20	15
互联网信息服务	283	5	8	252	2	3	13
广播电视传输服务	122	37	20	59			6
卫星传输服务	7	2		5			
计算机服务业	2471	23	29	2257	6	34	122
计算机系统服务	476	11	12	417	1	11	24
数据处理	45	1	1	30	1	12	
计算机维修	163	4	3	148	1	3	4
其他计算机服务	1787	7	13	1662	3	8	94
软件业	2786	37	38	2284	30	279	118
公共软件服务	2331	32	33	1878	30	256	102
其他软件服务	455	5	5	406		23	16
批发和零售业	**72700**	**3072**	**5553**	**61118**	**142**	**503**	**2312**
批发业	48836	2072	3453	41386	96	409	1420
农畜产品批发	2384	300	269	1728		20	67
食品、饮料及烟草制品批发	4012	284	188	3370	10	46	114
纺织、服装及日用品批发	4098	103	137	3666	21	76	95
文化、体育用品及器材批发	1293	74	65	1104	3	14	33
医药及医疗器材批发	1190	65	51	1022	6	8	38
矿产品、建材及化工产品批发	18281	627	1528	15486	20	89	531
机械设备、五金交电及电子产品批发	14945	511	816	13055	31	142	390
贸易经纪与代理	794	38	17	652	3	7	77
其他批发	1839	70	382	1303	2	7	75
零售业	23864	1000	2100	19732	46	94	892
综合零售	2348	178	625	1434	8	18	85
食品、饮料及烟草制品专门零售	2016	151	138	1652	3	9	63
纺织、服装及日用品专门零售	3283	82	203	2835	15	26	122
文化、体育用品及器材专门零售	1429	144	118	1100	2	8	57
医药及医疗器材专门零售	2087	114	168	1729	1	3	72
汽车、摩托车、燃料及零配件专门零售	4223	124	376	3559	10	13	141
家用电器及电子产品专门零售	3687	76	109	3339	3	8	152
五金、家具及室内装修材料专门零售	3445	82	229	2966	2	6	160
无店铺及其他零售	1346	49	134	1118	2	3	40
住宿和餐饮业	**5611**	**500**	**504**	**4015**	**60**	**213**	**319**
住宿业	1918	402	322	1046	30	31	87
旅游饭店	645	174	80	295	27	25	44
一般旅馆	1155	205	225	679	3	4	39
其他住宿服务	118	23	17	72		2	4
餐饮业	3693	98	182	2969	30	182	232
正餐服务	3192	85	153	2584	23	150	197
快餐服务	245	4	13	196	3	18	11
饮料及冷饮服务	106	3	4	79	3	10	7
其他餐饮服务	150	6	12	110	1	4	17

2-36 续表 7

行业分组	法 人 单位数 (个)	国有控股	集体控股	私人控股	港澳台 商控股	外商控股	其他
金融业	**1316**	**377**	**184**	**547**	**9**	**34**	**165**
银行业	252	122	102	3	3	13	9
中央银行	5	5					
商业银行	212	99	93	3	1	7	9
其他银行	35	18	9		2	6	
证券业	45	24	6	7			8
证券市场管理	2	1					1
证券经纪与交易	34	21	6	1			6
证券投资	7	2		4			1
证券分析与咨询	2			2			
保险业	524	186	47	190	2	17	82
人寿保险	156	77	14	22		10	33
非人寿保险	178	101	22	16	2	7	30
保险辅助服务	190	8	11	152			19
其他金融活动	495	45	29	347	4	4	66
金融信托与管理	35	3	3	22		1	6
金融租赁	1	1					
财务公司	9	2		6			1
邮政储蓄	12	10		1			1
典当	210	6	12	156			36
其他未列明的金融活动	228	23	14	162	4	3	22
房地产业	**11026**	**798**	**749**	**8423**	**306**	**345**	**405**
房地产业	11026	798	749	8423	306	345	405
房地产开发经营	4838	260	202	3895	245	236	
物业管理	3512	285	279	2540	38	72	298
房地产中介服务	1779	52	59	1582	7	13	66
其他房地产活动	897	201	209	406	16	24	41
租赁和商务服务业	**16886**	**1117**	**1205**	**13136**	**67**	**295**	**1066**
租赁业	734	37	41	605	3	3	45
机械设备租赁	695	34	37	576	2	3	43
文化及日用品出租	39	3	4	29	1		2
商务服务业	16152	1080	1164	12531	64	292	1021
企业管理服务	1997	401	353	943	21	61	218
法律服务	341	12	10	305			14
咨询与调查	5183	141	129	4428	33	195	257
广告业	3335	103	86	2971	1	5	169
知识产权服务	141	9	8	116			8
职业中介服务	1471	98	148	1122	1	5	97
市场管理	870	83	202	525	2	2	56
旅行社	1176	104	65	879	1	2	125
其他商务服务	1638	129	163	1242	5	22	77
科学研究、技术服务和地质勘查业	**7246**	**956**	**613**	**5005**	**28**	**176**	**468**
研究与试验发展	1117	127	72	829	6	27	56
自然科学研究与试验发展	116	6	3	98		4	5
工程和技术研究与试验发展	639	87	40	461	4	16	31
农业科学研究与试验发展	175	16	13	135		2	9
医学研究与试验发展	174	15	16	125	2	5	11
社会人文科学研究与试验发展	13	3		10			

2-36　续表 8

行业分组	法　人单位数(个)	国有控股	集体控股	私人控股	港澳台商控股	外商控股	其他
专业技术服务业	3749	579	312	2551	11	105	191
气象服务	22	13	5	4			
地震服务	5		1	3		1	
海洋服务	9		1	8			
测绘服务	185	31	24	118		1	11
技术检测	483	114	74	264		7	24
环境监测	69	12	6	49			2
工程技术与规划管理	2064	371	153	1380	4	42	114
其他专业技术服务	912	38	48	725	7	54	40
科技交流和推广服务业	2272	218	220	1566	11	41	216
技术推广服务	1624	141	161	1119	3	18	182
科技中介服务	481	58	41	328	6	19	29
其他科技服务	167	19	18	119	2	4	5
地质勘查业	108	32	9	59		3	5
矿产地质勘查	39	11	2	20		3	3
基础地质勘查	23	11	5	7			
地质勘查技术服务	46	10	2	32			2
水利、环境和公共设施管理业	**896**	**149**	**102**	**581**	**2**	**11**	**51**
水利管理业	82	42	10	27			3
防洪管理	5	3		2			
水资源管理	42	28	4	8			2
其他水利管理	35	11	6	17			1
环境管理业	172	26	16	110		6	14
自然保护	13	2	1	6		1	3
环境治理	159	24	15	104		5	11
公共设施管理业	642	81	76	444	2	5	34
市政公共设施管理	85	23	14	43	1		4
城市绿化管理	359	24	34	280		3	18
游览景区管理	198	34	28	121	1	2	12
居民服务和其他服务业	**5092**	**172**	**417**	**4116**	**23**	**64**	**300**
居民服务业	2899	105	234	2313	15	44	188
家庭服务	190	3	5	173		1	8
托儿所	6	1		5			
洗染服务	103	2	8	84		3	6
理发及美容保健服务	718	5	22	587	7	24	73
洗浴服务	981	21	71	811	3	11	64
婚姻服务	222	15	21	179	1	1	5
殡葬服务	153	29	32	84	1	1	6
摄影扩印服务	276	10	22	228	3	1	12
其他居民服务	250	19	53	162		2	14
其他服务业	2193	67	183	1803	8	20	112
修理与维护	1486	42	123	1227	4	16	74
清洁服务	388	8	27	327	1	3	22
其他未列明的服务	319	17	33	249	3	1	16
教育	**1011**	**100**	**77**	**744**	**1**	**11**	**78**
教育	1011	100	77	744	1	11	78
学前教育	178	12	18	137			11

2-36 续表 9

行业分组	法人单位数(个)	国有控股	集体控股	私人控股	港澳台商控股	外商控股	其他
初等教育	7			6		1	
中等教育	40	5	2	26			7
高等教育	13	2		11			
其他教育	773	81	57	564	1	10	60
卫生、社会保障和社会福利业	**1235**	**137**	**215**	**788**	**2**	**7**	**86**
卫生	1149	110	200	755	2	5	77
医院	282	54	30	186	2	2	8
卫生院及社区医疗活动	109	15	39	49			6
门诊部医疗活动	686	30	113	482			61
计划生育技术服务活动	3			2			1
妇幼保健活动	3	1		1		1	
专科疾病防治活动	17	2	5	10			
疾病预防控制及防疫活动	15	4	6	5			
其他卫生活动	34	4	7	20		2	1
社会保障业	37	19	13	3			2
社会保障业	37	19	13	3			2
社会福利业	49	8	2	30		2	7
提供住宿的社会福利	39	6	2	24			7
不提供住宿的社会福利	10	2		6		2	
文化、体育和娱乐业	**1493**	**250**	**126**	**987**	**8**	**39**	**83**
新闻出版业	141	94	12	31			4
新闻业	2			2			
出版业	139	94	12	29			4
广播、电视、电影和音像业	225	70	25	112	1	2	15
广播	3	1		1			1
电视	57	15	9	29			4
电影	116	52	13	42	1	1	7
音像制作	49	2	3	40		1	3
文化艺术业	347	44	33	251	1	2	16
文艺创作与表演	134	10	11	102		1	10
艺术表演场馆	22	9	1	10	1		1
图书馆与档案馆	24	11	8	4			1
文物及文化保护	4	1	1	2			
博物馆	16	1	2	12		1	
烈士陵园、纪念馆	1			1			
群众文化活动	32	7	4	21			
文化艺术经纪代理	59	2	3	51			3
其他文化艺术	55	3	3	48			1
体育	96	18	9	57		9	3
体育组织	34	4	3	24		1	2
体育场馆	38	10	4	20		4	
其他体育	24	4	2	13		4	1
娱乐业	684	24	47	536	6	26	45
室内娱乐活动	388	11	32	319	1	3	22
游乐园	26		4	18	1	1	2
休闲健身娱乐活动	222	9	11	160	2	21	19
其他娱乐活动	48	4		39	2	1	2

2-37 按地区、控股情况分组的企业法人单位数

地区	企业法人单位数（个）	国有控股	集体控股	私人控股	港澳台商控股	外商控股	其他
全省	**243783**	**12784**	**22709**	**192280**	**1710**	**5875**	**8425**
沈阳市	**66404**	**4537**	**5853**	**52206**	**643**	**1697**	**1468**
和平区	11313	842	722	9223	112	271	143
沈河区	10227	625	605	8245	121	213	418
大东区	4920	318	621	3802	27	88	64
皇姑区	5554	1009	852	3311	28	96	258
铁西区	6591	432	729	5240	31	57	102
苏家屯区	2466	159	350	1792	13	114	38
东陵区	7326	349	520	5895	102	336	124
沈北新区	2782	152	219	2221	41	94	55
于洪区	10220	415	704	8409	155	369	168
辽中县	1140	22	135	967	3	7	6
康平县	1280	68	127	1077	2	3	3
法库县	1127	44	85	951	4	12	31
新民市	1458	102	184	1073	4	37	58
大连市	**68736**	**2248**	**3624**	**57173**	**663**	**3021**	**2007**
中山区	9529	493	458	7523	141	427	487
西岗区	7669	338	535	6496	42	159	99
沙河口区	9628	330	420	8518	55	195	110
甘井子区	13119	395	724	10529	119	597	755
旅顺口区	3134	108	193	2654	26	92	61
金州区	12797	340	545	10099	213	1254	346
长海县	173	17	26	107	1	1	21
瓦房店市	5690	129	371	4930	31	154	75
普兰店市	3765	56	203	3358	19	92	37
庄河市	3232	42	149	2959	16	50	16
鞍山市	**22221**	**714**	**2223**	**17498**	**80**	**127**	**1579**
铁东区	3400	223	331	2283	22	22	519
铁西区	2226	115	326	1495	13	14	263
立山区	2844	115	441	2157	3	8	120
千山区	4032	90	436	3394	14	41	57
台安县	1577	35	122	1405	1	3	11
岫岩满族自治县	1565	50	213	1277	3	6	16
海城市	6577	86	354	5487	24	33	593
抚顺市	**12505**	**1044**	**1990**	**9171**	**28**	**87**	**185**
新抚区	1538	294	301	896	6	11	30
东洲区	1962	173	523	1251	5	10	
望花区	3347	172	486	2626	10	31	22
顺城区	2159	157	144	1811	5	18	24
抚顺县	1059	14	108	912	1	11	13
新宾满族自治县	1343	95	233	927		1	87
清原满族自治县	1097	139	195	748	1	5	9
本溪市	**6963**	**702**	**1175**	**4555**	**21**	**55**	**455**
平山区	2063	207	462	1246	1	18	129
溪湖区	1306	97	184	988	4	16	17
明山区	1689	186	248	1168	4	10	73
南芬区	265	31	63	142	6	1	22
本溪满族自治县	901	115	139	625	1	6	15
桓仁满族自治县	739	66	79	386	5	4	199
丹东市	**10405**	**547**	**1272**	**7510**	**59**	**304**	**713**
元宝区	1463	89	189	990	9	30	156
振兴区	2721	197	441	1668	6	103	306
振安区	853	30	102	530	6	33	152
宽甸满族自治县	1547	65	118	1271	1	9	83
东港市	1776	65	179	1440	14	78	
凤城市	2045	101	243	1611	23	51	16

2-37 续表

地　　区	企业法人单位数(个)	国有控股	集体控股	私人控股	港澳台商控股	外商控股	其他
锦州市	**8489**	**605**	**1409**	**5953**	**35**	**80**	**407**
古塔区	1609	153	265	1131	6	9	45
凌河区	1694	177	368	1034	4	9	102
太和区	2114	137	292	1526	15	45	99
黑山县	784	34	136	553	1	3	57
义县	583	27	94	440	2	4	16
凌海市	889	41	134	679	3	7	25
北镇市	816	36	120	590	4	3	63
营口市	**12862**	**353**	**737**	**11337**	**73**	**266**	**96**
站前区	2646	114	257	2209	11	24	31
西市区	1308	22	123	1086	7	44	26
鲅鱼圈区	2928	126	97	2559	33	101	12
老边区	1560	12	70	1461	1	13	3
盖州市	1863	41	113	1663	5	25	16
大石桥市	2557	38	77	2359	16	59	8
阜新市	**5526**	**506**	**934**	**3838**	**17**	**62**	**169**
海州区	1278	177	242	823	3	7	26
新邱区	286	21	65	199			1
太平区	696	44	207	397	4	7	37
清河门区	214	28	45	133		4	4
细河区	1373	126	152	1039	8	21	27
阜新蒙古族自治县	1080	57	156	822	2	21	22
彰武县	599	53	67	425		2	52
辽阳市	**6332**	**240**	**458**	**5289**	**26**	**51**	**268**
白塔区	1242	83	78	1014	10	23	34
文圣区	974	57	72	694	2	2	147
宏伟区	498	13	39	408	5	5	28
弓长岭区	238	7	31	190	1	1	8
太子河区	678	24	57	560	1	14	22
辽阳县	1742	21	63	1638	1	1	18
灯塔市	960	35	118	785	6	5	11
盘锦市	**6562**	**274**	**1074**	**4704**	**12**	**47**	**451**
双台子区	906	46	200	633	1	1	25
兴隆台区	3611	117	708	2382	10	23	371
大洼县	1103	79	96	901	1	11	15
盘山县	942	32	70	788		12	40
铁岭市	**5602**	**347**	**762**	**4282**	**25**	**43**	**143**
银州区	1349	112	237	961	11	17	11
清河区	353	18	58	251	3	5	18
铁岭县	871	20	68	766	4	10	3
西丰县	469	28	73	358	1	4	5
昌图县	910	83	74	736	3		14
调兵山市	416	30	54	320		4	8
开原市	1234	56	198	890	3	3	84
朝阳市	**5566**	**364**	**378**	**4749**	**21**	**20**	**34**
双塔区	1568	148	90	1310	6	8	6
龙城区	727	27	27	660	3	1	9
朝阳县	409	8	17	382			2
建平县	789	34	62	681	3	6	3
喀喇沁左翼蒙古族自治县	426	29	41	351	5		
北票市	780	51	27	700	1	1	
凌源市	867	67	114	665	3	4	14
葫芦岛市	**5609**	**302**	**820**	**4015**	**7**	**15**	**450**
连山区	1515	83	269	1101	1	1	60
龙港区	1259	86	126	739	4	10	294
南票区	194	8	84	96			6
绥中县	974	40	126	774		2	32
建昌县	440	33	48	353	1		5
兴城市	1227	52	167	952	1	2	53

第3篇

事业、机关、社团、民办非企业篇

3-1 按行业(中类)分组的事业法人单位数及从业人员数

行业中类	事业法人单位数(个)	单产业法人	多产业法人	从业人员数(人)	#女性
总　计	**26968**	**25281**	**1687**	**1155518**	**571465**
农、林、牧、渔业	**4**		**4**	**232**	**67**
林业	2		2	146	33
林木的培育和种植	2		2	146	33
畜牧业	1		1	77	32
其他畜牧业	1		1	77	32
农、林、牧、渔服务业	1		1	9	2
农业服务业	1		1	9	2
制造业	**4**	**4**		**134**	**67**
印刷业和记录媒介的复制	1	1		22	14
印刷	1	1		22	14
非金属矿物制品业	1	1		28	9
石墨及其他非金属矿物制品制造	1	1		28	9
交通运输设备制造业	1	1		12	1
汽车制造	1	1		12	1
工艺品及其他制造业	1	1		72	43
其他未列明的制造业	1	1		72	43
电力、燃气及水的生产和供应业	**47**	**45**	**2**	**2930**	**819**
电力、热力的生产和供应业	14	12	2	1554	421
热力生产和供应	14	12	2	1554	421
燃气生产和供应业	1	1		145	70
燃气生产和供应业	1	1		145	70
水的生产和供应业	32	32		1231	328
自来水的生产和供应	32	32		1231	328
建筑业	**2**	**2**		**30**	**6**
房屋和土木工程建筑业	2	2		30	6
土木工程建筑	2	2		30	6
交通运输、仓储和邮政业	**262**	**224**	**38**	**25120**	**6631**
道路运输业	222	184	38	23511	6257
公路旅客运输	5	5		75	4
道路货物运输	1	1		95	18
道路运输辅助活动	216	178	38	23341	6235
城市公共交通业	4	4		177	66
公共电汽车客运	1	1		115	45
出租车客运	2	2		38	11
其他城市公共交通	1	1		24	10
水上运输业	13	13		342	71
水上旅客运输	2	2		91	24
水上运输辅助活动	11	11		251	47
航空运输业	4	4		49	13
通用航空服务	2	2		24	4
航空运输辅助活动	2	2		25	9
装卸搬运和其他运输服务业	3	3		36	19
运输代理服务	3	3		36	19
仓储业	16	16		1005	205
谷物、棉花等农产品仓储	3	3		105	18
其他仓储	13	13		900	187
信息传输、计算机服务和软件业	**274**	**266**	**8**	**5243**	**1525**
电信和其他信息传输服务业	194	186	8	4311	1191
电信	4	4		80	31
互联网信息服务	39	39		309	116
广播电视传输服务	150	142	8	3893	1036
卫星传输服务	1	1		29	8

3-1　续表 1

行业中类	事业法人单位数(个)	单产业法人	多产业法人	从业人员数(人)	#女性
计算机服务业	69	69		799	283
计算机系统服务	19	19		302	95
数据处理	37	37		410	161
计算机维修	4	4		37	14
其他计算机服务	9	9		50	13
软件业	11	11		133	51
公共软件服务	10	10		124	48
其他软件服务	1	1		9	3
住宿和餐饮业	**23**	**22**	**1**	**1666**	**611**
住宿业	20	19	1	1498	513
旅游饭店	9	8	1	1284	402
一般旅馆	10	10		206	110
其他住宿服务	1	1		8	1
餐饮业	3	3		168	98
正餐服务	2	2		140	80
其他餐饮服务	1	1		28	18
金融业	**70**	**67**	**3**	**1406**	**456**
银行业	13	10	3	1011	304
中央银行	13	10	3	1011	304
证券业	5	5		108	38
证券市场管理	4	4		107	38
证券投资	1	1		1	
保险业	5	5		40	13
保险辅助服务	5	5		40	13
其他金融活动	47	47		247	101
金融信托与管理	1	1		11	4
财务公司	1	1		16	6
其他未列明的金融活动	45	45		220	91
房地产业	**328**	**312**	**16**	**12005**	**4762**
房地产业	328	312	16	12005	4762
房地产开发经营	3	3		65	26
物业管理	131	121	10	4844	1940
房地产中介服务	18	18		629	256
其他房地产活动	176	170	6	6467	2540
租赁和商务服务业	**2435**	**2407**	**28**	**33273**	**11081**
租赁业	1	1		43	3
机械设备租赁	1	1		43	3
商务服务业	2434	2406	28	33230	11078
企业管理服务	1358	1339	19	19665	6504
法律服务	318	317	1	1972	807
咨询与调查	374	372	2	3339	1295
广告业	4	4		51	20
知识产权服务	6	6		59	29
职业中介服务	186	185	1	1840	845
市场管理	93	92	1	1619	578
旅行社	6	6		58	16
其他商务服务	89	85	4	4627	984
科学研究、技术服务和地质勘查业	**3141**	**3070**	**71**	**72841**	**21778**
研究与试验发展	249	240	9	16131	4463
自然科学研究与试验发展	22	21	1	2518	745
工程和技术研究与试验发展	57	55	2	6933	1453
农业科学研究与试验发展	96	91	5	5231	1601
医学研究与试验发展	13	12	1	373	232
社会人文科学研究与试验发展	61	61		1076	432

3-1 续表 2

行业中类	事业法人单位数(个)	单产业法人	多产业法人	从业人员数(人)	#女性
专业技术服务业	1468	1441	27	32003	10621
气象服务	106	97	9	1981	715
地震服务	72	71	1	897	270
海洋服务	6	6		70	15
测绘服务	54	53	1	1803	659
技术检测	590	585	5	11987	4144
环境监测	116	116		2643	960
工程技术与规划管理	488	479	9	9806	3211
其他专业技术服务	36	34	2	2816	647
科技交流和推广服务业	1353	1324	29	14916	4609
技术推广服务	1216	1187	29	13685	4193
科技中介服务	105	105		898	310
其他科技服务	32	32		333	106
地质勘查业	71	65	6	9791	2085
矿产地质勘查	31	29	2	4375	698
基础地质勘查	26	22	4	4659	1167
地质勘查技术服务	14	14		757	220
水利、环境和公共设施管理业	**1718**	**1670**	**48**	**91699**	**36859**
水利管理业	833	813	20	17750	4412
防洪管理	107	106	1	2397	647
水资源管理	327	321	6	11635	2878
其他水利管理	399	386	13	3718	887
环境管理业	460	445	15	43867	21766
自然保护	152	146	6	3082	1020
环境治理	308	299	9	40785	20746
公共设施管理业	425	412	13	30082	10681
市政公共设施管理	170	165	5	13155	4008
城市绿化管理	138	132	6	10453	3777
游览景区管理	117	115	2	6474	2896
居民服务和其他服务业	**324**	**321**	**3**	**6995**	**2573**
居民服务业	278	275	3	5670	1874
家庭服务	1	1		30	12
托儿所	3	3		13	8
理发及美容保健服务	1	1		4	2
洗浴服务	2	2		64	42
婚姻服务	22	22		166	91
殡葬服务	171	168	3	4292	1004
其他居民服务	78	78		1101	715
其他服务业	46	46		1325	699
修理与维护	9	9		125	13
清洁服务	4	4		859	569
其他未列明的服务	33	33		341	117
教育	**6161**	**5181**	**980**	**495269**	**278332**
教育	6161	5181	980	495269	278332
学前教育	735	706	29	9503	7947
初等教育	2066	1287	779	164398	101708
中等教育	2274	2138	136	216419	119169
高等教育	177	154	23	83442	39430
其他教育	909	896	13	21507	10078

3-1 续表 3

行业中类	事业法人单位数(个)	单产业法人	多产业法人	从业人员数(人)	#女性
卫生、社会保障和社会福利业	**4318**	**4018**	**300**	**230989**	**140875**
卫生	3309	3031	278	215378	133406
医院	641	532	109	160942	102828
卫生院及社区医疗活动	1052	909	143	26572	14370
门诊部医疗活动	502	502		1736	887
计划生育技术服务活动	320	320		2171	1337
妇幼保健活动	132	128	4	5906	4535
专科疾病防治活动	76	70	6	2954	1588
疾病预防控制及防疫活动	509	495	14	12217	6246
其他卫生活动	77	75	2	2880	1615
社会保障业	383	369	14	6911	3294
社会保障业	383	369	14	6911	3294
社会福利业	626	618	8	8700	4175
提供住宿的社会福利	475	469	6	6890	3438
不提供住宿的社会福利	151	149	2	1810	737
文化、体育和娱乐业	**1536**	**1505**	**31**	**42251**	**17883**
新闻出版业	128	125	3	4774	2052
新闻业	31	30	1	602	218
出版业	97	95	2	4172	1834
广播、电视、电影和音像业	273	262	11	13900	5205
广播	115	112	3	3473	1369
电视	89	84	5	9334	3461
电影	67	64	3	1089	374
音像制作	2	2		4	1
文化艺术业	959	945	14	18675	8898
文艺创作与表演	103	102	1	3343	1424
艺术表演场馆	30	29	1	1336	455
图书馆与档案馆	239	235	4	4569	2685
文物及文化保护	58	56	2	1408	550
博物馆	52	52		1878	790
烈士陵园、纪念馆	30	29	1	619	281
群众文化活动	398	393	5	5137	2562
文化艺术经纪代理	4	4		57	20
其他文化艺术	45	45		328	131
体育	140	138	2	3765	1179
体育组织	36	36		1885	627
体育场馆	38	37	1	766	222
其他体育	66	65	1	1114	330
娱乐业	36	35	1	1137	549
室内娱乐活动	8	8		65	18
游乐园	3	2	1	575	327
休闲健身娱乐活动	10	10		122	52
其他娱乐活动	15	15		375	152
公共管理和社会组织	**6321**	**6167**	**154**	**133435**	**47140**
中国共产党机关	54	52	2	477	204
中国共产党机关	54	52	2	477	204
国家机构	6262	6110	152	132901	46913
国家权力机构	7	7		116	48
国家行政机构	6210	6059	151	131990	46606
人民法院和人民检察院	11	11		213	74
其他国家机构	34	33	1	582	185
人民政协和民主党派	5	5		57	23
人民政协	1	1		4	3
民主党派	4	4		53	20

3-2 按地区分组的事业法人单位数及从业人员数

地区	事业法人单位数(个)	单产业法人	多产业法人	从业人员数(人)	#女性
全省	**26968**	**25281**	**1687**	**1155518**	**571465**
沈阳市	**4913**	**4664**	**249**	**277131**	**134178**
和平区	618	585	33	57908	29501
沈河区	568	549	19	32530	14588
大东区	333	317	16	20751	11091
皇姑区	445	434	11	34552	17632
铁西区	247	245	2	15962	9167
苏家屯区	329	321	8	12245	6184
东陵区	342	316	26	20967	8775
沈北新区	237	233	4	16182	7737
于洪区	466	454	12	23333	10367
辽中县	210	183	27	10106	4894
康平县	269	243	26	8245	3459
法库县	504	462	42	8591	3632
新民市	345	322	23	15759	7151
大连市	**2826**	**2593**	**233**	**153240**	**79946**
中山区	269	262	7	15066	7959
西岗区	301	297	4	15270	8859
沙河口区	242	230	12	26951	15784
甘井子区	320	305	15	22842	11788
旅顺口区	197	181	16	10606	5570
金州区	379	362	17	19213	10767
长海县	71	64	7	1757	984
瓦房店市	285	229	56	11955	5440
普兰店市	376	353	23	13719	6204
庄河市	386	310	76	15861	6591
鞍山市	**2188**	**2096**	**92**	**92008**	**47150**
铁东区	389	387	2	20851	11363
铁西区	148	148		7954	4687
立山区	135	134	1	9513	5669
千山区	228	220	8	10121	5542
台安县	405	381	24	8467	3380
岫岩满族自治县	534	508	26	12008	5126
海城市	349	318	31	23094	11383
抚顺市	**1229**	**1124**	**105**	**53176**	**27743**
新抚区	175	169	6	7798	4449
东洲区	139	131	8	6915	3563
望花区	126	115	11	8633	4964
顺城区	353	347	6	16054	8385
抚顺县	64	50	14	1735	928
新宾满族自治县	170	145	25	5332	2401
清原满族自治县	202	167	35	6709	3053
本溪市	**1028**	**926**	**102**	**47666**	**25562**
平山区	243	223	20	12820	7041
溪湖区	106	99	7	3976	2273
明山区	250	236	14	14981	8677
南芬区	98	98		1936	1086
本溪满族自治县	145	128	17	7357	3575
桓仁满族自治县	186	142	44	6596	2910
丹东市	**2158**	**2040**	**118**	**60244**	**27051**
元宝区	129	128	1	3789	1849
振兴区	355	339	16	16601	7978
振安区	193	185	8	5375	2711
宽甸满族自治县	557	528	29	10096	4030
东港市	540	510	30	12381	5375
凤城市	384	350	34	12002	5108

3-2　续表

地　区	事业法人单位数（个）	单产业法人	多产业法人	从业人员数（人）	#女性
锦州市	**1955**	**1816**	**139**	**79362**	**37935**
古塔区	249	245	4	13094	7213
凌河区	290	273	17	14271	6258
太和区	294	277	17	11348	5758
黑山县	392	364	28	11958	4945
义县	324	306	18	9562	4269
凌海市	227	202	25	10430	5065
北镇市	179	149	30	8699	4427
营口市	**1188**	**1153**	**35**	**50795**	**25724**
站前区	342	338	4	10930	5615
西市区	90	88	2	5463	2951
鲅鱼圈区	190	190		7645	3686
老边区	147	145	2	3472	1940
盖州市	217	211	6	11474	5506
大石桥市	202	181	21	11811	6026
阜新市	**1766**	**1691**	**75**	**56846**	**29631**
海州区	291	286	5	10552	5876
新邱区	136	134	2	1835	1045
太平区	104	99	5	2188	1170
清河门区	89	85	4	2025	742
细河区	357	352	5	17161	9427
阜新蒙古族自治县	536	510	26	13522	6699
彰武县	253	225	28	9563	4672
辽阳市	**1070**	**1023**	**47**	**41690**	**20558**
白塔区	198	193	5	8210	4278
文圣区	123	121	2	8850	4110
宏伟区	60	60		2178	1485
弓长岭区	52	51	1	1654	1061
太子河区	108	105	3	3806	1942
辽阳县	330	308	22	8748	3640
灯塔市	199	185	14	8244	4042
盘锦市	**1288**	**1242**	**46**	**42777**	**21346**
双台子区	137	131	6	10862	6020
兴隆台区	312	306	6	12911	6735
大洼县	610	599	11	12303	5965
盘山县	229	206	23	6701	2626
铁岭市	**2271**	**2152**	**119**	**69305**	**31078**
银州区	697	689	8	22928	10620
清河区	154	151	3	2411	1252
铁岭县	93	80	13	4606	2070
西丰县	187	176	11	7078	2916
昌图县	721	678	43	17581	6797
调兵山市	186	173	13	4461	2598
开原市	233	205	28	10240	4825
朝阳市	**1904**	**1726**	**178**	**74929**	**35814**
双塔区	491	480	11	20298	10688
龙城区	63	56	7	3421	1820
朝阳县	103	76	27	5156	2287
建平县	226	196	30	10729	4721
喀喇沁左翼蒙古族自治县	189	161	28	9013	4452
北票市	584	547	37	12950	5417
凌源市	248	210	38	13362	6429
葫芦岛市	**1184**	**1035**	**149**	**56349**	**27749**
连山区	173	154	19	9071	5124
龙港区	256	241	15	11165	5535
南票区	50	44	6	1766	1029
绥中县	220	191	29	9994	4656
建昌县	213	179	34	9602	4295
兴城市	272	226	46	14751	7110

3-3 按行业(中类)、地区

行业中类	事业法人单位数(个)	沈阳市	和平区	沈河区	大东区	皇姑区	铁西区	苏家屯区
总　计	**26968**	**4913**	**618**	**568**	**333**	**445**	**247**	**329**
农、林、牧、渔业	**4**							
林业	2							
林木的培育和种植	2							
畜牧业	1							
其他畜牧业	1							
农、林、牧、渔服务业	1							
农业服务业	1							
制造业	**4**	**2**		**1**				
印刷业和记录媒介的复制	1	1		1				
印刷	1	1		1				
非金属矿物制品业	1	1						
石墨及其他非金属矿物制品制造	1	1						
交通运输设备制造业	1							
汽车制造	1							
工艺品及其他制造业	1							
其他未列明的制造业	1							
电力、燃气及水的生产和供应业	**47**	**7**	**1**	**1**	**1**	**1**		
电力、热力的生产和供应业	14	6	1	1	1	1		
热力生产和供应	14	6	1	1	1	1		
燃气生产和供应业	1	1						
燃气生产和供应业	1	1						
水的生产和供应业	32							
自来水的生产和供应	32							
建筑业	**2**	**2**			**1**			
房屋和土木工程建筑业	2	2			1			
土木工程建筑	2	2			1			
交通运输、仓储和邮政业	**262**	**29**		**1**	**1**	**3**		**4**
道路运输业	222	22				3		3
公路旅客运输	5	3				3		
道路货物运输	1	1						1
道路运输辅助活动	216	18						2
城市公共交通业	4	1						
公共电汽车客运	1							
出租车客运	2	1						
其他城市公共交通	1							
水上运输业	13							
水上旅客运输	2							
水上运输辅助活动	11							
航空运输业	4	2			1			1
通用航空服务	2							
航空运输辅助活动	2	2			1			1
装卸搬运和其他运输服务业	3	1		1				
运输代理服务	3	1		1				
仓储业	16	3						
谷物、棉花等农产品仓储	3							
其他仓储	13	3						
信息传输、计算机服务和软件业	**274**	**54**	**14**	**11**	**2**	**9**	**2**	**2**
电信和其他信息传输服务业	194	32	6	4	1	6	1	2
电信	4							
互联网信息服务	39	18	5	1	1	6	1	1
广播电视传输服务	150	13	1	3				1
卫星传输服务	1	1						

分组的事业法人单位数

东陵区	沈北新区	于洪区	辽中县	康平县	法库县	新民市	大连市	中山区	西岗区	沙河口区	甘井子区
342	**237**	**466**	**210**	**269**	**504**	**345**	**2826**	**269**	**301**	**242**	**320**
1							**1**	**1**			
1											
1											
							1	1			
							1	1			
1			**1**			**1**	**1**				
1						1					
1						1					
			1								
			1								
							1				
							1				
			1								
			1								
			1								
2		**3**	**2**	**6**	**2**	**5**	**22**	**2**	**1**	**2**	**1**
		2	2	6	2	4	17			2	1
		2	2	6	2	4	17			2	1
1											
1											
							4	1	1		
							1	1			
							3		1		
1		1				1	1	1			
1		1				1	1	1			
3		**2**	**3**	**4**	**2**		**19**	**4**	**4**	**2**	
2		1	3	4	2		11	2		2	
1		1		1			2	1		1	
			3	3	2		9	1		1	
1											

3-3 续表 1

行业中类	事业法人单位数(个)	沈阳市	和平区	沈河区	大东区	皇姑区	铁西区	苏家屯区
计算机服务业	69	19	7	5	1	3	1	
计算机系统服务	19	2	1		1			
数据处理	37	15	5	5		2	1	
计算机维修	4	2	1			1		
其他计算机服务	9							
软件业	11	3	1	2				
公共软件服务	10	2	1	1				
其他软件服务	1	1		1				
住宿和餐饮业	**23**	**6**		**3**			**1**	
住宿业	20	6		3			1	
旅游饭店	9	2		1				
一般旅馆	10	3		1			1	
其他住宿服务	1	1		1				
餐饮业	3							
正餐服务	2							
其他餐饮服务	1							
金融业	**70**	**22**	**5**	**3**	**2**	**3**	**2**	**1**
银行业	13	2		2				
中央银行	13	2		2				
证券业	5	2	2					
证券市场管理	4	2	2					
证券投资	1							
保险业	5	2						
保险辅助服务	5	2						
其他金融活动	47	16	3	1	2	3	2	1
金融信托与管理	1	1				1		
财务公司	1							
其他未列明的金融活动	45	15	3	1	2	2	2	1
房地产业	**328**	**139**	**17**	**33**	**20**	**15**	**9**	**10**
房地产业	328	139	17	33	20	15	9	10
房地产开发经营	3	3			1	1		
物业管理	131	56	7	14	14	9	5	2
房地产中介服务	18	11	2	8	1			
其他房地产活动	176	69	8	11	4	5	4	8
租赁和商务服务业	**2435**	**582**	**75**	**61**	**47**	**67**	**24**	**35**
租赁业	1	1						
机械设备租赁	1	1						
商务服务业	2434	581	75	61	47	67	24	35
企业管理服务	1358	370	41	25	31	37	11	23
法律服务	318	27	3	3	2	6	2	1
咨询与调查	374	78	21	14	3	10	5	5
广告业	4	3	1					
知识产权服务	6	1	1					
职业中介服务	186	52	7	9	4	5	4	2
市场管理	93	26		3	4	7	1	2
旅行社	6	3	1	1	1			
其他商务服务	89	21		6	2	2	1	2
科学研究、技术服务和地质勘查业	**3141**	**547**	**72**	**75**	**16**	**53**	**10**	**50**
研究与试验发展	249	73	14	17	3	10	1	4
自然科学研究与试验发展	22	8	1	1		1		1
工程和技术研究与试验发展	57	16	2	4		3		
农业科学研究与试验发展	96	13		3	1	2		3
医学研究与试验发展	13	6	3	1		1	1	
社会人文科学研究与试验发展	61	30	8	8	2	3		

东陵区	沈北新区	于洪区	辽中县	康平县	法库县	新民市	大连市	中山区	西岗区	沙河口区	甘井子区
1		1					**6**	1	3		
							4		2		
1		1					2	1	1		
							2	1	1		
							2	1	1		
2							**3**				**3**
2							2				2
1							2				2
1											
							1				1
							1				1
	1	**1**		**3**		**1**	**3**	**2**			
							2	1			
							2	1			
				2			1	1			
				2			1	1			
	1	1		1		1					
	1	1		1		1					
4	**6**	**4**	**8**		**6**	**7**	**8**	**1**		**2**	**1**
4	6	4	8		6	7	8	1		2	1
	1										
3		1				1	3			1	1
							1				
1	5	3	8		6	6	4	1		1	
23	**17**	**44**	**19**	**17**	**49**	**104**	**203**	**31**	**44**	**26**	**14**
1											
1											
22	17	44	19	17	49	104	203	31	44	26	14
16	9	27	11	8	35	96	96	20	17	9	3
1	1	3	1	1	1	2	26	1	8	1	3
3	4	3	3	2	2	3	23	2	9	3	3
				1		1					
							1			1	
1	1	3	2	3	10	1	42	2	5	10	5
	2	4	2	1			2	1		1	
							1		1		
1		4		1	1	1	12	5	4	1	
39	**27**	**58**	**26**	**34**	**59**	**28**	**255**	**20**	**26**	**16**	**13**
7	2	10		1	2	2	21	2	5	6	3
2	1				1		3	1		2	
4		3					4		1	2	1
1		2			1		7		1	1	2
							1				
	1	5		1		2	6	1	3	1	

3-3 续表 2

行业中类	事业法人单位数(个)	沈阳市	和平区	沈河区	大东区	皇姑区	铁西区	苏家屯区
专业技术服务业	1468	294	41	40	6	26	6	21
气象服务	106	23	1	8				2
地震服务	72	10				3		1
海洋服务	6	2	1	1				
测绘服务	54	14	1	1				
技术检测	590	96	9	10	2	8	3	11
环境监测	116	26	2	2	1	4	1	2
工程技术与规划管理	488	107	22	15	3	6	2	5
其他专业技术服务	36	16	5	3		5		
科技交流和推广服务业	1353	164	16	14	7	11	3	24
技术推广服务	1216	128	7	7	4	9	1	22
科技中介服务	105	25	6	7	2	1	2	
其他科技服务	32	11	3		1	1		2
地质勘查业	71	16	1	4		6		1
矿产地质勘查	31	7				5		1
基础地质勘查	26	4	1	3				
地质勘查技术服务	14	5		1		1		
水利、环境和公共设施管理业	**1718**	**385**	**34**	**39**	**33**	**30**	**27**	**22**
水利管理业	833	135	6	5	2	1		12
防洪管理	107	31	3	1		1		2
水资源管理	327	43	2	1	1			4
其他水利管理	399	61	1	3	1			6
环境管理业	460	141	13	14	15	23	17	3
自然保护	152	16	1		2	1		1
环境治理	308	125	12	14	13	22	17	2
公共设施管理业	425	109	15	20	16	6	10	7
市政公共设施管理	170	59	10	7	11	4	4	5
城市绿化管理	138	35	2	7	4	2	6	1
游览景区管理	117	15	3	6	1			1
居民服务和其他服务业	**324**	**58**	**18**	**4**		**3**	**3**	**2**
居民服务业	278	48	14	2		2	3	2
家庭服务	1							
托儿所	3	1					1	
理发及美容保健服务	1	1	1					
洗浴服务	2							
婚姻服务	22	6	1			2	1	
殡葬服务	171	22	1	1			1	2
其他居民服务	78	18	11	1				
其他服务业	46	10	4	2		1		
修理与维护	9	3		1				
清洁服务	4							
其他未列明的服务	33	7	4	1		1		
教育	**6161**	**1037**	**125**	**91**	**95**	**117**	**85**	**80**
教育	6161	1037	125	91	95	117	85	80
学前教育	735	72	24	6	4	16	5	7
初等教育	2066	345	33	27	34	33	38	31
中等教育	2274	367	33	28	37	32	30	24
高等教育	177	54	7	4	3	10	2	5
其他教育	909	199	28	26	17	26	10	13

东陵区	沈北新区	于洪区	辽中县	康平县	法库县	新民市	大连市	中山区	西岗区	沙河口区	甘井子区
21	14	26	16	24	32	21	111	15	11	10	3
2	2		1	3	3	1	14	5			
1	1		1	1	1	1	10	3			
1	2	7		1		1	1			1	
8	2	7	5	10	13	8	47	4	6	3	2
1	1	5	2	2	2	1	13	1	1	2	
7	5	7	6	7	13	9	21	1	4	4	
1	1		1				5	1			1
11	10	21	9	8	25	5	121	3	10		6
9	5	19	9	8	23	5	110	1	5		4
1	3	1			2		10	2	5		2
1	2	1					1				
	1	1	1	1			2				1
				1							
							2				1
	1	1	1								
31	**28**	**40**	**18**	**11**	**39**	**33**	**154**	**9**	**15**	**9**	**7**
10	16	6	13	7	32	25	79	3	1		
1	1	1	3	6		12	1				
3	1	2	5		16	8	33	1	1		
6	14	3	5	1	16	5	45	2			
15	5	25	2	3	3	3	31	1	5	3	2
3	1	3	1	2	1		10		1	1	
12	4	22	1	1	2	3	21	1	4	2	2
6	7	9	3	1	4	5	44	5	9	6	5
1	5	4	2	1	2	3	21	2	7	3	2
4	1	5	1		1	1	18	3	2	2	3
1	1				1	1	5			1	
4	**2**	**10**	**2**	**2**	**1**	**7**	**60**	**10**	**8**	**10**	**7**
3	2	8	2	2	1	7	57	10	8	10	7
							1		1		
			1			1	1	1			
2	2	6	1	2	1	3	17	3	1	1	1
1		2				3	38	6	6	9	6
1		2					3				
		2									
							1				
1							2				
88	**53**	**92**	**45**	**50**	**59**	**57**	**958**	**66**	**83**	**88**	**180**
88	53	92	45	50	59	57	958	66	83	88	180
2	1	1	2	1	1	2	95	12	15	2	4
27	22	39	8	19	20	14	317	23	24	31	54
38	15	29	28	21	23	29	311	16	17	35	36
8	5	7				3	31		4	5	8
13	10	16	7	9	15	9	204	15	23	15	78

3-3 续表 3

行业中类	事业法人单位数(个)	沈阳市	和平区	沈河区	大东区	皇姑区	铁西区	苏家屯区
卫生、社会保障和社会福利业	**4318**	**687**	**64**	**41**	**44**	**50**	**40**	**34**
卫生	3309	532	52	28	37	34	32	30
医院	641	148	24	13	19	15	10	6
卫生院及社区医疗活动	1052	147	9	7	9	5	12	12
门诊部医疗活动	502	56	5	1	1	4	3	
计划生育技术服务活动	320	51	1	2	2	2	2	2
妇幼保健活动	132	18	2	1	1	2	1	1
专科疾病防治活动	76	13	1		2	2	1	2
疾病预防控制及防疫活动	509	82	5	3	1	4	2	6
其他卫生活动	77	17	5	1	2		1	1
社会保障业	383	44	3	3	3	3	1	
社会保障业	383	44	3	3	3	3	1	
社会福利业	626	111	9	10	4	13	7	4
提供住宿的社会福利	475	85	3	4	2	10	3	4
不提供住宿的社会福利	151	26	6	6	2	3	4	
文化、体育和娱乐业	**1536**	**278**	**62**	**33**	**22**	**30**	**11**	**13**
新闻出版业	128	42	17	7	3	5	1	
新闻业	31	11		2	1		1	
出版业	97	31	17	5	2	5		
广播、电视、电影和音像业	273	40	10		1	2	1	4
广播	115	19	2					4
电视	89	14	5			1		
电影	67	7	3		1	1	1	
音像制作	2							
文化艺术业	959	156	22	23	14	21	5	7
文艺创作与表演	103	21	3	4	3	5		
艺术表演场馆	30	5	1	1	1			
图书馆与档案馆	239	50	7	6	3	6	3	3
文物及文化保护	58	11		1	1	2		
博物馆	52	7	1	4	1			
烈士陵园、纪念馆	30	4	1					
群众文化活动	398	43	8	5	4	4	1	3
文化艺术经纪代理	4	2	1			1		
其他文化艺术	45	13		2	1	3	1	1
体育	140	27	9	2	1	1	2	2
体育组织	36	9	5				1	
体育场馆	38	7		1	1	1		1
其他体育	66	11	4	1			1	1
娱乐业	36	13	4	1	3	1	2	
室内娱乐活动	8	6			2	1	1	
游乐园	3							
休闲健身娱乐活动	10	4	3		1			
其他娱乐活动	15	3	1	1			1	
公共管理和社会组织	**6321**	**1078**	**131**	**171**	**49**	**64**	**33**	**76**
中国共产党机关	54	7						
中国共产党机关	54	7						
国家机构	6262	1067	131	167	49	64	33	76
国家权力机构	7							
国家行政机构	6210	1061	131	167	48	64	33	75
人民法院和人民检察院	11	1			1			
其他国家机构	34	5						1
人民政协和民主党派	5	4		4				
人民政协	1	1		1				
民主党派	4	3		3				

东陵区	沈北新区	于洪区	辽中县	康平县	法库县	新民市	大连市	中山区	西岗区	沙河口区	甘井子区
51	**27**	**54**	**43**	**75**	**105**	**59**	**404**	**39**	**39**	**27**	**31**
46	25	45	34	44	88	37	281	23	22	24	24
13	3	12	12	5	3	13	70	11	7	10	11
13	12	10	11	12	20	15	109	4	4	2	6
4	2	1	1	14	19	1	37	1	1	3	2
10	3	1	4		19	3	17	2	5	3	1
1	1	2	1	2	1	2	13	1	1	2	2
	1			2	2		4				
5	3	18	4	6	23	2	22	3	3	2	2
		1	1	3	1	1	9	1	1	2	
1	1	1	2	20	2	4	75	2	10	1	
1	1	1	2	20	2	4	75	2	10	1	
4	1	8	7	11	15	18	48	14	7	2	7
3		7	7	11	14	17	23	3	1	1	2
1	1	1			1	1	25	11	6	1	5
14	**11**	**21**	**7**	**15**	**28**	**11**	**185**	**16**	**28**	**15**	**6**
2		5			1	1	11	1	4	2	
1		4			1	1					
1		1					11	1	4	2	
2	3	2	2	3	9	1	16			2	
1	1	1		1	8	1	7			1	
1	1	1	2	2	1		8			1	
	1						1				
9	6	11	3	11	17	7	127	9	17	7	5
1		2		2	1		9	3	5		
				1	1						
4	3	2	2	4	3	4	30	3	5	3	3
2		2		2	1		1				
		1					11	1	1	2	
		1			1	1	3				
2	1	2	1	1	9	2	69	1	6	2	2
	2	1		1	1		4	1			
1	1	3	2	1		2	25	3	7	4	1
		3					9	1	3	2	
1			1			1	7	1	2	1	
	1		1	1		1	9	1	2	1	1
	1				1		6	3			
	1				1						
							1	1			
							4	1			
							1	1			
79	**65**	**137**	**35**	**52**	**154**	**32**	**550**	**68**	**53**	**45**	**57**
	2	2		2		1	8	2			3
	2	2		2		1	8	2			3
79	63	135	35	50	154	31	542	66	53	45	54
77	63	135	33	50	154	31	527	60	53	41	52
2			2				15	6		4	2

3-3 续表 4

行业中类	旅顺口区	金州区	长海县	瓦房店市	普兰店市	庄河市	鞍山市	铁东区
总　计	**197**	**379**	**71**	**285**	**376**	**386**	**2188**	**389**
农、林、牧、渔业								
林业								
林木的培育和种植								
畜牧业								
其他畜牧业								
农、林、牧、渔服务业								
农业服务业								
制造业								
印刷业和记录媒介的复制								
印刷								
非金属矿物制品业								
石墨及其他非金属矿物制品制造								
交通运输设备制造业								
汽车制造								
工艺品及其他制造业								
其他未列明的制造业								
电力、燃气及水的生产和供应业					**1**			
电力、热力的生产和供应业								
热力生产和供应								
燃气生产和供应业								
燃气生产和供应业								
水的生产和供应业					1			
自来水的生产和供应					1			
建筑业								
房屋和土木工程建筑业								
土木工程建筑								
交通运输、仓储和邮政业		**4**	**4**	**2**	**4**	**2**	**26**	**6**
道路运输业		3	3	2	4	2	21	5
公路旅客运输								
道路货物运输								
道路运输辅助活动		3	3	2	4	2	21	5
城市公共交通业							1	1
公共电汽车客运								
出租车客运							1	1
其他城市公共交通								
水上运输业		1	1				2	
水上旅客运输								
水上运输辅助活动		1	1				2	
航空运输业							2	
通用航空服务							2	
航空运输辅助活动								
装卸搬运和其他运输服务业								
运输代理服务								
仓储业								
谷物、棉花等农产品仓储								
其他仓储								
信息传输、计算机服务和软件业		**3**	**1**	**2**	**1**	**2**	**10**	**6**
电信和其他信息传输服务业		2		2	1	2	5	3
电信							2	2
互联网信息服务							1	1
广播电视传输服务		2		2	1	2	2	
卫星传输服务								

铁西区	立山区	千山区	台安县	岫岩满族自治县	海城市	抚顺市	新抚区	东洲区	望花区	顺城区
148	**135**	**228**	**405**	**534**	**349**	**1229**	**175**	**139**	**126**	**353**
	1	**7**	**8**	**1**	**3**	**15**	**1**	**3**		**7**
	1	6	6	1	2	12	1	3		5
	1	6	6	1	2	12	1	3		5
						1				1
						1				1
		1	1							
		1	1							
			1		1					
			1		1					
						2				1
						2				1
2		**1**			**1**	**11**		**1**	**2**	**8**
1					1	8		1	2	5
						1				1
1					1	7		1	2	4

3-3 续表 5

行业中类	旅顺口区	金州区	长海县	瓦房店市	普兰店市	庄河市	鞍山市	铁东区
计算机服务业		1	1				4	2
计算机系统服务		1	1				3	2
数据处理								
计算机维修								
其他计算机服务							1	
软件业							1	1
公共软件服务							1	1
其他软件服务								
住宿和餐饮业							**1**	
住宿业								
旅游饭店								
一般旅馆								
其他住宿服务								
餐饮业							1	
正餐服务							1	
其他餐饮服务								
金融业					**1**		**7**	**3**
银行业							1	1
中央银行							1	1
证券业					1			
证券市场管理					1			
证券投资								
保险业								
保险辅助服务								
其他金融活动							6	2
金融信托与管理								
财务公司								
其他未列明的金融活动							6	2
房地产业		**1**				**3**	**52**	**20**
房地产业		1				3	52	20
房地产开发经营								
物业管理						1	32	15
房地产中介服务						1	3	
其他房地产活动		1				1	17	5
租赁和商务服务业	**9**	**22**	**4**	**6**	**13**	**34**	**214**	**69**
租赁业								
机械设备租赁								
商务服务业	9	22	4	6	13	34	214	69
企业管理服务	1	18		1	2	25	134	31
法律服务	4	1	1	3	3	1	13	4
咨询与调查					2	4	34	18
广告业							1	
知识产权服务								
职业中介服务	3	3	3	1	6	4	16	9
市场管理							9	2
旅行社								
其他商务服务	1			1			7	5
科学研究、技术服务和地质勘查业	**19**	**42**	**10**	**10**	**50**	**49**	**246**	**57**
研究与试验发展	2	1		1	1		12	4
自然科学研究与试验发展							1	
工程和技术研究与试验发展							4	3
农业科学研究与试验发展	2			1			4	
医学研究与试验发展					1		1	
社会人文科学研究与试验发展		1					2	1

铁西区	立山区	千山区	台安县	岫岩满族自治县	海城市	抚顺市	新抚区	东洲区	望花区	顺城区
1		1				2				2
1						2				2
		1								
						1				1
						1				1
	1					**3**		**1**		**2**
						3		1		2
						1		1		
						2				2
	1									
	1									
1	**1**	**2**				**1**				**1**
						1				1
						1				1
1	1	2								
1	1	2								
16	**1**	**4**		**1**	**10**	**10**	**3**		**1**	**2**
16	1	4		1	10	10	3		1	2
14	1	1			1	1			1	
					3	1	1			
2		3		1	6	8	2			2
19	**16**	**23**	**18**	**40**	**29**	**118**	**15**	**9**	**10**	**25**
19	16	23	18	40	29	118	15	9	10	25
15	14	13	14	36	11	83	9	4	3	14
2		1	1	2	3	13		3	2	5
	1	5	1	1	8	8	3		2	2
			1							
						1				1
2	1	3			1	7	1	2	1	2
		1		1	5	5	1		2	1
			1		1	1	1			
8	**8**	**30**	**65**	**41**	**37**	**107**	**9**	**6**	**6**	**44**
	1	3	2	1	1	9	1		1	4
			1			2				1
		1				1				1
		1	1	1	1	4	1		1	
	1									
		1				2				2

3-3 续表 6

行业中类	旅顺口区	金州区	长海县	瓦房店市	普兰店市	庄河市	鞍山市	铁东区
专业技术服务业	13	16	7	7	15	14	121	31
气象服务	1	1	1	1	3	2	6	1
地震服务	1	2	1	2		1	5	2
海洋服务								
测绘服务							4	
技术检测	5	4	4	4	9	6	51	12
环境监测	2	2	1		3	1	10	3
工程技术与规划管理	3	5				4	43	11
其他专业技术服务	1	2					2	2
科技交流和推广服务业	4	24	3	2	34	35	101	13
技术推广服务	4	23	2	2	34	35	86	6
科技中介服务			1				10	4
其他科技服务		1					5	3
地质勘查业		1					12	9
矿产地质勘查							7	6
基础地质勘查		1						
地质勘查技术服务							5	3
水利、环境和公共设施管理业	**10**	**20**	**1**	**15**	**35**	**33**	**139**	**23**
水利管理业		12		12	29	22	56	6
防洪管理					1		13	1
水资源管理		9		10	8	4	13	2
其他水利管理		3		2	20	18	30	3
环境管理业	6	2		1	3	8	29	6
自然保护	4	1				3	9	1
环境治理	2	1		1	3	5	20	5
公共设施管理业	4	6	1	2	3	3	54	11
市政公共设施管理	2	1	1	1	1	1	8	1
城市绿化管理	2	3		1	1	1	17	4
游览景区管理		2			1	1	29	6
居民服务和其他服务业	**3**	**7**	**1**	**4**	**9**	**1**	**35**	**3**
居民服务业	2	6		4	9	1	19	2
家庭服务								
托儿所							1	
理发及美容保健服务								
洗浴服务								
婚姻服务							1	
殡葬服务	2	2		3	3	1	15	1
其他居民服务		4		1	6		2	1
其他服务业	1	1	1				16	1
修理与维护								
清洁服务	1							
其他未列明的服务		1	1				16	1
教育	**51**	**134**	**20**	**143**	**86**	**107**	**697**	**68**
教育	51	134	20	143	86	107	697	68
学前教育	6	22	1	32	1		301	4
初等教育	16	50	6	47	29	37	148	20
中等教育	18	44	9	51	46	39	182	17
高等教育	6	4	2	1		1	8	3
其他教育	5	14	2	12	10	30	58	24

铁西区	立山区	千山区	台安县	岫岩满族自治县	海城市	抚顺市	新抚区	东洲区	望花区	顺城区
4	7	9	21	27	22	59	4	2	4	32
			1	2	2	4				2
			1	1	1	2				2
			1	3		2				
3	7	3	5	11	10	27			3	17
1		2		2	2	9	3	1	1	4
		4	13	8	7	15	1	1		7
2		18	42	13	13	36	3	3	1	7
1		13	40	13	13	33	1	3	1	6
1		5				1	1			
			2			2	1			1
2					1	3	1	1		1
					1	1				1
						2	1	1		
2										
5	**7**	**32**	**34**	**19**	**19**	**81**	**8**	**6**	**3**	**15**
		5	28	6	11	51	1		1	8
			7	1	4	3				1
		3	3		5	29	1			3
		2	18	5	2	19			1	4
2	3	4	4	5	5	13	2	2	1	3
			3	3	2	3				
2	3	4	1	2	3	10	2	2	1	3
3	4	23	2	8	3	17	5	4	1	4
1	1			3	2	4	2			1
1	2	5	2	2	1	7	2	1	1	1
1	1	18		3		6	1	3		2
2		**4**	**17**	**2**	**7**	**9**	**1**	**1**	**1**	**4**
		4	5	1	7	9	1	1	1	4
			1							
			1			1				1
		4	2	1	7	8	1	1	1	3
			1							
2			12	1						
2			12	1						
40	**42**	**57**	**149**	**237**	**104**	**320**	**38**	**57**	**48**	**67**
40	42	57	149	237	104	320	38	57	48	67
9		1	111	174	2	9	3			2
14	18	19	20	25	32	134	13	28	19	22
13	19	23	13	32	65	137	11	26	24	28
1		3	1			7	1		3	3
3	5	11	4	6	5	33	10	3	2	12

3-3 续表 7

行业中类	旅顺口区	金州区	长海县	瓦房店市	普兰店市	庄河市	鞍山市	铁东区
卫生、社会保障和社会福利业	**29**	**37**	**10**	**37**	**86**	**69**	**276**	**37**
卫生	19	31	7	28	63	40	172	23
医院	5	10	1	3	8	4	57	11
卫生院及社区医疗活动	9	13	4	13	23	31	63	1
门诊部医疗活动				4	26		1	
计划生育技术服务活动	2	1		1	2		11	1
妇幼保健活动	1	2	1	1	1	1	10	2
专科疾病防治活动		1		1	1	1	6	
疾病预防控制及防疫活动	2	3	1	4	1	1	15	4
其他卫生活动		1		1	1	2	9	4
社会保障业	5	3	3	3	21	27	28	3
社会保障业	5	3	3	3	21	27	28	3
社会福利业	5	3		6	2	2	76	11
提供住宿的社会福利	5	2		6	2	1	61	6
不提供住宿的社会福利		1				1	15	5
文化、体育和娱乐业	**15**	**28**	**5**	**7**	**31**	**34**	**124**	**37**
新闻出版业	1	1		1		1	4	2
新闻业							1	
出版业	1	1		1		1	3	2
广播、电视、电影和音像业	1	10		1	1	1	21	2
广播		6					3	
电视	1	3		1	1	1	11	1
电影		1					7	1
音像制作								
文化艺术业	11	12	5	4	27	30	83	23
文艺创作与表演						1	3	3
艺术表演场馆							5	3
图书馆与档案馆	3	3	2	3	2	3	20	7
文物及文化保护		1					4	2
博物馆	4	1		1	1		3	2
烈士陵园、纪念馆	2	1					1	1
群众文化活动	2	6	2		23	25	47	5
文化艺术经纪代理								
其他文化艺术			1		1	1		
体育	2	3		1	2	2	13	7
体育组织	2	1						
体育场馆		1			1	1	2	2
其他体育		1		1	1	1	11	5
娱乐业		2			1		3	3
室内娱乐活动								
游乐园							1	1
休闲健身娱乐活动		2			1			
其他娱乐活动							2	2
公共管理和社会组织	**61**	**81**	**15**	**59**	**59**	**52**	**361**	**60**
中国共产党机关	2	1					2	1
中国共产党机关	2	1					2	1
国家机构	59	80	15	59	59	52	359	59
国家权力机构							4	2
国家行政机构	59	77	15	59	59	52	349	55
人民法院和人民检察院							4	
其他国家机构		3					2	2
人民政协和民主党派								
人民政协								
民主党派								

铁西区	立山区	千山区	台安县	岫岩满族自治县	海城市	抚顺市	新抚区	东洲区	望花区	顺城区
27	**16**	**23**	**41**	**80**	**52**	**162**	**21**	**17**	**28**	**25**
15	14	17	31	53	19	136	14	11	25	22
7	8	7	10	3	11	31	6	5	3	8
4	1	4	7	46		59		3	14	3
			1			11	3		3	2
1	1		7		1	4	1			2
1	1	1	2	1	2	10	2	1	1	3
		2	3		1	6			1	
2	2	2	1	2	2	13	1	2	3	3
	1	1		1	2	2	1			1
10	1	3	2	3	6	14	3	2	1	2
10	1	3	2	3	6	14	3	2	1	2
2	1	3	8	24	27	12	4	4	2	1
		2	8	22	23	8	1	4	2	
2	1	1		2	4	4	3			1
8	**5**	**5**	**18**	**37**	**14**	**54**	**14**	**5**	**5**	**17**
			1	1		7	1			5
			1			3	1			2
				1		4				3
	1	2	3	6	7	1				1
			1	1	1	1				1
		1		3	6					
	1	1	2	2						
7	3	2	13	29	6	38	12	5	4	6
						1				1
1					1	3	3			
2	2	1	2	3	3	6		2		2
			1		1	5	1			
				1		1		1		
						1			1	
4	1	1	10	25	1	21	8	2	3	3
1	1	1	1	1	1	7	1		1	4
						2			1	1
						3	1			2
1	1	1	1	1	1	2				1
						1				1
						1				1
20	**37**	**40**	**55**	**76**	**73**	**338**	**65**	**33**	**22**	**136**
		1				4	3			
		1				4	3			
20	37	39	55	76	73	333	61	33	22	136
					2	1	1			
20	33	39	55	76	71	329	58	33	22	135
	4					2	1			1
						1	1			
						1	1			
						1	1			

3-3 续表 8

行业中类								
	抚顺县	新宾满族自治县	清原满族自治县	本溪市	平山区	溪湖区	明山区	南芬区
总　计	**64**	**170**	**202**	**1028**	**243**	**106**	**250**	**98**
农、林、牧、渔业				**2**				
林业				2				
林木的培育和种植				2				
畜牧业								
其他畜牧业								
农、林、牧、渔服务业								
农业服务业								
制造业								
印刷业和记录媒介的复制								
印刷								
非金属矿物制品业								
石墨及其他非金属矿物制品制造								
交通运输设备制造业								
汽车制造								
工艺品及其他制造业								
其他未列明的制造业								
电力、燃气及水的生产和供应业								
电力、热力的生产和供应业								
热力生产和供应								
燃气生产和供应业								
燃气生产和供应业								
水的生产和供应业								
自来水的生产和供应								
建筑业								
房屋和土木工程建筑业								
土木工程建筑								
交通运输、仓储和邮政业		**1**	**3**	**5**			**1**	
道路运输业		1	2	5			1	
公路旅客运输								
道路货物运输								
道路运输辅助活动		1	2	5			1	
城市公共交通业								
公共电汽车客运								
出租车客运								
其他城市公共交通								
水上运输业								
水上旅客运输								
水上运输辅助活动								
航空运输业								
通用航空服务								
航空运输辅助活动								
装卸搬运和其他运输服务业								
运输代理服务								
仓储业			1					
谷物、棉花等农产品仓储								
其他仓储			1					
信息传输、计算机服务和软件业				**7**	**1**	**2**	**1**	
电信和其他信息传输服务业				6	1	1	1	
电信								
互联网信息服务				2	1			
广播电视传输服务				4		1	1	
卫星传输服务								

本溪满族自治县	桓仁满族自治县	丹东市	元宝区	振兴区	振安区	宽甸满族自治县	东港市	凤城市	锦州市	古塔区
145	**186**	**2158**	**129**	**355**	**193**	**557**	**540**	**384**	**1955**	**249**
1	**1**									
1	1									
1	1									
									1	
									1	
									1	
		2					**2**		**4**	
		1					1			
		1					1			
		1					1		4	
		1					1		4	
2	**2**	**34**		**7**	**3**	**6**	**12**	**6**	**22**	
2	2	30		7	2	4	11	6	21	
		1		1					1	
2	2	29		6	2	4	11	6	20	
		3			1	1	1			
		3			1	1	1			
		1				1			1	
									1	
		1				1				
1	**2**	**45**	**4**	**5**	**8**	**15**	**5**	**8**	**9**	**1**
1	2	43	3	4	8	15	5	8	9	1
	1	1		1					2	1
1	1	42	3	3	8	15	5	8	7	

3-3 续表 9

行业中类	抚顺县	新宾满族自治县	清原满族自治县	本溪市	平山区	溪湖区	明山区	南芬区
计算机服务业				1		1		
计算机系统服务				1		1		
数据处理								
计算机维修								
其他计算机服务								
软件业								
公共软件服务								
其他软件服务								
住宿和餐饮业				**1**	**1**			
住宿业								
旅游饭店								
一般旅馆								
其他住宿服务								
餐饮业				1	1			
正餐服务								
其他餐饮服务				1	1			
金融业				**4**	**1**	**1**	**2**	
银行业				2			2	
中央银行				2			2	
证券业								
证券市场管理								
证券投资								
保险业								
保险辅助服务								
其他金融活动				2	1	1		
金融信托与管理								
财务公司								
其他未列明的金融活动				2	1	1		
房地产业		**3**	**1**	**7**	**3**	**1**	**2**	
房地产业		3	1	7	3	1	2	
房地产开发经营								
物业管理				6	3	1	2	
房地产中介服务								
其他房地产活动		3	1	1				
租赁和商务服务业	**11**	**16**	**32**	**64**	**24**	**9**	**17**	**4**
租赁业								
机械设备租赁								
商务服务业	11	16	32	64	24	9	17	4
企业管理服务	11	12	30	22	8	2	9	1
法律服务		1	2	13	5	1	2	2
咨询与调查		1		9	4	1	1	
广告业								
知识产权服务								
职业中介服务		1		6		3	3	
市场管理		1		9	4	2	2	1
旅行社								
其他商务服务				5	3			
科学研究、技术服务和地质勘查业		**19**	**23**	**106**	**23**	**4**	**30**	**4**
研究与试验发展		1	2	15	4		6	
自然科学研究与试验发展			1					
工程和技术研究与试验发展				5	2		2	
农业科学研究与试验发展		1	1	8	1		3	
医学研究与试验发展				1			1	
社会人文科学研究与试验发展				1	1			

本溪满族自治县	桓仁满族自治县	丹东市	元宝区	振兴区	振安区	宽甸满族自治县	东港市	凤城市	锦州市	古塔区
		1		1						
		1		1						
		1	1							
		1	1							
		1						**1**	**5**	
		1						1	5	
									3	
		1						1	2	
		5	**1**	**3**	**1**				**9**	**2**
									1	
									1	
		2		1	1					
		2		1	1					
		3	1	2					8	2
		3	1	2					8	2
1		**4**		**2**	**1**			**1**	**21**	
1		4		2	1			1	21	
		2		2					6	
1		2			1			1	15	
6	**4**	**239**	**11**	**40**	**16**	**68**	**47**	**57**	**128**	**13**
6	4	239	11	40	16	68	47	57	128	13
1	1	187	7	30	11	53	35	51	11	1
2	1	17	2	5	3	1	3	3	21	9
1	2	7	1	2	1	1	1	1	81	1
		18	1	2		7	7	1	5	2
		6			1	4	1		4	
2		4		1		2		1	6	
20	**25**	**263**	**14**	**36**	**18**	**76**	**70**	**49**	**228**	**18**
2	3	9	1	4		1	1	2	14	1
									1	
1		2	1	1					3	
1	3	5		1		1	1	2	7	1
		2		2					3	

3-3 续表 10

行业中类	抚顺县	新宾满族自治县	清原满族自治县	本溪市	平山区	溪湖区	明山区	南芬区
专业技术服务业		11	6	63	12	4	16	3
气象服务		1	1	4			1	
地震服务				3			2	
海洋服务								
测绘服务		2		1			1	
技术检测		4	3	29	5	3	9	1
环境监测				5	1		2	1
工程技术与规划管理		4	2	19	6	1	1	1
其他专业技术服务				2				
科技交流和推广服务业		7	15	23	6		6	1
技术推广服务		7	15	18	4		4	1
科技中介服务				4	2		2	
其他科技服务				1				
地质勘查业				5	1		2	
矿产地质勘查								
基础地质勘查				3	1		1	
地质勘查技术服务				2			1	
水利、环境和公共设施管理业	**12**	**11**	**26**	**62**	**11**	**4**	**21**	**5**
水利管理业	12	8	21	15	1	1	5	1
防洪管理			2	3			2	
水资源管理	1	7	17	5	1		1	
其他水利管理	11	1	2	7		1	2	1
环境管理业		2	3	24	6	1	8	2
自然保护		1	2	10	3		2	1
环境治理		1	1	14	3	1	6	1
公共设施管理业		1	2	23	4	2	8	2
市政公共设施管理			1	10	4		3	1
城市绿化管理		1	1	6		1	3	1
游览景区管理				7		1	2	
居民服务和其他服务业			**2**	**18**	**2**	**1**	**4**	**1**
居民服务业			2	14	2	1	4	1
家庭服务								
托儿所								
理发及美容保健服务								
洗浴服务				1	1			
婚姻服务				1		1		
殡葬服务			2	12	1		4	1
其他居民服务								
其他服务业				4				
修理与维护								
清洁服务				1				
其他未列明的服务				3				
教育	**26**	**37**	**47**	**217**	**59**	**29**	**49**	**11**
教育	26	37	47	217	59	29	49	11
学前教育	2	2		13	4		2	1
初等教育	12	18	22	72	22	13	12	5
中等教育	12	14	22	91	19	14	19	4
高等教育				5	1		3	
其他教育		3	3	36	13	2	13	1

本溪满族自治县	桓仁满族自治县	丹东市	元宝区	振兴区	振安区	宽甸满族自治县	东港市	凤城市	锦州市	古塔区
12	16	101	6	20	4	33	23	15	114	13
1	2	6		1		2	1	2	9	3
	1	6	1	1	1	1	2		4	
		1					1			
		3				1	2		4	
6	5	32	3	7		7	9	6	57	7
	1	6	1	2	1	1	1		8	1
4	6	46	1	9	2	20	7	7	31	1
1	1	1				1			1	1
4	6	146	5	11	14	40	46	30	97	4
4	5	140	5	9	14	38	44	30	86	4
		5		1		2	2		10	
	1	1		1					1	
2		7	2	1		2		2	3	
		4	1	1		1		1	1	
1		1						1	2	
1		2	1			1				
13	**8**	**206**	**6**	**18**	**18**	**63**	**55**	**46**	**103**	**11**
5	2	98	1	4	6	30	36	21	50	
	1	1					1		6	
2	1	28	1	1	1	5	16	4	25	
3		69		3	5	25	19	17	19	
3	4	80	5	3	11	26	13	22	27	6
2	2	70	3	2	9	25	10	21	10	4
1	2	10	2	1	2	1	3	1	17	2
5	2	28		11	1	7	6	3	26	5
	2	8		3		1	4		10	3
1		8		4	1	1	1	1	10	2
4		12		4		5	1	2	6	
7	**3**	**20**	**3**	**10**	**1**	**3**	**2**	**1**	**25**	**1**
5	1	20	3	10	1	3	2	1	23	
									3	
5	1	9	1	2	1	3	1	1	18	
		11	2	8			1		2	
2	2								2	1
									1	1
	1									
2	1								1	
32	**37**	**472**	**33**	**76**	**32**	**62**	**204**	**65**	**381**	**37**
32	37	472	33	76	32	62	204	65	381	37
2	4	153	6	8		4	134	1	21	5
13	7	120	14	23	11	26	24	22	139	12
14	21	139	7	26	14	24	36	32	171	9
	1	11	2	3	2	1	2	1	9	2
3	4	49	4	16	5	7	8	9	41	9

3-3 续表 11

行业中类	抚顺县	新宾满族自治县	清原满族自治县	本溪市	平山区	溪湖区	明山区	南芬区
卫生、社会保障和社会福利业	**14**	**31**	**26**	**146**	**20**	**30**	**33**	**7**
卫生	14	28	22	117	19	23	25	7
医院	1	4	4	36	8	6	10	2
卫生院及社区医疗活动	12	13	14	45	5	11	4	2
门诊部医疗活动		2	1	3	1		1	
计划生育技术服务活动		1		8		1	4	1
妇幼保健活动		2	1	9	2	2	2	1
专科疾病防治活动		4	1	1				
疾病预防控制及防疫活动	1	2	1	11	3	2	2	1
其他卫生活动				4		1	2	
社会保障业		3	3	4		1	2	
社会保障业		3	3	4		1	2	
社会福利业			1	25	1	6	6	
提供住宿的社会福利			1	19		6	2	
不提供住宿的社会福利				6	1		4	
文化、体育和娱乐业	**1**	**5**	**7**	**52**	**13**	**4**	**8**	**3**
新闻出版业			1	3	1			
新闻业								
出版业			1	3	1			
广播、电视、电影和音像业				8	1	2		
广播				2				
电视				4		1		
电影				2	1	1		
音像制作								
文化艺术业	1	5	5	35	9	1	7	3
文艺创作与表演								
艺术表演场馆				2	2			
图书馆与档案馆		1	1	10	2	1	1	1
文物及文化保护	1	2	1					
博物馆				4	2			
烈士陵园、纪念馆				3			1	
群众文化活动		2	3	13	3		4	2
文化艺术经纪代理								
其他文化艺术				3			1	
体育			1	4	1	1	1	
体育组织				2		1	1	
体育场馆								
其他体育			1	2	1			
娱乐业				2	1			
室内娱乐活动				1				
游乐园								
休闲健身娱乐活动								
其他娱乐活动				1	1			
公共管理和社会组织		**47**	**35**	**337**	**85**	**21**	**82**	**63**
中国共产党机关		1		1				1
中国共产党机关		1		1				1
国家机构		46	35	336	85	21	82	62
国家权力机构								
国家行政机构		46	35	334	85	21	81	61
人民法院和人民检察院				2			1	1
其他国家机构								
人民政协和民主党派								
人民政协								
民主党派								

本溪满族自治县	桓仁满族自治县	丹东市	元宝区	振兴区	振安区	宽甸满族自治县	东港市	凤城市	锦州市	古塔区
21	**35**	**326**	**16**	**46**	**33**	**73**	**73**	**85**	**368**	**29**
20	23	219	14	39	20	47	41	58	267	22
7	3	32	4	10	3	3	7	5	38	9
8	15	81	5	10	6	24	19	17	75	3
1		16	2	6	1			7	7	1
1	1	38		4		1	9	24	54	1
1	1	8	1	1	2	2	1	1	9	2
	1	7		3		2	2		3	
1	2	31	1	2	8	15	2	3	76	4
1		6	1	3			1	1	5	2
	1	31	1	2	6	3	16	3	35	3
	1	31	1	2	6	3	16	3	35	3
1	11	76	1	5	7	23	16	24	66	4
1	10	74	1	5	6	23	16	23	58	2
	1	2			1			1	8	2
9	**15**	**96**	**6**	**21**	**7**	**31**	**23**	**8**	**141**	**11**
1	1	5		2		2	1		8	
		1				1			2	
1	1	4		2		1	1		6	
	5	14		4	1	2	4	3	21	2
	2	5		2		1	2		3	1
	3	4		1			2	1	11	1
		5		1	1	1		2	7	
8	7	72	5	15	5	26	17	4	103	9
		35	2	2	1	20	9	1	5	2
		5			2		2	1	2	
2	3	14	1	5	1	2	4	1	19	2
		3			1	1	1		8	1
2		2		1		1			1	1
1	1	2	1	1					5	
2	2	10	1	5		2	1	1	61	3
1	1	1		1					2	
	1	3	1				1	1	9	
									4	
		2					1	1	1	
	1	1	1						4	
	1	2			1	1				
	1	1				1				
		1			1					
32	**54**	**445**	**35**	**91**	**55**	**160**	**47**	**57**	**510**	**126**
		3	1	1		1			3	
		3	1	1		1			3	
32	54	442	34	90	55	159	47	57	507	126
									1	1
32	54	440	34	90	53	159	47	57	506	125
		2			2					

3-3 续表 12

行业中类	凌河区	太和区	黑山县	义县	凌海市	北镇市	营口市	站前区
总　　计	**290**	**294**	**392**	**324**	**227**	**179**	**1188**	**342**
农、林、牧、渔业								
林业								
林木的培育和种植								
畜牧业								
其他畜牧业								
农、林、牧、渔服务业								
农业服务业								
制造业			**1**					
印刷业和记录媒介的复制								
印刷								
非金属矿物制品业								
石墨及其他非金属矿物制品制造								
交通运输设备制造业								
汽车制造								
工艺品及其他制造业			1					
其他未列明的制造业			1					
电力、燃气及水的生产和供应业			**4**					
电力、热力的生产和供应业								
热力生产和供应								
燃气生产和供应业								
燃气生产和供应业								
水的生产和供应业			4					
自来水的生产和供应			4					
建筑业								
房屋和土木工程建筑业								
土木工程建筑								
交通运输、仓储和邮政业	**1**	**1**	**9**	**3**	**1**	**7**	**8**	**1**
道路运输业	1	1	9	3	1	6	5	
公路旅客运输	1							
道路货物运输								
道路运输辅助活动		1	9	3	1	6	5	
城市公共交通业								
公共电汽车客运								
出租车客运								
其他城市公共交通								
水上运输业							1	
水上旅客运输								
水上运输辅助活动							1	
航空运输业								
通用航空服务								
航空运输辅助活动								
装卸搬运和其他运输服务业								
运输代理服务								
仓储业						1	2	1
谷物、棉花等农产品仓储						1		
其他仓储							2	1
信息传输、计算机服务和软件业		**1**	**5**	**1**		**1**	**13**	**7**
电信和其他信息传输服务业		1	5	1		1	5	2
电信								
互联网信息服务		1					1	1
广播电视传输服务			5	1		1	4	1
卫星传输服务								

西市区	鲅鱼圈区	老边区	盖州市	大石桥市	阜新市	海州区	新邱区	太平区	清河门区	细河区
90	**190**	**147**	**217**	**202**	**1766**	**291**	**136**	**104**	**89**	**357**
					1					
					1					
					1					
	3	**3**	**1**		**15**	**1**	**2**	**1**		**5**
	1	3	1		14	1	2			5
	1	3	1		14	1	2			5
	1									
	1									
					1			1		
					1			1		
	1									
	1									
	1	**1**	**2**	**2**	**44**	**3**		**1**		**12**
	1		1	1	31			1		2
					1					1
					1					1
	1		1	1	29			1		

3-3 续表 13

行业中类	凌河区	太和区	黑山县	义县	凌海市	北镇市	营口市	站前区
计算机服务业							8	5
计算机系统服务							2	2
数据处理							3	1
计算机维修								
其他计算机服务							3	2
软件业								
公共软件服务								
其他软件服务								
住宿和餐饮业	**1**	**3**			**1**		**1**	
住宿业	1	3			1		1	
旅游饭店	1	1			1			
一般旅馆		2					1	
其他住宿服务								
餐饮业								
正餐服务								
其他餐饮服务								
金融业	**2**	**2**	**2**	**1**			**5**	**3**
银行业	1						1	1
中央银行	1						1	1
证券业							1	1
证券市场管理								
证券投资							1	1
保险业								
保险辅助服务								
其他金融活动	1	2	2	1			3	1
金融信托与管理								
财务公司								
其他未列明的金融活动	1	2	2	1			3	1
房地产业	**5**	**4**	**5**	**2**	**2**	**3**	**5**	**2**
房地产业	5	4	5	2	2	3	5	2
房地产开发经营								
物业管理	2	2		1	1			
房地产中介服务								
其他房地产活动	3	2	5	1	1	3	5	2
租赁和商务服务业	**7**	**18**	**27**	**53**	**6**	**4**	**108**	**35**
租赁业								
机械设备租赁								
商务服务业	7	18	27	53	6	4	108	35
企业管理服务	1	5	1	1	1	1	67	18
法律服务	1	2	3	3	1	2	16	5
咨询与调查	4	8	21	47			10	7
广告业								
知识产权服务								
职业中介服务		1	1		1		5	2
市场管理			1	1	2		5	1
旅行社								
其他商务服务	1	2		1	1	1	5	2
科学研究、技术服务和地质勘查业	**41**	**30**	**66**	**23**	**27**	**23**	**117**	**34**
研究与试验发展	7	3	1	1	1		14	5
自然科学研究与试验发展					1			
工程和技术研究与试验发展	2	1					6	2
农业科学研究与试验发展	4	1		1			5	
医学研究与试验发展								
社会人文科学研究与试验发展	1	1	1				3	3

西市区	鲅鱼圈区	老边区	盖州市	大石桥市	阜新市	海州区	新邱区	太平区	清河门区	细河区
		1	1	1	13	3				10
					4	1				3
			1	1	5	1				4
		1			4	1				3
		1								
		1								
		1								
	1			**1**	**3**			**1**		**2**
					1					1
					1					1
	1			1	2			1		1
	1			1	2			1		1
	2	**1**			**7**	**4**	**1**	**1**		
	2	1			7	4	1	1		
					3	1	1	1		
	2	1			4	3				
5	**12**	**14**	**9**	**33**	**322**	**63**	**26**	**19**	**6**	**56**
5	12	14	9	33	322	63	26	19	6	56
4	11	8	4	22	189	34	18	16	1	34
1	1	3	2	4	71	16	2	2	3	7
			1	2	40	8	3		1	7
					2		1			1
		2	1		4	1	1			2
				4	10	3	1		1	1
					1					1
		1	1	1	5	1		1		3
9	**13**	**9**	**28**	**24**	**229**	**34**	**9**	**7**	**2**	**63**
4	2		2	1	15	3				9
3				1	3	1				2
1	2		2		10	1				6
					2	1				1

3-3 续表 14

行业中类	凌河区	太和区	黑山县	义县	凌海市	北镇市	营口市	站前区
专业技术服务业	20	11	19	13	21	17	66	20
气象服务			1	2	2	1	4	1
地震服务	2	1		1			6	2
海洋服务								
测绘服务	1	1	1		1		4	
技术检测	7	5	11	6	10	11	20	6
环境监测	2		2	2	1		5	1
工程技术与规划管理	8	4	4	2	7	5	23	8
其他专业技术服务							4	2
科技交流和推广服务业	11	16	46	9	5	6	35	9
技术推广服务	4	15	46	7	4	6	27	5
科技中介服务	6	1		2	1		7	4
其他科技服务	1						1	
地质勘查业	3						2	
矿产地质勘查	1						2	
基础地质勘查	2							
地质勘查技术服务								
水利、环境和公共设施管理业	**10**	**13**	**35**	**17**	**8**	**9**	**52**	**9**
水利管理业	1	7	25	10	2	5	22	1
防洪管理		3	2			1	1	
水资源管理		1	20	1	2	1	16	1
其他水利管理	1	3	3	9		3	5	
环境管理业	5	2	5	3	3	3	12	2
自然保护	1		1	2	1	1	4	2
环境治理	4	2	4	1	2	2	8	
公共设施管理业	4	4	5	4	3	1	18	6
市政公共设施管理	1		4	1	1		7	2
城市绿化管理	3	1	1	1	1	1	6	1
游览景区管理		3		2	1		5	3
居民服务和其他服务业	**2**	**4**	**4**	**7**	**4**	**3**	**24**	**8**
居民服务业	2	4	4	7	3	3	22	7
家庭服务								
托儿所								
理发及美容保健服务								
洗浴服务								
婚姻服务	1	1				1	6	
殡葬服务	1	3	4	5	3	2	10	1
其他居民服务				2			6	6
其他服务业					1		2	1
修理与维护								
清洁服务								
其他未列明的服务					1		2	1
教育	**67**	**50**	**64**	**45**	**63**	**55**	**277**	**53**
教育	67	50	64	45	63	55	277	53
学前教育	5	1	4	1	3	2	8	4
初等教育	18	21	21	19	26	22	106	12
中等教育	24	21	37	21	31	28	117	17
高等教育	6	1					6	4
其他教育	14	6	2	4	3	3	40	16

西市区	鲅鱼圈区	老边区	盖州市	大石桥市	阜新市	海州区	新邱区	太平区	清河门区	细河区
3	6	5	17	15	90	17	5	2		27
	1		1	1	3					1
		1	1	2	3	1				
		1	2	1	1	1				
1	1		7	5	33	8	1	1		8
	1			3	3		1			1
	3	3	6	3	44	6	3	1		16
2					3	1				1
2	5	4	9	6	121	14	4	5	2	24
1	5	4	7	5	106	12	3	2	2	16
1			1	1	12	2		3		7
			1		3		1			1
				2	3					3
				2	3					3
3	**4**	**16**	**13**	**7**	**129**	**16**	**9**	**8**	**5**	**27**
		10	4	7	71	2	2	1	1	13
			1		4					2
		7	2	6	22	1	1	1	1	5
		3	1	1	45	1	1			6
2	1	3	4		41	12	5	6	2	9
		1	1		7	3				
2	1	2	3		34	9	5	6	2	9
1	3	3	5		17	2	2	1	2	5
	1	1	3		6		1		1	1
	2	2	1		8	1	1	1	1	2
1			1		3	1				2
	2	**3**	**7**	**4**	**19**	**2**	**1**	**2**	**2**	**5**
	2	2	7	4	13	1	1	1	2	3
					1					
	1	1	3	1	1					
	1	1	4	3	11	1	1	1	2	3
		1			6	1		1		2
					3	1				1
					2			1		
		1			1					1
35	**48**	**19**	**61**	**61**	**281**	**58**	**21**	**16**	**16**	**57**
35	48	19	61	61	281	58	21	16	16	57
1		1	1	1	16	5	1		1	2
12	26	8	22	26	89	22	13	1	9	13
14	18	7	32	29	118	15	5	10	5	18
	2				10	7				2
8	2	3	6	5	48	9	2	5	1	22

3-3 续表 15

行业中类	凌河区	太和区	黑山县	义县	凌海市	北镇市	营口市	站前区
卫生、社会保障和社会福利业	**22**	**33**	**104**	**76**	**54**	**50**	**150**	**23**
卫生	16	23	74	62	28	42	102	16
医院	4	8	5	4	4	4	26	7
卫生院及社区医疗活动	2	3	19	12	19	17	43	1
门诊部医疗活动	1			5				
计划生育技术服务活动	4	4	24	18	3		12	3
妇幼保健活动	2	1	1	1	1	1	7	2
专科疾病防治活动			1	1		1	3	1
疾病预防控制及防疫活动	2	7	23	20	1	19	8	1
其他卫生活动	1		1	1			3	1
社会保障业	5	8	5	5	4	5	19	1
社会保障业	5	8	5	5	4	5	19	1
社会福利业	1	2	25	9	22	3	29	6
提供住宿的社会福利	1		23	8	21	3	17	2
不提供住宿的社会福利		2	2	1	1		12	4
文化、体育和娱乐业	**27**	**20**	**30**	**30**	**15**	**8**	**81**	**41**
新闻出版业	2	2	1	1	1	1	6	4
新闻业	1		1				1	
出版业	1	2		1	1	1	5	4
广播、电视、电影和音像业	1	2	1	8	5	2	12	3
广播				1	1		2	1
电视			1	5	3	1	8	1
电影	1	2		2	1	1	2	1
音像制作								
文化艺术业	19	16	27	20	8	4	52	27
文艺创作与表演	1	1			1		5	3
艺术表演场馆	1				1		2	2
图书馆与档案馆	5	4	2	2	2	2	15	5
文物及文化保护	1	1	1	2	1	1	4	1
博物馆							2	1
烈士陵园、纪念馆	2	1	1		1		1	
群众文化活动	9	8	23	15	2	1	20	14
文化艺术经纪代理								
其他文化艺术		1		1			3	1
体育	5		1	1	1	1	9	5
体育组织	4						2	2
体育场馆	1						2	1
其他体育			1	1	1	1	5	2
娱乐业							2	2
室内娱乐活动								
游乐园								
休闲健身娱乐活动								
其他娱乐活动							2	2
公共管理和社会组织	**105**	**115**	**36**	**66**	**46**	**16**	**347**	**126**
中国共产党机关	1	2					3	1
中国共产党机关	1	2					3	1
国家机构	104	113	36	66	46	16	344	125
国家权力机构								
国家行政机构	104	113	36	66	46	16	343	125
人民法院和人民检察院							1	
其他国家机构								
人民政协和民主党派								
人民政协								
民主党派								

西市区	鲅鱼圈区	老边区	盖州市	大石桥市	阜新市	海州区	新邱区	太平区	清河门区	细河区
12	**17**	**15**	**55**	**28**	**296**	**26**	**27**	**17**	**10**	**35**
8	11	10	39	18	245	19	22	14	7	16
2	6	1	5	5	34	10	2	4	1	5
1	3	4	28	6	59		3	2	1	1
					16		11	2		1
1	1	3	1	3	41	2	2	2		2
2		1	1	1	10	3	1	1	1	1
			1	1	1					1
1	1	1	2	2	79	3	3	2	3	4
1			1		5	1		1	1	1
2	3	5	3	5	31	4	5	3	3	7
2	3	5	3	5	31	4	5	3	3	7
2	3		13	5	20	3				12
1	3		10	1	8					5
1			3	4	12	3				7
4	**6**	**8**	**13**	**9**	**110**	**26**	**6**	**5**	**4**	**19**
	1		1		6	3			1	
	1									
			1		6	3			1	
	1	2	4	2	27	5	3	2	1	5
				1	11	1	1	2		3
	1	1	4	1	8	2	1		1	1
		1			8	2	1			1
4	4	5	7	5	66	13	3	3	2	13
			2		4	2				1
					1	1				
2	3	2	2	1	12	2	1	1		4
1			1	1	5			1		1
				1	4	1				1
				1	1					1
1	1	2	1	1	36	7	2	1	1	3
		1	1		3				1	2
		1	1	2	9	4				1
					1					
				1	5	4				
		1	1	1	3					1
					2	1				
					1					
					1	1				
22	**81**	**57**	**28**	**33**	**310**	**58**	**34**	**26**	**44**	**76**
	1			1	3	3				
	1			1	3	3				
22	80	57	28	32	307	55	34	26	44	76
21	80	57	28	32	306	55	34	26	44	76
1					1					

3-3 续表 16

行业中类	阜新蒙古族自治县	彰武县	辽阳市	白塔区	文圣区	宏伟区	弓长岭区	太子河区
总　计	**536**	**253**	**1070**	**198**	**123**	**60**	**52**	**108**
农、林、牧、渔业		**1**						
林业								
林木的培育和种植								
畜牧业								
其他畜牧业								
农、林、牧、渔服务业		1						
农业服务业		1						
制造业								
印刷业和记录媒介的复制								
印刷								
非金属矿物制品业								
石墨及其他非金属矿物制品制造								
交通运输设备制造业								
汽车制造								
工艺品及其他制造业								
其他未列明的制造业								
电力、燃气及水的生产和供应业			**3**					
电力、热力的生产和供应业			1					
热力生产和供应			1					
燃气生产和供应业								
燃气生产和供应业								
水的生产和供应业			2					
自来水的生产和供应			2					
建筑业								
房屋和土木工程建筑业								
土木工程建筑								
交通运输、仓储和邮政业	**2**	**4**	**2**				**1**	**1**
道路运输业	2	4	2				1	1
公路旅客运输								
道路货物运输								
道路运输辅助活动	2	4	2				1	1
城市公共交通业								
公共电汽车客运								
出租车客运								
其他城市公共交通								
水上运输业								
水上旅客运输								
水上运输辅助活动								
航空运输业								
通用航空服务								
航空运输辅助活动								
装卸搬运和其他运输服务业								
运输代理服务								
仓储业								
谷物、棉花等农产品仓储								
其他仓储								
信息传输、计算机服务和软件业	**28**		**2**					**1**
电信和其他信息传输服务业	28							
电信								
互联网信息服务								
广播电视传输服务	28							
卫星传输服务								

辽阳县	灯塔市	盘锦市	双台子区	兴隆台区	大洼县	盘山县	铁岭市	银州区	清河区	铁岭县
330	**199**	**1288**	**137**	**312**	**610**	**229**	**2271**	**697**	**154**	**93**
2	**1**	**20**			**14**	**6**	**3**	**1**		**1**
1							2	1		
1							2	1		
1	1	20			14	6	1			1
1	1	20			14	6	1			1
		17	**4**	**6**	**4**	**3**	**45**	**8**	**4**	**1**
		15	3	5	4	3	40	5	4	
		15	3	5	4	3	40	5	4	
							1	1		
							1	1		
		1		1						
		1		1						
							1	1		
							1	1		
		1	1				3	1		1
							1			
		1	1				2	1		1
1		**15**	**1**	**11**	**3**		**17**	**9**		**1**
		6	1	2	3		15	8		1
							1	1		
		2		1	1		2	2		
		4	1	1	2		12	5		1

3-3 续表 17

行业中类	阜新蒙古族自治县	彰武县	辽阳市	白塔区	文圣区	宏伟区	弓长岭区	太子河区
计算机服务业			2					1
计算机系统服务								
数据处理			1					
计算机维修			1					1
其他计算机服务								
软件业								
公共软件服务								
其他软件服务								
住宿和餐饮业			**1**					
住宿业			1					
旅游饭店								
一般旅馆			1					
其他住宿服务								
餐饮业								
正餐服务								
其他餐饮服务								
金融业			**1**					**1**
银行业								
中央银行								
证券业								
证券市场管理								
证券投资								
保险业								
保险辅助服务								
其他金融活动			1					1
金融信托与管理								
财务公司								
其他未列明的金融活动			1					1
房地产业		**1**	**18**	**5**	**4**			**1**
房地产业		1	18	5	4			1
房地产开发经营								
物业管理			3	1				1
房地产中介服务								
其他房地产活动		1	15	4	4			
租赁和商务服务业	**113**	**39**	**92**	**11**	**9**	**3**	**2**	**9**
租赁业								
机械设备租赁								
商务服务业	113	39	92	11	9	3	2	9
企业管理服务	56	30	57	3	5	1	1	2
法律服务	39	2	12	3	1	1		4
咨询与调查	17	4	10	3	1			2
广告业								
知识产权服务								
职业中介服务			5		1	1		
市场管理	1	3	4	2				
旅行社								
其他商务服务			4		1		1	1
科学研究、技术服务和地质勘查业	**84**	**30**	**157**	**35**	**12**	**2**		**13**
研究与试验发展		3	20	9	3			4
自然科学研究与试验发展			2	1	1			
工程和技术研究与试验发展			2	1	1			
农业科学研究与试验发展		3	12	4				4
医学研究与试验发展			1		1			
社会人文科学研究与试验发展			3	3				

辽阳县	灯塔市	盘锦市	双台子区	兴隆台区	大洼县	盘山县	铁岭市	银州区	清河区	铁岭县
1		9		9			2	1		
							1			
1		9		9			1	1		
	1									
	1									
	1									
		1		**1**			**4**	**2**		
		1		1			1	1		
		1		1			1	1		
							3	1		
							1	1		
							2			
5	**3**	**13**	**2**	**7**	**4**		**29**	**10**		
5	3	13	2	7	4		29	10		
1							18	5		
4	3	13	2	7	4		11	5		
46	**12**	**61**	**7**	**24**	**10**	**20**	**191**	**42**	**11**	
46	12	61	7	24	10	20	191	42	11	
38	7	27	2	4	5	16	70	20	5	
3		12		9	2	1	55	7	3	
1	3	4		2	1	1	46	5	1	
		1		1						
2	1	12	4	7	1		10	6	1	
1	1	4	1	1		2	4	2	1	
1		1			1		6	2		
65	**30**	**176**	**14**	**58**	**39**	**65**	**307**	**98**	**16**	**6**
	4	11	3	7	1		23	16		
		1		1			1	1		
		3	1	2			5	5		
	4	6	2	3	1		10	5		
							3	2		
		1		1			4	3		

3-3 续表 18

行业中类	阜新蒙古族自治县	彰武县	辽阳市	白塔区	文圣区	宏伟区	弓长岭区	太子河区
专业技术服务业	18	21	72	16	6			2
气象服务	1	1	3					1
地震服务	1	1	4	3				
海洋服务								
测绘服务			3	2				
技术检测	6	9	34	5	4			1
环境监测	1		4	1				
工程技术与规划管理	9	9	22	5	2			
其他专业技术服务		1	2					
科技交流和推广服务业	66	6	62	9	2	2		7
技术推广服务	65	6	56	8		1		7
科技中介服务			6	1	2	1		
其他科技服务	1							
地质勘查业			3	1	1			
矿产地质勘查								
基础地质勘查			3	1	1			
地质勘查技术服务								
水利、环境和公共设施管理业	**45**	**19**	**56**	**13**	**5**	**1**	**3**	**4**
水利管理业	41	11	19	3	2			1
防洪管理	1	1	6	1				
水资源管理	7	6	9	1	2			1
其他水利管理	33	4	4	1				
环境管理业	3	4	16	3	2		1	1
自然保护	1	3	4		1			1
环境治理	2	1	12	3	1		1	
公共设施管理业	1	4	21	7	1	1	2	2
市政公共设施管理	1	2	7	2				
城市绿化管理		2	4	1				2
游览景区管理			10	4	1	1	2	
居民服务和其他服务业	**1**	**6**	**10**	**1**	**1**	**1**		
居民服务业	1	4	9	1	1	1		
家庭服务	1							
托儿所								
理发及美容保健服务								
洗浴服务								
婚姻服务		1	1					
殡葬服务		3	7	1		1		
其他居民服务			1		1			
其他服务业		2	1					
修理与维护		1						
清洁服务		1						
其他未列明的服务			1					
教育	**63**	**50**	**194**	**41**	**22**	**19**	**11**	**19**
教育	63	50	194	41	22	19	11	19
学前教育	3	4	12	3	2	6	1	
初等教育	21	10	70	11	11	6	3	4
中等教育	33	32	73	8	7	6	6	10
高等教育		1	6	5				1
其他教育	6	3	33	14	2	1	1	4

辽阳县	灯塔市	盘锦市	双台子区	兴隆台区	大洼县	盘山县	铁岭市	银州区	清河区	铁岭县
32	16	61	7	36	14	4	117	55	8	3
1	1	6		2	3	1	7	4		
	1	4		3	1		6	3	1	
	1						7	4		1
17	7	27	5	14	8		45	22	2	
3		6	1	4	1		7	2	2	
11	4	18	1	13	1	3	45	20	3	2
	2									
32	10	104	4	15	24	61	162	25	8	3
31	9	99	4	11	24	60	153	19	7	2
1	1	4		3		1	6	4		1
		1		1			3	2	1	
1							5	2		
							2			
1							3	2		
13	**17**	**74**	**10**	**17**	**24**	**23**	**120**	**18**	**14**	**4**
6	7	49	5	8	16	20	88	12	7	2
5		8	1	4	2	1	19	5	2	
1	4	36	4	3	10	19	26	4	3	2
	3	5		1	4		43	3	2	
3	6	10	1	5	3	1	12	3	2	1
1	1	2	1	1			2	1	1	
2	5	8		4	3	1	10	2	1	1
4	4	15	4	4	5	2	20	3	5	1
1	4	7	1	2	3	1	11	1	3	1
1		4		2	1	1	8	1	2	
2		4	3		1		1	1		
3	**4**	**6**		**1**	**3**	**2**	**18**	**5**	**4**	**1**
3	3	6		1	3	2	17	5	4	1
	1									
3	2	6		1	3	2	17	5	4	1
	1						1			
							1			
	1									
34	**48**	**139**	**35**	**46**	**39**	**19**	**408**	**104**	**18**	**31**
34	48	139	35	46	39	19	408	104	18	31
		5	2	2	1		13	7	1	
18	17	38	14	10	7	7	159	29	7	12
8	28	58	10	12	26	10	167	28	6	17
		6	2	2	2		6	5		
8	3	32	7	20	3	2	63	35	4	2

3-3 续表 19

行业中类	阜新蒙古族自治县	彰武县	辽阳市	白塔区	文圣区	宏伟区	弓长岭区	太子河区
卫生、社会保障和社会福利业	**115**	**66**	**111**	**11**	**18**	**5**	**6**	**12**
卫生	110	57	83	7	14	4	5	8
医院	6	6	21	2	8	1	1	1
卫生院及社区医疗活动	30	22	32	2		1		3
门诊部医疗活动	2							
计划生育技术服务活动	33		7		1		1	1
妇幼保健活动	2	1	8	2	1	1	1	1
专科疾病防治活动			2					
疾病预防控制及防疫活动	37	27	10	1	3	1	2	
其他卫生活动		1	3		1			2
社会保障业	4	5	8	1				3
社会保障业	4	5	8	1				3
社会福利业	1	4	20	3	4	1	1	1
提供住宿的社会福利	1	2	10	2	1	1	1	
不提供住宿的社会福利		2	10	1	3			1
文化、体育和娱乐业	**38**	**12**	**73**	**13**	**12**	**5**	**3**	**13**
新闻出版业	1	1	7	3				1
新闻业			1	1				
出版业	1	1	6	2				1
广播、电视、电影和音像业	8	3	15	2			1	3
广播	3	1	6					1
电视	2	1	3				1	1
电影	3	1	6	2				1
音像制作								
文化艺术业	26	6	44	7	12	3	2	5
文艺创作与表演	1							
艺术表演场馆			2	1				1
图书馆与档案馆	2	2	15	2	5	1	1	1
文物及文化保护	2	1	2					1
博物馆	2		5	1	3			1
烈士陵园、纪念馆			2		1	1		
群众文化活动	19	3	12	2	3		1	
文化艺术经纪代理								
其他文化艺术			6	1		1		1
体育	2	2	7	1		2		4
体育组织	1		3	1		1		1
体育场馆		1	1					1
其他体育	1	1	3			1		2
娱乐业	1							
室内娱乐活动								
游乐园								
休闲健身娱乐活动	1							
其他娱乐活动								
公共管理和社会组织	**47**	**25**	**350**	**68**	**40**	**24**	**26**	**34**
中国共产党机关			3	2		1		
中国共产党机关			3	2		1		
国家机构	47	25	347	66	40	23	26	34
国家权力机构			1			1		
国家行政机构	46	25	346	66	40	22	26	34
人民法院和人民检察院	1							
其他国家机构								
人民政协和民主党派								
人民政协								
民主党派								

辽阳县	灯塔市	盘锦市	双台子区	兴隆台区	大洼县	盘山县	铁岭市	银州区	清河区	铁岭县
31	**28**	**453**	**15**	**27**	**358**	**53**	**391**	**66**	**18**	**34**
24	21	392	12	11	334	35	325	50	12	29
3	5	18	6	2	4	6	36	11	1	2
16	10	27			17	10	105	5	5	13
		294			294		55	6		
2	2	8	2	3	3		51	8	1	
1	1	2		1		1	11	3	2	
1	1	2	2				13	6		
1	2	38	1	3	16	18	50	8	3	14
		3	1	2			4	3		
4		21	2	9	6	4	17	8	1	
4		21	2	9	6	4	17	8	1	
3	7	40	1	7	18	14	49	8	5	5
	5	33	1	3	15	14	41	5	4	5
3	2	7		4	3		8	3	1	
17	**10**	**82**	**13**	**26**	**27**	**16**	**132**	**47**	**10**	**1**
2	1	5		3	1	1	8	6	1	
		3		2		1	2	1	1	
2	1	2		1	1		6	5		
7	2	19	7	3	6	3	60	10	3	1
5		6	1	1	1	3	43	3	2	1
	1	5	2	1	2		6	2	1	
2	1	8	4	1	3		9	4		
							2	1		
8	7	51	6	15	18	12	50	23	5	
		4		3	1		7	3		
							1			
3	2	11	2	6	3		15	6	2	
1		1			1		3	1		
							1	1		
							2	2		
4	2	33	3	5	13	12	14	7	2	
							2	1		
	3	2	1	1			5	2	1	
		6		4	2		13	8	1	
		1		1			3	2		
		3		2	1		3	2		
		2		1	1		7	4	1	
		1		1			1			
							1			
		1		1						
113	**45**	**231**	**36**	**88**	**85**	**22**	**606**	**287**	**59**	**13**
		3		2	1		5	1	3	
		3		2	1		5	1	3	
113	45	228	36	86	84	22	601	286	56	13
113	45	227	36	85	84	22	593	278	56	13
		1		1			8	8		

3-3 续表 20

行业中类	西丰县	昌图县	调兵山市	开原市	朝阳市	双塔区	龙城区	朝阳县
总　　计	**187**	**721**	**186**	**233**	**1904**	**491**	**63**	**103**
农、林、牧、渔业								
林业								
林木的培育和种植								
畜牧业								
其他畜牧业								
农、林、牧、渔服务业								
农业服务业								
制造业								
印刷业和记录媒介的复制								
印刷								
非金属矿物制品业								
石墨及其他非金属矿物制品制造								
交通运输设备制造业								
汽车制造								
工艺品及其他制造业								
其他未列明的制造业								
电力、燃气及水的生产和供应业	**1**				**6**			
电力、热力的生产和供应业	1				4			
热力生产和供应	1				4			
燃气生产和供应业								
燃气生产和供应业								
水的生产和供应业					2			
自来水的生产和供应					2			
建筑业								
房屋和土木工程建筑业								
土木工程建筑								
交通运输、仓储和邮政业	**5**	**24**	**3**		**13**			
道路运输业	5	24	2		11			
公路旅客运输								
道路货物运输								
道路运输辅助活动	5	24	2		11			
城市公共交通业								
公共电汽车客运								
出租车客运								
其他城市公共交通								
水上运输业								
水上旅客运输								
水上运输辅助活动								
航空运输业								
通用航空服务								
航空运输辅助活动								
装卸搬运和其他运输服务业								
运输代理服务								
仓储业			1		2			
谷物、棉花等农产品仓储			1		1			
其他仓储					1			
信息传输、计算机服务和软件业	**2**	**3**	**1**	**1**	**16**	**5**	**2**	
电信和其他信息传输服务业	2	3		1	12	5		
电信								
互联网信息服务					2			
广播电视传输服务	2	3		1	10	5		
卫星传输服务								

建平县	喀喇沁左翼蒙古族自治县	北票市	凌源市	葫芦岛市	连山区	龙港区	南票区	绥中县	建昌县	兴城市
226	**189**	**584**	**248**	**1184**	**173**	**256**	**50**	**220**	**213**	**272**
				1				**1**		
				1				1		
				1				1		
1		**5**		**1**				**1**		
		4								
		4								
1		1		1				1		
1		1		1				1		
6	**2**	**2**	**3**	**9**	**1**	**1**	**1**	**1**	**3**	**2**
5	2	2	2	7	1		1	1	3	1
5	2	2	2	7	1		1	1	3	1
				2		1				1
				1						1
				1		1				
1			1							
1										
			1							
2	**1**	**5**	**1**	**12**		**8**		**1**	**3**	
1	1	4	1	11		7		1	3	
	1	1		4		4				
1		3	1	7		3		1	3	

3-3 续表 21

行业中类	西丰县	昌图县	调兵山市	开原市	朝阳市	双塔区	龙城区	朝阳县
计算机服务业			1		1		1	
计算机系统服务			1					
数据处理								
计算机维修								
其他计算机服务					1		1	
软件业					3		1	
公共软件服务					3		1	
其他软件服务								
住宿和餐饮业					**1**			
住宿业					1			
旅游饭店					1			
一般旅馆								
其他住宿服务								
餐饮业								
正餐服务								
其他餐饮服务								
金融业			**2**		**4**	**2**		
银行业					1	1		
中央银行					1	1		
证券业								
证券市场管理								
证券投资								
保险业								
保险辅助服务								
其他金融活动			2		3	1		
金融信托与管理								
财务公司								
其他未列明的金融活动			2		3	1		
房地产业		**15**	**4**		**5**	**2**		
房地产业		15	4		5	2		
房地产开发经营								
物业管理		12	1		1	1		
房地产中介服务								
其他房地产活动		3	3		4	1		
租赁和商务服务业	**7**	**118**	**10**	**3**	**63**	**20**		
租赁业								
机械设备租赁								
商务服务业	7	118	10	3	63	20		
企业管理服务	2	37	4	2	19	4		
法律服务	2	40	2	1	10	4		
咨询与调查	2	37	1		21	8		
广告业								
知识产权服务								
职业中介服务		1	2		1			
市场管理			1		3	1		
旅行社								
其他商务服务	1	3			9	3		
科学研究、技术服务和地质勘查业	**24**	**124**	**18**	**21**	**249**	**55**	**4**	**1**
研究与试验发展	2	3		2	6	2		
自然科学研究与试验发展								
工程和技术研究与试验发展					2			
农业科学研究与试验发展	1	2		2	2			
医学研究与试验发展	1							
社会人文科学研究与试验发展		1			2	2		

建平县	喀喇沁左翼蒙古族自治县	北票市	凌源市	葫芦岛市	连山区	龙港区	南票区	绥中县	建昌县	兴城市
				1		1				
				1		1				
1		1								
1		1								
		1								
		1								
		1								
		2		**1**		**1**				
				1		1				
				1		1				
		2								
		2								
1		**2**		**10**	**6**	**4**				
1		2		10	6	4				
				2	1	1				
1		2		8	5	3				
9	**6**	**18**	**10**	**50**	**6**	**14**	**3**	**2**	**8**	**17**
9	6	18	10	50	6	14	3	2	8	17
2	2	8	3	26	3	7	1	1	5	9
	1	2	3	12	3	2	2		1	4
2	2	5	4	3		1			1	1
		1		3		2				1
1	1			2		1			1	
				1				1		
4		2		3		1				2
25	**26**	**121**	**17**	**154**	**6**	**46**	**1**	**27**	**25**	**49**
1		2	1	7		2		1		4
				3		1				2
		1	1	1						1
1		1		3		1		1		1

3-3 续表 22

行业中类	西丰县	昌图县	调兵山市	开原市	朝阳市	双塔区	龙城区	朝阳县
专业技术服务业	9	16	15	11	108	25	2	1
气象服务	1	1		1	7	3		
地震服务		1		1	5	2		
海洋服务								
测绘服务			1	1	6	5		
技术检测	4	8	7	2	55	4	2	1
环境监测		2	1		7	4		
工程技术与规划管理	4	4	6	6	28	7		
其他专业技术服务								
科技交流和推广服务业	12	104	2	8	131	24	2	
技术推广服务	12	103	2	8	130	23	2	
科技中介服务		1			1	1		
其他科技服务								
地质勘查业	1	1	1		4	4		
矿产地质勘查	1		1		2	2		
基础地质勘查		1			2	2		
地质勘查技术服务								
水利、环境和公共设施管理业	**10**	**53**	**7**	**14**	**93**	**18**	**1**	**4**
水利管理业	6	47	3	11	67	9		2
防洪管理		12			6			1
水资源管理	4	1	3	9	22	7		1
其他水利管理	2	34		2	39	2		
环境管理业	2	2	1	1	13	5	1	
自然保护					3	2		
环境治理	2	2	1	1	10	3	1	
公共设施管理业	2	4	3	2	13	4		2
市政公共设施管理	1	3	2		3			
城市绿化管理	1	1	1	2	3	1		
游览景区管理					7	3		2
居民服务和其他服务业	**2**	**3**		**3**	**10**	**1**		**1**
居民服务业	1	3		3	9	1		1
家庭服务								
托儿所								
理发及美容保健服务								
洗浴服务					1			
婚姻服务								
殡葬服务	1	3		3	8	1		1
其他居民服务								
其他服务业	1				1			
修理与维护	1				1			
清洁服务								
其他未列明的服务								
教育	**54**	**109**	**33**	**59**	**437**	**75**	**29**	**65**
教育	54	109	33	59	437	75	29	65
学前教育	1	2	1	1	9	3		
初等教育	22	51	16	22	192	27	12	28
中等教育	24	48	12	32	192	24	14	37
高等教育				1	5	4		
其他教育	7	8	4	3	39	17	3	

建平县	喀喇沁左翼蒙古族自治县	北票市	凌源市	葫芦岛市	连山区	龙港区	南票区	绥中县	建昌县	兴城市
12	13	47	8	91	3	30	1	19	13	25
1	1	1	1	10	1	2		3	1	3
		2	1	4		1			2	1
				3						3
1				4		1		1		2
5	5	35	3	37		10	1	12	5	9
1	1	1		7	1	4		1		1
4	6	8	3	26	1	12		2	5	6
12	13	72	8	50	3	11		7	12	17
12	13	72	8	44	3	6		7	11	17
				4		4				
				2		1			1	
				6		3				3
				2		1				1
				4		2				2
7	**10**	**38**	**15**	**64**	**9**	**19**	**2**	**12**	**7**	**15**
5	7	32	12	33	5	6	2	9	4	7
	1	1	3	5		1		1	1	2
3	4	1	6	20	3	3	2	6	2	4
2	2	30	3	8	2	2		2	1	1
1		4	2	11	3	3		1	3	1
		1		2		1			1	
1		3	2	9	3	2		1	2	1
1	3	2	1	20	1	10		2		7
	2	1		9	1	6		1		1
1		1		4		2				2
	1		1	7		2		1		4
2		**3**	**3**	**12**	**2**	**1**	**1**	**2**	**2**	**4**
2		2	3	12	2	1	1	2	2	4
			1							
				1						1
2		2	2	11	2	1	1	2	2	3
		1								
		1								
65	**45**	**87**	**71**	**343**	**60**	**36**	**19**	**68**	**81**	**79**
65	45	87	71	343	60	36	19	68	81	79
1	2	2	1	8	1	2		1	1	3
25	24	44	32	137	28	8	9	28	36	28
35	16	35	31	151	28	15	9	34	31	34
			1	13		3		3	3	4
4	3	6	6	34	3	8	1	2	10	10

3-3 续表 23

行业中类	西丰县	昌图县	调兵山市	开原市	朝阳市	双塔区	龙城区	朝阳县
卫生、社会保障和社会福利业	**29**	**125**	**70**	**49**	**295**	**43**	**10**	**28**
卫生	29	97	65	43	237	27	9	28
医院	5	7	2	8	37	8	3	6
卫生院及社区医疗活动	17	38	9	18	127	4	3	22
门诊部医疗活动			49		4	1		
计划生育技术服务活动		40	1	1	9	4	3	
妇幼保健活动	1	3	1	1	9	5		
专科疾病防治活动	2	1	1	3	7	1		
疾病预防控制及防疫活动	4	7	2	12	39	3		
其他卫生活动		1			5	1		
社会保障业		3	2	3	21	11		
社会保障业		3	2	3	21	11		
社会福利业		25	3	3	37	5	1	
提供住宿的社会福利		22	3	2	27		1	
不提供住宿的社会福利		3		1	10	5		
文化、体育和娱乐业	**9**	**49**	**7**	**9**	**76**	**36**	**2**	
新闻出版业		1			11	6		
新闻业					5	5		
出版业		1			6	1		
广播、电视、电影和音像业	4	38	2	2	9	3		
广播	2	34	1		4	1		
电视	1	1	1		4	2		
电影		3		2	1			
音像制作	1							
文化艺术业	5	7	5	5	49	23	2	
文艺创作与表演	1	1		2	7	4		
艺术表演场馆				1	1			
图书馆与档案馆	1	3	2	1	10	4		
文物及文化保护	1		1		7	3	1	
博物馆					7	3	1	
烈士陵园、纪念馆					4	2		
群众文化活动	1	2	1	1	11	6		
文化艺术经纪代理		1						
其他文化艺术	1		1		2	1		
体育		2		2	5	2		
体育组织		1						
体育场馆				1	2	1		
其他体育		1		1	3	1		
娱乐业		1			2	2		
室内娱乐活动								
游乐园								
休闲健身娱乐活动		1						
其他娱乐活动					2	2		
公共管理和社会组织	**44**	**98**	**31**	**74**	**636**	**234**	**15**	**4**
中国共产党机关				1	9	4	1	
中国共产党机关				1	9	4	1	
国家机构	44	98	31	73	627	230	14	4
国家权力机构								
国家行政机构	44	98	31	73	627	230	14	4
人民法院和人民检察院								
其他国家机构								
人民政协和民主党派								
人民政协								
民主党派								

建平县	喀喇沁左翼蒙古族自治县	北票市	凌源市	葫芦岛市	连山区	龙港区	南票区	绥中县	建昌县	兴城市
74	**36**	**62**	**42**	**253**	**33**	**36**	**12**	**55**	**48**	**69**
67	34	35	37	201	26	12	8	52	44	59
6	4	3	7	57	7	2	1	3	20	24
29	22	25	22	80	13	2	4	21	15	25
	1	1	1	2						2
	1		1	9		4	1		3	1
1	1	1	1	8	2	1	1	1	1	2
	2	3	1	8	1			1	3	3
31	1	2	2	35	3	2	1	26	1	2
	2		2	2		1			1	
2		6	2	35	2	20	4	2	3	4
2		6	2	35	2	20	4	2	3	4
5	2	21	3	17	5	4		1	1	6
3	2	18	3	11	4	2				5
2		3		6	1	2		1	1	1
9	**7**	**14**	**8**	**52**	**11**	**13**	**1**	**9**	**8**	**10**
1	1	1	2	5		3		1		1
				1				1		
1	1	1	2	4		3				1
1	1	3	1	10	4	3			1	2
	1	2		3	1	2				
1		1		3	2	1				
			1	4	1				1	2
5	5	9	5	33	7	6	1	8	6	5
	1	1	1	2		1		1		
			1	1				1		
3	1	1	1	12	3	1	1	1	3	3
1		1	1	4				2	1	1
	1	1	1	4	3	1				
		2		1				1		
1	2	2		8	1	3		2	1	1
		1		1					1	
2		1		3					1	2
1										
1		1		3					1	2
				1		1				
				1		1				
25	**56**	**224**	**78**	**222**	**39**	**77**	**10**	**41**	**28**	**27**
	2	1	1							
	2	1	1							
25	54	223	77	222	39	77	10	41	28	27
25	54	223	77	222	39	77	10	41	28	27

3-4 按行业(中类)、地区分组的

行业中类	从业人员数(人)	沈阳市	和平区	沈河区	大东区	皇姑区	铁西区	苏家屯区
总　　计	**1155518**	**277131**	**57908**	**32530**	**20751**	**34552**	**15962**	**12245**
农、林、牧、渔业	**232**							
林业	146							
林木的培育和种植	146							
畜牧业	77							
其他畜牧业	77							
农、林、牧、渔服务业	9							
农业服务业	9							
制造业	**134**	**50**		**22**				
印刷业和记录媒介的复制	22	22		22				
印刷	22	22		22				
非金属矿物制品业	28	28						
石墨及其他非金属矿物制品制造	28	28						
交通运输设备制造业	12							
汽车制造	12							
工艺品及其他制造业	72							
其他未列明的制造业	72							
电力、燃气及水的生产和供应业	**2930**	**1316**	**4**	**162**	**232**	**242**		
电力、热力的生产和供应业	1554	1171	4	162	232	242		
热力生产和供应	1554	1171	4	162	232	242		
燃气生产和供应业	145	145						
燃气生产和供应业	145	145						
水的生产和供应业	1231							
自来水的生产和供应	1231							
建筑业	**30**	**30**			**13**			
房屋和土木工程建筑业	30	30			13			
土木工程建筑	30	30			13			
交通运输、仓储和邮政业	**25120**	**3227**		**24**	**14**	**60**		**473**
道路运输业	23511	2943				60		462
公路旅客运输	75	60				60		
道路货物运输	95	95						95
道路运输辅助活动	23341	2788						367
城市公共交通业	177	20						
公共电汽车客运	115							
出租车客运	38	20						
其他城市公共交通	24							
水上运输业	342							
水上旅客运输	91							
水上运输辅助活动	251							
航空运输业	49	25			14			11
通用航空服务	24							
航空运输辅助活动	25	25			14			11
装卸搬运和其他运输服务业	36	24		24				
运输代理服务	36	24		24				
仓储业	1005	215						
谷物、棉花等农产品仓储	105							
其他仓储	900	215						
信息传输、计算机服务和软件业	**5243**	**1048**	**261**	**319**	**65**	**116**	**23**	**76**
电信和其他信息传输服务业	4311	642	54	244	10	76	1	76
电信	80							
互联网信息服务	309	132	24	3	10	76	1	7
广播电视传输服务	3893	481	30	241				69
卫星传输服务	29	29						

事业法人单位从业人员数

东陵区	沈北新区	于洪区	辽中县	康平县	法库县	新民市	大连市	中山区	西岗区	沙河口区	甘井子区
20967	**16182**	**23333**	**10106**	**8245**	**8591**	**15759**	**153240**	**15066**	**15270**	**26951**	**22842**
28							**12**	**12**			
28											
28											
							12	12			
							12	12			
237			**145**			**294**	**6**				
237						294					
237						294					
			145								
			145								
							6				
							6				
			17								
			17								
			17								
181		**38**	**68**	**993**	**91**	**1285**	**1781**	**68**	**60**	**91**	**45**
		20	68	993	91	1249	1639			91	45
		20	68	993	91	1249	1639			91	45
20											
20											
							118	44	60		
							44	44			
							74		60		
161		18				36	24	24			
161		18				36	24	24			
37		**9**	**57**	**76**	**9**		**393**	**181**	**36**	**28**	
35		4	57	76	9		283	119		28	
6		4		1			8	6		2	
			57	75	9		275	113		26	
29											

3-4 续表 1

行业中类	从业人员数（人）	沈阳市	和平区	沈河区	大东区	皇姑区	铁西区	苏家屯区
计算机服务业	799	387	205	58	55	40	22	
计算机系统服务	302	186	131		55			
数据处理	410	173	59	58		27	22	
计算机维修	37	28	15			13		
其他计算机服务	50							
软件业	133	19	2	17				
公共软件服务	124	10	2	8				
其他软件服务	9	9		9				
住宿和餐饮业	**1666**	**503**		**305**			**100**	
住宿业	1498	503		305			100	
旅游饭店	1284	384		296				
一般旅馆	206	111		1			100	
其他住宿服务	8	8		8				
餐饮业	168							
正餐服务	140							
其他餐饮服务	28							
金融业	**1406**	**356**	**78**	**217**	**4**	**29**	**2**	**5**
银行业	1011	215		215				
中央银行	1011	215		215				
证券业	108	59	59					
证券市场管理	107	59	59					
证券投资	1							
保险业	40	4						
保险辅助服务	40	4						
其他金融活动	247	78	19	2	4	29	2	5
金融信托与管理	11	11				11		
财务公司	16							
其他未列明的金融活动	220	67	19	2	4	18	2	5
房地产业	**12005**	**5087**	**842**	**1386**	**673**	**641**	**242**	**223**
房地产业	12005	5087	842	1386	673	641	242	223
房地产开发经营	65	65			21	2		
物业管理	4844	2302	549	460	519	438	123	135
房地产中介服务	629	549	46	495	8			
其他房地产活动	6467	2171	247	431	125	201	119	88
租赁和商务服务业	**33273**	**8517**	**1339**	**996**	**515**	**1476**	**917**	**504**
租赁业	43	43						
机械设备租赁	43	43						
商务服务业	33230	8474	1339	996	515	1476	917	504
企业管理服务	19665	5271	849	402	421	965	100	362
法律服务	1972	171	20	15	9	47	25	7
咨询与调查	3339	939	316	206	17	254	24	12
广告业	51	39	15					
知识产权服务	59	30	30					
职业中介服务	1840	422	102	107	34	81	8	8
市场管理	1619	310		80	22	66	3	45
旅行社	58	16	7	1	8			
其他商务服务	4627	1276		185	4	63	757	70
科学研究、技术服务和地质勘查业	**72841**	**24030**	**3283**	**6485**	**141**	**6150**	**292**	**843**
研究与试验发展	16131	8931	615	4194	31	1695	11	39
自然科学研究与试验发展	2518	968	45	390		337		10
工程和技术研究与试验发展	6933	5153	177	3710		922		
农业科学研究与试验发展	5231	1858		32	20	68		29
医学研究与试验发展	373	276	134	3		128	11	
社会人文科学研究与试验发展	1076	676	259	59	11	240		

	东陵区	沈北新区	于洪区	辽中县	康平县	法库县	新民市	大连市	中山区	西岗区	沙河口区	甘井子区
	2		5					66	34	20		
								24		12		
	2		5					42	34	8		
								44	28	16		
								44	28	16		
	98							**405**				**405**
	98							275				275
	88							275				275
	10											
								130				130
								130				130
		2	**8**		**8**		**3**	**76**	**64**			
								48	36			
								48	36			
					4			28	28			
					4			28	28			
		2	8		4		3					
		2	8		4		3					
	51	**104**	**71**	**365**		**68**	**421**	**101**	**11**		**14**	**7**
	51	104	71	365		68	421	101	11		14	7
		42										
	46		18				14	27			11	7
								29				
	5	62	53	365		68	407	45	11		3	
	518	**118**	**455**	**266**	**282**	**206**	**925**	**4389**	**544**	**537**	**2363**	**110**
	43											
	43											
	475	118	455	266	282	206	925	4389	544	537	2363	110
	349	82	340	224	184	154	839	3079	328	200	2018	33
	2	2	14	2	2	2	24	230	4	109	5	30
	21	9	10	12	8	13	37	314	83	122	58	19
					9		15					
								18			18	
	4	3	26	8	17	17	7	461	45	65	141	28
		22	35	20	17			9	6		3	
								1		1		
	99		30		45	20	3	277	78	40	120	
	2839	**632**	**1612**	**281**	**373**	**551**	**548**	**5775**	**660**	**515**	**1913**	**503**
	1857	9	395		5	73	7	1534	26	67	1264	140
	115	7				64		1198	18		1180	
	134		210					141		11	66	64
	1608		92			9		103		5	11	76
								3				
		2	93		5		7	89	8	51	7	

3-4 续表 2

行业中类	从业人员数(人)	沈阳市	和平区	沈河区	大东区	皇姑区	铁西区	苏家屯区
专业技术服务业	32003	10417	1672	1823	49	3278	261	218
气象服务	1981	594	82	308				12
地震服务	897	360				304		7
海洋服务	70	27	9	18				
测绘服务	1803	985	223	228				
技术检测	11987	2466	483	277	29	421	244	103
环境监测	2643	519	6	166	3	111	4	35
工程技术与规划管理	9806	2850	730	786	17	297	13	61
其他专业技术服务	2816	2616	139	40		2145		
科技交流和推广服务业	14916	2079	210	103	61	170	20	320
技术推广服务	13685	1722	75	36	56	127	11	312
科技中介服务	898	188	35	67	4	38	9	
其他科技服务	333	169	100		1	5		8
地质勘查业	9791	2603	786	365		1007		266
矿产地质勘查	4375	1159				882		266
基础地质勘查	4659	1127	786	341				
地质勘查技术服务	757	317		24		125		
水利、环境和公共设施管理业	**91699**	**23267**	**3211**	**3505**	**1890**	**2052**	**1632**	**1151**
水利管理业	17750	2705	236	74	33	75		151
防洪管理	2397	688	91	5		75		8
水资源管理	11635	1280	67	7	21			124
其他水利管理	3718	737	78	62	12			19
环境管理业	43867	11814	1834	1159	1314	1377	1144	70
自然保护	3082	715	6		249	21		9
环境治理	40785	11099	1828	1159	1065	1356	1144	61
公共设施管理业	30082	8748	1141	2272	543	600	488	930
市政公共设施管理	13155	4943	430	1152	274	261	168	672
城市绿化管理	10453	2479	177	746	242	339	320	109
游览景区管理	6474	1326	534	374	27			149
居民服务和其他服务业	**6995**	**1402**	**399**	**55**		**19**	**23**	**22**
居民服务业	5670	1190	317	24		10	23	22
家庭服务	30							
托儿所	13	5					5	
理发及美容保健服务	4	4	4					
洗浴服务	64							
婚姻服务	166	53	11			10	9	
殡葬服务	4292	842	79	20			9	22
其他居民服务	1101	286	223	4				
其他服务业	1325	212	82	31		9		
修理与维护	125	78		26				
清洁服务	859							
其他未列明的服务	341	134	82	5		9		
教育	**495269**	**109627**	**16677**	**7336**	**8433**	**14410**	**6793**	**5361**
教育	495269	109627	16677	7336	8433	14410	6793	5361
学前教育	9503	1793	544	117	104	412	161	118
初等教育	164398	24594	2374	2269	2131	2648	2084	1705
中等教育	216419	40407	4729	3355	3327	4371	4121	1710
高等教育	83442	36946	7947	978	2570	6119	181	1643
其他教育	21507	5887	1083	617	301	860	246	185

东陵区	沈北新区	于洪区	辽中县	康平县	法库县	新民市	大连市	中山区	西岗区	沙河口区	甘井子区
860	392	762	165	249	365	323	2502	604	298	649	22
118	7		12	13	25	17	213	101			
13	11		5	5	1	14	112	51			
10	104	404		5		11	31			31	
184	56	178	39	129	169	154	1131	291	217	100	18
13	14	60	33	31	31	12	680	124	19	437	
249	197	120	60	66	139	115	310	36	62	81	
273	3		16				25	1			4
122	111	416	107	108	113	218	1483	30	150		267
104	70	388	107	108	110	218	1360	16	63		253
8	14	10			3		117	14	87		14
10	27	18					6				
	120	39	9	11			256				74
				11							
							256				74
	120	39	9								
1775	**1650**	**2929**	**678**	**296**	**716**	**1782**	**9591**	**1087**	**1900**	**1483**	**721**
166	300	72	432	43	353	770	1837	22	46		
8	6	16	156	37		286	10				
48	66	33	231		315	368	1257	6	46		
110	228	23	45	6	38	116	570	16			
1092	695	2415	153	213	91	257	3612	37	1256	533	249
259	90	32	5	13	31		701		471	5	
833	605	2383	148	200	60	257	2911	37	785	528	249
517	655	442	93	40	272	755	4142	1028	598	950	472
155	595	278	38	40	241	639	1515	46	396	583	43
179	15	164	55		23	110	2426	982	202	203	429
183	45				8	6	201			164	
112	**28**	**315**	**84**	**86**	**24**	**235**	**954**	**158**	**36**	**204**	**138**
74	28	263	84	86	24	235	926	158	36	204	138
							2		2		
			13			10	32	32			
43	28	244	71	86	24	216	326	65	5	3	35
31		19				9	566	61	29	201	103
38		52					28				
		52									
							10				
38							18				
10689	**11162**	**9917**	**5333**	**3485**	**3858**	**6173**	**76171**	**3662**	**4072**	**10330**	**15983**
10689	11162	9917	5333	3485	3858	6173	76171	3662	4072	10330	15983
67	47	31	59	10	47	76	2201	374	268	101	110
1708	2008	2006	856	1741	1721	1343	21227	1138	949	1715	2824
3014	1585	2371	4156	1628	1862	4178	27907	1823	1568	3832	3486
5431	7274	4509				294	20994		561	4187	8543
469	248	1000	262	106	228	282	3842	327	726	495	1020

3-4 续表 3

行业中类	从 业 人员数 (人)	沈阳市	和平区	沈河区	大东区	皇姑区	铁西区	苏家屯区
卫生、社会保障和社会福利业	**230989**	**54889**	**14711**	**4969**	**6446**	**6236**	**5173**	**2753**
卫生	215378	52164	13976	4727	6378	5927	5033	2724
医院	160942	41155	11851	4125	5385	4965	4099	1412
卫生院及社区医疗活动	26572	5179	550	406	575	264	591	1088
门诊部医疗活动	1736	421	90	16	19	56	48	
计划生育技术服务活动	2171	427	8	11	22	20	6	23
妇幼保健活动	5906	1023	228	46	42	141	67	25
专科疾病防治活动	2954	390	23		50	112	102	18
疾病预防控制及防疫活动	12217	2592	592	106	102	369	117	118
其他卫生活动	2880	977	634	17	183		3	40
社会保障业	6911	1006	553	47	11	70	15	
社会保障业	6911	1006	553	47	11	70	15	
社会福利业	8700	1719	182	195	57	239	125	29
提供住宿的社会福利	6890	1369	61	124	42	157	87	29
不提供住宿的社会福利	1810	350	121	71	15	82	38	
文化、体育和娱乐业	**42251**	**10587**	**3402**	**1551**	**413**	**1711**	**126**	**127**
新闻出版业	4774	537	301	70	26	72	5	
新闻业	602	41		9	3		5	
出版业	4172	496	301	61	23	72		
广播、电视、电影和音像业	13900	3184	2163		3	71	24	32
广播	3473	1288	841					32
电视	9334	1767	1244			56		
电影	1089	129	78		3	15	24	
音像制作	4							
文化艺术业	18675	5566	805	1348	359	1521	63	83
文艺创作与表演	3343	1388	106	69	40	777		
艺术表演场馆	1336	273	9	198	30			
图书馆与档案馆	4569	1291	342	267	47	74	37	36
文物及文化保护	1408	733		3	7	475		
博物馆	1878	686	23	524	135			
烈士陵园、纪念馆	619	49	7					
群众文化活动	5137	1017	308	252	72	159	24	46
文化艺术经纪代理	57	24	10			14		
其他文化艺术	328	105		35	28	22	2	1
体育	3765	1067	69	33	2	36	13	12
体育组织	1885	766	36				12	
体育场馆	766	153		11	2	36		3
其他体育	1114	148	33	22			1	9
娱乐业	1137	233	64	100	23	11	21	
室内娱乐活动	65	54			20	11	9	
游乐园	575							
休闲健身娱乐活动	122	39	36		3			
其他娱乐活动	375	140	28	100			12	
公共管理和社会组织	**133435**	**33195**	**13701**	**5198**	**1912**	**1410**	**639**	**707**
中国共产党机关	477	41						
中国共产党机关	477	41						
国家机构	132901	33107	13701	5151	1912	1410	639	707
国家权力机构	116							
国家行政机构	131990	33044	13701	5151	1911	1410	639	702
人民法院和人民检察院	213	1			1			
其他国家机构	582	62						5
人民政协和民主党派	57	47		47				
人民政协	4	4		4				
民主党派	53	43		43				

东陵区	沈北新区	于洪区	辽中县	康平县	法库县	新民市	大连市	中山区	西岗区	沙河口区	甘井子区
2097	**1012**	**3520**	**2025**	**1614**	**1280**	**3053**	**35948**	**4727**	**5700**	**8288**	**3450**
1919	1005	3254	1961	1412	1155	2693	33827	4221	5162	8196	3321
1380	632	2840	1360	721	502	1883	25461	2933	4716	7226	2766
224	222	150	180	243	287	399	5362	983	166	241	371
69	23	2	16	42	38	2	161	8	5	41	14
118	20	5	25		84	85	143	18	28	30	6
45	46	75	137	45	36	90	1026	40	26	274	54
	13			47	25		168				
83	49	174	219	258	174	231	1005	97	87	266	110
		8	24	56	9	3	501	142	134	118	
2	3	9	15	100	5	176	1022	30	419	12	
2	3	9	15	100	5	176	1022	30	419	12	
176	4	257	49	102	120	184	1099	476	119	80	129
172		252	49	102	113	181	720	322	3	65	53
4	4	5			7	3	379	154	116	15	76
749	**152**	**1177**	**156**	**369**	**250**	**404**	**6036**	**1105**	**988**	**1365**	**77**
42		13			4	4	219	25	43	63	
6		10			4	4					
36		3					219	25	43	63	
36	61	85	93	225	138	253	1578			806	
19	18	25		42	58	253	202			183	
17	34	60	93	183	80		1364			623	
	9						12				
596	60	361	29	131	101	109	2393	473	656	265	70
114		249		15	18		496	327	153		
				30	6						
279	37	28	28	32	34	50	755	99	320	33	39
190		32		18	8		17				
		4					386	21	8	157	
		31			2	9	53				
13	19	13	1	30	30	50	661	23	175	75	31
	4	4		6	3		25	3			
75	24	718	34	13		38	1257	46	289	231	7
		718					857	3	139	130	
75			17			9	204	40	90	28	
	24		17	13		29	196	3	60	73	7
	7				7		589	561			
	7				7						
							498	498			
							68	40			
							23	23			
1556	**1322**	**3282**	**631**	**663**	**1538**	**636**	**11602**	**2787**	**1426**	**872**	**1403**
	5	23		5		8	107	59			28
	5	23		5		8	107	59			28
1556	1317	3259	631	658	1538	628	11495	2728	1426	872	1375
1535	1317	3259	595	658	1538	628	11108	2636	1426	840	1138
21			36				387	92		32	237

3-4 续表 4

行业中类	旅顺口区	金州区	长海县	瓦房店市	普兰店市	庄河市	鞍山市	铁东区
总　　计	**10606**	**19213**	**1757**	**11955**	**13719**	**15861**	**92008**	**20851**
农、林、牧、渔业								
林业								
林木的培育和种植								
畜牧业								
其他畜牧业								
农、林、牧、渔服务业								
农业服务业								
制造业								
印刷业和记录媒介的复制								
印刷								
非金属矿物制品业								
石墨及其他非金属矿物制品制造								
交通运输设备制造业								
汽车制造								
工艺品及其他制造业								
其他未列明的制造业								
电力、燃气及水的生产和供应业					**6**			
电力、热力的生产和供应业								
热力生产和供应								
燃气生产和供应业								
燃气生产和供应业								
水的生产和供应业					6			
自来水的生产和供应					6			
建筑业								
房屋和土木工程建筑业								
土木工程建筑								
交通运输、仓储和邮政业		**250**	**94**	**215**	**450**	**508**	**1553**	**147**
道路运输业		245	85	215	450	508	1453	129
公路旅客运输								
道路货物运输								
道路运输辅助活动		245	85	215	450	508	1453	129
城市公共交通业							18	18
公共电汽车客运								
出租车客运							18	18
其他城市公共交通								
水上运输业		5	9				58	
水上旅客运输								
水上运输辅助活动		5	9				58	
航空运输业							24	
通用航空服务							24	
航空运输辅助活动								
装卸搬运和其他运输服务业								
运输代理服务								
仓储业								
谷物、棉花等农产品仓储								
其他仓储								
信息传输、计算机服务和软件业		**68**	**2**	**28**	**17**	**33**	**123**	**86**
电信和其他信息传输服务业		58		28	17	33	81	58
电信							51	51
互联网信息服务							7	7
广播电视传输服务		58		28	17	33	23	
卫星传输服务								

铁西区	立山区	千山区	台安县	岫岩满族自治县	海城市	抚顺市	新抚区	东洲区	望花区	顺城区
7954	**9513**	**10121**	**8467**	**12008**	**23094**	**53176**	**7798**	**6915**	**8633**	**16054**
	7	**598**	**419**	**65**	**317**	**1992**	**210**	**179**		**905**
	7	581	369	65	302	1699	210	179		735
	7	581	369	65	302	1699	210	179		735
						24				24
						24				24
		17	41							
		17	41							
			9		15					
			9		15					
						269				146
						269				146
19		**13**			**5**	**795**		**1**	**14**	**780**
18					5	738		1	14	723
						10				10
18					5	728		1	14	713

3-4 续表 5

行业中类	旅顺口区	金州区	长海县	瓦房店市	普兰店市	庄河市	鞍山市	铁东区
计算机服务业		10	2				30	16
计算机系统服务		10	2				17	16
数据处理								
计算机维修								
其他计算机服务							13	
软件业							12	12
公共软件服务							12	12
其他软件服务								
住宿和餐饮业							**10**	
住宿业								
旅游饭店								
一般旅馆								
其他住宿服务								
餐饮业							10	
正餐服务							10	
其他餐饮服务								
金融业					**12**		**100**	**79**
银行业							56	56
中央银行							56	56
证券业					12			
证券市场管理					12			
证券投资								
保险业								
保险辅助服务								
其他金融活动							44	23
金融信托与管理								
财务公司								
其他未列明的金融活动							44	23
房地产业		**7**				**62**	**1126**	**275**
房地产业		7				62	1126	275
房地产开发经营								
物业管理						9	696	204
房地产中介服务						29	11	
其他房地产活动		7				24	419	71
租赁和商务服务业	**88**	**376**	**17**	**53**	**98**	**203**	**4048**	**1248**
租赁业								
机械设备租赁								
商务服务业	88	376	17	53	98	203	4048	1248
企业管理服务	10	336		8	10	136	2924	726
法律服务	20	8	2	26	16	10	99	48
咨询与调查					10	22	381	259
广告业							12	
知识产权服务								
职业中介服务	23	32	15	15	62	35	145	77
市场管理							333	24
旅行社								
其他商务服务	35			4			154	114
科学研究、技术服务和地质勘查业	**175**	**715**	**86**	**211**	**470**	**527**	**5164**	**1881**
研究与试验发展	8	23		3	3		283	155
自然科学研究与试验发展							5	
工程和技术研究与试验发展							111	93
农业科学研究与试验发展	8			3			61	
医学研究与试验发展					3		9	
社会人文科学研究与试验发展		23					97	62

铁西区	立山区	千山区	台安县	岫岩满族自治县	海城市	抚顺市	新抚区	东洲区	望花区	顺城区
1		13				13				13
1						13				13
		13								
						44				44
						44				44
	10					**42**		**20**		**22**
						42		20		22
						20		20		
						22				22
	10									
	10									
4	**6**	**11**				**49**				**49**
						49				49
						49				49
4	6	11								
4	6	11								
365	**2**	**118**		**7**	**359**	**215**	**109**		**33**	**10**
365	2	118		7	359	215	109		33	10
280	2	82			128	33			33	
					11	21	21			
85		36		7	220	161	88			10
177	**193**	**309**	**157**	**1111**	**853**	**1174**	**117**	**293**	**48**	**388**
177	193	309	157	1111	853	1174	117	293	48	388
141	168	251	124	1086	428	763	82	82	22	281
12		6	7	7	19	111		21	10	69
	11	28	3	5	75	33	11		2	16
			12							
						2				2
24	14	18			12	231	15	190	1	12
		6		13	290	30	5		13	8
			11		29	4	4			
184	**144**	**361**	**588**	**972**	**1034**	**2462**	**172**	**343**	**60**	**1402**
	9	74	30	12	3	224	32		24	69
			5			44				42
		18				12				12
		21	25	12	3	153	32		24	
	9									
		35				15				15

3-4 续表 6

行业中类	旅顺口区	金州区	长海县	瓦房店市	普兰店市	庄河市	鞍山市	铁东区
专业技术服务业	118	283	60	143	171	154	2692	807
气象服务	13	11	15	14	21	38	132	49
地震服务	6	15	4	27		9	64	27
海洋服务								
测绘服务							46	
技术检测	57	119	36	102	116	75	1216	353
环境监测	22	28	5		34	11	297	103
工程技术与规划管理	17	93				21	884	222
其他专业技术服务	3	17					53	53
科技交流和推广服务业	49	227	26	65	296	373	1253	104
技术推广服务	49	221	24	65	296	373	1124	60
科技中介服务			2				91	26
其他科技服务		6					38	18
地质勘查业		182					936	815
矿产地质勘查							558	538
基础地质勘查		182						
地质勘查技术服务							378	277
水利、环境和公共设施管理业	**687**	**761**	**5**	**304**	**1125**	**1518**	**9143**	**2259**
水利管理业		147		262	544	816	755	79
防洪管理					10		261	6
水资源管理		111		190	367	537	238	37
其他水利管理		36		72	167	279	256	36
环境管理业	211	375		7	295	649	4949	1330
自然保护	82	4				139	192	76
环境治理	129	371		7	295	510	4757	1254
公共设施管理业	476	239	5	35	286	53	3439	850
市政公共设施管理	235	168	5	20	4	15	1161	151
城市绿化管理	241	56		15	278	20	1019	197
游览景区管理		15			4	18	1259	502
居民服务和其他服务业	**52**	**200**	**8**	**54**	**83**	**21**	**662**	**33**
居民服务业	42	190		54	83	21	536	24
家庭服务								
托儿所							6	
理发及美容保健服务								
洗浴服务								
婚姻服务							5	
殡葬服务	42	72		40	43	21	497	2
其他居民服务		118		14	40		28	22
其他服务业	10	10	8				126	9
修理与维护								
清洁服务	10							
其他未列明的服务		10	8				126	9
教育	**6642**	**11416**	**976**	**8675**	**7036**	**7379**	**38954**	**6563**
教育	6642	11416	976	8675	7036	7379	38954	6563
学前教育	267	473	45	506	57		1003	158
初等教育	965	2957	403	3535	3243	3498	15851	1433
中等教育	1390	4143	486	4056	3580	3543	17704	3122
高等教育	3865	3502	27	274		35	3246	1238
其他教育	155	341	15	304	156	303	1150	612

铁西区	立山区	千山区	台安县	岫岩满族自治县	海城市	抚顺市	新抚区	东洲区	望花区	顺城区
73	135	88	244	593	752	929	53	3	27	674
			30	28	25	106				75
			10	11	16	25				25
			7	39		12				
44	135	29	81	274	300	473			17	400
29		24		39	102	144	31	1	10	102
		35	116	202	309	169	22	2		72
10		199	314	367	259	376	47	4	9	102
5		139	294	367	259	317	3	4	9	87
5		60				15	15			
			20			44	29			15
101					20	933	40	336		557
					20	557				557
						376	40	336		
101										
642	**1621**	**1222**	**570**	**882**	**1947**	**5960**	**1280**	**1236**	**1209**	**1296**
		45	225	57	349	591	4		2	171
			58	13	184	142				112
		29	22		150	321	4			35
		16	145	44	15	128			2	24
355	1335	607	271	240	811	4157	812	925	1017	969
			23	79	14	36				
355	1335	607	248	161	797	4121	812	925	1017	969
287	286	570	74	585	787	1212	464	311	190	156
64	15			471	460	153	81			22
111	167	95	74	48	327	664	153	200	190	80
112	104	475		66		395	230	111		54
27		**216**	**156**	**56**	**174**	**187**	**13**	**18**	**23**	**104**
		216	73	49	174	187	13	18	23	104
			6							
			5			2				2
		216	56	49	174	185	13	18	23	102
			6							
27			83	7						
27			83	7						
2835	**3458**	**4827**	**3845**	**5753**	**11673**	**22602**	**2258**	**2824**	**5409**	**5535**
2835	3458	4827	3845	5753	11673	22602	2258	2824	5409	5535
120		20	210	443	52	220	109			56
940	1143	966	2154	2812	6403	8355	932	984	1088	1392
1627	2220	1829	1376	2397	5133	10330	1044	1820	2238	2743
99		1882	27			3021	10		2044	967
49	95	130	78	101	85	676	163	20	39	377

3-4 续表 7

行业中类	旅顺口区	金州区	长海县	瓦房店市	普兰店市	庄河市	鞍山市	铁东区
卫生、社会保障和社会福利业	**1444**	**3601**	**367**	**1113**	**2975**	**4283**	**21473**	**4611**
卫生	1260	3404	350	991	2828	4094	19098	3923
医院	972	2386	159	520	2075	1708	16018	3211
卫生院及社区医疗活动	194	490	158	262	557	1940	1236	36
门诊部医疗活动				26	67		10	
计划生育技术服务活动	15	12		7	27		49	2
妇幼保健活动	30	265	12	44	36	245	373	93
专科疾病防治活动		85		38	9	36	381	
疾病预防控制及防疫活动	49	143	21	87	45	100	765	392
其他卫生活动		23		7	12	65	266	189
社会保障业	103	118	17	48	135	140	1235	312
社会保障业	103	118	17	48	135	140	1235	312
社会福利业	81	79		74	12	49	1140	376
提供住宿的社会福利	81	68		74	12	42	952	315
不提供住宿的社会福利		11				7	188	61
文化、体育和娱乐业	**716**	**756**	**51**	**302**	**279**	**397**	**4421**	**2455**
新闻出版业	5	35		25		23	906	771
新闻业							109	
出版业	5	35		25		23	797	771
广播、电视、电影和音像业	83	221		197	108	163	1701	535
广播		19					242	
电视	83	190		197	108	163	1330	443
电影		12					129	92
音像制作								
文化艺术业	273	220	51	54	139	192	1450	878
文艺创作与表演						16	122	122
艺术表演场馆							267	259
图书馆与档案馆	38	84	20	50	24	48	443	251
文物及文化保护		17					40	19
博物馆	176	15		4	5		105	83
烈士陵园、纪念馆	22	31					16	16
群众文化活动	37	73	24		100	123	457	128
文化艺术经纪代理								
其他文化艺术			7		10	5		
体育	355	257		26	27	19	272	179
体育组织	355	230						
体育场馆		22			19	5	57	57
其他体育		5		26	8	14	215	122
娱乐业		23			5		92	92
室内娱乐活动								
游乐园							66	66
休闲健身娱乐活动		23			5			
其他娱乐活动							26	26
公共管理和社会组织	**802**	**1063**	**151**	**1000**	**1168**	**930**	**5231**	**1214**
中国共产党机关	15	5					3	2
中国共产党机关	15	5					3	2
国家机构	787	1058	151	1000	1168	930	5228	1212
国家权力机构							83	77
国家行政机构	787	1032	151	1000	1168	930	5053	1077
人民法院和人民检察院							34	
其他国家机构		26					58	58
人民政协和民主党派								
人民政协								
民主党派								

铁西区	立山区	千山区	台安县	岫岩满族自 治 县	海城市	抚顺市	新抚区	东洲区	望花区	顺城区
3381	**3761**	**1807**	**1726**	**2130**	**4057**	**9940**	**1612**	**1467**	**1494**	**2634**
3292	3749	1722	1418	1891	3103	9548	1526	1318	1475	2575
3174	3540	1292	945	999	2857	6909	1414	1147	707	2193
21	30	118	248	783		1690		68	645	47
			10			80	33		25	14
1	4		38		4	45	4			35
31	21	30	57	89	52	204	28	24	17	75
		264	75		42	88			36	
65	148	15	45	7	93	467	22	79	45	171
	6	3		13	55	65	25			40
49	7	19	43	88	717	157	40	2	4	40
49	7	19	43	88	717	157	40	2	4	40
40	5	66	265	151	237	235	46	147	15	19
		57	265	130	185	173	3	147	15	
40	5	9		21	52	62	43			19
171	**35**	**32**	**305**	**304**	**1119**	**1479**	**603**	**72**	**89**	**567**
			109	26		321	6			309
			109			275	6			269
				26		46				40
	2	8	126	103	927	30				30
			120	6	116	30				30
		6		70	811					
	2	2	6	27						
153	29	20	58	163	149	1056	588	72	88	173
						15				15
4					4	246	246			
22	15	5	19	39	92	123		11		91
			5		16	70	5			
				22		54		54		
						48			48	
127	14	15	34	102	37	500	337	7	40	67
18	4	4	12	12	43	65	9		1	48
						5			1	4
						47	9			38
18	4	4	12	12	43	13				6
						7				7
						7				7
149	**276**	**607**	**701**	**728**	**1556**	**6279**	**1424**	**462**	**254**	**2362**
		1				72	66			
		1				72	66			
149	276	606	701	728	1556	6197	1348	462	254	2362
					6	6	6			
149	242	606	701	728	1550	6172	1327	462	254	2358
	34					14	10			4
						5	5			
						10	10			
						10	10			

3-4 续表 8

行业中类	抚顺县	新宾满族自治县	清原满族自治县	本溪市	平山区	溪湖区	明山区	南芬区
总 计	**1735**	**5332**	**6709**	**47666**	**12820**	**3976**	**14981**	**1936**
农、林、牧、渔业				**146**				
林业				146				
林木的培育和种植				146				
畜牧业								
其他畜牧业								
农、林、牧、渔服务业								
农业服务业								
制造业								
印刷业和记录媒介的复制								
印刷								
非金属矿物制品业								
石墨及其他非金属矿物制品制造								
交通运输设备制造业								
汽车制造								
工艺品及其他制造业								
其他未列明的制造业								
电力、燃气及水的生产和供应业								
电力、热力的生产和供应业								
热力生产和供应								
燃气生产和供应业								
燃气生产和供应业								
水的生产和供应业								
自来水的生产和供应								
建筑业								
房屋和土木工程建筑业								
土木工程建筑								
交通运输、仓储和邮政业		**10**	**688**	**835**			**52**	
道路运输业		10	565	835			52	
公路旅客运输								
道路货物运输								
道路运输辅助活动		10	565	835			52	
城市公共交通业								
公共电汽车客运								
出租车客运								
其他城市公共交通								
水上运输业								
水上旅客运输								
水上运输辅助活动								
航空运输业								
通用航空服务								
航空运输辅助活动								
装卸搬运和其他运输服务业								
运输代理服务								
仓储业			123					
谷物、棉花等农产品仓储								
其他仓储			123					
信息传输、计算机服务和软件业				**90**	**8**	**15**	**32**	
电信和其他信息传输服务业				80	8	5	32	
电信								
互联网信息服务				15	8			
广播电视传输服务				65		5	32	
卫星传输服务								

本溪满族自治县	桓仁满族自治县	丹东市	元宝区	振兴区	振安区	宽甸满族自治县	东港市	凤城市	锦州市	古塔区
7357	**6596**	**60244**	**3789**	**16601**	**5375**	**10096**	**12381**	**12002**	**79362**	**13094**
108	**38**									
108	38									
108	38									
									72	
									72	
									72	
		37					**37**		**329**	
		34					34			
		34					34			
		3					3		329	
		3					3		329	
471	**312**	**2308**		**495**	**30**	**495**	**631**	**657**	**3604**	
471	312	2282		495	26	478	626	657	3603	
		10		10					5	
471	312	2272		485	26	478	626	657	3598	
		15			4	6	5			
		15			4	6	5			
		11				11			1	
									1	
		11				11				
12	**23**	**876**	**91**	**173**	**37**	**345**	**124**	**106**	**244**	**3**
12	23	866	85	169	37	345	124	106	244	3
	7	5		5					5	3
12	16	861	85	164	37	345	124	106	239	

3-4 续表 9

行业中类	抚顺县	新宾满族自治县	清原满族自治县	本溪市	平山区	溪湖区	明山区	南芬区
计算机服务业				10		10		
计算机系统服务				10		10		
数据处理								
计算机维修								
其他计算机服务								
软件业								
公共软件服务								
其他软件服务								
住宿和餐饮业				**28**	**28**			
住宿业								
旅游饭店								
一般旅馆								
其他住宿服务								
餐饮业				28	28			
正餐服务								
其他餐饮服务				28	28			
金融业				**208**	**2**	**3**	**203**	
银行业				203			203	
中央银行				203			203	
证券业								
证券市场管理								
证券投资								
保险业								
保险辅助服务								
其他金融活动				5	2	3		
金融信托与管理								
财务公司								
其他未列明的金融活动				5	2	3		
房地产业		**28**	**35**	**219**	**65**	**33**	**117**	
房地产业		28	35	219	65	33	117	
房地产开发经营								
物业管理				215	65	33	117	
房地产中介服务								
其他房地产活动		28	35	4				
租赁和商务服务业	**38**	**81**	**209**	**728**	**427**	**51**	**149**	**14**
租赁业								
机械设备租赁								
商务服务业	38	81	209	728	427	51	149	14
企业管理服务	38	56	202	188	103	19	52	7
法律服务		4	7	78	39	4	12	4
咨询与调查		4		88	47	6	20	
广告业								
知识产权服务								
职业中介服务		13		56		13	43	
市场管理		4		172	138	9	22	3
旅行社								
其他商务服务				146	100			
科学研究、技术服务和地质勘查业		**171**	**314**	**1871**	**822**	**13**	**477**	**27**
研究与试验发展		5	94	240	65		88	
自然科学研究与试验发展			2					
工程和技术研究与试验发展				98	42		43	
农业科学研究与试验发展		5	92	129	13		42	
医学研究与试验发展				3			3	
社会人文科学研究与试验发展				10	10			

本溪满族自治县	桓仁满族自治县	丹东市	元宝区	振兴区	振安区	宽甸满族自治县	东港市	凤城市	锦州市	古塔区
		4		4						
		4		4						
		6	6							
		6	6							
		1						**1**	**518**	
		1						1	518	
									487	
		1						1	31	
		26	**4**	**21**	**1**				**92**	**12**
									61	
									61	
		8		7	1					
		8		7	1					
		18	4	14					31	12
		18	4	14					31	12
4		**43**		**35**	**2**			**6**	**1732**	
4		43		35	2			6	1732	
		35		35					567	
4		8			2			6	1165	
67	**20**	**1976**	**55**	**857**	**61**	**347**	**288**	**368**	**1674**	**166**
67	20	1976	55	857	61	347	288	368	1674	166
5	2	1680	36	786	39	244	240	335	171	32
11	8	98	11	46	4	4	20	13	227	111
5	10	55	4	11	16	15	3	6	596	2
		54	4	6		20	21	3	32	21
		25			2	19	4		123	
46		64		8		45		11	525	
289	**243**	**4372**	**583**	**1352**	**169**	**522**	**671**	**1075**	**5809**	**415**
48	39	634	15	136		5	13	465	1375	20
									18	
13		19	15	4					1010	
35	39	607		124		5	13	465	316	20
		8		8					31	

3-4 续表 10

行业中类	抚顺县	新宾满族自治县	清原满族自治县	本溪市	平山区	溪湖区	明山区	南芬区
专业技术服务业		89	83	1188	558	13	306	19
气象服务		12	19	95			77	
地震服务				27			20	
海洋服务								
测绘服务		12		8			8	
技术检测		23	33	344	74	10	149	1
环境监测				104	56		27	11
工程技术与规划管理		42	31	603	428	3	25	7
其他专业技术服务				7				
科技交流和推广服务业		77	137	263	88		58	8
技术推广服务		77	137	225	66		47	8
科技中介服务				33	22		11	
其他科技服务				5				
地质勘查业				180	111		25	
矿产地质勘查								
基础地质勘查				135	111		16	
地质勘查技术服务				45			9	
水利、环境和公共设施管理业	**68**	**385**	**486**	**3020**	**91**	**551**	**1464**	**154**
水利管理业	68	153	193	302	4	5	47	4
防洪管理			30	35			32	
水资源管理	5	129	148	218	4		3	
其他水利管理	63	24	15	49		5	12	4
环境管理业		212	222	1896	37	502	1054	116
自然保护		29	7	186	17		51	1
环境治理		183	215	1710	20	502	1003	115
公共设施管理业		20	71	822	50	44	363	34
市政公共设施管理			50	333	50		222	31
城市绿化管理		20	21	160		34	112	3
游览景区管理				329		10	29	
居民服务和其他服务业			**29**	**465**	**19**	**4**	**205**	**3**
居民服务业			29	348	19	4	205	3
家庭服务								
托儿所								
理发及美容保健服务								
洗浴服务				9	9			
婚姻服务				4		4		
殡葬服务			29	335	10		205	3
其他居民服务								
其他服务业				117				
修理与维护								
清洁服务				90				
其他未列明的服务				27				
教育	**1396**	**2593**	**2587**	**18860**	**4375**	**1700**	**5138**	**801**
教育	1396	2593	2587	18860	4375	1700	5138	801
学前教育	14	41		364	140		65	32
初等教育	914	1638	1407	5790	1665	676	1015	460
中等教育	468	877	1140	10833	2168	1006	2804	308
高等教育				1072	147		910	
其他教育		37	40	801	255	18	344	1

本溪满族自治县	桓仁满族自治县	丹东市	元宝区	振兴区	振安区	宽甸满族自治县	东港市	凤城市	锦州市	古塔区
130	162	1555	92	739	55	206	315	148	2525	304
5	13	52		5		17	16	14	139	86
	7	46	15	8	1	5	17		36	
		18					18			
		14				1	13		289	
62	48	548	54	177		82	183	52	1276	180
	10	55	10	24	2	9	10		183	25
60	80	815	13	525	52	85	58	82	598	9
3	4	7				7			4	4
67	42	1248	127	155	114	300	343	209	933	91
67	37	1221	127	144	114	294	333	209	855	91
		24		8		6	10		68	
	5	3		3					10	
44		935	349	322		11		253	976	
		893	341	322		2		228	327	
8		25						25	649	
36		17	8			9				
557	**203**	**5025**	**883**	**626**	**63**	**930**	**1867**	**656**	**4828**	**850**
233	9	1827	4	78	25	131	1490	99	582	
	3	5					5		127	
205	6	1432	4	25	9	36	1325	33	229	
28		390		53	16	95	160	66	226	
23	164	2171	879	185	37	564	127	379	2369	752
12	105	628	11	5	33	328	50	201	212	21
11	59	1543	868	180	4	236	77	178	2157	731
301	30	1027		363	1	235	250	178	1877	98
	30	282		28		130	124		464	42
11		402		212	1	12	120	57	991	56
290		343		123		93	6	121	422	
110	**124**	**343**	**37**	**236**	**1**	**26**	**40**	**3**	**494**	**4**
91	26	343	37	236	1	26	40	3	486	
									20	
91	26	167	30	73	1	26	34	3	455	
		176	7	163			6		11	
19	98								8	4
									4	4
	90									
19	8								4	
3341	**3505**	**26136**	**1230**	**5116**	**3928**	**4563**	**5762**	**5537**	**33460**	**3560**
3341	3505	26136	1230	5116	3928	4563	5762	5537	33460	3560
70	57	945	95	171		123	509	47	608	157
1335	639	9854	502	1245	695	2649	2219	2544	12325	714
1785	2762	11568	519	2751	1217	1674	2883	2524	13880	883
	15	2710	71	604	1973	13	34	15	5361	1546
151	32	1059	43	345	43	104	117	407	1286	260

3-4 续表 11

行业中类	抚顺县	新宾满族自治县	清原满族自治县	本溪市	平山区	溪湖区	明山区	南芬区
卫生、社会保障和社会福利业	**220**	**1253**	**1260**	**12868**	**3944**	**1392**	**3994**	**563**
卫生	220	1217	1217	12400	3930	1153	3906	563
医院	31	680	737	10361	3534	995	3424	510
卫生院及社区医疗活动	186	365	379	916	41	78	102	31
门诊部医疗活动		5	3	98	43		10	
计划生育技术服务活动		6		48		5	17	5
妇幼保健活动		39	21	165	31	15	69	9
专科疾病防治活动		35	17	14				
疾病预防控制及防疫活动	3	87	60	673	281	31	218	8
其他卫生活动				125		29	66	
社会保障业		36	35	37		3	8	
社会保障业		36	35	37		3	8	
社会福利业			8	431	14	236	80	
提供住宿的社会福利			8	366		236	34	
不提供住宿的社会福利				65	14		46	
文化、体育和娱乐业	**13**	**71**	**64**	**1242**	**763**	**42**	**75**	**8**
新闻出版业			6	330	296			
新闻业								
出版业			6	330	296			
广播、电视、电影和音像业				173	24	24		
广播				70				
电视				74		19		
电影				29	24	5		
音像制作								
文化艺术业	13	71	51	642	410	1	43	8
文艺创作与表演								
艺术表演场馆				170	170			
图书馆与档案馆		7	14	158	103	1	4	2
文物及文化保护	13	48	4					
博物馆				105	55			
烈士陵园、纪念馆				34			16	
群众文化活动		16	33	152	82		17	6
文化艺术经纪代理								
其他文化艺术				23			6	
体育			7	85	26	17	32	
体育组织				49		17	32	
体育场馆								
其他体育			7	36	26			
娱乐业				12	7			
室内娱乐活动				5				
游乐园								
休闲健身娱乐活动								
其他娱乐活动				7	7			
公共管理和社会组织		**740**	**1037**	**7086**	**2276**	**172**	**3075**	**366**
中国共产党机关		6		1				1
中国共产党机关		6		1				1
国家机构		734	1037	7085	2276	172	3075	365
国家权力机构								
国家行政机构		734	1037	6984	2276	172	2975	364
人民法院和人民检察院				101			100	1
其他国家机构								
人民政协和民主党派								
人民政协								
民主党派								

本溪满族自治县	桓仁满族自治县	丹东市	元宝区	振兴区	振安区	宽甸满族自治县	东港市	凤城市	锦州市	古塔区
1563	**1412**	**11635**	**570**	**4196**	**782**	**1620**	**1997**	**2470**	**15387**	**5303**
1547	1301	10680	470	4010	719	1447	1795	2239	14283	5179
1236	662	7372	299	3125	425	921	1196	1406	10820	4665
152	512	1661	110	172	182	342	338	517	1279	39
45		87	9	35	16			27	121	18
8	13	196		24		28	39	105	285	8
21	20	180	4	10	24	38	54	50	480	53
	14	429		333		31	65		71	
55	80	629	23	236	72	87	88	123	1069	280
30		126	25	75			15	11	158	116
	26	185	4	39	12	14	84	32	463	16
	26	185	4	39	12	14	84	32	463	16
16	85	770	96	147	51	159	118	199	641	108
16	80	768	96	147	50	159	118	198	561	79
	5	2			1			1	80	29
132	**222**	**1798**	**26**	**1088**	**50**	**161**	**308**	**165**	**3623**	**1084**
18	16	389		329		29	31		565	
		11				11			12	
18	16	378		329		18	31		553	
	125	698		398	2	34	177	87	1261	718
	70	213		146		21	46		66	36
	55	425		234			131	60	1056	682
		60		18	2	13		27	139	
114	66	676	21	361	37	92	89	76	1652	366
		127	10	28	1	39	23	26	388	192
		57			20		26	11	45	
26	22	208	4	123	15	17	34	15	308	9
		8			1	4	3		140	26
50		26		21		5			51	51
11	7	101	5	96					239	
19	28	141	2	85		27	3	24	459	88
8	9	8		8					22	
	10	18	5				11	2	145	
									42	
		13					11	2	21	
	10	5	5						82	
	5	17			11	6				
	5	6				6				
		11			11					
703	**494**	**5668**	**310**	**2406**	**251**	**1087**	**656**	**958**	**7496**	**1697**
		28	2	22		4			15	
		28	2	22		4			15	
703	494	5640	308	2384	251	1083	656	958	7481	1697
									12	12
703	494	5634	308	2384	245	1083	656	958	7469	1685
		6			6					

3-4 续表 12

行业中类	凌河区	太和区	黑山县	义县	凌海市	北镇市	营口市	站前区
总　　计	**14271**	**11348**	**11958**	**9562**	**10430**	**8699**	**50795**	**10930**
农、林、牧、渔业								
林业								
林木的培育和种植								
畜牧业								
其他畜牧业								
农、林、牧、渔服务业								
农业服务业								
制造业			**72**					
印刷业和记录媒介的复制								
印刷								
非金属矿物制品业								
石墨及其他非金属矿物制品制造								
交通运输设备制造业								
汽车制造								
工艺品及其他制造业			72					
其他未列明的制造业			72					
电力、燃气及水的生产和供应业			**329**					
电力、热力的生产和供应业								
热力生产和供应								
燃气生产和供应业								
燃气生产和供应业								
水的生产和供应业			329					
自来水的生产和供应			329					
建筑业								
房屋和土木工程建筑业								
土木工程建筑								
交通运输、仓储和邮政业	**5**	**21**	**862**	**1161**	**1083**	**472**	**609**	**4**
道路运输业	5	21	862	1161	1083	471	429	
公路旅客运输	5							
道路货物运输								
道路运输辅助活动		21	862	1161	1083	471	429	
城市公共交通业								
公共电汽车客运								
出租车客运								
其他城市公共交通								
水上运输业							58	
水上旅客运输								
水上运输辅助活动							58	
航空运输业								
通用航空服务								
航空运输辅助活动								
装卸搬运和其他运输服务业								
运输代理服务								
仓储业						1	122	4
谷物、棉花等农产品仓储						1		
其他仓储							122	4
信息传输、计算机服务和软件业		**2**	**184**	**5**		**50**	**146**	**43**
电信和其他信息传输服务业		2	184	5		50	81	17
电信								
互联网信息服务		2					4	4
广播电视传输服务			184	5		50	77	13
卫星传输服务								

西市区	鲅鱼圈区	老边区	盖州市	大石桥市	阜新市	海州区	新邱区	太平区	清河门区	细河区
5463	**7645**	**3472**	**11474**	**11811**	**568469**	**10552**	**1835**	**2188**	**2025**	**17161**
					9					
					9					
	231	**112**	**262**		**1466**	**62**	**67**	**6**		**348**
	55	112	262		1460	62	67			348
	55	112	262		1460	62	67			348
	58									
	58									
					6			6		
					6			6		
	118									
	118									
	41	**2**	**14**	**46**	**238**	**13**		**3**		**104**
	41		6	17	148			3		27
					20					20
					7					7
	41		6	17	121			3		

3-4 续表 13

行业中类	凌河区	太和区	黑山县	义县	凌海市	北镇市	营口市	站前区
计算机服务业							65	26
计算机系统服务							9	9
数据处理							43	6
计算机维修								
其他计算机服务							13	11
软件业								
公共软件服务								
其他软件服务								
住宿和餐饮业	**168**	**258**			**92**		**16**	
住宿业	168	258			92		16	
旅游饭店	168	227			92			
一般旅馆		31					16	
其他住宿服务								
餐饮业								
正餐服务								
其他餐饮服务								
金融业	**64**	**11**	**4**	**1**			**204**	**195**
银行业	61						191	191
中央银行	61						191	191
证券业							1	1
证券市场管理								
证券投资							1	1
保险业								
保险辅助服务								
其他金融活动	3	11	4	1			12	3
金融信托与管理								
财务公司								
其他未列明的金融活动	3	11	4	1			12	3
房地产业	**531**	**89**	**160**	**291**	**330**	**331**	**226**	**125**
房地产业	531	89	160	291	330	331	226	125
房地产开发经营								
物业管理	491	10		11	55			
房地产中介服务								
其他房地产活动	40	79	160	280	275	331	226	125
租赁和商务服务业	**40**	**198**	**206**	**530**	**463**	**71**	**2368**	**450**
租赁业								
机械设备租赁								
商务服务业	40	198	206	530	463	71	2368	450
企业管理服务	1	57	28	24	15	14	1980	309
法律服务	4	12	48	22	15	15	96	43
咨询与调查	25	61	117	391			54	24
广告业								
知识产权服务								
职业中介服务		3	3		5		53	35
市场管理			10	55	58		30	5
旅行社								
其他商务服务	10	65		38	370	42	155	34
科学研究、技术服务和地质勘查业	**3084**	**285**	**857**	**298**	**443**	**427**	**2695**	**653**
研究与试验发展	1286	41	3	7	18		578	92
自然科学研究与试验发展					18			
工程和技术研究与试验发展	1004	6					61	24
农业科学研究与试验发展	262	27		7			449	
医学研究与试验发展								
社会人文科学研究与试验发展	20	8	3				68	68

西市区	鲅鱼圈区	老边区	盖州市	大石桥市	阜新市	海州区	新邱区	太平区	清河门区	细河区
		2	8	29	90	13				77
					39	5				34
			8	29	28	6				22
		2			23	2				21
		16								
		16								
		16								
	2			**7**	**49**			**2**		**47**
					44					44
					44					44
	2			7	5			2		3
	2			7	5			2		3
	55	**46**			**147**	**104**	**27**	**8**		
	55	46			147	104	27	8		
					38	3	27	8		
	55	46			109	101				
49	**99**	**320**	**139**	**1311**	**2134**	**607**	**107**	**140**	**32**	**494**
49	99	320	139	1311	2134	607	107	140	32	494
44	93	251	74	1209	1398	360	93	85	8	355
5	6	9	14	19	238	57	4	10	17	46
			10	20	194	36	4		5	31
					7		2			5
		13	5		27	16	1			10
				25	192	130	3		2	22
					7					7
		47	36	38	71	8		45		18
190	**520**	**75**	**512**	**745**	**2567**	**458**	**39**	**44**	**8**	**754**
61	400		22	3	213	111				85
34				3	20	7				13
27	400		22		180	93				70
					13	11				2

3-4 续表 14

行业中类	凌河区	太和区	黑山县	义县	凌海市	北镇市	营口市	站前区
专业技术服务业	736	107	467	204	345	362	1259	434
气象服务			12	18	13	10	100	60
地震服务	19	10		7			43	8
海洋服务								
测绘服务	265	7	14		3		41	
技术检测	173	59	276	115	180	293	519	150
环境监测	28		79	41	10		116	20
工程技术与规划管理	251	31	86	23	139	59	366	174
其他专业技术服务							74	22
科技交流和推广服务业	86	137	387	87	80	65	468	127
技术推广服务	31	131	387	80	70	65	380	92
科技中介服务	45	6		7	10		76	35
其他科技服务	10						12	
地质勘查业	976						390	
矿产地质勘查	327						390	
基础地质勘查	649							
地质勘查技术服务								
水利、环境和公共设施管理业	**981**	**673**	**616**	**501**	**580**	**627**	**2915**	**804**
水利管理业	5	82	192	161	42	100	827	9
防洪管理		46	43			38	30	
水资源管理		15	126	6	42	40	720	9
其他水利管理	5	21	23	155		22	77	
环境管理业	329	356	245	128	226	333	612	30
自然保护	5		30	15	2	139	44	30
环境治理	324	356	215	113	224	194	568	
公共设施管理业	647	235	179	212	312	194	1476	765
市政公共设施管理	43		101	167	111		892	394
城市绿化管理	604	22	78	12	25	194	507	324
游览景区管理		213		33	176		77	47
居民服务和其他服务业	**11**	**67**	**208**	**73**	**58**	**73**	**315**	**97**
居民服务业	11	67	208	73	54	73	296	92
家庭服务								
托儿所								
理发及美容保健服务								
洗浴服务								
婚姻服务	3	1				16	37	
殡葬服务	8	66	208	62	54	57	229	62
其他居民服务				11			30	30
其他服务业					4		19	5
修理与维护								
清洁服务								
其他未列明的服务					4		19	5
教育	**5686**	**5303**	**5623**	**4157**	**4571**	**4560**	**22937**	**3518**
教育	5686	5303	5623	4157	4571	4560	22937	3518
学前教育	128	37	96	43	100	47	240	105
初等教育	1154	1669	2563	2190	1933	2102	8131	675
中等教育	2090	1667	2901	1682	2314	2343	12250	1825
高等教育	2069	1746					1231	769
其他教育	245	184	63	242	224	68	1085	144

西市区	鲅鱼圈区	老边区	盖州市	大石桥市	阜新市	海州区	新邱区	太平区	清河门区	细河区
106	70	46	339	264	1344	252	15	10		475
	13		12	15	64					34
		4	7	24	18	13				
		18	15	8	15	15				
54	4		226	85	652	147	2	5		149
	4			92	63		8			41
	49	24	79	40	516	71	5	5		248
52					16	6				3
23	50	29	151	88	907	95	24	34	8	91
2	50	29	121	86	812	73	21	14	8	44
21			18	2	86	22		20		44
			12		9		3			3
				390	103					103
				390	103					103
107	**185**	**204**	**1200**	**415**	**4569**	**946**	**180**	**482**	**129**	**1152**
		85	318	415	890	16	42	6	5	124
			30		30					8
		48	261	402	614	7	33	6	5	87
		37	27	13	246	9	9			29
87	93	60	342		2670	851	111	458	96	462
		4	10		233	20				
87	93	56	332		2437	831	111	458	96	462
20	92	59	540		1009	79	27	18	28	566
	33	7	458		265		12		13	7
	59	52	72		132	17	15	18	15	9
20			10		612	62				550
	12	**18**	**131**	**57**	**951**	**10**	**3**	**82**	**47**	**51**
	12	4	131	57	158	1	3	1	47	28
					30					
	7	2	21	7	4					
	5	2	110	50	124	1	3	1	47	28
		14			793	9		81		23
					31	9				20
					759			81		
		14			3					3
2489	**3585**	**1590**	**5817**	**5938**	**23154**	**3773**	**762**	**887**	**639**	**5069**
2489	3585	1590	5817	5938	23154	3773	762	887	639	5069
34		51	35	15	407	122	8		21	57
555	1268	812	2043	2778	6120	1187	353	134	343	575
1576	1824	632	3431	2962	12589	1647	394	719	271	1615
	462				3253	747				2496
324	31	95	308	183	785	70	7	34	4	326

3-4 续表 15

行业中类	凌河区	太和区	黑山县	义县	凌海市	北镇市	营口市	站前区
卫生、社会保障和社会福利业	**1727**	**1686**	**2158**	**1448**	**1293**	**1772**	**9076**	**1359**
卫生	1644	1581	1862	1319	1043	1655	8538	1238
医院	1403	1378	1025	740	804	805	6256	1068
卫生院及社区医疗活动	64	44	324	193	94	521	891	3
门诊部医疗活动	22			81				
计划生育技术服务活动	24	26	101	79	47		109	10
妇幼保健活动	28	42	104	108	36	109	338	54
专科疾病防治活动			37	12		22	111	25
疾病预防控制及防疫活动	82	91	253	103	62	198	652	20
其他卫生活动	21		18	3			181	58
社会保障业	26	95	75	61	95	95	234	5
社会保障业	26	95	75	61	95	95	234	5
社会福利业	57	10	221	68	155	22	304	116
提供住宿的社会福利	57		186	64	153	22	214	104
不提供住宿的社会福利		10	35	4	2		90	12
文化、体育和娱乐业	**678**	**709**	**294**	**349**	**337**	**172**	**2549**	**1279**
新闻出版业	63	463	8	5	16	10	202	173
新闻业	4		8				15	
出版业	59	463		5	16	10	187	173
广播、电视、电影和音像业	76	7	77	143	177	63	1108	272
广播				9	21		123	99
电视			77	105	130	62	953	147
电影	76	7		29	26	1	32	26
音像制作								
文化艺术业	476	239	172	185	122	92	887	540
文艺创作与表演	100	74			22		232	142
艺术表演场馆	19				26		20	20
图书馆与档案馆	60	102	37	34	32	34	198	86
文物及文化保护	9	3	19	46	6	31	46	5
博物馆							53	43
烈士陵园、纪念馆	193	11	28		7		3	
群众文化活动	95	35	88	97	29	27	307	226
文化艺术经纪代理								
其他文化艺术		14		8			28	18
体育	63		37	16	22	7	311	253
体育组织	42						103	103
体育场馆	21						82	65
其他体育			37	16	22	7	126	85
娱乐业							41	41
室内娱乐活动								
游乐园								
休闲健身娱乐活动								
其他娱乐活动							41	41
公共管理和社会组织	**1296**	**2046**	**385**	**748**	**1180**	**144**	**6739**	**2403**
中国共产党机关	3	12					17	2
中国共产党机关	3	12					17	2
国家机构	1293	2034	385	748	1180	144	6722	2401
国家权力机构								
国家行政机构	1293	2034	385	748	1180	144	6662	2401
人民法院和人民检察院							60	
其他国家机构								
人民政协和民主党派								
人民政协								
民主党派								

西市区	鲅鱼圈区	老边区	盖州市	大石桥市	阜新市	海州区	新邱区	太平区	清河门区	细河区
1722	**1360**	**360**	**2229**	**2046**	**9365**	**3286**	**380**	**294**	**155**	**1417**
1663	1293	313	2139	1892	8511	2913	360	274	138	1154
1321	1153	179	1066	1469	5316	2403	277	203	96	585
47	66	76	579	120	1004		8	9	8	35
					38		14	12		8
2	34	14	2	47	164	6	10	7		13
34		13	170	67	699	436	40	14	9	9
			52	34	178					178
184	40	31	222	155	1017	49	11	28	22	265
75			48		95	19		1	3	61
18	34	47	28	102	601	310	20	20	17	112
18	34	47	28	102	601	310	20	20	17	112
41	33		62	52	253	63				151
23	33		45	9	144					114
18			17	43	109	63				37
33	**205**	**162**	**479**	**391**	**2021**	**933**	**91**	**52**	**32**	**486**
	15		14		284	249			2	
	15									
			14		284	249			2	
	173	112	257	294	912	344	76	30	17	279
				24	331	29	2	30		227
	173	106	257	270	471	277	63		17	49
		6			110	38	11			3
33	17	36	191	70	735	285	15	22	13	202
			90		64	55				8
					126	126				
16	14	15	35	32	120	10	3	2		76
4			32	5	35			10		3
				10	45	10				24
				3	2					2
13	3	17	28	20	328	84	12	10	10	77
		4	6		15				3	12
		14	17	27	73	50				5
					3					
				17	52	50				
		14	17	10	18					5
					17	5				
					12					
					5	5				
873	**1350**	**567**	**691**	**855**	**10176**	**360**	**179**	**188**	**983**	**7239**
	9			6	6	6				
	9			6	6	6				
873	1341	567	691	849	10170	354	179	188	983	7239
813	1341	567	691	849	10167	354	179	188	983	7239
60					3					

3-4 续表 16

行业中类	阜新蒙古族自治县	彰武县	辽阳市	白塔区	文圣区	宏伟区	弓长岭区	太子河区
总　计	**13522**	**9563**	**41690**	**8210**	**8850**	**2178**	**1654**	**3806**
农、林、牧、渔业		**9**						
林业								
林木的培育和种植								
畜牧业								
其他畜牧业								
农、林、牧、渔服务业		9						
农业服务业		9						
制造业								
印刷业和记录媒介的复制								
印刷								
非金属矿物制品业								
石墨及其他非金属矿物制品制造								
交通运输设备制造业								
汽车制造								
工艺品及其他制造业								
其他未列明的制造业								
电力、燃气及水的生产和供应业			**187**					
电力、热力的生产和供应业			141					
热力生产和供应			141					
燃气生产和供应业								
燃气生产和供应业								
水的生产和供应业			46					
自来水的生产和供应			46					
建筑业								
房屋和土木工程建筑业								
土木工程建筑								
交通运输、仓储和邮政业	**231**	**752**	**93**				**46**	**47**
道路运输业	231	752	93				46	47
公路旅客运输								
道路货物运输								
道路运输辅助活动	231	752	93				46	47
城市公共交通业								
公共电汽车客运								
出租车客运								
其他城市公共交通								
水上运输业								
水上旅客运输								
水上运输辅助活动								
航空运输业								
通用航空服务								
航空运输辅助活动								
装卸搬运和其他运输服务业								
运输代理服务								
仓储业								
谷物、棉花等农产品仓储								
其他仓储								
信息传输、计算机服务和软件业	**118**		**7**					**5**
电信和其他信息传输服务业	118							
电信								
互联网信息服务								
广播电视传输服务	118							
卫星传输服务								

辽阳县	灯塔市	盘锦市	双台子区	兴隆台区	大洼县	盘山县	铁岭市	银州区	清河区	铁岭县
8748	**8244**	**42777**	**10862**	**12911**	**12303**	**6701**	**69305**	**22928**	**2411**	**4606**
171	**16**	**385**			**305**	**80**	**162**	**60**		**17**
141							145	60		
141							145	60		
30	16	385			305	80	17			17
30	16	385			305	80	17			17
		1609	**541**	**348**	**543**	**177**	**2531**	**984**	**85**	**144**
		1582	536	326	543	177	2248	854	85	
		1582	536	326	543	177	2248	854	85	
							115	115		
							115	115		
		22		22						
		22		22						
							6	6		
							6	6		
		5	5				162	9		144
							9			
		5	5				153	9		144
2		**208**	**37**	**124**	**47**		**513**	**202**		**9**
		124	37	40	47		476	169		9
							9	9		
		47		14	33		15	15		
		77	37	26	14		452	145		9

3-4 续表 17

行业中类	阜新蒙古族自治县	彰武县	辽阳市	白塔区	文圣区	宏伟区	弓长岭区	太子河区
计算机服务业			7					5
计算机系统服务								
数据处理			2					
计算机维修			5					5
其他计算机服务								
软件业								
公共软件服务								
其他软件服务								
住宿和餐饮业			**25**					
住宿业			25					
旅游饭店								
一般旅馆			25					
其他住宿服务								
餐饮业								
正餐服务								
其他餐饮服务								
金融业			**4**					**4**
银行业								
中央银行								
证券业								
证券市场管理								
证券投资								
保险业								
保险辅助服务								
其他金融活动			4					4
金融信托与管理								
财务公司								
其他未列明的金融活动			4					4
房地产业		**8**	**1228**	**481**	**483**			**9**
房地产业		8	1228	481	483			9
房地产开发经营								
物业管理			377	351				9
房地产中介服务								
其他房地产活动		8	851	130	483			
租赁和商务服务业	**551**	**203**	**1474**	**145**	**571**	**17**	**21**	**181**
租赁业								
机械设备租赁								
商务服务业	551	203	1474	145	571	17	21	181
企业管理服务	347	150	388	19	39	6	13	12
法律服务	90	14	81	8	8	10		43
咨询与调查	106	12	77	38	9			8
广告业								
知识产权服务								
职业中介服务			51		15	1		
市场管理	8	27	95	80				
旅行社								
其他商务服务			782		500		8	118
科学研究、技术服务和地质勘查业	**668**	**596**	**2343**	**744**	**204**	**51**		**269**
研究与试验发展		17	481	216	59			134
自然科学研究与试验发展			22	5	17			
工程和技术研究与试验发展			41	19	22			
农业科学研究与试验发展		17	367	161				134
医学研究与试验发展			20		20			
社会人文科学研究与试验发展			31	31				

辽阳县	灯塔市	盘锦市	双台子区	兴隆台区	大洼县	盘山县	铁岭市	银州区	清河区	铁岭县
2		84		84			37	33		
							4			
2		84		84			33	33		
	25									
	25									
	25									
		39		**39**			**76**	**66**		
		39		39			50	50		
		39		39			50	50		
							26	16		
							16	16		
							10			
153	**102**	**565**	**188**	**306**	**71**		**864**	**630**		
153	102	565	188	306	71		864	630		
17							538	428		
136	102	565	188	306	71		326	202		
424	**115**	**930**	**134**	**341**	**182**	**273**	**2215**	**1054**	**70**	
424	115	930	134	341	182	273	2215	1054	70	
207	92	485	63	82	88	252	554	193	32	
12		142		124	13	5	234	50	11	
8	14	41		24	7	10	415	61	17	
		2		2						
30	5	173	67	93	13		88	36	5	
11	4	26	4	16		6	187	129	5	
156		61			61		737	585		
553	**522**	**3057**	**223**	**1422**	**808**	**604**	**4790**	**2267**	**127**	**126**
	72	438	37	377	24		627	478		
		42		42			1	1		
		58	19	39			169	169		
	72	336	18	294	24		367	241		
							62	44		
		2		2			28	23		

3-4 续表 18

行业中类	阜新蒙古族自治县	彰武县	辽阳市	白塔区	文圣区	宏伟区	弓长岭区	太子河区
专业技术服务业	176	416	999	385	90			82
气象服务	16	14	69					50
地震服务	3	2	14	11				
海洋服务								
测绘服务			49	40				
技术检测	84	265	501	161	76			32
环境监测	14		58	40				
工程技术与规划管理	59	128	294	133	14			
其他专业技术服务		7	14					
科技交流和推广服务业	492	163	747	96	13	51		53
技术推广服务	489	163	708	86		43		53
科技中介服务			39	10	13	8		
其他科技服务	3							
地质勘查业			116	47	42			
矿产地质勘查								
基础地质勘查			116	47	42			
地质勘查技术服务								
水利、环境和公共设施管理业	**659**	**1021**	**4974**	**980**	**1728**	**48**	**191**	**242**
水利管理业	369	328	1126	84	236			77
防洪管理	11	11	89	25				
水资源管理	229	247	998	54	236			77
其他水利管理	129	70	39	5				
环境管理业	233	459	2166	14	1467		176	16
自然保护	14	199	30		6			16
环境治理	219	260	2136	14	1461		176	
公共设施管理业	57	234	1682	882	25	48	15	149
市政公共设施管理	57	176	1158	617				
城市绿化管理		58	202	39				149
游览景区管理			322	226	25	48	15	
居民服务和其他服务业	**30**	**728**	**111**	**10**	**4**	**6**		
居民服务业	30	48	101	10	4	6		
家庭服务	30							
托儿所								
理发及美容保健服务								
洗浴服务								
婚姻服务		4	4					
殡葬服务		44	93	10		6		
其他居民服务			4		4			
其他服务业		680	10					
修理与维护		2						
清洁服务		678						
其他未列明的服务			10					
教育	**7978**	**4046**	**17269**	**3443**	**1669**	**1266**	**830**	**1705**
教育	7978	4046	17269	3443	1669	1266	830	1705
学前教育	135	64	433	115	92	219	7	
初等教育	2706	822	7735	629	648	329	290	302
中等教育	4872	3071	7090	1123	916	686	524	1141
高等教育		10	1516	1298				218
其他教育	265	79	495	278	13	32	9	44

辽阳县	灯塔市	盘锦市	双台子区	兴隆台区	大洼县	盘山县	铁岭市	银州区	清河区	铁岭县
259	183	1267	112	901	216	38	1913	790	74	105
9	10	85		41	28	16	98	67		
	3	40		36	4		38	20	2	
	9						86	43		31
156	76	578	73	371	134		797	294	16	
18		122	23	82	17		93	30	19	
76	71	442	16	371	33	22	801	336	37	74
	14									
267	267	1352	74	144	568	566	1433	251	53	21
264	262	1300	74	97	568	561	1367	195	52	15
3	5	48		43		5	52	43		6
		4		4			14	13	1	
27							817	748		
							56			
27							761	748		
453	**1332**	**5782**	**1400**	**873**	**2471**	**1038**	**4383**	**1858**	**233**	**196**
70	659	2756	360	149	1228	1019	1619	512	68	163
64		425	101	63	154	107	390	132	25	
6	625	2016	259	67	778	912	1004	356	33	163
	34	315		19	296		225	24	10	
330	163	1143	19	349	769	6	1519	1012	69	20
4	4	55	19	36			7	3	4	
326	159	1088		313	769	6	1512	1009	65	20
53	510	1883	1021	375	474	13	1245	334	96	13
31	510	977	506	60	405	6	441	156	50	13
14		380		315	58	7	735	109	46	
8		526	515		11		69	69		
40	**51**	**140**		**13**	**70**	**57**	**474**	**120**	**65**	**60**
40	41	140		13	70	57	468	120	65	60
	4									
40	37	140		13	70	57	468	120	65	60
	10						6			
							6			
	10									
4262	**4094**	**12596**	**2486**	**2604**	**4224**	**3282**	**28020**	**6040**	**904**	**2916**
4262	4094	12596	2486	2604	4224	3282	28020	6040	904	2916
		233	72	135	26		347	185	25	
3466	2071	3349	856	602	833	1058	11750	1217	400	1140
719	1981	7718	1181	1050	3288	2199	13592	2693	464	1726
		519	23	486	10		1393	1387		
77	42	777	354	331	67	25	938	558	15	50

3-4 续表 19

行业中类	阜新蒙古族自治县	彰武县	辽阳市	白塔区	文圣区	宏伟区	弓长岭区	太子河区
卫生、社会保障和社会福利业	**2214**	**1619**	**6735**	**749**	**3237**	**319**	**162**	**277**
卫生	2141	1531	6457	728	3177	285	114	269
医院	901	851	5000	607	2850	216	56	197
卫生院及社区医疗活动	631	313	640	43		11		27
门诊部医疗活动	4							
计划生育技术服务活动	128		95		24		7	2
妇幼保健活动	73	118	177	40	30	24	14	19
专科疾病防治活动			46					
疾病预防控制及防疫活动	404	238	430	38	228	34	37	
其他卫生活动		11	69		45			24
社会保障业	66	56	66	6				7
社会保障业	66	56	66	6				7
社会福利业	7	32	212	15	60	34	48	1
提供住宿的社会福利	7	23	169	12	36	34	48	
不提供住宿的社会福利		9	43	3	24			1
文化、体育和娱乐业	**259**	**168**	**1890**	**505**	**203**	**33**	**44**	**701**
新闻出版业	22	11	244	197				17
新闻业			1	1				
出版业	22	11	243	196				17
广播、电视、电影和音像业	101	65	875	36			28	561
广播	39	4	101					9
电视	25	40	707				28	550
电影	37	21	67	36				2
音像制作								
文化艺术业	116	82	664	267	203	23	16	31
文艺创作与表演	1							
艺术表演场馆			107	89				18
图书馆与档案馆	9	20	183	50	72	7	7	1
文物及文化保护	16	6	13					1
博物馆	11		110	38	65			7
烈士陵园、纪念馆			33		24	9		
群众文化活动	79	56	175	80	42		9	
文化艺术经纪代理								
其他文化艺术			43	10		7		4
体育	8	10	107	5		10		92
体育组织	3		38	5		3		30
体育场馆		2	6					6
其他体育	5	8	63			7		56
娱乐业	12							
室内娱乐活动								
游乐园								
休闲健身娱乐活动	12							
其他娱乐活动								
公共管理和社会组织	**814**	**413**	**5350**	**1153**	**751**	**438**	**360**	**366**
中国共产党机关			9	5		4		
中国共产党机关			9	5		4		
国家机构	814	413	5341	1148	751	434	360	366
国家权力机构			15			15		
国家行政机构	811	413	5326	1148	751	419	360	366
人民法院和人民检察院	3							
其他国家机构								
人民政协和民主党派								
人民政协								
民主党派								

辽阳县	灯塔市	盘锦市	双台子区	兴隆台区	大洼县	盘山县	铁岭市	银州区	清河区	铁岭县
1055	**936**	**6706**	**2437**	**1265**	**2123**	**881**	**13256**	**4087**	**433**	**953**
992	892	5585	2380	909	1801	495	12487	3837	360	920
448	626	3640	2198	599	665	178	7419	2980	250	435
445	114	513			374	139	2767	127	55	422
		495			495		110	25		
28	34	89	39	22	28		295	89	9	
26	24	89		32		57	358	66	11	
40	6	91	91				293	124		
5	88	598	38	200	239	121	1148	333	35	63
		70	14	56			97	93		
53		451	15	217	108	111	244	84	46	
53		451	15	217	108	111	244	84	46	
10	44	670	42	139	214	275	525	166	27	33
	39	595	42	77	201	275	400	114	21	33
10	5	75		62	13		125	52	6	
206	**198**	**1720**	**366**	**974**	**309**	**71**	**1853**	**1050**	**71**	**27**
28	2	207		180	16	11	181	172	1	
		20		9		11	3	2	1	
28	2	187		171	16		178	170		
115	135	688	268	272	135	13	830	401	40	27
92		192	32	110	37	13	344	157	4	27
	129	390	183	142	65		330	218	36	
23	6	106	53	20	33		152	25		
							4	1		
63	61	624	98	338	141	47	724	408	24	
		90		86	4		170	110		
							5			
25	21	245	37	146	62		188	76	12	
12		2			2		13	5		
							31	31		
							22	22		
26	18	270	54	96	73	47	245	148	11	
							33	8		
	22	17	7	10			17	8	1	
		133		116	17		115	69	6	
		2		2			20	18		
		70		63	7		34	27		
		61		51	10		61	24	6	
		68		68			3			
							3			
		68		68						
1429	**853**	**9040**	**3050**	**4602**	**1150**	**238**	**10168**	**4510**	**423**	**158**
		26		17	9		40	11	7	
		26		17	9		40	11	7	
1429	853	9014	3050	4585	1141	238	10128	4499	416	158
1429	853	9008	3050	4579	1141	238	10070	4441	416	158
		6		6			58	58		

3-4 续表 20

行业中类	西丰县	昌图县	调兵山市	开原市	朝阳市	双塔区	龙城区	朝阳县
总　　计	**7078**	**17581**	**4461**	**10240**	**74929**	**20298**	**3421**	**5156**
农、林、牧、渔业								
林业								
林木的培育和种植								
畜牧业								
其他畜牧业								
农、林、牧、渔服务业								
农业服务业								
制造业								
印刷业和记录媒介的复制								
印刷								
非金属矿物制品业								
石墨及其他非金属矿物制品制造								
交通运输设备制造业								
汽车制造								
工艺品及其他制造业								
其他未列明的制造业								
电力、燃气及水的生产和供应业	**85**				**321**			
电力、热力的生产和供应业	85				63			
热力生产和供应	85				63			
燃气生产和供应业								
燃气生产和供应业								
水的生产和供应业					258			
自来水的生产和供应					258			
建筑业								
房屋和土木工程建筑业								
土木工程建筑								
交通运输、仓储和邮政业	**656**	**549**	**113**		**2315**			
道路运输业	656	549	104		2119			
公路旅客运输								
道路货物运输								
道路运输辅助活动	656	549	104		2119			
城市公共交通业								
公共电汽车客运								
出租车客运								
其他城市公共交通								
水上运输业								
水上旅客运输								
水上运输辅助活动								
航空运输业								
通用航空服务								
航空运输辅助活动								
装卸搬运和其他运输服务业								
运输代理服务								
仓储业			9		196			
谷物、棉花等农产品仓储			9		95			
其他仓储					101			
信息传输、计算机服务和软件业	**122**	**61**	**4**	**115**	**356**	**262**	**4**	
电信和其他信息传输服务业	122	61		115	347	262		
电信								
互联网信息服务					8			
广播电视传输服务	122	61		115	339	262		
卫星传输服务								

建平县	喀喇沁左翼蒙古族自治县	北票市	凌源市	葫芦岛市	连山区	龙港区	南票区	绥中县	建昌县	兴城市
10729	**9013**	**12950**	**13362**	**56349**	**9071**	**11165**	**1766**	**9994**	**9602**	**14751**
				77				**77**		
				77				77		
				77				77		
6		**315**		**187**				**187**		
		63								
		63								
6		252		187				187		
6		252		187				187		
772	**324**	**570**	**649**	**1197**	**292**	**24**	**18**	**22**	**454**	**387**
677	324	570	548	1126	292		18	22	454	340
677	324	570	548	1126	292		18	22	454	340
				71		24				47
				47						47
				24		24				
95			101							
95										
			101							
18	**2**	**57**	**13**	**206**		**85**		**22**	**99**	
15	2	55	13	201		80		22	99	
	2	6		46		46				
15		49	13	155		34		22	99	

3-4 续表 21

行业中类	西丰县	昌图县	调兵山市	开原市	朝阳市	双塔区	龙城区	朝阳县
计算机服务业			4		1		1	
计算机系统服务			4					
数据处理								
计算机维修								
其他计算机服务					1		1	
软件业					8		3	
公共软件服务					8		3	
其他软件服务								
住宿和餐饮业					**118**			
住宿业					118			
旅游饭店					118			
一般旅馆								
其他住宿服务								
餐饮业								
正餐服务								
其他餐饮服务								
金融业			**10**		**73**	**59**		
银行业					49	49		
中央银行					49	49		
证券业								
证券市场管理								
证券投资								
保险业								
保险辅助服务								
其他金融活动			10		24	10		
金融信托与管理								
财务公司								
其他未列明的金融活动			10		24	10		
房地产业		**188**	**46**		**157**	**92**		
房地产业		188	46		157	92		
房地产开发经营								
物业管理		93	17		16	16		
房地产中介服务								
其他房地产活动		95	29		141	76		
租赁和商务服务业	**74**	**835**	**139**	**43**	**888**	**300**		
租赁业								
机械设备租赁								
商务服务业	74	835	139	43	888	300		
企业管理服务	9	234	54	32	245	63		
法律服务	12	138	12	11	99	39		
咨询与调查	15	308	14		136	70		
广告业								
知识产权服务								
职业中介服务		41	6		4			
市场管理			53		75	40		
旅行社								
其他商务服务	38	114			329	88		
科学研究、技术服务和地质勘查业	**380**	**1234**	**258**	**398**	**3912**	**1701**	**78**	**69**
研究与试验发展	22	62		65	97	8		
自然科学研究与试验发展								
工程和技术研究与试验发展					35			
农业科学研究与试验发展	4	57		65	54			
医学研究与试验发展	18							
社会人文科学研究与试验发展		5			8	8		

建平县	喀喇沁左翼蒙古族自治县	北票市	凌源市	葫芦岛市	连山区	龙港区	南票区	绥中县	建昌县	兴城市
				5		5				
				5		5				
3		2								
3		2								
		118								
		118								
		118								
		14		**54**		**54**				
				54		54				
				54		54				
		14								
		14								
5		**60**		**295**	**200**	**95**				
5		60		295	200	95				
				19	12	7				
5		60		276	188	88				
148	**65**	**258**	**117**	**758**	**75**	**182**	**11**	**51**	**111**	**328**
148	65	258	117	758	75	182	11	51	111	328
41	21	66	54	539	57	140	8	17	96	221
	4	11	45	68	18	9	3		7	31
13	11	24	18	16		7			3	6
		4		43		9				34
6	29			12		7			5	
				34				34		
88		153		46		10				36
451	**401**	**934**	**278**	**3994**	**104**	**1232**	**3**	**514**	**423**	**1718**
45		29	15	476		28		10		438
				220		13				207
		20	15	5						5
45		9		251		15		10		226

3-4 续表 22

行业中类	西丰县	昌图县	调兵山市	开原市	朝阳市	双塔区	龙城区	朝阳县
专业技术服务业	113	448	202	181	1531	487	44	69
气象服务	10	6		15	137	83		
地震服务		8		8	46	20		
海洋服务								
测绘服务			6	6	163	152		
技术检测	65	302	91	29	691	70	44	69
环境监测		31	13		87	37		
工程技术与规划管理	38	101	92	123	407	125		
其他专业技术服务								
科技交流和推广服务业	241	711	4	152	1582	504	34	
技术推广服务	241	708	4	152	1579	501	34	
科技中介服务		3			3	3		
其他科技服务								
地质勘查业	4	13	52		702	702		
矿产地质勘查	4		52		122	122		
基础地质勘查		13			580	580		
地质勘查技术服务								
水利、环境和公共设施管理业	**311**	**895**	**238**	**652**	**3958**	**2307**	**109**	**30**
水利管理业	65	412	26	373	760	258		12
防洪管理		233			60			6
水资源管理	56	11	26	359	314	125		6
其他水利管理	9	168		14	386	133		
环境管理业	134	44	68	172	2825	1951	109	
自然保护					32	28		
环境治理	134	44	68	172	2793	1923	109	
公共设施管理业	112	439	144	107	373	98		18
市政公共设施管理	86	112	24		160			
城市绿化管理	26	327	120	107	95	4		
游览景区管理					118	94		18
居民服务和其他服务业	**45**	**68**		**116**	**226**	**10**		**5**
居民服务业	39	68		116	220	10		5
家庭服务								
托儿所								
理发及美容保健服务								
洗浴服务					55			
婚姻服务								
殡葬服务	39	68		116	165	10		5
其他居民服务								
其他服务业	6				6			
修理与维护	6				6			
清洁服务								
其他未列明的服务								
教育	**2995**	**8414**	**2475**	**4276**	**38587**	**6913**	**2230**	**4481**
教育	2995	8414	2475	4276	38587	6913	2230	4481
学前教育	33	45	56	3	434	176		
初等教育	1395	4622	1147	1829	17352	1703	1124	2549
中等教育	1471	3578	1248	2412	17810	3259	968	1932
高等教育				6	979	974		
其他教育	96	169	24	26	2012	801	138	

建平县	喀喇沁左翼蒙古族自治县	北票市	凌源市	葫芦岛市	连山区	龙港区	南票区	绥中县	建昌县	兴城市
248	176	370	137	1882	34	696	3	357	175	617
17	14	11	12	97	6	28		31	10	22
		12	14	28		11			8	9
				25						25
11				64		13		15		36
131	79	243	55	795		193	3	207	108	284
10	12	28		122	15	64		8		35
79	71	76	56	751	13	387		96	49	206
158	225	535	126	792	70	138		147	248	189
158	225	535	126	715	70	73		147	236	189
				58		58				
				19		7			12	
				844		370				474
				210		209				1
				634		161				473
206	**167**	**683**	**456**	**4284**	**211**	**1395**	**135**	**1215**	**319**	**1009**
79	93	199	119	1173	44	37	135	640	195	122
	14	17	23	105		7		48	15	35
56	55	40	32	994	28	22	135	572	174	63
23	24	142	64	74	16	8		20	6	24
71		359	335	1964	152	867		400	124	421
		4		11		1			10	
71		355	335	1953	152	866		400	114	421
56	74	125	2	1147	15	491		175		466
	70	90		411	15	153		168		75
56		35		261		207				54
	4		2	475		131		7		337
49		**49**	**113**	**271**	**35**	**17**	**22**	**83**	**40**	**74**
49		43	113	271	35	17	22	83	40	74
			55							
				5						5
49		43	58	266	35	17	22	83	40	69
		6								
		6								
6198	**5649**	**5961**	**7155**	**26896**	**5247**	**3284**	**1259**	**4872**	**5989**	**6245**
6198	5649	5961	7155	26896	5247	3284	1259	4872	5989	6245
42	81	77	58	275	46	92		39	29	69
2276	3093	2991	3616	11965	2515	666	777	2128	2906	2973
3588	2428	2617	3018	12741	2653	1663	474	2589	2686	2676
			5	1201		665		52	92	392
292	47	276	458	714	33	198	8	64	276	135

3-4 续表 23

行业中类	西丰县	昌图县	调兵山市	开原市	朝阳市	双塔区	龙城区	朝阳县
卫生、社会保障和社会福利业	**956**	**3725**	**512**	**2590**	**12437**	**4042**	**549**	**490**
卫生	956	3437	436	2541	11417	3642	422	490
医院	514	1433	170	1637	8193	3233	313	309
卫生院及社区医疗活动	192	1442	36	493	1972	33	64	181
门诊部医疗活动			85		26	4		
计划生育技术服务活动		173	14	10	127	40	45	
妇幼保健活动	56	134	29	62	296	117		
专科疾病防治活动	53	6	10	100	225	35		
疾病预防控制及防疫活动	141	245	92	239	495	148		
其他卫生活动		4			83	32		
社会保障业		25	62	27	624	315		
社会保障业		25	62	27	624	315		
社会福利业		263	14	22	396	85	127	
提供住宿的社会福利		201	14	17	263		127	
不提供住宿的社会福利		62		5	133	85		
文化、体育和娱乐业	**84**	**354**	**102**	**165**	**1689**	**832**	**32**	
新闻出版业		8			185	106		
新闻业					101	101		
出版业		8			84	5		
广播、电视、电影和音像业	50	212	43	57	438	144		
广播	27	124	5		166	92		
电视	20	18	38		239	52		
电影		70		57	33			
音像制作	3							
文化艺术业	34	115	59	84	968	540	32	
文艺创作与表演	1	1		58	214	127		
艺术表演场馆				5	12			
图书馆与档案馆	15	39	33	13	168	85		
文物及文化保护	5		3		143	64	12	
博物馆					174	103	20	
烈士陵园、纪念馆					15	7		
群众文化活动	11	50	17	8	220	136		
文化艺术经纪代理		25						
其他文化艺术	2		6		22	18		
体育		16		24	76	20		
体育组织		2						
体育场馆				7	27	15		
其他体育		14		17	49	5		
娱乐业		3			22	22		
室内娱乐活动								
游乐园								
休闲健身娱乐活动		3						
其他娱乐活动					22	22		
公共管理和社会组织	**1370**	**1258**	**564**	**1885**	**9892**	**3780**	**419**	**81**
中国共产党机关				22	112	46	7	
中国共产党机关				22	112	46	7	
国家机构	1370	1258	564	1863	9780	3734	412	81
国家权力机构								
国家行政机构	1370	1258	564	1863	9780	3734	412	81
人民法院和人民检察院								
其他国家机构								
人民政协和民主党派								
人民政协								
民主党派								

建平县	喀喇沁左翼蒙古族自治县	北票市	凌源市	葫芦岛市	连山区	龙港区	南票区	绥中县	建昌县	兴城市
1893	**1075**	**2229**	**2159**	**11274**	**1538**	**2367**	**196**	**1586**	**1682**	**3905**
1799	1065	1905	2094	10383	1438	1909	175	1494	1619	3748
1066	566	1254	1452	7022	892	1666	65	715	1183	2501
533	345	389	427	1462	235	50	80	444	199	454
	2	18	2	89						89
	23		19	99		30	6		49	14
73	42	34	30	498	147	11	6	59	47	228
	21	127	42	469	37			42	75	315
127	59	83	78	677	127	109	18	234	42	147
	7		44	67		43			24	
40		222	47	586	49	308	21	61	59	88
40		222	47	586	49	308	21	61	59	88
54	10	102	18	305	51	150		31	4	69
24	10	84	18	196	36	92				68
30		18		109	15	58		31	4	1
312	**182**	**181**	**150**	**1343**	**319**	**496**	**3**	**155**	**54**	**316**
22	18	15	24	204		173		14		17
				14				14		
22	18	15	24	190		173				17
160	37	64	33	424	199	139			13	73
	37	37		105	16	89				
160		27		228	178	50				
			33	91	5				13	73
93	127	83	93	638	120	148	3	141	37	189
	35	24	28	37		32		5		
			12	8				8		
41	19	10	13	181	56	30	3	30	23	39
36		13	18	148				37	4	107
	23	6	22	52	41	11				
		8		4				4		
16	50	18		205	23	75		57	7	43
		4		3					3	
37		19		41					4	37
12										
25		19		41					4	37
				36		36				
				36		36				
671	**1148**	**1521**	**2272**	**5513**	**1050**	**1934**	**119**	**1210**	**431**	**769**
	35	10	14							
	35	10	14							
671	1113	1511	2258	5513	1050	1934	119	1210	431	769
671	1113	1511	2258	5513	1050	1934	119	1210	431	769

3-5 按地区、学历分组的事业法人单位从业人员数

地　区	事业法人单位数(个)	从业人员数(人)	具有研究生及以上学历人员	具有大学本科学历人员	具有大专学历人员	具有高中学历人员	具有初中及以下学历人员
全　省	**26968**	**1155518**	**59582**	**378661**	**371641**	**222618**	**123016**
沈阳市	**4913**	**277131**	**24513**	**99749**	**78215**	**49607**	**25047**
和平区	618	57908	6511	20890	15282	11535	3690
沈河区	568	32530	3027	12218	8098	6027	3160
大东区	333	20751	1627	9845	5876	2296	1107
皇姑区	445	34552	4016	14015	8498	4680	3343
铁西区	247	15962	335	5926	4216	3338	2147
苏家屯区	329	12245	928	4222	4075	1804	1216
东陵区	342	20967	2994	7628	5668	2563	2114
沈北新区	237	16182	1768	6732	3113	3037	1532
于洪区	466	23333	2663	8453	6683	3209	2325
辽中县	210	10106	262	2475	4203	2480	686
康平县	269	8245	111	1633	3388	2354	759
法库县	504	8591	96	2119	3451	1726	1199
新民市	345	15759	175	3593	5664	4558	1769
大连市	**2826**	**153240**	**15409**	**59808**	**40508**	**24114**	**13401**
中山区	269	15066	1622	6007	4019	2448	970
西岗区	301	15270	1268	6055	3601	2998	1348
沙河口区	242	26951	4518	11751	5618	2775	2289
甘井子区	320	22842	4049	10312	4330	1869	2282
旅顺口区	197	10606	1695	4419	2486	1479	527
金州区	379	19213	1901	8769	4600	2534	1409
长海县	71	1757	15	812	638	207	85
瓦房店市	285	11955	217	4053	4784	2255	646
普兰店市	376	13719	39	3661	5095	3443	1481
庄河市	386	15861	85	3969	5337	4106	2364
鞍山市	**2188**	**92008**	**3057**	**29402**	**30402**	**18718**	**10429**
铁东区	389	20851	970	8955	5735	2635	2556
铁西区	148	7954	252	3131	2244	1447	880
立山区	135	9513	166	3661	2303	2722	661
千山区	228	10121	1123	3550	2509	1859	1080
台安县	405	8467	85	1774	3550	2381	677
岫岩满族自治县	534	12008	161	1907	4774	3134	2032
海城市	349	23094	300	6424	9287	4540	2543
抚顺市	**1229**	**53176**	**1802**	**19222**	**16687**	**7912**	**7553**
新抚区	175	7798	217	2666	2431	962	1522
东洲区	139	6915	120	2576	1777	1324	1118
望花区	126	8633	536	4288	1945	657	1207
顺城区	353	16054	815	6427	4724	2264	1824
抚顺县	64	1735	5	519	888	227	96
新宾满族自治县	170	5332	49	1287	2103	1176	717
清原满族自治县	202	6709	60	1459	2819	1302	1069
本溪市	**1028**	**47666**	**1112**	**15684**	**14196**	**11026**	**5648**
平山区	243	12820	281	4447	4209	2577	1306
溪湖区	106	3976	134	1262	1106	665	809
明山区	250	14981	417	5563	3503	3503	1995
南芬区	98	1936	110	554	642	383	247
本溪满族自治县	145	7357	65	1698	2582	2108	904
桓仁满族自治县	186	6596	105	2160	2154	1790	387
丹东市	**2158**	**60244**	**1282**	**18531**	**20887**	**11762**	**7782**
元宝区	129	3789	132	1171	1117	627	742
振兴区	355	16601	550	6035	5241	2478	2297
振安区	193	5375	237	2782	1351	677	328
宽甸满族自治县	557	10096	94	1861	4433	2421	1287
东港市	540	12381	109	3560	4521	2632	1559
凤城市	384	12002	160	3122	4224	2927	1569

3-5　续表

地　区	事业法人单位数（个）	从业人员数（人）	具有研究生及以上学历人员	具有大学本科学历人员	具有大专学历人员	具有高中学历人员	具有初中及以下学历人员
锦州市	**1955**	**79362**	**2611**	**23513**	**29114**	**13892**	**10232**
古塔区	249	13094	804	5438	4183	1522	1147
凌河区	290	14271	726	6151	3842	1734	1818
太和区	294	11348	839	4249	3709	1353	1198
黑山县	392	11958	45	2529	4863	2877	1644
义县	324	9562	91	1471	4191	2258	1551
凌海市	227	10430	42	1877	4208	2451	1852
北镇市	179	8699	64	1798	4118	1697	1022
营口市	**1188**	**50795**	**1520**	**17094**	**17625**	**9325**	**5231**
站前区	342	10930	721	4699	3533	1209	768
西市区	90	5463	126	2348	1728	770	491
鲅鱼圈区	190	7645	255	3614	2422	926	428
老边区	147	3472	51	1080	1493	558	290
盖州市	217	11474	118	2302	3996	3510	1548
大石桥市	202	11811	249	3051	4453	2352	1706
阜新市	**1766**	**56846**	**1999**	**13839**	**19291**	**16779**	**4938**
海州区	291	10552	240	3939	3516	1623	1234
新邱区	136	1835	23	461	866	325	160
太平区	104	2188	27	680	813	311	357
清河门区	89	2025	49	417	624	500	435
细河区	357	17161	1529	3516	3313	8279	524
阜新蒙古族自治县	536	13522	89	3167	6501	2908	857
彰武县	253	9563	42	1659	3658	2833	1371
辽阳市	**1070**	**41690**	**1107**	**14475**	**14618**	**7579**	**3911**
白塔区	198	8210	414	3916	2384	1040	456
文圣区	123	8850	231	2848	2608	2227	936
宏伟区	60	2178	90	876	716	292	204
弓长岭区	52	1654	30	524	666	183	251
太子河区	108	3806	71	1990	1162	435	148
辽阳县	330	8748	85	2310	3680	1671	1002
灯塔市	199	8244	186	2011	3402	1731	914
盘锦市	**1288**	**42777**	**1200**	**11641**	**13330**	**8176**	**8430**
双台子区	137	10862	236	2416	2908	2085	3217
兴隆台区	312	12911	853	5789	4146	1642	481
大洼县	610	12303	46	2305	3723	2887	3342
盘山县	229	6701	65	1131	2553	1562	1390
铁岭市	**2271**	**69305**	**1050**	**17672**	**27220**	**14709**	**8654**
银州区	697	22928	570	7692	7501	3769	3396
清河区	154	2411	17	598	1089	512	195
铁岭县	93	4606	24	773	2139	1139	531
西丰县	187	7078	131	1542	2546	2030	829
昌图县	721	17581	192	3411	7491	4366	2121
调兵山市	186	4461	42	1499	2206	530	184
开原市	233	10240	74	2157	4248	2363	1398
朝阳市	**1904**	**74929**	**1819**	**22702**	**28347**	**15375**	**6686**
双塔区	491	20298	997	7095	6330	3064	2812
龙城区	63	3421	61	1160	1640	384	176
朝阳县	103	5156	20	1627	2317	1071	121
建平县	226	10729	140	2985	3578	3190	836
喀喇沁左翼蒙古族自治县	189	9013	96	2562	3777	2037	541
北票市	584	12950	259	3434	5718	2720	819
凌源市	248	13362	246	3839	4987	2909	1381
葫芦岛市	**1184**	**56349**	**1101**	**15329**	**21201**	**13644**	**5074**
连山区	173	9071	167	2642	4006	1706	550
龙港区	256	11165	340	4786	3388	1901	750
南票区	50	1766	6	356	933	369	102
绥中县	220	9994	194	2251	3761	2733	1055
建昌县	213	9602	109	2354	3838	2600	701
兴城市	272	14751	285	2940	5275	4335	1916

3-6 按行业(中类)、学历分组的事业法人单位从业人员数

行业中类	法人单位数(个)	从业人员数(人)	具有研究生及以上学历人员	具有大学本科学历人员	具有大专学历人员	具有高中学历人员	具有初中及以下学历人员
总计	**26968**	**1155518**	**59582**	**378661**	**371641**	**222618**	**123016**
农、林、牧、渔业	**4**	**232**		**9**	**23**	**124**	**76**
林业	2	146		6	18	56	66
林木的培育和种植	2	146		6	18	56	66
畜牧业	1	77		3	1	63	10
其他畜牧业	1	77		3	1	63	10
农、林、牧、渔服务业	1	9			4	5	
农业服务业	1	9			4	5	
制造业	**4**	**134**	**3**	**4**	**19**	**21**	**87**
印刷业和记录媒介的复制	1	22	3	2	10	4	3
印刷	1	22	3	2	10	4	3
非金属矿物制品业	1	28		1	2	3	22
石墨及其他非金属矿物制品制造	1	28		1	2	3	22
交通运输设备制造业	1	12			6	6	
汽车制造	1	12			6	6	
工艺品及其他制造业	1	72		1	1	8	62
其他未列明的制造业	1	72		1	1	8	62
电力、燃气及水的生产和供应业	**47**	**2930**	**7**	**272**	**585**	**1254**	**812**
电力、热力的生产和供应业	14	1554	3	183	322	660	386
热力生产和供应	14	1554	3	183	322	660	386
燃气生产和供应业	1	145		20	50	50	25
燃气生产和供应业	1	145		20	50	50	25
水的生产和供应业	32	1231	4	69	213	544	401
自来水的生产和供应	32	1231	4	69	213	544	401
建筑业	**2**	**30**		**2**	**5**	**10**	**13**
房屋和土木工程建筑业	2	30		2	5	10	13
土木工程建筑	2	30		2	5	10	13
交通运输、仓储和邮政业	**262**	**25120**	**158**	**2435**	**6213**	**6962**	**9352**
道路运输业	222	23511	142	2181	5735	6497	8956
公路旅客运输	5	75		2	14	38	21
道路货物运输	1	95		6	13	16	60
道路运输辅助活动	216	23341	142	2173	5708	6443	8875
城市公共交通业	4	177		38	106	29	4
公共电汽车客运	1	115		12	78	23	2
出租车客运	2	38		17	13	6	2
其他城市公共交通	1	24		9	15		
水上运输业	13	342	12	121	99	40	70
水上旅客运输	2	91		19	42	20	10
水上运输辅助活动	11	251	12	102	57	20	60
航空运输业	4	49		14	30	5	
通用航空服务	2	24		1	22	1	
航空运输辅助活动	2	25		13	8	4	
装卸搬运和其他运输服务业	3	36	2	6	26	1	1
运输代理服务	3	36	2	6	26	1	1
仓储业	16	1005	2	75	217	390	321
谷物、棉花等农产品仓储	3	105		4	40	33	28
其他仓储	13	900	2	71	177	357	293
信息传输、计算机服务和软件业	**274**	**5243**	**232**	**1827**	**1943**	**846**	**395**
电信和其他信息传输服务业	194	4311	136	1285	1699	804	387
电信	4	80		18	55	7	
互联网信息服务	39	309	23	181	64	19	22
广播电视传输服务	150	3893	113	1078	1570	773	359
卫星传输服务	1	29		8	10	5	6

3-6　续表 1

行业中类	法　人 单位数 (个)	从　业 人员数 (人)	具有研究生及以上学历人员	具有大学本　科学历人员	具有大专学历人员	具有高中学历人员	具有初中及以下学历人员
计算机服务业	69	799	84	494	187	26	8
计算机系统服务	19	302	26	184	80	7	5
数据处理	37	410	47	254	88	18	3
计算机维修	4	37		26	11		
其他计算机服务	9	50	11	30	8	1	
软件业	11	133	12	48	57	16	
公共软件服务	10	124	10	42	56	16	
其他软件服务	1	9	2	6	1		
住宿和餐饮业	**23**	**1666**	**10**	**69**	**291**	**573**	**723**
住宿业	20	1498	9	50	221	499	719
旅游饭店	9	1284	4	36	147	410	687
一般旅馆	10	206	5	13	67	89	32
其他住宿服务	1	8		1	7		
餐饮业	3	168	1	19	70	74	4
正餐服务	2	140	1	19	65	55	
其他餐饮服务	1	28			5	19	4
金融业	**70**	**1406**	**105**	**794**	**361**	**140**	**6**
银行业	13	1011	26	584	271	130	
中央银行	13	1011	26	584	271	130	
证券业	5	108	36	57	15		
证券市场管理	4	107	36	56	15		
证券投资	1	1		1			
保险业	5	40	14	16	7	2	1
保险辅助服务	5	40	14	16	7	2	1
其他金融活动	47	247	29	137	68	8	5
金融信托与管理	1	11	2	8	1		
财务公司	1	16		16			
其他未列明的金融活动	45	220	27	113	67	8	5
房地产业	**328**	**12005**	**285**	**2509**	**4346**	**2590**	**2275**
房地产业	328	12005	285	2509	4346	2590	2275
房地产开发经营	3	65		28	28	9	
物业管理	131	4844	36	608	1683	1353	1164
房地产中介服务	18	629	55	248	236	63	27
其他房地产活动	176	6467	194	1625	2399	1165	1084
租赁和商务服务业	**2435**	**33273**	**1670**	**8732**	**12692**	**5925**	**4254**
租赁业	1	43		10	14	4	15
机械设备租赁	1	43		10	14	4	15
商务服务业	2434	33230	1670	8722	12678	5921	4239
企业管理服务	1358	19665	1097	4650	7463	3631	2824
法律服务	318	1972	165	996	620	140	51
咨询与调查	374	3339	198	1399	1372	305	65
广告业	4	51		21	30		
知识产权服务	6	59	13	32	11	3	
职业中介服务	186	1840	111	919	628	148	34
市场管理	93	1619	48	263	968	204	136
旅行社	6	58	9	8	5	2	34
其他商务服务	89	4627	29	434	1581	1488	1095
科学研究、技术服务和地质勘查业	**3141**	**72841**	**4798**	**23173**	**23101**	**12623**	**9146**
研究与试验发展	249	16131	2245	6188	3310	1917	2471
自然科学研究与试验发展	22	2518	715	689	348	328	438
工程和技术研究与试验发展	57	6933	869	3086	1187	620	1171
农业科学研究与试验发展	96	5231	436	1671	1418	878	828
医学研究与试验发展	13	373	46	174	102	34	17
社会人文科学研究与试验发展	61	1076	179	568	255	57	17

3-6 续表 2

行业中类	法人单位数(个)	从业人员数(人)					
			具有研究生及以上学历人员	具有大学本科学历人员	具有大专学历人员	具有高中学历人员	具有初中及以下学历人员
专业技术服务业	1468	32003	1937	11191	11863	5073	1939
气象服务	106	1981	109	747	644	401	80
地震服务	72	897	63	342	362	115	15
海洋服务	6	70	5	18	28	11	8
测绘服务	54	1803	92	537	650	477	47
技术检测	590	11987	511	3708	4970	2138	660
环境监测	116	2643	206	1118	927	280	112
工程技术与规划管理	488	9806	585	3576	3699	1189	757
其他专业技术服务	36	2816	366	1145	583	462	260
科技交流和推广服务业	1353	14916	347	3504	5923	3224	1918
技术推广服务	1216	13685	246	2981	5509	3073	1876
科技中介服务	105	898	76	402	306	90	24
其他科技服务	32	333	25	121	108	61	18
地质勘查业	71	9791	269	2290	2005	2409	2818
矿产地质勘查	31	4375	86	1018	762	832	1677
基础地质勘查	26	4659	146	1060	1053	1426	974
地质勘查技术服务	14	757	37	212	190	151	167
水利、环境和公共设施管理业	**1718**	**91699**	**998**	**8364**	**19052**	**24036**	**39249**
水利管理业	833	17750	173	2095	4772	4505	6205
防洪管理	107	2397	29	312	740	764	552
水资源管理	327	11635	64	1106	2637	2900	4928
其他水利管理	399	3718	80	677	1395	841	725
环境管理业	460	43867	194	2883	6973	10720	23097
自然保护	152	3082	36	414	930	967	735
环境治理	308	40785	158	2469	6043	9753	22362
公共设施管理业	425	30082	631	3386	7307	8811	9947
市政公共设施管理	170	13155	105	1815	3368	3258	4609
城市绿化管理	138	10453	375	906	2218	3663	3291
游览景区管理	117	6474	151	665	1721	1890	2047
居民服务和其他服务业	**324**	**6995**	**82**	**1225**	**2056**	**2117**	**1515**
居民服务业	278	5670	51	1068	1781	1719	1051
家庭服务	1	30			10	20	
托儿所	3	13			6	1	6
理发及美容保健服务	1	4		2		2	
洗浴服务	2	64		5	11	46	2
婚姻服务	22	166	1	69	71	21	4
殡葬服务	171	4292	32	433	1265	1536	1026
其他居民服务	78	1101	18	559	418	93	13
其他服务业	46	1325	31	157	275	398	464
修理与维护	9	125	2	17	49	41	16
清洁服务	4	859	22	66	120	245	406
其他未列明的服务	33	341	7	74	106	112	42
教育	**6161**	**495269**	**36574**	**224060**	**167212**	**53984**	**13439**
教育	6161	495269	36574	224060	167212	53984	13439
学前教育	735	9503	99	1854	4529	2381	640
初等教育	2066	164398	1549	41483	89057	29756	2553
中等教育	2274	216419	7942	131510	58473	13690	4804
高等教育	177	83442	25452	38396	9027	6127	4440
其他教育	909	21507	1532	10817	6126	2030	1002

3-6　续表 3

行业中类	法人单位数（个）	从业人员数（人）	具有研究生及以上学历人员	具有大学本科学历人员	具有大专学历人员	具有高中学历人员	具有初中及以下学历人员
卫生、社会保障和社会福利业	**4318**	**230989**	**9039**	**52118**	**71216**	**71232**	**27384**
卫生	3309	215378	8659	48275	66104	67998	24342
医院	641	160942	7762	39834	47926	47544	17876
卫生院及社区医疗活动	1052	26572	314	2479	7277	12031	4471
门诊部医疗活动	502	1736	22	286	596	718	114
计划生育技术服务活动	320	2171	36	507	1081	466	81
妇幼保健活动	132	5906	104	1126	2518	1890	268
专科疾病防治活动	76	2954	23	418	1199	966	348
疾病预防控制及防疫活动	509	12217	283	2835	4522	3598	979
其他卫生活动	77	2880	115	790	985	785	205
社会保障业	383	6911	201	2472	2581	1072	585
社会保障业	383	6911	201	2472	2581	1072	585
社会福利业	626	8700	179	1371	2531	2162	2457
提供住宿的社会福利	475	6890	63	838	1731	1907	2351
不提供住宿的社会福利	151	1810	116	533	800	255	106
文化、体育和娱乐业	**1536**	**42251**	**1364**	**14051**	**14932**	**7955**	**3949**
新闻出版业	128	4774	216	1863	1539	657	499
新闻业	31	602	15	192	246	68	81
出版业	97	4172	201	1671	1293	589	418
广播、电视、电影和音像业	273	13900	437	5028	4998	2622	815
广播	115	3473	96	1316	1395	571	95
电视	89	9334	334	3637	3333	1601	429
电影	67	1089	7	73	268	450	291
音像制作	2	4		2	2		
文化艺术业	959	18675	497	5356	6911	3646	2265
文艺创作与表演	103	3343	47	548	988	1068	692
艺术表演场馆	30	1336	8	116	396	416	400
图书馆与档案馆	239	4569	175	2093	1746	450	105
文物及文化保护	58	1408	29	275	336	353	415
博物馆	52	1878	97	615	686	344	136
烈士陵园、纪念馆	30	619	15	193	225	121	65
群众文化活动	398	5137	92	1316	2424	855	450
文化艺术经纪代理	4	57		19	12	25	1
其他文化艺术	45	328	34	181	98	14	1
体育	140	3765	95	1513	1198	670	289
体育组织	36	1885	51	887	391	371	185
体育场馆	38	766	21	176	351	169	49
其他体育	66	1114	23	450	456	130	55
娱乐业	36	1137	119	291	286	360	81
室内娱乐活动	8	65		11	28	14	12
游乐园	3	575	5	118	129	271	52
休闲健身娱乐活动	10	122	8	46	30	23	15
其他娱乐活动	15	375	106	116	99	52	2
公共管理和社会组织	**6321**	**133435**	**4257**	**39017**	**47594**	**32226**	**10341**
中国共产党机关	54	477	61	224	137	40	15
中国共产党机关	54	477	61	224	137	40	15
国家机构	6262	132901	4186	38777	47434	32182	10322
国家权力机构	7	116	6	81	27	2	
国家行政机构	6210	131990	4123	38334	47155	32064	10314
人民法院和人民检察院	11	213	34	126	37	16	
其他国家机构	34	582	23	236	215	100	8
人民政协和民主党派	5	57	10	16	23	4	4
人民政协	1	4	1	2	1		
民主党派	4	53	9	14	22	4	4

3-7 按地区、专业技术职称分组的事业法人单位从业人员数

地　　区	事业法人单位数（个）	从　业人员数（人）	#具有高级技术职称人　员	#具有中级技术职称人　员	#具有初级技术职称人　员
全　　省	**26968**	**1155518**	**140240**	**316990**	**200083**
按地区分组					
沈阳市	**4913**	**277131**	**35800**	**72623**	**41633**
和平区	618	57908	8130	16817	9059
沈河区	568	32530	3912	7296	4789
大东区	333	20751	2919	5847	2345
皇姑区	445	34552	5930	8737	5570
铁西区	247	15962	1875	4918	2754
苏家屯区	329	12245	1388	3662	2411
东陵区	342	20967	3349	5710	3275
沈北新区	237	16182	2365	4164	1945
于洪区	466	23333	3042	5248	3131
辽中县	210	10106	897	2330	1230
康平县	269	8245	313	1388	1316
法库县	504	8591	674	2772	1574
新民市	345	15759	1006	3734	2234
大连市	**2826**	**153240**	**27643**	**46794**	**27555**
中山区	269	15066	2035	3547	2242
西岗区	301	15270	2499	3641	3460
沙河口区	242	26951	6012	8635	5805
甘井子区	320	22842	5024	7706	3634
旅顺口区	197	10606	2112	3175	2215
金州区	379	19213	3505	5870	3041
长海县	71	1757	308	688	453
瓦房店市	285	11955	1386	2861	1030
普兰店市	376	13719	2389	5387	2580
庄河市	386	15861	2373	5284	3095
鞍山市	**2188**	**92008**	**10188**	**27267**	**15411**
铁东区	389	20851	2662	5796	3829
铁西区	148	7954	1012	2768	1859
立山区	135	9513	1172	3220	1487
千山区	228	10121	1519	3085	1605
台安县	405	8467	760	1093	498
岫岩满族自治县	534	12008	646	3271	2449
海城市	349	23094	2417	8034	3684
抚顺市	**1229**	**53176**	**4670**	**12450**	**8830**
新抚区	175	7798	674	1827	1413
东洲区	139	6915	458	1330	1000
望花区	126	8633	629	1909	1391
顺城区	353	16054	1770	3476	2619
抚顺县	64	1735	157	690	519
新宾满族自治县	170	5332	528	1624	864
清原满族自治县	202	6709	454	1594	1024
本溪市	**1028**	**47666**	**3842**	**13676**	**12244**
平山区	243	12820	1291	3829	3128
溪湖区	106	3976	225	1159	1123
明山区	250	14981	1356	3793	2910
南芬区	98	1936	86	522	488
本溪满族自治县	145	7357	487	2343	2348
桓仁满族自治县	186	6596	397	2030	2247
丹东市	**2158**	**60244**	**5717**	**17217**	**13443**
元宝区	129	3789	239	702	547
振兴区	355	16601	1563	3884	3281
振安区	193	5375	1064	2116	1116
宽甸满族自治县	557	10096	769	3370	2785
东港市	540	12381	1071	3563	2716
凤城市	384	12002	1011	3582	2998

3-7 续表

地　区	事业法人单位数(个)	从业人员数(人)	#具有高级技术职称人员	#具有中级技术职称人员	#具有初级技术职称人员
锦州市	**1955**	**79362**	**8993**	**21785**	**15120**
古塔区	249	13094	1766	2984	2124
凌河区	290	14271	1979	3131	2430
太和区	294	11348	1543	2792	1783
黑山县	392	11958	1322	3788	2393
义县	324	9562	745	2851	1898
凌海市	227	10430	742	3148	2377
北镇市	179	8699	896	3091	2115
营口市	**1188**	**50795**	**5258**	**13377**	**7866**
站前区	342	10930	798	2000	1186
西市区	90	5463	665	1684	1147
鲅鱼圈区	190	7645	1117	1987	1012
老边区	147	3472	227	1184	519
盖州市	217	11474	1162	3079	1940
大石桥市	202	11811	1289	3443	2062
阜新市	**1766**	**56846**	**6082**	**13219**	**8678**
海州区	291	10552	1488	3215	2234
新邱区	136	1835	121	495	448
太平区	104	2188	180	494	298
清河门区	89	2025	81	329	130
细河区	357	17161	1549	2591	1871
阜新蒙古族自治县	536	13522	1803	3825	2099
彰武县	253	9563	860	2270	1598
辽阳市	**1070**	**41690**	**4958**	**12617**	**6415**
白塔区	198	8210	809	1751	960
文圣区	123	8850	641	2437	1902
宏伟区	60	2178	468	768	251
弓长岭区	52	1654	230	439	177
太子河区	108	3806	452	883	421
辽阳县	330	8748	1150	3473	1495
灯塔市	199	8244	1208	2866	1209
盘锦市	**1288**	**42777**	**3090**	**10210**	**7524**
双台子区	137	10862	590	2205	2166
兴隆台区	312	12911	1638	3711	1728
大洼县	610	12303	577	2512	2445
盘山县	229	6701	285	1782	1185
铁岭市	**2271**	**69305**	**8456**	**20562**	**11756**
银州区	697	22928	2621	5387	3944
清河区	154	2411	226	777	417
铁岭县	93	4606	639	2116	797
西丰县	187	7078	721	2273	1314
昌图县	721	17581	2306	5576	2907
调兵山市	186	4461	657	1346	536
开原市	233	10240	1286	3087	1841
朝阳市	**1904**	**74929**	**9088**	**19826**	**12351**
双塔区	491	20298	2014	4422	3202
龙城区	63	3421	530	1091	536
朝阳县	103	5156	777	1772	946
建平县	226	10729	1250	3302	2060
喀喇沁左翼蒙古族自治县	189	9013	1491	3139	1413
北票市	584	12950	1352	2690	2391
凌源市	248	13362	1674	3410	1803
葫芦岛市	**1184**	**56349**	**6455**	**15367**	**11257**
连山区	173	9071	1413	3309	2466
龙港区	256	11165	1430	2232	1749
南票区	50	1766	214	826	378
绥中县	220	9994	746	1850	1234
建昌县	213	9602	1229	3513	2436
兴城市	272	14751	1423	3637	2994

3-8 按行业(中类)、专业技术职称分组的事业法人单位从业人员数

行业中类	事业法人单位数(个)	从业人员数(人)	#具有高级技术职称人员	#具有中级技术职称人员	#具有初级技术职称人员
总计	**26968**	**1155518**	**140240**	**316990**	**200083**
农、林、牧、渔业	**4**	**232**	**8**	**39**	**49**
林业	2	146	4	14	29
林木的培育和种植	2	146	4	14	29
畜牧业	1	77	4	23	13
其他畜牧业	1	77	4	23	13
农、林、牧、渔服务业	1	9		2	7
农业服务业	1	9		2	7
制造业	**4**	**134**	**1**		**2**
印刷业和记录媒介的复制	1	22			
印刷	1	22			
非金属矿物制品业	1	28			
石墨及其他非金属矿物制品制造	1	28			
交通运输设备制造业	1	12			
汽车制造	1	12			
工艺品及其他制造业	1	72	1		2
其他未列明的制造业	1	72	1		2
电力、燃气及水的生产和供应业	**47**	**2930**	**13**	**69**	**122**
电力、热力的生产和供应业	14	1554	3	24	46
热力生产和供应	14	1554	3	24	46
燃气生产和供应业	1	145			
燃气生产和供应业	1	145			
水的生产和供应业	32	1231	10	45	76
自来水的生产和供应	32	1231	10	45	76
建筑业	**2**	**30**	**1**	**2**	**3**
房屋和土木工程建筑业	2	30	1	2	3
土木工程建筑	2	30	1	2	3
交通运输、仓储和邮政业	**262**	**25120**	**295**	**1387**	**2136**
道路运输业	222	23511	233	1253	1982
公路旅客运输	5	75			
道路货物运输	1	95		1	6
道路运输辅助活动	216	23341	233	1252	1976
城市公共交通业	4	177	11	26	56
公共电汽车客运	1	115		19	54
出租车客运	2	38	11	7	2
其他城市公共交通	1	24			
水上运输业	13	342	44	56	34
水上旅客运输	2	91		3	3
水上运输辅助活动	11	251	44	53	31
航空运输业	4	49	1	4	7
通用航空服务	2	24	1	4	7
航空运输辅助活动	2	25			
装卸搬运和其他运输服务业	3	36		4	
运输代理服务	3	36		4	
仓储业	16	1005	6	44	57
谷物、棉花等农产品仓储	3	105		2	2
其他仓储	13	900	6	42	55
信息传输、计算机服务和软件业	**274**	**5243**	**279**	**890**	**963**
电信和其他信息传输服务业	194	4311	178	733	824
电信	4	80		20	5
互联网信息服务	39	309	19	25	31
广播电视传输服务	150	3893	159	688	788
卫星传输服务	1	29			

3-8　续表 1

行业中类	事业法人单位数(个)	从业人员数(人)	#具有高级技术职称人员	#具有中级技术职称人员	#具有初级技术职称人员
计算机服务业	69	799	86	139	126
计算机系统服务	19	302	38	57	62
数据处理	37	410	38	71	49
计算机维修	4	37	5	3	8
其他计算机服务	9	50	5	8	7
软件业	11	133	15	18	13
公共软件服务	10	124	15	18	11
其他软件服务	1	9			2
住宿和餐饮业	**23**	**1666**	**15**	**24**	**21**
住宿业	20	1498	12	23	20
旅游饭店	9	1284	6	15	15
一般旅馆	10	206	5	6	5
其他住宿服务	1	8	1	2	
餐饮业	3	168	3	1	1
正餐服务	2	140		1	1
其他餐饮服务	1	28	3		
金融业	**70**	**1406**	**83**	**555**	**244**
银行业	13	1011	67	478	206
中央银行	13	1011	67	478	206
证券业	5	108	6	26	9
证券市场管理	4	107	6	26	9
证券投资	1	1			
保险业	5	40	2	13	12
保险辅助服务	5	40	2	13	12
其他金融活动	47	247	8	38	17
金融信托与管理	1	11	2	5	
财务公司	1	16			
其他未列明的金融活动	45	220	6	33	17
房地产业	**328**	**12005**	**228**	**980**	**1030**
房地产业	328	12005	228	980	1030
房地产开发经营	3	65			
物业管理	131	4844	21	199	251
房地产中介服务	18	629	34	41	34
其他房地产活动	176	6467	173	740	745
租赁和商务服务业	**2435**	**33273**	**1407**	**3692**	**2806**
租赁业	1	43			
机械设备租赁	1	43			
商务服务业	2434	33230	1407	3692	2806
企业管理服务	1358	19665	1044	2463	1738
法律服务	318	1972	52	129	96
咨询与调查	374	3339	131	665	572
广告业	4	51		7	8
知识产权服务	6	59	19	11	21
职业中介服务	186	1840	105	164	161
市场管理	93	1619	14	66	75
旅行社	6	58	1	1	
其他商务服务	89	4627	41	186	135
科学研究、技术服务和地质勘查业	**3141**	**72841**	**8818**	**14680**	**12533**
研究与试验发展	249	16131	2854	3092	2212
自然科学研究与试验发展	22	2518	426	480	252
工程和技术研究与试验发展	57	6933	1288	1402	802
农业科学研究与试验发展	96	5231	839	951	983
医学研究与试验发展	13	373	103	89	78
社会人文科学研究与试验发展	61	1076	198	170	97

3-8 续表 2

行业中类	事业法人单位数(个)	从业人员数(人)	#具有高级技术职称人员	#具有中级技术职称人员	#具有初级技术职称人员
专业技术服务业	1468	32003	3403	7232	6368
气象服务	106	1981	204	447	523
地震服务	72	897	43	102	69
海洋服务	6	70	3	20	13
测绘服务	54	1803	114	312	464
技术检测	590	11987	1040	2630	2721
环境监测	116	2643	283	570	462
工程技术与规划管理	488	9806	1151	2550	1628
其他专业技术服务	36	2816	565	601	488
科技交流和推广服务业	1353	14916	1397	3018	2727
技术推广服务	1216	13685	1257	2783	2539
科技中介服务	105	898	103	173	141
其他科技服务	32	333	37	62	47
地质勘查业	71	9791	1164	1338	1226
矿产地质勘查	31	4375	364	538	549
基础地质勘查	26	4659	663	686	543
地质勘查技术服务	14	757	137	114	134
水利、环境和公共设施管理业	**1718**	**91699**	**1530**	**4836**	**5691**
水利管理业	833	17750	450	1703	2266
防洪管理	107	2397	46	237	347
水资源管理	327	11635	255	931	1308
其他水利管理	399	3718	149	535	611
环境管理业	460	43867	408	1104	1215
自然保护	152	3082	96	354	439
环境治理	308	40785	312	750	776
公共设施管理业	425	30082	672	2029	2210
市政公共设施管理	170	13155	387	1109	1135
城市绿化管理	138	10453	147	574	641
游览景区管理	117	6474	138	346	434
居民服务和其他服务业	**324**	**6995**	**173**	**350**	**234**
居民服务业	278	5670	156	316	198
家庭服务	1	30	12	12	
托儿所	3	13		1	1
理发及美容保健服务	1	4		1	
洗浴服务	2	64			4
婚姻服务	22	166	2	18	
殡葬服务	171	4292	110	235	143
其他居民服务	78	1101	32	49	50
其他服务业	46	1325	17	34	36
修理与维护	9	125	8	7	8
清洁服务	4	859			
其他未列明的服务	33	341	9	27	28
教育	**6161**	**495269**	**102228**	**202812**	**78743**
教育	6161	495269	102228	202812	78743
学前教育	735	9503	438	3028	1403
初等教育	2066	164398	13270	97183	22869
中等教育	2274	216419	59750	72135	38731
高等教育	177	83442	25104	25717	12941
其他教育	909	21507	3666	4749	2799

3-8　续表 3

行业中类	事业法人单位数(个)	从业人员数(人)	#具有高级技术职称人员	#具有中级技术职称人员	#具有初级技术职称人员
卫生、社会保障和社会福利业	**4318**	**230989**	**17085**	**60619**	**77370**
卫生	3309	215378	16809	59291	76046
医院	641	160942	14354	47199	56678
卫生院及社区医疗活动	1052	26572	787	4998	10720
门诊部医疗活动	502	1736	75	277	332
计划生育技术服务活动	320	2171	65	381	462
妇幼保健活动	132	5906	309	1802	2032
专科疾病防治活动	76	2954	70	629	1036
疾病预防控制及防疫活动	509	12217	909	3166	4080
其他卫生活动	77	2880	240	839	706
社会保障业	383	6911	215	948	830
社会保障业	383	6911	215	948	830
社会福利业	626	8700	61	380	494
提供住宿的社会福利	475	6890	28	267	395
不提供住宿的社会福利	151	1810	33	113	99
文化、体育和娱乐业	**1536**	**42251**	**3289**	**7951**	**6193**
新闻出版业	128	4774	255	718	422
新闻业	31	602	28	142	66
出版业	97	4172	227	576	356
广播、电视、电影和音像业	273	13900	1336	2659	2391
广播	115	3473	315	786	660
电视	89	9334	999	1827	1644
电影	67	1089	21	44	87
音像制作	2	4	1	2	
文化艺术业	959	18675	1398	4157	3037
文艺创作与表演	103	3343	405	790	633
艺术表演场馆	30	1336	66	221	131
图书馆与档案馆	239	4569	293	1327	788
文物及文化保护	58	1408	41	146	215
博物馆	52	1878	156	406	338
烈士陵园、纪念馆	30	619	29	87	49
群众文化活动	398	5137	406	1153	862
文化艺术经纪代理	4	57	1	9	9
其他文化艺术	45	328	1	18	12
体育	140	3765	264	369	302
体育组织	36	1885	104	129	67
体育场馆	38	766	41	41	55
其他体育	66	1114	119	199	180
娱乐业	36	1137	36	48	41
室内娱乐活动	8	65	6	3	1
游乐园	3	575	17	30	30
休闲健身娱乐活动	10	122		1	
其他娱乐活动	15	375	13	14	10
公共管理和社会组织	**6321**	**133435**	**4787**	**18104**	**11943**
中国共产党机关	54	477	25	30	12
中国共产党机关	54	477	25	30	12
国家机构	6262	132901	4762	18073	11931
国家权力机构	7	116	12	14	5
国家行政机构	6210	131990	4717	17982	11850
人民法院和人民检察院	11	213			
其他国家机构	34	582	33	77	76
人民政协和民主党派	5	57		1	
人民政协	1	4		1	
民主党派	4	53			

3-9 按地区、技术等级分组的事业法人单位从业人员数

地 区	事业法人单位数(个)	从业人员数(人)	#高级技师	#技师	#高级工	#中级工
全 省	**26968**	**1155518**	**2791**	**7220**	**55855**	**30656**
沈阳市	**4913**	**277131**	**905**	**2568**	**13544**	**6123**
和平区	618	57908	116	500	2949	1012
沈河区	568	32530	37	281	2105	1000
大东区	333	20751	166	186	542	188
皇姑区	445	34552	201	601	2089	941
铁西区	247	15962	81	309	839	226
苏家屯区	329	12245	21	70	795	278
东陵区	342	20967	46	236	1386	636
沈北新区	237	16182	5	74	466	284
于洪区	466	23333	31	118	1021	313
辽中县	210	10106	43	26	138	117
康平县	269	8245	6	36	347	373
法库县	504	8591	42	29	252	225
新民市	345	15759	110	102	615	530
大连市	**2826**	**153240**	**362**	**1125**	**7775**	**3079**
中山区	269	15066	25	153	713	197
西岗区	301	15270	36	147	967	392
沙河口区	242	26951	148	174	1567	537
甘井子区	320	22842	50	156	1500	419
旅顺口区	197	10606	4	42	479	244
金州区	379	19213	22	91	755	226
长海县	71	1757	6	1	51	40
瓦房店市	285	11955	24	53	313	183
普兰店市	376	13719	30	252	595	356
庄河市	386	15861	17	56	835	485
鞍山市	**2188**	**92008**	**130**	**299**	**5339**	**2491**
铁东区	389	20851	15	102	1388	497
铁西区	148	7954	10	11	726	134
立山区	135	9513	13	13	714	152
千山区	228	10121	9	81	638	278
台安县	405	8467	34	5	109	137
岫岩满族自治县	534	12008	11	24	636	394
海城市	349	23094	38	63	1128	899
抚顺市	**1229**	**53176**	**107**	**156**	**1653**	**1011**
新抚区	175	7798	9	25	272	127
东洲区	139	6915	14	7	294	132
望花区	126	8633	16	17	118	86
顺城区	353	16054	34	86	797	482
抚顺县	64	1735	12	1	2	6
新宾满族自治县	170	5332	16	13	68	114
清原满族自治县	202	6709	6	7	102	64
本溪市	**1028**	**47666**	**73**	**164**	**3231**	**1536**
平山区	243	12820	4	50	1000	413
溪湖区	106	3976		10	201	114
明山区	250	14981	6	60	857	403
南芬区	98	1936	1	4	60	37
本溪满族自治县	145	7357	10	21	687	333
桓仁满族自治县	186	6596	52	19	426	236
丹东市	**2158**	**60244**	**70**	**423**	**4378**	**2461**
元宝区	129	3789		29	278	267
振兴区	355	16601	12	137	1456	633
振安区	193	5375	1	68	194	103
宽甸满族自治县	557	10096	19	45	592	451
东港市	540	12381	20	48	997	616
凤城市	384	12002	18	96	861	391

3-9　续表

地　区	事业法人单位数（个）	从业人员数（人）	#高级技师	#技师	#高级工	#中级工
锦州市	**1955**	**79362**	**128**	**531**	**5164**	**2980**
古塔区	249	13094	16	110	560	193
凌河区	290	14271	11	106	1120	372
太和区	294	11348	13	180	374	231
黑山县	392	11958	24	45	882	656
义县	324	9562	2	18	717	424
凌海市	227	10430	9	36	975	642
北镇市	179	8699	53	36	536	462
营口市	**1188**	**50795**	**127**	**315**	**1518**	**1199**
站前区	342	10930	33	81	375	167
西市区	90	5463	27	97	225	117
鲅鱼圈区	190	7645	2	37	226	209
老边区	147	3472	11	8	94	48
盖州市	217	11474	3	18	180	216
大石桥市	202	11811	51	74	418	442
阜新市	**1766**	**56846**	**198**	**276**	**2355**	**1529**
海州区	291	10552	73	68	578	216
新邱区	136	1835	5	1	48	40
太平区	104	2188	9	8	25	10
清河门区	89	2025	1	3	26	28
细河区	357	17161	84	110	1016	438
阜新蒙古族自治县	536	13522	10	64	331	343
彰武县	253	9563	16	22	331	454
辽阳市	**1070**	**41690**	**126**	**399**	**1851**	**1215**
白塔区	198	8210	44	80	414	138
文圣区	123	8850	52	78	540	437
宏伟区	60	2178	6	7	75	23
弓长岭区	52	1654	2	10	46	28
太子河区	108	3806	3	20	237	54
辽阳县	330	8748	15	186	321	264
灯塔市	199	8244	4	18	218	271
盘锦市	**1288**	**42777**	**45**	**146**	**2236**	**1266**
双台子区	137	10862	8	44	730	347
兴隆台区	312	12911	22	45	304	258
大洼县	610	12303	12	38	948	566
盘山县	229	6701	3	19	254	95
铁岭市	**2271**	**69305**	**137**	**337**	**2330**	**2258**
银州区	697	22928	59	158	1126	933
清河区	154	2411	2	4	95	105
铁岭县	93	4606	1	10	137	122
西丰县	187	7078	5	48	345	381
昌图县	721	17581	31	50	361	324
调兵山市	186	4461	24	13	35	56
开原市	233	10240	15	54	231	337
朝阳市	**1904**	**74929**	**266**	**187**	**1543**	**1297**
双塔区	491	20298	151	72	574	581
龙城区	63	3421	12	7	97	33
朝阳县	103	5156	49	4	11	44
建平县	226	10729	8	34	197	192
喀喇沁左翼蒙古族自治县	189	9013	4	24	215	168
北票市	584	12950	19	28	189	131
凌源市	248	13362	23	18	260	148
葫芦岛市	**1184**	**56349**	**117**	**294**	**2938**	**2211**
连山区	173	9071	9	53	383	412
龙港区	256	11165	27	70	488	367
南票区	50	1766	9	13	75	83
绥中县	220	9994	41	48	228	225
建昌县	213	9602	9	19	552	231
兴城市	272	14751	22	91	1212	893

3-10 按行业(中类)、技术等级分组的事业法人单位从业人员数

行业中类	事业法人单位数(个)	从业人员数(人)	#高级技师	#技师	#高级工	#中级工
总　计	**26968**	**1155518**	**2791**	**7220**	**55855**	**30656**
农、林、牧、渔业	**4**	**232**		**3**	**37**	**38**
林业	2	146		3	37	38
林木的培育和种植	2	146		3	37	38
畜牧业	1	77				
其他畜牧业	1	77				
农、林、牧、渔服务业	1	9				
农业服务业	1	9				
制造业	**4**	**134**		**1**	**50**	**35**
印刷业和记录媒介的复制	1	22				
印刷	1	22				
非金属矿物制品业	1	28		1	8	11
石墨及其他非金属矿物制品制造	1	28		1	8	11
交通运输设备制造业	1	12				
汽车制造	1	12				
工艺品及其他制造业	1	72			42	24
其他未列明的制造业	1	72			42	24
电力、燃气及水的生产和供应业	**47**	**2930**	**71**	**38**	**396**	**296**
电力、热力的生产和供应业	14	1554	71	30	269	152
热力生产和供应	14	1554	71	30	269	152
燃气生产和供应业	1	145				
燃气生产和供应业	1	145				
水的生产和供应业	32	1231		8	127	144
自来水的生产和供应	32	1231		8	127	144
建筑业	**2**	**30**			**15**	**1**
房屋和土木工程建筑业	2	30			15	1
土木工程建筑	2	30			15	1
交通运输、仓储和邮政业	**262**	**25120**	**34**	**367**	**4630**	**2969**
道路运输业	222	23511	33	346	4362	2773
公路旅客运输	5	75		1		
道路货物运输	1	95			27	22
道路运输辅助活动	216	23341	33	345	4335	2751
城市公共交通业	4	177	1			
公共电汽车客运	1	115				
出租车客运	2	38	1			
其他城市公共交通	1	24				
水上运输业	13	342			58	29
水上旅客运输	2	91			32	8
水上运输辅助活动	11	251			26	21
航空运输业	4	49			2	1
通用航空服务	2	24			2	1
航空运输辅助活动	2	25				
装卸搬运和其他运输服务业	3	36				
运输代理服务	3	36				
仓储业	16	1005		21	208	166
谷物、棉花等农产品仓储	3	105		4	29	38
其他仓储	13	900		17	179	128
信息传输、计算机服务和软件业	**274**	**5243**	**16**	**56**	**260**	**195**
电信和其他信息传输服务业	194	4311	11	52	240	188
电信	4	80			5	5
互联网信息服务	39	309		1	8	8
广播电视传输服务	150	3893	11	51	227	175
卫星传输服务	1	29				

3-10　续表 1

行业中类	事业法人单位数(个)	从业人员数(人)	#高级技师	#技师	#高级工	#中级工
计算机服务业	69	799	4	3	19	7
计算机系统服务	19	302	4		14	1
数据处理	37	410		3	5	4
计算机维修	4	37				1
其他计算机服务	9	50				1
软件业	11	133	1	1	1	
公共软件服务	10	124	1	1	1	
其他软件服务	1	9				
住宿和餐饮业	**23**	**1666**		**18**	**181**	**117**
住宿业	20	1498		18	180	117
旅游饭店	9	1284		18	162	112
一般旅馆	10	206			18	5
其他住宿服务	1	8				
餐饮业	3	168			1	
正餐服务	2	140				
其他餐饮服务	1	28			1	
金融业	**70**	**1406**	**3**	**15**	**19**	**3**
银行业	13	1011		14	18	2
中央银行	13	1011		14	18	2
证券业	5	108	1			
证券市场管理	4	107	1			
证券投资	1	1				
保险业	5	40		1		
保险辅助服务	5	40		1		
其他金融活动	47	247	2		1	1
金融信托与管理	1	11				
财务公司	1	16				
其他未列明的金融活动	45	220	2		1	1
房地产业	**328**	**12005**	**49**	**120**	**1155**	**635**
房地产业	328	12005	49	120	1155	635
房地产开发经营	3	65				
物业管理	131	4844	17	43	691	298
房地产中介服务	18	629	8	16	21	7
其他房地产活动	176	6467	24	61	443	330
租赁和商务服务业	**2435**	**33273**	**103**	**330**	**2401**	**1067**
租赁业	1	43		2	12	1
机械设备租赁	1	43		2	12	1
商务服务业	2434	33230	103	328	2389	1066
企业管理服务	1358	19665	83	276	1997	801
法律服务	318	1972	9	4	29	19
咨询与调查	374	3339	5	18	36	50
广告业	4	51				
知识产权服务	6	59	1	1	4	1
职业中介服务	186	1840	1	6	12	8
市场管理	93	1619	1	4	43	15
旅行社	6	58	1			1
其他商务服务	89	4627	2	19	268	171
科学研究、技术服务和地质勘查业	**3141**	**72841**	**239**	**866**	**6374**	**3948**
研究与试验发展	249	16131	24	193	1779	954
自然科学研究与试验发展	22	2518	4	13	168	164
工程和技术研究与试验发展	57	6933	10	100	892	377
农业科学研究与试验发展	96	5231	6	76	670	396
医学研究与试验发展	13	373	2		12	1
社会人文科学研究与试验发展	61	1076	2	4	37	16

3-10 续表 2

行业中类	事业法人单位数(个)	从业人员数(人)				
			#高级技师	#技师	#高级工	#中级工
专业技术服务业	1468	32003	130	302	1754	1203
气象服务	106	1981	3	16	23	30
地震服务	72	897	1	3	23	10
海洋服务	6	70			9	6
测绘服务	54	1803	4	16	145	64
技术检测	590	11987	59	94	744	534
环境监测	116	2643	10	16	84	79
工程技术与规划管理	488	9806	43	122	465	250
其他专业技术服务	36	2816	10	35	261	230
科技交流和推广服务业	1353	14916	66	199	740	519
技术推广服务	1216	13685	57	192	709	498
科技中介服务	105	898	9	6	16	19
其他科技服务	32	333		1	15	2
地质勘查业	71	9791	19	172	2101	1272
矿产地质勘查	31	4375	19	85	911	615
基础地质勘查	26	4659		77	1088	598
地质勘查技术服务	14	757		10	102	59
水利、环境和公共设施管理业	**1718**	**91699**	**81**	**890**	**13058**	**6874**
水利管理业	833	17750	20	138	2767	1903
防洪管理	107	2397	1	8	233	239
水资源管理	327	11635	12	102	2266	1500
其他水利管理	399	3718	7	28	268	164
环境管理业	460	43867	12	220	3658	2239
自然保护	152	3082	5	40	541	339
环境治理	308	40785	7	180	3117	1900
公共设施管理业	425	30082	49	532	6633	2732
市政公共设施管理	170	13155	24	178	2546	1129
城市绿化管理	138	10453	22	221	2584	967
游览景区管理	117	6474	3	133	1503	636
居民服务和其他服务业	**324**	**6995**	**10**	**50**	**556**	**425**
居民服务业	278	5670	10	44	511	419
家庭服务	1	30				
托儿所	3	13				
理发及美容保健服务	1	4				
洗浴服务	2	64			7	16
婚姻服务	22	166			2	4
殡葬服务	171	4292	10	44	494	398
其他居民服务	78	1101			8	1
其他服务业	46	1325		6	45	6
修理与维护	9	125		2	29	4
清洁服务	4	859				
其他未列明的服务	33	341		4	16	2
教育	**6161**	**495269**	**1145**	**2321**	**10567**	**4763**
教育	6161	495269	1145	2321	10567	4763
学前教育	735	9503	19	72	506	249
初等教育	2066	164398	159	89	637	554
中等教育	2274	216419	796	850	3948	1896
高等教育	177	83442	66	1078	4528	1622
其他教育	909	21507	105	232	948	442

3-10　续表 3

行业中类	事业法人单位数（个）	从业人员数（人）				
			#高级技师	#技师	#高级工	#中级工
卫生、社会保障和社会福利业	**4318**	**230989**	**705**	**1190**	**9716**	**5463**
卫生	3309	215378	692	1091	8902	5104
医院	641	160942	480	806	7502	3838
卫生院及社区医疗活动	1052	26572	131	123	447	650
门诊部医疗活动	502	1736	2	1	11	32
计划生育技术服务活动	320	2171	15	15	39	48
妇幼保健活动	132	5906	9	21	178	117
专科疾病防治活动	76	2954	1	15	97	62
疾病预防控制及防疫活动	509	12217	24	65	425	249
其他卫生活动	77	2880	30	45	203	108
社会保障业	383	6911	3	19	96	72
社会保障业	383	6911	3	19	96	72
社会福利业	626	8700	10	80	718	287
提供住宿的社会福利	475	6890	10	62	612	248
不提供住宿的社会福利	151	1810		18	106	39
文化、体育和娱乐业	**1536**	**42251**	**101**	**268**	**2241**	**1001**
新闻出版业	128	4774	5	24	417	150
新闻业	31	602			26	22
出版业	97	4172	5	24	391	128
广播、电视、电影和音像业	273	13900	9	86	616	426
广播	115	3473	3	14	118	89
电视	89	9334	6	55	373	253
电影	67	1089		17	125	84
音像制作	2	4				
文化艺术业	959	18675	84	123	885	285
文艺创作与表演	103	3343	1	16	45	26
艺术表演场馆	30	1336	58	4	51	17
图书馆与档案馆	239	4569	4	9	98	46
文物及文化保护	58	1408	3	38	387	60
博物馆	52	1878	3	23	135	40
烈士陵园、纪念馆	30	619	1	10	48	20
群众文化活动	398	5137	14	21	118	73
文化艺术经纪代理	4	57			1	2
其他文化艺术	45	328		2	2	1
体育	140	3765	3	31	199	101
体育组织	36	1885		11	91	43
体育场馆	38	766	1	14	74	35
其他体育	66	1114	2	6	34	23
娱乐业	36	1137		4	124	39
室内娱乐活动	8	65		1	6	3
游乐园	3	575		1	103	33
休闲健身娱乐活动	10	122		2	9	
其他娱乐活动	15	375			6	3
公共管理和社会组织	**6321**	**133435**	**234**	**687**	**4199**	**2826**
中国共产党机关	54	477	2	8	19	6
中国共产党机关	54	477	2	8	19	6
国家机构	6262	132901	232	679	4180	2820
国家权力机构	7	116		1	2	
国家行政机构	6210	131990	231	673	4157	2819
人民法院和人民检察院	11	213				
其他国家机构	34	582	1	5	21	1
人民政协和民主党派	5	57				
人民政协	1	4				
民主党派	4	53				

3-11 按地区分组的机关法人单位数及从业人员数

地　区	机关法人单位数(个)	单产业法人	多产业法人	从业人员数(人)	#女性
全　省	**9468**	**7640**	**1828**	**422380**	**104291**
沈阳市	**1361**	**1188**	**173**	**78798**	**19305**
和平区	157	150	7	17386	3631
沈河区	153	141	12	11357	3137
大东区	68	61	7	4137	1456
皇姑区	114	108	6	8416	2111
铁西区	71	67	4	5039	1268
苏家屯区	118	109	9	3139	707
东陵区	84	69	15	4424	919
沈北新区	89	73	16	3527	925
于洪区	111	98	13	8544	2249
辽中县	93	64	29	3048	627
康平县	88	53	35	3177	771
法库县	102	95	7	2979	711
新民市	113	100	13	3625	793
大连市	**995**	**847**	**148**	**51019**	**12146**
中山区	101	96	5	7975	2288
西岗区	121	118	3	10113	2255
沙河口区	84	80	4	4304	1342
甘井子区	77	71	6	4442	1065
旅顺口区	65	54	11	2457	611
金州区	112	85	27	5682	1217
长海县	50	37	13	1271	397
瓦房店市	159	121	38	7416	1734
普兰店市	111	107	4	3895	738
庄河市	115	78	37	3464	499
鞍山市	**609**	**460**	**149**	**30677**	**7782**
铁东区	152	140	12	10250	2648
铁西区	51	46	5	1505	525
立山区	75	70	5	1817	542
千山区	86	60	26	2404	766
台安县	75	41	34	2575	481
岫岩满族自治县	84	59	25	4138	770
海城市	86	44	42	7988	2050
抚顺市	**579**	**498**	**81**	**27417**	**6395**
新抚区	85	79	6	7536	1266
东洲区	87	80	7	2222	747
望花区	75	66	9	3492	848
顺城区	163	153	10	8453	2395
抚顺县	22	22		293	66
新宾满族自治县	82	50	32	2943	542
清原满族自治县	65	48	17	2478	531
本溪市	**510**	**364**	**146**	**18279**	**4696**
平山区	138	99	39	6623	1686
溪湖区	80	67	13	2020	533
明山区	71	52	19	3775	1036
南芬区	55	50	5	823	247
本溪满族自治县	72	31	41	2619	673
桓仁满族自治县	94	65	29	2419	521
丹东市	**648**	**576**	**72**	**22712**	**5351**
元宝区	65	60	5	3362	1062
振兴区	176	167	9	7438	1938
振安区	72	68	4	2002	451
宽甸满族自治县	108	99	9	2374	438
东港市	112	76	36	3663	653
凤城市	115	106	9	3873	809

3-11　续表

地　区	机关法人单位数（个）	单产业法人	多产业法人	从业人员数（人）	#女性
锦州市	**606**	**465**	**141**	**28667**	**6127**
古塔区	89	81	8	3945	953
凌河区	90	81	9	4113	926
太和区	133	116	17	6819	1607
黑山县	78	45	33	3119	593
义县	73	65	8	2603	448
凌海市	74	46	28	3733	717
北镇市	69	31	38	4335	883
营口市	**468**	**362**	**106**	**23035**	**6356**
站前区	144	137	7	7474	2117
西市区	50	35	15	1202	517
鲅鱼圈区	63	54	9	3051	963
老边区	55	49	6	1925	488
盖州市	83	47	36	4720	1090
大石桥市	73	40	33	4663	1181
阜新市	**669**	**548**	**121**	**19279**	**5410**
海州区	114	100	14	3274	943
新邱区	57	51	6	695	185
太平区	54	49	5	1504	894
清河门区	58	38	20	835	205
细河区	123	102	21	4860	1311
阜新蒙古族自治县	139	132	7	4255	913
彰武县	124	76	48	3856	959
辽阳市	**532**	**466**	**66**	**17084**	**4680**
白塔区	147	143	4	4568	1182
文圣区	84	79	5	2072	607
宏伟区	39	33	6	1045	352
弓长岭区	53	45	8	1274	382
太子河区	60	49	11	1805	556
辽阳县	75	68	7	2735	640
灯塔市	74	49	25	3585	961
盘锦市	**444**	**363**	**81**	**18855**	**5006**
双台子区	85	51	34	3701	1165
兴隆台区	170	150	20	9134	2414
大洼县	114	103	11	3760	884
盘山县	75	59	16	2260	543
铁岭市	**788**	**650**	**138**	**27411**	**6823**
银州区	300	283	17	10507	2902
清河区	70	66	4	1430	427
铁岭县	23	8	15	1299	297
西丰县	78	41	37	2784	682
昌图县	161	155	6	4494	877
调兵山市	61	32	29	2698	777
开原市	95	65	30	4199	861
朝阳市	**685**	**474**	**211**	**34482**	**8456**
双塔区	223	195	28	10488	2997
龙城区	74	62	12	1519	474
朝阳县	29	1	28	2010	406
建平县	87	46	41	5053	1196
喀喇沁左翼蒙古族自治县	83	46	37	4125	1097
北票市	93	85	8	3634	758
凌源市	96	39	57	7653	1528
葫芦岛市	**574**	**379**	**195**	**24665**	**5758**
连山区	84	77	7	4045	1116
龙港区	151	128	23	7554	1666
南票区	54	29	25	1470	339
绥中县	96	45	51	4193	1092
建昌县	110	69	41	3682	701
兴城市	79	31	48	3721	844

3-12 按地区、从业人员数组距分组的机关法人单位数

地区	机关法人单位数(个)	7人及以下	8-19人	20-49人	50-99人	100-299人	300-499人	500-999人	1000-2999人	3000人及以上
全省	**9468**	**1856**	**2815**	**2586**	**1371**	**665**	**107**	**49**	**17**	**2**
沈阳市	**1361**	**211**	**405**	**393**	**184**	**124**	**29**	**5**	**10**	
和平区	157	27	34	36	27	22	7		4	
沈河区	153	13	37	48	24	22	7	1	1	
大东区	68	9	17	28	7	5	1		1	
皇姑区	114	16	31	30	14	19	2		2	
铁西区	71	5	16	31	8	8	2		1	
苏家屯区	118	46	35	25	6	5	1			
东陵区	84	11	26	24	13	7	2	1		
沈北新区	89	16	31	23	14	3	1	1		
于洪区	111	13	23	28	26	16	2	2	1	
辽中县	93	10	37	31	10	4	1			
康平县	88	10	31	31	12	3	1			
法库县	102	23	38	24	11	5	1			
新民市	113	12	49	34	12	5	1			
大连市	**995**	**157**	**315**	**282**	**154**	**62**	**10**	**13**	**1**	**1**
中山区	101	19	27	16	24	9	2	4		
西岗区	121	23	26	32	23	12	2	2		1
沙河口区	84	19	26	21	9	7	1	1		
甘井子区	77	6	29	23	12	3	3	1		
旅顺口区	65	7	22	19	13	3	1			
金州区	112	10	26	45	18	11	1	1		
长海县	50	11	22	10	5	2				
瓦房店市	159	17	56	51	26	6		2	1	
普兰店市	111	25	34	28	18	5		1		
庄河市	115	20	47	37	6	4		1		
鞍山市	**609**	**115**	**141**	**191**	**95**	**55**	**5**	**6**	**1**	
铁东区	152	19	26	58	26	18		5		
铁西区	51	14	19	11	4	2	1			
立山区	75	38	11	18	5	2	1			
千山区	86	24	32	16	9	5				
台安县	75	11	23	27	11	2	1			
岫岩满族自治县	84	2	19	38	16	8	1			
海城市	86	7	11	23	24	18	1	1	1	
抚顺市	**579**	**147**	**180**	**117**	**80**	**41**	**9**	**4**		**1**
新抚区	85	27	18	15	14	8	1	1		1
东洲区	87	42	22	11	7	4	1			
望花区	75	30	20	8	6	8	2	1		
顺城区	163	28	51	40	26	13	3	2		
抚顺县	22	2	15	5						
新宾满族自治县	82	13	30	19	14	5	1			
清原满族自治县	65	5	24	19	13	3	1			
本溪市	**510**	**166**	**131**	**120**	**55**	**32**	**4**	**1**	**1**	
平山区	138	46	27	32	19	11	2		1	
溪湖区	80	34	23	12	7	4				
明山区	71	9	19	26	7	8	1	1		
南芬区	55	35	9	6	4	1				
本溪满族自治县	72	11	23	21	13	4				
桓仁满族自治县	94	31	30	23	5	4	1			
丹东市	**648**	**167**	**223**	**149**	**65**	**37**	**3**	**2**	**2**	
元宝区	65	25	9	16	8	6			1	
振兴区	176	47	37	54	21	16			1	
振安区	72	24	29	8	7	4				
宽甸满族自治县	108	27	59	13	4	4	1			
东港市	112	25	43	28	11	3	1	1		
凤城市	115	19	46	30	14	4	1	1		

3-12　续表

地　区	机关法人单位数(个)	7人及以下	8-19人	20-49人	50-99人	100-299人	300-499人	500-999人	1000-2999人	3000人及以上
锦州市	**606**	**99**	**170**	**172**	**103**	**53**	**6**	**2**	**1**	
古塔区	89	32	25	22	3	5	1		1	
凌河区	90	17	21	25	17	9	1			
太和区	133	21	32	46	19	13	1	1		
黑山县	78	6	22	34	8	8				
义县	73	14	26	14	15	3	1			
凌海市	74	6	23	13	24	7	1			
北镇市	69	3	21	18	17	8	1	1		
营口市	**468**	**81**	**119**	**135**	**80**	**43**	**7**	**3**		
站前区	144	35	25	48	19	12	4	1		
西市区	50	21	15	7	4	3				
鲅鱼圈区	63	4	23	17	10	8	1			
老边区	55	7	28	8	8	3	1			
盖州市	83	6	16	30	22	7	1	1		
大石桥市	73	8	12	25	17	10		1		
阜新市	**669**	**214**	**205**	**144**	**69**	**33**	**3**	**1**		
海州区	114	40	30	22	14	7	1			
新邱区	57	35	12	8	1	1				
太平区	54	33	8	10	1	1		1		
清河门区	58	30	16	9	3					
细河区	123	26	37	33	13	13	1			
阜新蒙古族自治县	139	19	64	30	20	5	1			
彰武县	124	31	38	32	17	6				
辽阳市	**532**	**160**	**158**	**124**	**56**	**28**	**5**	**1**		
白塔区	147	65	29	31	13	7	1	1		
文圣区	84	40	20	17	2	4	1			
宏伟区	39	8	14	11	5	1				
弓长岭区	53	13	25	10	3	2				
太子河区	60	16	21	14	5	4				
辽阳县	75	11	25	25	9	4	1			
灯塔市	74	7	24	16	19	6	2			
盘锦市	**444**	**56**	**173**	**118**	**62**	**24**	**8**	**3**		
双台子区	85	9	32	25	13	4	1	1		
兴隆台区	170	21	60	47	21	14	5	2		
大洼县	114	18	45	32	13	4	2			
盘山县	75	8	36	14	15	2				
铁岭市	**788**	**165**	**257**	**207**	**115**	**35**	**5**	**4**		
银州区	300	87	80	77	37	14	4	1		
清河区	70	10	36	19	4	1				
铁岭县	23	1	3	4	13	2				
西丰县	78	9	21	27	18	3				
昌图县	161	30	77	39	8	5	1	1		
调兵山市	61	11	17	16	14	2		1		
开原市	95	17	23	25	21	8		1		
朝阳市	**685**	**66**	**162**	**216**	**166**	**65**	**7**	**3**		
双塔区	223	27	57	77	38	21	2	1		
龙城区	74	19	31	17	6	1				
朝阳县	29				26	3				
建平县	87	2	15	26	31	12	1			
喀喇沁左翼蒙古族自治县	83	3	17	27	27	9				
北票市	93	7	29	37	13	6	1			
凌源市	96	8	13	32	25	13	3	2		
葫芦岛市	**574**	**52**	**176**	**218**	**87**	**33**	**6**	**1**	**1**	
连山区	84	3	27	31	15	7	1			
龙港区	151	19	38	62	17	13		1	1	
南票区	54	10	22	15	5	1	1			
绥中县	96	6	31	27	26	5	1			
建昌县	110	8	46	38	12	5	1			
兴城市	79	6	12	45	12	2	2			

3-13 按地区、学历分组的机关法人单位从业人员数

地　　区	机关法人单位数(个)	从业人员数(人)	具有研究生及以上学历人员	具有大学本科学历人员	具有大专学历人员	具有高中学历人员	具有初中及以下学历人员
全　省	**9468**	**422380**	**23140**	**176346**	**168446**	**38902**	**15546**
沈阳市	**1361**	**78798**	**5784**	**40107**	**27413**	**4240**	**1254**
和平区	157	17386	1344	10000	5308	481	253
沈河区	153	11357	1513	6598	2622	526	98
大东区	68	4137	323	2648	1031	121	14
皇姑区	114	8416	821	3727	3468	317	83
铁西区	71	5039	237	2425	2125	161	91
苏家屯区	118	3139	167	1540	1119	210	103
东陵区	84	4424	303	2261	1386	405	69
沈北新区	89	3527	213	1704	1176	346	88
于洪区	111	8544	457	4478	3096	368	145
辽中县	93	3048	114	1257	1361	248	68
康平县	88	3177	179	1328	1398	252	20
法库县	102	2979	48	1018	1299	492	122
新民市	113	3625	65	1123	2024	313	100
大连市	**995**	**51019**	**3624**	**25059**	**16701**	**4345**	**1290**
中山区	101	7975	834	3508	3185	399	49
西岗区	121	10113	1065	5936	2750	264	98
沙河口区	84	4304	355	2723	1052	158	16
甘井子区	77	4442	299	2636	1280	219	8
旅顺口区	65	2457	127	1528	622	164	16
金州区	112	5682	535	3027	1662	279	179
长海县	50	1271	36	527	428	115	165
瓦房店市	159	7416	110	2119	2779	1806	602
普兰店市	111	3895	122	1562	1650	480	81
庄河市	115	3464	141	1493	1293	461	76
鞍山市	**609**	**30677**	**1843**	**10900**	**13459**	**3673**	**802**
铁东区	152	10250	1071	4437	3593	954	195
铁西区	51	1505	168	631	554	138	14
立山区	75	1817	82	850	702	146	37
千山区	86	2404	94	939	1143	151	77
台安县	75	2575	42	510	1498	439	86
岫岩满族自治县	84	4138	110	1011	2092	761	164
海城市	86	7988	276	2522	3877	1084	229
抚顺市	**579**	**27417**	**1147**	**9795**	**10795**	**2243**	**3437**
新抚区	85	7536	283	1810	2319	404	2720
东洲区	87	2222	53	1176	851	113	29
望花区	75	3492	206	1544	1400	245	97
顺城区	163	8453	518	3643	3251	699	342
抚顺县	22	293	8	114	162	3	6
新宾满族自治县	82	2943	44	717	1601	444	137
清原满族自治县	65	2478	35	791	1211	335	106
本溪市	**510**	**18279**	**887**	**7631**	**7614**	**1629**	**518**
平山区	138	6623	471	3211	2405	355	181
溪湖区	80	2020	89	863	886	138	44
明山区	71	3775	192	1447	1690	352	94
南芬区	55	823	42	326	381	70	4
本溪满族自治县	72	2619	35	886	1160	405	133
桓仁满族自治县	94	2419	58	898	1092	309	62
丹东市	**648**	**22712**	**1394**	**8252**	**10199**	**2016**	**851**
元宝区	65	3362	232	1262	1557	285	26
振兴区	176	7438	597	2934	3082	540	285
振安区	72	2002	76	682	841	262	141
宽甸满族自治县	108	2374	145	789	1179	203	58
东港市	112	3663	155	1192	1640	446	230
凤城市	115	3873	189	1393	1900	280	111

3-13　续表

地　区	机关法人单位数(个)	从业人员数(人)	具有研究生及以上学历人员	具有大学本科学历人员	具有大专学历人员	具有高中学历人员	具有初中及以下学历人员
锦州市	**606**	**28667**	**1149**	**10352**	**12842**	**2698**	**1626**
古塔区	89	3945	202	1461	1810	434	38
凌河区	90	4113	217	1785	1209	210	692
太和区	133	6819	417	3151	2510	395	346
黑山县	78	3119	64	1214	1250	441	150
义县	73	2603	65	688	1640	162	48
凌海市	74	3733	98	940	2060	495	140
北镇市	69	4335	86	1113	2363	561	212
营口市	**468**	**23035**	**992**	**10285**	**8908**	**2173**	**677**
站前区	144	7474	525	4062	2435	363	89
西市区	50	1202	36	509	452	171	34
鲅鱼圈区	63	3051	186	1332	1230	232	71
老边区	55	1925	49	800	625	247	204
盖州市	83	4720	84	1552	2047	855	182
大石桥市	73	4663	112	2030	2119	305	97
阜新市	**669**	**19279**	**861**	**8259**	**7462**	**1881**	**816**
海州区	114	3274	193	1655	1111	214	101
新邱区	57	695	16	290	260	105	24
太平区	54	1504	37	830	544	84	9
清河门区	58	835	51	302	366	81	35
细河区	123	4860	370	2408	1367	365	350
阜新蒙古族自治县	139	4255	121	1545	2111	380	98
彰武县	124	3856	73	1229	1703	652	199
辽阳市	**532**	**17084**	**884**	**7534**	**7016**	**1275**	**375**
白塔区	147	4568	317	2145	1839	213	54
文圣区	84	2072	170	957	821	120	4
宏伟区	39	1045	28	391	520	104	2
弓长岭区	53	1274	52	692	460	48	22
太子河区	60	1805	96	899	589	180	41
辽阳县	75	2735	122	1127	1127	294	65
灯塔市	74	3585	99	1323	1660	316	187
盘锦市	**444**	**18855**	**1178**	**7683**	**7198**	**2250**	**546**
双台子区	85	3701	107	1482	1532	432	148
兴隆台区	170	9134	852	4084	3236	777	185
大洼县	114	3760	103	1326	1586	634	111
盘山县	75	2260	116	791	844	407	102
铁岭市	**788**	**27411**	**1160**	**10378**	**12602**	**2404**	**867**
银州区	300	10507	573	4660	4168	859	247
清河区	70	1430	53	483	701	150	43
铁岭县	23	1299	24	356	763	92	64
西丰县	78	2784	56	863	1401	371	93
昌图县	161	4494	242	1448	2144	409	251
调兵山市	61	2698	59	1176	1213	174	76
开原市	95	4199	153	1392	2212	349	93
朝阳市	**685**	**34482**	**1588**	**11457**	**15345**	**4757**	**1335**
双塔区	223	10488	906	4861	3999	580	142
龙城区	74	1519	46	478	705	235	55
朝阳县	29	2010	16	249	1366	290	89
建平县	87	5053	142	1133	2407	1021	350
喀喇沁左翼蒙古族自治县	83	4125	123	1347	1794	696	165
北票市	93	3634	111	1022	1747	625	129
凌源市	96	7653	244	2367	3327	1310	405
葫芦岛市	**574**	**24665**	**649**	**8654**	**10892**	**3318**	**1152**
连山区	84	4045	97	1230	1780	693	245
龙港区	151	7554	318	3727	2293	824	392
南票区	54	1470	39	463	684	244	40
绥中县	96	4193	73	1094	2230	566	230
建昌县	110	3682	76	941	1959	597	109
兴城市	79	3721	46	1199	1946	394	136

3-14 按地区、专业技术职称分组的机关法人单位从业人员数

地 区	机关法人单位数(个)	从业人员数(人)	#具有高级技术职称人员	#具有中级技术职称人员	#具有初级技术职称人员
全 省	**9468**	**422380**	**4446**	**15040**	**13370**
沈阳市	**1361**	**78798**	**1031**	**2089**	**1407**
和平区	157	17386	331	604	156
沈河区	153	11357	161	246	119
大东区	68	4137	77	70	25
皇姑区	114	8416	103	97	44
铁西区	71	5039	16	38	31
苏家屯区	118	3139	23	49	20
东陵区	84	4424	28	82	40
沈北新区	89	3527	57	174	179
于洪区	111	8544	103	147	101
辽中县	93	3048	43	124	113
康平县	88	3177	41	214	291
法库县	102	2979	20	174	206
新民市	113	3625	28	70	82
大连市	**995**	**51019**	**432**	**1344**	**1072**
中山区	101	7975	82	160	122
西岗区	121	10113	64	200	52
沙河口区	84	4304	11	22	18
甘井子区	77	4442	72	192	81
旅顺口区	65	2457	16	66	66
金州区	112	5682	73	186	177
长海县	50	1271	4	33	27
瓦房店市	159	7416	55	262	262
普兰店市	111	3895	21	135	190
庄河市	115	3464	34	88	77
鞍山市	**609**	**30677**	**224**	**918**	**769**
铁东区	152	10250	115	393	231
铁西区	51	1505	15	28	22
立山区	75	1817	13	52	26
千山区	86	2404	17	100	104
台安县	75	2575	26	36	24
岫岩满族自治县	84	4138	15	90	191
海城市	86	7988	23	219	171
抚顺市	**579**	**27417**	**190**	**644**	**594**
新抚区	85	7536	28	79	43
东洲区	87	2222	1	33	53
望花区	75	3492		13	20
顺城区	163	8453	142	249	191
抚顺县	22	293		2	7
新宾满族自治县	82	2943	10	200	157
清原满族自治县	65	2478	9	68	123
本溪市	**510**	**18279**	**211**	**719**	**761**
平山区	138	6623	79	223	147
溪湖区	80	2020	9	37	47
明山区	71	3775	60	225	184
南芬区	55	823	3	13	15
本溪满族自治县	72	2619	36	149	267
桓仁满族自治县	94	2419	24	72	101
丹东市	**648**	**22712**	**133**	**624**	**728**
元宝区	65	3362	31	86	21
振兴区	176	7438	34	142	205
振安区	72	2002	6	60	98
宽甸满族自治县	108	2374	26	103	59
东港市	112	3663	17	125	70
凤城市	115	3873	19	108	275

3-14　续表

地　区	机关法人单位数(个)	从业人员数(人)	#具有高级技术职称人员	#具有中级技术职称人员	#具有初级技术职称人员
锦州市	**606**	**28667**	**185**	**962**	**1300**
古塔区	89	3945	13	48	46
凌河区	90	4113	13	32	21
太和区	133	6819	37	165	179
黑山县	78	3119	31	141	166
义县	73	2603	10	54	89
凌海市	74	3733	32	202	437
北镇市	69	4335	49	320	362
营口市	**468**	**23035**	**475**	**1138**	**501**
站前区	144	7474	348	305	39
西市区	50	1202	16	47	15
鲅鱼圈区	63	3051	24	181	115
老边区	55	1925	23	55	11
盖州市	83	4720	35	379	232
大石桥市	73	4663	29	171	89
阜新市	**669**	**19279**	**256**	**958**	**1145**
海州区	114	3274	74	80	143
新邱区	57	695	4	32	30
太平区	54	1504	14	227	422
清河门区	58	835	21	46	28
细河区	123	4860	57	194	105
阜新蒙古族自治县	139	4255	57	257	208
彰武县	124	3856	29	122	209
辽阳市	**532**	**17084**	**157**	**655**	**486**
白塔区	147	4568	30	112	96
文圣区	84	2072	17	50	35
宏伟区	39	1045	5	76	30
弓长岭区	53	1274	13	30	34
太子河区	60	1805	26	61	20
辽阳县	75	2735	36	113	72
灯塔市	74	3585	30	213	199
盘锦市	**444**	**18855**	**215**	**885**	**633**
双台子区	85	3701	12	49	64
兴隆台区	170	9134	134	513	279
大洼县	114	3760	26	98	149
盘山县	75	2260	43	225	141
铁岭市	**788**	**27411**	**234**	**878**	**745**
银州区	300	10507	109	229	102
清河区	70	1430	5	23	12
铁岭县	23	1299	7	107	127
西丰县	78	2784	48	158	174
昌图县	161	4494	9	98	80
调兵山市	61	2698	22	118	23
开原市	95	4199	34	145	227
朝阳市	**685**	**34482**	**470**	**2192**	**2303**
双塔区	223	10488	95	484	256
龙城区	74	1519	13	80	86
朝阳县	29	2010	21	223	221
建平县	87	5053	63	385	391
喀喇沁左翼蒙古族自治县	83	4125	82	316	467
北票市	93	3634	24	149	215
凌源市	96	7653	172	555	667
葫芦岛市	**574**	**24665**	**233**	**1034**	**926**
连山区	84	4045	44	172	188
龙港区	151	7554	41	241	129
南票区	54	1470	9	35	46
绥中县	96	4193	59	232	176
建昌县	110	3682	45	199	232
兴城市	79	3721	35	155	155

3-15 按地区、技术等级分组的机关法人单位从业人员数

地　区	机关法人单位数(个)	从业人员数(人)	#高级技师	#技师	#高级工	#中级工
全　省	**9468**	**422380**	**591**	**1893**	**5892**	**3460**
沈阳市	**1361**	**78798**	**160**	**476**	**1217**	**643**
和平区	157	17386	14	85	494	302
沈河区	153	11357	100	130	128	64
大东区	68	4137		1	4	4
皇姑区	114	8416	5	61	188	72
铁西区	71	5039		20	28	15
苏家屯区	118	3139	3	19	31	8
东陵区	84	4424	18	18	72	38
沈北新区	89	3527		45	45	36
于洪区	111	8544	5	32	111	61
辽中县	93	3048	4	21	25	10
康平县	88	3177		14	46	15
法库县	102	2979	4	11	18	4
新民市	113	3625	7	19	27	14
大连市	**995**	**51019**	**64**	**332**	**737**	**318**
中山区	101	7975	8	67	91	28
西岗区	121	10113	7	51	156	36
沙河口区	84	4304	16	29	47	7
甘井子区	77	4442	7	27	65	58
旅顺口区	65	2457	7	23	99	52
金州区	112	5682	4	38	74	13
长海县	50	1271		4	31	27
瓦房店市	159	7416	10	27	66	43
普兰店市	111	3895	3	25	57	31
庄河市	115	3464	2	41	51	23
鞍山市	**609**	**30677**	**33**	**56**	**465**	**335**
铁东区	152	10250	21	33	211	69
铁西区	51	1505	2	1	27	8
立山区	75	1817	1	3	41	22
千山区	86	2404	6		74	24
台安县	75	2575	2	3	11	15
岫岩满族自治县	84	4138	1	5	29	34
海城市	86	7988		11	72	163
抚顺市	**579**	**27417**	**11**	**32**	**230**	**134**
新抚区	85	7536		7	58	10
东洲区	87	2222			1	
望花区	75	3492	3	2	12	2
顺城区	163	8453	5	7	122	111
抚顺县	22	293				
新宾满族自治县	82	2943	3	16	18	6
清原满族自治县	65	2478			19	5
本溪市	**510**	**18279**	**12**	**74**	**396**	**189**
平山区	138	6623	1	49	164	69
溪湖区	80	2020	6	4	24	22
明山区	71	3775	1	10	44	46
南芬区	55	823	3	1	16	7
本溪满族自治县	72	2619		6	89	24
桓仁满族自治县	94	2419	1	4	59	21
丹东市	**648**	**22712**	**34**	**174**	**407**	**271**
元宝区	65	3362	20	33	51	60
振兴区	176	7438	3	59	67	56
振安区	72	2002	1	8	70	42
宽甸满族自治县	108	2374	1	27	26	4
东港市	112	3663	4	32	67	41
凤城市	115	3873	5	15	126	68

3-15　续表

地　区	机关法人单位数（个）	从业人员数（人）	#高级技师	#技师	#高级工	#中级工
锦州市	**606**	**28667**	**30**	**143**	**363**	**189**
古塔区	89	3945	2	3	15	8
凌河区	90	4113	1	81	56	30
太和区	133	6819	9	13	95	39
黑山县	78	3119	9	9	22	4
义县	73	2603	3	6	42	32
凌海市	74	3733	1	22	96	33
北镇市	69	4335	5	9	37	43
营口市	**468**	**23035**	**36**	**116**	**210**	**83**
站前区	144	7474	16	41	41	22
西市区	50	1202		3	2	1
鲅鱼圈区	63	3051	2	17	61	23
老边区	55	1925	5	27	34	9
盖州市	83	4720	7	5	22	10
大石桥市	73	4663	6	23	50	18
阜新市	**669**	**19279**	**14**	**38**	**267**	**221**
海州区	114	3274	3	9	39	21
新邱区	57	695	1		11	20
太平区	54	1504	3	1	6	2
清河门区	58	835	3	1	19	11
细河区	123	4860		12	122	67
阜新蒙古族自治县	139	4255	2	12	30	64
彰武县	124	3856	2	3	40	36
辽阳市	**532**	**17084**	**28**	**91**	**227**	**113**
白塔区	147	4568	1	23	55	31
文圣区	84	2072	3	8	14	6
宏伟区	39	1045	2	5	12	7
弓长岭区	53	1274	5	9	28	15
太子河区	60	1805	2	17	24	5
辽阳县	75	2735	8	7	21	24
灯塔市	74	3585	7	22	73	25
盘锦市	**444**	**18855**	**25**	**42**	**158**	**67**
双台子区	85	3701	3	3	22	12
兴隆台区	170	9134	19	27	62	45
大洼县	114	3760	1	2	39	9
盘山县	75	2260	2	10	35	1
铁岭市	**788**	**27411**	**39**	**133**	**354**	**223**
银州区	300	10507	6	67	193	90
清河区	70	1430		1	17	13
铁岭县	23	1299	1	13	6	46
西丰县	78	2784	12	12	38	32
昌图县	161	4494	5	35	66	22
调兵山市	61	2698			13	5
开原市	95	4199	15	5	21	15
朝阳市	**685**	**34482**	**64**	**57**	**420**	**342**
双塔区	223	10488	11	19	128	59
龙城区	74	1519	2		2	5
朝阳县	29	2010	2	5	4	12
建平县	87	5053	3	4	75	42
喀喇沁左翼蒙古族自治县	83	4125	39	13	88	92
北票市	93	3634	6	5	37	40
凌源市	96	7653	1	11	86	92
葫芦岛市	**574**	**24665**	**41**	**129**	**441**	**332**
连山区	84	4045	2	14	39	30
龙港区	151	7554	4	56	205	139
南票区	54	1470	2	4	18	19
绥中县	96	4193		9	48	32
建昌县	110	3682	17	19	39	11
兴城市	79	3721	16	27	92	101

3-16 按地区分组的社团法人单位数及从业人员数

地 区	社团法人单位数(个)	单产业法人单位	多产业法人单位	从业人员数(人)	#女性
全 省	**7781**	**7707**	**74**	**88994**	**30546**
沈阳市	**1433**	**1420**	**13**	**11820**	**5054**
和平区	412	405	7	2860	1351
沈河区	301	300	1	2114	675
大东区	73	73		490	192
皇姑区	121	121		867	331
铁西区	175	175		2437	1557
苏家屯区	68	67	1	732	161
东陵区	45	45		365	143
沈北新区	42	41	1	335	59
于洪区	64	64		371	184
辽中县	21	21		119	43
康平县	63	62	1	766	245
法库县	17	17		91	21
新民市	31	29	2	273	92
大连市	**1232**	**1226**	**6**	**20078**	**5683**
中山区	147	144	3	1775	682
西岗区	198	197	1	873	307
沙河口区	106	105	1	1284	758
甘井子区	62	62		546	154
旅顺口区	85	85		943	400
金州区	133	132	1	2154	497
长海县	15	15		47	12
瓦房店市	187	187		1910	389
普兰店市	146	146		5648	1182
庄河市	153	153		4898	1302
鞍山市	**505**	**497**	**8**	**3337**	**956**
铁东区	188	188		1151	392
铁西区	33	33		101	37
立山区	22	22		91	23
千山区	45	43	2	208	68
台安县	87	85	2	842	141
岫岩满族自治县	81	78	3	532	157
海城市	49	48	1	412	138
抚顺市	**517**	**515**	**2**	**4426**	**1656**
新抚区	138	138		528	177
东洲区	28	28		236	105
望花区	48	48		246	90
顺城区	106	105	1	1449	599
抚顺县	39	39		408	135
新宾满族自治县	88	88		1096	340
清原满族自治县	70	69	1	463	210
本溪市	**437**	**427**	**10**	**5663**	**2126**
平山区	123	120	3	1188	624
溪湖区	35	32	3	361	132
明山区	129	128	1	1235	393
南芬区	7	7		19	10
本溪满族自治县	71	68	3	1948	815
桓仁满族自治县	72	72		912	152
丹东市	**440**	**435**	**5**	**3377**	**1395**
元宝区	39	39		257	94
振兴区	139	137	2	977	357
振安区	34	34		119	44
宽甸满族自治县	85	85		387	64
东港市	83	81	2	316	58
凤城市	60	59	1	1321	778

3-16　续表

地　区	社团法人单位数（个）			从业人员数（人）	
		单产业法人单位	多产业法人单位		#女性
锦州市	**466**	**453**	**13**	**4432**	**961**
古塔区	84	78	6	947	157
凌河区	84	81	3	1347	351
太和区	76	75	1	332	84
黑山县	56	55	1	337	80
义县	33	33		597	107
凌海市	90	90		651	157
北镇市	43	41	2	221	25
营口市	**427**	**426**	**1**	**1690**	**560**
站前区	205	205		721	219
西市区	34	34		141	59
鲅鱼圈区	44	44		135	59
老边区	27	27		96	40
盖州市	44	44		185	44
大石桥市	73	72	1	412	139
阜新市	**358**	**356**	**2**	**7069**	**2502**
海州区	86	86		511	105
新邱区	19	19		128	60
太平区	9	9		30	16
清河门区	18	17	1	124	35
细河区	74	73	1	292	70
阜新蒙古族自治县	77	77		5227	2096
彰武县	75	75		757	120
辽阳市	**255**	**254**	**1**	**2459**	**1176**
白塔区	92	92		482	178
文圣区	39	39		133	54
宏伟区	14	14		247	157
弓长岭区	16	16		62	22
太子河区	28	28		995	624
辽阳县	41	41		249	76
灯塔市	25	24	1	291	65
盘锦市	**261**	**260**	**1**	**2046**	**636**
双台子区	30	30		127	39
兴隆台区	152	152		735	243
大洼县	46	45	1	823	262
盘山县	33	33		361	92
铁岭市	**488**	**487**	**1**	**12851**	**5386**
银州区	253	253		7560	3920
清河区	61	61		883	273
铁岭县	3	3		11	5
西丰县	39	39		668	237
昌图县	63	63		2853	721
调兵山市	55	54	1	595	152
开原市	14	14		281	78
朝阳市	**601**	**598**	**3**	**6352**	**1582**
双塔区	206	205	1	2175	583
龙城区	36	36		411	182
朝阳县	20	20		307	64
建平县	75	75		867	212
喀喇沁左翼蒙古族自治县	65	63	2	397	123
北票市	102	102		766	219
凌源市	97	97		1429	199
葫芦岛市	**361**	**353**	**8**	**3394**	**873**
连山区	64	63	1	460	123
龙港区	73	72	1	880	258
南票区	37	37		180	48
绥中县	113	111	2	1464	333
建昌县	53	52	1	307	63
兴城市	21	18	3	103	48

3-17 按地区、从业人员数组距分组的社团法人单位数

地区	社团法人单位数(个)	7人及以下	8-19人	20-49人	50-99人	100-299人	300-499人	500-999人	1000-2999人
全省	**7781**	**5908**	**1127**	**430**	**194**	**97**	**12**	**9**	**4**
沈阳市	**1433**	**1096**	**187**	**116**	**27**	**7**			
和平区	412	339	40	26	6	1			
沈河区	301	240	46	12	1	2			
大东区	73	63	5	4	1				
皇姑区	121	89	23	8	1				
铁西区	175	90	29	49	6	1			
苏家屯区	68	51	6	7	3	1			
东陵区	45	35	4	4	2				
沈北新区	42	34	6		2				
于洪区	64	52	9	3					
辽中县	21	17	4						
康平县	63	50	6	2	3	2			
法库县	17	14	3						
新民市	31	22	6	1	2				
大连市	**1232**	**836**	**220**	**76**	**63**	**29**	**4**	**4**	
中山区	147	108	23	11	3	1		1	
西岗区	198	169	23	6					
沙河口区	106	87	11	5		2	1		
甘井子区	62	47	10	2	3				
旅顺口区	85	59	18	5	1	2			
金州区	133	101	13	7	4	8			
长海县	15	14	1						
瓦房店市	187	124	48	12	2		1		
普兰店市	146	49	35	13	40	8		1	
庄河市	153	78	38	15	10	8	2	2	
鞍山市	**505**	**392**	**89**	**20**	**3**		**1**		
铁东区	188	161	20	5	1		1		
铁西区	33	29	4						
立山区	22	18	4						
千山区	45	40	3	2					
台安县	87	38	44	5					
岫岩满族自治县	81	70	7	2	2				
海城市	49	36	7	6					
抚顺市	**517**	**384**	**94**	**23**	**11**	**4**	**1**		
新抚区	138	127	9	1	1				
东洲区	28	19	6	2	1				
望花区	48	42	3	2	1				
顺城区	106	73	21	6	3	2	1		
抚顺县	39	25	6	7	1				
新宾满族自治县	88	39	41	4	2	2			
清原满族自治县	70	59	8	1	2				
本溪市	**437**	**337**	**55**	**27**	**6**	**9**	**2**	**1**	
平山区	123	98	19	2	2	2			
溪湖区	35	24	7	3		1			
明山区	129	100	16	10	2		1		
南芬区	7	7							
本溪满族自治县	71	46	8	12		3	1	1	
桓仁满族自治县	72	62	5		2	3			
丹东市	**440**	**379**	**39**	**14**	**3**	**4**	**1**		
元宝区	39	33	4	1	1				
振兴区	139	114	18	5	1	1			
振安区	34	31	2		1				
宽甸满族自治县	85	80	3	2					
东港市	83	75	5	3					
凤城市	60	46	7	3		3	1		

3-17　续表

地　区	社团法人单位数（个）	7人及以下	8-19人	20-49人	50-99人	100-299人	300-499人	500-999人	1000-2999人
锦州市	**466**	**374**	**58**	**21**	**7**	**5**	**1**		
古塔区	84	68	8	3	2	3			
凌河区	84	64	12	4	2	1	1		
太和区	76	71	3	2					
黑山县	56	41	13	2					
义县	33	18	8	4	2	1			
凌海市	90	72	11	6	1				
北镇市	43	40	3						
营口市	**427**	**389**	**30**	**8**					
站前区	205	189	13	3					
西市区	34	30	4						
鲅鱼圈区	44	44							
老边区	27	24	3						
盖州市	44	38	6						
大石桥市	73	64	4	5					
阜新市	**358**	**298**	**37**	**11**	**7**	**2**		**1**	**2**
海州区	86	74	6	4	2				
新邱区	19	18			1				
太平区	9	9							
清河门区	18	13	3	2					
细河区	74	66	6	1	1				
阜新蒙古族自治县	77	61	11		1	1		1	2
彰武县	75	57	11	4	2	1			
辽阳市	**255**	**198**	**43**	**6**	**4**	**3**		**1**	
白塔区	92	77	13		2				
文圣区	39	34	5						
宏伟区	14	13				1			
弓长岭区	16	14	2						
太子河区	28	19	4	1	1	2		1	
辽阳县	41	27	14						
灯塔市	25	14	5	5	1				
盘锦市	**261**	**200**	**40**	**15**	**1**	**5**			
双台子区	30	24	5	1					
兴隆台区	152	132	15	4	1				
大洼县	46	31	5	5		5			
盘山县	33	13	15	5					
铁岭市	**488**	**315**	**70**	**46**	**34**	**18**	**2**	**1**	**2**
银州区	253	184	33	13	12	8		1	2
清河区	61	39	12	4	5	1			
铁岭县	3	3							
西丰县	39	15	8	13	3				
昌图县	63	21	8	13	13	6	2		
调兵山市	55	45	4	3	1	2			
开原市	14	8	5			1			
朝阳市	**601**	**423**	**119**	**33**	**20**	**5**		**1**	
双塔区	206	161	30	9	4	1		1	
龙城区	36	28	5	1		2			
朝阳县	20	15		3	1	1			
建平县	75	40	29	2	4				
喀喇沁左翼蒙古族自治县	65	54	7	2	2				
北票市	102	80	15	3	4				
凌源市	97	45	33	13	5	1			
葫芦岛市	**361**	**287**	**46**	**14**	**8**	**6**			
连山区	64	52	10	1	1				
龙港区	73	58	8	3	1	3			
南票区	37	30	6	1					
绥中县	113	87	12	5	6	3			
建昌县	53	42	8	3					
兴城市	21	18	2	1					

3-18 按地区、学历分组的社团法人单位从业人员数

地　区	社团法人单位数（个）	从业人员数（人）	具有研究生及以上学历人员	具有大学本科学历人员	具有大专学历人员	具有高中学历人员	具有初中及以下学历人员
全　省	**7781**	**88994**	**2641**	**18980**	**21855**	**19139**	**26379**
沈阳市	**1433**	**11820**	**700**	**3510**	**3592**	**2318**	**1700**
和平区	412	2860	312	1092	716	334	406
沈河区	301	2114	165	838	839	178	94
大东区	73	490	39	224	177	45	5
皇姑区	121	867	104	438	272	49	4
铁西区	175	2437	9	175	699	941	613
苏家屯区	68	732	13	172	148	197	202
东陵区	45	365	10	75	67	127	86
沈北新区	42	335	2	98	109	68	58
于洪区	64	371	22	149	102	36	62
辽中县	21	119	3	17	59	24	16
康平县	63	766	19	182	288	194	83
法库县	17	91		20	41	17	13
新民市	31	273	2	30	75	108	58
大连市	**1232**	**20078**	**517**	**2622**	**3040**	**4377**	**9522**
中山区	147	1775	158	930	525	119	43
西岗区	198	873	109	440	260	54	10
沙河口区	106	1284	80	408	398	178	220
甘井子区	62	546	49	147	109	175	66
旅顺口区	85	943	11	140	315	203	274
金州区	133	2154	44	240	182	319	1369
长海县	15	47	1	19	21	6	
瓦房店市	187	1910	51	169	399	652	639
普兰店市	146	5648	3	63	613	1809	3160
庄河市	153	4898	11	66	218	862	3741
鞍山市	**505**	**3337**	**101**	**885**	**1179**	**744**	**428**
铁东区	188	1151	75	592	406	71	7
铁西区	33	101	7	43	42	9	
立山区	22	91	4	22	39	10	16
千山区	45	208	2	33	74	67	32
台安县	87	842	3	30	283	372	154
岫岩满族自治县	81	532	4	60	163	143	162
海城市	49	412	6	105	172	72	57
抚顺市	**517**	**4426**	**107**	**546**	**1176**	**1173**	**1424**
新抚区	138	528	46	182	233	51	16
东洲区	28	236		16	16	33	171
望花区	48	246	3	39	95	99	10
顺城区	106	1449	53	250	659	307	180
抚顺县	39	408		1	42	77	288
新宾满族自治县	88	1096	2	14	73	536	471
清原满族自治县	70	463	3	44	58	70	288
本溪市	**437**	**5663**	**207**	**1408**	**1035**	**930**	**2083**
平山区	123	1188	82	687	325	62	32
溪湖区	35	361	8	47	45	61	200
明山区	129	1235	101	552	417	120	45
南芬区	7	19		6	13		
本溪满族自治县	71	1948	16	94	159	505	1174
桓仁满族自治县	72	912		22	76	182	632
丹东市	**440**	**3377**	**173**	**789**	**902**	**457**	**1056**
元宝区	39	257	3	57	110	60	27
振兴区	139	977	75	447	326	102	27
振安区	34	119	3	16	19	21	60
宽甸满族自治县	85	387	7	55	201	91	33
东港市	83	316	18	51	100	76	71
凤城市	60	1321	67	163	146	107	838

3-18　续表

地　区	社团法人单位数(个)	从业人员数(人)	具有研究生及以上学历人员	具有大学本科学历人员	具有大专学历人员	具有高中学历人员	具有初中及以下学历人员
锦州市	**466**	**4432**	**153**	**1271**	**1377**	**956**	**675**
古塔区	84	947	28	263	462	157	37
凌河区	84	1347	88	673	360	223	3
太和区	76	332	16	101	101	79	35
黑山县	56	337	5	69	85	102	76
义县	33	597	3	69	138	124	263
凌海市	90	651	9	67	155	191	229
北镇市	43	221	4	29	76	80	32
营口市	**427**	**1690**	**87**	**522**	**672**	**256**	**153**
站前区	205	721	70	301	305	26	19
西市区	34	141	3	46	33	28	31
鲅鱼圈区	44	135	4	61	68	2	
老边区	27	96	5	30	45	16	
盖州市	44	185	3	24	54	51	53
大石桥市	73	412	2	60	167	133	50
阜新市	**358**	**7069**	**54**	**647**	**748**	**1602**	**4018**
海州区	86	511	19	239	161	72	20
新邱区	19	128		35	46	47	
太平区	9	30	4	13	6	7	
清河门区	18	124	3	29	71	18	3
细河区	74	292	19	148	86	37	2
阜新蒙古族自治县	77	5227	9	121	250	1232	3615
彰武县	75	757		62	128	189	378
辽阳市	**255**	**2459**	**39**	**519**	**1026**	**550**	**325**
白塔区	92	482	21	194	212	54	1
文圣区	39	133	5	66	49	2	11
宏伟区	14	247		34	73	133	7
弓长岭区	16	62	2	27	16	14	3
太子河区	28	995	7	124	521	198	145
辽阳县	41	249	2	41	67	59	80
灯塔市	25	291	2	33	88	90	78
盘锦市	**261**	**2046**	**97**	**708**	**637**	**228**	**376**
双台子区	30	127	10	29	44	26	18
兴隆台区	152	735	71	364	224	50	26
大洼县	46	823	11	290	310	63	149
盘山县	33	361	5	25	59	89	183
铁岭市	**488**	**12851**	**190**	**3261**	**3901**	**3430**	**2069**
银州区	253	7560	139	2608	2584	2039	190
清河区	61	883	13	93	200	210	367
铁岭县	3	11				1	10
西丰县	39	668	8	40	139	254	227
昌图县	63	2853	21	231	583	801	1217
调兵山市	55	595	3	242	287	52	11
开原市	14	281	6	47	108	73	47
朝阳市	**601**	**6352**	**150**	**1646**	**1634**	**1391**	**1531**
双塔区	206	2175	116	1301	576	151	31
龙城区	36	411	10	39	74	79	209
朝阳县	20	307		9	109	102	87
建平县	75	867	2	62	268	232	303
喀喇沁左翼蒙古族自治县	65	397	1	66	113	154	63
北票市	102	766	9	75	186	294	202
凌源市	97	1429	12	94	308	379	636
葫芦岛市	**361**	**3394**	**66**	**646**	**936**	**727**	**1019**
连山区	64	460	7	67	160	124	102
龙港区	73	880	38	351	293	158	40
南票区	37	180	18	60	64	20	18
绥中县	113	1464		97	239	316	812
建昌县	53	307		40	129	97	41
兴城市	21	103	3	31	51	12	6

3-19 按地区、专业技术职称分组的社团法人单位从业人员数

地　区	社团法人单位数（个）	从业人员数（人）	#具有高级技术职称人员	#具有中级技术职称人员	#具有初级技术职称人员
全　省	**7781**	**88994**	**2383**	**4502**	**3496**
沈阳市	**1433**	**11820**	**412**	**464**	**389**
和平区	412	2860	206	152	54
沈河区	301	2114	62	49	50
大东区	73	490	7	17	10
皇姑区	121	867	58	47	56
铁西区	175	2437	13	25	11
苏家屯区	68	732	15	62	98
东陵区	45	365	11	9	5
沈北新区	42	335	7	9	1
于洪区	64	371	23	27	13
辽中县	21	119	1		
康平县	63	766	6	47	89
法库县	17	91	2	13	1
新民市	31	273	1	7	1
大连市	**1232**	**20078**	**271**	**443**	**301**
中山区	147	1775	46	61	24
西岗区	198	873	66	68	25
沙河口区	106	1284	63	155	53
甘井子区	62	546	57	45	29
旅顺口区	85	943	4	3	2
金州区	133	2154	19	51	73
长海县	15	47		1	
瓦房店市	187	1910	6	24	14
普兰店市	146	5648	4	10	60
庄河市	153	4898	6	25	21
鞍山市	**505**	**3337**	**69**	**142**	**92**
铁东区	188	1151	32	79	48
铁西区	33	101	17	10	1
立山区	22	91		4	
千山区	45	208	4	14	4
台安县	87	842	1	2	2
岫岩满族自治县	81	532	13	25	23
海城市	49	412	2	8	14
抚顺市	**517**	**4426**	**75**	**126**	**195**
新抚区	138	528	11	4	
东洲区	28	236			5
望花区	48	246	14	40	42
顺城区	106	1449	41	64	119
抚顺县	39	408		2	7
新宾满族自治县	88	1096	1	5	19
清原满族自治县	70	463	8	11	3
本溪市	**437**	**5663**	**94**	**219**	**136**
平山区	123	1188	30	44	16
溪湖区	35	361	1	8	5
明山区	129	1235	24	70	61
南芬区	7	19			
本溪满族自治县	71	1948	38	90	53
桓仁满族自治县	72	912	1	7	1
丹东市	**440**	**3377**	**210**	**136**	**75**
元宝区	39	257		1	1
振兴区	139	977	44	46	19
振安区	34	119	6	11	9
宽甸满族自治县	85	387		6	3
东港市	83	316	3	12	8
凤城市	60	1321	157	60	35

3-19　续表

地　区	社团法人单位数(个)	从业人员数(人)	#具有高级技术职称人员	#具有中级技术职称人员	#具有初级技术职称人员
锦州市	**466**	**4432**	**173**	**403**	**104**
古塔区	84	947	49	115	25
凌河区	84	1347	87	180	3
太和区	76	332	8	19	
黑山县	56	337	8	41	36
义县	33	597	11	21	13
凌海市	90	651	9	20	27
北镇市	43	221	1	7	
营口市	**427**	**1690**	**38**	**87**	**48**
站前区	205	721	29	58	13
西市区	34	141	8	11	1
鲅鱼圈区	44	135		7	29
老边区	27	96	1	3	2
盖州市	44	185		2	
大石桥市	73	412		6	3
阜新市	**358**	**7069**	**22**	**124**	**279**
海州区	86	511	8	13	3
新邱区	19	128	1	1	
太平区	9	30	5	2	
清河门区	18	124			
细河区	74	292	3	5	3
阜新蒙古族自治县	77	5227	2	87	216
彰武县	75	757	3	16	57
辽阳市	**255**	**2459**	**25**	**433**	**496**
白塔区	92	482	7	7	
文圣区	39	133	9		1
宏伟区	14	247	2	51	88
弓长岭区	16	62		3	1
太子河区	28	995	5	350	323
辽阳县	41	249		6	10
灯塔市	25	291	2	16	73
盘锦市	**261**	**2046**	**55**	**104**	**82**
双台子区	30	127		1	
兴隆台区	152	735	49	77	60
大洼县	46	823	4	14	19
盘山县	33	361	2	12	3
铁岭市	**488**	**12851**	**792**	**1504**	**1023**
银州区	253	7560	762	1361	536
清河区	61	883	9	6	1
铁岭县	3	11			
西丰县	39	668	2	10	2
昌图县	63	2853	10	90	446
调兵山市	55	595	3	6	3
开原市	14	281	6	31	35
朝阳市	**601**	**6352**	**109**	**227**	**194**
双塔区	206	2175	27	70	34
龙城区	36	411	2	5	
朝阳县	20	307			6
建平县	75	867	33	78	104
喀喇沁左翼蒙古族自治县	65	397	37	15	7
北票市	102	766	7	36	16
凌源市	97	1429	3	23	27
葫芦岛市	**361**	**3394**	**38**	**90**	**82**
连山区	64	460	9	5	9
龙港区	73	880	18	54	45
南票区	37	180	9	14	21
绥中县	113	1464	1	10	6
建昌县	53	307		4	
兴城市	21	103	1	3	1

3-20 按地区、技术等级分组的社团法人单位从业人员数

地区	社团法人单位数（个）	从业人员数（人）	#高级技师	#技师	#高级工	#中级工
全省	**7781**	**88994**	**144**	**227**	**623**	**630**
沈阳市	**1433**	**11820**	**38**	**45**	**85**	**43**
和平区	412	2860	11	20	23	15
沈河区	301	2114	15	8	32	17
大东区	73	490		1		
皇姑区	121	867	1	3	18	4
铁西区	175	2437		2		4
苏家屯区	68	732	2	1	2	1
东陵区	45	365	1			
沈北新区	42	335	5	3	3	
于洪区	64	371	1	2		
辽中县	21	119				
康平县	63	766	2	3	4	2
法库县	17	91			2	
新民市	31	273		2	1	
大连市	**1232**	**20078**	**22**	**39**	**55**	**42**
中山区	147	1775	2	4	4	1
西岗区	198	873	1	4	15	
沙河口区	106	1284		4	2	
甘井子区	62	546	6	11	15	9
旅顺口区	85	943	1	1	1	4
金州区	133	2154	7	1	6	13
长海县	15	47		1		
瓦房店市	187	1910	2	8	9	9
普兰店市	146	5648	2	1	1	
庄河市	153	4898	1	4	2	6
鞍山市	**505**	**3337**	**4**	**8**	**33**	**10**
铁东区	188	1151	1	3	25	6
铁西区	33	101			1	
立山区	22	91		1		
千山区	45	208	1	2	2	2
台安县	87	842				
岫岩满族自治县	81	532	1	2	1	1
海城市	49	412	1		4	1
抚顺市	**517**	**4426**	**14**	**22**	**46**	**53**
新抚区	138	528	9	1	4	1
东洲区	28	236				
望花区	48	246				3
顺城区	106	1449	4	18	42	47
抚顺县	39	408				1
新宾满族自治县	88	1096				1
清原满族自治县	70	463	1	3		
本溪市	**437**	**5663**	**2**	**6**	**16**	**163**
平山区	123	1188		2	6	6
溪湖区	35	361	1			
明山区	129	1235		1	5	3
南芬区	7	19				
本溪满族自治县	71	1948	1	3	5	152
桓仁满族自治县	72	912				2
丹东市	**440**	**3377**	**21**	**22**	**27**	**16**
元宝区	39	257				1
振兴区	139	977		6	17	7
振安区	34	119	4	10	4	7
宽甸满族自治县	85	387			2	1
东港市	83	316	1		2	
凤城市	60	1321	16	6	2	

3-20　续表

地　区	社团法人单位数（个）	从业人员数（人）	#高级技师	#技师	#高级工	#中级工
锦州市	**466**	**4432**	**8**	**6**	**55**	**103**
古塔区	84	947	1	1	32	98
凌河区	84	1347	3	1	3	
太和区	76	332				1
黑山县	56	337	1		4	3
义县	33	597	1		12	1
凌海市	90	651	2	3	2	
北镇市	43	221		1	2	
营口市	**427**	**1690**	**8**	**2**	**12**	**6**
站前区	205	721	7	2	1	
西市区	34	141				
鲅鱼圈区	44	135			8	5
老边区	27	96			1	
盖州市	44	185				
大石桥市	73	412	1		2	1
阜新市	**358**	**7069**	**7**	**4**	**10**	**70**
海州区	86	511	2		5	2
新邱区	19	128				
太平区	9	30			1	
清河门区	18	124				
细河区	74	292	2	1	2	6
阜新蒙古族自治县	77	5227	2			60
彰武县	75	757	1	3	2	2
辽阳市	**255**	**2459**	**5**	**13**	**32**	**22**
白塔区	92	482		2	1	9
文圣区	39	133				
宏伟区	14	247		2	29	11
弓长岭区	16	62				
太子河区	28	995	1	4		
辽阳县	41	249		1	2	2
灯塔市	25	291	4	4		
盘锦市	**261**	**2046**	**1**	**8**	**11**	
双台子区	30	127				
兴隆台区	152	735	1	4	5	
大洼县	46	823			5	
盘山县	33	361		4	1	
铁岭市	**488**	**12851**	**7**	**32**	**207**	**73**
银州区	253	7560	5	31	200	55
清河区	61	883			1	1
铁岭县	3	11				
西丰县	39	668	1		3	3
昌图县	63	2853		1	2	13
调兵山市	55	595				
开原市	14	281	1		1	1
朝阳市	**601**	**6352**	**7**	**16**	**18**	**19**
双塔区	206	2175	2	1	9	5
龙城区	36	411				
朝阳县	20	307				
建平县	75	867		2	2	10
喀喇沁左翼蒙古族自治县	65	397			2	2
北票市	102	766	3	4	1	2
凌源市	97	1429	2	9	4	
葫芦岛市	**361**	**3394**		**4**	**16**	**10**
连山区	64	460		1	3	5
龙港区	73	880		3	7	3
南票区	37	180			3	
绥中县	113	1464				2
建昌县	53	307			3	
兴城市	21	103				

3-21 按地区分组的民办非企业法人单位数及从业人员数

地 区	民办非企业法人单位数(个)			从业人员数(人)	
		单产业法人单位	多产业法人单位		#女性
全 省	**7754**	**7699**	**55**	**78345**	**47055**
沈阳市	**1316**	**1302**	**14**	**14756**	**8509**
和平区	244	238	6	2124	1380
沈河区	102	98	4	823	462
大东区	145	145		1568	955
皇姑区	200	198	2	3050	1425
铁西区	130	130		1542	1034
苏家屯区	32	32		440	315
东陵区	100	98	2	1454	679
沈北新区	15	15		1223	730
于洪区	105	105		1463	933
辽中县	7	7		301	225
康平县	207	207		527	204
法库县	7	7		63	47
新民市	22	22		178	120
大连市	**1437**	**1412**	**25**	**23375**	**14589**
中山区	188	186	2	3630	2074
西岗区	193	192	1	2754	1830
沙河口区	289	289		4313	2851
甘井子区	198	198		5606	3549
旅顺口区	80	80		850	588
金州区	178	177	1	2868	1756
长海县	5	5		31	22
瓦房店市	83	83		1022	520
普兰店市	104	104		775	421
庄河市	119	98	21	1526	978
鞍山市	**1086**	**1085**	**1**	**7616**	**4867**
铁东区	127	126	1	1314	663
铁西区	57	57		482	397
立山区	135	135		827	539
千山区	33	33		326	210
台安县	65	65		511	261
岫岩满族自治县	87	87		453	350
海城市	582	582		3703	2447
抚顺市	**606**	**606**		**4708**	**3142**
新抚区	185	185		1191	798
东洲区	140	140		903	685
望花区	56	56		781	580
顺城区	188	188		1608	951
抚顺县	13	13		88	53
新宾满族自治县	9	9		60	35
清原满族自治县	15	15		77	40
本溪市	**355**	**355**		**4091**	**2166**
平山区	179	179		2225	1268
溪湖区	34	34		255	189
明山区	97	97		1428	549
南芬区	2	2		15	15
本溪满族自治县	12	12		58	51
桓仁满族自治县	31	31		110	94
丹东市	**718**	**714**	**4**	**4064**	**2273**
元宝区	80	79	1	532	335
振兴区	146	145	1	1423	868
振安区	75	75		326	163
宽甸满族自治县	289	289		748	330
东港市	93	91	2	827	453
凤城市	35	35		208	124

3-21　续表

地　区	民办非企业法人单位数(个)	单产业法人单位	多产业法人单位	从业人员数(人)	#女性
锦州市	**730**	**727**	**3**	**3805**	**2046**
古塔区	71	70	1	738	468
凌河区	103	102	1	863	469
太和区	123	122	1	573	285
黑山县	392	392		706	288
义县	10	10		58	42
凌海市	13	13		466	326
北镇市	18	18		401	168
营口市	**418**	**418**		**4443**	**2798**
站前区	233	233		1838	1223
西市区	71	71		628	399
鲅鱼圈区	45	45		325	199
老边区	2	2		26	14
盖州市	17	17		404	209
大石桥市	50	50		1222	754
阜新市	**265**	**264**	**1**	**2702**	**1378**
海州区	46	45	1	370	207
新邱区	15	15		95	72
太平区	18	18		170	138
清河门区	27	27		195	137
细河区	49	49		726	236
阜新蒙古族自治县	106	106		1086	532
彰武县	4	4		60	56
辽阳市	**185**	**185**		**2090**	**1416**
白塔区	75	75		716	456
文圣区	59	59		668	436
宏伟区	7	7		195	146
弓长岭区	3	3		17	8
太子河区	11	11		196	138
辽阳县	5	5		137	81
灯塔市	25	25		161	151
盘锦市	**45**	**43**	**2**	**863**	**425**
双台子区	6	6		152	75
兴隆台区	37	35	2	566	258
大洼县	2	2		145	92
盘山县					
铁岭市	**131**	**127**	**4**	**1515**	**886**
银州区	54	50	4	836	509
清河区	16	16		122	109
铁岭县	2	2		100	11
西丰县	3	3		59	34
昌图县	11	11		77	34
调兵山市	33	33		122	85
开原市	12	12		199	104
朝阳市	**304**	**303**	**1**	**2318**	**1304**
双塔区	132	131	1	721	424
龙城区	16	16		319	153
朝阳县	1	1		4	1
建平县	22	22		263	192
喀喇沁左翼蒙古族自治县	35	35		244	133
北票市	18	18		115	77
凌源市	80	80		652	324
葫芦岛市	**158**	**158**		**1999**	**1256**
连山区	41	41		711	466
龙港区	50	50		650	443
南票区	3	3		22	12
绥中县	6	6		131	58
建昌县	18	18		224	110
兴城市	40	40		261	167

3-22 按地区、从业人员数组距分组的民办非企业法人单位数

地　　区	民办非企业法人单位数（个）	7人及以下	8-19人	20-49人	50-99人	100-299人	300-499人	500-999人
全　　省	**7754**	**5222**	**1660**	**642**	**155**	**68**	**5**	**2**
沈阳市	**1316**	**831**	**343**	**96**	**25**	**19**	**2**	
和平区	244	164	63	11	5	1		
沈河区	102	62	32	8				
大东区	145	87	40	12	5	1		
皇姑区	200	58	106	24	8	4		
铁西区	130	86	28	13		3		
苏家屯区	32	17	12	2		1		
东陵区	100	67	16	12	2	3		
沈北新区	15	6	4		1	2	2	
于洪区	105	61	27	11	4	2		
辽中县	7	3	1	1		2		
康平县	207	204	3					
法库县	7	4	2	1				
新民市	22	12	9	1				
大连市	**1437**	**698**	**447**	**216**	**46**	**26**	**2**	**2**
中山区	188	89	50	36	8	4		1
西岗区	193	117	39	24	9	4		
沙河口区	289	142	80	58	5	4		
甘井子区	198	71	67	41	9	7	2	1
旅顺口区	80	42	28	8	1	1		
金州区	178	92	47	26	8	5		
长海县	5	2	3					
瓦房店市	83	39	36	6	1	1		
普兰店市	104	60	43	1				
庄河市	119	44	54	16	5			
鞍山市	**1086**	**818**	**197**	**58**	**11**	**2**		
铁东区	127	78	32	13	3	1		
铁西区	57	36	14	7				
立山区	135	106	20	9				
千山区	33	18	11	4				
台安县	65	38	22	5				
岫岩满族自治县	87	71	15		1			
海城市	582	471	83	20	7	1		
抚顺市	**606**	**448**	**114**	**30**	**12**	**2**		
新抚区	185	143	33	7	2			
东洲区	140	119	12	5	3	1		
望花区	56	35	12	3	6			
顺城区	188	120	52	14	1	1		
抚顺县	13	11	1	1				
新宾满族自治县	9	7	2					
清原满族自治县	15	13	2					
本溪市	**355**	**187**	**106**	**56**	**5**	**1**		
平山区	179	76	65	36	2			
溪湖区	34	25	7	1	1			
明山区	97	47	29	18	2	1		
南芬区	2	1	1					
本溪满族自治县	12	10	2					
桓仁满族自治县	31	28	2	1				
丹东市	**718**	**590**	**89**	**31**	**6**	**2**		
元宝区	80	56	20	4				
振兴区	146	93	36	14	2	1		
振安区	75	65	8	1	1			
宽甸满族自治县	289	283	3	3				
东港市	93	68	13	8	3	1		
凤城市	35	25	9	1				

3-22　续表

地　区	民办非企业法人单位数(个)	7人及以下	8-19人	20-49人	50-99人	100-299人	300-499人	500-999人
锦州市	**730**	**648**	**47**	**21**	**10**	**4**		
古塔区	71	53	8	7	2	1		
凌河区	103	76	19	6	2			
太和区	123	113	7	2		1		
黑山县	392	387	2	1	2			
义县	10	6	4					
凌海市	13	5	4	2		2		
北镇市	18	8	3	3	4			
营口市	**418**	**296**	**71**	**37**	**10**	**3**	**1**	
站前区	233	183	28	15	6	1		
西市区	71	49	10	11	1			
鲅鱼圈区	45	34	9	1	1			
老边区	2		2					
盖州市	17	9	4	3		1		
大石桥市	50	21	18	7	2	1	1	
阜新市	**265**	**183**	**57**	**16**	**7**	**2**		
海州区	46	32	10	3	1			
新邱区	15	11	3	1				
太平区	18	14	2	2				
清河门区	27	16	10	1				
细河区	49	24	15	5	5			
阜新蒙古族自治县	106	84	16	3	1	2		
彰武县	4	2	1	1				
辽阳市	**185**	**119**	**40**	**17**	**8**	**1**		
白塔区	75	51	16	6	1	1		
文圣区	59	36	14	6	3			
宏伟区	7	3	2		2			
弓长岭区	3	2	1					
太子河区	11	5	2	3	1			
辽阳县	5	2	1	1	1			
灯塔市	25	20	4	1				
盘锦市	**45**	**19**	**12**	**10**	**3**	**1**		
双台子区	6	2		4				
兴隆台区	37	16	12	6	3			
大洼县	2	1				1		
盘山县								
铁岭市	**131**	**76**	**31**	**19**	**4**	**1**		
银州区	54	23	16	12	2	1		
清河区	16	11	4	1				
铁岭县	2			1	1			
西丰县	3		1	2				
昌图县	11	8	2	1				
调兵山市	33	30	2	1				
开原市	12	4	6	1	1			
朝阳市	**304**	**214**	**67**	**19**	**3**	**1**		
双塔区	132	103	22	7				
龙城区	16	9	2	4		1		
朝阳县	1	1						
建平县	22	16	3		3			
喀喇沁左翼蒙古族自治县	35	27	6	2				
北票市	18	11	6	1				
凌源市	80	47	28	5				
葫芦岛市	**158**	**95**	**39**	**16**	**5**	**3**		
连山区	41	21	11	6	1	2		
龙港区	50	29	13	6	1	1		
南票区	3	2	1					
绥中县	6		4	1	1			
建昌县	18	7	7	3	1			
兴城市	40	36	3		1			

3-23 按地区、学历分组的民办非企业法人单位从业人员数

地区	民办非企业法人单位数（个）	从业人员数（人）	具有研究生及以上学历人员	具有大学本科学历人员	具有大专学历人员	具有高中学历人员	具有初中及以下学历人员
全省	**7754**	**78345**	**3284**	**23918**	**24782**	**17620**	**8741**
沈阳市	**1316**	**14756**	**727**	**6029**	**4841**	**2301**	**858**
和平区	244	2124	106	980	753	244	41
沈河区	102	823	62	378	253	92	38
大东区	145	1568	61	774	510	190	33
皇姑区	200	3050	188	1270	1135	360	97
铁西区	130	1542	28	656	591	205	62
苏家屯区	32	440	24	203	107	66	40
东陵区	100	1454	75	429	423	359	168
沈北新区	15	1223	81	608	244	229	61
于洪区	105	1463	93	601	367	256	146
辽中县	7	301		35	178	38	50
康平县	207	527	5	72	218	166	66
法库县	7	63	3	11	27	22	
新民市	22	178	1	12	35	74	56
大连市	**1437**	**23375**	**1864**	**8555**	**6312**	**3898**	**2746**
中山区	188	3630	187	1265	952	625	601
西岗区	193	2754	174	1114	956	337	173
沙河口区	289	4313	241	1864	1278	602	328
甘井子区	198	5606	976	2126	1051	812	641
旅顺口区	80	850	62	184	180	224	200
金州区	178	2868	190	1371	811	354	142
长海县	5	31		5	13	10	3
瓦房店市	83	1022	8	124	317	319	254
普兰店市	104	775	5	183	294	132	161
庄河市	119	1526	21	319	460	483	243
鞍山市	**1086**	**7616**	**118**	**1660**	**2644**	**2263**	**931**
铁东区	127	1314	33	662	346	169	104
铁西区	57	482	2	100	200	133	47
立山区	135	827	10	149	379	218	71
千山区	33	326	9	38	87	108	84
台安县	65	511		28	227	158	98
岫岩满族自治县	87	453	3	66	184	135	65
海城市	582	3703	61	617	1221	1342	462
抚顺市	**606**	**4708**	**105**	**1060**	**1474**	**1285**	**784**
新抚区	185	1191	7	292	491	302	99
东洲区	140	903	3	117	236	300	247
望花区	56	781	28	261	209	218	65
顺城区	188	1608	66	386	514	418	224
抚顺县	13	88		1	8	1	78
新宾满族自治县	9	60				23	37
清原满族自治县	15	77	1	3	16	23	34
本溪市	**355**	**4091**	**33**	**1108**	**1543**	**1146**	**261**
平山区	179	2225	19	614	874	634	84
溪湖区	34	255	2	37	59	102	55
明山区	97	1428	12	436	546	327	107
南芬区	2	15		6	7	2	
本溪满族自治县	12	58		11	30	13	4
桓仁满族自治县	31	110		4	27	68	11
丹东市	**718**	**4064**	**53**	**680**	**1317**	**1478**	**536**
元宝区	80	532	15	78	184	168	87
振兴区	146	1423	12	360	451	471	129
振安区	75	326	12	72	91	76	75
宽甸满族自治县	289	748	2	22	219	404	101
东港市	93	827	10	123	313	288	93
凤城市	35	208	2	25	59	71	51

3-23　续表

地　区	民办非企业法人单位数(个)	从业人员数(人)	具有研究生及以上学历人员	具有大学本科学历人员	具有大专学历人员	具有高中学历人员	具有初中及以下学历人员
锦州市	**730**	**3805**	**88**	**829**	**1271**	**1109**	**508**
古塔区	71	738	17	236	325	114	46
凌河区	103	863	18	309	328	169	39
太和区	123	573	25	115	128	163	142
黑山县	392	706	4	39	200	329	134
义县	10	58	2	7	10	29	10
凌海市	13	466		31	112	216	107
北镇市	18	401	22	92	168	89	30
营口市	**418**	**4443**	**73**	**1057**	**1363**	**1181**	**769**
站前区	233	1838	22	490	679	499	148
西市区	71	628	31	126	160	168	143
鲅鱼圈区	45	325	1	120	141	47	16
老边区	2	26		3	8	8	7
盖州市	17	404		44	57	72	231
大石桥市	50	1222	19	274	318	387	224
阜新市	**265**	**2702**	**32**	**644**	**876**	**802**	**348**
海州区	46	370	8	112	156	59	35
新邱区	15	95	4	3	11	44	33
太平区	18	170	1	9	33	60	67
清河门区	27	195		17	89	81	8
细河区	49	726	7	128	303	254	34
阜新蒙古族自治县	106	1086	12	374	247	288	165
彰武县	4	60		1	37	16	6
辽阳市	**185**	**2090**	**69**	**560**	**857**	**430**	**174**
白塔区	75	716	30	200	261	152	73
文圣区	59	668	30	175	251	160	52
宏伟区	7	195		27	152	16	
弓长岭区	3	17		1	1	7	8
太子河区	11	196	8	82	66	22	18
辽阳县	5	137		41	33	41	22
灯塔市	25	161	1	34	93	32	1
盘锦市	**45**	**863**	**25**	**143**	**346**	**213**	**136**
双台子区	6	152		17	40	39	56
兴隆台区	37	566	24	124	213	125	80
大洼县	2	145	1	2	93	49	
盘山县							
铁岭市	**131**	**1515**	**53**	**536**	**482**	**296**	**148**
银州区	54	836	31	380	295	112	18
清河区	16	122		9	29	53	31
铁岭县	2	100	5	43	36	13	3
西丰县	3	59		16	6	10	27
昌图县	11	77		7	18	44	8
调兵山市	33	122	5	21	44	5	47
开原市	12	199	12	60	54	59	14
朝阳市	**304**	**2318**	**23**	**440**	**878**	**654**	**323**
双塔区	132	721	14	151	258	229	69
龙城区	16	319	3	82	122	59	53
朝阳县	1	4		3	1		
建平县	22	263		21	107	90	45
喀喇沁左翼蒙古族自治县	35	244	2	26	95	85	36
北票市	18	115	1	6	31	41	36
凌源市	80	652	3	151	264	150	84
葫芦岛市	**158**	**1999**	**21**	**617**	**578**	**564**	**219**
连山区	41	711	6	288	209	137	71
龙港区	50	650	10	226	253	139	22
南票区	3	22				12	10
绥中县	6	131		19	21	37	54
建昌县	18	224	1	20	72	98	33
兴城市	40	261	4	64	23	141	29

3-24 按地区、专业技术职称分组的民办非企业法人单位从业人员数

地　区	民办非企业法人单位数(个)	从业人员数(人)	#具有高级技术职称人员	#具有中级技术职称人员	#具有初级技术职称人员
全　省	**7754**	**78345**	**5411**	**8689**	**7227**
沈阳市	**1316**	**14756**	**1262**	**1983**	**1226**
和平区	244	2124	105	182	119
沈河区	102	823	79	87	30
大东区	145	1568	165	144	57
皇姑区	200	3050	308	434	205
铁西区	130	1542	115	258	141
苏家屯区	32	440	41	50	86
东陵区	100	1454	190	313	130
沈北新区	15	1223	105	245	260
于洪区	105	1463	87	206	146
辽中县	7	301	42	2	3
康平县	207	527	17	52	28
法库县	7	63	1	9	15
新民市	22	178	7	1	6
大连市	**1437**	**23375**	**2275**	**2964**	**2158**
中山区	188	3630	204	358	110
西岗区	193	2754	362	413	211
沙河口区	289	4313	415	657	357
甘井子区	198	5606	922	810	776
旅顺口区	80	850	26	28	16
金州区	178	2868	209	327	366
长海县	5	31	1		
瓦房店市	83	1022	30	121	136
普兰店市	104	775	44	60	29
庄河市	119	1526	62	190	157
鞍山市	**1086**	**7616**	**330**	**579**	**555**
铁东区	127	1314	87	96	129
铁西区	57	482	15	38	42
立山区	135	827	5	22	38
千山区	33	326	5	20	21
台安县	65	511	1	9	3
岫岩满族自治县	87	453	2	27	13
海城市	582	3703	215	367	309
抚顺市	**606**	**4708**	**260**	**386**	**439**
新抚区	185	1191	76	86	110
东洲区	140	903	2	39	72
望花区	56	781	84	53	54
顺城区	188	1608	93	207	200
抚顺县	13	88			
新宾满族自治县	9	60			
清原满族自治县	15	77	5	1	3
本溪市	**355**	**4091**	**53**	**107**	**83**
平山区	179	2225	29	66	56
溪湖区	34	255	1	4	5
明山区	97	1428	23	29	19
南芬区	2	15			
本溪满族自治县	12	58			
桓仁满族自治县	31	110		8	3
丹东市	**718**	**4064**	**224**	**432**	**452**
元宝区	80	532	6	27	24
振兴区	146	1423	79	179	175
振安区	75	326	62	46	27
宽甸满族自治县	289	748	19	79	154
东港市	93	827	58	69	70
凤城市	35	208		32	2

3-24　续表

地　区	民办非企业法人单位数(个)	从业人员数(人)	#具有高级技术职称人员	#具有中级技术职称人员	#具有初级技术职称人员
锦州市	**730**	**3805**	**175**	**555**	**615**
古塔区	71	738	38	145	81
凌河区	103	863	18	95	42
太和区	123	573	26	83	51
黑山县	392	706	28	81	180
义县	10	58		3	1
凌海市	13	466	24	76	160
北镇市	18	401	41	72	100
营口市	**418**	**4443**	**162**	**403**	**535**
站前区	233	1838	62	177	179
西市区	71	628	36	53	89
鲅鱼圈区	45	325	25	59	44
老边区	2	26		3	8
盖州市	17	404	2	4	19
大石桥市	50	1222	37	107	196
阜新市	**265**	**2702**	**154**	**315**	**219**
海州区	46	370	12	59	10
新邱区	15	95			
太平区	18	170		6	9
清河门区	27	195	3	26	18
细河区	49	726	13	57	11
阜新蒙古族自治县	106	1086	126	167	171
彰武县	4	60			
辽阳市	**185**	**2090**	**81**	**158**	**174**
白塔区	75	716	44	58	44
文圣区	59	668	29	66	90
宏伟区	7	195		3	
弓长岭区	3	17			
太子河区	11	196	8	8	19
辽阳县	5	137		23	21
灯塔市	25	161			
盘锦市	**45**	**863**	**24**	**78**	**128**
双台子区	6	152	11	29	44
兴隆台区	37	566	3	9	34
大洼县	2	145	10	40	50
盘山县					
铁岭市	**131**	**1515**	**163**	**282**	**223**
银州区	54	836	80	162	133
清河区	16	122	14	15	4
铁岭县	2	100	15	23	39
西丰县	3	59	15	2	1
昌图县	11	77	3	11	17
调兵山市	33	122	3	5	1
开原市	12	199	33	64	28
朝阳市	**304**	**2318**	**41**	**117**	**89**
双塔区	132	721	18	30	18
龙城区	16	319	3	6	2
朝阳县	1	4			
建平县	22	263	6	50	40
喀喇沁左翼蒙古族自治县	35	244	1	13	5
北票市	18	115	2	5	6
凌源市	80	652	11	13	18
葫芦岛市	**158**	**1999**	**207**	**330**	**331**
连山区	41	711	122	107	110
龙港区	50	650	36	116	139
南票区	3	22			
绥中县	6	131	1	28	2
建昌县	18	224	8	34	69
兴城市	40	261	40	45	11

3-25 按地区、技术等级分组的民办非企业法人单位从业人员数

地　区	民办非企业法人单位数(个)	从　业人员数(人)	#高级技师	#技师	#高级工	#中级工
全　　省	**7754**	**78345**	**425**	**678**	**677**	**587**
沈阳市	**1316**	**14756**	**125**	**170**	**205**	**149**
和平区	244	2124	2	12	7	2
沈河区	102	823	12	14	8	5
大东区	145	1568		6	6	1
皇姑区	200	3050	8	8	81	40
铁西区	130	1542	16	8	2	7
苏家屯区	32	440	3		1	
东陵区	100	1454	74	72	32	47
沈北新区	15	1223		15	50	31
于洪区	105	1463	10	25	17	16
辽中县	7	301			1	
康平县	207	527		7		
法库县	7	63				
新民市	22	178		3		
大连市	**1437**	**23375**	**96**	**131**	**146**	**121**
中山区	188	3630	4	17	13	8
西岗区	193	2754	2	16	24	18
沙河口区	289	4313	11	20	38	22
甘井子区	198	5606	17	14	21	11
旅顺口区	80	850	2	2	3	6
金州区	178	2868	43	48	34	49
长海县	5	31				
瓦房店市	83	1022	4	2		
普兰店市	104	775	3	2	11	7
庄河市	119	1526	10	10	2	
鞍山市	**1086**	**7616**	**11**	**39**	**14**	**12**
铁东区	127	1314	2	4	1	5
铁西区	57	482	2			1
立山区	135	827		2	1	1
千山区	33	326	1	4	1	4
台安县	65	511				
岫岩满族自治县	87	453				
海城市	582	3703	6	29	11	1
抚顺市	**606**	**4708**	**25**	**17**	**15**	**17**
新抚区	185	1191	1	3	11	7
东洲区	140	903				2
望花区	56	781				1
顺城区	188	1608	24	14	4	7
抚顺县	13	88				
新宾满族自治县	9	60				
清原满族自治县	15	77				
本溪市	**355**	**4091**	**1**	**6**	**5**	**8**
平山区	179	2225	1	1		
溪湖区	34	255				
明山区	97	1428		5	5	8
南芬区	2	15				
本溪满族自治县	12	58				
桓仁满族自治县	31	110				
丹东市	**718**	**4064**	**58**	**49**	**64**	**43**
元宝区	80	532		2	7	
振兴区	146	1423	47	24	42	5
振安区	75	326	4	13	2	4
宽甸满族自治县	289	748	5	8	7	20
东港市	93	827	2	2	3	10
凤城市	35	208			3	4

3-25　续表

地　区	民办非企业法人单位数(个)	从　业人员数(人)				
			#高级技师	#技师	#高级工	#中级工
锦州市	**730**	**3805**	**26**	**13**	**22**	**17**
古塔区	71	738	7	5	20	10
凌河区	103	863	1			1
太和区	123	573		5		
黑山县	392	706	16	2		3
义县	10	58				1
凌海市	13	466	2		2	2
北镇市	18	401		1		
营口市	**418**	**4443**	**2**	**17**	**3**	**11**
站前区	233	1838		9	3	
西市区	71	628	2	4		
鲅鱼圈区	45	325		2		7
老边区	2	26				
盖州市	17	404				
大石桥市	50	1222		2		4
阜新市	**265**	**2702**	**17**	**133**	**134**	**113**
海州区	46	370	3		3	
新邱区	15	95				
太平区	18	170				
清河门区	27	195	2	3	5	23
细河区	49	726				1
阜新蒙古族自治县	106	1086	12	130	126	89
彰武县	4	60				
辽阳市	**185**	**2090**	**15**	**10**	**1**	**6**
白塔区	75	716	6	3	1	1
文圣区	59	668	5	5		
宏伟区	7	195				
弓长岭区	3	17				
太子河区	11	196	4	2		
辽阳县	5	137				5
灯塔市	25	161				
盘锦市	**45**	**863**	**15**	**7**	**5**	**3**
双台子区	6	152	15	7	5	3
兴隆台区	37	566				
大洼县	2	145				
盘山县						
铁岭市	**131**	**1515**	**23**	**34**	**44**	**49**
银州区	54	836	2	3	4	35
清河区	16	122				
铁岭县	2	100				
西丰县	3	59				
昌图县	11	77			1	1
调兵山市	33	122				
开原市	12	199	21	31	39	13
朝阳市	**304**	**2318**	**7**	**25**	**16**	**28**
双塔区	132	721	4	3	5	1
龙城区	16	319				1
朝阳县	1	4				
建平县	22	263		18		
喀喇沁左翼蒙古族自治县	35	244	1		5	18
北票市	18	115	2	4	4	
凌源市	80	652			2	8
葫芦岛市	**158**	**1999**	**4**	**27**	**3**	**10**
连山区	41	711	2	20	1	1
龙港区	50	650	1	3		3
南票区	3	22				
绥中县	6	131				
建昌县	18	224	1	2	2	3
兴城市	40	261		2		3

第 4 篇

信息化篇

4-1　按行业(大类)分组的法人单位信息化状况

行业大类	年末在用计算机数(台)	年末拥有网站数(个)	全年电子商务采购金额(千元)	全年电子商务销售金额(千元)
总　计	**2209150**	**18894**	**55297040**	**21221458**
采矿业	**70318**	**144**	**6902987**	**6902233**
煤炭开采和洗选业	16933	11	510	
石油和天然气开采业	47988	22	6900000	6900000
黑色金属矿采选业	2168	40	1431	600
有色金属矿采选业	1646	16	1046	500
非金属矿采选业	1567	53		1133
其他采矿业	16	2		
制造业	**395351**	**6269**	**33953398**	**8021925**
农副食品加工业	13648	367	742549	870465
食品制造业	5161	185	9905	4540
饮料制造业	4433	54	6218	5735
烟草制品业	299	1		
纺织业	6434	130	40088	360382
纺织服装、鞋、帽制造业	9303	207	7583	97351
皮革、毛皮、羽毛(绒)及其制品业	1411	23	63220	75013
木材加工及木、竹、藤、棕、草制品业	4591	102	1534	6676
家具制造业	3312	82	52166	106704
造纸及纸制品业	3298	93	242074	277497
印刷业和记录媒介的复制	6735	102	18408	5464
文教体育用品制造业	1098	44	3493	9275
石油加工、炼焦及核燃料加工业	13755	78	791450	273329
化学原料及化学制品制造业	23212	386	25970053	701988
医药制造业	7682	125	12904	75584
化学纤维制造业	3508	13	1286250	2351
橡胶制品业	4301	85	68957	82132
塑料制品业	8240	276	18628	16923
非金属矿物制品业	15864	380	89729	171333
黑色金属冶炼及压延加工业	24951	197	367911	397189
有色金属冶炼及压延加工业	4793	82	489757	480415
金属制品业	16841	433	147137	411995
通用设备制造业	65483	1241	1802999	1425896
专用设备制造业	33578	455	89953	460866
交通运输设备制造业	56226	268	1126050	1024915
电气机械及器材制造业	23651	375	91518	160911
通信设备、计算机及其他电子设备制造业	21037	203	266031	350104
仪器仪表及文化、办公用机械制造业	8338	224	134166	135752
工艺品及其他制造业	3750	56	12666	31140
废弃资源和废旧材料回收加工业	418	2	1	
电力、燃气及水的生产和供应业	**27751**	**92**	**92721**	**10**
电力、热力的生产和供应业	21162	61	80669	10
燃气生产和供应业	1775	12	12052	
水的生产和供应业	4814	19		
建筑业	**74141**	**1137**	**135861**	**32256**
房屋和土木工程建筑业	41429	441	114046	2980
建筑安装业	19230	334	14586	22797
建筑装饰业	11076	303	5462	6344
其他建筑业	2406	59	1767	135
交通运输、仓储和邮政业	**49147**	**432**	**39836**	**11437**
铁路运输业	80			
道路运输业	13326	134	9633	10578
城市公共交通业	2774	18	22	
水上运输业	7580	24	76	1
航空运输业	1985	3	100	

4-1 续表

行业大类	年末在用计算机数(台)	年末拥有网站数(个)	全年电子商务采购金额(千元)	全年电子商务销售金额(千元)
管道运输业	387	1	150	
装卸搬运和其他运输服务业	13520	180	3763	810
仓储业	3230	52	26086	48
邮政业	6265	20	6	
信息传输、计算机服务和软件业	**157824**	**818**	**37406**	**49977**
电信和其他信息传输服务业	45910	149	700	2365
计算机服务业	67483	226	3177	6283
软件业	44431	443	33529	41329
批发和零售业	**163914**	**3070**	**7223901**	**5832767**
批发业	103175	2279	5340556	4421147
零售业	60739	791	1883345	1411620
住宿和餐饮业	**21663**	**294**	**7463**	**91597**
住宿业	13866	179	6302	89755
餐饮业	7797	115	1161	1842
金融业	**128440**	**142**	**6748810**	**254701**
银行业	82614	37	6742522	223187
证券业	23161	10	3447	
保险业	19637	60	2822	31514
其他金融活动	3028	35	19	
房地产业	**43685**	**747**	**38000**	**6725**
房地产业	43685	747	38000	6725
租赁和商务服务业	**64635**	**1040**	**18952**	**5821**
租赁业	968	24	20	
商务服务业	63667	1016	18932	5821
科学研究、技术服务和地质勘查业	**70592**	**722**	**9342**	**2144**
研究与试验发展	15693	140	1661	236
专业技术服务业	43911	421	6490	1885
科技交流和推广服务业	8212	149	1155	23
地质勘查业	2776	12	36	
水利、环境和公共设施管理业	**11777**	**88**	**2158**	**1293**
水利管理业	2878	21	157	
环境管理业	4051	30	59	3
公共设施管理业	4848	37	1942	1290
居民服务和其他服务业	**10171**	**141**	**21156**	**4611**
居民服务业	6423	84	18582	429
其他服务业	3748	57	2574	4182
教育	**516175**	**1169**	**16998**	**375**
教育	516175	1169	16998	375
卫生、社会保障和社会福利业	**63938**	**450**	**9095**	**2404**
卫生	57224	350	8867	2398
社会保障业	4292	47	109	
社会福利业	2422	53	119	6
文化、体育和娱乐业	**24348**	**204**	**1722**	**110**
新闻出版业	5486	41	279	90
广播、电视、电影和音像业	6479	24	39	20
文化艺术业	7729	96	1328	
体育	1165	11	13	
娱乐业	3489	32	63	
公共管理和社会组织	**315280**	**1935**	**37234**	**1072**
中国共产党机关	16118	149	1362	22
国家机构	268935	1259	33428	678
人民政协和民主党派	1749	35	57	
群众团体、社会团体和宗教组织	11424	182	2036	362
基层群众自治组织	17054	310	351	10

4-2 按地区分组的法人单位信息化状况

地 区	年末在用计算机数（台）	年末拥有网站数（个）	全年电子商务采购金额（千元）	全年电子商务销售金额（千元）
全 省	**2209150**	**18894**	**55297040**	**21221458**
沈阳市	**592156**	**4345**	**2148090**	**3086720**
和平区	136798	906	460186	1317084
沈河区	94684	326	40873	236279
大东区	51498	504	635698	2903
皇姑区	52924	121	83827	250037
铁西区	35734	231	48111	4073
苏家屯区	20720	77	219630	388030
东陵区	65116	685	292936	357850
沈北新区	26823	374	675	46
于洪区	69504	842	344673	420253
辽中县	9779	88	1440	1125
康平县	10227	24	150	
法库县	4682	6	7420	330
新民市	13667	161	12471	108710
大连市	**641264**	**7456**	**13505920**	**6382180**
中山区	106222	1123	7596333	937502
西岗区	70346	831	73490	49364
沙河口区	96115	1138	1674390	913053
甘井子区	129487	1710	1039603	779180
旅顺口区	25889	230	8369	5866
金州区	121593	1395	2730483	3072416
长海县	3668	35	45	
瓦房店市	47228	429	168353	319585
普兰店市	21269	228	14899	42127
庄河市	19447	337	199955	263087
鞍山市	**145074**	**1258**	**495342**	**559631**
铁东区	29614	329	3791	3847
铁西区	25987	83	199663	9162
立山区	14321	92	24665	279613
千山区	27561	212	157533	117677
台安县	8904	11	4096	5423
岫岩满族自治县	10752	55	101043	139500
海城市	27935	476	4551	4409
抚顺市	**91202**	**558**	**1017087**	**877524**
新抚区	29707	97	751374	192465
东洲区	8009	85	1751	87164
望花区	19951	112	241503	575405
顺城区	20149	174	9359	4128
抚顺县	2387	28	63	
新宾满族自治县	6133	18	12348	18360
清原满族自治县	4866	44	689	2
本溪市	**73586**	**493**	**29038**	**89587**
平山区	29134	115	2444	5527
溪湖区	5495	79	238	1380
明山区	22833	153	25586	82659
南芬区	1722	26	182	
本溪满族自治县	6985	66	502	21
桓仁满族自治县	7417	54	86	
丹东市	**61934**	**503**	**136642**	**16435**
元宝区	6808	56	15746	12230
振兴区	26461	261	118832	3273
振安区	4901	44	92	23
宽甸满族自治县	6873	63		833
东港市	9099	34	659	6
凤城市	7792	45	1313	70

4-2 续表

地　区	年末在用计算机数(台)	年末拥有网站数(个)	全年电子商务采购金额(千元)	全年电子商务销售金额(千元)
锦州市	**100580**	**665**	**249388**	**445573**
古塔区	23096	137	102121	20853
凌河区	27013	152	5068	1509
太和区	25395	221	138380	423206
黑山县	5555	15	106	
义县	4170	17		
凌海市	9821	47	3539	
北镇市	5530	76	174	5
营口市	**81736**	**831**	**1061586**	**691118**
站前区	27854	216	513649	114144
西市区	7177	129	1940	4540
鲅鱼圈区	19421	126	18411	3563
老边区	6585	179	49813	34703
盖州市	5843	24	3003	28063
大石桥市	14856	157	474770	506105
阜新市	**55328**	**344**	**33716**	**40453**
海州区	15903	78	15335	10526
新邱区	2086	10	558	
太平区	3709	7	18	
清河门区	1532	14	40	
细河区	16230	152	13742	20645
阜新蒙古族自治县	11033	69	1633	9282
彰武县	4835	14	2390	
辽阳市	**62018**	**429**	**27179225**	**319791**
白塔区	20365	103	1242	190000
文圣区	11505	59	9042	106
宏伟区	7400	64	27121230	15581
弓长岭区	2627	13	168	30
太子河区	6347	75	42480	55843
辽阳县	7881	51	4453	57263
灯塔市	5893	64	610	968
盘锦市	**105919**	**532**	**6980520**	**7335554**
双台子区	12215	52	5345	21023
兴隆台区	82228	292	6974851	7309770
大洼县	8290	120	219	636
盘山县	3186	68	105	4125
铁岭市	**55293**	**322**	**29898**	**45386**
银州区	24103	135	8322	27612
清河区	2373	18	1117	65
铁岭县	3812	98	290	170
西丰县	3235	12	7961	8187
昌图县	7702	2		
调兵山市	9776	26	4473	4517
开原市	4292	31	7735	4835
朝阳市	**79701**	**408**	**1384376**	**1210078**
双塔区	30783	117	1315526	1106187
龙城区	4721	46	5440	16667
朝阳县	4967	12	2358	1685
建平县	9798	87	110	5988
喀喇沁左翼蒙古族自治县	7228	7	269	600
北票市	9976	103	52995	70277
凌源市	12228	36	7678	8674
葫芦岛市	**63359**	**750**	**1046212**	**121428**
连山区	12525	197	284744	85909
龙港区	23659	400	680954	25626
南票区	2437	6	42	
绥中县	7960	69	63147	193
建昌县	6635	21	1203	
兴城市	10143	57	16122	9700

4-3　按登记注册类型分组的法人单位信息化状况

登记注册类型	年末在用计算机数（台）	年末拥有网站数（个）	全年电子商务采购金额（千元）	全年电子商务销售金额（千元）
总　计	**2209150**	**18894**	**55297040**	**21221458**
内资企业	**2003381**	**17196**	**51049122**	**17056170**
国有企业	1115100	3823	10523369	7299886
集体企业	39876	483	161879	161809
股份合作企业	16046	209	14750	13286
联营企业	4045	50	345	1169
国有联营企业	434	5	4	
集体联营企业	318	18	341	1169
国有与集体联营企业	949	7		
其他联营企业	2344	20		
有限责任公司	227924	3035	4103944	3425124
国有独资公司	27318	85	1163677	968872
其他有限责任公司	200606	2950	2940267	2456252
股份有限公司	130036	353	32451971	1433503
私营企业	415633	8590	3790488	4719119
私营独资企业	136371	1996	292675	566573
私营合伙企业	12484	278	141315	168523
私营有限责任公司	249496	5868	3278527	3845404
私营股份有限公司	17282	448	77971	138619
其他企业	54721	653	2376	2274
港、澳、台商投资企业	**38111**	**371**	**536832**	**1627078**
合资经营企业(港、澳、台资)	15718	218	95347	269227
合作经营企业(港、澳、台资)	1604	8	1855	5220
港、澳、台商独资经营企业	14727	131	439192	1352281
港、澳、台商投资股份有限公司	6062	14	438	350
外商投资企业	**167658**	**1327**	**3711086**	**2538210**
中外合资经营企业	58480	649	1367392	1344409
中外合作经营企业	2761	71	155938	196529
外资企业	86256	585	2187682	996487
外商投资股份有限公司	20161	22	74	785

4-4 按行业(大类)分组的企业法人单位信息化状况

行业大类	年末在用计算机数(台)	年末拥有网站数(个)	全年电子商务采购金额(千元)	全年电子商务销售金额(千元)
总　计	**1254360**	**14954**	**55226847**	**21216637**
采矿业	**70318**	**144**	**6902987**	**6902233**
煤炭开采和洗选业	16933	11	510	
石油和天然气开采业	47988	22	6900000	6900000
黑色金属矿采选业	2168	40	1431	600
有色金属矿采选业	1646	16	1046	500
非金属矿采选业	1567	53		1133
其他采矿业	16	2		
制造业	**395351**	**6269**	**33953398**	**8021925**
农副食品加工业	13648	367	742549	870465
食品制造业	5161	185	9905	4540
饮料制造业	4433	54	6218	5735
烟草制品业	299	1		
纺织业	6434	130	40088	360382
纺织服装、鞋、帽制造业	9303	207	7583	97351
皮革、毛皮、羽毛(绒)及其制品业	1411	23	63220	75013
木材加工及木、竹、藤、棕、草制品业	4591	102	1534	6676
家具制造业	3312	82	52166	106704
造纸及纸制品业	3298	93	242074	277497
印刷业和记录媒介的复制	6735	102	18408	5464
文教体育用品制造业	1098	44	3493	9275
石油加工、炼焦及核燃料加工业	13755	78	791450	273329
化学原料及化学制品制造业	23212	386	25970053	701988
医药制造业	7682	125	12904	75584
化学纤维制造业	3508	13	1286250	2351
橡胶制品业	4301	85	68957	82132
塑料制品业	8240	276	18628	16923
非金属矿物制品业	15864	380	89729	171333
黑色金属冶炼及压延加工业	24951	197	367911	397189
有色金属冶炼及压延加工业	4793	82	489757	480415
金属制品业	16841	433	147137	411995
通用设备制造业	65483	1241	1802999	1425896
专用设备制造业	33578	455	89953	460866
交通运输设备制造业	56226	268	1126050	1024915
电气机械及器材制造业	23651	375	91518	160911
通信设备、计算机及其他电子设备制造业	21037	203	266031	350104
仪器仪表及文化、办公用机械制造业	8338	224	134166	135752
工艺品及其他制造业	3750	56	12666	31140
废弃资源和废旧材料回收加工业	418	2	1	
电力、燃气及水的生产和供应业	**27751**	**92**	**92721**	**10**
电力、热力的生产和供应业	21162	61	80669	10
燃气生产和供应业	1775	12	12052	
水的生产和供应业	4814	19		
建筑业	**74141**	**1137**	**135861**	**32256**
房屋和土木工程建筑业	41429	441	114046	2980
建筑安装业	19230	334	14586	22797
建筑装饰业	11076	303	5462	6344
其他建筑业	2406	59	1767	135
交通运输、仓储和邮政业	**45670**	**428**	**39445**	**11437**
铁路运输业	80			
道路运输业	10030	130	9633	10578
城市公共交通业	2770	18	22	
水上运输业	7515	24	76	1
航空运输业	1980	3	100	

4-4　续表

行业大类	年末在用计算机数(台)	年末拥有网站数(个)	全年电子商务采购金额(千元)	全年电子商务销售金额(千元)
管道运输业	387	1	150	
装卸搬运和其他运输服务业	13505	180	3763	810
仓储业	3138	52	25695	48
邮政业	6265	20	6	
信息传输、计算机服务和软件业	**155730**	**786**	**37156**	**49977**
电信和其他信息传输服务业	44787	137	480	2365
计算机服务业	66674	206	3147	6283
软件业	44269	443	33529	41329
批发和零售业	**163914**	**3070**	**7223901**	**5832767**
批发业	103175	2279	5340556	4421147
零售业	60739	791	1883345	1411620
住宿和餐饮业	**21663**	**294**	**7463**	**91597**
住宿业	13866	179	6302	89755
餐饮业	7797	115	1161	1842
金融业	**122933**	**136**	**6748810**	**254701**
银行业	77406	31	6742522	223187
证券业	23036	10	3447	
保险业	19563	60	2822	31514
其他金融活动	2928	35	19	
房地产业	**43685**	**747**	**38000**	**6725**
房地产业	43685	747	38000	6725
租赁和商务服务业	**49770**	**916**	**18542**	**5760**
租赁业	967	24	20	
商务服务业	48803	892	18522	5760
科学研究、技术服务和地质勘查业	**43338**	**506**	**5901**	**2144**
研究与试验发展	7291	70	1273	236
专业技术服务业	30336	326	4382	1885
科技交流和推广服务业	4832	106	210	23
地质勘查业	879	4	36	
水利、环境和公共设施管理业	**3027**	**37**	**155**	**3**
水利管理业	632	2	25	
环境管理业	776	13	43	3
公共设施管理业	1619	22	87	
居民服务和其他服务业	**8657**	**129**	**21144**	**4611**
居民服务业	5067	72	18582	429
其他服务业	3590	57	2562	4182
教育	**12193**	**122**	**602**	**17**
教育	12193	122	602	17
卫生、社会保障和社会福利业	**7179**	**67**	**439**	**364**
卫生	6952	66	439	364
社会保障业	85			
社会福利业	142	1		
文化、体育和娱乐业	**9040**	**74**	**322**	**110**
新闻出版业	3824	31	202	90
广播、电视、电影和音像业	1287	7	39	20
文化艺术业	627	11	18	
体育	274	4		
娱乐业	3028	21	63	

4-5 按地区分组的企业法人单位信息化状况

地　区	年末在用计算机数(台)	年末拥有网站数(个)	全年电子商务采购金额(千元)	全年电子商务销售金额(千元)
全　省	**1254360**	**14954**	**55226847**	**21216637**
沈阳市	**358389**	**3725**	**2134826**	**3086474**
和平区	79945	759	457813	1317084
沈河区	68932	246	39618	236279
大东区	26230	443	635512	2902
皇姑区	26283	89	80490	250037
铁西区	21042	201	47991	3973
苏家屯区	6401	70	219326	388030
东陵区	47021	610	291679	357850
沈北新区	13405	354	600	46
于洪区	56932	786	340761	420223
辽中县	2138	53	1187	1125
康平县	4019	23	150	
法库县	1573	5	7420	330
新民市	4468	86	12279	108595
大连市	**418690**	**6448**	**13479958**	**6380158**
中山区	88116	1027	7588377	937501
西岗区	41735	668	71991	49363
沙河口区	47589	974	1672869	913046
甘井子区	92364	1574	1039114	779180
旅顺口区	10657	162	5262	3863
金州区	86535	1273	2725676	3072406
长海县	557	26	45	
瓦房店市	33649	316	162126	319585
普兰店市	11256	196	14800	42127
庄河市	6232	232	199698	263087
鞍山市	**82151**	**994**	**493188**	**559624**
铁东区	14432	169	2223	3847
铁西区	20505	78	199663	9162
立山区	7727	84	24416	279613
千山区	15394	180	157425	117670
台安县	5030	11	4093	5423
岫岩满族自治县	3922	47	100927	139500
海城市	15141	425	4441	4409
抚顺市	**52718**	**381**	**1015037**	**877516**
新抚区	23845	57	751362	192465
东洲区	3890	65	1741	87164
望花区	10494	101	241494	575405
顺城区	9224	93	8024	4122
抚顺县	1410	24	55	
新宾满族自治县	2155	16	12348	18360
清原满族自治县	1700	25	13	
本溪市	**30021**	**240**	**27336**	**89026**
平山区	14593	48	1975	5527
溪湖区	2033	58	213	1380
明山区	9759	67	25097	82098
南芬区	438	11	30	
本溪满族自治县	1343	35	21	21
桓仁满族自治县	1855	21		
丹东市	**21342**	**333**	**134300**	**16435**
元宝区	3710	45	15468	12230
振兴区	11376	195	117584	3273
振安区	1331	26	92	23
宽甸满族自治县	1422	23		833
东港市	2053	25	25	6
凤城市	1450	19	1131	70

4-5 续表

地 区	年末在用计算机数(台)	年末拥有网站数(个)	全年电子商务采购金额(千元)	全年电子商务销售金额(千元)
锦州市	**43641**	**460**	**243195**	**444271**
古塔区	10861	102	102119	20853
凌河区	13990	103	3725	219
太和区	13867	177	137351	423194
黑山县	762	3		
义县	502	6		
凌海市	2690	35		
北镇市	969	34		5
营口市	**42390**	**568**	**1058334**	**690718**
站前区	15195	121	512087	114094
西市区	3824	97	1349	4290
鲅鱼圈区	13022	68	18411	3563
老边区	3304	153	49068	34703
盖州市	1982	16	2730	27963
大石桥市	5063	113	474689	506105
阜新市	**22711**	**175**	**30670**	**40371**
海州区	10096	38	15266	10526
新邱区	583	4	555	
太平区	2222	5	8	
清河门区	480	7	5	
细河区	6391	92	13343	20645
阜新蒙古族自治县	2443	25	1490	9200
彰武县	496	4	3	
辽阳市	**30035**	**316**	**27178452**	**319791**
白塔区	9793	69	1134	190000
文圣区	7157	33	9014	106
宏伟区	4661	59	27120741	15581
弓长岭区	692	5	80	30
太子河区	3283	74	42480	55843
辽阳县	3177	41	4453	57263
灯塔市	1272	35	550	968
盘锦市	**76790**	**358**	**6979777**	**7335554**
双台子区	7331	32	5345	21023
兴隆台区	66016	177	6974118	7309770
大洼县	2330	97	219	636
盘山县	1113	52	95	4125
铁岭市	**23490**	**187**	**28182**	**45386**
银州区	12062	67	6907	27612
清河区	1352	10	1040	65
铁岭县	1361	79	216	170
西丰县	708	1	7938	8187
昌图县	208			
调兵山市	7079	14	4346	4517
开原市	720	16	7735	4835
朝阳市	**25692**	**326**	**1379381**	**1210078**
双塔区	14212	93	1310690	1106187
龙城区	1897	44	5440	16667
朝阳县	521	12	2358	1685
建平县	1899	50	31	5988
喀喇沁左翼蒙古族自治县	1193	5	267	600
北票市	2625	87	52917	70277
凌源市	3345	35	7678	8674
葫芦岛市	**26300**	**443**	**1044211**	**121235**
连山区	7092	123	284670	85909
龙港区	12088	268	680552	25626
南票区	863	2		
绥中县	2093	15	62883	
建昌县	657	8	6	
兴城市	3507	27	16100	9700

4-6 按登记注册类型分组的企业法人单位信息化状况

登记注册类型	年末在用计算机数(台)	年末拥有网站数(个)	全年电子商务采购金额(千元)	全年电子商务销售金额(千元)
总　计	**1254360**	**14954**	**55226847**	**21216637**
内资企业	**1048817**	**13257**	**50978935**	**17051349**
国有企业	223254	641	10459483	7295637
集体企业	31905	436	161699	161779
股份合作企业	15414	207	14750	13286
联营企业	1823	34	345	1169
国有联营	423	5	4	
集体联营企业	307	18	341	1169
国有与集体联营企业	941	7		
其他联营企业	152	4		
有限责任公司	227459	3032	4103944	3425124
国有独资公司	27318	85	1163677	968872
其他有限责任公司	200141	2947	2940267	2456252
股份有限公司	130009	353	32451971	1433503
私营企业	404159	8422	3785984	4718956
私营独资企业	127815	1866	288497	566417
私营合伙企业	10414	259	141282	168523
私营有限责任公司	248759	5851	3278234	3845397
私营股份有限公司	17171	446	77971	138619
其他企业	14794	132	759	1895
港、澳、台商投资企业	**38111**	**371**	**536832**	**1627078**
合资经营企业(港、澳、台资)	15718	218	95347	269227
合作经营企业(港、澳、台资)	1604	8	1855	5220
港、澳、台商独资经营企业	14727	131	439192	1352281
港、澳、台商投资股份有限公司	6062	14	438	350
外商投资企业	**167432**	**1326**	**3711080**	**2538210**
中外合资经营企业	58387	649	1367392	1344409
中外合作经营企业	2662	70	155938	196529
外资企业	86224	585	2187676	996487
外商投资股份有限公司	20159	22	74	785

4-7　按行业(大类)分组的非企业法人单位信息化状况

行业大类	年末在用计算机数(台)	年末拥有网站数(个)	全年电子商务采购金额(千元)	全年电子商务销售金额(千元)
总　计	**954790**	**3940**	**70193**	**4821**
交通运输、仓储和邮政业	**3477**	**4**	**391**	
铁路运输业				
道路运输业	3296	4		
城市公共交通业	4			
水上运输业	65			
航空运输业	5			
装卸搬运和其他运输服务业	15			
仓储业	92		391	
信息传输、计算机服务和软件业	**2094**	**32**	**250**	
电信和其他信息传输服务业	1123	12	220	
计算机服务业	809	20	30	
软件业	162			
金融业	**5507**	**6**		
银行业	5208	6		
证券业	125			
保险业	74			
其他金融活动	100			
租赁和商务服务业	**14865**	**124**	**410**	
租赁业	1			61
商务服务业	14864	124	410	
科学研究、技术服务和地质勘查业	**27254**	**216**	**3441**	
研究与试验发展	8402	70	388	
专业技术服务业	13575	95	2108	
科技交流和推广服务业	3380	43	945	
地质勘查业	1897	8		**1290**
水利、环境和公共设施管理业	**8750**	**51**	**2003**	
水利管理业	2246	19	132	
环境管理业	3275	17	16	1290
公共设施管理业	3229	15	1855	
居民服务和其他服务业	**1514**	**12**	**12**	
居民服务业	1356	12		
其他服务业	158		12	**358**
教育	**503982**	**1047**	**16396**	**358**
教育	503982	1047	16396	**2040**
卫生、社会保障和社会福利业	**56759**	**383**	**8656**	**2034**
卫生	50272	284	8428	
社会保障业	4207	47	109	6
社会福利业	2280	52	119	
文化、体育和娱乐业	**15308**	**130**	**1400**	
新闻出版业	1662	10	77	
广播、电视、电影和音像业	5192	17		
文化艺术业	7102	85	1310	
体育	891	7	13	
娱乐业	461	11		**1072**
公共管理和社会组织	**315280**	**1935**	**37234**	**22**
中国共产党机关	16118	149	1362	678
国家机构	268935	1259	33428	
人民政协和民主党派	1749	35	57	362
群众团体、社会团体和宗教组织	11424	182	2036	10
基层群众自治组织	17054	310	351	

4-8 按地区分组的非企业法人单位信息化状况

地区	年末在用计算机数(台)	年末拥有网站数(个)	全年电子商务采购金额(千元)	全年电子商务销售金额(千元)
全省	**954790**	**3940**	**70193**	**4821**
沈阳市	**233767**	**620**	**13264**	**246**
和平区	56853	147	2373	
沈河区	25752	80	1255	
大东区	25268	61	186	1
皇姑区	26641	32	3337	
铁西区	14692	30	120	100
苏家屯区	14319	7	304	
东陵区	18095	75	1257	
沈北新区	13418	20	75	
于洪区	12572	56	3912	30
辽中县	7641	35	253	
康平县	6208	1		
法库县	3109	1		
新民市	9199	75	192	115
大连市	**222574**	**1008**	**25962**	**2022**
中山区	18106	96	7956	1
西岗区	28611	163	1499	1
沙河口区	48526	164	1521	7
甘井子区	37123	136	489	
旅顺口区	15232	68	3107	2003
金州区	35058	122	4807	10
长海县	3111	9		
瓦房店市	13579	113	6227	
普兰店市	10013	32	99	
庄河市	13215	105	257	
鞍山市	**62923**	**264**	**2154**	**7**
铁东区	15182	160	1568	
铁西区	5482	5		
立山区	6594	8	249	
千山区	12167	32	108	7
台安县	3874		3	
岫岩满族自治县	6830	8	116	
海城市	12794	51	110	
抚顺市	**38484**	**177**	**2050**	**8**
新抚区	5862	40	12	
东洲区	4119	20	10	
望花区	9457	11	9	
顺城区	10925	81	1335	6
抚顺县	977	4	8	
新宾满族自治县	3978	2		
清原满族自治县	3166	19	676	2
本溪市	**43565**	**253**	**1702**	**561**
平山区	14541	67	469	
溪湖区	3462	21	25	
明山区	13074	86	489	561
南芬区	1284	15	152	
本溪满族自治县	5642	31	481	
桓仁满族自治县	5562	33	86	
丹东市	**40592**	**170**	**2342**	
元宝区	3098	11	278	
振兴区	15085	66	1248	
振安区	3570	18		
宽甸满族自治县	5451	40		
东港市	7046	9	634	
凤城市	6342	26	182	

4-8 续表

地 区	年末在用计算机数（台）	年末拥有网站数（个）	全年电子商务采购金额（千元）	全年电子商务销售金额（千元）
锦州市	**56939**	**205**	**6193**	**1302**
古塔区	12235	35	2	
凌河区	13023	49	1343	1290
太和区	11528	44	1029	12
黑山县	4793	12	106	
义县	3668	11		
凌海市	7131	12	3539	
北镇市	4561	42	174	
营口市	**39346**	**263**	**3252**	**400**
站前区	12659	95	1562	50
西市区	3353	32	591	250
鲅鱼圈区	6399	58		
老边区	3281	26	745	
盖州市	3861	8	273	100
大石桥市	9793	44	81	
阜新市	**32617**	**169**	**3046**	**82**
海州区	5807	40	69	
新邱区	1503	6	3	
太平区	1487	2	10	
清河门区	1052	7	35	
细河区	9839	60	399	
阜新蒙古族自治县	8590	44	143	82
彰武县	4339	10	2387	
辽阳市	**31983**	**113**	**773**	
白塔区	10572	34	108	
文圣区	4348	26	28	
宏伟区	2739	5	489	
弓长岭区	1935	8	88	
太子河区	3064	1		
辽阳县	4704	10		
灯塔市	4621	29	60	
盘锦市	**29129**	**174**	**743**	
双台子区	4884	20		
兴隆台区	16212	115	733	
大洼县	5960	23		
盘山县	2073	16	10	
铁岭市	**31803**	**135**	**1716**	
银州区	12041	68	1415	
清河区	1021	8	77	
铁岭县	2451	19	74	
西丰县	2527	11	23	
昌图县	7494	2		
调兵山市	2697	12	127	
开原市	3572	15		
朝阳市	**54009**	**82**	**4995**	
双塔区	16571	24	4836	
龙城区	2824	2		
朝阳县	4446			
建平县	7899	37	79	
喀喇沁左翼蒙古族自治县	6035	2	2	
北票市	7351	16	78	
凌源市	8883	1		
葫芦岛市	**37059**	**307**	**2001**	**193**
连山区	5433	74	74	
龙港区	11571	132	402	
南票区	1574	4	42	
绥中县	5867	54	264	193
建昌县	5978	13	1197	
兴城市	6636	30	22	

4-9 按登记注册类型分组的非企业法人单位信息化状况

登记注册类型	年末在用计算机数(台)	年末拥有网站数(个)	全年电子商务采购金额(千元)	全年电子商务销售金额(千元)
总　计	**954790**	**3940**	**70193**	**4821**
内资企业	**954564**	**3939**	**70187**	**4821**
国有企业	891846	3182	63886	4249
集体企业	7971	47	180	30
股份合作企业	632	2		
联营企业	2222	16		
国有联营企业	11			
集体联营企业	11			
国有与集体联营企业	8			
其他联营企业	2192	16		
有限责任公司	465	3		
国有独资公司				
其他有限责任公司	465	3		
股份有限公司	27			
私营企业	11474	168	4504	163
私营独资企业	8556	130	4178	156
私营合伙企业	2070	19	33	
私营有限责任公司	737	17	293	7
私营股份有限公司	111	2		
其他企业	39927	521	1617	379
外商投资企业	**226**	**1**	**6**	
中外合资经营企业	93			
中外合作经营企业	99	1		
外资企业	32		6	
外商投资股份有限公司	2			

附录

指标解释

主要指标解释

法人单位　指具备以下条件的单位:

（1）依法成立，有自己的名称、组织机构和场所，能够独立承担民事责任;

（2）独立拥有和使用(或授权使用)资产，承担负债，有权与其他单位签订合同;

（3）会计上独立核算，能够编制资产负债表。

法人单位包括企业法人、事业单位法人、机关法人、社会团体法人和其他法人。

企业法人　指依据《中华人民共和国企业法人登记管理条例》、《中华人民共和国公司登记管理条例》等，经各级工商行政管理机关登记注册，领取《企业法人营业执照》，取得法人资格的企业。

企业法人包括:

（1）公司;

（2）非公司制企业法人。

依据《个人独资企业法》及《合伙企业法》，经各级工商行政管理机关登记注册、领取《营业执照》的不具有法人资格的个人独资企业、合伙企业视同非公司制企业法人。

事业单位法人　指经国务院机构编制管理部门批准、国家事业单位登记管理部门登记或备案；或经地方县级以上机构编制管理部门批准、地方县级以上事业单位登记管理部门登记或备案，领取《事业单位法人证书》，取得法人资格的事业单位。

事业单位法人包括:

（1）各级党委、政府直属事业单位;

（2）党中央、国务院直属事业单位举办的事业单位;

（3）各级人大、政协机关，人民法院、人民检察院和各民主党派机关举办的事业单位;

（4）各级党委部门和政府部门举办的事业单位;

（5）使用财政性经费的群众团体举办的事业单位;

（6）国有企业及其他组织利用国有资产举办的事业单位;

（7）依照法律或有关规定，应当由各级登记管理机关登记的其他事业单位。

机关法人　指各级政党机关和国家机关。

机关法人包括:

（1）县级以上各级中国共产党委员会及其所属各工作部门;

（2）县级以上各级人民代表大会机关;

（3）县级以上各级人民政府及其所属各工作部门，以及地区行政行署;

（4）县级以上各级政治协商会议机关;

（5）县级以上各级人民法院、检察院机关;

（6）县级以上各民主党派机关;

（7）乡、镇中国共产党委员会和人民政府。

社会团体法人　指依据《社会团体登记管理条例》，经国务院民政部门和县级以上地方各级人民政府民政部门登记注册或备案、领取《社会团体法人登记证书》的各类社会团体；以及依法不需要办理法人登记、由机构编制管理部门管理其机关机构编制的群众团体。

其他法人　指除企业法人、事业单位法人、机关法人和社会团体法人以外的其他符合法人条件的单位。

其中包括:

（1）依据《中华人民共和国居民委员会组织法》和《中华人民共和国村民委员会组织法》批准设立的居民委员会和村民委员会;

（2）依据《基金会管理条例》规定，由民政部和省级民政部门核准登记、领取《基金会法人登记证书》的基金会;

（3）依据《民办非企业单位登记管理暂行条例》，经国务院民政部门和县级以上地方各级人民政府民政部门核准登记，领取《民办非企业单位(法人)登记证书》的民办非企业单位。

事业单位法人、社会团体法人和民办非企业法人还包括由其他行政主管部门依据有关法律法规审批成立，且具备法人条件的单位。

法人单位所属的产业活动单位　指具备以下条件的单位:（1）在一个场所从事一种或主要从事一种社会经济活动;（2）相对独立组织生产经营或业务活动;(3)能够掌握收入和支出等业务核算资料。

单产业法人　法人单位只位于一个场所并主要从事一种社会经济活动，称为单产业法人。单产业法人本身也是一个产业活动单位。

多产业法人　法人单位从事多种经济活动，或者位于多个地点，称为多产业法人。多产业法人由两个或两个以上产业活动单位组成。

产业活动单位总数　指单产业法人数与多产业法人所属的产业活动单位数之和。

从业人员数　指 2008 年 12 月 31 日在单位和有证照个体经营户在岗的从业人员。未包括上述范围之外的从业人员。

全年营业收入合计　指企业（单位）全年生产经营活动中通过销售商品或提供劳务以及让渡资产取得的收入。营业收入合计分为主营业务收入和其他业务收入。主营业务收入指企业在销售商品、提供劳务等日常活动中所产生的收入总额。其他业务收入指各类企业主营业务以外其他业务的收入。

分类规定

行业分类 本资料行业分类采用的是《国民经济行业分类》（GB/T4754－2002）标准。

三次产业（1）第一产业是指农、林、牧、渔业。（2）第二产业是指采矿业，制造业，电力、燃气及水的生产和供应业，建筑业。（3）第三产业是指除第一、二产业以外的其他行业。第三产业包括：交通运输、仓储和邮政业，信息传输、计算机服务和软件业，批发和零售业，住宿和餐饮业，金融业，房地产业，租赁和商务服务业，科学研究、技术服务和地质勘查业，水利、环境和公共设施管理业，居民服务和其他服务业，教育，卫生、社会保障和社会福利业，文化、体育和娱乐业，公共管理和社会组织，国际组织。

登记注册类型 工商行政管理部门对企业登记注册的类型为依据，将企业登记注册类型分为以下几种：

（1）国有企业：指企业全部资产归国家所有，并按《中华人民共和国企业法人登记管理条例》规定登记注册的非公司制的经济组织。不包括有限责任公司中的国有独资公司。

（2）集体企业：指企业资产归集体所有，并按《中华人民共和国企业法人登记管理条例》规定登记注册的经济组织。

（3）股份合作企业：指以合作制为基础，由企业职工共同出资入股，吸收一定比例的社会资产投资组建，实行自主经营，自负盈亏，共同劳动，民主管理，按劳分配与按股分红相结合的一种集体经济组织。

（4）联营企业：指两个及两个以上相同或不同所有制性质的企业法人或事业单位法人，按自愿、平等、互利的原则，共同投资组成的经济组织。联营企业包括国有联营企业、集体联营企业、国有与集体联营企业和其他联营企业。

国有联营企业：指所有联营单位均为国有。

集体联营企业：指所有联营单位均为集体。

国有与集体联营企业：指联营单位既有国有也有集体。

其他联营企业：指上述三种联营企业之外的其他联营形式的企业。

（5）有限责任公司：指根据《中华人民共和国公司登记管理条例》规定登记注册，由两个以上，五十个以下的股东共同出资，每个股东以其所认缴的出资额对公司承担有限责任，公司以其全部资产对其债务承担责任的经济组织。

有限责任公司包括国有独资公司以及其他有限责任公司。国有独资公司是指国家授权的投资机构或者国家授权的部门单独投资设立的有限责任公司。其他有限责任公司是指国有独资公司以外的其他有限责任公司。

（6）股份有限公司：指根据《中华人民共和国公司登记管理条例》规定登记注册，其全部注册资本由等额股份构成并通过发行股票筹集资本，股东以其认购的股份对公司承担有限责任，公司以其全部资产对其债务承担责任的经济组织。

（7）私营企业：指由自然人投资设立或由自然人控股，以雇佣劳动为基础的营利性经济组织。包括按照《公司法》、《合伙企业法》、《私营企业暂行条例》以及《个人独资企业法》规定登记注册的私营独资企业、私营有限责任公司、私营股份有限公司、私营合伙企业和个人独资企业。

私营独资企业是指按《私营企业暂行条例》的规定，由一名自然人投资经营，以雇佣劳动为基础，投资者对企业债务承担无限责任的企业。

个人独资企业：指按《个人独资企业法》、《个人独资企业登记管理办法》的规定，由一个自然人投资，财产为投资人个人所有，投资人以其个人财产对企业债务承担无限责任的经营实体。个人独资企业填表时归入私营独资企业。

私营合伙企业是指按《合伙企业法》或《私营企业暂行条例》的规定，由两个以上自然人按照协议共同投资、共同经营、共负盈亏，以雇佣劳动为基础，对债务承担无限责任的企业。

私营有限责任公司是指按《公司法》、《私营企业暂行条例》的规定，由两个以上自然人投资或由单个自然人控股的有限责任公司。

私营股份有限公司是指按《公司法》的规定，由五个以上自然人投资，或由单个自然人控股的股份有限公司。

（8）其他企业：指上述第（1）条至第（7）条之外的其他内资经济组织。

（9）与港澳台商合资经营企业：指港澳台地区投资者与内地企业依照《中华人民共和国中外合资经营企业法》及有关法律的规定，按合同规定的比例投资设立、分享利润和分担风险的企业。

（10）与港澳台商合作经营企业：指港澳台地区投资者与内地企业依照《中华人民共和国中外合作经营企业法》及有关法律的规定，依照合作合同的约定进行投资或提供条件设立、分配利润和分担风险和亏损的企业。

（11）港澳台商独资经营企业：指依照《中华人民共和国外资企业法》及有关法律的规定，在内地由港澳台地区投资者全额投资设立的企业。

（12）港澳台商投资股份有限公司：指根据国家有关规定，经商务部（包括原外经贸部）依法批准设立，其中港、澳、台商的股本占公司注册资本的比例达25%以上的股份有限公司。凡其中港、澳、台商的股本占公司注册资本的比例小于25%的，属于内资企业中的股份有限公司。

（13）中外合资经营企业：指外国企业或外国人与中国内地企业依照《中华人民共和国中外合资经营企业法》及有

关法律的规定，按合同规定的比例投资设立、分享利润和分担风险的企业。

（14）中外合作经营企业：指外国企业或外国人与中国内地企业依照《中华人民共和国中外合作经营企业法》及有关法律的规定，依照合作合同的约定进行投资或提供条件设立、分配利润和分担风险和亏损的企业。

（15）外资企业：外资企业是指依照《中华人民共和国外资企业法》及有关法律的规定，在中国内地由外国投资者全额投资设立的企业。

（16）外商投资股份有限公司：指根据国家有关规定，经商务部（包括原外经贸部）依法批准设立，其中外资的股本占公司注册资本的比例达 25% 以上的股份有限公司。凡其中外资股本占公司注册资本的比例小于 25%的，属于内资企业中的股份有限公司。

控股情况　具体分为国有控股、集体控股、私人控股、港澳台商控股、外商控股和其他六类。

（1）国有控股：包括①在企业的全部实收资本中，国有经济成分的出资人拥有的实收资本（股本）所占企业全部实收资本（股本）的比例大于 50%的国有绝对控股；②国有经济成分的出资人拥有的实收资本（股本）所占比例虽未大于 50%，但相对大于其他任何一方经济成分的出资人所占比例的国有相对控股；或者虽不大于其他经济成分，但根据协议规定拥有企业实际控制权的国有协议控股。投资双方各占 50%，且未明确由谁绝对控股的企业，若其中一方为国有经济成分的，一律按国有控股处理。

（2）集体控股：包括①在企业的全部实收资本中，集体经济成分的出资人拥有的实收资本（股本）所占企业全部实收资本（股本）的比例大于 50%的集体绝对控股；②集体经济成分的出资人拥有的实收资本（股本）所占比例虽未大于 50%，但相对大于其他任何一方经济成分的出资人所占比例的集体相对控股；或者虽不大于其他经济成分，但根据协议规定拥有企业实际控制权的集体协议控股。

（3）私人控股：包括①在企业的全部实收资本中，私人经济成分的出资人拥有的实收资本（股本）所占企业全部实收资本（股本）的比例大于 50%的私人绝对控股；②私人经济成分的出资人拥有的实收资本（股本）所占比例虽未大于 50%，但相对大于其他任何一方经济成分的出资人所占比例的私人相对控股；或者虽不大于其他经济成分，但根据协议规定拥有企业实际控制权的私人协议控股。

（4）港澳台商控股：包括①在企业的全部实收资本中，港澳台商经济成分的出资人拥有的实收资本（股本）所占企业全部实收资本（股本）的比例大于 50%的港澳台商绝对控股。②港澳台商经济成分的出资人拥有的实收资本（股本）所占比例虽未大于 50%，但相对大于其他任何一方经济成分的出资人所占比例的港澳台商相对控股；或者虽不大于其他经济成分，但根据协议规定拥有企业实际控制权的港澳台商协议控股。

（5）外商控股：包括①在企业的全部实收资本中，外商经济成分的出资人拥有的实收资本（股本）所占企业全部实收资本（股本）的比例大于 50%的外商绝对控股；②外商经济成分的出资人拥有的实收资本（股本）所占比例虽未大于 50%，但相对大于其他任何一方经济成分的出资人所占比例的外商相对控股；或者虽不大于其他经济成分，但根据协议规定拥有企业实际控制权的外商协议控股。

（6）其他：除上述五类以外的企业控股情况。